季愚文库

朱威烈译文集
（文学卷二）
初恋岁月

〔埃及〕穆斯塔法·阿明　著

朱威烈　译

商务印书馆
The Commercial Press

2019年·北京

译者序

穆斯塔法·阿明，生于1914年，是埃及报界著名的事业家和现代作家。他出身世家，父亲曾任埃及驻美国公使，母亲是埃及民族领袖、华夫脱党创始人萨阿德·扎格卢勒的义女。穆斯塔法·阿明从开罗的大科普特学校毕业后，赴美留学，获乔治敦大学政治学院学士、硕士学位。自30年代起，他便在埃及报界工作，先后担任过《意愿》杂志、《鲁兹·优素福》杂志编辑，《最后一点钟》周刊副主编（1938～1941），《星期一》周刊主编（1941～1944），《金字塔报》消息版主编（1939～1946）等职。1944年，与其同胞兄弟阿里·阿明发行《今日消息报》，接着，又主办《最后一点钟》周刊（1946）、《最新时刻》杂志（1949）、《消息报》和《新一代》杂志（1952）。1952年7月23日埃及革命胜利后，《今日消息报》被收归国有，穆斯塔法·阿明任副主编，以后又被任命为新月出版社董事长、《图画》周刊主编。他退职赋闲前担任的最后公职是《今日消息报》主编（1974～1976），现在仍常为《今日消息报》和《消息报》撰稿。他毕生从事报刊工作，享誉已久，有埃及新闻界"精神之父"之称。

埃及自1919年革命后，反对英国占领、争取民族独立和民主权利的运动此起彼伏，不断高涨。穆斯塔法·阿明受家庭和社会影响，从青少年时代起，就积极投身反对封建统治和殖民主义压迫的政治运动，参加罢课、游行，曾被学校开除。从事新闻工作后，更以辛辣的笔调，激烈抨击穆罕默德·马哈茂德和伊斯梅尔·西德基内阁，因而多次被捕入狱。仅1951年一年，他就因攻击埃及封建王室而遭捕26次之多。由纳赛尔领导的自由军官组织，于1952年推翻了法鲁克国王的君主政体，禁止一切政党活动，穆斯塔法·阿明原先拥戴的华夫脱党，也在取缔之列；他身居新闻界要职，但文章尖锐，毫无顾忌，终于在1965年7月，以"重大叛国罪和间谍罪"被捕，直到萨达特总统执政，粉碎了"权力中心"的阴谋活动，才于1974年宣布他无罪释放。

穆斯塔法·阿明写有大量作品，包括小说、评论、书简，内容大多涉及埃及政治生活。他为数不少的长篇小说，均系1974年出狱后创作，如《狱中》三部曲、《不……》、《海亚姆小姐》、《爱情国王陛下》、《从一到十》等，一般都先在《今日消息报》上连载，尔后出版成书。这些小说反映的，多半是30年代的埃及。

《初恋岁月》是作者1975年发表的作品，两年后即被搬上银幕，深受读者和观众尤其是青年人的欢迎。故事的主人公穆罕默德，是一个穷苦工人的儿子，因为擅长踢足球，学习成绩出众，破格进了贵族子弟中学，享受免费待遇。在学校里，他为班上的公子哥儿代写情书，碰巧结识了前大臣的女儿纳吉娃。但由于他拒绝了纳吉娃的求爱，被当局开除，不许进任何公立学校继续学习。穆罕默德四处奔波，寻找工作，以维持一家的温饱。在华夫脱党与西德基内阁的斗争中，他帮助华夫脱党人，从而进报社开始了他的记者生涯。穆罕默德的父亲参加罢工，被反动军警殴打致残，精神失常。穆罕默德在暗杀内政部国务大臣欧尼的过程中，与出身穷家的欧尼的妻子佐贝黛相爱。小说通过穆罕默德与佐贝黛和纳吉娃之间关系的发展，烘托出了30年代动荡的埃及社会，揭露了上层社会的糜烂，反映出劳动人民的困苦，其间穿插着工人为维护"1923年宪法"举行的罢工、反动内阁搞伪选举、华夫脱党与伊斯梅尔·西德基政府的反复较量等一些真实的历史事件。

穆斯塔法·阿明观点鲜明，使用的是明白流畅的新闻体语言。他在塑造穆罕默德、佐贝黛、努哈斯、萨米赫等人物形象时，都非常注意把他们放在生活气息浓厚的环境中去发展，不断挖掘他们的思想感情，细腻地刻画他们的心理活动。作者熟悉当时的社会，了解他笔下的人物，即使是国王、首相、大臣、驻外大使，乃至开设地下妓院的鸨母头子这样的反面人物，也都勾画得轮廓分明，浓淡适宜。

此外，应当指出的是，书中的许多政界要人，如西德基首相、努哈斯主席、艾哈迈德·马希尔博士等，都是真名实姓，埃及现代诗王邵基与被誉为"东方之星"的乌姆·库勒苏姆，也是埃及现代文学、艺术史上大有声名的人物。他们的活动、轶事，无疑会使读者感兴趣。

我们是在埃及先看了《初恋岁月》的影片后才萌发翻译这部小说的想法的。作者获悉他的作品将介绍给中国读者，曾来信致谢，并寄来了他的生平简历，表达了他对中国人民的友好情谊。

1984 年 9 月

赛义迪亚中学的阿拉伯语教师阿卜杜·拉乌夫谢赫①步履踉跄地走进五年级教室,学生们磨磨蹭蹭地从座位上站起身来向他致敬。可是,他没有答礼,也没有像往常一样引这样两句诗来挖苦那些坐着不动的学生:

怀诚意,须起立敬礼。
尊师长,应视同天使。

学生们相互使着眼色,有的在悄声说道:
"谢赫来校前,准是让他老婆揍了顿屁股。"
阿卜杜·拉乌夫谢赫满脸轻蔑的表情,把他头一天改好的作文簿往讲台上一扔,接着从中抽出一本,转脸面向学生,身子像是重重地挨了一锤似的,又晃晃悠悠起来。

谢赫晃动的时候,他褐色脸膛的额顶上戴着的白色大缠头巾和架在他那双鹰隼似的眼睛上的黑边大眼镜,都一起在颤动,还有他厚嘴唇上方的长髭,套在他颀长身子上的宽大长衫,也在抖动。而比缠头巾、眼镜、胡子和长衫战栗得更厉害的,则是他的肚子。

要是五年级的学生上过地理课,知道大地的颤动名叫地震,它通常是火山爆发的先兆的话,那么,他们就会懂得,阿卜杜·拉乌夫谢赫的战栗乃是大祸即临的一个信号。

当学生们听说阿卜杜·拉乌夫谢赫家中没有人归天,他的妈妈、妻子和女儿都安然无恙,死掉的只是阿拉伯语的时候,他们都松了一口气。

阿卜杜·拉乌夫谢赫站着,在悼念阿拉伯语。他好像在《金字塔报》的丧事栏里读到了一位亲密朋友的讣告。没过多久,学生们便发现了,杀

---

① 谢赫,原意为老人或长老,在家庭和社会中往往作为对人的尊称。

死老师知己的原来正是他们自己!

谢赫说,他在阅读他们的作文时,看到阿拉伯语当着他的面遭到了杀戮,鲜血直淌,它是在通衢大道上被暗杀的,脊背被匕首、刺刀捅得稀烂。

阿卜杜·拉乌夫说话带着哭音,手里挥着簿子,似乎要批自己的双颊。他的声音时而发颤,时而激昂,他已经从吊唁阶段转入到了要求报仇雪恨的时期,最后他像是要检察长向刑事法庭起诉,处死这个由杀人犯和刽子手组成的恶贯满盈的犯罪集团。

坐在凳子上的学生,充当着被告,他们装出愁眉蹙额、忐忑不安的样子,仿佛是待在被告席上的凶手。马哈茂德·布希不时地用上衣袖口擦眼泪,阿里·法塔希掏出一块大手绢高声呜咽着,使人觉得他是激动到了极点,泪水都从鼻子里流下来了。许多学生都用手遮住了他们脸上调皮的笑容,还有一些学生则低着脑袋,似乎很难为情,深感后悔,其实,他们正在偷偷地看放在膝头上的戏剧杂志和言情小说。

阿卜杜·拉乌夫谢赫在"追悼会"上继续说道:

"你们与西贝威①之间一定积有宿怨,艾布·爱斯瓦德②准是杀死了你们的父母,不然,应届高中毕业生怎么会连动词 KaNa 的姐妹词都不懂?!"

易卜拉欣·穆纳斯特利打断了他的话:

"因为我们年纪还轻,还不认识那些姑娘!"

易卜拉欣·穆纳斯特利的俏皮话使阿卜杜·拉乌夫谢赫怒不可遏地又嚷道:

"现在不是开玩笑的时候!我们在为你们的失败开追悼会,而不是为

---

① 西贝威(约卒于796年),阿拉伯语语法巴士拉学派的领袖,著有《语法》一书。
② 艾布·爱斯瓦德(605~688),阿拉伯语语法的奠基人之一,著有《阿拉伯语语法的基本原理》。

你们的胜利开庆功会！你们像洋人一样，居然从左往右①写阿拉伯文，你们作文中的字字句句简直就像是在大马路上的丢丑行为，是公然侮辱阿拉伯语语法的犯罪行为！"

"感谢真主，阿拉伯语的年龄已超过十四岁啦，因为强奸幼女可得坐班房呢！"马哈茂德扯着嗓子叫道。

"住嘴，你这个不要脸的东西！阿拉伯语是你的母亲，是你的姐妹。"阿卜杜·拉乌夫谢赫吼道。

阿里·法塔希笑了，轻声说道：

"我跟他的母亲倒很熟。"

马哈茂德·布希用胳膊狠狠地捅了一下阿里，阿里痛得直叫。阿卜杜·拉乌夫对他俩的争吵置之不理，又继续说道：

"侮辱阿拉伯语，在任何一项法律中，都是犯罪行为。你们怎么会昏了头，把主语变成宾格，宾语变为主格，而主格的词又摇身一变，成了属格。这是蓄谋已久的反对阿拉伯语的阴谋。"

易卜拉欣·穆纳斯特利又打断谢赫的话，说道：

"老师，我们都搞糊涂了，因为在英语语法里，主语是宾格的。"

学生们哄堂大笑，阿卜杜·拉乌夫没有听懂这句俏皮话的意思，他冲着学生喊道：

"我很清楚，英语中的主语是宾格的，因为英国人的所作所为全是地地道道的诈骗②！"

学生们纷纷鼓掌，对阿卜杜·拉乌夫谢赫的爱国主义精神表示敬佩，然后又嘻嘻哈哈地笑起来，因为谢赫对英语一无所知，英语是没有主格、

---

① 阿拉伯语属闪含语系，书写应自右往左。
② 在阿拉伯语中，宾格和诈骗是同一个词。

宾格、属格之分的。

阿卜杜·拉乌夫像怒狮般吼道：

"你们是在为自己的失败笑吗？你们就是以伟大真主的名义连发三遍誓也没用！你们的阿语、英语都不行，不光语法一窍不通，而且无知到了无药可救的地步！我要你们写一篇参观工农业展览会的作文，可你们写的全是展览馆里的娱乐场。你们不去记述纺织工业，不描写埃及银行大楼，却大谈玩儿秋千，描写本地咖啡馆里那个卖弄风骚的舞女尼阿玛特·法赫米！"

阿里·法塔希笑着说道：

"我赞扬了肚皮舞的进步，并且认为肚皮舞对各民族的进步都具有影响。"

阿卜杜·拉乌夫喊叫起来：

"那些用女人晃动肚皮的次数来衡量民族进步的年轻人，应该受到真主的诅咒！在欧洲，人们谈论的是加快飞机的速度，我们这里却在议论舞女尼阿玛特·法赫米增加了晃动肚皮的次数！这真是末日来临前的预兆，末日肯定快到了！你们把工农业展览会当成了夜总会，不去注意看看埃及第一个飞行员穆罕默德·西德基驾驶的从欧洲飞回我国的飞机，却去盯着看尼阿玛特·法赫米肚皮上的痣，一个女人在外人面前赤身裸体，简直可耻！那不是什么美人痣，而是应当遮住的羞体！"

马哈茂德·布希笑道：

"美人痣使羞体看上去光耀夺目！"

阿卜杜·拉乌夫申斥道：

"阿拉伯语里没有'哈萨奈'①这个词，正确地说美人痣，应用'沙玛'

---

① 上文谈及的美人痣，用的均是"哈萨奈"一词。

'纳德巴''哈勒'或者'瓦斯玛',具体怎么用,还得看痣的大小和长的部位。"

"尼阿玛特的痣长在她肚脐眼上面 1.5 英寸的地方。"阿里·法塔希说。

易卜拉欣·穆纳斯特利打断了阿里的话,说道:

"不对,在肚脐眼下面。"

马哈茂德·布希挥着手里的尺,说道:

"都不对,我可是量过了,那痣长在肚脐眼的东南面,相距 7.5 厘米。"

阿卜杜·拉乌夫谢赫对学生们的厚颜无耻勃然大怒,冲着他们嚷道:

"真主诅咒你们和那个尼阿玛特!别谈她了,别谈她的痣和肚脐眼了!这不是教学的内容。你们乱扯什么尼阿玛特的肚皮,都把我搞糊涂了,我都忘了要谈的正题了。我从你们的作文里发现,你们对棉花种植的显著进步只字未提,却一个劲儿地描写展览馆马戏团里那个骑马蹦跳的女骑手的光溜溜的大腿,你们没有一行字谈到听见展览馆里现代化机器的轰鸣引起的激情,而对歌女拉提芭·艾哈迈德唱那些庸俗低级的歌曲形容个没完。"

学生们对谢赫把拉提芭·艾哈迈德唱的歌说成是庸俗低级大为愤慨,教室里一片吵嚷声。怎么能如此信口雌黄地评价这样的乡间民歌呢:

> 小河里浪花在欢笑,
> 我提水罐把河水舀,
> 攀上园里的果树,
> 摘下蜜桃和葡萄。
> 我心上的人儿哟,
> 下河汲水愿你跟我跑。

这是一首用方言唱的歌,但包含有修辞手法,有描写,还谈到了蜜桃和葡萄。多情的姑娘没有谈到接吻,而只是希望情人与她一起分享蜜桃和葡萄。马哈茂德·布希在作文簿里,像引证穆泰奈比[①]或艾布·阿拉·迈阿里[②]的警句似的摘抄拉提芭·艾哈迈德那些低级趣味的歌曲,跟这首歌风马牛不相及。

接着,阿卜杜·拉乌夫打开马哈茂德·布希的本子,念里面引的一首拉提芭的歌词:

> 当你出现在窗前,
> 我又惊又喜心儿怦怦跳;
> 窗儿呀,请半开半掩,
> 换个地方咱们再细细瞧。

学生们不由得啧啧连声,喊道:
"天哪,再来一遍,再来一遍!阿卜杜·拉乌夫谢赫,真是妙极了!"
阿卜杜·拉乌夫又念了马哈茂德·布希抄录的另一首拉提芭·艾哈迈德唱的歌:

> 可叹哪可悲,
> 那消逝了的失败的爱情。

"作文簿上难道可以把这样的废话写上吗?它既不是诗,也不是散

[①] 穆泰奈比(915~965),阿拉伯名诗人,诗歌多带哲理。
[②] 艾布·阿拉·迈阿里(973~1057),阿拉伯著名盲文豪,著有诗集《卢祖米亚特》、散文集《宽恕书》等。

文,毫无艺术和想象力可言,简直荒唐得可笑!这种东西不讲修辞,词不美,文不通,完全是低级趣味,恬不知耻!对一个爱上女人却没有赢得这个女人爱情的男人,歌女拉提芭还要唱'可叹哪可悲',这是什么意思?这是蔑视纯洁的爱情,是鄙薄高尚、真挚的情操,是对朱迈伊勒和布赛娜、盖斯和莱拉、欧麦尔·本·艾比·拉比阿和童贞女之间那种美好感情的践踏!拉提芭唱'可叹哪可悲,那消逝了的失败的爱情',实在是荒谬之极!"

易卜拉欣·穆纳斯特利站了起来,显出一副幼稚无知的样子,说道:"谢赫,您说得对,诗人不应该说'可叹哪可悲,那消逝了的失败的爱情',而应该说'可叹哪可悲,我上了年纪毕竟不中用'!"

学生们放声大笑,声音响得连教室都震动了。因为学生们在过去几堂课里,总是逗引谢赫向大家抱怨说自己"不中用",年纪大了,干什么事也不如以前了。

阿卜杜·拉乌夫谢赫对易卜拉欣·穆纳斯特利这打在他腰眼上的一击,故意不予理会,这一击虽然打中了要害,换个别人如果胆敢奚落他,他准会大发雷霆,把这个学生痛打一顿,再吵到学生的父母、叔叔、姨妈那儿去。可是,易卜拉欣·穆纳斯特利是福阿德国王陛下的侍从武官长萨米尔·穆纳斯特利帕夏大人的公子,不要说侍从武官长,就是宫廷仆役的一句话,也能把阿卜杜·拉乌夫一下子从高中教师贬成一个小学教师,甚至会降为一个幼儿园教师,而且这还要教育大臣动恻隐之心,看在他在公立学校任教三十年的教龄和他有七个孩子的份上。要是教育大臣不肯发慈悲,那么,他阿卜杜·拉乌夫的命运就是立即退职养老。既然在埃及政府里,"眼睛高不过眉毛"是一条人人信守的箴言,在伊斯梅尔总督时代,官员们口头禅是"老爷,蒙您赐揍,不胜荣幸",那么他阿卜杜·拉乌夫还是假装耳背的好。因此他一碰到情况不妙耳朵就聋了,似乎既没有听到揶揄他的话,也没看见站在那里讽刺他的易卜拉欣·穆纳斯特利。他转过身来,翻着作文簿,喧闹声终于停了下来。

接着,阿卜杜·拉乌夫谢赫又扫视着学生们,说道:

"说实在话,在四十名学生中倒有一位同学懂得怎么写作文。"

"那当然是易卜拉欣·穆纳斯特利喽!"一些调皮的学生说道。

阿卜杜·拉乌夫明白,这些学生是在指责他耍两面手法,这下他的耳朵又不灵便了,他自顾自继续说道:

"只有一位同学的作文,没有一个语法错误,内容上也没有一处胡诌出洋相,只有他知道怎样描述工农业展览会。他写了埃及银行,谈到了它对埃及经济的作用;叙述了大马哈拉公司①的展品,祝愿有朝一日所有的埃及人都能穿上本国生产的衣服。他在介绍渔业公司的产品时说'我国有漫长的海岸线,完全能建立起巨大的渔业和海产工业';他描写了埃及轧棉公司,提到英国人以极其低廉的价格从一贫如洗的埃及农民手里夺走了棉花。在讲述到高挂着埃及国旗驶向海洋的航运公司船只时,他回忆起古代法老们曾组织起第一支船队,去远涉重洋。在他的作文里,连由穆罕默德·侯赛因·海卡尔博士编写的、埃及电影制片厂已开始拍摄的影片《泽娜白》都提到了,他预言我国将会兴办起巨大的电影业。他的作文字里行间洋溢着人的真实情感。比如,他在描绘劳改局的展品时说,那里展出了一间豪华的卧室,里面的家具都是囚犯们用漂亮的红木手工制作的。在那些驻足观赏这些精致、考究、美观的家具的观众中,没有一个人会想到,亲手制作出最漂亮卧具的那些囚犯们,没有床睡觉,没有褥子铺垫,他们只能睡在柏油路上,用一条破烂不堪的毯子遮身,这毯子既挡不住刺骨的寒气,也隔不开螫他们肉的柏油……烧出佳肴盛馔尝不到,生产衣服的人光着身子,建造房屋者自己住旷野,制作出豪华卧具的人躺在

---

① 大马哈拉,城市名,位于埃及北部沿海,纺织业较发达。

石板和柏油马路上……在参观那些囚犯们制作的家具布置的卧室时,能写出如此充满人道主义观感的人,将来总有一天会成为一个了不起的作家。你们可知道这个鹤立鸡群、不同凡响的同学是谁吗?"

"穆罕默德·阿卜杜·卡里姆!"大家异口同声地喊道。

同学们都十分高兴地转过头去看这位受到赞扬的同学,尽管这赞扬是建立在贬低他们自己的基础之上的。

"你们全都参观了工农业展览会,但你们全是瞎子,你们中惟一的明眼人是穆罕默德·阿卜杜·卡里姆……我的孩子,你真有眼力,愿真主保佑你成功!"

同学们用微笑向穆罕默德·阿卜杜·卡里姆表示祝贺。但是,穆罕默德却谦虚地低着脑袋,同时,他还尽力掩饰住一个自嘲的微笑。

阿卜杜·拉乌夫谢赫可不知道,他这个班上惟一没有去参观工农业展览会的学生便是穆罕默德。这倒不是穆罕默德不愿意去参观,而是因为他身上没有五个皮亚斯买入场券。他要是付出去这五个皮亚斯,那就得五天不吃饭。命运给予他舞文弄墨的本领,却不肯给他几个皮亚斯;命运让他具有丰富的想象力,却不肯在现实生活中对他表示一点慷慨。

穆罕默德是五年级文科班里惟一的免费生。他的所有同班同学,全是帕夏、大臣、达官贵人和名门望族的子弟,只有他是铁路机车修理厂一个普通工人的儿子。他的同学每天早晨都坐着漂亮的车子来上学,有的让身穿闪闪发亮的铜纽扣蓝制服的司机开车送,也有的自己驾车来。他呢,四年来,每天从舒卜拉区巴德兰岛上的家到吉萨的赛义迪亚中学来,全靠步行,走一趟就要花一个半小时。今年,父亲看他穿鞋太费,便把往常难得抽抽的廉价烟戒掉了,省下钱来给他买了一张从舒卜拉到吉萨的二等电车月票。

穆罕默德能享受免费,不是因为他的阿拉伯语成绩优秀,也不是靠他学习上拔尖,而是由于他原先是舒卜拉小学的足球队长。各家中学为了争夺中学足球赛冠军,都竭力把小学里足球运动的好苗子挖到手,这样,赛义迪亚的足球老师才把他拉入校队,替他申请了免费,保证了他不被跟赛义迪亚争夺冠军的海德威亚中学抢走。若不是能享受免费,穆罕默德本不想念中学了,他的愿望是谋一份杂役差事,每月挣上三镑钱,帮助当修理厂工人的父亲补贴家用。

当时,穆罕默德看到父亲对他进这所贵族学校很热心,心里挺纳闷。看来,父亲是想让他的独子完成高等学业,他自己哪怕吃不上饭,一条破旧的裤子再穿上五年,哪怕穆罕默德的母亲去给舒卜拉大街毛尔迪大楼擦地板擦楼梯,他也要让穆罕默德上学,帮他购买必要的书籍。

穆罕默德为了像同学们一样去参观工农业展览而向父亲讨五个皮亚斯的门票钱,那是不合情理的。他满足于通过同学们的言谈了解展览会,从大家的印象、观感中采撷素材,细加体会,撰写了一篇备受阿卜杜·拉乌夫谢赫称赞的作文。

同学们在谈论舞女尼阿玛特·法赫米的身段时,他听得也是很有兴致的,通过他们翕动的嘴巴和神往的目光,他仿佛看见尼阿玛特在俯仰起伏、舒卷、颤动、旋转,从他们那种青春期小伙子的热切劲儿和对尼阿玛特的描绘中,他仿佛看到了她的迷人之处,也感受到了她的热情。不过,他又生怕阿卜杜·拉乌夫谢赫刚才讲评作文时的那种令人难堪的局面会落到自己的头上,所以在作文里只写了工农业成就。

生活环境迫使穆罕默德要去描写许多他不曾经历过的事情。他所有的同学都在谈情说爱,只有他没有恋爱过,也不懂得爱恋和情欲。但是,他在描述爱情、倾诉情话的时候,却像是一个阅历丰富、跟几十个女人打过交道的情场老手!

有的同学知道他擅长写作,常常求他代写情书。他没有使他们失望,相反，他欣然代笔。尽管他没有恋爱过，没有尝到过爱情的滋味，但他渴望爱情，同情那些恋人们。同学们把写在色彩艳丽信纸上的带有香水味的来信交给他，由他执笔回信。

随着时间的推移，穆罕默德成了写情书的行家，他描写长夜难眠、痛苦悲楚、心灵的震颤和欢跳等所用的火热的词句，简直是妙笔生花，金石为开，能启迪关闭的心扉，接续中断的联系，使冷却的爱情升温，快变成灰烬的心灵重新燃起火焰。

穆罕默德要求他的同学——那些小情人们在他写回信的时候，协助他，把他们各自情人的照片带来给他，以便他的描写有的放矢，谈情说爱也更有深度。如果姑娘皮肤白皙如乳，他就不会去谈论醇酒的色泽；如果他的同学长着一头金黄色的头发，犹如阳光和晚霞，为了让对方记得他同学的头发，他就不会一味去描绘夜的深沉；如果姑娘黝黑似乌木，他绝不至于用玫瑰来形容她的肤色。

同学们对穆罕默德是很放心的，因为他对他们的秘密、风流韵事守口如瓶。时间一长，穆罕默德要按时给十个姑娘写情书，她们中有修女学校的学生，女子学校的女教师，拉美西斯剧团默默无闻的女演员，巴迪阿舞厅初露头角的舞女，希库里勒商店的小售货员，卡斯尔埃尼医院的女护士，刚学会读书写字的邻家姑娘和精通三国语言的大臣千金等。

穆罕默德写信从未出过差错，写给女教师的信跟写给舞女的信不同，也不会用写给拉美西斯剧团女演员的行文风格给修女学校的女学生写信。他通过那些姑娘的来信、照片和同学们的介绍，研究过每个姑娘的个性，写信时便选择合适的词句。他知道对每个女性都得用一把特定的钥匙：打开舞女的心灵，要用开国民银行金库的钥匙，但这把钥匙绝不适宜开启卡斯尔埃尼医院护士的心灵。每个女性又有她们自己的语言，女演员认为是情意绵绵的话，在修女学校的学生看来则是厚颜无耻！

例如,穆罕默德在写给舞女伊卜梯萨姆·胡斯尼的信末,都用"小母狗啊,我爱你"这样一句话来结尾。

这句放肆的话却使伊卜梯萨姆很快活,她写给自己的情人赛义德·陶菲克的信中说,她读过诗王艾哈迈德·邵基写的诗剧《莱拉的痴情人》[①],里面没有一句描写爱情的话有如此精彩、动人、优美!

穆罕默德在给拉美西斯剧团的女演员安阿姆·法塔希小姐的信中,写了一段散文诗:描写长夜在黎明的怀抱中溘然逝去,黎明被恋人们的血染得鲜红,爱情是一出不朽的戏剧,时间的帷幕无法将它遮住。他描写安阿姆的丰满胸脯,说那儿垂下两颗甜美的葡萄,他饥渴的双眼一吞下它们便会陶醉在理想的乐园。

女演员安阿姆一收到这封信,就立即给阿里·法塔希写了封回信,约定时间见面,她要听他那漂亮的嘴巴再念一念这首散文诗。

穆罕默德犹如一位高明裁缝,给每个女性都做了一件合体的衣服,使她们穿上衣服后满心以为自己是个美丽的王后。

女性是各式各样的:有的不醉于酒而陶然于情人的眼泪,有的打她一个巴掌比跟她接一个吻更叫她快乐,有的钟情于揍她的男人而蔑视挨她揍的男人,有的听见冷酷的话感到销魂而听到软和话儿反变得凶狠,有的喜欢接受像下达国家法令、帝王降旨似的表露爱情方式,还有的愿意男人采用上书请愿、苦苦哀求的形式向自己求爱。

穆罕默德没有在任何学校学习过爱情,绝大多数的恋人通常就是在女人本身这座大学里培养的。穆罕默德通过书信懂得了爱情,是他所写的大量信件和看到的回信使他了解了女性,知道了这十个姑娘爱些什么,恨些什么,从而轻而易举地为她们各人弹奏一首乐曲,让她们按着节拍起

---

① 指阿拉伯现代杰出诗人艾哈迈德·邵基(1869~1932)的著名诗剧《莱拉的痴情人》。

舞。他那些沉浸在爱河中的同学们每每遇到困难就来向他求助。年轻人的爱情遭受的挫折是何其多啊！他们全都相信，穆罕默德代笔写给他们情人的信，对姑娘们具有魔力，会使她们神魂颠倒，能唤起她们的思念，燃着她们心灵的火焰。

令那些姑娘大惑不解的是，每当她们与这些学生相会时，他们信中所具有的魔力和漂亮词藻就无影无踪了。穆罕默德在下一信中就得为他的同学当时的哑口无言辩解了。他声称，爱情的法则是爱得越热烈，语言就越失灵，姑娘的美貌使小伙子张口结舌，说不出话来。对于这种口头表达爱情和书面表达爱情之间的明显矛盾所作的辩解，姑娘们倒还能够接受。

就这样，穆罕默德·阿卜杜·卡里姆成了赛义迪亚中学写情书的专家。他拒绝要代笔的酬劳，也不接受同学们的礼物，而坚持当个业余作者，他所要求的全部报酬是能看到他那些同学个个被人所爱，幸福快乐！

同学们认为，穆罕默德是爱情方面的专家、教授、学者。穆罕默德对他们说，他不懂爱情，他只是通过他们的讲述才了解女性的，他描写爱情犹如他描写工农业展览会，他写的信受到姑娘们的欣赏就像他的作文被阿卜杜·拉乌夫老师表扬一样，可是，同学们都不相信他。

突然穆罕默德也被这种业余爱好攫住了，他感到有生以来第一次开始恋爱了，但他不是爱一个女人，而是爱上了那十个姑娘。

如果有个姑娘没有按约定的时间跟他的同学相会，他就感到很难受，就像姑娘是对他穆罕默德爽约似的。阿里·法塔希讲述了他跟女演员安阿姆在贾拉勒大街她家里幽会的情景，穆罕默德能体会到跟安阿姆接吻的滋味。

当修女学校的那个女学生迟迟没有给他的同学马哈茂德·布希回信的时候，穆罕默德会有一种奇怪的不安感，晚上躺在床上还会困惑地捉摸着其中的原因，是她病了？是她不欣赏他最近写给她的那封情书？还是信落到了她父亲的手里?

赛义德·陶菲克跟他谈起,星期四那天晚上他到巴迪阿舞厅去,他的舞女情人伊卜梯萨姆丢下他,整个晚上都跟一个乡下阔佬坐在一起厮混,穆罕默德不禁妒火中烧。

穆罕默德脑子里藏着他十个热恋中同学的心事,他并不感到难过,相反,他为自己那支笔能够拨动十个姑娘的心弦而自豪。是啊,她们的泪水好像洒落在他的肩上,而她们的香吻又如同是印在他的唇上。

他觉得自己比那十个同学都更幸福,因为他们每人只爱一个姑娘,他一个人却同时爱着十个姑娘。是的,他是通过"记忆"来爱她们的,然而,他感到从想象中获得的乐趣要比现实中汲取的幸福更多些。有的时候,他觉得自己才是实实在在的恋人,他的十个同学不过是自己的影子,自己的笔名,只是他不能签上自己的真名。他过去读到过,世界上许多伟大的作家在开始他们文学生涯的时候,都先用笔名发表文章,然后才突然将自己的姓名公之于众,一夜之间便从一个无名之辈变成了流芳百世的文坛巨擘。总有一天,他会写亲笔签名的情书,会有一个他喜欢的女性的!

当他的脑海里浮现出这种愿望的时候,他的心不禁怦怦直跳,他叹了一口气,自己是一个身无分文的穷青年,能付得起爱情的高昂代价吗?谈情说爱可不像在赛义迪亚中学似的可以享受免费。恋爱得花钱,至少也需要付半个皮亚斯买张邮票贴在他发给意中人的"存局待领"信的信封上。就是这点微不足道的钱,他也无法搞到。他可不能学其他同学的样,去向父亲要零花钱啊!

他的同学阿里·法塔希告诉他说,每次去看女演员安阿姆都要送她一瓶价值三镑钱的香水。花三镑钱去跟情人相会一小时?他父亲每个月的薪水总共才三镑钱哪!三镑钱,够他、他父亲和母亲三十天也就是七百二十小时的吃、住和交通的开销,而跟安阿姆待在一起一小时,竟然就得花上三镑!

赛义德·陶菲克每次去见舞女伊卜梯萨姆,不是买只手提包,就是买一件漂亮的连衫裙或者一块纱巾。赛义德说,他一个月在伊卜梯萨姆身上要花十镑钱,可是伊卜梯萨姆还说,这是她第一次爱上一个她不愿索取分文的男人!

对穷人来说,爱情的价格有多高啊!它像宫殿、华丽的轿车和昂贵的珠宝一样,只属于富人们所有。

那些在为免费教育、免费医疗大声疾呼的人们,他们忘记了在爱情对所有的人来说已变得像水和空气一样重要的日子里,还应添上一条:免费恋爱!

可是,他为什么要去爱女演员、舞女、歌女和淘金女郎呢?穷人应该爱穷人。那就让他去寻找一个穷家姑娘吧,找一个像他父亲似的修理厂工人的闺女,她不知道什么香水、纱巾、手提包和漂亮的连衫裙,而是像他母亲一样只穿一件长袍。可是,即便如此也需要花钱哪,他总得带她去一个远地方,避开人们的耳目,去金字塔街,或去吉齐拉街——那里有一条"长叹息"之路,得为她付电车票吧;也许她会要喝一瓶汽水,吃一块夹奶酪的小面包,也许想让他给买一条廉价的头巾,他从哪儿为她搞到这些钱呢?这区区几文就可能会把家里搞垮。他可以骗他父亲说需要钱买一本书,可是他从来没有向父亲撒过谎。如果他不得不用欺骗的手段去买爱情,那代价可就太高了……他父亲将会从他和妈妈的饭钱中一点一滴地省下来。

穆罕默德一想到为了自己能够与一个他喜欢的姑娘见面,母亲就将挨饿,便不由得不寒而栗,于是他抛开了真谈恋爱的念头,决定就这样喜欢喜欢爱情算了,满足于书面的谈情说爱,给那些他不认识的姑娘写写情书,他将从纸上尝到她们的唇香,通过她们信中的字里行间愉快地听那爱情的絮语。

谈情说爱就像去参观工农业展览会，只属于有条件办到的人所有，穷人应该创造爱情让有钱人去品尝，如同囚徒们做出了豪华的卧室家具让有能力的人去购买，自己却在柏油路和石板上睡觉一样。

他就满足于命运的安排吧，在自己的脑子里去爱那十个姑娘，做出佳肴自己不尝。穷人的权利是梦想，他就享受享受这个权利吧，何况他还不止有一个梦想，而是有十个梦想呢！

说到底，爱情究竟是什么呢？它是一个梦。为了享受这个梦，我们应当闭上眼睛。

穆罕默德对这种离奇的爱情很满意，他像一位耳聋的作曲家，谱写的乐曲自己听不见；像一个囚犯，做出了卧具，自己却睡在柏油马路上；像一家香水厂的工人，创造出世上最好的香水自己却闻不到；也像一个瞎子，在出席全世界遴选美人的比赛。

穆罕默德认为，只有他所缺乏的金钱，才能买来助听器聆听自己的乐曲，才能砸碎那剥夺他睡觉的贫穷牢房让他躺到爱情的床上，也只有金钱才能恢复他鼻子的嗅觉，又让他的眼睛重见光明。

可是，他怎样才能搞到钱呢？

金钱，有如经过巴德兰岛他家门口的快车，只停大站，不停小站，谁要挡它的道，就会被车轮碾死。

金钱，又如巴迪阿舞厅的舞女，她们只为富翁陪席，她们具有一种奇怪的感官，一瞥即能分辨出顾客中谁是穷困潦倒的破产者，谁是腰缠万贯的阔佬。

财神，敲着银行、储蓄所和百万富翁的大门，见了穷人就像躲避瘟疫一般逃得远远的。

财神，从未出过差错，他不会在众多的门牌前迷离恍惚，去敲一家穷人的门，因为穷人的家通常没有大门。

可是,有一天,财神居然来敲门了。

穆罕默德·阿卜杜·卡里姆为同学易卜拉欣·穆纳斯特利的恋爱所花的时间,要比花在其他九个同学身上的多。

每星期,他以他们每人的名义各写一封情书,而易卜拉欣呢,则坚要他每天写一封情书,有的时候,还要求一天写两封。

易卜拉欣的情人是他的邻居,两家紧挨着住,那姑娘是他的堂妹,同时也是他的表妹,可是,这对靠得很近的恋人之间,却隔着一段很长的距离,一段比其他九个同学与他们的意中人之间的距离都要长得多的距离!

穆罕默德身不由己地陷进了这场离奇的爱情之中,与其说这是爱情故事,倒不如说是一个旋涡。这对情人是在刀光剑影、剑拔弩张,相互诟骂、激烈对峙的背景下接吻的,他俩的爱情不是产生于诗情画意的气氛中,而是在风暴中诞生,在狂风中成长。落在他俩头上的也不是鲜花,而是霹雳!

这件事的最奇怪之处,是这对情人都住在扎马利克区,他们两家是近邻,却又是冤家对头,不仅互不往来,而且连一句话都不说,甚至敌对到了这样的地步:各家把对着邻家的窗子关上还嫌不够,又请来木匠把窗子钉死。然而,爱神拔掉了钉子,闯进了紧闭的窗户,当这两家大人在相互指控、连珠炮似地谩骂、怀着切齿仇恨的时候,易卜拉欣·穆纳斯特利和纳吉娃·穆纳斯特利却在拥抱。

易卜拉欣的父亲萨米尔·穆纳斯特利帕夏阁下,是福阿德国王陛下的侍从武官长,纳吉娃的父亲卡马勒·穆纳斯特利帕夏大人,则是前宗教基金大臣。这对亲兄弟年轻时,曾被人们引为手足情深的楷模,他们相亲相爱,情投意合,感情之深使他俩决定成家时一定要娶一对同胞姐妹做妻室,将来两家结邻而住,房屋的式样和颜色都一样,两幢房子之间不用墙隔开。后来,他俩常在一起生活,两家在萨米尔帕夏家吃了午饭,晚上就到卡马勒帕夏家去吃。卡马勒帕夏夫妻如被邀去参加一个茶会,他就会坚决表示,他的兄弟萨米尔帕夏没有被邀请的话他就不去。

两家生活宽裕,萨米尔帕夏的级别可以领大臣的薪俸,卡马勒帕夏作为前任大臣和上议员,他的退休金也等于大臣的薪俸。那两位同胞姐妹夫人,有一大份宗教不动产,由她们惟一的兄弟照管着,他为她们挣得了大笔收入。

突然,她们的这位兄弟去世了,掌管这份产业的职位空缺了。

萨米尔帕夏说,他最有资格掌管这份产业,因为他的妻子是姐姐。而卡马勒帕夏却说,他最有权掌管,因为他是长兄。

妻子们置身进来,支持自己的丈夫。

争论造成不睦,不睦发展为敌视,敌视变成了大战。

这场争执转到了法庭上,各家都聘请了埃及的名律师,而律师们一介入,这场大战就成了原子战争。

两家立即各筑起一道高墙,把自己的家同仇人的家隔开,所以他们中间隔着的不是一道墙,而是隔着两道堡垒似的高墙。

一家的朋友便成了另一家的敌人,萨米尔帕夏出席的宴会,卡马勒帕夏拒绝参加。卡马勒帕夏出入的人家,萨米尔帕夏决不登门。替萨米尔帕夏夫人做衣服的裁缝店,她的妹妹、卡马勒帕夏夫人决不与之打交道。为了不让两幢房子保持一样的颜色,各家很快把自家的墙另漆一种颜色。

人们本来以为,既然萨米尔帕夏是福阿德国王的侍从武官长,那他的哥哥将会加入萨阿德①的党。可是,卡马勒帕夏让大家失望了,他很快参

---

① 萨阿德·扎格卢勒(约1860~1927),埃及独立运动领袖,曾任埃及教育大臣、司法大臣。1919年组织华夫脱党。1919~1923年两度被流放。1924年出任内阁首相。1926年被选为下院议长。

加了福阿德国王为反对萨阿德·扎格卢勒而建立的联合党。卡马勒帕夏的朋友们对他的奇怪举动感到惊讶,可是卡马勒帕夏对大家说,他怕他弟弟萨米尔帕夏利用其宫廷职务对法官们施加影响,在那份产业的诉讼案上作出有利于萨米尔帕夏的判决,因此,为了切断他弟弟的路,他马上加入了国王建立的党。

法官们对这两位有权有势的兄弟,确实感到左右为难,他们既不能说服马立克派的教长,也无法说服罕白里派的教长,他们只能推迟审理此案,不作裁决。

易卜拉欣和纳吉娃在各自的家里长大,他们听到的都是辱骂、攻击对方的话。两家互扔泥块,散布流言蜚语,罗织罪名,百般丑化、诋毁对方。

按理说,世仇是代代相传的,父母亲在子女心中种下的仇恨种子,随着年月的流逝是会开花结果的。

有一天,易卜拉欣站在自己家的屋顶平台上,看见纳吉娃正站在她家的屋顶平台上。易卜拉欣还是在小时候见过她,这是他第一次看到已出落成一个大姑娘的纳吉娃,顿时,他把从父母亲那里听到的所有话都忘得一干二净,只觉得她光艳照人,容貌妩媚,充满了魅力。

他鼓足勇气,朝她微微一笑,出乎意料,她竟然也回报了一个笑容。

他俩开始不断地登上屋顶平台……

易卜拉欣很快把这件事告诉给了他赛义迪亚中学的同学穆罕默德听,穆罕默德坐下来给纳吉娃写了一封火一般炽热的情书。

易卜拉欣把信抄好,登上屋顶平台,把信裹着一块石子,按纳吉娃的手势扔进了卡马勒帕夏的花园。易卜拉欣扔的时候突然发现他被姨妈、卡马勒帕夏的夫人看到了。她冲着窗户嚷起来:

"不要脸的邻居朝我们扔砖头啦!"

纳吉娃赶快抽掉了石子外面的信,藏进胸前,接着装作很生气的样子走到她母亲跟前,说她看见易卜拉欣朝她扔砖头。

卡马勒帕夏夫人说,她坚信不疑易卜拉欣是受了他那有罪母亲的挑唆才朝她家扔砖块的!

卡马勒帕夏夫人拿着"砖头"去找丈夫,一路走去,这块砖头摇身一变,成了数十块砖头和石块,夫人告诉帕夏,扔砖头、石块的目的,是想砸死她的女儿纳吉娃!

卡马勒帕夏当即驱车来到扎马利克岛上的警察局,写了一份备忘录,把这次严重的侵犯事件记录在案,为了他和他全家的生命不受威胁,他要求他弟弟萨米尔帕夏做出必要的保证。

萨米尔帕夏听说儿子易卜拉欣扔砖击中了他侄女儿纳吉娃的脑袋,高兴极了,于是把易卜拉欣叫到跟前,给了他五镑钱,说道:

"你要是把砖头扔得更准些,我就给你十镑钱!"

当穆罕默德得知他代写的情书引起了这场风波,他认为"砖头"击中了刚萌芽的爱情,把它给扼杀了!

第二天,易卜拉欣兴高采烈地飞跑着来找他,递给他一封信,说道:

"这是纳吉娃的回信!她让她的弟弟、本校一年级的学生福阿德·穆纳斯特利带来给我的。"

穆罕默德读了纳吉娃的信,惊奇地发现他写的那封信居然在纳吉娃的心中燃起了火焰,"砖头"并没有置爱情于死地,恰恰相反,它像是给了那年幼的情人一个吻。

那对恋人一直偷偷地交换着书信,对他们双方父母的相互指责和造谣诽谤,仿佛压根儿就不信。

人心的本质,对于诬告总是不以为然,诬告只能在人们心中产生反作用。

真理,是惟一不需要辩护证人和证据的被告,它犹如穿越围墙的光明,又像吹进牢房的清风。

易卜拉欣、纳吉娃和小福阿德在听他们父母辱骂自己的叔伯、姨妈时,他们的感觉便是如此。孩子们不敢反对自己的父亲,也不敢推翻父亲做出的"不许表示不服,也不许上诉"的最后判决,但他们觉得,易卜拉欣与纳吉娃偷偷地相爱就是对这种令人窒息的气氛的反抗。

易卜拉欣和纳吉娃悄悄地拔下了钉在他们各自卧室窗户上的钉子,一到晚上,他们便锁上房门,熄灭电灯,静静地推开那关着的窗子,一方吹起断断续续的口哨,另一方就立即出现在窗前,在漆黑的夜色中,他俩久久地站着,如同两个黑影在相会。恋人们的心不需要光亮,热恋着的心会放出神奇的光芒,恋人们有了它便可以没有阳光或灯光。他们的眼睛惯于在黑暗中观望,传达信息、飞吻、言谈和欢笑,手势代替了悄声耳语,及至黎明,情书又补充着他们的绵绵情话。

穆罕默德对这场爱情既关切,又担心,他知道这是一场四面受敌的危险恋爱,他像个父亲,感到自己的儿子、女儿是在马戏团里走钢丝,稍一失足,其中一个或两个就会一道摔得头破血流。他感到,他为这场恋爱献出了自己的心血,因为他很清楚,是自己的文辞缔造、培育了它,给了它以交流心声的语言。

穆罕默德很高兴通过易卜拉欣与纳吉娃的爱情来反抗那些落后的反动势力和狭窄的头脑。他感到有趣的是,那两个敌对的父亲竟然没有觉察到就在他们针锋相对的鼻子底下发生着一个隽永的爱情故事,他们那种愚蠢的仇视和盲目的憎恨在两个年轻的恋人心中却产生了截然相反的作用。穆罕默德由此得出结论:年轻一代决不会继承上一代的宿怨旧仇、鼠目寸光,也不会沿袭他们幼稚的敌意和暴虐的裁决。他注意到,爱情在黑暗中要比在阳光下成长得更快,受到禁止的爱情要比合法的爱情更有滋味。如果我们对一对年轻人的爱情表示许可，那么，小伙子宁可去看电影而不愿到女朋友家里去。如果爱情成了一场战斗，那就别有风味了，这正像饮料中有一点苦涩味会更好喝，加了一点辣的菜比起淡而无味的菜要可口得多。

遭到反对、受到压制的爱情，对恋人们来说，具有一种可爱的刺激，它惊心动魄，令人陶醉，充满着迷人的冒险味道。遭受压制的爱情，只能悄悄地在黑暗中探路前进，它比王宫敞开大门欢迎的爱情更有生命力。疾速地一吻比堂而皇之地接吻更有趣。偷偷的幽会比合法的相会更引人入胜。健康的爱情犹如天才，备受煎熬才能使它萌发，遭受禁绝倒像是喂养爱情的奇妙食粮。爱情，每受到背后的猛击，并不会扑倒在地，反会向前迈进。

上面这些，是穆罕默德借易卜拉欣之口写入寄给纳吉娃情书中的话。

穆罕默德感到，他的语句在影响纳吉娃，女性的思慕应由她们的爱人来描述，美好的言辞在女性心中所起的作用，如同水分、空气和阳光，它们使花成长、抽叶、绽开，赐予花朵艳丽的色彩和馥郁的芳香。

穆罕默德描绘玫瑰花，自己却看不到、够不着也摸不到它们，这并不使他痛苦、烦恼，因为一个才华横溢的艺术家并不在乎要占有他所创作的美好作品，花匠种植玫瑰的花园虽不归他所有，但他却比花园的主人更钟爱园中的每一株花。

易卜拉欣和纳吉娃的爱情，随着时间在增长，他们已不满足黑暗中相望、在屋顶平台上打手势和穆罕默德代笔写的情书了。

易卜拉欣买了一条带钩的绳梯，半夜三更的时候，他把绳梯抛上围墙，让钩子搭住墙顶，然后攀上围墙，收掉绳梯，再把它抛向纳吉娃家花园的墙头，顺梯下到心上人等待的地方。纳吉娃穿着睡衣，乘父母亲不备，从卧室的窗户跳到附近的平台，她手里拿着拖鞋，踮着脚尖，屏住呼吸，一直来到花园的墙旁。

这扣人心弦的幽会,发生在星期六晚上,因为纳吉娃上学的利西亚教会学校星期天放假①。

穆罕默德对易卜拉欣与纳吉娃每周一次这样冒险幽会的时间是知道的,他到了星期六晚上也无法入睡,躺在床上辗转反侧,一直等到早晨在学校里碰到易卜拉欣,听到那对情人在紧张的冒险行动时没被"敌军"擒获,他才放心。

一个星期天上午,穆罕默德上学后,在校园里四下环顾,没有找到他的朋友易卜拉欣。上课铃响了,易卜拉欣还是没来。穆罕默德坐在课桌后,忐忑不安地望着教室门,易卜拉欣没有出现。穆罕默德试图宽慰自己,想来易卜拉欣不可能出事,纳吉娃的父母亲不可能在花园里逮住他,假如出了这样的事,易卜拉欣肯定会开车到舒卜拉区穆罕默德的家里去告诉他,征询他对这种棘手事情的处理意见。平时,易卜拉欣有点小事就找穆罕默德当参谋。但是,纳吉娃的父亲如果抓住了易卜拉欣,还能让他生还吗?卡马勒帕夏给穆罕默德的印象是野蛮的刽子手。卡马勒帕夏可以肆无忌惮地开枪打易卜拉欣,他只消说看见一个小偷摸黑溜进家来偷东西就是了;他也可以认为易卜拉欣朝他的花园扔砖头是犯了谋杀罪,抓住他送交警察时只要说易卜拉欣闯入家来是想杀人!这些帕夏们,碰到冤家对头时是会大肆渲染、夸大其词的,争吵起来是不懂什么叫君子风度的。帕夏的封号并不会使他们洁身自好,而只会让他们背离荣誉和道德的原则。

穆罕默德感到,他恨所有的帕夏,不管是他认识的还是不认识的。老百姓争吵很平常,他们吵吵嚷嚷,强词夺理,互相顶撞,但决计不会堕落到

---

① 埃及是信奉伊斯兰教的阿拉伯国家,机关、学校等单位的周假日均为星期五。

像帕夏们那样设圈套、搞诡计陷害他人的地步。

穆罕默德把自己看作争斗的一方,卡马勒帕夏抓住的是他,开枪打的也是他!仿佛是他穆罕默德在谈恋爱,是他的爱情被血泊淹没了!

正当穆罕默德在这样胡思乱想的时候,学监萨拉马先生进来说,校长先生要穆罕默德·阿卜杜·卡里姆到办公室去见他。

穆罕默德的心一下子凉了半截。他在赛义迪亚中学待了五年,从来没有进过校长办公室,校长不是因为事关重大或大逆不道的罪行,是不会召见某个学生的。

穆罕默德跟在学监萨拉马先生的后面趔趔趄趄地走着。萨拉马先生突然问他道:

"你干什么事了吗?"

"我什么事也没干过,也没违反过规章制度。您干吗问我这个问题?"穆罕默德惊慌地说。

"校长先生对我说:'马上把穆罕默德·阿卜杜·卡里姆给我叫来!'"萨拉马先生说。

穆罕默德觉得自己的两条腿发软,他的担心没有错,准是卡马勒帕夏在家里逮住了易卜拉欣和纳吉娃,易卜拉欣肯定被警察抓走,招认了全部实情,说他写给纳吉娃的情书是穆罕默德·阿卜杜·卡里姆代笔的。法律当然不会去碰王上侍从武官长的公子易卜拉欣·穆纳斯特利,替罪羊将是他穆罕默德!他将被戴上少年教唆犯的罪名送上刑事法庭,检察官将说,穷人的孩子总是怂恿富家高官子弟去作奸犯科。

穆罕默德蹒跚着走进校长室。

校长抬起那张皱着眉头正在阅读卷宗的脸,问道:

"你就是穆罕默德·阿卜杜·卡里姆吗?"

"是的。"从穆罕默德发颤的嘴唇间结结巴巴地吐出了这两个字。

校长从头到脚反复打量了他一番,说:

"前宗教基金大臣卡马勒·穆纳斯特利帕夏大人今天到我办公室来拜访了我。"

穆罕默德一听这句话,顿觉这间屋子在他眼前旋转起来,他竭力克制自己,控制自己的神经,只听见校长接着往下说:

"卡马勒帕夏让你上完课后到他家去见他。他的家在扎马利克岛贾卜拉亚街七号。"

这突如其来的惊人消息几乎使穆罕默德晕倒在地,他立即断定纳吉娃的父亲已经知道他代易卜拉欣给纳吉娃写情书的事了……

尽管穆罕默德竭力掩饰,校长还是看出了他惊慌的神色,于是问道:"你怕什么?"

怕什么?不怕如此骇人的事情还会怕什么?校长怎么想象得出他穆罕默德就要大祸临头了?

校长又说道:

"你怕什么?这是巨大的荣誉,是你也是赛义迪亚中学的巨大光荣!"

校长疯了吗?一个赛义迪亚中学的学生被指控为少年教唆犯,书写伤风败俗的情书,触犯了刑律,将被送交法庭,这算哪门子巨大光荣?

穆罕默德明白,校长根本就不知道叫他到卡马勒帕夏家去的原因。他怕泄露自己害怕的原委,便对校长说道:

"这是我有生以来第一次去见一位帕夏,所以感到有点害怕。"

校长哈哈大笑道:

"卡马勒帕夏可是一个非常风趣的人。"

非常风趣的人?穆罕默德读到过一段对一个刽子手的描写,说这个刽子手离开了他执行死刑的绞刑房,总是显得很风趣,他还从故事中知道,杀人如麻的旭烈兀①平时也是一个诙谐可亲的人。"

穆罕默德想对卡马勒帕夏的风趣笑一下,可是笑不出来。校长又说道:

"卡马勒帕夏今天来看我,要求阿拉伯语教师阿卜拉·拉乌夫谢赫给他的儿子、本校一年级的学生福阿德·穆纳斯特利补课,因为福阿德这门课的成绩太差。可是,阿卜杜·拉乌夫谢赫工作太多无法接受这项任务,于是他推荐你去帮助福阿德,给他补习补习阿拉伯语课。"

穆罕默德松了一口气,顿感心里一块石头落了地,血液循环又正常了,全身各个器官协调得像是在弹奏乐曲。

"帕夏每月给你一镑钱作为酬劳。"校长又说。

"每月一镑钱?"穆罕默德用嘶哑的嗓子喊出声来。

校长以为穆罕默德嫌这点报酬太少了,便对他说。

"这点钱不是工资,而是交通费。"

穆罕默德惊讶得合不拢嘴巴,直到听见校长对他说道:

"现在你回班里去吧。我希望你能证明自己无愧于学校的信任。"

穆罕默德转过身子,他忘了举手敬礼,忘了感谢校长的信任,也忘了门的位置,他不由得撞到墙,然后才走出了门。

穆罕默德离开校长室后,嘴仍惊奇地张开着。他觉得仿佛只是一转眼的工夫,便从断头台来到了宝座上。摆脱了少年教唆犯的罪名,被选中去担负只有老师才能完成的任务,这些都没有什么奇怪的,令他吃惊的是,这么一大笔钱居然会从天而降。

一镑,也就是一百个皮亚斯,一年十二镑,即是他父亲四个月的薪水,共一千二百个皮亚斯整,可以买二万四千张邮票,或二百四十张工农业展

---

① 旭烈兀(1219~1265),成吉思汗之孙,曾消灭伊朗、伊拉克的伊斯兰政权,建立伊儿汗国。

览会的入场券。

他长这么大，手里从没有放过一镑钱。他将不仅可以摸到它，而且可以放入自己的口袋里了。那将是他的钱，归他支配。不过，他能用这笔巨大的财富来干些什么呢？他可以买一双新鞋，换掉他脚上这双百孔千疮的旧鞋，可以买一身黑色新衣服，取代他穿了五年的惟一旧衣裤，它原来是黑颜色的，时间久了现已成了土灰色；他将去参观工农业展览会，到游乐场去看看舞女尼阿玛特·法赫米，他一直想看看她，观赏一下他那些幸运的同学作过精彩描绘的她的身段、舞姿和引人注目的一切……

这一镑钱还会剩下几个皮亚斯，供他花在爱情上，这爱情是他描写过却未见到，幻想过但没有接触，歌颂过而无缘享受的，它将变得实实在在，而不再停留在笔头上纸张里。

突然，穆罕默德受到了良心的谴责，他沉醉在这意外之财的时候忘了他不应忽视的事情，他忘记了母亲，忘记考虑给母亲买一件新衣服，取代她那件又旧又破的衣服，自从他小学毕业以来，母亲就没有添过衣服，她的旧衣服穿的时间太长，补丁加补丁，原来的颜色、式样和尺寸都模糊不清了。他真是个不孝儿子，只想到他并未见过的赤身裸体的舞女，而忘了他母亲身上穿着满是窟窿挡不住寒气的衣服。这自天而降的财富怎么竟使他懵懂得看不到自己对父母应负的责任呢？莫非金钱让人变了心肠？钞票会吸尽人心中的情义？那些冷酷的富翁原先也是跟我们一样的人，但一旦发了财，就不讲道义了，他们有眼无珠，有耳不闻，心如铁石，毫无感情。

他过去曾经以为金钱是人们借以观看的眼睛，是使废墟变成宫阙的魔杖，金钱能让悲惨不幸的人快乐无穷。那等待着他的一镑钱蒙住了他的眼睛。一镑钱，可以让他的父母每星期吃上三次肉，父亲被迫戒烟难受得够呛，这下也可以恢复抽烟了。他还能买一张床，让父母亲睡，他们原

来那张床,在他拿到小学毕业文凭的时候,就让给他用了,而他们自己一直打地铺睡。他曾表示反对,母亲却说:

"帕夏的公子易卜拉欣到你房间看你,总不能让他看见你睡在地上啊!"

穆罕默德决定把舞女尼阿玛特·法赫米、娱乐场、工农业展览会、新衣服和他向往的爱情,统统忘掉,到月底就把那一镑钱交给母亲,她想怎么花就怎么花吧。他要从中扣下三十个皮亚斯作为到卡马勒帕夏家去的车费吗?不,他不想留下三十个皮亚斯,那一镑钱他将全部交给母亲,到卡马勒帕夏家去,他可以步行,从吉萨车站乘车去卡马勒帕夏家这段距离,走路只要半个小时。他要把这三十个皮亚斯的车费省下来给母亲,再说在尼罗河边走走也是一种很好的体育锻炼啊!

从校长室回五年级教室的路上,穆罕默德头脑里想到的就是这些。走进教室在自己的座位上坐下后,他仍在盘算着那一镑钱,无法集中精力听历史老师讲述拿破仑·波拿巴的胜利。他迫不及待地期望着下课,好赶快去给他的朋友易卜拉欣打电话,把校长交给他去纳吉娃家的任务告诉易卜拉欣。

下课铃一响,穆罕默德马上去给易卜拉欣打电话,把发生的情况告诉他。易卜拉欣立即高兴地说道:

"这真是一个了不起的消息!这就是说,我的情书可以通过你交给纳吉娃,而不用小福阿德转交啦!"

穆罕默德勃然大怒,他气冲冲地说:

"我有我的尊严,我决不充当传递情书的邮差角色,我同意代你给纳吉娃写情书,但写信是一码事,送信是另一码事。"

易卜拉欣在穆罕默德的怒气面前让步了,说道:

"你知道,福阿德替我送信给纳吉娃,他早晚会明白我爱纳吉娃,纳吉娃也爱我。而你有一次对我说过,你是很当心的,不该让她弟弟知道的事,信中就不写。"

穆罕默德傲然说道:

"福阿德干不干这件事,随他的便。我要是有个姐姐叫我给她递情书,我准宰了她!"

易卜拉欣诧异地说道:

"可是,你却同意给十个姑娘写情书。这些姑娘人人都有兄弟,你不愿意替你姐姐做的事,怎么倒同意给她们做呢?"

穆罕默德一时语塞。他的确感到,自己写信的方式是二十世纪的,思维方式却是十八世纪的。然而,他无法解释这个从未静下心来考虑过的矛盾。他又固执地说道:

"福阿德干不干这件事,有他的自由,但是我得尊重我将要进入的那个家庭,应该维护那家人对我的信任,相信我是一个可靠的人。"

"我原谅你,"易卜拉欣笑了,讥讽道,"在你的心里,巴德兰岛的生活和赛义迪亚中学的生活之间是有矛盾的。你用巴黎人的方式写信,却用上埃及人的方式思考。你还没有踏进纳吉娃的家门,已经开始在为纳吉娃吃醋了,进了她家之后,你又会怎么做呢?我怕你会像我的伯父卡马勒帕夏一样对待我呢!"

穆罕默德没有回答这个问题,他也不知道自己该怎么做。

穆罕默德来到卡马勒·穆纳斯特利帕夏家门口,出乎意料。门房对他说:

"帕夏不在家。"

穆罕默德感到失望,无可奈何地转身准备离去。

"你叫什么名字?"门房叫住他问。

"穆罕默德·阿卜杜·卡里姆。"

门房说道：

"对了，穆罕默德·阿卜杜·卡里姆。帕夏吩咐过，让你在客厅等他。"

门房在前面引路，带穆罕默德登上大理石的宽台阶，揿了一下装在镶有铜板的玻璃大门上的铃。一个努比亚籍①仆人像接受寄给帕夏的邮包似地把穆罕默德接了过去，领他走过一间间摆设着精致古董、挂满漂亮画幅的宽敞厅堂。穆罕默德的双脚踏着豪华的地毯，走进了一间大客厅。面对着那些铺着绸缎的镀金椅子和闪闪发亮的波斯地毯，他不知所措地站着。那仆人丢下他走了。

穆罕默德站着打量起这些讲究的镀金椅子来，似乎有些疑惑：这些好看的椅子是用来坐呢，还是专门作为摆设让人远远地观赏的呢？

他还没有选中一张椅子坐下来，就听得背后传来轻轻的脚步声和衣服的窸窣声，鼻子闻到一股袭人的香味。他转过身来，看到了一个姿容秀美的姑娘，他还从未见过这样漂亮的女性呢！她就像他在同学那里不花钱看到过的登在杂志上的女电影明星。这会儿，他觉得要看清这姑娘的全部娇艳、妩媚和魅力，自己的一双眼睛已不够用了，真想有一千双眼睛把面前的秀色看个够。

他看到那姑娘嘴上挂着甜蜜的微笑，不免迟疑起来，是往后退，还是朝前进？

他看到那姑娘向自己伸出手来，说道：

"我是纳吉娃·穆纳斯特利。"

穆罕默德惊奇得张开了嘴，他的舌头不灵了，想找话说，又不知说什

---

① 指住在尼罗河第一瀑布以南至苏丹喀土穆一带的居民，人口约 160 万，分布在苏丹北部和埃及南部。

么好。费了好大的劲儿,才忐忑不安、犹犹豫豫地蹦出几句结结巴巴的话来:

"不可能……不可能……你不可能是她……我知道纳吉娃·穆纳斯特利,对她很了解……我知道她已经好几年了……你……你不是纳吉娃·穆纳斯特利!"

穆罕默德一边看着面前的纳吉娃,一边往后退。

她是纳吉娃?简直不可思议。站在他面前的这个姑娘,要比易卜拉欣放在口袋里带给他看的那张照片上的姑娘漂亮一千倍。他在照片上看到的是一个天真、文静的小姑娘,而面前的纳吉娃却是一个惹人喜爱的成熟女性。那张照片可太委屈了她,没有摄下她的女性本色,只有她脸部的一个轮廓。现在,他第一次看到她全身,一个用雪花石膏雕琢成的身躯,洋溢着青春的活力和诱人的魅力。她身上的一切:耳上挂的钻石耳环、手上戴的宝石戒指、腕上套的金镶玉嵌的手镯,都闪烁着光芒。易卜拉欣口袋里的那张褪了色的照片,根本显不出她那奇妙的金发。照片与她本人相比,实在是大为逊色。

过去,穆罕默德倒是见过女人足上的金脚镯、胸前的金项圈和手上的金镯头,但是纳吉娃秀发的金色却不同一般,它也许就是二十四K金的成色吧,是真的会发光的金子,穆罕默德仿佛听见她头上的金子在叮当作响。

他在《早晨》杂志的封面上看到过舞女尼阿玛特·法赫米的照片。他所有的同学都在作文里描绘过这个舞女,他们说,这个动人的舞女对两样东西是不会说"不"的,那就是美酒和男人。穆罕默德当时曾以为尼阿玛特是世上最漂亮的女人,然而,应该说,他现在看到的才是世上最漂亮的女人,一个活生生的人,而不是《早晨》杂志的封面照片。

纳吉娃请他坐下,他却没有听见。他正在心中把她跟舞女尼阿玛特作比较。大家说，尼阿玛特对两样东西——美酒和男人不会说个"不"字，他认为，他对纳吉娃的一切不会同时说"是"和"不"。纳吉娃仿佛在召唤他，又像是在拒绝他，邀请他又驱逐他，她衣冠楚楚却又显得一丝不挂，她静静地站着，浑身上下又像是在舞动。他为人代笔，给姑娘们写过上千封情书，他写信的时候，仿佛在跟她们喁喁私语，抚摸她们，跟她们接吻、拥抱。可是，这会儿，他第一次跟一位姑娘单独待在一间屋子里。这是一个什么样的姑娘啊！他过去见到过的姑娘，不外乎舒卜拉区胡同里穿着裹身长袍的妇女，坐在电车妇女车厢里的女乘客，或躲在漂亮小轿车里一掠而过的富家女眷。纳吉娃跟她们都不相同，她不是一个用泥捏成的普通女人，而是用玫瑰做成的，她的一双眼睛，也跟他看到过的从面罩后露出的或藏在透明面纱后的女人眼睛截然不同，她眼睛的颜色很奇特，既非绿色，也非蓝色，而是绿中带蓝，蓝中带绿，宛如尼罗河水的色泽，清澈、深邃，显得恬静，充满魅力，那里散发出一种暖意。她的眼睛像一张舒适的暖床，人们的目光都喜欢在上面卧躺。

纳吉娃又一次邀请他坐下。

穆罕默德不知该怎么坐……要不要掏出白手绢铺在椅子上，免得那昂贵的绸缎被他的旧裤子坐脏？突然，他发现纳吉娃的眼里露出一种命令的神色，使他受了磁感应似的身不由己地在她指定的地方坐下。

他听见纳吉娃口气温和地说道：

"家父因为要出席一个重要的会议，很抱歉没有能等候你。他委托我接待你，跟你商量一下，请你每天来一个钟点，替我弟弟福阿德辅导阿拉伯语功课。"

纳吉娃停住了，没有提到那一镑钱。穆罕默德觉得自己置身在美的圣殿里，在这样的场合提物质和金钱的事是不妥当的；他感到，要是他把那一镑钱的问题提出来，那就像是亵渎了这块专事礼拜的地方。

他发现纳吉娃在细细地打量自己,尽管她竭力掩饰自己的目光。他注意到,她对他裤子的审视超过了对他脸的端详,这使他很尴尬。她也许在数他裤子上的补丁,在观看他长高以后母亲不得不把他裤子加长一段缝上去的线脚。他不由自主地看了一眼自己的裤子,不觉大为惊慌,原来他忘了扣上裤子门襟的纽扣了,在学校上完厕所出来匆匆赶到卡马勒帕夏家来,忘了扣上裤子上的纽扣,他走过好几条大街,穿过好几个广场,裤子门襟就一直开着,一路走来也没有人提醒他注意这种有失检点的行为。穆罕默德赶紧扣好扣子,他的脸涨得通红,臊得直冒汗。

纳吉娃看到他的窘相,放声大笑,说道:

"我弟弟福阿德也老是忘记扣裤门扣子。看来,赛义迪亚中学的学生敞开裤门是一种时髦。"

她的笑声很可爱,穆罕默德觉得它像是一块擦去他汗水的手绢,也像是洒在他头上的花露水,使他从吓得发昏的状态中苏醒过来。接着,他又惶惶然了,因为他感到纳吉娃的笑声又像是她替他扣裤子纽扣的手指。

纳吉娃又笑着说道:

"我要感谢你让裤子门襟敞开着,这说明你很重视赶来与家父见面。你好像是位哲学家,我的表姐夫跟你一样,也是一位哲学家,他总是丢三落四。一次买了两张票陪我表姐去看电影,走到电影院门口他才发现把票子忘在家里,于是便回家去拿,再赶来时影片都快放完了。有时压根儿就忘了再回来,就让我表姐在电影院门口等着。我表姐对他忘记电影票的事十分恼火,他答应她以后绝不再忘,嘴里整天念叨着'电影票……电影票……电影票……'。那天他要我表姐在约定的时间到电影院门口等,说他将从办公室直接回家,换换衣服就到电影院门口去找她。表姐威胁他说,要是他不守约就离婚。到了约定的时间,表姐夫带着两张票子喜笑颜开地到了。表姐挺高兴,这是他生平第一次没有忘记电影票。两人进了电影院,表姐夫脱下大衣,只听得表姐一声惊呼:他的确没有忘记电影票,也没有忘记电影开映的时间,但却忘了穿长裤!"

穆罕默德笑了,那样子倒像是在哭。

然而纳吉娃打断了他的笑声,说道:

"感谢真主,你还没有忘记穿长裤!"

穆罕默德的脸又一次红了。使他吃惊的是,纳吉娃谈论这些他认为令人难堪的事时一点儿也不脸红,她似乎没有感觉到自己谈论的话题,是他穆罕默德认为女人们不应该谈论的犯忌讳的事情……这些姑娘家,究竟是怎么回事?

纳吉娃的大胆并没有使他感到不安,相反,倒消除了他原先的拘谨感,他开始能够控制住自己,也能够管束住自己紧张的神经了。他第一次由衷地笑出声来。

这时,穆罕默德才感到自己在椅子上坐舒服了。起初他对这椅子感到很生疏,只是勉勉强强地坐下,椅子似乎硬邦邦的,坐在上面神经也挺紧张,生怕挪动分毫。这么长的时间,他一直坐在椅子边上。纳吉娃笑过之后,他的屁股才往里挪了挪,坐踏实了,他因为发笑,脊背也就靠在了椅背上。他刚觉得这样坐挺舒服的时候,就听得纳吉娃说道:

"家父告诉我说校长选中了你,我就想见见你。关于你,我常听人谈起,对你的一切也都很了解,你或许没有想到吧!"

穆罕默德听纳吉娃说她对他的一切都很了解,不觉身子在椅子里僵住了,心也停止了跳动。他想大喊一声,但是喊不出来;想细问究竟,舌头不听使唤;想琢磨一下,脑子跟身体一样又僵又木。易卜拉欣从没有告诉过他纳吉娃知道他些什么,而她却说对他的一切都很了解,这是他没有想到的。她到底知道些什么?

他故意不去看她的眼睛,免得被她的美貌搞得神魂颠倒。他眼睛看

着屋里的地毯,说道:

"校长先生当然会把他从教阿拉伯语课的老师阿卜杜·拉乌夫谢赫那里听到的有关我的事情告诉给帕夏大人。"

纳吉娃的小手拨弄着脖子上项链的珠子,说道:

"我不了解阿卜杜·拉乌夫谢赫的看法,但是知道易卜拉欣谢赫的意见。"

穆罕默德现出目瞪口呆的神情。纳吉娃又微笑着说:

"我是指我的表兄易卜拉欣。他告诉我说你是个恋爱专家,我很欣赏有经验的男人。"

穆罕默德张口结舌说不出话来。难道告诉她,她是他生平第一次与之谈话的姑娘吗?他要是说了真话,就会失去她,他却不想失去她。说假话,她迟早也会发现他在恋爱方面是个生手。他想,还是不说为妙,于是便默不作声。

"我欣赏谦虚的学者。学者们通常总不说自己是学者,无知的人才声称他们是学者。我希望你跟我谈谈你的经验。你喜欢哪一类型的女人?褐色皮肤的还是洁白红润的?高个子还是矮个子?埃及人还是外国人?热情奔放的还是冷若冰霜的?"纳吉娃又说道。

穆罕默德愣住了,一位埃及的名门闺秀竟然问他这样的问题!他们见面才一刻钟,她就把这一连串问题都提了出来。天哪,要是他与舞女尼阿玛特幽室对坐,她会问些什么样的问题?他问自己,纳吉娃干吗把易卜拉欣称为"谢赫"?难道他为易卜拉欣代写的那些火一样的情书倒使易卜拉欣显得像个老头?每个星期跳一次墙,便证明易卜拉欣老了?易卜拉欣跟她的接吻方式竟然使她把他放入了老头的行列?如此强烈的爱情都不能让纳吉娃感到满足和欣赏,在她心目中只是年高德劭的大学者们的爱情吗?

这位芳龄不过二十的年轻姑娘想要什么样的爱情呢？

穆罕默德想起他每周要给十个姑娘写信这件事，便从容地说道：

"我的看法你是不会欣赏的。"

纳吉娃就像是个逊位的女王，用伤感的语调说道：

"我知道你的看法，你喜欢褐色皮肤、矮个子、文静的姑娘。"她提到的特色，正好跟她的特色相反。

穆罕默德本来可以告诉她，他喜欢的正相反，这样便可以让纳吉娃重登宝座。可是，他说：

"我不能够只爱一个女人。光是褐色皮肤的姑娘是不够的，她必须配上皮肤洁白红润的姑娘。光是埃及姑娘也不会让我满意，必须有一个欧洲姑娘来弥补埃及姑娘的不足之处。热情奔放的姑娘在冬天是可爱的，但是到了夏天，我们都渴望冰淇淋。每个女人各有所长，味道也不一样。我同时爱着十个姑娘。"

纳吉娃钦佩地望着穆罕默德。

穆罕默德继续戏谑地说道：

"我多次试图只忠于一个女人，可是办不到。女人就像水果，男人难道能只吃一种水果吗？女人又像飞禽，有的像鸽子，有的像小鸡，有的像火鸡，有的像鹅，有的像鸭。男人喜欢变花样，换口味，他不能每天吃鸡，也不能每天吃兔子。"

穆罕默德很怕纳吉娃问他这些肉的味道和相互间的差别，因为他这辈子只在喜庆节日吃过肉和兔子。然而，纳吉娃没有问他，她已经被这位新唐璜[①]迷住了。

[①] 唐璜是英国诗人乔治·戈登·拜伦(1788～1824)长篇叙事诗《唐璜》(1818～1823)中的主人公。

穆罕默德希望回避这个棘手的话题,开始谈起了他的好友易卜拉欣。然而,纳吉娃却坚持要他谈谈跟那么多女人交往的经验。

穆罕默德迫不得已,只好把他代他们写情书的那十个同学的恋爱故事一个个地讲给她听。他夸大其词,添叶加枝,描绘了许多不曾发生过的惊险情节和事件。讲到易卜拉欣的情况时,他很快地使之改头换面,听上去跟纳吉娃的恋爱故事大相径庭。

穆罕默德撇下听得出神的纳吉娃,准备离去了。纳吉娃一再叮嘱他别忘了按时来给她弟弟福阿德辅导。她说:

"明天我等你。别忘了时间。"

穆罕默德出门的时候,对自己的所作所为感到吃惊。他不知道干吗要撒这么多的谎?他受到了良心的责备,觉得自己像个骗子,吹了半天自己并不具有的本事。不过,他又觉得,这也是惟一能用来抵御她迷人魅力的办法。一个赤手空拳的人碰到一个拥有世界上最强大武器的对手会怎么做呢?要么投降,要么设计相骗。他选择了后者,这是他从当农民的祖辈那里继承下来的办法,手无寸铁的农民碰到了全副武装的暴虐者,总是采取这样的手法。

农民欺骗地主是为了活下去,农民欺骗土耳其血统的帕夏是为了免挨帕夏的鞭子,农民欺骗外国入侵者是为了避免他们报复。

美色,有时就像专制的暴君,使人们的心火烧火燎似的,就像鞭子抽在脊背上。穆罕默德凭着他那土生土长的聪明,感到这个姑娘是在拿他寻开心,因此他也戏弄了她;她想吃掉他,反被他吃掉了;她想让他屈服于她的威力之下,他便子虚乌有地声称自己拥有一个宝座。他的堡垒是纸糊的,是用那些情书搭成的,一旦遭到真刀真枪的进攻就必然得投降。但他这个贫家子弟还有点气概,他作了抵抗。他想起了易卜拉欣,想起了他代易卜拉欣写的那么多的情书。假如他不撒那些谎,吹嘘自己有迷惑女人的本事,那么,他肯定会跌进纳吉娃的怀中,也可能是跪倒在她的脚下,从此听凭她像摆布易卜拉欣似的摆布他。易卜拉欣爱她那么多年,她为易卜拉欣而向家庭挑战,易卜拉欣因为要与她相会每星期都在拿生命冒险,而她现在却不想听见他的名字。这一切只是因为她听易卜拉欣说他穆罕默德是个恋爱专家。

这次见面给穆罕默德上了一堂新课,是他与十个姑娘通情书的过程中不曾学到的。

男人们喜欢情窦初开的姑娘,姑娘们却爱慕阅世深的男人。女人喜欢新衣裙、新鞋子、新大衣、新皮货、新手镯,但又总是喜欢"半新半旧"、懂得情爱的男人,喜欢那种周围群女拥簇却又被她攫夺到手的男人。

穆罕默德现在知道了,这个女人实在是奇怪。他在跟纳吉娃谈话之前,原先以为她会问他成百上千个有关易卜拉欣的问题,相爱的人只对自己恋人的消息感兴趣。可是出乎穆罕默德的意料,纳吉娃根本不关心易卜拉欣的消息。

穆罕默德在书上读到过,妇科医生对他面前赤身裸体的女病人并不感到刺激,他看她就像面包师傅看他烤的成千上万只面包,他决计不会想把这些面包都吃下肚去,相反,他由于老与面包打交道,往往吃得很少,宁可吃根葱和几只橄榄也不愿吃面包。

想到这里,穆罕默德感到悚然。这就是说,纳吉娃对男人是很有经验的,易卜拉欣并不是她生活中的第一个男人,作为一个阅历丰富、经常冒险的女性,她在情书中隐瞒了自己的真相。那么,她为什么要询问他的爱情奇遇呢?他的爱情奇遇之多为什么会让她感兴趣?当他声称他同时爱着十个姑娘的时候,她为什么会神不守舍呢?女人如同爱情小说所说,是有经验的,她们不喜欢经验丰富的男人,而只对初出茅庐的男人感兴趣。然而，一个纯真姑娘又像绵羊，会在豺狼的逼视下失去自己的意志。

在穆罕默德看来，纳吉娃是豺狼，同时又是绵羊。她的身上似乎集聚着女人的全部矛盾，妇人和女孩，女王和女奴，放荡的女性和纯洁无邪的姑娘，正面人物和反面人物，均兼而有之！

穆罕默德得替人写封情书给修女学校的女生。写这类信本来最容易不过，可是，刚写了几行他就发现，他不是在给修女学校的女生写信，而是在给纳吉娃写信。他把信纸撕了，又重新写，可是写不下去。他发现纳吉娃的形象印在洁白信纸的上下左右，还印在墙上，她的影子躺在他的床上。穆罕默德仿佛被她从四面包围住了，她的香味还留在他那只跟她握过手的手上，留在他的鼻中和他的脑海里。她的形象出现在他眼前，笼罩着他的身心。她说的话，在他耳际回响，犹如一张唱片在旋转，转个不停。他打开的每一本书里，都有她的形象存在。

尽管如此，他还是不了解她。纳吉娃如同一段乐曲，我们受了感染，却不理解那用外文写成的词句的含义，只能让曲调代替词句，通过旋律来理解含义。纳吉娃注意的是他穆罕默德还是易卜拉欣？她是欣赏他还是在嘲笑他？当他把自己说成是个唐璜的时候，她是信以为真还是假装相信，实际上是为了狠狠地奚落他？

她说，她了解他的一切，这可是他没有想到的。比如说，他是个机车修理厂穷工人的儿子，住在一间终年不见太阳的房间里，到她家去不是因为她长得美，不是为了教人学阿拉伯语，也不是为了他的朋友易卜拉欣，而仅仅是为了那一镑钱！这些，她能明白吗？纳吉娃是否像他把自己吹嘘成的那种恋人形象：喜欢变花样、换口味，如同集邮爱好者收集邮票似的在罗致各种人物？在她的集邮册里，已经插满了帕夏子弟、名门豪富人物的邮票,是否还有一个空位置是留给一个穷工人的儿子的？这些,就是她说"我欣赏有经验的男子"的原因吗？

穆罕默德搞不清自己对纳吉娃究竟是喜欢还是讨厌？是他欺骗了她还是相反？他是把她奉为一位女神来崇拜还是当作一个魔鬼在诅咒？他时而喜欢她,仿佛她是个守护神;时而又怕她,似乎她是头可怕的野兽。男人怎么能对一个女人既追求又想回避？怎么能既顺从又反对她？怎么能觉得她缔造了许多东西、培养了丰富的感情,同时又扼杀了许多东西、毁灭了大量的德行？他与易卜拉欣间的牢固友谊,已经受到她的破坏,尽管他还爱易卜拉欣,但程度已不如与纳吉娃见面之前了,也可能他已经不再爱易卜拉欣,而只是怜悯他,因为他与纳吉娃一起已从思想上和愿望上背弃了易卜拉欣。

思想上的背弃是犯实际叛逆罪的前奏。他应当抵制纳吉娃,给她上一次有关美德和尊重誓约的课。然而,他怎么能够一面声称自己同时爱着十个姑娘,一面又为"忠诚"进行辩护呢？

突然间,穆罕默德感到羞愧。这个姑娘玷污了他,夺走了他的大丈夫气概和君子风度。于是,他立即到浴室去洗澡。母亲感到奇怪,因为今天不是穆罕默德通常洗澡的星期五。他避开母亲的目光,生怕母亲看出他眼睛中罪恶的痕迹。他想洗个澡,自己便会变得纯洁,将会洗净充斥他灵魂的邪念,消除他手上的香水味儿。

洗完澡,他感到舒坦了些。接着,他抬手凑近一闻,纳吉娃的香水味儿依然存在。水和肥皂没有能除去他手上的香味儿,也没有能消除他的犯罪感。他又去洗了一遍,想把纳吉娃残留在他心目中的污垢冲净。洗了两遍,不但仍然无济于事,而且反觉得第二次洗澡后纳吉娃的香水味比第一次洗澡后更甚,弄得满鼻子都是,像是钻进了他的皮肤里面。水和肥皂已不起作用。

他看看表,发现已是深夜。这是星期六的晚上,是易卜拉欣每星期逾墙去见纳吉娃的夜晚。这会儿,易卜拉欣已与纳吉娃相见,正在接吻、拥抱。易卜拉欣把纳吉娃紧紧地搂在怀里。过去,每逢星期六晚上,穆罕默德总对上述的情景感到陶醉,今晚,他为什么竟如此焦躁不安、烦闷苦恼呢?

过去,穆罕默德想象易卜拉欣接吻时嘴唇甜得像蜜,今晚,他觉得易卜拉欣的嘴上带有剧毒。过去,他想象易卜拉欣在拥抱时整个身子都会感到有一种奇妙的乐趣,今晚,他觉得易卜拉欣的拥抱犹如一把利刃刺入了他的胸膛。他在战栗,牙齿直打架。这一刀刺得他胸、背,总之周身上下都感到疼痛。以往,纳吉娃张开双臂拥抱易卜拉欣时,他总觉得是在拥抱自己,今天,他怎么看那张开的手臂就像是十字架,自己被钉在上面?是什么使自己变了,往常的美梦竟成了噩梦,舒畅成了苦恼,乐趣成了折磨和不幸?他是为纳吉娃而对易卜拉欣心怀妒意?纳吉娃今晚与易卜拉欣相会会谈到自己吗?她会把他裤子纽扣没扣的丑事告诉易卜拉欣吗?现在,他沉浸在痛苦、烦恼之中,而他们两人是否正在纵情发笑,取笑他?纳吉娃是否已从他的眼中看出他迷上了她,知道他说的恋爱经历全是假话,现在正在挖苦他这个自诩为唐璜的毛头小伙子呢?易卜拉欣是否将要在同学中出他的丑,把纳吉娃谈到他的话到处张扬?

穆罕默德无法闭上眼睛。他觉得自己遍体鳞伤,鲜血直淌。他希望天快点亮但又盼慢些亮,他翘企太阳升起又祈求太阳别出来……他想到学校去,从易卜拉欣那里听听纳吉娃说了些什么。

他在学校里看到易卜拉欣的时候,感到很难为情,他不敢看易卜拉欣的眼睛,也无法首先开口。

易卜拉欣满面春风地朝他走来。穆罕默德的心直跳,他担心易卜拉

欣的笑是从那裤子的丑事引起的。易卜拉欣说道:

"纳吉娃把你们见面的情况都告诉我了。"

穆罕默德没有吭声。他闻到了灾难降临的气味,赶紧把右手插进口袋,免得易卜拉欣闻出纳吉娃的香水味儿。

"纳吉娃挺佩服你,说你是最好的阿拉伯语教师。她发现,你比她利西亚学校的老师还强!"易卜拉欣说道。他把从纳吉娃那里听来的他俩之间的谈话讲给穆罕默德听。

穆罕默德愣愣地站着,纳吉娃凭空编造了一场压根儿没有过的对话,说他俩谈到了阿拉伯语、阿拉伯文学,说易卜拉欣·穆纳斯特利是世界上最了不起的青年。

穆罕默德又从纳吉娃身上发现了一个他不了解的新特点,原来她是一个优秀的剧作家,能把他没有说过的话安在他嘴上,把他没有听到过的语句变成她说的话。她只字未提他们关于爱情的谈话,最重要的是她隐瞒了他的裤子丑事。

易卜拉欣看见穆罕默德眼中的惊愕神色,问道:

"你惊奇什么?"

穆罕默德控制住了自己,仿佛参加了纳吉娃的编剧工作似的,他说:

"纳吉娃的记忆力使我惊奇,我说过的每个词她都记得。"

"因此,她将成为一个优秀的学生。她告诉我说,她将要求她父亲,让她跟福阿德一起请你给他们上阿拉伯语辅导课。我对这个好主意也非常赞同。"易卜拉欣说。

穆罕默德大为震惊。纳吉娃居然向她父亲提这样的建议,并告诉了易卜拉欣!他心里对易卜拉欣又同情又可怜。我们总是同情受了我们骗的糊涂虫,憎恨那些蒙蔽我们的坏蛋。穆罕默德感到,纳吉娃的父亲卡马勒帕夏是个好人,纳吉娃的情人易卜拉欣也是个好人,也许所有的男人都是好人，所有的女人都是坏人，他自己可能也是好人。纳吉娃在戏弄他，如同她戏弄自己的父亲和情人一样。她谈到的这件事很可能是编造的，如同她编给易卜拉欣听的他俩昨天的谈话一样。然而，穆罕默德心里的这些怀疑在年轻人的骄傲面前却未能坚持多久：纳吉娃为什么不可能真的钦佩他呢？女人在恋爱的时候会变成一个天才，在憎恨的时候又会变成一个疯子，天才与疯子之间不过一线之差。

女人为了克服困难，敢于披荆斩棘，赴汤蹈火。爱情砥砺着她的全部天赋，欲望使她拥有新的才智。爱情和欲望像是打开她才能宝库的钥匙，也像是一根魔杖，会创造出谁都想不到甚至她本人也未能料及的奇迹来。

正因为如此，纳吉娃能够在短短几个小时内做许多事：让她父亲相信她的阿拉伯语不行，穆罕默德是最棒的阿拉伯语教师，并让她的情人易卜拉欣相信，穆罕默德当她的阿拉伯语教师是符合他易卜拉欣的利益的，又让易卜拉欣热心此事，让他来说服穆罕默德担任这项新工作。

穆罕默德在小说里读到过，女人是危险的，然而，当他亲身接触这种危险的时候，他没有想到女人竟危险到了这样的地步：一个年轻的姑娘有本事发明、创造、杜撰、撒谎、表演、说服他人、制订计谋，把聪明人变成糊涂虫。

对这样行事的女人，穆罕默德倒也并不仇视。我们对那些因为我们而犯有种种罪愆的女人是尊重的，对那些为了别的男人而犯有一桩过失的女人却很鄙视。穆罕默德觉得自己对纳吉娃更加喜欢，也更加钦佩了，他像是发现了她许多新的才华，她，比所有的女人都高明。

穆罕默德第二次去辅导。

穆罕默德注意到，这次他们没有到上次那间大客厅去，而是走进一间小房间，里面放着一张精致的书桌。纳吉娃告诉他，这是他教阿拉伯语课的屋子。

穆罕默德说他很高兴,因为她没有把裤子的丑事告诉给易卜拉欣。

纳吉娃带着甜蜜的微笑说道:

"我想让你知道,说女人不会保守秘密,纯粹是那些自己保不了密的男人们炮制出来的谎话。"她用眼角瞟了他一眼,接着又说:

"不过,我相信你跟其他男人不同,你能够保密。"

"只有小孩子才多嘴多舌。人长得越高,舌头就越短。"穆罕默德说道。

纳吉娃一面把他从头到脚又从脚到头打量了一番,像是在量他的身高,一面说道:

"这也许就是我选中你的原因。你长得真高,比易卜拉欣高。你知道吗,易卜拉欣比我还矮!来,让我们看看你比我高多少。"

纳吉娃站起身来,拉住穆罕默德的手,面对面站着,靠得很近很近。穆罕默德感到两人的气息都掺合在一起了,有一股奇妙的电流传遍他的全身……突然,纳吉娃往后一退,然后若无其事地走到书桌旁,她仿佛没有闻到他的气息,没有听见他剧烈的心跳声,也没有看出他目光中流露出来的强烈欲望。穆罕默德身子靠近她的时候,仿佛是在做梦,他感受到的她毫无觉察……她的眼睛里,邪魔的神色已经隐没,骤然之间便显得天真无邪、纯洁真挚。

纳吉娃平静得出奇,她用圣徒的声音说道:

"我想请你教会我背诵《古兰经》。"

听到《古兰经》三个字,穆罕默德一阵战栗。他仿佛见到了魔鬼一下子便转过来要去觐见真主了!无论她说什么,他都有准备,就是这三个字他没有想到。这三个字猛烈震撼着他,使他从美梦中惊醒。

这年轻的姑娘想要对他干什么?刚才灌了他一杯威士忌,紧接着又让他喝一口渗渗泉①的水,她带着他从夜总会一下子转到了清真寺,使他被情欲和敬畏真主的感情拉来扯去,在娼妓和圣女之间摇来晃去。

他想摆脱这种奇怪的局面,不要摇摆不定,把同一个女人看成既是舞女又是修女。他敛住气息,仿佛他刚跑完了天地间的距离,问道:

"你弟弟福阿德在哪儿?他为什么不来上阿拉伯语课?"

纳吉娃眨了一下眼睛,那样的眨眼只有魔鬼才会,说道:

"福阿德在看门,因为今天我的女佣休息。"

对纳吉娃的古怪举动,穆罕默德实在不理解。

如果纳吉娃真的要上宗教课,那她刚才干吗紧靠着他站?干吗要她的弟弟小福阿德看守他们两个坐着的这间房间,让他一有陌生的脚步声靠近就吹口哨?她怎么能够从一个卖弄风情的女子突然变成一个圣徒?

他看过人称"千面人"的大明星朗·沙尼的影片,纳吉娃难道是个"千面女郎"?要么是他自己想入非非,他以为纳吉娃在同他调情,而实际上她讲的是真心话;他以为纳吉娃在诱惑他,而实际上她确实是想上宗教课。或者,她想考验一下他对他的朋友易卜拉欣的忠诚?

如果她的用意确是如此,那么应当说,他没有经受住这次考验,他不及格,而且不得补考。

她是否觉得这样捉弄他、玩弄他的感情很有趣?她点燃了他的欲火,然后又浇灭它,使他生而复死,快乐而后不幸,用矫揉造作的肉感挑逗他,然后又用装模作样的天真让他死心。

贵族小姐是否就是这样,还是所有的女人全是这样?爱情对她们说来,就像跳新英格兰舞,女伴向前跨一步,接着后退两步,自转,又向男伴

---

① 麦加天房附近的水井中的水。穆斯林认为,渗渗泉是真主的恩赐,它的水是圣洁、吉祥的。

进三步。穆罕默德要是向着纳吉娃进一步,她立即就会退两步。

穆罕默德坐在她身边,觉得自己得了一种奇怪的冷热病,冷得直哆嗦,热得在发颤。纳吉娃对被她撩拨起来的这些冲动,似乎没有感觉到。她问他道:

"你听说最近的一个笑话了吗?"

她告诉他首相办公厅主任阿里·马雷先生最近在内阁里被破格擢升了一级。有些官员对此表示反对。

一位官员对持反对意见的同僚说:

"阿里·马雷有资格获得这样的擢升,因为他有一张迄今为止任何一个埃及人都没有拿到过的文凭。"

官员们诧异地问:

"那是一张什么样的文凭?"

"那叫 B.I.S 文凭。"那位老练的官员回答。

官员们都很惊讶,他们听说过世界上各种各样的文凭,可从没有听过 B.I.S 文凭。

那位熟悉内情的官员说道:

"你们可真傻!B.I.S 文凭就是伊斯梅尔·西德基的女儿①的证书啊!这也就是说,他娶了首相的女儿啦!有了这张文凭,他不光有资格升一级,而且有资格升十级!"

穆罕默德被这个笑话逗笑了,与此同时,他又感到奇怪:纳吉娃干吗不早不迟在这个时候讲起笑话来?他因为拿额外的津贴而处于一种奇特的、令人难堪的地位,这跟首相的女婿获得提升有什么关系?他发现纳吉娃笑啊,笑啊……她笑,是因为他的心死了;她笑,是她体会到她给他打开

---

① B.I.S 是 Bint Ismail Sidqi 三个词的词首字母,亦即"伊斯梅尔·西德基的女儿"之意。

天园的大门,接着又突然关上,把他送回地狱的时候他受尽了折磨。

他有个愿望,要以其人之道还治其人之身,也刺她一下,哪怕是用根别针戳她一下也成,以报复她刺伤他心的一刀之仇。他强笑道:

"获得B.I.S文凭的只是一个人,而获得或将获得B.W.A.S文凭的,人数只怕比小学毕业生还多哩!"

纳吉娃好奇地问道。

"B.W.A.S文凭是什么意思?"

"前宗教基金大臣的女儿①啊!"穆罕默德答道,似乎在强调一个人所皆知的事实。他往椅背一仰,很是得意,他为自己受她的侮辱报了仇,心想他故意羞辱了她,她准会恼火。不料,她并没有生气,却是笑着对他说道:

"这个笑话真妙!就凭这,我应该赏你一个吻,这是我证明它精彩的证书,也是一张讨人喜欢的博士文凭。"

穆罕默德准备接受她双唇签发的"文凭",便凑近身子,不加思索地伸过嘴去。

纳吉娃突然往后一退,说道:

"我给你开一张证明,说明我吻了你。你知道,文凭不是写在嘴唇上,而是写在纸上的。"

他觉得纳吉娃给他兜头泼了一盆冷水,他开她的玩笑,受到了她的反击。她使穆罕默德自己成了笑柄,即使不令人可怜,也让人觉得可笑。

每个回合,都输给了纳吉娃,穆罕默德很恼火。她设下罗网让他跌进去,然后又伸出手去救他,他刚要脱身,她又把他重新推入网中。

---

① B.W.A.S是Bint Wazir Al-Auqaf Sabiqan四个词的词首字母,意为"前宗教基金大臣的女儿"。

他见过足球明星马哈茂德·穆赫塔尔·塔特希的踢球技术。塔特希在对方队员面前像跳舞似的,忽进忽退,声东击西,对方队员往往在观众的哄笑、讥讽声中跌倒在他跟前。

纳吉娃对穆罕默德玩的花样,跟塔特希一样,她把球带到他附近,接着又一脚踢得远远的;她让他误以为球在他的脚下,而实际上控制球的却总是她。他的心,便是纳吉娃在玩弄着的球,她用脚踢,用鞋子拨弄,在她的头部和脚尖忽上忽下。他刚觉得他的心顶在她的头上,却又发现这颗心已被她踩在脚下。

穆罕默德像踢输了的球队,感到痛苦。这是次惨败,10∶0!他故意做出粗野的动作,说她的情人比小学毕业生还多,然而,她对此并不光火,而是继续玩球,一次次地射门,接连破网。

他干吗不发扬一下运动员风度,承认输球呢?他第一次踢球,就碰上了世界强队,这是他第一次情场探险,很像一个过去在胡同里看过用袜子捆成球的比赛的观众,竟想参加奥林匹克足球赛!

他要是年纪大上几岁,经验稍微多一些,就会拱手认输。失败了,能认输,倒是一种胜利;硬撑面子,不肯服输,那就更惨,更加丢人现眼。一个不虚心的失败者,总是自欺欺人,他闭着眼睛不看事实,缺乏理智到了不相信现实逻辑的地步。他为自己编造了一套理由,指责裁判不公正,为自己的失败百般辩解,就是不去找自己的失误。这样,初战失利便会导致一败涂地。穆罕默德便是这样,他假装一本正经地对纳吉娃说道:

"要不是我爱易卜拉欣,我本来是能吻你的。为了女人而出卖朋友算不得是个男子汉!"

穆罕默德想,这下可对她扔了颗炸弹,准把她炸得粉身碎骨,血肉横飞。他痛痛快快地报了仇,给她上了一堂伦理道德课。

纳吉娃微微一笑,说道:

"这正是我喜欢你的原因,穆罕默德。你最美好的品格就是你能顾及朋友的权利。"

这表扬使穆罕默德烦躁,他宁可她骂他几句。他把自己枪里的子弹都打在她身上,她却似乎回答说:"好极了!你打得真棒!"她的祝贺表明连一颗子弹都没有打中她,要是他的子弹都打在她身上,她还能活吗?还能赞扬说他打得高明吗?再说,他并没有朝她开枪,而是朝她扔了颗炸弹,可是被炸碎的不是她,而是他自己。

他没有吭声,仿佛是在捡散落在屋子四处的碎片。他看到面前的断肢残臂不是纳吉娃的,而是他自己的,是被他扔到纳吉娃身上去的炸弹炸飞的。

纳吉娃把自己的椅子挪近穆罕默德身旁,打开面前的一本书,说道:

"来,我们开始上宗教课吧。我们并没有浪费时间,你不是给我上了一堂友谊课吗?我想,宗教是主张尊重友谊的。"

穆罕默德瞥了一眼她打开的书,说道:

"这不是宗教书,这是本《罗密欧与朱丽叶》!"

"它讲的是爱情的信仰,"纳吉娃一面翻书,一面说,"所有的宗教书都主张爱。《圣经》里说:'主即是爱。'我跟你一样,也信仰爱情,爱人的人是向人们心灵馈赠礼品的使者。爱情使心灵纯净。爱情中有天园,也有火狱;有礼拜,也有祈祷;有时心情舒畅,有时得自我节制。背弃爱情的人,一生受人唾骂,终日惶惶不安。他们就像叛教徒,行尸走肉,胆战心惊地过日子,因为他们失去了信念,失去了赖以支撑的栏杆。

"我看待爱情如同看待宗教,我认为我的身体就像圣坛。我喜欢易卜拉欣,可是,他吻我时,我却觉得烦恼。

"吻,犹如洒落在圣殿里的酒滴,它玷污圣殿,弄脏了讲经坛。我信奉高尚的爱情、纯洁的爱情,它不应被性生活、接吻、拥抱和欲望亵渎。恋人相会,应当圣洁如祈祷。我在寻找一个修士,他走进我的圣殿前先脱下鞋子,洗净了他的欲念。我曾经希望你就是我寻找的修士,可是,我发现你企图用你的鞋子——我指你的嘴唇——来玷污我的圣殿。"

穆罕默德坐着眼睁睁地听纳吉娃在向他说教,讲述高尚爱情的优点和庸俗爱情的弊端,他像是在聆听一个苏非派教徒布道,这个苏非派教徒穿着天蓝色的连衣裙,上身隐约可以看到细棉织制的胸罩,连衣裙质地透明,披露出身体的一部分,那是所有的宗教都禁止入人眼目的。

这姑娘可真怪!她像一台留声机,播放宗教布道的唱片,当它从令人肃然的说教转到悦耳的舞曲时,却又似乎毫不作难!

跟她在一起,穆罕默德感到困惑。她究竟是个诵读祷词的娼妇,还是个卖弄风骚的修女?她并没有一定的逻辑,也没有前后一致的立场。她似乎想把穆罕默德推进夜总会,可是,他刚想一睹里面的裸体人物,便发现她已把夜总会变成了圣殿;他正准备净手祈祷,又看到圣殿重新变成了夜总会。她的性格并不稳定,仿佛是娼妇加贤淑,舞女加修女,既庄重又淫荡,既像圣洁又好卖俏。每次,当他伸手抓住了她的一种性格,张开手一看,却总是另一种性格。

穆罕默德如同喝醉了酒似的走出纳吉娃的家门,对她的双重性格捉摸不透,待在她身旁,他感到陶醉,如同酒徒杯酒在手;离开她后,又感到头疼欲裂,正像酒徒酩酊大醉后的次日会头昏脑涨一样。各种各样的想法像锤子似的撞击着他的脑子。纳吉娃真的信奉纯洁爱情?如是,她干吗要挨近他,跟他比身高?干吗要紧贴着他,让他闻到她的气息,使他心神荡漾,不由自主地想要去吻她?

他决定往后不到她家去了。可是,第二天的同一时刻,他又去敲她家的大门了。

这一次,她迎接他时不像个风流女郎而像个修女了。她没有穿那件袒胸露臂、裙边高过膝盖的透明衣裳,而是穿着一套黑衣衫,领口紧闭,袖子长及手背,裙摆拖到脚踝。她的发型一变而为垂在背后的两条长辫。浑身上下,都显得天真烂漫,纯洁无邪。

跟这样的她在一起,穆罕默德感到自己一下子变得规规矩矩了,她呢,也变得庄重。纯洁、真挚的情感,如同放纵、淫荡一样,是会传染的。男人的情感,往往是一面镜子,反映出跟他们亲近的女人的情感。贤淑的妇女能使狼变成羊,放荡的女人则能使纯洁的天使变成恶魔。女人的眼睛、嘴唇、精神、步履、顾盼、目光,以及她女性的节奏,无不像一只高声呼叫的扩音器,不是在召唤祈祷,用信念和礼拜使你受到震撼,便是在叫男人唱魔鬼的歌,按照节拍跳舞!

男人总是需要听到召唤才行动起来的。可能有的男人耳聋,听不见呼叫,也可能有的男人经验丰富,能听到蚂蚁爬动的声音,悄声细语在他们的耳边会变成惊天动地的雷鸣。这便是人与人的不同之处。有的人听见召唤便响应,有的人听不见,或听见了不理解,或理解了却被别人捷足先登,先跑到扩音器那里去了。

穆罕默德端详着一身新装束的纳吉娃,心里想道:天真烂漫和纯洁无邪犹如一幅杰出的艺术作品,确实能吸引一些人,不过,他们只会敬重地伫立在画前,不会想用手去抚摸它,也不想把它带到自己的床上去。他们钦佩但不崇拜,尊敬却不爱慕,他们不会把画中的女人选作自己的媳妇,自己也决不想娶她。如果他们属于为艺术而艺术派,那就会娶她了。但也只是想把她同家里的其他摆设放在一起,仿佛它是条礼拜毯一般。

穆罕默德觉得自己并不拥护为艺术而艺术流派,他不需要一条礼拜毯,他需要另一个纳吉娃,一个充满魅力、动人心弦的纳吉娃!

不一会儿,纳吉娃就坐到了他的身边。

他望着纳吉娃的眼睛,使他惊骇的是,那原有的天真烂漫、纯洁无邪的神色已无影无踪,每只眼睛里都仿佛有好几个魔鬼探出身来。

刹那间,她的眼睛已不是一条礼拜毯,而成了一张舒适的床。他的祝祷仿佛突然应验了,修女不见了,坐在她椅子上的是一个风流女郎。

过了一会儿,他又看看纳吉娃的眼睛,发现它们又是那样的天真烂漫、纯洁无邪。她说变就变的本事,从一个极端转到另一个极端的速度之快,真让穆罕默德惊讶不已。

突然,他看见纳吉娃摸弄着辫子,朝他倾过头来,脸上现出妩媚、迷人的笑,悄悄地对他说道:

"我有件私事托你帮忙,这件事希望不要向别人透露一个字!"

穆罕默德被这件要他保密的事情所吸引,说道:

"我以名誉担保,你说的话决不让第三者知道。"

纳吉娃靠得更近了,以致穆罕默德感到她身上的芳香透过那遮得严严实实的衣衫散发出来,充塞着他的鼻腔。她又说道:

"对易卜拉欣也不说?"

"当然,对易卜拉欣也不说!"穆罕默德的口气热情洋溢。他揣测,纳吉娃将揭开他俩爱情关系的序幕了。

"我知道,我写给易卜拉欣的信你都看过,易卜拉欣写给我的信在寄出之前你也看过……"纳吉娃说。

穆罕默德不吭声,他仿佛不愿意暗地里背弃自己的诺言。纳吉娃接着又说道:

"我发现,易卜拉欣最近的一封信跟他过去所有的信件都不同,有一种不寻常的语气,爱情的调门比以往都高,似乎每个词都火烫火烫的,每个句子都在燃烧,整封信就像一场爱情的大火。"

纳吉娃停住不说了。穆罕默德也默不作声。纳吉娃说得对,他给她写最近这封信的时候,心儿随着每个字眼跳动。在过去的信中,他只是塞进一些他并不理解的绵绵情话,而这一封信中他倾注了那使他憔悴的全部情爱,字里行间蕴藏着他战栗的心情和全部的疑惧,他通过信纸表达的热吻,反映了他对纳吉娃的真实思念。他生平第一次不是凭空想象而描述爱情,这封信里的字字句句,都包含着他的泪水和梦想,带有他品尝过的爱情滋味和他看到过的令人难受的色彩。信里有郁悒和希望,痛苦和舒畅,受到阻难时的忧伤和一帆风顺时的欢乐。

纳吉娃又说道:

"你当然看过我最近写给易卜拉欣的信,跟他那封火热的信相比,我的信简直像一只冰箱……像一块冰。"

穆罕默德想恭维她,说道:

"不,你的信写得很棒……"

不等穆罕默德说完,纳吉娃便用手指捂住他的嘴,说:

"你别撒谎,也别恭维我。你的阿拉伯文很好,你是能够判断的,如果跟他那封精彩动人的信相比,我的信简直是空话连篇。我想请你代我给易卜拉欣写回信。我相信,你要是写情书,那准精妙绝伦。"

穆罕默德大吃一惊,这个奇特的要求完全出乎他的意外。他竟然被委托去做一件世界上最稀奇古怪的事情:代人写情书,再写回信,自己既是写信人又是收信人,他给自己写信然后又给自己写回信,岂不成了疯子吗?!

使他感到痛苦的,与其说是为纳吉娃代笔写情书,还不如说是纳吉娃选中他代笔的本身,这就像是纳吉娃对他说:"你是超然的。"没有比一个超然的人更不幸的了。易卜拉欣曾告诉他,阿比丁王宫里的阿加[①]帕夏是宫中惟一超然的人物。纳吉娃居然挑选他穆罕默德·阿卜杜·卡里姆来

---

① 阿加,意为太监、宦官。

充当卡马勒·穆纳斯特利帕夏府上的阿加帕夏!

这一选择,使他痛苦不堪。

他想推辞,可是纳吉娃却硬要他接受。

他一面竭力控制住自己的神经,一面说道:

"可是,这件事非常难办。我怎么能了解你对易卜拉欣的感情,把它在信上表达出来呢?"

纳吉娃就像一个小孩希望玩一件新玩具似的,说道:

"我每天把要对易卜拉欣说的话告诉你,你把意思写进信里,信里要有热情、爱情和火焰。"

穆罕默德感到自己的心里火烧火燎,他似乎很想知道她对易卜拉欣的眷恋之情,说道:

"可是,我得知道你喜欢易卜拉欣些什么,才能在信里集中写出你欣赏的特色来呀!"

纳吉娃略作思考后,说道:

"我最喜欢的是他的文雅,他知道挑选什么颜色的西服料来配他的肤色,也知道选什么样的领带来配他的西服。"

穆罕默德一愣。他第一次听说,女人喜欢一个男人是因为他的西服和领带。穆罕默德本来以为女人爱一个男人是由于他的性格、英俊的外表、健美的体魄、青春年少、地位、智慧、思路敏捷,等等。

他不以为然地说道:

"你喜欢易卜拉欣只是因为他的西服?男人的全部价值仅仅在于他们所穿的西服,那真是太瞧不起人了!"

"男人服饰讲究,证明他有完美的鉴赏力。"纳吉娃反驳说。

"那你最好去爱一个裁缝,为男人们选择西服料颜色的通常总是裁缝。"穆罕默德笑着答道。

"我比利西亚学校的女同学强多了。"纳吉娃直截了当地说道,"她们人人都喜欢汽车。舒舒爱上了一个拥有一辆别克牌汽车的男孩子,咪咪喜欢一个开雪佛兰汽车的小伙子,让姬姬倾心的是一个拥有罗尔斯·罗伊斯牌汽车的男人,还有其他的同学也一样……她们在学校里消磨时光,就只谈论什么汽车最棒,而不是什么样的男人最好。"

"也许有朝一日姑娘们会根据男人们的鞋子来爱他们。"穆罕默德揶揄道,"这种风气一旦流行起来,我就得去买一双新鞋了。原先每个女人要找个丈夫,将来,她们就只去找鞋子了。"

纳吉娃的头靠穆罕默德的头更近了,她大声地笑着。只听得一声口哨,她顿时止住了笑。

她迅速地把自己的椅子挪开,离穆罕默德远远的。

走进来一个中等身材的男人,他戴一副金丝边眼镜,蓄着大胡须。纳吉娃立即迎上前去,投入他的怀抱,拥抱他,亲他。

那男人笑容满面。纳吉娃带他走近,指着穆罕默德说道:

"这是阿拉伯语老师穆罕默德·阿卜杜·卡里姆先生。"

接着她又指着那男人说:

"这是我爸爸,卡马勒·穆纳斯特利帕夏大人阁下。"

穆罕默德上前,向帕夏问候。帕夏瓮声瓮气地说道:

"纳吉娃说,你是世界上最了不起的阿拉伯语教师!"

穆罕默德谦逊地低下了头。帕夏接着说:

"我最近发现,她有生以来第一次在吟诵阿拉伯诗歌。这真是一件了不起的事情!"

穆罕默德愕然。阿拉伯诗歌?他踏进这家大门以来,还从未讲过一节诗。

帕夏点点头,庄重、从容地说道:

"这很了不起。为此,我决定每月奖给你两镑钱而不是一镑。"

穆罕默德好容易才镇定住自己,没有被那两镑钱惊昏过去。他原先期望校长许诺过的那一镑钱能增至一百五十个皮亚斯,现在一下子能得到两镑钱,要多得多了!

纳吉娃立即指着窗外说道:

"隔壁想要他去给他们的儿子辅导,每月给他三镑钱。"

这新的谎言使穆罕默德感到突然,让他吃惊的还有纳吉娃根本不提她叔父萨米尔·穆纳斯特利帕夏的名字,而只称他为"隔壁",把那个跟她在花园里幽会的易卜拉欣叫做"他们的儿子",从而使她蒙在鼓里的父亲以为,她不想被仇人的名字弄脏了嘴。

那个庄重、平静的卡马勒帕夏骤然间变得激愤起来,像疯狗似的叫道:

"你要是进那家的门就别到我家来!一个知情达礼、有教养的青年不应该跟那些下流坯、卑鄙家伙、狗东西和最低贱的人混在一起。你听着,穆罕默德贝克①,我每个月给你五镑钱,条件是不许你踏进那些流氓的家门!"

穆罕默德被这五镑钱弄懵了,仿佛是五百万镑钱自天而降,落到了他的身上。更让他大感不解的是,他竟然成了穆罕默德贝克。

帕夏骂骂咧咧地走了,仿佛在向他的弟弟侍从武官长萨米尔·穆纳斯特利帕夏阁下扔土块。

帕夏刚走出房门,穆罕默德便诧异地问纳吉娃道:

"你怎么说的全是谎话?"

纳吉娃一面朝穆罕默德俯过头去,一面答道:

---

① 贝克,奥斯曼帝国爵位名,后一般用于尊称。

"不为你撒谎,还为谁撒谎呢,亲爱的?"

"亲爱的"三个字在穆罕默德听来,就像一声炮响。亲爱的?这世道是怎么回事?一转眼工夫,"贝克""五镑钱""亲爱的"接踵而至,这样抬举他,他的神经可实在受不了!

穆罕默德有一种强烈的愿望,想吻吻她,以表示感谢,不是为了那五镑钱,而是为了"亲爱的"这三个字。

然而,纳吉娃没有给他表示这种感谢的机会。就在这时,一条小白狗跑进屋内,纳吉娃当即朝它跑去,把它抱在怀里,说道:

"来,亲一下,亲爱的。"

此时此刻,穆罕默德方始明白"亲爱的"三个字的含义。他走出门去,去给他自己写情书。

穆罕默德继续给纳吉娃上课,他的疑惑也始终存在。纳吉娃的阿拉伯语并无长进,穆罕默德对纳吉娃又越来越搞不明白。纳吉娃像一门学问,我们钻研得越深,就越感到自己知之甚少。

纳吉娃看到他脸色苍白,缺乏睡眠而显得形容枯槁,便焦急地问他是否病了。他否认自己有病,但知道这是在骗她。他得了一种奇怪的病——爱情疟疾。疟疾病人的症状不是体温忽而高忽而低吗?他同纳吉娃的关系也正是这样,具有疟疾的一切症状,他终于被折磨得鸠形鹄面。清晨,他决定不去纳吉娃家了,可是,随着时间一个小时又一个小时的过去,他爱情的温度不断升高,思念也更强烈。等到了约定的时间,他就像得了热病似的,不由自主地往她家里跑。

每次相见,他总觉得跟纳吉娃亲近了些,可同时又隔得更远;他抓住了她,可又让她从手心中滑走。他眼前像有一台天平在晃动,他的手压住一头,它就往下沉,手一松它又翘起。

然而,她肯定是爱他的,要是不爱他,就不会建议跟他比身高,也不会让她父亲每月付他五镑钱。有一次,穆罕默德问她干吗这样做,她的回答就像是给他的幻想一记耳光。她说,她想提高他的收入以酬谢每天为她代笔给易卜拉欣写情书。

叫他给易卜拉欣写情书,真让他心烦意乱、备受折磨,仿佛是他用小刀在割自己心口的肉。一个正在热恋的人,每天要以他心上人的名义给自己的情敌写情书,这是何等的受罪!这天早晨,父亲看见他心绪不宁,便随口念了一句当地俗语:"脊背当桥梁,只能任人踩。"难道父亲觉得他穆罕默德对纳吉娃弯腰曲背太多,纳吉娃因此要把脚踩到他背上来了?当他向父亲告别时,父亲又送了他一句俗语:"手斧不能用,可以使锯子。"

他父亲讲话常常引用俗语。可是,这句俗语适用于什么场合呢?它是出自父亲之口的格言、忠告,还是父亲为摸黑走路的儿子点燃的一根蜡烛?

这句俗语震撼了他的心灵深处。既然"手斧"对纳吉娃不奏效,那他就应该用"锯子"!今天,他要到纳吉娃那里去,抓住她的头发吻她的嘴唇,不,不光是吻她嘴唇,还要吻她的脖子、耳朵、眼睛和头发,要紧紧地搂抱她,拥抱时要抓住她的胳膊,使她无法动弹。

他将听从父亲的劝告,要用"锯子"了!他在小说里经常读到跟有些桀骜不驯的女性打交道,软语款款、迎合迁就是不起作用的,要使她们就范,只能采取强制手段。也许,出身名门望族的富家女就像富裕的大国,求告乞怜的语言根本没有用,她们只听实力的声音。穆罕默德要对付的不是一个普通女性,而是一个暴虐的女人,她的一切,包括她的姿色和魅力,都透出专制的味道。

他一定得向她扑去,如同民众扑向暴君一样,当她以为她施加于他的屈辱已被他心甘情愿地接受下来的时候，他应向她发起突然袭击。眼看着这楚楚动人的美色却不能享受，这是何等的屈辱！她向他打开了天园的大门，当他想伸腿踏进去领略一番的时候，她又立即把门关上。他已经不像一开始那样，有五镑钱便觉得自己挺富有，而是感到自己比过去更穷了。他以每个月五镑钱的代价出卖了自己的灵魂。他坐在巴德兰岛自己家的椅子上，感到不舒服，而过去多少年里他坐得挺安适，但是，他已习惯于坐卡马勒帕夏家那张用昂贵、考究的绸缎做面子的镀金的舒适椅子了。他生平第一次感到他在巴德兰岛上的家太小，简直无法容身，房子是那样的脏，味道又是那样的难闻。

是纳吉娃成功地让他离开了他的阶级？他去教她阿拉伯语，而她却使他懂得了贵族生活？他是用她的眼光在观察一切，把他床边的五号煤气灯同她家里的巨型枝形吊灯相比，把铺在他卧室里的席子同卡马勒帕夏家那种脚踩上去会陷进去的波斯地毯相比。

他真有点像他在小学《阅读指南》中读过的故事里的乌鸦，想模仿孔雀，受到乌鸦们的非议，又为孔雀们所蔑视。

纳吉娃干吗要这样捉弄他？易卜拉欣从未说过，纳吉娃曾像对待穆罕默德似的对待过他。纳吉娃为什么要如此对待他穆罕默德呢？是因为他一贫如洗？这就是富人们喜欢用来对待穷人的办法吗？富人们把珍馐佳肴放在大饭店橱窗里，用透明玻璃隔开，不让穷人们伸手摸到它们。他们用贵重的珠宝打扮自己，让穷人们看得眼花缭乱。他们乘坐漂亮的轿车，让穷人们望洋兴叹。

难道他的罪过就是因为他爱上了一个不属于他那个阶级的人？爱情莫非如同王家典礼一般，得论资格，讲礼仪，像他父亲所说"眼睛总高不过眉毛"吗？

这种种屈辱，纳吉娃每天下午对他玩弄的那种把戏，为她和易卜拉欣代写情书,他都再也无法忍受了。他要以自己的真名给纳吉娃写信,要收到真正的情书,他不希望纳吉娃对待他就像对待她那条"亲爱的"小白狗。

他将通过"锯子"来获得这一切。他铸成大错的是没有在第一次见面的时候便向她扑去,把她抱在怀里,他受得了她的耳光和她的侮辱。他父亲引用的一句俗语说得好:"人们问法老:'有谁比你更专横?'法老说:'我未见一人敢与我抗衡。'"

只有奴隶才制造暴君。穆罕默德事事沉默,致使纳吉娃飞扬跋扈。如果她第一次试图让他卑躬屈膝的时候他就奋起回击,那她早跪在他的脚下了。与胆大相比,忍耐要我们付出的代价更大。忍耐者的眼泪比从战士的伤口流出的鲜血更令人痛苦。在穆罕默德的想象中,假如福阿德国王要尼亚齐·舒克里辞去首相职务的时候,舒克里便断然宣布共和,那么,王权就会垮台,暴政就会崩溃。可是,事实上,内阁成员们却进宫去在王宫典礼簿上一一签名。

穆罕默德与尼亚齐·舒克里何其相似。每次,纳吉娃把他从心上赶走之后,他总是在她府上的贵宾册上签上自己的名字,而且是天天签名。

然而,从今天起他将不这么做了,他要使用"锯子"。他月底拿到的那五镑钱还分文未动,他要像个民众代表似的到暴虐的纳吉娃府上去,把那五镑钱扔在纳吉娃脸上,以此来扫除横亘在他俩之间的贫富障碍,尔后再把她紧紧抱住,一个劲儿地吻她。

穆罕默德昂首挺胸地走进纳吉娃的家,他意志坚定,满怀信心。可是,他一看见纳吉娃穿着一件蓝色的、遮不住多少身体的衣服走进来,便忘了自己是民众代表,忘了民众的要求和他所作出的决定。她那使人神魂颠倒的容貌,迫使穆罕默德一动不动地站着,既不能去拥抱她,也不能去吻她。

纳吉娃双手捧着一个大纸盒，一面递给他，一面说道：

"这个给你。"

穆罕默德莫名其妙地看着这只用漂亮彩色纸包好的盒子，问道：

"这是什么？"

"你打开自己看吧。"纳吉娃答道。

穆罕默德抖抖索索地打开盒子，发现里面放着一件上装、一条裤子、一条领带和一件衬衫。他更加诧异了。

纳吉娃接着说道：

"我今天到希库里勒商店去，为你挑了这身西服，配上这根领带。我希望你能欣赏我的审美观。"

穆罕默德呆呆地坐在椅子上，不知说些什么好。纳吉娃离奇的举动使他哑口无言。

是纳吉娃突然发现，他的衣服配不上她的地位，因此给他买了这身漂亮的西服？

是她怕他褴褛的衣服弄脏了她家里的精致家具，为了保持昂贵家具的整洁，她才给他买了这身干净的衣服？她这样做，是否同那些绅宦人家对待乡下用人似的，先把他们从农村带到城市，送进澡堂洗个澡，然后再让他们换上一身跟名门望族、富商巨贾门庭相配的新衣服？

他穿着那身破旧的廉价衣服，她就无法爱他，所以才送给他一身贵族子弟的衣服，让他显得跟她表兄易卜拉欣一样风度翩翩？

是他那身寒碜的衣服使她不愿意吻他，她好像是在跟衣服拥抱，而不是跟衣服里面的身子拥抱？

是她觉得他穷愁潦倒、一筹莫展，所以才向他伸出援助之手？

他期望纳吉娃是一个女性，可是却发现她是个慈善机构！

他对自己身上的这套旧西服固然不喜欢，但是却更讨厌这身新衣服。

如果纳吉娃对他的感情仅是如此,那她干吗要装模作样地跟他比身高、干吗要靠在他身上?

穆罕默德呆呆地坐在椅子上,种种想法如闪电般掠过他的脑海。他看见纳吉娃站起身来,走向门旁,把门锁上,然后又回到他身边,用命令的口吻说道:

"把衣服脱下来!"

穆罕默德从椅子上跃起,吃惊地向后退去,说道:

"怎么?要我脱衣服?"

"你快脱!"纳吉娃说道。

穆罕默德突然感到非常慌乱,双手下意识地紧紧抓住自己的衣服,生怕纳吉娃不由分说地剥他的衣服。他结结巴巴地又说道:

"我……我……怎么……脱衣服?"

纳吉娃微笑着对他说:

"别害怕。我已经用钥匙把门锁上了。"

穆罕默德更加愕然。怎么一转眼工夫,她这个修女就成了娼妓,圣徒竟成了荡妇?

纳吉娃从穆罕默德惊慌的眼神里看出了他的心思,便哈哈大笑,拉着他的上衣说道:

"傻瓜,我只是想让你试试衣服是不是合身。你不记得有一次我要你站在我身边,看看你比我高多少吗?那是为了我去买衣服的时候好知道你的尺寸。我现在想知道,我买的衣服尺寸是否正好。"

穆罕默德不觉悚然。他但愿纳吉娃没有用这样的说法,来解释那个昼夜二十四个小时盘旋在他脑海、百思不得其解的问题,那是一个使他困惑、憔悴和痛苦的谜语。它使他上天入地苦苦思索。他过去在捉摸这个问题时,是饶有趣味的,而现在一旦得到了答案,反使他觉得自己难受和屈辱。这么说，纳吉娃站在他身边不是为了紧挨着他，而只是为了量一下他的身高，送给他一套合身的衣服；他俩之间，并无思念、爱慕、追求和渴望可言，而只是纳吉娃出于对一个机车修理厂普通工人的穷儿子的同情和怜悯所作的一次施舍罢了。

穆罕默德觉得自己变得渺小，在收缩、消瘦，身材也变矮了。她站在他面前，好像要比他高，高得多。他体会到自己的卑贱、贫穷和屈辱。他体会到了，她是帕夏家的千金，而他只是个穷光蛋的儿子，前宗教基金大臣卡马勒·穆纳斯特利帕夏的千金跟哈纳菲·阿卜杜·卡里姆师傅的儿子在一起。

穆罕默德想哭，想叫，想求救！从山顶走向深渊，他受不了。那突然拾级而下的台阶，自然不会怜悯他的心和感情。他觉得，他的一切都在下跌，都变得同他身上的旧西服一样破烂、肮脏。

纳吉娃又来拉他的衣服，她笑着，想脱下他的衣服。穆罕默德猛地推开她。她骇然地后退，手捂着心口，痛得喊出声来：

"哎哟！"

穆罕默德推她的那一下，正好碰在她的心口上。穆罕默德对自己弄痛了她，恰恰伤了她的心，感到很高兴。他的心早已被巨锤击得粉碎，而她还能喊出"哎哟"一声。他的一切都已碎了，连"哎哟"呻吟一声都办不到。现在他的眼睛愉快得发出光亮，他喝够了痛苦的海水，纳吉娃到底也尝到了一滴！这种感受使他恢复了说话的能力，他说话了，他的语气说明他受了伤害，被损害的尊严正在滴血：

"是的，我是个穷人，非常穷，比你想象的还要穷。但是，我不会因为穷就依赖一个女子生活。我同意到这个家庭来，是由于每个月能拿一镑钱去赢得女子的爱，而不是为了把自己出卖给女人。你对待我，就像是对待一个你买来的女奴，可我不是女奴，而是一个男子汉。每个男子汉都是君王,女人才是这君王的女奴。你的美貌使我忘记了你是大臣的女儿,是帕夏的千金,我只是个穷工人的儿子。我把你当作一个女人来对待,我是个男人,是感情把我们联系在一起。但是,你的行为说明你还是一个不懂事的女娃娃,你对待我的态度,就像我是你花钱买来的洋娃娃。你同其他年幼无知的女孩子一样,给你的洋娃娃买一身或做一身衣服。这证明你浅薄无聊,证明你年纪太小,还没有能力判断人。你以为,凭着你的地位和金钱,你就可以奴役和嘲弄别人?但是,你要明白,在这个国家里,有些人是你的钱财和权势征服不了的,他们虽然穷,却有尊严。他们宁可饿死,也不任人买卖。你是个浅薄、自负而又无知的女孩子!"

纳吉娃瘫倒在椅子里,哭了。

她有生以来第一次听到这样激烈的言词。在她周围,人人都惯着她,连父母亲都把她当作一个女皇,他们仿佛是她的臣民。学校里的老师不敢对她说一句责备或埋怨的话,因为他们了解她家庭的地位,知道她的父母一个有势,一个有钱。而现在,这么一个穷小伙子,对她讲出的话,简直像抽在她脊背上的鞭子,他夺走了她的王位,说她是一个浅薄、自负而又无知的女孩子。

穆罕默德看见她流泪,心肠并没有软下来。

她的眼泪遏止了他的泪水,她受了创伤,他的伤口便霍然而愈,她的呻吟在他听来真是悦耳。他就想让她体会一下他尝过的滋味,要以其人之道还治其人之身,也捉弄捉弄她。女人把眼泪当作克敌制胜的武器,没有在汪洋大海中溺死的男人,却会被女人的一滴泪水所淹没。穆罕默德抵挡住了这件秘密武器。他朝纳吉娃走去,命令道:

"把你的衣服脱下来。"

纳吉娃朝后退去,背靠着墙,惊惶地问道:

"你说什么?"

"我讲的话,你听得很清楚。"穆罕默德语气很坚决。

纳吉娃仿佛求救似的轻声说道:

"我没听清……我不明白。"

穆罕默德气愤地望着她的眼睛,说道:

"我对你说,把你的衣服脱下来。"

纳吉娃坐在椅子上一阵哆嗦,接着站起身来……穆罕默德又粗暴地问道:

"你把门锁上了吗?"

"是的。"纳吉娃的声音低微,气息奄奄。

穆罕默德一面朝门走去,一面说:

"你说的话,我现在一个字都不信!"他拧了拧门把,发现门是锁上了,便又走回来,用命令的口气说道,"我对你说了,脱下衣服!"

纳吉娃稍稍有些犹豫,求饶似的望着他的眼睛,但是看不到有可怜她的意思。她只得用颤抖着的手脱下她的连衫裙。

穆罕默德静静地站着端详纳吉娃裸露的身体,仿佛是在拍摄她身体各部位的照片。

纳吉娃转过脸去,为了不同他的目光相遇,她闭上了眼睛。

我们处在千钧一发之际,总会闭上眼睛,心想既然没有看到危险,危险也就不会降临。

纳吉娃身上除了一件衣服之外,几乎已是赤裸裸的了。她站着哆嗦着,预料似乎还会来一道命令,要把她仅剩的衣服扒光。她已经作好准备去服从。然而,穆罕默德却听任她站着,没有发出她揣测的命令。

穆罕默德突然对她说道:

"穿上你的衣服!"

纳吉娃开始穿衣服。她的胸中怒火燃烧,惨败绞痛了她的心。

她慢慢腾腾地穿着一件又一件衣服。她故意磨蹭着,似乎是想给穆罕默德一个新的机会改变主意,让他扑向那已在火上烤熟的猎物。

曾几何时,她的目光恳求他别走近,现在,同是这双眼睛却在盼望他走近再走近,向自己扑来!

纳吉娃仰望着穆罕默德的脸,寻找着他以往老是眄视她,像是要穿透她衣服的目光,但是没有找到。她看到的只是一双僵直的眼睛,没有表情,也没有生气。欲望能使眼睛闪烁光芒,欲望一旦熄灭,眼中的神采也就消失了。

是穆罕默德突然成了瞎子,看不见她裸露的身体吗?每当她站在镜子前,总是很欣赏自己的玉体,一面哼着曲子,一面怡然自得地顾盼着自己匀称的身材。这样的身子,难道穆罕默德不喜欢吗?他为什么不欣赏呢?

纳吉娃没有从穆罕默德的脸上找到答案。穆罕默德表情僵硬地站着,一动不动。他的心里说不出的高兴,这倒不是因为他成功地使纳吉娃脱去了衣服,而是他自己回到了曾一度离开的阶级,不再觉得穿着旧衣服有什么异样。面对贵族阶级、帕夏的琼楼玉宇、屋里豪华的家具和大臣妖娆的千金,他不再感到眼花缭乱。他恢复了自己的本色,回到了离开过的土地。他又有了自己的意志,感觉到了自己的存在。他是一个淳朴的青年,具有豪爽、大丈夫气概和忠于朋友等品质,这使他没有趁对手跌倒在地的时候扑上去结果了他。穆罕默德有一种奇妙的愉快感,他好久没有这种感受了。他对自己很满意,因为他顶住了纳吉娃裸体的诱惑。他第一次恢复了自己的原则,抵挡住了她强大的魅力。他第一次没有在她面前丧失自己的意志,他的男子汉气概在被纳吉娃的绝色姿容掩埋掉之后,仿佛又复生了。他第一次觉得自己比她强,比她高,也比她大,自惭形秽、因贫穷而妄自菲薄之感已荡然无存。恰恰相反,他感到自己威武有力,风华正茂,颇有威权。他不但脱下了纳吉娃的衣服,而且使整个贵族阶级出乖露丑,让所有的大臣、帕夏和家财万贯的豪富们赤露着身子,只有他自己穿着衣服,穿着他的旧上装和旧裤子!

穆罕默德不认为他报复、侮辱了纳吉娃,他没有在纳吉娃身穿衣服的时候追求她,而是在她赤裸裸的时候抛弃她。他的全部行动只是为从她美丽的脚下夺回自己的尊严。他这样做的时候她摔倒了,这可不是他的过错。受鞭笞的人在夺下刽子手手里的鞭子时伤了刽子手的手指,这难道能怪他吗?

纳吉娃默默地含着怒气穿好衣服。她歪着脖子,仿佛被一双无形的手卡住了。她的矜持和美貌似乎都被穆罕默德破坏了,她就像创世纪以后第一次听见男人说"不"的夏娃。

"不"是女人说的字眼。每个女人计算自己说过的"不"字,简直如数家珍。而男人对女人说"不",很可能是最严重的侮辱,特别是她处在一丝不挂的情况下。

纳吉娃一穿好衣服便大步走到门边,转动钥匙打开门,然后她用手指着穆罕默德,鄙夷地说:

"从这里出去!"

穆罕默德站在原地不动。纳吉娃气愤地说:

"你要是不从这里出去,我可就要喊人了,说你企图强奸我!"

穆罕默德冷冷地答道:

"你想喊就喊。我给你上完阿拉伯语课之前决不出去。"

纳吉娃受到一股无名力的推动,不由自主地关上了门。她转过身来对着穆罕默德,泪流满面地说道:

"你干吗这样对待我?我犯了什么罪?难道我爱你有罪吗?"

穆罕默德在一张椅子上坐下来,掏出手绢擦汗,他站了半天就像是跑了很长一段路——从扎马利克贵族区一直跑回巴德兰岛平民区。

他打量着纳吉娃,似乎是第一次见到她,他说:

"这难道就是你们所说的爱情?爱情和屈辱、爱男子汉和喜欢狗,是有区别的。爱情只能由两人分享,如果一分为三,那么三个人都将一无所获。爱情只有在平等的条件下才能生存。在阶级进入大门的时候,爱情便越窗而逃了。爱情并不认识国王和平民。因此,人们把丘比特画成了一个赤条条的小天使,他不穿礼服,不戴勋章、绶带。但是,在你看来,爱情是一场游戏,就像玩官兵捉强盗,或者像在捉迷藏。我本来以为,爱情可以播种在任何土壤中,可是我错了。在开罗,有的区适宜播种,有的区却不适宜。我们在舒卜拉区撒下的种子会成长,而在扎马利克区播下的同一颗种子却会死亡。看来,贵族区域的空气染有瘟疫,这里的女人艳若桃李,但她们的心却已枯萎。爱情需要纯净的空气和平坦的土地,也许这就是花儿在山脚下盛开而到山顶上便死亡的原因。"

纳吉娃顺服地说道:

"我准备到舒卜拉区去见你。我们在扎马利克区相会不是我选择的,而是命运的安排。我想以你爱巴德兰岛姑娘的方式来爱你……你告诉过我,说你爱着十个姑娘,我准备充当你的第十一个女奴,准备跟随你走遍天涯。"

"你是准备步行还是乘着你的凯迪拉克牌轿车来?"穆罕默德嘲笑道,"我们的胡同太窄,你的豪华汽车只怕开不进来。"

"不,"纳吉娃说,"我准备赤脚到你那里去,准备穿着长袍跟你穿街走巷。你同我以前见过或听说过的所有男人都不一样,在短短几天里,你教我懂得了许多事情。我准备为了你丢开易卜拉欣,准备跟你私奔。我从小到大,一直娇生惯养,我需要挨一顿打,好从幻境中醒悟过来。你狠狠地揍了我,打得我浑身都疼。我脸上现在还感到火辣辣的,脊背被你踢痛了,头也被你打疼了。除非你吻吻我,吻吻我身上被你打痛的那些地方,不然我会痛苦一辈子的。你吻我吧,吻吻我的心口吧,我的心口被你打得到现在还痛。"

纳吉娃这番充满爱慕、哀伤的话,使穆罕默德觉得自己在软下来。他双手抓住椅柄不放,仿佛在克制自己,不能冲上去吻她,吻她身上受到他伤害的地方。他知道,由于他顶住了她赤裸裸躯体的蛊惑和引诱,那就等于打得她遍体鳞伤。

穆罕默德用轻得只有他一个人才听得见的声音自语道:

"穆罕默德,要坚持住!挺住!她赤身露体的时候,你成功地挺住了,现在她穿上了衣服,你可不能向她屈服啊。穆罕默德,你要记住,你不光是穆罕默德·哈纳菲·阿卜杜·卡里姆,你是全体埃及人民的代表。她呢,不光是纳吉娃·穆纳斯特利,而是那个奴役全体人民的阶级的代表。当心哪,别软下来,别在那贵宾册上签名。"

他恢复了那差一点失去的意志,说道:

"纳吉娃,我跟你不配。跟你相配的只有易卜拉欣。你们门第相当,他比我更了解你。请你相信,我并不讨厌你,恰恰相反,要是我办得到的话,我早就吻你,拥抱你,把你当作我的爱人和朋友了。"

"但是,你是易卜拉欣的朋友,他跟你门第也不相当。为什么你跟男人交朋友行,跟女人就不行呢?"纳吉娃抗争道。

"情况不一样。"穆罕默德说,"穷人可以跟富人交朋友,破产者可以跟百万富翁交朋友,但是,爱情同友谊不一样。爱情是全面的融合,是一个精神结合的过程。男女合而为一,跟他们各自的过去相比,已有了一种截然不同的情趣。男女在恋爱后和恋爱前是不一样的,就像茶中掺入了牛奶,再也无法使它们分开。我准备做你的朋友,也做易卜拉欣的朋友,准备像爱他那样来爱你,也准备代你写情书,像……"

他差一点脱口说出"像代易卜拉欣写情书一样",但他终于刹住了。

接着,他又用激昂的声音说道:

"但是,我不打算背叛、脱离我的阶级。跟你接吻,我会感到你的嘴唇跟我的嘴唇不是一个味儿,在你的怀抱中,我会感到陌生。我们需要一座桥,来沟通巴德兰岛区和扎马利克区,我们两个必须有一个来充当这座桥,不是我,就是你,我不想做这座桥,让你踩着到巴德兰岛去,也不愿意你当这座桥,我踩着到扎马利克区来。我可以向你断言,由于我拒绝你做我的爱人,坚持只做我的朋友,你有朝一日会感谢我的,你将会无比地庆幸。"

"你应当成为一名律师,穆罕默德。"纳吉娃带着泪花微笑道,"你逻辑性很强,足能说服大臣让你担任他的亲随,就在他的部里办公,跟他在同一层楼同一间屋子工作,并乘坐大臣的汽车。除了头衔,大臣和大臣亲随毫无区别……我不仅想当你心中的大臣,而且要成为你心中的女皇,现在,我被你说服,同意当王宫里的亲随了。女人爱上了一个男人,就不可能只做他的女朋友。你对我的要求,是人力所不及的。你以为心灵上有各种按钮,按上一个,产生兄妹之情,按另一个,便产生情欲之爱……我们并不能控制自己的心,而是心在左右着我们。心灵,会使我们把理智和逻辑撇开。一旦理智行动起来,心灵就静止不动;大门中进来了逻辑,爱情便会从窗户溜走。"

穆罕默德说道:

"你讲话的口气,不像一个十九岁的姑娘,倒像是个三十岁的妇人。"

纳吉娃笑了,笑容隐没了她残存的泪痕。她说道:

"十九岁对一个东方姑娘来说,意味着许多事情,它相当于一个欧洲女子的四十年。东方妇女从她被男人囚禁的樊笼里获得了才智。牢房里的囚犯要比释放出狱的人学到的东西更多。镣铐使囚犯长见识,卑贱使他懂得哲理,屈辱让他学会机智,鞭子教会他忍耐。我们东方妇女,是女奴和姬妾的后代,我们继承了一些她们留下来的叮当作响的脚镣手铐。可是,你刚才还说我是一个浅薄、自负而又无知的女孩子。"

纳吉娃提到了他说过的话,穆罕默德感到不好意思。他抱歉地说道:

"我当时想激怒你,像你伤害我似的想让你感到痛苦。"

纳吉娃说道:

"宁愿你打我一记耳光。打在脸上的耳光比践踏我的尊严还仁慈些。"

"我没有故意要伤害你的自尊心,"穆罕默德说,"大地之广阔,能让全人类有尊严地生活。但是,有些人一心让他们的'尊严'招摇过市,横行无忌,这就常会被碰伤。我从你的手里击落了你刺入我自尊心的匕首,你就觉得伤了你的自尊心。那套你想用来打扮我的新衣服,使我出乖露丑的程度,远远超出了我让你脱光衣服!我们的对话成了一场决斗,你先亮出了剑。你手里那把想砍下我脑袋的剑落地了,这可不是我的过错。"

"可是,骑士是不同女人交手的!"纳吉娃责备道。

穆罕默德说道:

"这不是男女之战,而是两个阶级的格斗。一个阶级有权有势,还有点美色,另一个阶级一贫如洗,事事犯难;一个阶级以为它有权发号施令,另一个阶级知道它只能俯首听命;一个阶级掌握着现实,另一个阶级只能梦想。我从你身上看到的不是一个女人,而总是觉得穿着这件连衣裙的是整个这一阶级。这就是造成我刚才那样对待你的原因。"

"你真野蛮。"纳吉娃嗔怪道。

穆罕默德说道:

"通常,一只无辜的动物从狮子的利爪下逃脱的时候,狮子便说这动物野蛮。所谓野蛮,就是敢于反抗强者的控制;驯服呢,便是屈服于强者的权势。这一直是狮子的逻辑。"

纳吉娃笑道：

"你也许是指狮子夫人的逻辑。不管怎么说，你的这一套哲学我根本不信。我认为，你并不欣赏我赤裸裸的身体，所以才表示清高。你不想说出真相来伤害我，便把真相裹在一张银纸里。要是你真喜欢我，你早就忘掉原则、伦理道德和友谊了。男人不喜欢女人的时候，会打出种种招牌，如果他喜欢，就会抛开这些！"

穆罕默德说道：

"你的玉体，我非常欣赏，它比我梦想的更出色，比我能想象到的更迷人。它的每一部分都是一件艺术品，都充满了魅力。我向你发誓，我还没有见过一个这样美的女人。"

穆罕默德不是撒谎。纳吉娃是他有生以来看到的第一个赤裸裸的女性。

纳吉娃在椅子上平静了下来。听到他对身体赞美之辞，她感到浑身舒服，所有的伤口都愈合了。男人对女人说的赞扬话，是医治她伤痛的万应灵药，就像是止血的维生素 K。男人在女人耳边倾诉的赞词，其作用像解毒剂，犹如威士忌之对于头脑，麻醉剂之对于全身。纳吉娃看到穆罕默德在描绘她身体各部时流露出的艳羡目光，便宽恕了他的一切过失。她现在准备接受从情人转为女朋友、从大臣变为大臣亲随的手术痛苦了。

穆罕默德与纳吉娃的友谊加深了。他有办法在这友谊中放进一些糖，使纳吉娃觉得可口，总是说些赞赏的话使她陶醉，用表扬来贿赂她。他鼓励她放心大胆地说话，就像一个使用精神分析疗法的医生或是让一个罪人坐在忏悔椅上的牧师，罪人一旦供出了自己的罪过，就会觉得释去了精神上的重负。

随着时间的推移，他觉得纳吉娃与其说是个少女，不如说是个孩子，三十岁女人的谈吐，十四岁女孩的身躯，她心目中的英雄是影片中的主人公，爱情故事充斥着她的想象，她身上的阶级性隐没了，原先让穆罕默德感到苦涩的贵族味儿消失了。纳吉娃尽力让自己成为一个普普通通的姑娘，她不再矫揉造作，装腔作势。自然状态中的她，比起模仿电影明星的她来，要美多了。

纳吉娃的巨变使穆罕默德欣喜，但他没有再坠入情网。他一直注视着纳吉娃与易卜拉欣的爱情，代他俩写情书，觉得自己像是这个家族中的一员。但是，他没有被融化，仍保持着他穷家子弟的全部本色。他为没有背离自己的阶级而自豪，当他与前宗教基金大臣的千金坐在一起的时候，他也没有忘记自己是个修理厂工人的儿子。他不再嫌巴德兰岛他那寒碜的家肮脏了。他认为，自己是配得上每个月领取的那五镑钱的。

纳吉娃在阿拉伯语上有了进步。她的弟弟福阿德，原先担任望风角色，一有动静就吹口哨报警，现在这任务也已结束。他跟他们坐在一起，攻读阿拉伯语。穆罕默德见到了纳吉娃的母亲，陪她坐过。她是个和蔼、有教养、受人尊敬的太太，可是一说到她的姐姐，她的和蔼、教养和令人尊敬之处便突然不见了。穆罕默德与易卜拉欣的友情也更加巩固。也许，他开始与纳吉娃接触时，思想上有对不住朋友的前愆，现在他感到业已赎清。

一天下午，纳吉娃满面春风地走进书房，对穆罕默德说道：

"我有个好消息告诉你，你将跟我们一起去叙利亚和黎巴嫩。赛义迪亚中学和我们利西亚中学同时去叙利亚和黎巴嫩旅行，我已跟爸爸说好，我和弟弟都参加，你也跟我们一起去！"

"我在学校布告栏里看到了这次旅行的消息。"穆罕默德说道，"我没有报名，因为我交不起二十镑钱的旅行费。"

"你一个子儿都不用交。"纳吉娃说道,"我已经说服爸爸替你交二十镑钱,你在旅行期间负责照料福阿德,让他别忘了阿拉伯语。"

能到叙利亚和黎巴嫩去旅行,穆罕默德十分高兴,他连亚历山大市都没去过哩。然而,他胸中有个疑团,这是不是纳吉娃安排的一个计划,到了叙利亚和黎巴嫩,好跟他单独相处,在开罗失败了的事情到那边获得成功?

他注意到纳吉娃的声音有一种异乎寻常的快活语调,眼睛里流露出令人疑惑的光芒。纳吉娃没有容他多作猜想,接着说道:

"易卜拉欣也去。这样,我们到那里就可以随心所欲地聚会了。只要我高兴,就有办法逃脱利西亚中学组织的旅游,跟易卜拉欣住在一起,你呢,跟福阿德在一起,负责照看他。我已经和我们学校负责旅行的领队老师说好,我弟弟年纪小,需要照料,整个旅行期间让我跟他在一起。"

穆罕默德不胜惊讶,问道:

"你是什么时候作出这种种安排的?二十四小时前我还跟你在一起,你并没有谈起这次旅行啊?"

纳吉娃眉飞色舞地说道:

"那时我还不知道旅行的事。为了能和易卜拉欣度过几个夜晚,我能够在几分钟内订出计划,付诸实施也不过再花几分钟罢了。"

穆罕默德注意看纳吉娃的双眼,女孩子的天真、普通姑娘的单纯已经隐遁,流露出来的是欲望。那如同狂飙似的欲望,它一在女人的眼中闪现,便能席卷她跟前的一切:城堡、障碍和街垒。

她眼中的这种光芒,他过去曾看见过,那时,她不顾一切地想要得到他。现在,为了能与易卜拉欣一起度过几个夜晚,她的眼中又闪烁出同样的光芒。

按理说,纳吉娃终于解脱了对他的爱,穆罕默德应该高兴。然而,他却并不高兴,他觉得嫉妒在咬噬他的心。他自己不吃糖果让给别人尝,他干吗要嫉妒?难道他禁止自己享用的东西,也不许所有的人享用吗?

"谁告诉你我接受这任务啦?要我充当一块幕布,让你和易卜拉欣躲在幕后幽会?你父亲选中我,是要我照料你和你弟弟两个人,我不能辜负他对我的信任,否则,我不成了挂着储藏室钥匙的猫了吗?"穆罕默德不由自主地说道。

"选中你的不是爸爸,而是我啊。你应该忠于我,而不是爸爸。你不是鼓励我要爱易卜拉欣吗?不是你代我写情书给他的吗?难道你这样做是出于对我的照料和维护爸爸对你的信任?"纳吉娃感到奇怪。

穆罕默德语塞。她说得有道理。他代易卜拉欣写信给她,邀她夜深后在花园相会,又以她的名义回信给易卜拉欣,描写易卜拉欣吻的热烈和拥抱的美妙。现在,他何以改变了态度?只是因为他嫉妒,他不能想象纳吉娃和易卜拉欣在贝鲁特同床共寝的情景,怕她像在他面前脱下过衣服一样也在易卜拉欣跟前脱下衣服!

想到这些,穆罕默德震动了。易卜拉欣不像他穆罕默德,能在她赤裸裸的肉体面前顶得住,也不会对她那样仁慈。于是,他坚决地说道:

"我准备参加这次旅行,条件是不许你和易卜拉欣住一间屋。"

纳吉娃顿时产生了一种胜利感,仿佛她在由大臣亲随重新转为大臣的路上迈出了一大步。她说道:

"我非常高兴地接受你的条件,我比你想象的还高兴!"

穆罕默德没有理解她话中的含义,也不知道她已经从他眼睛看出了他隐秘的想法,知道他在嫉妒。一个女人爱上一个并不爱她的男人,当看到他开始因为自己而在吃醋,她是何等的高兴!嫉妒,就是隐秘爱情的供词。

纳吉娃根本无意与易卜拉欣同室共寝,也没有与利西亚中学的领队教师说好，允许她不跟其他女生住在一起，她故意撒这个谎让穆罕默德暴露感情。她倒不像穆罕默德那天侮辱她似的，先是让她暴露，然后叫她穿上衣服，她不想侮辱他，不要求他再穿上衣服，而是满足于这无声的胜利。取得一半胜利的人，需要敲锣打鼓以补足那剩下的一半；获得全胜的人就不需要击鼓，因为凭着他们的决定性胜利，鼓乐便会齐鸣。

"香波莱恩号"客轮载着赛义迪亚中学的男生和利西亚中学的女生，离开亚历山大港，驶向贝鲁特。航程不长，一天一夜就够了。

旅行不仅是娱乐，而且能增长知识。利西亚中学的女生教会了赛义迪亚中学的男生懂得了许多法语词汇，那时，男子高中的法语水平还很低。

穆罕默德得了余暇，不必为他的同学们代笔写情书了。更幸运的是，绝大部分的利西亚中学女生，特别是其中的埃及姑娘，根本不会阅读阿拉伯文的书刊。

一九三一年的贝鲁特市是一座小城市，比现在的规模小多了。贝鲁特人感到自豪的是，德国皇帝威廉①在访问贝鲁特市时，曾把它说成是"奥斯曼帝国皇冠上一颗珍贵的明珠"。

黎巴嫩人不喜欢回忆奥斯曼帝国的侵占时期，土耳其人的暴行在贝鲁特市的各个角落都留下了痕迹。

在土耳其人败于第一次世界大战撤出黎巴嫩的十多年后，黎巴嫩人还谈起土耳其暴君贾马勒②帕夏曾命令驻黎巴嫩的土耳其总督拆毁贝鲁特市的许多老区，辟为通衢马路，不顾居民的抗议，把他们逐出家门，而且拒绝赔偿他们那些被毁坏的房屋和被占用的土地。

---

① 指德皇威廉二世(1859～1941)，第一次世界大战退位，逃往荷兰。
② 贾马勒帕夏(1872～1922)，曾任奥斯曼帝国第四军总司令，第一次世界大战期间在黎巴嫩、叙利亚和巴勒斯坦以残暴著称。

世界上的暴君有个通病，就是好缩小人们生活的范围，拓宽他们行走的街道，捣毁民房，广造监狱，并借口维持平静、制止骚乱割掉反对者的舌头。虽说黎巴嫩是共和制，埃及是君主制，法国人占领着黎巴嫩，英国人占领着埃及，但是，贝鲁特的暴政和开罗的暴政却同出一辙。

穆罕默德到达贝鲁特的时候，那里正在大兴土木。福什大街从港口到欧默尔大清真寺附近的梯江街，两边耸立着豪华的大楼。努里亚区很像开罗图尔贾曼窝棚区，那里有个成批出售蔬菜和水果的集市，现在，现代化的建筑开始取代那些陈旧的房屋和肮脏的茅棚，新的马路正在铺设。贝鲁特人断言，他们将把市内最脏的区建设成最美的一个区。

贝鲁特省的省长萨利姆·塔基拉贝克接待、欢迎赛义迪亚中学学生的那天，跟他们谈到了他重建贝鲁特的规划。

市长巴德尔·大马士基亚先生告诉同学们，市政当局鼓励人民开发建设，用分期付款的办法把土地卖给他们。他陪同学们参观了阿伦比大街的新建筑群。阿伦比大街始于已改名为叙利亚银行的原奥斯曼银行的正前方，通向时代区的展览馆街。展览馆街是因一九二一年的博览会设在这里而得名的。

埃及学生们发现，贝鲁特很像亚历山大市，它的绝大多数街道都以洋人的名字命名。萨利姆·塔基拉省长对他们说，等到黎巴嫩独立了，街道都会冠以阿拉伯的名字。

穆罕默德到达贝鲁特的第二天，碰到一件意外的事情。他与纳吉娃约好在烈士广场见面，她有要事告诉他。他一到广场便看到那里群集着数百名黎巴嫩学生，口号喊得震天价响。一开始，穆罕默德听不清他们在喊什么，慢慢地他听出来了，他们在喊"打倒电力公司！"学生们要求电力公司降低高昂的电车票价，遭到公司拒绝。政府支持电力公司。于是，学生们走出校门，手里举着标语，上面写着遭到电力公司拒绝的要求。

青年学生气冲霄汉的吼声,使穆罕默德感到振奋。他加入了他们的行列,仿佛是他们中的一员,高声呼喊着,要求他过去从未乘过、今后也不会乘的电车降低票价。年轻人的热情、单纯和信念,使他陶醉。学生们拦住了电车,乘客们大多站在他们一边,下了车;那些不肯对学生们的决定让步的乘客,被他们拖离了座位。

法国公使馆立即来支援法商电力公司,命令宪兵队驱散学生。消防水龙对着学生们喷,要他们散开,但学生们顶住了,他们冲上前去,割断了消防水龙带。

骑兵骑着马,步兵端枪持棒赶来。一个法国军官要学生们解散,让电车继续行驶,遭到拒绝,于是发生了一场搏斗。穆罕默德的头上挨了一棍,流出了鲜血,他觉得这是在战斗中获得的勋章。他有生以来第一次参加示威游行,他喊"打倒法商电力公司",是因为他想打倒剥削——任何一种剥削,不管出现在开罗还是在贝鲁特。他置身在黎巴嫩学生中间,只觉得他们不仅在呼喊"打倒法商电力公司",而且是在呼喊"打倒外国占领的象征""打倒外国势力",在呼喊"自由万岁""独立万岁""黎巴嫩独立"。

穆罕默德在高呼口号时感到,他是在喊"埃及独立万岁""黎巴嫩独立万岁"。埃及和黎巴嫩,国名尽管不同,但都处在外国的占领下,彼此的忧患一模一样。

几个小时里,穆罕默德一直跟示威的学生在一起,他忘了与纳吉娃的约会,忘了利西亚中学的女生,只感到自己是在参加战斗,一场并不陌生的战斗,属于他自己的战斗!

次日,他又到烈士广场去了。去看群众,对他来说,像是赴情人之约。他看见学生们躺在电车跟前,对司机说:"从我们身上开过去吧。践踏我国人民权利的公司,对把我们的身体碾成肉酱是决不会犹豫的!"司机们迟疑着,不敢开动车辆。警察来了,抓起了躺在电车轨道上的学生,另一批学生马上接上来,躺在原先的位置上。

妇女们参加了游行,人民群众加入了学生的行列。法国人下令不许那些声援人民事业的报纸出版。

大马士革跟贝鲁特一致行动,那里的学生对经营大马士革电车的同一家法商电力公司进行抵制。没有电车也没有电的叙利亚其他城市,也参加到这次行动中来。

穆罕默德与纳吉娃在塔维拉市场邂逅。纳吉娃立刻离开跟她在一起闲逛的几个利西亚中学女同学,怒气冲冲地朝他走来,问道:

"昨天我们约好见面,你怎么没来?"

"我去烈士广场,参加那里的学生示威游行了。"穆罕默德说。

纳吉娃气恼地说:

"我等了你整整三个小时。我对你说过,有重要的事找你谈。可是,看起来,示威游行比我还重要!"

"什么重要的事啊?"穆罕默德问道。

"我决定中断旅行,今天就乘火车回开罗去!"纳吉娃说道。

"你疯了吗?"穆罕默德感到奇怪,"旅行要两个星期,现在才过了三天,我们在黎巴嫩还什么都没看呢!"

"我到黎巴嫩来是为了看你,不是来看黎巴嫩的。"纳吉娃说,"我必须每天都见到你!"

穆罕默德说:

"这里的领导人阿卜杜·哈米德·卡拉米①的兄弟阿卜杜拉·卡拉米邀请赛义迪亚中学的学生明天去参观的黎波里。"

"我跟你一起去!"

---

① 阿卜杜·哈米德·卡拉米(1888~1950),黎巴嫩政治家,1945年曾任黎巴嫩内阁总理。

"你怎么能跟我们一起去!"穆罕默德惊骇地说道,"那是个伊斯兰教区域,要是阿卜杜拉·卡拉米看见我带着一个不戴面纱的姑娘会怎么说?那里所有的妇女全戴面纱。"

"我穿上西服、长裤、戴上毡帽。"

"你真是疯了!我怎么对赛义迪亚的同学说?"

"你就说我是个黎巴嫩学生。对的黎波里人说,我是赛义迪亚中学的学生。"

"你从哪儿去搞男人衣服?"穆罕默德感到困惑。

"我这会儿就到塔维拉市场买!"纳吉娃笑着说道。

穆罕默德以为她是在开玩笑,就没有怎么在意。

在送赛义迪亚中学学生们去的黎波里的汽车上,穆罕默德突然发现纳吉娃坐在她的弟弟福阿德和表兄易卜拉欣的中间。她穿着西装、长裤,系着领带,头上戴着一顶高大的毡帽,藏住了她的全部金发。脖子上围着一条羊毛围巾,西服外面套着一件厚大衣,还戴着一副墨镜。

赛义迪亚中学的学生都毫不怀疑,这个名叫纳杰·福齐先生的当地青年乘客,是的黎波里的一个学生。

纳吉娃女扮男装极为成功,特别是在鼻子底下粘上了一排大胡子,看上去就像是条"好汉"。

穆罕默德无法生气。纳吉娃的女扮男装令他钦佩,尤其是听她讲话,她故意使声音变得粗壮,还夹杂着黎巴嫩腔调。纳吉娃说,这样做,并不吃力,因为一个原先带过她几年的保姆便是黎巴嫩人。

赛义迪亚中学生到的黎波里的这一天,正碰上该市决定举行盛大的示威游行,以抗议意大利人镇压利比亚爱国领袖的暴行。

赛义迪亚中学的学生们,包括纳吉娃在内,都参加了游行。阿卜杜拉·卡拉米先生站着发表了火一般的演说,他抨击在利比亚的意大利殖民主义,在叙利亚和黎巴嫩的法国殖民主义和在埃及的英国殖民主义,他详述了意大利殖民主义者在利比亚犯下的屠杀罪行。

接着,著名的领导人阿卜杜·哈米德·卡拉米作了简短的讲话。他的讲话虽短,却激励了群众,他使每个儿童成了青年,每个青年成为男子汉,每个男子汉成为英雄。

示威群众群情激昂。他们袭击意大利驻的黎波里的领事馆,向它扔石头、砖块。人们冲上去砸领事馆,仿佛想砸碎套在兄弟的利比亚人民身上的锁链和桎梏。

人群向意大利领事馆冲去,向它投掷石块,并企图放火焚烧。青年纳杰·福齐先生站在他们的前列。

警察们在一个法国军官的率领下很快赶来。他们想用武力驱散示威者。然而,暴力总是导致爆炸,人们转身扑向警察……于是,爆发了一场激烈的搏斗。警察向愤怒的人群开枪,人们反击着警察,这就像一场军事战斗,人民是这场战斗的指挥官,计划的制订者和执行者。

一个士兵被打死,十二个受伤。死伤者的躯体零散地倒伏在地上。警察逮捕了一批示威者,把他们关押在塔勒角的警察所里,纳杰又随同示威者冲进了警察所,不顾警察们的打击,硬是把被捕者救了出来。

游行结束后,阿卜杜拉·卡拉米先生对几个赛义迪亚中学的学生说:

"那个埃及小伙子纳杰·福齐,是我平生见到的最勇敢的青年,他向士兵们冲去,在枪林弹雨之中夺路前进。"

学生赛义德·陶菲克笑着说道:

"他不是埃及人,他是的黎波里有名的爱国青年。"

"我认识黎巴嫩的黎波里所有的学生,"阿卜杜拉·卡拉米说,"可是从没见过他。"

穆罕默德正跟纳吉娃、福阿德和易卜拉欣待在一起,突然,他看到赛义迪亚中学的同学带着阿卜杜拉·卡拉米向他们走来。纳吉娃接受了他们的祝贺。

同学贾马勒·曼苏尔问穆罕默德：

"你怎么对我们说纳杰·福齐是的黎波里人？阿卜杜拉·卡拉米贝克作为的黎波里的领导人之一，他告诉我们，在的黎波里没有一个学生或者青年叫这个名字的。"

穆罕默德吓得几乎晕倒在地，牙齿直打架。福阿德和易卜拉欣也显得不知所措。但是，纳吉娃却脸无难色，坦然说道：

"我不是黎巴嫩的的黎波里人，我是从西的黎波里——利比亚的的黎波里来的。"

穆罕默德、福阿德和易卜拉欣这三位骑士松了一口气！

穆罕默德回到了贝鲁特，他不仅钦佩纳吉娃在战斗中令人惊讶的非同寻常的英雄气概和面对枪弹不屈的卓绝勇敢，更佩服她的敏捷思路。

他回到格兰旅馆自己的房间时，由于长途旅行已经精疲力竭了，头刚一沾枕头，便沉沉睡去。

他给连续的敲门声惊醒了，心想自己睡过了头，天已大亮了吧，准是同学们来催他起床，一块出发去舒威尔群峰了。

他摸黑找电灯开关，可是没找到。敲门声更急了，他只得一脚蹬开毯子，跳下床来，在一片漆黑之中，摸索着走到门边，打开了门。

在黑暗中，他看到一个又高又大的男人身影。他努目细瞧，发现这人披着大衣，蒙着脸。穆罕默德不由得往后退去，颤声问道：

"你是谁？"

他听见对方操着黎巴嫩口音说道：

"我是谁？你不认得我啦？我是纳杰·福齐……是纳吉娃啊！"

穆罕默德一面眼看着纳吉娃走进他在贝鲁特格兰旅馆的卧室，一面后退。他赶紧擦亮了一根火柴,以看清电灯开关的位置。

他扭亮电灯,看到纳吉娃仍是她在的黎波里市乔装的那身打扮:大衣、围巾、上装、长裤、墨镜、高毡帽、大胡子。

他急忙关上房门。心里怀着矛盾的感情,一时间想邀她坐下,又想赶她出去。他惊惶地看看表,说道:

"这会儿都已经是深更半夜了……出什么事啦?"

纳吉娃端详着身穿白色睡袍的他,说道:

"你穿着睡袍,样子真可爱。"

他一面忐忑不安地望着紧闭的房门,仿佛猜想随时会有人闯进门来,一面又问道:

"出什么事啦?"

纳吉娃打量着他颀长的身材,用含情脉脉的声音说道:

"出什么事?我来陪你过夜。"

穆罕默德差点没有喊出声来。他尽量压低声音,免得让住在隔壁房间的赛义迪亚中学同学阿里·法塔希听到,他说:

"你疯了吗?要是人家知道有个女人待在我旅馆的房间里,会怎么说啊?"

"我不是女人,我是个姑娘,是个处女。"纳吉娃笑着说道。

"这不是开玩笑的时候。"穆罕默德火了,"要是人们发现我房间里有个姑娘,会怎么说呢?"

穆罕默德的窘态和慌乱使纳吉娃感到有趣。她一面捻着她的假胡子,一面说道:

"他们是瞎子!我可是个男子,一条好汉。你也瞎了吗,没看见我的胡子吗?"

她摘下墨镜,撕掉她的假胡子。

穆罕默德感到紧张,仿佛她在脱下连衫裙。穿着男式上装和长裤的纳吉娃,显得英俊、动人、潇洒。

她脱下毡帽,一头金发蓬松地披散在背后。穆罕默德一震,好像她脱下的不光是连衫裙。他下意识地裹紧自己的睡袍,像是生怕纳吉娃把他的衣服也脱掉。

然而,纳吉娃没有走上前来,而只是脱下大衣,穿着上装和长裤躺倒在床上。

穆罕默德发现房间尽头的壁炉旁有一张凳子,便立即过去坐下。他似乎有意识地尽量离纳吉娃远一些。

他觉得,他眼下在贝鲁特面对的是曾在开罗经历过的同一场重大斗争。他想得到她,又怕她,对她充满期望,又对她心怀恐惧。跟她欢度一宵,将要他付出终生的代价;她让他享受片刻的欢娱,却会使他一辈子不幸。

他看看身旁熄灭的壁炉,又看看躺在床上的纳吉娃,不觉浑身一颤。寒气袭人,他觉得纳吉娃犹如一只熊熊燃烧的火炉。

他拼命压下自己的欲念,颤声说道:

"这件事,我们可没有说好。"

纳吉娃微笑道:

"在出来旅行前,你给我规定了一个条件,就是到贝鲁特来不得跟易卜拉欣过夜。可是,你并没有规定我不得跟你过夜啊!"

她静默了一会,又温柔地说道:

"要是你原先这样规定,我就不作这次旅行了!"

她望着房间的天花板,仿佛漠然地在对天花板上的浮雕说话:

"你如果不留我在这儿过夜,我就到易卜拉欣的房间去,跟他一起过夜。"

穆罕默德坐不住了。她让他在两件都痛苦的事情中选择。不过，住在他的房间里，总比到易卜拉欣的屋子过夜要安全，至少他能够保护她的安全。他说道：

"那么，我睡在地上，你睡在床上。"

纳吉娃天真地望了他一眼，那目光比所有妖艳惑人的媚眼都更诱人，说道：

"你干吗要睡在地上？床很大，容得下我们两个人。你要是担心自己，对我不放心，可以用枕头把我俩隔开嘛。"

穆罕默德心里被欲念搞得七上八下。他心里仿佛有两个人，一个想占有纳吉娃，另一个想从她身边逃走；一个是彷徨的魔鬼，另一个是坚定的渴慕者。突然，父亲哈纳菲师傅的形象出现在跟前，父亲说了一句俗语："替闯入家门者效劳，到头来是屁股要挨揍。"

穆罕默德不由得沉思起这句古老俗语的含义来。人们认为这句话的意思是替闯入家门者，也就是替娼妇效劳的人，其最后结局不是屁股挨揍便是丧命。但是，穆罕默德觉得，闯入家门者一词指的是入侵者，埃及人随着时间的推移而赋予这句古老的俗语以新意，他们看到，所有替占领埃及的暴君们——古希腊人、罗马人、波斯人、土耳其人——卖命的人，他们的命运都被入侵者抛弃，入侵者们把他们榨干，像唾弃果核似地将他们丢在地上。纳吉娃既是入侵者，又是娼妇，他把自己的心献给她，可她最后给予他的将是迎头一击。

他朝床铺走去，从两个枕头中抽出一个，放在地上，自己席地而卧。

"你是担心自己，不放心我吧？"纳吉娃嘲笑他道。

"不。我是担心你，不放心自己。"穆罕默德回答。

纳吉娃从上装口袋里掏出一面镜子、一支口红，开始涂起嘴唇来。穆罕默德的眼睛闪闪发光。纳吉娃微笑着转过脸来问他：

"你不喜欢口红吗?"

穆罕默德叹了一口气,答道:

"我真想以吻代替手绢,擦去你唇上的口红。"

"你等我染好脚指甲再说。"纳吉娃感到自己胜利了。

"我不吻女人的脚趾!"穆罕默德愤愤地说道。

纳吉娃立即从床上跃下奔向他,坐在他的脚边,举起他的脚就吻。她一面吻他的每个脚趾,一面说道:

"至于我,则把吻我所爱的男人的脚趾看成是一种荣耀。穆罕默德,爱情是不讲尊严的。"

"这就是我怕谈爱情的原因。"穆罕默德说道。

纳吉娃又说道:

"我们恋爱的时候,但愿匍匐在我们爱人的脚下;我们仇恨的时候,希望踩在我们敌人的头上。你想把恋爱看成是两军对阵,各方都举着旗帜,拔出刀剑,备好了枪炮。据我所知,恋爱并不是战争,而是无条件的投降。爱情是不设防的堡垒,是打着白旗的城堡。谈恋爱可没有失败者和胜利者,胜败只是爱情的终结。"

穆罕默德说道:

"我不爱穿礼服,只愿穿长袍。尽管你脱了外衣,但是我总觉得在你内衣里面,也许在你骨子里面仍套着一身大礼服。我对你说过千百次,这便是将你我隔开的惟一原因。"

"那么,障碍并不是你跟易卜拉欣的友谊喽?"她一面说,一面用嘴唇触摩他的脚,似乎在探寻一个开启他这个铁柜子的秘密数码。

穆罕默德用手把她的嘴从自己脚边推开,说道:

"当然,当然,我与易卜拉欣的友情也是把你我隔开的重要原因。"

"第三个原因,是你担心我,不放心你自己。"纳吉娃嘲讽道,在他的小腿印下了一个长吻。

穆罕默德感到一股奇妙的电流流遍全身。纳吉娃吻的仿佛不只是他的小腿,而是用她灼热的嘴唇吻遍了他身体。他再也无法控制自己,便情不自禁地抱住她,久久地亲吻着她。

纳吉娃听任穆罕默德的拥抱和接吻。突然,她猛地推开他,喊道:

"你撒谎!骗人!你欺骗了我!"

穆罕默德在尝到生平第一次接吻的滋味后,又突然被扣上了这样的罪名。他没有感到自己的尊严受到侮辱,因为他的尊严已被纳吉娃的香吻融化了。

纳吉娃怒气冲冲的目光使他骇然。

他干了什么啦?他不过是答应了纳吉娃一个劲儿缠着他、追逐着他的要求罢了。

纳吉娃一面戴墨镜,粘上假胡子,朝门口走去,一面鄙视地冲着他嚷道:

"我上了你的当,受了你的骗!你哄我说你跟十个女人谈过恋爱,你是唐璜,是猎艳能手!但是,你接吻的方式表明你是个生手,才初出茅庐。我不喜欢初恋的情人!"

说完,她丢下他,砰的一声关上了房门。

穆罕默德茫然若失地坐在床上,他抚摸着自己的嘴唇,就像挨了狠狠一记耳光的人,在摸那耳光留下的指痕。

纳吉娃给了他一吻,却剥夺了他的大丈夫气概。他在一刹那间既尝到了蜜的香甜,又尝到了受辱的滋味。他愣愣地坐着,一动不动。他失去了判断的能力,她的吻究竟是甜如蜜,还是苦似黄连?

他穿好衣服,来到旅馆大厅,天色方曙,大厅内空无一人。他离开大厅，走出旅馆，像疯子似的在贝鲁特大街上乱走。碰到男人，就细看他们的嘴唇，人们的嘴唇有什么两样吗？难道，有的生下就是为了接吻，有的天生是诅咒人的？后来，他看见易卜拉欣坐在旅馆前的一辆汽车里。易卜拉欣邀请他乘这辆特地租来的汽车，去游览避暑胜地。

穆罕默德感到自己需要换换环境和空气，他在贝鲁特都快闷死了，因此立即同意。突然，他见纳吉娃带着她弟弟福阿德朝他们走来。这会儿她是姑娘打扮了，显得风姿秀逸、轻盈活泼，从她的眼睛看，她已美美地睡过一觉。她在哪儿睡的觉？在谁的床上度过了她的后半夜呢？她脸上为什么洋溢着欢快的神情呢？她找到了她追求的那种吻吗？

穆罕默德想溜，他找起借口来。可是，易卜拉欣和福阿德却坚持要他同往，纳吉娃则一声不吭。

穆罕默德决心坐在司机座旁边，这是适合他坐的位置，他们就让他坐了。然而，让他受罪的是他的位置并不合适。汽车载着他们向代尔盖马尔驶去。一路上，穆罕默德注意到纳吉娃不断地笑着，她俯在易卜拉欣耳边悄声说些什么，接着又放声大笑。穆罕默德羞得脸都红了。她与易卜拉欣在笑话他吗？在笑话失败的唐璜？笑话一个在爱情学校一年级考试中落榜的花花公子？

他们参观了法赫尔丁王修建的古代清真寺，瞻仰了优素福·谢哈卜王建造的月亮修道院的殿堂，走进王宫中被称为"哈拉吉"的隐秘的长廊和地道。引起穆罕默德注意的是，纳吉娃和易卜拉欣在长廊和地道中待了好一阵子，出来时纳吉娃故意一面整理头发，一面嘻嘻笑着，好像她在长廊和地道里没有白白浪费时间。

他们漫步在贝特丁王宫美丽的花园里，宫殿的豪华壮观令他们赞赏不绝。可是，纳吉娃在整个游览过程中并不留意富丽堂皇的宫阙和美妙的景致，而只是目不转睛地望着易卜拉欣的脸，望着他的嘴唇，这使穆罕默德大为恼火。纳吉娃是在把易卜拉欣的吻和他的吻作比较吗?

他们来到萨法泉边。泉眼的清水与另外两股溪水融汇在一起,犹如恋人们的嘴唇静静地在接吻。穆罕默德想起诗王艾哈迈德·邵基描绘幼发拉底河和底格里斯河汇合的诗句:

河床对着清水耳语,
嗔怪之声隐约可闻。

然而,他与纳吉娃接吻时却不是喁喁私语,而是如同地震,接着而来的也不是隐约可闻的嗔怪之声,而是像鞭笞声响。

他们观赏了扎赫拉塔泉的避暑地。那里有一片美丽的树林,萨法泉水流过,仿佛吻着树林的脚,如同纳吉娃吻穆罕默德的双脚一般。

然而,吻他的脚又有何用,纳吉娃随后便抡起锤子痛击了他的脑袋。但愿她既没有吻他,也没有揍他!她使他怀有一种奇怪的自卑感。

他为什么原先没有向他赛义迪亚中学里正在热恋、要他代写措词热烈的情书的同学们,打听一下接吻的方式呢?他没有想到,接吻居然是一门艺术,还需要经验、研究和才华,竟然存在着一门接吻学,它还有原则、分支和理论;他也没有想到,这个年纪小小的姑娘,竟然是这门接吻学的教授,她考男学生,给他们打分,发文凭。

穆罕默德感觉到纳吉娃离弃了他,他尝到了芒果的滋味,但不会吃。他已经体会不出唇边的芒果味,只觉得失败像火山一样,在冲着他咆哮,在诅咒他。他也诅咒这火山。他的良心已从沉睡中苏醒,对他的原则表示哀悼,而他的情欲又因为深感沮丧而对他大叫大嚷。残留在他嘴边的,是一种夭折的美梦、被判处死刑的情感的滋味,一种受到摧残的鲜花和失败了的爱情的滋味。

每次跟纳吉娃照面,纳吉娃都故意冷落他,而全神贯注于易卜拉欣,她似乎是想让易卜拉欣快乐,而让他痛苦;她给易卜拉欣的是玫瑰,给他的却是荆棘。那些眼巴巴地看着自己的面包落到了别人的嘴里,而自己当下便在那些人面前饿死的人,是多么不幸!那些冻毙在一个不爱他们的女人心中的人,是多么可怜!穆罕默德现在后悔自己吻了纳吉娃,而过去,他为没有吻她而懊恼;今天,他悲伤,因为他弹奏了她的吉他,但曲调却不为她欣赏;而昨天,他难受,因为吉他放在他跟前,他却没有去拨弄它。他原先以为纳吉娃的双唇是天园的大门,这会儿他突然发现它原来是道鬼门关。那两片嘴唇就像同学们向他描绘的博览会游乐场里的"朱哈之家",参观者进去后,就被里面的长廊暗道搞得晕头转向,出不了门。他呢,不仅被那两片嘴唇引入迷津,而且几乎在它面前自杀丧命。

那个该死的吻使他失去了自己的地位。他本来觉得自己是纳吉娃佩戴在胸前的一件珠宝,现在他感到自己被扔入了垃圾箱。他像是被当作手绢的卫生纸,女人们用来擦擦口红,尔后便扔入纸篓中。

穆罕默德恨自己的嘴唇,在整个游览过程中,他一直用牙齿咬着它,仿佛因为它没有通过接吻的考试,他要惩罚它。使他难受的是,他看到他的朋友易卜拉欣乐滋滋的样子,听见易卜拉欣对他说,他生平第一次确信纳吉娃不仅爱他,而且崇拜他。难道说,纳吉娃在跟穆罕默德接吻的时候才了解易卜拉欣双唇的价值?我们要是在吃了黄瓜之后再尝椰枣,就会感到椰枣像蜜一样甜。

他竭力掩饰内心的失败感,转过脸去不看纳吉娃的脸,免得看见她眼中幸灾乐祸的目光。不过,他又不断地注意到她那双眼睛总是盯着易卜拉欣的脸,像是想把易卜拉欣吃下去似的。这种眼神,跟她乞求穆罕默德吻她一下时所流露的目光,是多么相似啊!

旅行终于结束了,穆罕默德松了一口气,回到他在舒卜拉的家。他想找个地方独自待着,好好哭一场,不让别人看见他的眼泪;他想大声喊叫,又不能让人听见。他考虑不再去纳吉娃的家,但办不到。他欺骗自己说,为了每月领取的那五镑钱,他应该去。当他发现纳吉娃对贝鲁特的接吻矢口不提,仿佛在贝鲁特时什么也没发生,他感到痛苦。纳吉娃对过去的事装聋作哑,折磨着他,使他消瘦。他不敢先提那次接吻,倒想让纳吉娃谈起,同时又希望她漠然置之,她要是谈论此事,那肯定同她闷声不响一样,都使他痛苦。纳吉娃让他沉浸在痛苦之中,被她的淡漠态度搞得晕头转向。

随着时间的消逝,穆罕默德的痛苦和不幸在加深,所有的一切甚至他的失败,都变得巨大了。特别使他受罪的是纳吉娃不分场合地谈论她对易卜拉欣的爱慕和钦佩,每次见面都硬要穆罕默德代她写一封火样炽热的情书给易卜拉欣。

一个星期四下午,纳吉娃对他说道:

"我有生以来,从没有像今天这样爱易卜拉欣。我们一天比一天亲密无间。我第一次天天都梦见他,过去,我可没有梦见过他。我想要你写一封你生平从未写过的情书给他,告诉他,我爱他,崇拜他。我爱他生活的这个世界,爱我家跟他卧室遥遥相对的窗子,爱那清风,我知道那缕缕清风将代替我的手指,拨弄他的头发;我爱抒发我对他爱情的词句,爱他走过的土地,爱反映我心中炽热情感的火焰,爱世界上所有的糖,因为糖里都有他嘴唇的甜味……"

穆罕默德强压下自己的火气和嫉妒,他说道:

"这些话比任何一封情书都优美,你只要把你这番话写下来,就是一封最出色的情书了。"

"光这些话可不够,"纳吉娃热切地说道,"要写更多更多。你现在不要写,等你回到家中,静静地坐下来,再替我起草这封信,明天给我。"

穆罕默德步履踉跄地离开了纳吉娃家。他觉得,两只脚支撑的不是他,而是一具尸体。傍晚六时,太阳斜挂在天空,但是他看不见太阳,只觉得周围一片漆黑。他仿佛不是用脚在走,而是用伤口抵地爬行。一切都黑乎乎的,陌生的声音在为他哭泣,无形的手掐住了他的脖子。他的失败使易卜拉欣获得了胜利,他不会接吻,才使纳吉娃感到易卜拉欣的亲吻是如此的甜美。

穆罕默德回到家里,试着写那封情书,他感到,这好像是在给自己写悼词,在描绘自己的葬礼,肩扛着自己的灵柩。面前的白纸,犹如殓衣,他像是在用指甲挖自己的墓穴。让这个墓穴宽得能容下他,大得与他的身材相配吧。

他写不下去,写了十次,撕了十次。几乎是刚做成一副棺材,他就将它砸烂,才挖成一个墓穴便将它填平。

他精疲力竭,于是躺在床上,想睡几个钟头,等天亮再来完成这封该死的信。

突然,他被弄醒,他睁开眼睛一看,易卜拉欣正站在面前推他。易卜拉欣说道:

"起来,穆罕默德!快醒醒,穆罕默德!我们现在去进行一次绑架。"

穆罕默德以为自己在做梦,便又闭眼睡去。易卜拉欣使劲儿用手推他,说道:

"这会儿不是睡觉的时候……我需要你,我们得去绑架……"

"绑架?绑架谁?"穆罕默德惊奇地睁开眼,问道。

"我们去绑架纳吉娃!"易卜拉欣说道,"我已经制订了计划,把我父亲的手枪都拿来了,谁挡路,我就开枪打谁。我们到她家去……你的角色很简单,对你的全部要求是准备用脚踩油门,当我离开汽车,走进我伯父家大门的时候……"

穆罕默德打断他:

"你疯了吗?我们干吗去绑架她?"

易卜拉欣把一份《金字塔报》扔给他,指着社交版的一条题为《门当户对的姻缘》的消息念道:

"昨晚八时埃及驻罗马大使侯赛因·阿什莫尼帕夏阁下与前宗教基金大臣卡马勒·穆纳斯特利帕夏大人的千金、端庄贤淑的纳吉娃小姐结成百年之好。

"主持订婚仪式的是爱资哈尔清真寺教长穆罕默德·艾哈迈迪·查瓦希里谢赫阁下。"

穆罕默德不相信自己的眼睛,又把这条消息读了一遍、二遍、三遍,他困惑地说道:

"晚上八时?这不可能!昨晚六时之前我还跟纳吉娃在一起,她说的最后一句话是她爱你,崇拜你。"

"这就是我下决心要绑架她的原因。"易卜拉欣痛苦得声音发颤,"我相信,对这门亲事,纳吉娃是一无所知的,也没取得她的同意,是他们硬逼着她成亲的。我了解我的伯父,他是罪魁祸首;我也了解我的姨妈,她生性恶毒。他们肯定知我与她相爱,因此策划了这个罪恶勾当来拆散我们。我应当立即前去营救她,去晚了,她会自杀的。"

"她昨天还对我说,她爱易卜拉欣生活的这个世界。"穆罕默德说道。

"快穿上你的衣服,穆罕默德。"易卜拉欣双眼噙着泪花,"我们耽误的每一分钟,都有可能造成她的死亡。"

穆罕默德激动地说道:

"让我们先平心静气地考虑一下。我担心你事先没有与纳吉娃约好,这样闯进她的家门会遭殃的。也许是她父亲拦住你,被你杀死;也许是你让仆人们挡住,被他们打死。我宁愿现在独自去见纳吉娃,借口看到了报上的消息,特去向她祝贺,见了面,我再跟她商定计划。你一大清早去有危险,特别是卡马勒帕夏家的仆人都认识你,不会放你进去的。依我看,先与她商定你半夜到她家去,然后帮助她踩上你往常用的绳梯登上围墙,我站在你家的花园里接应她下来。以后,你带着她想上哪儿就上哪儿。用这个办法,你不会有生命危险,计划也不致失败。"

易卜拉欣心里乱糟糟的,对这个新计划的内容搞不明白。他对穆罕默德说道:

"求你把这个计划再慢慢地说一遍。"

穆罕默德又说了一遍计划的详细内容。

易卜拉欣佩服地点着头说道:

"这是个了不起的计划,我赞成这样办。"

"还有一个问题,"穆罕默德说道,"你将来带纳吉娃到哪儿去?你的父母亲会同意她跟你们住在一起吗?"

"他们不会同意。他们讨厌她比讨厌她的父母亲更厉害。我想把她藏在我们的同学马哈茂德·布希在明尼亚的庄园里,我们在那里起诉,告卡马勒帕夏犯有欺诈罪,特别是纳吉娃已经成年,她父亲在决定这样的问题时却没有取得她的同意。"易卜拉欣站起来,挥动手里的手枪说道,"我要杀死所有阻挡我爱情道路的人!这支枪里有六发子弹。"

穆罕默德不觉战栗了一下。他暗暗感谢真主让他在接吻的考试中失败。他要是通过了那次考试,这枪里的六发子弹可就要打在他的身上……他对易卜拉欣说道:

"把手枪给我吧,我们现在不需要用它。你在目前这样神经紧张的情况下带着它,说不定会出问题。"

他从易卜拉欣手里接过手枪,把它藏在他床下的箱子里。

穆罕默德和易卜拉欣乘上汽车，从巴德兰岛到扎马利克这段距离中，易卜拉欣发疯似的开着车。

易卜拉欣按照穆罕默德的要求，把车停在扎马利克岛的尼罗河沿岸。穆罕默德说，他要从河边走到坐落在贾卜拉亚街上的纳吉娃家，以免引起人们的注意。

穆罕默德一面走，一面想着这奇怪的命运，竟然使他参与进一件绑架罪行，这只是出于对一个少女的爱，他要把这个少女交给自己的情敌。

但是，穆罕默德又感到，强迫纳吉娃同一个她不喜欢的男人结婚，这是对他穆罕默德的侵犯。是的，在被纳吉娃唾弃之后，穆罕默德已不再拥有纳吉娃的什么，不过，他仍然爱她，他的失败没有消除他的爱情，反而使它燃烧得更旺。他并不因为她倾向于易卜拉欣而恨她，他只恨自己，因为自己没有能力保住她。

穆罕默德感到自豪的是，他能够在这样关键的时刻将个人的痛苦置之度外。我们在真心实意恋爱的时候，会因我们喜欢的女人同别的男人快乐地待在一起而难过，但是当我们知道她在跟别的男人吃苦时，我们宁可去死！幸灾乐祸的感觉，是渺小爱情的特征。伟大的爱情，就像伟大的人物，他不理会琐碎小事，忘却自己的伤痛，但不会忘记他美好的时光。

在这样的时刻，穆罕默德忘记了自己的烦恼、痛苦和遭到的侮辱，忘记了他那些不眠之夜，忘记了纳吉娃蔑视地描绘他失败的接吻所用的语言，只记得他和纳吉娃在一起的欢乐情景。那些愉快的时刻更增加了他的痛苦感。他应该去救她，应该帮助她，让她跟她心爱的男人待在一起。为了这个曾使他享受过有限时间幸福的女子，任何牺牲他都在所不惜。

他能见到她吗？门房是否会对他说小姐不在？

易卜拉欣说得对，他的伯父卡马勒帕夏是个罪犯、恶棍。对这门亲事，纳吉娃准表示了反对，她个性很强，不可能接受强加给她的婚姻，她一定会说,她才二十岁,不能同一个六十岁的老头结婚!春天怎能与秋天相会?电炉怎能配冰箱?罪恶的卡马勒帕夏一定会对女儿的放肆大发雷霆,一定会打她耳光,并下令堵上她的嘴,不让她叫嚷,以免他的仇人萨米尔帕夏一家听见。纳吉娃罪恶的父亲为了防止她逃跑,不让她拒绝这门奇怪的亲事,一定给她戴上了镣铐,把她关在某一间屋子里。

假如门卫不让他去见她,那么办?他决不从原路返回,而要冲进门去,说自己是福阿德的阿拉伯语辅导教师,要见福阿德,给他上课。他将让福阿德充当信使,把逃跑的计划带给纳吉娃。穆罕默德知道,福阿德完全听命于纳吉娃,在如此严峻的时刻他不会背弃姐姐,他会想出办法,安排穆罕默德与纳吉娃见面。

想到纳吉娃处境悲惨,珠泪涟涟,穆罕默德不禁担心起来。纳吉娃被囚禁让他心烦意乱,一种骑士气概油然而生。他为什么要让易卜拉欣承担绑架纳吉娃的责任?他穆罕默德为什么不能作出牺牲?他们会把他押上法庭吗?会判他进监狱吗?为了让那个曾使他获得短暂快乐的女子幸福,这一切都不在话下。他过去曾希望有朝一日能成为擦去她唇上口红的手绢,现在,他期望充当擦去她泪水的手绢,砸碎她身上枷锁的镐头,独自带她出樊笼的救星。

他来到了卡马勒帕夏家的大门口,只见门房笑容可掬地为他打开门。一路上,他一直把门房想成是一个脸色阴沉的人,就像一个狱卒,想象他与门房之间将隔着高墙,他将推开门房,扫清路上的障碍,直奔内门……但使他惊奇的是门房向他打开了大门,仿佛他就是新郎……

他没有看到门上装有锁链,也没有发现凶猛的警卫,这个家庭一如他昨天所见,丝毫没有变化。

仆人让他进入书房。过了几分钟,纳吉娃来了。她进门时,眼中没有一颗泪珠,嘴上挂着甜甜的微笑,但是她没有径直向穆罕默德走来,而是转过身去,把房门关上。

她走向穆罕默德,张开双臂紧紧地拥抱他,说道:

"吻我!穆罕默德,吻我吧!亲爱的,吻我吧!"

被纳吉娃搂抱着的穆罕默德微微有些战栗,他感到两人的气息交织在一起。纳吉娃没有像第一次接吻后那样责骂他是生手,显然,这次接吻使她饥渴的双唇得到了满足。

穆罕默德拉着纳吉娃的手,引她到一张铺有天鹅绒面的镀金椅子旁,让她坐在自己旁边,悄悄地对她说道:

"我制订了一个绑架你的计划,我们今晚动手。"

"绑架我?你干吗要绑架我?"纳吉娃惊奇地问。

穆罕默德一时语塞。他表情尴尬,颧骨凸出,对这奇怪的问题,他比纳吉娃更吃惊。他瞪大眼睛说道:

"绑架你是为了救你啊!"

"从谁手里救我?"纳吉娃更加莫名其妙。

"把你从侯赛因·阿什莫尼帕夏的婚姻中解救出来啊!"穆罕默德对她的蠢笨感到心烦。

他把发烫的手搁在她光亮、白皙的肩上,像是在宽慰她;在她遭灾罹难的时候,他决不丢下她不管。他说道:

"我向易卜拉欣提出了这个计划,他同意了。他将在半夜越墙过来,带着你逃跑,我也将等着你。这件事,我们研究过了,发现取消这门亲事并不困难,因为它不是出于你的意愿,在法律上是不能成立的。我们将证明你父亲和侯赛因帕夏犯了伪造婚书罪。"

纳吉娃脸色苍白,说道:

"你疯了吗?谁告诉你说我想取消这门亲事?我喜欢侯赛因·阿什莫尼帕夏,是我提议让他娶我的。"

听到她这番话,穆罕默德像挨了雷击。他呼吸局促,声音发颤地说道:

"这么说,长时间来,你一直在欺骗我和易卜拉欣!你玩弄了我们,现在又嘲笑我们。昨天傍晚六点钟之前,我还跟你在一起,你并没有对我说你爱侯赛因·阿什莫尼帕夏,你告诉我说你爱易卜拉欣,要我代你写封情书给他。你一面向我描绘你对易卜拉欣的爱情,一面又爱着另一个男人,并同他商定要结婚。妓女都比你高尚。舞女伊卜梯萨姆曾要求我的朋友赛义德,要赛义德在取代她的旧情人之前,给她一个月的宽限期。你呢,一面在给一个男人的情书上签名,一面又答应与另一个男人结婚!"

纳吉娃呜咽道:

"你冤枉了我,穆罕默德!我在你写的情书上签名的时候,我还没有见过侯赛因·阿什莫尼帕夏呢!"

穆罕默德简直是大惑不解,说道:

"你说什么?《金字塔报》上说昨晚八点你订了婚,我在六点之前还一直同你在一起。你怎么能够在两个钟头之内会见这个男人,并相互爱上,决定结婚,征得你家庭的同意,请来爱资哈尔清真寺的教长签订婚姻?这一切,都发生在那两个钟头内,可能吗!"

"你要记住,我们可是生活在高速度的时代。"纳吉娃破涕为笑,说道。

"你别再撒谎骗人了!"穆罕默德坐在椅子上气得直颤,"我不像易卜拉欣,会糊里糊涂地相信你……退一步说,我信了你的这种谎话,那你刚才干吗还要吻我?"

纳吉娃快活地偷望着他怒不可遏的眼睛,说道:

"我是想向你表达我的幸福。"

穆罕默德如坐针毡,无法安定下来,说道:

"好极了,你吻我是为了庆祝你对另一个男人的爱情!等到你与侯赛因帕夏完婚之夜，你又想拿我怎么办？我得事先拒绝你在这种场合向我表达你幸福的方式！"

纳吉娃只得忍气吞声，低着头说道：

"我向你发誓，我没有想欺骗你。事情是这样的：昨天，你刚走，侯赛因·阿什莫尼帕夏便来拜访我的父亲，说他是替埃及驻罗马使馆随员哈桑·法伊兹先生来向我求婚的。父亲说，此事他不能做主，要侯赛因帕夏直接与我谈，因为这是我的终身大事。父亲把我叫到客厅，把我介绍给了侯赛因帕夏。我看他仪表堂堂，酷肖电影明星阿道夫·曼戈。他蓄有一排高翘的胡子，大眼睛，小嘴巴，一头乌黑的头发中夹着几根银发。他向我谈起了求婚者哈桑，谈到了国外的外交界生活、舞会、热闹的晚会、盛大的宫廷宴会、到欧洲乡村田园的旅行，谈到了巴黎的杜依利宫和凡尔赛宫、伦敦的白金汉宫和罗马的萨伏依王宫。他对我说，如果我同哈桑结婚，我就将成为这些宫殿的女皇，比在罗马的所有埃及女性都美。这位新郎哈桑是他的秘书，亦即大使秘书，在外交界地位优越，经常应邀参加舞会和宫廷宴会。侯赛因帕夏的一席话使我目眩神摇，我像生活在《一千零一夜》的故事里。我觉得他文雅风趣，熟谙女性，我问他：

"'新郎多大岁数？'

"'二十五岁。'他说。

"'我不愿跟一个毛头小伙子结婚！我也不嫁给大使的秘书。我要是跟外交界的官员结婚，我就找大使本人，跟您结婚！'

"'我已经五十九岁了！'"侯赛因帕夏说。

"'在我看来，您像一个充满活力的青年。'我对他说。

"侯赛因帕夏满脸喜色。这时候，我觉得他年轻了三十四岁，成了二十五岁的青年，仿佛一只神奇的手又将他重新缔造。他容光焕发，眼睛发亮，说话温柔，犹如在倾诉衷肠。我从他的眼里看到了感激的目光，好像

是我恢复了他的全部青春活力,是我给他打开了天园的大门。他突然问我道:

"'你说愿意嫁给我,此话当真?'

"'首先,您想娶我吗?'我反问道。

"他如痴如醉地说道:

"'我希望能娶你……我这一辈子还没有结过婚,但是,现在我改变主意了。'

"我说道:

"'我也希望能嫁给您。'

"我听他向我倾诉绵绵情话,这些话是我从未听到过也从未读到过的,它们不同于你写在情书上的诗。他描绘我的美貌,过去从未有人能作这样的描述。他描绘我美的部位,是你决计没有想到的,比如手指、耳垂和睫毛。他娓娓而谈的时候,我感到他像个皇帝,正在给我加冕,让我成为他的皇后。

"我的父亲在向我介绍了侯赛因帕夏后就已离去,他让我一个人与侯赛因帕夏待在一起,好让他独自说服我嫁给他的秘书……父亲回来了,他问我:

"'你同意结婚了吗?'

"'是的,而且准备立即结婚!'我答道。

"'你等着先见见新郎再说。'父亲说道。

"'我已经见过他了,'我说,'我喜欢他,很喜欢,我已爱上他了!'

"'你在什么地方见过他?'父亲感到惊奇。

"'在这里,就在这间客厅里见的。'我说。

"父亲生气了,说道:

'你怎么不经我允许,就在家里接待一个素不相识的青年?'

"'正是您把我介绍给新郎的……现在,我向您介绍我的新郎侯赛因·阿什莫尼帕夏。'我答道,

"父亲听到这里,差一点没昏倒在地。

"侯赛因帕夏对我父亲说,他认为纳吉娃是第一位适宜做大使夫人的埃及女性,他与我是一见钟情……

"父亲问我道:

"'侯赛因帕夏告诉你他已经五十七岁了吗?'

"'他对我撒了谎,说他五十九岁……哪怕他已经一千岁,我也嫁给他。'我回答道。

"父亲问侯赛因帕夏道:

"'可是,帕夏阁下,你怎么对那个新郎——哈桑·法伊兹交待呢?'

"'我将告诉他,我来替他求婚,但女方的父亲却把女儿许给我了。'侯赛因帕夏笑着说道。

"父亲立刻把母亲叫来,他把这个消息告诉她时说道:

"'我永远忘不了在我同萨米尔·穆纳新特利帕夏闹翻的时候,侯赛因·阿什莫尼帕夏也与他誓不两立,他拒绝进萨米尔帕夏的家门,也不同他握手……'

"这句话就足以使我母亲认为侯赛因帕夏是最适宜做我新郎的人,她立即对这门亲事表示欢迎。

"侯赛因帕夏要求马上签订婚约。他跟他的朋友爱资哈尔的教长取得联系,请他立即到我们家来。教长到后我们举行了仪式,尔后我就同侯赛因帕夏到舒卜罗德饭店去跳舞了。"

纳吉娃喘了一口气,又说道:

"他是个跳舞行家,是我有生以来见到过探戈跳得最棒的男人。被他搂着跳舞,我觉得自己不是在跳,而是在飞。他一面跳舞,还一面在我耳

边轻轻地说着比探戈舞曲更优美的话语,他说话从容而又动人,充满柔情蜜意,但最主要的是他对女人实在在行。穆罕默德,你要是有同女人打交道的经验,我就嫁给你了。为了你,我会向父亲、母亲乃至全世界挑战。可是,我不能同一个'毫无经验'的生手结婚。我说的是实话,你不要生气。我要不是爱你,我就不会这样实言相告。我一辈子都期望嫁给一个有经验、有阅历的人。只有这样的男人才能使我幸福,才能理解我。我像一把吉他,任何一只手都能拨弄它的弦线,但是只有音乐艺术家才能使它奏出最优美的乐曲。初出茅庐的音乐家只会拨动一根琴弦,而有经验的音乐家则有本事拨动它的全部琴弦。"

穆罕默德缩在椅子里,听她讲述这套奇特的吉他琴弦理论,每根琴弦怎样奏出互不相同的曲调。他凝视着她的身体,想象那是一把吉他,又望望自己的手指,觉得手指都已断了,无法拨动吉他上的全部琴弦……他真想站起来,砸烂这把吉他,扯断它的弦线,不让别人的手去弹奏它。终于,他控制住了自己,一面吞下失败的苦果,一面对她说道:

"再见,求真主保佑你……希望这把吉他在新的演奏家手中快乐。"

他打算起身走了。纳吉娃一把抓住他的上衣衣边,说道:

"你要躲避我吗?"

穆罕默德怅然答道:

"我读到过一句俗语说:'情场上的胜利,往往是逃跑!'"

"我不能没有你!"纳吉娃缠住他不放。

"你还想要我替你给侯赛因·阿什莫尼帕夏写情书吗?"他挖苦道。

"我把你当作朋友。"纳吉娃热切地说,"我已经同我丈夫谈起过你。在我们出发去罗马之前,他同意你继续给我补习阿拉伯语。我丈夫侯赛因帕夏是一个见过世面的人,这也是我之所以爱他、忠于他的原因。"

"这种忠诚最有力的证明是,"穆罕默德望着她的嘴唇,"你同他订婚不到二十四小时就吻了我!"

纳吉娃争辩道:

"忠诚是一回事,接吻是另一回事。我嫁给他,为的就是自由自在,想干什么就干什么。"

接着,她像个玩世不恭的女人似的哈哈大笑,她又说道:

"我从他那里学会接吻,再来教你……你教我阿拉伯语,我教你接吻。"

穆罕默德感到他再多待一分钟,就非痛揍她一顿不可。他霍地站起身来,不同她告别便径向门口走去。

纳吉娃仍坐在椅子上,问他道:

"你难道不想回来,让我教会你接吻的艺术吗?"

穆罕默德打开门,头也不回地说道:

"谢谢。我将会在'自由'的学校学会接吻!"

纳吉娃并不明白穆罕默德的意思,只是讥讽地高声笑着。

穆罕默德来到易卜拉欣驾车等候着的地方,把纳吉娃结婚的经过讲给他听,叙述时尽力删去许多细节,以免增加他的痛苦和烦恼。穆罕默德对易卜拉欣说不出的同情,他俩遭受着同样的不幸和灾难,共同的灾祸使受害者们的心变得接近,每个人的哭声都仿佛代表着与他共患难的伙伴,眼泪是一根奇妙的纽带,把哭泣者们连在一起,而伙伴们的泪水又能止住我们流泪,同一场战斗中受伤的伤员,看到彼此都受了伤而感到安慰,别人的伤口就像是药膏和绷带。同遭灾祸会使对手变成兄弟和朋友,而胜利又会使兄弟阋于墙,朋友成寇仇。正因为此,穆罕默德看到易卜拉欣脸上流露出愤怒、气馁、仇恨的表情,感到就像是自己在照镜子一般。

穆罕默德的心坎深处在诅咒纳吉娃,诅咒世界上所有的女人。当我们爱上一个女人时,我们也爱一切女人;而我们恨一个女人时,又会因之而恨一切女人。穆罕默德愁眉苦脸,痛心疾首,他那梦幻的双眼布满血丝,仿佛后面有个梦魇在作祟。他觉得自己像患了疯癫似的。他到家的时候,天下雨了。他心想,老天是在为他哭泣,还是对他表示唾弃?

穆罕默德的生活变得沉闷不堪,那是一种通常出现在强烈地震后的可怕沉闷。他走在人群中,仿佛周围全是被宰杀的尸体,看到路上的男青年,总觉得对方同他一样,也是某个女人的受害者,像纳吉娃欺骗他似的受了女人的欺骗,所有男人的梦想似乎都随同他的梦想被埋入土中,每个男人身上都被女人刺得伤痕累累,每个男青年都因被情人所背弃而遭横死,街上走过的每个女人都像是纳吉娃。

穆罕默德决定,再不为他赛义迪亚中学的同学代写情书了。

第二天一早,他到学校去,当他想把这不可更改的最后决定通知他的同学时,突然发现学校里的情况不同往常。

学生们麇集在校园里,他的同学贾马勒·曼苏尔正站着发表慷慨激昂的演说。他要求全体学生罢课,因为伊斯梅尔·西德基帕夏废除了国民宪法,而代之以一部新宪法,这部新宪法剥夺了用烈士和受难者的鲜血换来的人民的全部权利。[①]

他看到华夫脱党的学生和自由立宪党的学生已经忘记了他们的分歧,站在一起号召罢课,高呼打倒伊斯梅尔·西德基的口号。

穆罕默德没有跟同学们一起喊口号。他知道,他要是参加罢课,免费待遇便会被取消,学校将要他付学费。他哪能搞到学费呢?父亲除了家庭开销外,再也拿不出一个子儿来。他每月从卡马勒帕夏家领取的报酬,

---

① 伊斯梅尔·西德基在1930～1933年、1946年2月～12月曾两次担任埃及首相。国民宪法,指1923年宪法;新宪法是西德基政府于1930年10月颁布的宪法,一公布即引起埃及人民的坚决反对。

从他决定跟纳吉娃一刀两断之后，也成了泡影。再说，同学们群情激昂是为了宪法，这宪法是怎么回事？他没有读过旧宪法，也不知道新宪法，他怎么能为自己一无所知的东西而罢课呢？

学生们出去游行了。穆罕默德和很少的几个学生留了下来。去游行的同学回头望望穆罕默德，大声喊道：

"打倒叛徒！打倒民族败类！"

穆罕默德环顾四周，发现"叛徒""民族败类"总共只有三人，他是第四个。

那三个学生是福阿德国王侍从武官长的公子易卜拉欣·穆纳斯特利，前宗教基金大臣卡马勒·穆纳斯特利帕夏的少爷福阿德，还有宣布废除旧宪法的内阁首相伊斯梅尔·西德基帕夏的公子阿齐兹·西德基。

穆罕默德感到难堪，他处境尴尬，干吗要同这些大臣、宫廷显贵和福阿德国王一手扶植的联合党党魁的儿子们待在一起？自己仿佛是这组和弦中的一个不和谐音。更使他局促不安的是，首相的公子阿齐兹·西德基居然走过来问他是不是劳工大臣易卜拉欣·法赫米·卡里姆帕夏的儿子！

他回答说自己叫穆罕默德·阿卜杜·卡里姆，不叫穆罕默德·法赫米·卡里姆，他的父亲是机车修理厂的工人哈纳菲·阿卜杜·卡里姆师傅。

阿齐兹显得很高兴，因为他找到了一个民众，支持他父亲用来代替国民宪法而颁布的新宪法。

穆罕默德心想：利西亚中学也会举行罢课，抗议废除国民宪法吗？纳吉娃是否像她的弟弟和堂兄一样，独自待在学校里？难道自己选择的，恰巧是纳吉娃站的行列？

他深感屈辱、丢人。什么队伍都能站，就是不应该同纳吉娃站在同一行列。

然而，他穷，他父亲一贫如洗。贫穷使他无法加入愤怒的罢课同学的队伍中去，贫穷使他被同学们骂作"叛徒""埃及民族的败类"。作为赛义迪亚中学惟一享受免费待遇的学生，他能做些什么？所有参加罢课的学生，都是家庭境况宽裕的子弟，他们有力量为自己的孩子另付学费，或者干脆让他们进私立学校。

穆罕默德发现学校中的教师和工友都用奇怪的眼光在看他，好像在指责他不和同学们团结一致。他应该走过去向他们一一解释，讲述他的贫穷、免费待遇，说搞政治是一种奢侈，穷人是无权问津的，还是保持沉默，忍受这种针刺似的目光？

一天的课完了，他离校回家。沿途，他看到路灯被砸，电车翻倒在地，树木已被连根拔起，街道、广场满是石块、砖头。他听见人们在说，所有的学校都上街反对新宪法，呼喊打倒伊斯梅尔·西德基的口号。

到家了，他疲惫地登上楼梯，走进家门，只见母亲正忙着剥葱头。煤气炉发出"扑""扑"的响声，这使他想起同学们高呼"打倒叛徒""打倒民族败类"的喊声。

他问母亲有没有听说举行游行，抗议废除国民宪法的事？看来，母亲并没有听说，因为她反问他："'国民宪法'是不是优素福·瓦赫比贝克主演的一出新戏？"母亲洗盆子、晾湿毛巾，然后抓起研钵杵，一面捣，一面说道：

"我死之前，可真想看一次优素福·瓦赫比贝克演的戏！"

穆罕默德被母亲的单纯逗笑了，全埃及都在注视那部规定议会要代表国民的宪法，他的母亲却关心着优素福·瓦赫比贝克的演出。也许，在他不了解的某一方面，母亲倒是说对了呢！这一切吵吵嚷嚷，不正是一场演出么？

父亲气喘吁吁地回来了。穆罕默德注意到父亲没有像往常那样,一开口先说上一句俗语,而是立即要他母亲烧水。父亲脱下长裤,穆罕默德看到他的小腿上有个大伤口,还在淌血,吓了一跳,问道:

"您撞车了?"

哈纳菲师傅笑着答道:

"不是,是撞了政府啦。今天修理厂的工人们罢工,抗议废除国民宪法。我们想上街游行,表达我们对废除国民宪法的愤怒,反对那个把人民权利全夺走给了国王的新宪法。可是,突然来了一大批士兵和警察,由内政部的副大臣欧尼·哈菲兹帕夏率领,把我们给包围了,还开了枪。我听见欧尼帕夏说:'打死这些罪犯,打死一个工人赏一镑!打死他们一千个也不算多!把他们全打死,这些狗东西!'

"子弹从四面八方朝我们打来,生性温和的工人火了,大家剪断电话线,烧火车车厢,砸烂火车。气愤到了极点的工人拿着铁块、撬棒砸那些来进攻的家伙。士兵们抬来了梯子,想冲进厂里来。我们拿水龙头用开水喷他们,士兵们就像苍蝇似的往下掉。

"欧尼帕夏打电话给伊斯梅尔·西德基帕夏,要求调埃及炮兵部队来,摧毁这家机车修理厂,因为工人造反了,朝着士兵喷开水,使士兵们无法开枪。西德基帕夏却平静地说:'没有必要调炮兵,跟自来水公司联系一下,要他们让整个区停水就行。'

"我们突然断了水源,工人手里的水龙失去了作用,抵挡不住了。士兵们冲进厂里,横扫乱射。工人与士兵展开了激战,工人们的武器是石头、铁块,而士兵的武器却是枪弹!

"我们听见欧尼帕夏对杀死自己埃及同胞显得挺犹豫的士兵喊道:'朝人多的地方打!谁朝天开枪,我要把他们送交军事法庭!'

"士兵们只得朝着人多的地方开枪。

"我们死了十六人,其中三个是工人家属,搏斗时她们站在工人一边,一个是小孩。他们死的要多好几倍!俗话说:'谁朝你喷水,你就朝他喷血!'"

哈纳菲师傅稍停了一下,又接着说道:

"工人有二百七十一人受伤。我只是受了点轻伤,是被一个士兵用刺刀捅了一下。"

穆罕默德听父亲讲述修理厂工人斗争的经过,心里深感羞愧。他因为穷,怕失去免费待遇,竟没有参加学生们的游行。成千上万的穷苦工人为了国民宪法,牺牲了他们的饭碗,甚至生命!他觉得自己跟那些杀害无辜工人的刽子手们一起浸没在血泊中。对人民进行的战斗袖手旁观的人,同朝人民开枪的人一样,都是罪犯!战斗中的袖手旁观者,是暴君们插进无辜者脊背的刺刀;对真理保持沉默者,是装聋作哑的魔鬼。当他穆罕默德拒绝同参加示威游行的同学团结一致时,他就是这样的魔鬼。

那么,搞政治并非只是有能力的人才有权享受的奢侈举动,而是有钱人和穷人都应肩负的一种责任。他为什么要推卸这种责任呢?是他与纳吉娃沆瀣一气?她使他脱离了自己的阶级?成了维护她傲慢的发言人?当斗争时刻来临,他不是借口自己穷,需要享受免费读书,而将他应站在队伍前列的责任忘了吗?

机车修理厂数千名工人为什么没有说他们穷,需要工资养家糊口?他年迈的父亲为什么没有想到他每月从政府领取的三镑钱工资而投入了战斗?父亲为什么不用他常说的俗语来说服自己"娶了我母亲的人,我便叫他声大叔"呢?如果国民宪法是"母亲",那么,西德基宪法就是"大叔",可是,父亲这会儿引的俗语却是"谁朝你喷水,你就朝他喷血!"

那些普普通通没有文化的工人懂得国民宪法的含义,而他知书达理的穆罕默德却不懂。旧的国民宪法不会增加工人们的工资,新宪法也没有让他们减薪，他们中没有人想进国会，也没有人奢望当大臣。他们奋起反抗，只是为了全体人民的自由权利，自己当家做主的权利。

穆罕默德从未想到，他心地善良、遇事忍耐、说话多带哲理的父亲居然参加了这场战斗，进行战斗，还受了伤。他可从未听父亲谈论过半句政治。倒是听父亲讲过一九一九年革命的日子，说那些美好的日子是一去不复返了。穆罕默德没有想到，自己竟然是跟一位英雄生活在一个家庭里。过去，也曾爆发过示威游行，机车修理厂的工人并没有参加，如学生罢课抗议"二·二八"声明①，庆祝华夫脱党内阁组成，抗议解散人民党内阁等。工人们似乎拒绝介入党派纠纷。然而，当他们看到人民的权利遭到蹂躏，他们便满腔怒火地起来反抗。他们对那些暴虐无道者深恶痛绝。他们可以闭上眼睛，但无法入睡；他们能够忍耐，但不会驯服。突然间，这些善良的普通人成了真正的革命者。

穆罕默德对内政部副大臣欧尼·哈菲兹帕夏非常憎恶，这个刽子手竟想用大炮轰机车厂，对准工人们的脑袋开火，这个暴君曾下令开枪打"工人狗东西"。穆罕默德感到，受害者在诅咒他，喊声裂墓而出；孤儿寡母的呼叫充塞着他的双耳。

他问父亲道：

"欧尼帕夏是埃及人吗？"

"是啊，真遗憾。更该死的是，他就住在舒卜拉。舒卜拉出了这么个家伙，我觉得丢人哪。他应该跟那些当权的帕夏们住在一起，住到扎马利克去。"

一听到"扎马利克"这个词，穆罕默德便觉得他的旧伤口又痛了。他

---

① 指1922年2月28日英国片面宣布允许埃及独立的声明，根据这项声明，埃及仅获得名义上的独立，军事、经济、政治、外交等大权仍握在英国人手中。

想起，纳吉娃就住在扎马利克。

纳吉娃对待他，就像欧尼帕夏对待机车修理厂的工人。她让他流血，待之如狗，搬来她的重炮，把他炸得粉碎。

她同欧尼帕夏一样，也是一个暴君！

父亲打断他的联想，问道：

"我听说赛义迪亚中学学生罢课，举行了示威大游行。你一定也参加了吧？"

这个问题问得穆罕默德猝不及防。他想撒谎，但是不行，只得说道：

"不……我没有参加罢课……我怕他们取消我的免费待遇。"

哈纳菲师傅用饱经世故的眼睛望了他一眼，说道：

"自从你经常去卡马勒帕夏家以来，你变坏了。在那些高楼深院里，男子汉成了太监。"

穆罕默德感到父亲的话打中了要害，他满脸愧色没有吭声。哈纳菲师傅接着说：

"在一个没有自由的国家里，文凭有什么用？我从没想到我的儿子会对养育他的人民怀有二心。孩子，可别谈恋爱哪。说实在的，一个人爱上了女人，就没有时间爱埃及啦！"他舔舔嘴唇，又引了一句俗语，"有人为周末、星期天发愁，而我们可是天天犯难哪！"

开罗在沉睡，城里的一切都闭上了眼睛，惟有街上煤气灯彻夜不眠。太阳还躲在云层后面打呵欠。黑色的天幕上，点缀着一些闪闪发亮的白点，人们称它们为星星。树枝光秃秃的，蜷曲着，仿佛是群裸体女奴合着微风的乐曲在起舞。天上飘落下一些水滴，像是告别黑夜——恋人们的保卫者——时，情人抛洒的泪珠。

快到清晨四点了，这是开罗最没有生气的时刻，过后，第一缕阳光吻拂开罗,它才起死回生。

电话铃接连不断地响着,吵得人心烦。夜晚,又静又黑,电话铃的尖叫声显得格外扰人。

首相伊斯梅尔·西德基帕夏大人被这吓人的电话铃声惊醒。他懒洋洋地伸手去摸放在桌边柜子上的听筒,可是在黑暗中他的手摸错了地方,电话机掉到地上,听筒离开了机身,传出一个女人急切的声音,她的声调起伏不定,像窒息了似的。西德基帕夏听不懂她在讲些什么,因为听筒还在地上。他扭亮电灯,拾起听筒,里面传来的声音像是呻吟。

西德基帕夏将听筒紧贴耳朵,只听得一个女人既不打招呼,也没有开场白,直截了当地说道:

"我是国防大臣陶菲克·拉法阿特帕夏的妻子,有人绑架了我的丈夫!"

西德基帕夏以神经坚强著称。风暴和重大事件都震撼不了他。周围的人心急火燎,他能够始终冷若冰霜。他迎接灾难,总带着普通人中了彩票安慰头奖时那种微笑。

这一次,他却控制不住自己的神经了。他从床上跃起,惺忪的双眼睡意全消,他时而睁开眼睛,时而闭上。僵硬的脸上出现了无声的问号,双眉不安地抬上抬下,嘴唇发颤,说不出一句话来。

对方那个急不可待的女人只听得传来断断续续的喘气声,她报告首相的惊人消息竟然没有反响,她相信电话线断了,于是开始喊道:

"喂!喂!帕夏阁下,你听见我的话没有?"

西德基帕夏缓过气来,像是叹着气说道:

"我在听你说话,夫人。这是一个十分惊人的消息。可是,是谁绑架了陶菲克帕夏?"

"肯定是机车修理厂的工人们。"陶菲克的妻子因为悲痛,声音直发抖,"士兵们开枪打了他们,他们想要报仇。可是,阁下知道,下令开火的不是我丈夫……我相信,他们会杀死他的,他真是冤枉……冤枉……冤枉哪!"

"冷静些,夫人。我想请你告诉我,事情是怎么发生的?"

"今晚八时,陶菲克帕夏应邀去穆罕默德·阿里俱乐部出席一个晚宴。"陶菲克的妻子一面哭一面说道,"往常,他夜里十一点之前就到家了,可是,今晚到半夜还没有回来。我十二点钟醒来,没见他睡在我旁边,便打电话给穆罕默德·阿里俱乐部。他们告诉我说,帕夏十一点差十分就离开俱乐部,乘车走了。从俱乐部到我们在舒卜拉区的家不过十分钟路程。我担心帕夏的车子给撞了,他被送进了医院。这时,部里派到我家担任守卫的士兵们说,晚上十一点的时候,帕夏就已乘车回家了,他们看见汽车开进家里花园,也看见司机把车停在车库后出门走了。我们发现,帕夏的车确实在车库里。司机住的地方离我们家不远。我们把他叫来,他说,他亲自把帕夏送回家,打开车门,又关上车门,把车停在车库后才回家的。司机肯定,他在花园里和大门旁都没有发现什么陌生人。"

西德基帕夏听了这事件的详细过程,就像挨了晴天霹雳。他的心里,各种各样的事情翻腾着,发出尖叫。但他立即恢复了镇静,说道:

"各部派到每位大臣家担任守卫的,都是三个士兵,难道他们谁都没有听到求救声?谁都没有看见有人走出大门?也都没有听见有人从花园围墙跳下来的声响吗?"

"他们说什么也没看见,什么也没听见。他们准是睡着了。"

"如果这些守卫的士兵在睡觉,那么,这就意味着,我们大家的生命和整个国家都处在危险之中。"西德基帕夏与其说是在跟被劫持大臣的妻子说话,不如说是在自言自语。

他想到他的生命和国家的生命不关陶菲克帕夏夫人的事,她关心的

只是她丈夫的生命。于是,他信心十足地又说道:

"夫人,请放心。我们立即就会抓获罪犯!"

国防大臣的夫人冲着首相发作了:

"抓罪犯不关我的事,我只要你把我丈夫活着送回来。他上了年纪,有病,身子弱,受不了这样的打击!要不是你制造了那场灾难,把我丈夫牵连了进去,就决不会出这样的事!他答应担任你内阁的陆海空大臣的那天,就是一个倒霉透顶的日子!"

西德基帕夏平静地忍受着陆海空大臣的妻子神经质大发作,他原谅她对自己发脾气和连珠炮式的攻击,继续从容地安慰她,向她保证他将立即去他内政部的办公室,亲自抓寻找国防大臣的行动。

国防大臣的妻子猛地搁断电话,既不向首相告别,也不对首相的这种关怀表示感谢。

西德基帕夏马上拨内政部副大臣欧尼帕夏家的电话,电话铃只响了一下,他的副大臣就来接了。西德基帕夏对他说道:

"我怕是把你从梦中吵醒了。"

"罪犯们绑架了国防大臣,我还能睡觉?"欧尼帕夏说道,"几分钟前,政治警察局局长萨利姆·扎基贝克已经向我报告。我想打电话给阁下,可是电话占线。"

欧尼帕夏在撒谎,他首先给福阿德国王阿比丁宫的伊德里斯贝克打电话,向他讲述了绑架事件,然后才轮到向首相报告。

"我认为,绑架国防大臣的是机车修理厂的工人。"西德基帕夏说。

"我不这么看,帕夏阁下。假如机车修理厂的工人要找开枪打他们的人报仇,他们就会绑架我!不管怎么样,我马上去陶菲克·拉法阿特帕夏家就是。我过一会就在那儿。阁下知道,我也住在舒卜拉……我已经做了必要的指示,过几分钟,警察便会去袭击一批反对内阁的年轻人和机车修理厂工人头头的家。"

"你下个命令吧,封锁开罗的所有进出口通道,歹徒们将会设法把国防大臣弄出开罗,再下令全面监视反对党人,包括他们的电话和住宅。"

西德基帕夏放下电话,点燃了一支烟,坐下望着他吐出的一个个烟圈,它们就像绞架上的绳套,将扣在那些绑架国防大臣罪犯们的脖子上。他的脑子转得很快,他已经不想陶菲克帕夏,而在考虑政府。他的政敌们在政府的后脑勺猛击一掌,嘲笑他自吹自擂有本事维护秩序和治安,只有他才能分化瓦解反对派。现在,英国人会怎么说呢?英国高级专员伯西·洛伦爵士将会说,伊斯梅尔·西德基政府无力保护它的国防大臣,更无力保护英国在埃及侨民的生命。福阿德国王会怎么说?他会说伊斯梅尔·西德基执政失败。仇视他的宫廷人士将利用这次机会,向国王进谗言,说首相已昏庸老朽,为了对付民众革命的狂飙,这个重要的职务需要一个年轻人来担任。

想到别人会指责他老迈,西德基帕夏不由得用手抚摸双膝,他感到膝盖隐隐作痛,伸伸胳膊,胳膊也痛。这些都是年老的症候吧?难道年岁已削弱了他这个强有力的执政者的威力,养壮了他的政敌,使他们敢于蔑视他的强悍、暴烈,搞出这样大胆的冒险行动?

他摸摸头,头倒不痛。他宽慰地微笑了,心里想道,只要这个脑袋还管用,他就能够统治一个大帝国,不光是个埃及。

电话铃响。他拿起听筒,是福阿德国王的司衣伊德里斯贝克打来的。

伊德里斯贝克在宫中刚开始只是个仆役,然后被提升,当上了"素丹的司衣",亦即为素丹准备服装、侍候他穿衣脱衣的仆人。他是努比亚人,受过中等教育,能讲几国语言,凭着他的聪明才智,获得了素丹的宠信,成为宫中实际的主宰。函件由他拆,奏章由他呈递给素丹,他听取素丹的旨意,然后再传达给宫廷要人。福阿德素丹登基后,他这个小权臣的势力更加炙手可热。伊德里斯获得了贝克爵位。宫廷显贵在他面前都战战兢兢,一看见他身子便瑟缩成一团。他可以攻击任何人,因为只有他可以不经允许觐见国王。

国王是不屑跟大臣们通电话的,把国王的谕旨传达给他们的是伊德里斯贝克。

伊德里斯贝克对西德基帕夏说,国王陛下想了解国防大臣被绑架的详细情况。

西德基帕夏简扼地作了叙述,仿佛在讲一辆骡车同舒卜拉电车相撞的事件。

伊德里斯贝克对首相坚强的神经感到惊奇,但无法像他那样出奇的镇静,说道:

"国王陛下说,这是一起非常严重的事件……他们今天绑架国防大臣,明天会绑架首相,后天就会绑架国王陛下。陛下问,内政部的高级官员们在干吗?他们是不是在睡大觉?"

西德基帕夏马上明白伊德里斯贝克话里的意思,陛下是想把国防大臣被绑架的责任加在兼任内政大臣的他身上。他立即把"球"踢回到国王的"球门",说道:

"是国王陛下亲自遴选欧尼·哈菲兹帕夏充任负责治安的内政部副大臣的。我认为,国王陛下在选贤用能方面绝不可能有错。"

伊德里斯贝克一愣。西德基帕夏狡猾地把国防大臣被绑架的责任推到他身上,事实上,确是伊德里斯贝克挑选了他的亲戚欧尼帕夏担任内政部副大臣,也是他说服国王接受自己的推荐,理由是欧尼帕夏是维护国家治安最适宜的人。西德基帕夏反对这个人选,但是,国王不顾首相兼内政大臣的反对,坚持任命欧尼帕夏担任内政部副大臣。这会儿,西德基帕夏抓住这个糟糕的时机,向国王进言说是他作了错误的选择。

伊德里斯贝克连忙说道:

"国王陛下总是说,他并不认识欧尼帕夏,但是他了解西德基帕夏,他仰仗的是您而不是别人!"

西德基帕夏答应他将努力不辜负国王的信任。伊德里斯对西德基帕夏的机智感到恼火,愤然搁下话筒。他没有到国王床边上去禀告他与首相的谈话内容,怕惹国王生气,因为这个没能维护好治安的欧尼帕夏是他伊德里斯选中的。

伊德里斯贝克告诉西德基帕夏说国王对国防大臣被绑架一事光火,乃是撒谎,国王正在睡觉,他根本不敢去叫醒他禀告这个消息。

这是星期四晚上,是一星期中仅有的一个夜晚,国王离开他宫中的私室,到纳齐莉王后宫去,跟她同床共寝。至于其他的日子,则王后总是单身独眠,她的卧室距国王的卧室相距半公里左右。

星期四晚上国王与王后欢会是宫中大事。宫中的人从傍晚起就注意不让那些令人不安的坏消息或令人不快的报告去打扰国王,免得他在这个夜晚败了兴致。

宫中的人星期五清晨都惴惴不安地等待着,等国王陛下醒来。如果他神情愉快,那就意味着这一天王宫上下都将平安无事;如果国王脾气不佳,那么宫里人人都将够呛,国王不会批准任何人的晋升,一切津贴都将取消,所有提级、授勋的请示报告都将被他撕碎。这一天,对每个想伤害仇人、报复竞争对手或摆脱一批敌人的人来说,可是个黄金机会。

正因为此,伊德里斯贝克才小心地不用国防大臣被绑架的消息去惊动正在王后卧室欢度良宵的国王,他宁可等到国王自己醒来,而不愿在不适当的时间去敲门。这一夜,伊德里斯贝克主张由他担负国王的工作,他责备首相在治安事务方面疏于职守，自己亲自过问调查的进展情况。

这时，一长队汽车正朝舒卜拉区疾驶而去，有各色各样的汽车：公车、私车、福特牌轿车和载满着士兵、军官的卡车。

不几分钟，国防大臣住宅的花园里挤满了国家要人：脸色铁青、长着蛇一样眼睛的内政部副大臣欧尼帕夏；身材颀长、头戴红毡帽、自称是百分之百英国人的首都警察局局长拉斯勒帕夏少将；大腹便便的矮子，神色疲倦证明他是刚从牌桌赶到调查现场还来不及路过一下自己在金字塔区的优雅公馆稍事休息的开罗市市长马哈茂德·西德基帕夏；欧洲人安全局局长兼英国驻开罗情报局负责人亚力山大金·博伊德先生；头像猫鼬、眼似鹰隼的政治警察头子萨利姆·扎基贝克，以及总检察长、检察官和政治科的全体警官。

整个国家机器都集中在国防大臣在舒卜拉区的住宅花园里。一下子，人人都成了歇洛克·福尔摩斯、尼古拉·卡特和艾尔森·罗宾等侦探小说里的英雄。他们在花园里找脚印、罪犯的指纹，企图探明绑架国防大臣的离奇手段。

欧尼帕夏下令逮捕看守大臣住宅的那三个内阁派来的卫兵，逮捕大臣的司机。他说道：

"这是一个大阴谋，卫兵和司机肯定是同谋犯！"

政治科的军官立即执行副大臣的命令，给四个受指控者戴上了手铐。

亚历山大金·博伊德先生用英语说道：

"这类事件在埃及还是第一次。过去曾发生过开枪打几位内阁首脑的事，一个小职员在开罗车站用匕首刺前国防大臣伊卜拉欣·法塔希帕夏中将，一个学生化装成侍从在火车上企图用斧头向西德基帕夏行凶。但是，绑架大臣这还是第一次，他们居然能从他的家里，从他的卫士身边把他绑架走！"

总检察长把烟斗噙在嘴里,说道:

"真奇怪,罪犯们没有留下任何痕迹,里面门把上没有指纹,围墙上没有他们逾墙的痕迹,客厅里也看不出发生过抵抗的迹象。"

"你别忘了,帕夏,陶菲克·拉法阿特帕夏是个虚弱的人,身子又瘦又小。罪犯们很容易堵塞他的嘴巴,把他装入箱子,带着跳出墙外。"欧尼帕夏说。

"可是,这也避免不了出现抵抗啊,比方说,他们在堵他嘴巴的时候,他的眼镜掉落在地……"总检察长说。

"也许,罪犯们在国防大臣的脸上蒙了一块带麻醉剂的面巾,"开罗市长马哈茂德·西德基帕夏说道,"他失去了行动和说话的能力。我认为,罪犯们是戴着手套开门的,所以没有留下指纹。"

亚历山大金·博伊德先生的阿拉伯语说得挺生硬,带英国腔,但词句正确:

"机车修理厂的工人不可能有这样现代化的作案经验!"

"他们在这次行动中肯定得到了反对派人士的帮助。"欧尼帕夏说道,"反对派人士是些高级罪犯,他们中有人参加过策划一九一九年事件。"

"我刚才查看了围墙,"总检察长说道,"那全是些尖利的铁栏杆,从上面跳过去并不容易。我看,罪犯们是从一扇门进出的。"

"正是,所以我一开始就决定把那三个卫兵和帕夏的司机抓起来。他们百分之百是同案犯。"欧尼帕夏对自己的聪明颇为得意。

政治警察局局长萨利姆·扎基贝克说道:

"我对内阁卫队人员是信任的,在交付他们担任这项重要任务之前,我曾亲自逐个做过调查。刚才,我又问了内阁卫队队长,他向我保证,这些卫兵是可靠的。"

"当然,你们每个人都将为自己的下属辩护。"欧尼帕夏粗暴地说,"我跟你说,把内阁派的卫兵抓起来。我是个老侦探,我看他们非常可疑!"

萨利姆贝克行了一个军礼,答道:

"我们已经迅速执行了您的命令,把他们抓了起来,解除了他们的武装后已给他们戴上手铐送进了市监狱。"

这时,进来一个警官,在萨利姆贝克耳边悄声说了几句。萨利姆贝克当即走到内政部副大臣跟前,轻声报告说:

"我的一名警官刚抓住了一个机车修配厂的工人,他在大臣家附近转来转去……"

欧尼帕夏很重视,说道:

"正常的规律是罪犯总是在作案现场来回转悠。把那个工人带到这里来,让我亲自审问。"

萨利姆贝克立即带一批警官走出花园大门。不一会,他们押着一个头、嘴都在淌血,面目血迹模糊的人回来。这人步履踉跄,断断续续地呻吟着。他被打得遍体鳞伤,衣服也撕烂了。

这支拷打人的队伍在欧尼帕夏跟前站定。欧尼望着这人,两眼直冒火,轻蔑地问道:

"你叫什么名字?"

"我叫哈纳菲·阿卜杜·卡里姆。"那人的声音发颤。

"干什么的?"

"机车修理厂的工人。"他哆哆嗦嗦地答道。

欧尼帕夏点点头,伸手指着哈纳菲的脸,手指几乎戳到他的眼睛,问道:

"你们把国防大臣陶菲克·拉法阿特帕夏阁下藏到哪里去了?"

哈纳菲师傅颤抖着答道:

"我这辈子都没见过陶菲克·拉法阿特帕夏!"

欧尼帕夏脸上闪烁着魔鬼的光焰，声如暴雷地喝问道：

"你撒谎，你这个凶手！说，陶菲克·拉法阿特帕夏在哪儿？"

"我向你发誓，我不知道。"哈纳菲镇静了下来。

欧尼帕夏细细地端详着他的面容，目光就像屠夫盯着他要宰杀的羊，问道：

"你干吗围着陶菲克·拉法阿特帕夏的家门转？"

"我没有围着这幢房子转。"哈纳菲师傅诚实地说道，"我是从我在巴德兰岛的家里出来的，到机车修理厂去上班。我早晨五点上班。凭真主发誓，我可没有绑架过陶菲克·拉法阿特帕夏。"

欧尼帕夏突然记起了他从事审讯的老经验，问道：

"你怎么知道陶菲克·拉法阿特帕夏被绑架了？"

"军官们一边揍我，一边说我绑架了陶菲克帕夏。"哈纳菲回答得很直截了当。

萨利姆·扎基贝克双眼冒出被压抑着的怒火，说道：

"他撒谎。我们绝没有对他说过有人绑架了陶菲克帕夏，而只是问他把陶菲克帕夏藏在哪儿了！"

"我从问我的话里听出，我被指控绑架了陶菲克帕夏。"

"你这个恶棍！"欧尼帕夏浑身颤动着说道，"你很善于回避问题，你是个惯犯！"

"不，贝克阁下，"哈纳菲师傅求告道，"我从来没有犯过罪！"

欧尼帕夏立即掴了哈纳菲师傅一个耳光。他像是用脚踩烟头似的，一字一句地顿着说：

"我是帕夏，狗东西！国王陛下赐给我的爵位，你敢取消？"

哈纳菲的脸被打得火辣辣的，央求的声音变得嘶哑：

"对不起，帕夏大人！"

欧尼帕夏又刮了他一记耳光,鄙视地说道:

"我不是大人,只是阁下。你们竟然把自己当作了国王,代替陛下向大臣分封称号吗?"

哈纳菲没有吭声,他不知该怎么说。

欧尼帕夏咆哮起来,他活像一只扑向猎物的狼,他吐出的每个词都如同狼的利爪:

"把你的手伸出来给我看!"

哈纳菲犹犹豫豫伸出一双粗糙、劳碌的手。欧尼帕夏仔细地查看,想找到他爬越国防大臣围墙时留下的伤痕,但是一无所获。接着,欧尼帕夏又冲着他喊,要他脱下裤子看看他的小腿。

哈纳菲褪下裤子,欧尼帕夏一眼就看到他的小腿上裹着白布,于是命令他解开布带。

欧尼帕夏看到那里有一个很深的伤口,脸色顿变,活像一个嗜血的刽子手。他问:

"这是你跳这家墙头时受的伤吗?"

"这是在机车修理厂事件中让一个士兵的刺刀给捅的。"哈纳菲的话饱含着血和泪。

"因此你就来找那士兵的上司国防大臣报仇!"欧尼帕夏感到这只老鼠已落入圈套。

"刺伤我的,是个骑警。"哈纳菲在哀鸣,他的声音仿佛是远处传来的呻吟。

欧尼帕夏勃然大怒,说道:

"你知道怎么回答任何问题,这证明你的确是个凶手!"他回头对着军官们,用食指一捋鼻尖,说道,"用鞭子抽到他招供为止。"

军官们抡起鞭子猛抽哈纳菲,他被打得跌倒在地,嘴里喊道:

"我冤枉哪,凭伟大的真主发誓,我冤枉哪!"

欧尼帕夏喝道:

"不许出声!不许哇啦哇啦叫!人们还在睡觉,不许你的破嗓子打扰他们!"

哈纳菲师傅为了不惊扰各家还在睡觉的人,强忍住不呼喊。

鞭子打个不停。欧尼帕夏高兴地看着血从哈纳菲身上流下来,说道:

"鞭子在我们手里,你们的脊梁骨生来就是挨鞭子的!"

在鞭子的呼哨声中,哈纳菲的声音听不见了。他曾经听说,鞭子在暴君手里会颤抖,但是他现在发现,颤抖的是受冤枉的人,而不是暴君,同时他还觉察到,鞭子接二连三地打来,疼痛反而减轻了,仿佛是新伤裹住了旧伤!

刽子手们不仅用鞭子抽哈纳菲,而且用最肮脏、最丑恶的话乱骂他。有时,对无辜者来说,谩骂比鞭笞更让人痛苦。

哈纳菲师傅实在忍不住了,他抬起鲜血模糊的头,憋着声音说道:"我招……我招。"

欧尼帕夏命令军官们停止抽打。他带着胜利的得意神情走向哈纳菲。哈纳菲用流淌着鲜血、充满痛楚的声音说道:

"是的,是我绑架了国防大臣陶菲克帕夏……"

欧尼帕夏像一个眼看着敌人举手投降的指挥官,热切地问道:

"那你把他藏在哪儿去啦?"

哈纳菲不吭声,没有回答。

欧尼帕夏冲着他叫嚷道:

"你肯定把他杀了,因为士兵们朝机车修理厂的工人开了枪,你就拿他报仇!"

哈纳菲眼睛盯着军官们手里举起的鞭子,答道:

"是的，我把他杀了，因为他的士兵开枪打了我厂里的同事，我就找他报仇。"

欧尼帕夏满脸通红，额头像发烧似的烫人，问道：

"你把国防大臣的尸体藏在哪里？"

"我把它扔到尼罗河里去了。"哈纳菲师傅无可奈何地回答。

欧尼帕夏觉得自己的躯体是跟国防大臣捆在一起的，这种罪行将会葬送他的前程，于是又问道：

"你的同伙是谁？"

"没有同伙。"哈纳菲一边哭，一边说，"这事是我一个人干的。"

欧尼帕夏又突然发疯似地喊道：

"你撒谎！你想包庇你的同伙！你想当英雄，狗东西！"

"凭伟大的真主起誓，我确实没有同伙……"哈纳菲仍哭着说。

欧尼帕夏命令军官们再打。哈纳菲忍了一阵子后说道：

"我说……我的同伙是伊卜拉欣·库特、安东·法尔赫、穆罕默德·瑙法勒，他们都是厂里的工人。"说完，他昏了过去，久久地昏迷了过去。

穆罕默德·阿卜杜·卡里姆的房门突然被西迪·法尔杰咖啡馆的老板维赫丹·艾布·胡特瓦推开了。维赫丹老板悄悄地对他说道：

"快把你们家里的所有武器都藏起来，把所有的纸都烧掉。警察马上就要抄家了。"

穆罕默德觉得自己一下子得了世上最严重的痴呆症，他一动不动，仿佛什么也没看见，什么也没听见。

维赫丹老板使劲地摇他，对他说道：

"起来！快行动！你爸爸哈纳菲师傅杀死了国防大臣陶菲克·拉法阿特帕夏。他们把他抓住了，他招认了……这会儿，他们就要来抄家！"

穆罕默德瞪着眼,惊奇地盯着维赫丹老板的脸。他爸爸这么个善良的人,竟成了杀人犯,这可能吗?他杀死了一个大臣?他连宰只小鸡都不会,怎么可能杀死一个大臣呢?

父亲有一次告诉他,一九一九年那会儿,他是艾哈迈德·马希尔博士领导下的一个秘密支部的成员。父亲把那些日子说成是"不幸的日子",难道他又突然回到那"不幸的日子"去了?

然而,父亲这么一个年迈、体弱、多病的人怎么能袭击一个大臣,并把他杀死呢?这么一大清早,他在哪儿见到大臣?用什么凶器杀他?是父亲在厂里干活用的铁棍,还是一支手枪?

一想到手枪,穆罕默德浑身一哆嗦,不由得跳下床,跪在床前,伸手拖出箱子,打开,在衣服下面找着。他摸到了易卜拉欣·穆纳斯特利为了想绑架纳吉娃拿来的国王侍从武官长的那支手枪。手枪还在老地方,这使穆罕默德放了心。他把枪塞进口袋,接着跑步登上屋顶,把枪塞在他家屋顶与邻居家屋顶毗连的墙缝里。

他刚回到房里,只见那小小的屋子里已挤满军官和警察,他们搜查着各个角落,翻箱倒柜,乱砸乱扔,同时还刨地,企图找到地窖。母亲夹在他们中间,愣愣地站着。突然,一个军官抓住了穆罕默德,也不向他提任何问题;接着,他看到另一个军官抓住了他母亲。眼看着母亲落到警察手里,被他们粗暴地推推搡搡,挨他们辱骂,这比听到父亲被逮捕的消息更使穆罕默德惊慌。

他和母亲被警察推进一辆福特牌汽车,被押到舒卜拉警察局。

他在警察局里,看到一个目露凶光的矮胖子,讲起话来咬牙切齿,还好用食指捋鼻尖。军官们对这家伙的尊敬程度非同寻常,少将们同他讲话,都是九十度弯腰,其余的人,弯腰在九十度之上,前额都快碰到地。他站着,那浑圆的身子就像个O。

穆罕默德听他们称他为"副大臣阁下",从他那张凶神恶煞的脸看,跟父亲描绘的欧尼·哈菲兹帕夏相吻合,正是这个欧尼命令他的士兵们像宰狗一样地屠杀机车修理厂的工人!

他听欧尼问他母亲道:

"常到你家来看你丈夫的都是谁?"

母亲战栗着答道:

"我不在男人们跟前露面,也不给他们开门。"

欧尼帕夏冲着她喊:

"说实话,你这个婊子!"

母亲掉下眼泪,但是没有吭声。

穆罕默德努力挣脱抓住他的两个士兵的手,朝欧尼帕夏扑去,袭击他。一个军官眼明手快,突然朝他头上打了一棍,穆罕默德随即跌倒在地,一动不动了。等到他睁开眼睛,他发现自己已戴上脚镣手铐,被扔在一间房间的地上。

他听见了呼号声,男男女女的呼号,从中他辨出了母亲的声音。这些哀号,呼叫,一声声传来,犹如刺向他的一把把尖刀。被桎梏禁锢着、无法从刽子手的皮鞭下拯救自己的母亲和亲朋的人,是多么不幸!

刚才打在他头上的一棍,仍使他感到疼痛,手铐扣得太紧,两只手也痛,脚镣把他的脚磨出了血,但是,更使他痛苦、难受和血流不止的是欧尼帕夏竟然骂他的母亲是"婊子"。

当时,他从母亲眼里看到的痛苦,比他充满泪水、悲伤、灾难和忧愁的一生所感受到的全部痛苦要强烈一千倍。母亲干了什么竟要遭受副大臣这样的侮辱?即使她的丈夫是杀了人,她又有什么罪?她要是个同谋犯,宁可他们把她绞死,也不要这样由副大臣来辱骂她的尊严!在世界各国,被告在他的罪证确立之前,是无罪的,但在这里,跟欧尼帕夏打交道,被告即使已证明是清白无辜的,也仍是罪犯。

在狱中,穆罕默德看到欧尼帕夏不断变换的嘴脸,有时是恶魔,有时是蝮蛇,一会儿像个罪恶的圆球,一会儿又像是地狱的看门人。穆罕默德深感委屈,因为那一棍打得太快,他还来不及为保护母亲尊严扑向欧尼帕夏,把他掐死。

门开了,进来一个士兵,给他端来了面包和一些吃食。士兵对他说道:

"这些食物是你爸爸厂里的同事给你送来的。"

"他们也给妈妈送吃的了吗?"穆罕默德急切地问道。

士兵和蔼地拍拍他的肩膀,说道:

"我给你带吃的来之前,已经给她送去了……她要我对你说:'鼓起精神来,真主同我们在一起。'你别为她担心,'她身子骨硬,顶得住'。"

穆罕默德正需要这些美好的话来让自己放心母亲。他父亲是条汉子,坐监狱、受侮辱,都还能顶住,可是,他可怜的母亲从不迈出家门,这会儿却进了监狱。

士兵附在他耳边,痛心地说道:

"他们还抓了三个机车修理厂的工人:伊卜拉欣·库特、安东·法尔赫和穆罕默德·瑙法勒,他们挨了揍,供认说跟你爸爸一起杀害了国防大臣,把尸体扔进了尼罗河。潜水员已出发到他们所指的地方去寻找大臣的尸体。你爸爸被单独用车押到外国人监狱去了。"

穆罕默德问了一个一直在他脑际盘旋的问题:

"可是,他们交代了是怎么杀死他的吗?"

那士兵把声音压得很低,免得被人听见他在泄露审讯的秘密:

"他们交代说,他们像宰羊似地宰了他……老百姓说他们是英雄,因为他们向下令朝厂里工人开枪的大臣报了仇。"

"可是,下令开枪的并不是国防大臣,"穆罕默德纠正那士兵的话说道,"而是内政部副大臣欧尼帕夏呀!"

"工人们说,将要一个一个宰了他们!"那士兵回答得简单。

被逮捕以来,穆罕默德第一次感到一种奇妙的平静。他颤抖的嘴上浮出充满信心的微笑。他确实感到很高兴,这使他恢复了全部力量。欧尼帕夏骂他母亲的时候他脑子里出现的念头,原来也是成千上万个工人的想法,他们不光要宰一头羊,而且将宰掉所有的羊——所有的横暴肆虐者,宰掉那下令屠杀工人"狗东西",用污言秽语辱骂他母亲的家伙。

我们在感到自己并不孤立、有人与我们同仇敌忾的时候,就会充满力量。不光是我们的嘴里在诅咒,一个被冤枉者的诅咒,要经过漫长的距离才能上达天庭,而千万个被压迫者的诅咒则会变成一股巨力,以雷霆万钧之势直冲九霄。一声耳语,会随风飘失,而千万声低语则会响如雷鸣;一声叹息,会倏忽化为乌有,而千百万声叹息则会卷起风暴。这样看来,他父亲的行动不是单枪匹马,而是反映了全体人民的愤懑。父亲不会白白牺牲,一个工人被捕,另一个工人便会取而代之;一个工人被绞杀,另一个工人便会诞生。工人是无穷无尽的,而暴君——所有的暴君却总会完蛋!

报社里听到了国防大臣陶菲克帕夏被害的消息,摄影记者们立即赶往舒卜拉区的陶菲克帕夏官邸,拍摄房子、花园和围墙。他们站着等欧尼帕夏跟伊斯梅尔·西德基阁下通完电话,以便拍摄这位负责侦查的官员的相片。

首相先是给舒卜拉区警察局局长办公室打电话找欧尼帕夏,听说内政部副大臣到陶菲克帕夏家去了,便立即又打过来问他调查的最新进展。

欧尼帕夏说,他已经拿到四名罪犯的全部供词,他们杀害国防大臣后,把尸体装进箱子,扔进了尼罗河,他相信,半个钟头之内,他将会得到怂恿干这罪行的领导人名单。

电话打的时间很长。《公报》的摄影记者米歇尔·纳查尔先生想抓紧时间拍一张绑架事件发生前，国防大臣乘坐的汽车的照片。他来到车库，打开库门，给汽车拍了一张照。接着，他又想拍一张汽车后座的照片，于是打开汽车的后座门……当他看到陶菲克·拉法阿特帕夏在座位上动了一下，抬起头来问他道："出了什么事？"他一下子昏倒在地。

军官们和摄影记者们听到喊声立即赶了过来，他们看到国防大臣陶菲克·拉法阿特帕夏正从汽车里钻出来，顿时都钉在原地动弹不了。陶菲克帕夏正正鼻梁上的眼镜，向那些紧绷着脸的人诧异地问道：

"你们在这儿干什么？"

政治警察局局长萨利姆·扎基贝克马上就去找欧尼帕夏，想赶在他同首相打完电话之前向他报告这一重大情况。

这会儿，欧尼帕夏已经同首相谈完，他接受了首相对他在出事两个小时后即捕获了罪犯、取得了他们的供词这样了不起的成就表示的祝贺！

萨利姆贝克慌慌张张地说道：

"陶菲克帕夏活着！我们找到他了，先生！我们发现他还活着！"

欧尼帕夏听到这个消息大吃一惊，眼镜一下子掉了下来，但他动作很快，不等它落到地上就接住了它。他说道：

"好极了！我就去看他，让他亲自辨认一下罪犯！"

他三步两步跳下屋子外的台阶，只见国防大臣就站在他面前。

欧尼帕夏张开双臂拥抱瘦小的陶菲克帕夏，把他亲了又亲，说道：

"恭喜恭喜！阁下现在可能相信治安人员的本事了吧，我们把绑架您的四名罪犯抓住了，他们全都供认了犯罪的细节！"

国防大臣看看周围盯着他的一张张脸，身边的人全像喝醉了酒似的，只有他一个人保持着清醒的头脑。他问道：

"什么犯罪?"

"绑架您的罪行啊!"内政部副大臣回答。

"没有人绑架过我!"

欧尼帕夏拍拍国防大臣的肩膀,说道:

"我知道,这一次打击来得太猛,罪犯们在您头上蒙了一块蒙汗帕,发生的事情您并不了解。但是,他们作案的全部细节,点点滴滴我们都记下了。他们撒了一个谎,想欺骗我们,说他们杀了您,把您的尸体扔进了尼罗河,但是,我们却能通过我们特殊的侦查,迅速获悉您在何处。"

"什么侦查?什么作案?什么蒙汗帕?"陶菲克帕夏嘲讽道,"事情的经过是我在从穆罕默德·阿里俱乐部回家的路上,在车子里睡着了。我的司机是头驴,他没有把我叫醒,却把我丢在车库里。我什么感觉都没有,只是《公报》的摄影记者打开车门,尖叫了一声,才把我从美梦中唤醒。"

欧尼帕夏命令带司机来。司机戴着手铐被带了上来。内政部副大臣问他究竟是怎么回事,司机答道:

"我在官邸门口打开车门,等了一分钟,估摸着帕夏已经下车,便关上车门,把车停放在车库里,自己就回家了。"

欧尼帕夏冲着他吼道:

"你当时喝醉酒了吗?"

"不,喝醉酒的可不是我!"司机不加思索地答道。

外国人监狱的牢门被打开了。哈纳菲师傅蜷缩在一个角落里,伤口疼得他直哼。突然,他看见鞭子又朝他劈头盖脸地打来,军官们问他道:

"你这个造谣说谎的东西,你怎么敢欺骗我们,说你杀了陶菲克·拉法阿特帕夏?"

哈纳菲师傅觉得纳闷儿。他们用鞭子打他,因为他否认杀了陶菲克帕夏,现在又用鞭子打他,因为他没有杀死陶菲克帕夏。

鞭子抽在他背上,火辣辣的痛,他叫道:

"我向你们保证,是我杀死了陶菲克帕夏,是我宰了他,是我……"

他们一边狠抽,一边说道:

"陶菲克帕夏还活着,我们都亲眼见了。你显然是个骗子,你并没有绑架他……你这个罪犯,你竟然欺骗政府,干扰当局,使国王和首相感到不安!"

"我完全相信,"哈纳菲师傅坚持道,"是我亲自杀死了国防大臣陶菲克帕夏,把他的尸体扔进了尼罗河!"

萨利姆·扎基贝克猛摇他的肩膀,说道:

"我们对你说,陶菲克帕夏还活着,而你却相信是你宰了他,是谁叫你相信的?"

"是你们手里的鞭子!"哈纳菲怀着一种奇怪的信念,说道,"你们如果尝到了这鞭子的滋味,你们也会确信,是你们杀死了国防大臣!"

一个军官用手推他,另一个军官用脚踢他的背,说道:

"我们现在放了你,但是不许你张嘴胡说,把发生的事张扬出去,否则就是泄露国家机密,你的下场是再次到这里来,让我们用鞭子揍你!"

那军官一脚把他从屋子尽头踢到门口。哈纳菲却转过身回到屋子尽头,坐在一个角落里说道:

"我杀了国防大臣,你们干吗放我走啊?"

士兵们抓住他的手脚,把他扛了起来,一下子扔出了监狱大门,随即把狱门关上。

哈纳菲师傅一边步履踉跄地走着,一边抚摸自己的伤口。路上,他碰到个人,就停下来,静静地悄声说道:

"我是哈纳菲·阿卜杜·卡里姆师傅,是我杀死了国防大臣,把他的尸体扔进了幸福的尼罗河。"

他不等人回答,就径自继续朝前走,他叫住了第二个、第三个……第十个人,轻轻地对他们重复着同样的话,态度始终是那样平静。

他来到巴德兰岛鸡豆铺街的家门,看见家里挤满了机车修理厂的朋友、他的邻居、他老爱去坐坐的西迪·法尔杰咖啡馆的老板维赫丹·艾布·胡特瓦,还有维赫丹店里的小伙计。

邻居家的窗口传出妇女发出的欢呼声,真理战胜不义的声音响成一片。陶菲克·拉法阿特帕夏活着出现的消息早已传开。前来祝贺的人们紧拉着哈纳菲师傅的手,说道:

"恭喜你……不义到底长不了,真理才是永恒!"

但是,他们只听得哈纳菲师傅对他们悄声说道:

"真话我就对你们几位说吧……我杀死了国防大臣,把他的尸体扔到幸福的尼罗河里去啦!"

人们爆发出一阵大笑。他们认为,哈纳菲师傅在嘲笑那个罗织莫须有罪名迫害无辜的政府。

然而,哈纳菲师傅并没有笑,他再三强调,并且发誓说,他确实杀死了国防大臣。这使人们感到惊讶。

穆罕默德徒劳无益地想说服父亲:国防大臣没有遭到杀害,他还活着,谁也没有绑架过他,舒卜拉区的人们全在谈论政府的这一丑闻,嘲笑政府捏造罪名,取笑那些大臣们听到他们的同僚、国防大臣被绑架的消息便惶惶不可终日的样子。

哈纳菲师傅却向穆罕默德保证,是他亲手杀死了国防大臣,讲述起绑架、杀戮和把尸体丢进尼罗河的详细过程。

穆罕默德凝视父亲的眼睛,在那瞳仁里面他仿佛看到了毒打父亲的那些鞭子，现在讲话的是鞭子，而不是他父亲！穆罕默德悲苦莫名，不再作声。

哈纳菲师傅脱下衣服，穆罕默德看见父亲脊背、肚子和小腿上，一道黑、一道紫、一道红，大大小小的伤痕纵横交错，难以胜数。

从这些鞭笞的痕迹中，不仅看到了父亲遭到的折磨，而且看到了他原先不了解的"国民宪法"内容的注释。

父亲身上的每道鞭痕，都是人民起来反对、一致要求取消的新宪法的一项条款。这个大伤口在说：国民是权力的源泉；那个在滴血的伤口说：不应该囚禁无辜者；这道紫色的鞭痕说：定罪必须依照法律；那道红色的鞭痕说：不能强逼被告招供。

新宪法的每一条、每一款，都用鞭子印在他父亲的身体上。他父亲遭遇到的，千百万无辜、善良的要求宪政法治的其他人也可能会遭遇到。

穆罕默德登上屋顶，从墙缝里掏出手枪，拿在手里挥舞了一下。后来，他把枪放在床下箱子里，拿起笔来，他想把从鞭痕受到的启发写成一篇文章。

他坐定后，开始写……

只见他不知不觉地写起一封"情书"来了，这整封信中，他向一个过去并不认识或者说并不了解的"情人"倾诉强烈的爱慕和如饥似渴的思念！这是他有生以来第一次书写他亲笔签名的"情书"，写给一位他挚爱的"情人"，这种爱比他过去曾感受到的或听说过的任何爱情都更炽热，他失去了这位"情人"，找不到她，需要她但得不到她，为能够得到她，他愿意献出自己的整个生命！

穆罕默德写着写着，他像是第一次发现这位"情人"，知道了她的名字。他过去曾听说过这个名字，但没有想到它的全部含义，也没有认识到她竟是如此美丽、动人。如果说，健康是戴在健康人头上的王冠，只有病人才能看到它，那么，自由就是自由人头上的王冠，被奴役的人失去了它。

只是现在，他才理解宪法所表达的自由含义，人们高呼着自由万岁，为自由而献身。暴虐教他懂得原先不知道的自由的同义词，鞭子仿佛总是在解释宪法包含的词句。正义是自由的内涵之一，没有自由，就没有正义。法官右手举起鞭子的那天，他左手的正义的天平便跌落在地。自由，意味着我可以一往无前，毋须左顾右盼，致力于工作，没有后顾之忧；自由，意味着我批评了长官仍能回家，而不是批评了长官就得进监狱；自由，还意味着我可以写我所想而不是君王想要的东西。

我只崇拜真主，只敬畏真主，只向真主跪拜。自由之神在天上，暴虐的魔王在地上，他的身边是些横行霸道、欺压人民的小君王。

穆罕默德继续写着。他在文章里描写了内政部副大臣欧尼·哈菲兹帕夏在炮制国防大臣绑架案中的所作所为，以及他是如何践踏这种种自由的。

他在文章中叙述了他亲身接触到的不义、暴虐、专制，揭露了政府官员对自由、尊严和人权的侵犯。他考虑着把文章投向哪家报纸，最后决定寄给所有反对西德基帕夏政府的日报。他誊写了四份，第一份寄给《公报》负责人阿卜杜·卡迪尔·哈姆扎先生，第二份寄给《东方之星报》负责人艾哈迈德·哈菲兹·伊瓦德贝克，第三份寄给《圣战报》负责人穆罕默德·陶菲克·狄亚卜先生，第四份寄给《政治报》主编穆罕默德·侯赛因·海卡尔博士。

写完文章，穆罕默德有一种奇妙的轻松感，仿佛已把心里的一切烦恼、苦闷、不幸和痛苦全倾注在这纸上。他把信丢进邮筒。

我们在纸上倾诉自己的感受时，犹如一个被过失压得喘不过气来的人，坐在忏悔椅上之后所感到的轻松，或像一个精神病患者仰面躺着向医生讲述自己的一生时那般宁静。话憋在心里，我们感到难受，一旦吐出，这种难受感就会减轻。

穆罕默德焦急地等待着第二天天明,想看到自己的文章,他想象着欧尼帕夏读到刊出文章时的脸色,那字字句句将像一条条鞭子,打得欧尼帕夏同父亲哈纳菲师傅的身上一样,黑一条,紫一条,红一条。

穆罕默德拿起一份《圣战报》,找起自己的文章来。第一版,没有,第二版,没有,第三版,也没有……一直翻到讣告版,他也没找到。

他快快地把《圣战报》还给了报贩,换了一份《政治报》,同样,也没找到。

他没有失去信心,一直等到晚报出来,买了一份《公报》、一份《东方之星》,但一句话、一个暗示都没看到,甚至连"我们收到了署名穆罕默德·阿卜杜·卡里姆的文章,因限于版面,难以发表,谨致歉意"这样的套话,出于礼貌提个名字再扔进字纸篓的铅印字,也没找到。

这是穆罕默德平生第一次买报纸,一份报纸要半个皮亚斯,在他看来,这可是笔巨款,为了看到鞭答欧尼帕夏的景象,他只能忍痛牺牲这笔钱。

一连三天,他买这四份报纸来看,可是每一版都使他失望。

他很烦恼,讨厌起报纸和记者来。后来,他想起自己曾看到过报道,政府对于寄给反对派报社的信件是进行检查的,有的遭到没收。他的稿件也许被没收了,因为它攻击西德基政府。

他想到《公报》报社去一趟,看看他的文章寄到了没有。接待他的是编辑部秘书穆罕默德·伯尤米·朱奈德先生,他被告知,内政部副大臣欧尼·哈菲兹帕夏给各报社下了命令,禁止刊登有关陶菲克帕夏事件的一星半点消息,任何一家违反这一指示的报社,都有被关闭的危险。

穆罕默德又到其他几家报社去转了转,从编辑那里听到的是同样的指示。

他感到，欧尼帕夏的手可真长，从内政部的办公室伸出，一直伸到舒卜拉区巴德兰岛他家里，封住他的嘴巴，剥夺他呼喊、叹息和求救的权利。

欧尼帕夏的手，不光封住了他穆罕默德的嘴巴，而且封住了千百万埃及人的嘴。他真想斩断这只封住他口、打他父亲耳光的魔掌，真想割断那个骂他母亲是"婊子"、下令屠杀工人"狗东西"的舌头！

穆罕默德觉得自己的手太短了，光他一只手还够不到帕夏的手和舌头，他需要有许许多多的手，相互连在一起，不断加长再加长，才能够到内政部副大臣欧尼帕夏的手和舌头。

舒卜拉警察局里的卫兵谈到的将把那些暴君一个一个地宰了的工人在哪儿呢？

穆罕默德垂头丧气地回到家中。打开门，只见父亲坐着，旁边是西迪·法尔杰咖啡馆的老板维赫丹。他俩低着头默默地坐着，神情悲戚、忧伤，仿佛在悼念一位至亲好友。

穆罕默德瞪视着他们，问道：

"出什么事啦？"

父亲没有作声。维赫丹老板讲话的声音如同破茶杯的碰撞声：

"铁路局把你爸爸开除出厂了。他们把他送到医疗部，医疗部说哈纳菲师傅不宜工作，因为他神智不正常，证据是他在各种场合都不断地说，是他杀死了国防大臣。"

穆罕默德焦灼地望着父亲。哈纳菲师傅却微笑着说道：

"大夫们才是疯子呢。他们不愿相信事实。事实是我亲手杀死了国防大臣陶菲克·拉法阿特帕夏，把他的尸体扔进了幸福的尼罗河！"

穆罕默德心头愁云密布，他知道，父亲不仅失去了工作，也失去了理智。究竟是鞭子使父亲丧失了理智，还是他为了在暴君的时代生存下去故意装成了疯子？

维赫丹老板把穆罕默德带到屋子一角，悄悄地塞给他三镑钱，难受地说道：

"政府夺走了他的理智，连一分钱的养老金或抚恤金都不肯付。他在机车修理厂干了二十年，还是他的同事一个皮亚斯一个皮亚斯凑起了这点钱。你知道，他们工资都很微薄。那次事件发生后，一百七十名被捕的工人被停发工资，二百名工人被开除。"

维赫丹老板走了。

穆罕默德走进卧室，张开掌心，望着那三镑钱。

这笔钱将够一个月的开销，可是，往后怎么办？能留下多少来替父亲治病呢？要是不治，父亲的智力就会越来越糟，变成一个十足的疯子，如果把这笔钱用来治病，那他们一家三口就会饿死。

开除的决定，亦即决定将一家人逐出家门，把学生赶出校门，把活人赶上绝路。那些掌握人们衣食的人，了解工人被开除或职员被解雇意味着什么吗？它意味着判处一个家庭死刑。饥饿这种武器比一切杀人凶器更可怕，它是一种慢性杀人，忍饥挨饿的人不是每天死过去一次，而是在早餐、午餐、晚餐时间死过去三次。被判死刑的人，临死前还能吃上一顿好饭，被开除、解雇的人，却和全家人一起活活饿死。

开除一名工人或职员的决定，只有一行字，签个名花不了半分钟，但是它意味着无辜的孩子和没有犯过应受种种惩罚之罪的母亲一辈子遭罪受难，穷困不幸。挨饿是对信仰的亵渎，它夺走儿童的食物、男子汉的原则和妇女的衣裳。

青楼妓院中有许多女人，本是品行端正的妻子、高尚尊贵的姐妹和纯洁无邪的姑娘，是暴虐者的开除决定使她们沦落烟花。

穆罕默德又看看手中的三镑钱，摇摇头，自语道：

"这三镑钱表明，判处我们一家三口的死刑缓期三十天执行。"

他跪在地上，从床下拖出箱子，准备把钱放进去。一打开箱子，他就瞥见了那把手枪，他眼睛一亮……

他想起那篇石沉大海的稿子，那些被暴君们没收掉的词句。

既然他手中的笔被暴君们蒙住了嘴，已无能为力，那为什么不让手枪来说话？

那些禁止笔杆子发言的人，自己正紧扣着手枪的扳机，随时准备开枪。

穆罕默德满脑子想杀死内政部副大臣欧尼帕夏。机车修理厂的工人没能像他们声称和断言的那样杀死他，那就让他代表大家去干掉这个家伙！

父亲哈纳菲师傅曾说，他穆罕默德这一代人同一九一九年那一代人不一样，每个人都在等待别人代自己担负起责任，自己却不去尽责，这是他这代人的耻辱。坐在咖啡馆里一面玩玩骰子，一面骂自己的同胞不行动，同那些埋怨自己的同胞，自己又不打算为把英国人赶出埃及牺牲十盘棋的人，有什么两样？

不，穆罕默德决定用这把手枪证明，新一代人决不比老一代人缺少英勇献身的精神和大丈夫气概。这一代人所需要的是一个大家学习的榜样，有一个人站起来，千百万人就会站到他的身后，他行动起来，大家就都会行动。也许他的枪声将会唤醒那些卧室里的酣睡者，让漫不经心的人行动起来，并震动一下那些想入非非的人。然而，人们不需要听见枪声，因为他们已经看到工人们在士兵们的枪林弹雨中倒下，那屠杀的景象足能使他们睁开眼睛。他们也已经看到无辜者的脊背受尽鞭笞，鞭挞声、挨打者的呼叫、受冤者的呻吟，是能够唤醒酣睡者的。光是父亲哈纳菲师傅的情况，也足以让千百万不问世事、混日子的人行动起来。

不过，人们听到哈纳菲师傅说"是我杀死了国防大臣，把尸体扔进了幸福的尼罗河"时，总是笑。他们如果仔细看看这个受尽摧残仍活在人世的人，看看他被皮鞭毒打得遍体鳞伤、神志不清的情况，就会明白他们的面前并不是一个笑料、一件令人开心的趣闻，而是一张革命的传单，用血肉之躯做的革命传单！

革命的传单是什么？是深遭剧痛的人民的呐喊，是用受压迫人民鲜血写成的文章，是燃烧着的神经变成的火一般的词句！

穆罕默德问自己：为什么每当看到残废、失业、疯癫的父亲，只有他才感到是在读一份革命的传单，受到激励，想要为每个被害的工人、流离失所的家庭、衣食无着的儿童、监狱里的含冤者和遭受强者践踏的弱者报仇呢？难道是因为只有他能读会写，而国内的千百万人都是不会写、不识字的文盲？

他革命，仅仅是由于欧尼帕夏骂他母亲是"婊子"？是由于欧尼帕夏的鞭子夺走了他父亲的理智？如是，那么，个人为了母亲起来革命，而千百万人为什么不能为了整个民族起来革命呢？个人因为父亲被剥夺了理智而愤怒，千百万人为什么不能因为暴君剥光了他们每个人的衣服而怒火中烧？

人们的自由，是在统治者眼皮底下遮盖自己的衣裳，暴虐的统治者剥夺了人们的自由，不啻是剥光他们的衣裳，不许人民遮住羞体，要他们在统治者面前赤身裸体地行走，蒙受耻辱。

统治者检查通信，拆阅人们的信件，窃听电话，偷听人们私下谈话，通过秘密警察搞控制，统计人们的呼吸，监视人们的脚步，这简直就是把全体人民都剥得一丝不挂，人们为什么不起来反抗这所有的侮辱？

穆罕默德突然停住，不再往下想。在不知不觉中，他犯了父亲常提到的新一代的毛病：责怪同胞不起来行动，而自己却坐着不动。看来，他得有所行动，应该为新一代恢复名誉。

一连几天，穆罕默德都没有去赛义迪亚中学。他的全副精力都放在监视欧尼帕夏每天从舒克拉尼街的官邸前往谢赫·雷汉街内政部的行车路线上。

他决定在舒卜拉干掉欧尼帕夏，为自己所住的这个区赢得除掉这个刽子手帕夏的荣誉。

每天，他都站在舒卜拉大街上观察，想选一个站着开枪的地点。他发现欧尼帕夏总是乘一辆部里的黑色别克牌轿车，坐在后排右面，一名武装警卫坐在前排的司机旁边。

穆罕默德注意到，欧尼帕夏的时间表像开罗火车站的钟一样精确。他早晨去内政部办公路上，汽车经过舒卜拉大街西式面包店的时间是八时差十分；下午四时整，他的车又经过面包店，这是他从办公室回家去吃午饭；晚上六时，车子再次从面包店前开过，这说明他晚上还去上班；晚上九时，车子第四次经过舒卜拉大街的西式面包店，欧尼帕夏回家去吃晚饭。

欧尼帕夏掌握时间令人吃惊地精确，这使穆罕默德感到诧异。欧尼帕夏早晚都去上班，连星期五都不中断。难道施行暴政、专制是一种有趣的行当，暴君竟为此献出了自己全部时间？这难道是一种爱好、消遣，是一种乐趣、运动吗？

暴君施暴政如同公正的法官秉公断案一样感到趣味无穷？像人们倾听男女歌手演唱时心旷神怡，受冤者的嘶叫也使暴君心情舒畅？难道杀人流血会使暴君陶醉，精神上充满愉快的兴奋？一个人昧了良心，就丧失了普通人的感觉，别人感到不幸的事，他觉得高兴；别人听着刺耳的消息，他听着欣喜；别人痛苦的事，他感到满意。鬣狗看到尸横遍野总是快活万分。

穆罕默德决不能在早晨八点以前动手，这时舒卜拉大街挤满了到陶菲基亚学校、舒卜拉学校、马阿里夫学校和尼罗河学校去上学的学生,他怕子弹误杀一位无辜的学生,他也决定不在下午四点打死欧尼帕夏,那时学生正好放学,机车修理厂的早班工也正好下班。

他曾考虑在晚上九时欧尼帕夏回家吃晚饭的时候下手,待到仔细研究之后,他发现这个时间舒卜拉大街上满是杜丽电影院、埃米尔电影院、舒卜拉宫电影院和罗维电影院看完晚场电影回家的观众。

最后,他选中了晚上六时。这是个合适的时间,舒卜拉大街两侧人行道上行人已不多,西式面包店打烊了,卖汽水的小贩已离去,为学生服务的小铺子也关上了门。

他选择站在西式面包店旁边的人行道上,这里是舒卜拉大街和巴德兰岛大街的交叉口。

从这个地点,他可以监视欧尼帕夏汽车开来的道路,也可以看清开罗火车站的时钟。

穆罕默德决定在星期二下手,之所以选择星期二,是因为他对星期二抱有好感,他是星期二出生的,知识、技能考试他名列前十名揭晓、赛义迪亚中学在足球比赛中大败海德威亚中学,都是在星期二。

星期二早晨,天刚亮,穆罕默德就醒了。他小净以后做了晨祷,这是他有生以来第一次做晨祷。

他到赛义迪亚中学去上学。

一路上,他注意看人们的脸,发现比平常看到的漂亮多了。街道在笑,和风也含笑。我们快乐的时候,看周围的一切都美丽、可爱;而我们遭受了不幸,同是这些美丽的景致,看上去就像是断垣残壁,荒冢成群。

他又表示愿意替那些热恋中的同学写情书了。自从纳吉娃伤了他的心后,他已经有好长一段时间不写情书,他讨厌爱情,讨厌女人,也讨厌情书。

只见纳吉娃的弟弟朝他走来,把他拉在一边,说道:

"我姐姐纳吉娃今天晚上六点想见你,有很重要的事告诉你。"

穆罕默德一震,为什么纳吉娃单单选择这个时间同他见面?为什么偏偏挑的是今天?他很久没有去看她了,她也没要求见他。福阿德只问了他为什么不到他们家去。他撒谎道,他晚上在一所小学夜校教书,没有时间再到卡马勒帕夏家去继续为福阿德和纳吉娃辅导阿拉伯语。

纳吉娃为什么偏偏在今天采取行动?她确定见面的日子和时间,恰恰是他决定要干掉欧尼帕夏的日子和时间。幽会的时间怎么竟会与杀人的时间重合在一起?是因为纳吉娃爱他,她的心预感那个时刻他会遇到危险,所以就选择那时刻见面,让他脱离险境?恋人们的心有时像母亲的心,藏有预警雷达。不过,他为什么幻想纳吉娃还爱着他?她对待他的行为表明,她喜欢他恰如喜欢她那只小狗。莫非是纳吉娃预感到暗杀欧尼帕夏会威胁到她那个阶级,欧尼帕夏是她那个阶级的保卫者,所以她就挺身出来拯救他。穆罕默德知道,纳吉娃是个自私的女人,只想着自己,她若能关心别人,就不会践踏他和易卜拉欣的心。

福阿德的声音打断了他的沉思:

"你别忘了准时来啊,晚上六点整!"

"晚上六点"又一次使穆罕默德受到震动,他说道:

"今天晚上六点我要去讲一堂要紧的课,明天晚上七点我去看你们吧。"

福阿德回自己班里去了。穆罕默德站着,面带嘲讽的微笑,自语道:

"明天晚上七点?也许明天我已成为一具尸体,或者已蹲在监狱里了!"

穆罕默德确信,星期二很可能是他的末日。面对死亡,他并不害怕。他走向死亡,如同去赴一个幽会。他只求在走向死亡的时候,自己的肩上能扛着欧尼帕夏的尸体。一个走向死亡的敢死队员,不会忐忑不安、心存畏惧,也不会踟蹰不前,他的步伐应是坚定的,他怀有的是像普通人去看电影时一样的感觉。我们去看电影时,最关心的莫过于买门票。手枪就是敢死队员的门票,只要这门票在身,他就不会担心,也不会想到电影院的天花板会坍下来压在自己头上,或放影片过程中会断电,或者邻座会干扰他看片。这一切假设,去看电影的人是想不到的,他只想到要带门票。穆罕默德摸摸口袋里的手枪,觉得自己带着门票。

在把手枪放入口袋之前,他曾洗过一个澡,穿上衣服后显得容光焕发。他仔细地掸掉旧大衣上的灰土,对着镜子戴正毡帽。他亲了亲母亲的手,而母亲则抱住他,亲他的双颊。在母亲的怀抱中,穆罕默德战栗了一下,他觉得母亲紧紧地搂抱他,把他贴在胸前。是她直觉到这是母子俩的诀别?穆罕默德很快控制住了自己的感情,头也不抬地对父母亲说道:

"今天晚上我晚回来,要参加学校里的文艺晚会。"

"愿真主保佑你,穆罕默德。"母亲对他说。

"这个晚会准是为国防大臣做四十天忌日,我杀死了他,把尸体扔进了幸福的尼罗河!"父亲说。

穆罕默德嘴边浮起苦笑,他想,用实际行动杀死内政部副大臣也许会让这个幻觉杀死了国防大臣的人恢复理智。

放学后,穆罕默德到哈赞达拉清真寺,做了小净,然后祈祷。他的双脚竟不由自主地把他带到这座清真寺,他自己也觉得奇怪。过去,他不算虔诚,没有按时做过祷告。这次,为什么在开枪之前注意来做礼拜?是因为他将行使真主的一项职权,来请求真主允许吗?只有真主才能主宰生死,他要杀死欧尼帕夏是否侵犯了真主的一种权力?

穆罕默德自我开脱地想道,他不是杀人,而是战斗。宗教鼓励人们进行圣战。他今天是为宗教而战。宗教不是主张协商、诅咒专制独裁的人吗？四大哈里发之一的欧默尔·伊本·哈塔卜不是说过"你们奴役他人时，他们的母亲已经生下了自由的人"吗？

他走出清真寺，站在舒卜拉大街和巴德兰大街交叉的人行道上，等着他的猎物到来。

六点钟了，这暴君的汽车还没来。

穆罕默德站得有些焦躁不安了。

过了五分钟，汽车仍未来。这五分钟，就像五个小时、五天那么长。这是欧尼帕夏第一次没有准时。

又过了一刻钟，内政部副大臣的黑汽车还是没有出现。欧尼帕夏是不是突然病了？

穆罕默德对他要杀死的这个家伙会生病感到有些激动，他担心欧尼帕夏自然死亡而不是倒毙在他的枪下。

他失望地转过身去准备回家，决定把行动推迟到第二天。他向左面一回头，突然看到欧尼帕夏的车子，正从远处开来，逐渐靠近……他的神情顿时开朗，像恋爱的人看到他已不抱希望会来的意中人突然出现一样，满脸都是喜色。

说时迟，那时快，他掏出手枪，对着汽车连放四枪，然后转过身，把枪放入大衣口袋，朝着巴德兰岛大街缓缓走去。他步子很稳健，既不踉跄，也不匆忙。他听见背后一片喊叫和嘈杂声，能听清的只是"有人打死大臣啦！有人打死大臣啦！"

穆罕默德没有加快步伐，也不朝后面张望，仍是从容地慢慢地走着。接着，他朝右折进花园街。这条街很窄，又暗又长。突然，他听到响起了连续不断的警笛声，有人在跑。他加大步子拐进左手一条小胡同，然后又坦然自若地走着。

他看见一个青年妇女迎面朝他走来，脸上蒙着黑纱。他没有细想，即

在这位陌生的女人面前站住,轻声对她说道:

"请把这支手枪放在你的手提包里。明天傍晚六时,我在扎马利克岛的贾卜拉亚公园等你。到时,我将站在猴山旁。"

那年轻女人毫不犹豫地接过这支枪口还发烫的手枪,塞进自己的手提包,一言不发就走了。

穆罕默德从容地朝反方向走去。嘈杂声更响了,奔跑的脚步声也更多了,警笛声响个不停,还传来求救声。

他回头一看,只见刚才那个年轻女人在同士兵说话,接着一批士兵和老百姓朝他奔来。

他断定,这是那个陌生的女人指引警察来抓他了。他放慢步子,预料自己随时都会被逮捕。

然而,士兵和老百姓没有在他身边停下,而是快速地一掠而过。他只听见有个人问他:

"你看见一个穿着长袍、手里拿枪的矮个子了吗?那位小姐说她看见那人是朝这个方向逃的。"

不等他回答,他们就丢下他,迅速地转进优素福·埃罗特街,一面大声喊道:

"抓凶手……抓凶手……"

穆罕默德觉得,他的心坎深处在欢呼,"抓凶手"这三个字听上去真是悦耳,宛如一首他生平听到的最美妙的歌曲。这么说,他已经成功地杀死了欧尼帕夏,他的四颗子弹已经打进了这个刽子手帕夏的身体。他兴奋异常,想跳,想唱,想吹口哨,想翻跟斗,还想把人们都叫住,告诉他们,他,穆罕默德·阿卜杜·卡里姆,杀死了那个屠杀无辜工人、骂他母亲是"婊子"、夺走他父亲理智的内政部副大臣。

他一点都不觉得后悔,他没有杀人,而是杀死了一头野兽;他没有让无辜者流血，而是让一个杀人犯流了血。以眼还眼，以牙还牙，用暴力对付专横嘛！

对！叫住人们，告诉他们是他开的枪这件事，穆罕默德有点犹豫，他怕人们会讪笑他，就像笑他父亲断定杀死了国防大臣一样。接着，他宽慰地想到，命运让他从警察手中逃脱，这表明命运已准备让他去完成他已经着手进行的任务，把暴君们一个一个都杀死。舒卜拉警察局里那个看守对他说，工人们决定把暴君们一个一个都杀死，这种愿望已变成现实。他将使全世界都知道，新一代比老一代强，机车修理厂的工人们没有对迫害他们和他们妻子、子女的罪行保持沉默。刽子手们杀害了十六名工人，他穆罕默德才杀死一人，还有十五个刽子手等着他宣布"报销"。

他蓦地想起了那个年轻女人，在为杀死那个小法老的欣喜中，怎么把她给忘了？若不是她见义勇为，这会儿他肯定已落入警方之手，受尽鞭挞，要他招供同谋犯了。多亏这个素昧平生的女人救了他的性命。她的行为，颇像有组织、有预谋的同伙，是她把警察支走，把凶手说成是"身穿长袍、手里拿枪的矮个子"，并指着优素福·埃罗特街说凶手朝那个方向逃了。

穆罕默德尽力回想那个救他命的女人的模样，但怎么也想不起她的长相，暮色中他辨不清她是白皮肤还是棕色皮肤，是高是矮，是胖是瘦，是美是丑。只记得她身穿黑衣。这个年轻女人是什么样的人？究竟是小姐还是女士呢？

她像贞德[①]一样，是个女英雄。贞德是个处女，她呢，准是欧尼帕夏下令像杀"狗东西"似地杀戮的工人的女儿。她如没有穆罕默德那样惨痛的遭遇，就不会有如此勇敢的行动。鞭子制造奴隶，同时也造就英雄。她一

---

① 贞德（约 1412～1431），法国女民族英雄。

定像他一样饥饿、贫穷、迷惘，一定也在抱怨"我们的耻辱是人人都等待着别人代自己担负起责任"。她一俟有了尽责的机会，便奋勇上前，参加战斗。要是在那条胡同里他碰到的是卡马勒·穆纳斯特利帕夏的千金纳吉娃，他会像对这位陌生姑娘一样地信任她吗？他惋惜自己曾把心给了纳吉娃，难道还乐意把自己的生命和命运也交给她？假如他信任她，她是尽力替他保守秘密，还是一获悉他杀死了一个像她父亲一样的帕夏，便向警方告发他？

不，这位陌生的姑娘与纳吉娃不同，她是他那个阶级出身，是在养育他的这块土地——舒卜拉巴德兰岛上成长的，她住的地方如同他家一样简陋，而不是纳吉娃家那种高大的住宅。她穿着长长的衣裙，不袒胸露臂，不像纳吉娃似的半裸着身子走路。这就是他终生寻找的姑娘，他在扎马利克岛的贾卜拉亚街上没有找到，却在巴德兰岛的一条小胡同里碰到了。

可是，她长得美吗？即便她长相难看，他也将爱她。女性之美在于身段和心灵，而不在于脸庞。这位头上戴着黑面纱的年轻女人，在他看来，如同一位美后，一个世界上最美的女人。巾帼英雄比起诱惑人的皇后来，更富有魅力。

可是，他为什么建议她在贾卜拉亚公园见面呢？是他的潜在意识选中了这个靠近纳吉娃家的地方，以便六时与这位陌生的姑娘见面后即去赴纳吉娃七时的约会？

与这位不知名姓的勇敢姑娘见面，如同去会见天使；而与纳吉娃相会，则是去见魔鬼。

这素不相识的姑娘救了他的命，纳吉娃则毁了他的生活。

陌生的姑娘是忠诚的象征，纳吉娃则是背信弃义的标志。

他为什么要把两次约会安排在同一天相连的两个钟点里？要是那位

陌生的姑娘想跟他呆上一个多小时,他怎么办?丢下她不管,径自去找纳吉娃?不,他决不丢下她,而是不赴纳吉娃的约会。星期三只属于那位陌生的姑娘,没有人配同她分享这个伟大的日子!

穆罕默德暗自好笑:那位不相识的姑娘竟使他忘记了几分钟前的暗杀行动。

他不知不觉地被自己双脚带往出事地点,去看看那个饮弹身亡的刽子手的尸体。

舒卜拉大街上都是人,几乎没有立足之地。电车、公共汽车和小汽车全停着,交通已经中断,开罗火车站的时钟仿佛停在晚上六时上,此后再没有动过分秒。内政部副大臣的汽车停在原地,车周围有一批警察,禁止人们靠近。人们纷纷走出家门,来到这出事的地点。电影院停止放映影片,人们出来观看更刺激的影片——内政部副大臣遇害的影片。全开罗的男女老少都向舒卜拉大街涌来,打听这重大事件的细节。

穆罕默德混入人群。他看见有一大堆行人围着一个戴缠头巾的人,他大声地讲述着,仿佛在演讲。穆罕默德尽力在拥挤的人群中挤出一条路来,朝那人靠近。他认出了那人原来是他一个多小时以前去做过昏礼的哈赞达拉清真寺的教长。只听得教长说道:

"凶手开枪的时候,我亲眼看见他了。要是他现在混在一千个人中间,我也能立即认出他来。"

穆罕默德第一次觉得害怕,他把头藏在前面一个人的后面。

哈赞达拉清真寺的教长继续说道:

"我亲耳听见凶手一面开枪一面说:'你这个屠杀工人的凶手,你这个人民的公敌!人民决不让自己的敌人活在世上!'"

穆罕默德愣住了,他开枪的时候一句话都没说,这位目击者是个庄重的人,清真寺的教长,宗教界人士,却发誓断言他亲耳听到了这些火一般的语言。这人说的是真的吗？他对自己说过的每个字显然都确信不疑，就像他确实听凶手亲口说似的。难道我们有时候竟会想象听到了并没有人说过的话，或者是出于我们的愿望误以为听到过这样的话？

穆罕默德心想，但愿自己说过哈赞达拉清真寺教长先生引用的这些火一般的话语，开枪的时候，他的确受到这些话的意思的影响，但是说实在的，他并没有说过这些话，不论是在开枪前，还是在开枪时。

使穆罕默德惊讶的是，所有站在街上的人都一致认为凶手是矮个子，穿着长袍。陌生姑娘撒的谎，成了目睹事件经过者和并未目睹者众口一致的事实。

人们惟一的分歧是长袍的颜色，有人说是蓝的，有人说是绿的。

穆罕默德看看自己大衣的颜色，发现是咖啡色，再看自己的西装，也是咖啡色，他忍不住露出了微笑。

一个烟店老板挤上前来。他的店正对着西式面包店。他激动地说道：

"我也看见了那个凶手。我的视力特别好，一点都不近视。凶手是个矮子，穿蓝色长袍，四十岁光景，脸上坑坑洼洼的，好像过去得过天花。我一辈子没见过有人能跑得那么快。我想，他是个参加过上届奥林匹克运动会的赛跑冠军。对啦，我还看到他脸上有一个重要的标记：他的右耳朵旁刺了一只绿色的鸟！"

一个擦皮鞋匠打断他的话说，他也看到了凶手，看见凶手跳进一辆等候着的汽车，向开罗火车站方向逃去。

香烟店老板和擦皮鞋匠激烈地争执起来，谁也不让谁。

夹在这些对凶手作各种各样描绘的人中间，穆罕默德不觉茫然，他们描绘的形象与他本人的真容相差太远，每个人都发誓强调自己胡诌的故事。

起初，穆罕默德以为，这些讲述故事的人全是志愿参加这个暗杀行动的伙伴，他们正承担着一项旨在迷惑警察、侦探的爱国主义任务。可是，他听到后来，发现所有的"目击者"根本没有看见事件的发生。他开枪的时候，街上都是人，但是真正的目击者却躲了起来，他们要么是仇恨政府，不想帮助它，要么是了解当时的见证人将受到比被告更恶劣的对待，时间被浪费，工作被耽误，如当着警察的面作证，警方就在正式的记录上随心所欲地填写，而不是根据证词如实地记录；要是见证人提出异议，就会挨打，受到威胁，也可能干脆被当作被告。

至于自告奋勇的见证人，则都是些好管闲事的人。他们想方设法参加各种宴会，在婚礼上，他们自称是新娘的亲友；在葬礼上，他们强调自己是死者的姻亲；一遇重大事件，他们发誓从头到尾看到了全过程。他们认为，不经他们认可的判决是一种侮辱，他们的自尊心决不能接受，他们瞎说一些没有看见的东西，佯称经历了并未在场的场面，听到过他们臆造出来的话。他们痛恨说"我不知道"，因此，总是扬言知道一切。他们是不请自来的伪证人。

穆罕默德此时此刻不想用心思去分析这些人的心理状态，而只想知道欧尼帕夏到底怎么样了。

从人们的言谈中，他只知道欧尼帕夏的头部流了许多血，满脸是血，眼鼻都分辨不清。然而，站在大街上讲述事件细节的男女老少总有上千人，说法就有成百上千，各不相同。有的说，四颗子弹全打中了欧尼帕夏的脑袋；有的说，打中他头部的只有三枪，第四枪打中的是警卫；另有人说，副大臣当场就死了；也有人说，他是在往医院去的路上咽的气；还有人说，他还没有死，不过枪伤是致命的，卫兵已经完蛋。

成千个见证人在一件事上是一致的，那就是欧尼帕夏确实该杀，全开罗都欢欣鼓舞哪！

这一致的看法使穆罕默德深感欣慰,他一心想说服自己的是,他并不是制造了一起孤零零的事件,而是体现了全体人民的意志,他不是为了个人雪恨,而是为了整个民族复仇。

穆罕默德突然见西迪·法尔杰咖啡馆老板维赫丹出现在人群中,高声喊道:

"你们说这些话,小心吃不了兜着走!这件事彻头彻尾是个骗局,是政府一手炮制的,我可以用对我的三个老婆说三遍'休妻'来保证。它跟上回政府制造的国防大臣遇害事件完全一样,为的是逮捕工人,鞭挞他们。出事那会儿,我正站在那里,没有人开过枪,那四声枪声是摩托车发出的噼啪声,可是副大臣吓坏了,以为听到了开枪声……时间会证明,明天你们就会明白,这是个骗子手、阴谋家、造谣者和凶犯组成的政府!"

穆罕默德等着那些发誓见过凶手的证人们出来跟维赫丹老板争论,驳斥他的说法,然而,没有一个人吭声,相反,站着的人都一个劲儿地点头,表示赞成他的意见,大家似乎一直期待着有人大声说出:政府骗人,他们就赶紧予以支持。

穆罕默德听见有人对维赫丹老板说:

"维赫丹老板,你说得对,我们怎么就瞎了眼,没看到这一清楚的事实呢!"

另外一个人说:

"副大臣将会声称他受了伤,头部包上纱布和绷带,政府会抓住机会逮捕几百名工人,捣毁几千名工人的家,杀死成百上千个工人……那些嗜血成性的家伙,总是渴望喝新的人血!"

一个像是大学生模样的人挤到前面,很有把握地说道:

"你的话一点也不错。政府不会只满足屠杀机车修理厂的工人,它还要进行新的屠杀。它知道工人反对它,应把工人全都消灭掉。它完全有可能把副大臣藏在哪个王亲国戚的家里,或者派他出国到欧洲去,佯称他死了,大批地逮捕工人领袖,判刑、绞死!如果确实响过四下枪声,我也不排除有可能是一个秘密警察在政府的授意下放的,目的是找工人们报仇,要杀害他们。"

"先生,你的信念受到真主的佑助。"维赫丹老板拍拍这位青年学生的肩膀说道,"这是有学问先生说的话,他们知书达理,连天上飞的都懂哩。"

穆罕默德想为政府辩护,说它这一次没有骗人。但是,他犹豫不决,他看到大伙儿全相信青年学生和维赫丹老板的话,他要是说出真相,他们准会把他打得头破血流。

他的脸色显得闷闷不乐,他的英雄行为仿佛已埋在用群众的怀疑砌成的坟墓里。

他朝家走去,看到维赫丹老板赶上来,跟他一起穿胡同走。路上,穆罕默德鼓起勇气说道:

"大叔,我猜干这件事的是个爱国青年。"

维赫丹老板停住步,用他最大的嗓门嚷道:

"别小孩子气,穆罕默德!听听大人的话吧,'大你一天,比你多懂一年事'。这件事完全是政府为了向工人报复策划演出的一出戏!"

穆罕默德彻夜未眠,他等着天亮晨报出来,也许晨报会如实披露真相,那时人们就会了解事实,知道凶手不是秘密警察。可是,凭什么人们要相信报纸的报道,承认自己亲眼看见的是假的呢?

早晨六点,有人猛敲穆罕默德的家门,他感到惊慌,以为是警察来抓他。但是,来的不是警察,而是维赫丹老板,他手里拿着所有的晨报。

维赫丹老板把报纸一股脑儿塞给穆罕默德,一边说道:

"读读吧,你就知道维赫丹大叔的话绝不会是凭空捏造!"

穆罕默德刚看到头版,就惊讶得瞪大了眼睛。

报上刊登了一条内政部的正式公告,说昨晚六时,一个身穿长袍的人对内政部副大臣欧尼·哈菲兹帕夏阁下开了四枪,没有一枪命中,真主保护了欧尼帕夏的生命。子弹打中了汽车的玻璃,玻璃碎片擦着了欧尼帕夏的脸部,造成轻伤。欧尼帕夏健康状况良好,今晨将继续去内政部视事。国王恩典,特赐欧尼帕夏尼罗河最高勋章,以嘉奖他的爱国热忱、对王室和祖国的忠诚。

国王陛下签署诏书,任命欧尼帕夏为内政部国务大臣。

内政部宣布,悬赏缉拿凶手及其同伙,凡及时报告情况将他们捉拿归案者奖五千埃镑。

穆罕默德露出失望的神情,他四枪均未打中、打伤欧尼帕夏,反倒使欧尼帕夏获得了尼罗河最高勋章,由副大臣晋升为国务大臣!

他穆罕默德甘愿为之冒生命危险的人民却相信,凶手是个政治警察,是个旨在打击人民,向工人们报仇阴谋事件中的帮凶。

穆罕默德去学校,出乎他意料的是,赛义迪亚中学的同学们对他说的,跟头天晚上在舒卜拉大街上那个青年学生说的一模一样,都认定那事件是政府捣的鬼,凶手百分之百是个秘密警察。

同学们告诉他,警察从天亮就开始袭击反对派的家,把他们从床上拖起来,投入监狱……

穆罕默德想起当天晚上六点与那位陌生姑娘的约会。

那位姑娘今天会谈些什么呢?她一定也听到了谣传,说凶手是个秘密警察,昨天她把他当作一位英雄,今天她看他活像一个秘密警察的走狗;昨天她尊敬他,仿佛他是工人的救星,今天她将鄙视他,把他视作抽打工人的一根鞭子;昨天她以为他四枪全命中了副大臣,今天她知道他是个冒牌枪手,他的子弹击中的只是汽车玻璃。

即便她没有想到那么多,那她准知道政府为捉拿凶手悬赏的五千埃镑,而掌握线索的只有她一个人,凭什么能保证她不把约会的时间报告政府,到时候他在贾卜拉亚公园见到的不是她,而是守候着的警察?

他决定不去,接着又决定去,不去、去……这样翻来覆去,定不下来。放学后,他回到家里,心绪不宁,还在想:是去还是不去?

快到六点钟了,他更加犹豫不定。

突然,他听见远处传来父亲随口念出的一句俗语:"你所害怕的,恰是最好的!"

穆罕默德悄悄地来到扎马利克岛的贾卜拉亚公园,他像是一只陷入罗网的老鼠,惊惶不安地东张西望、前顾后盼。他的眼睛到处打转,步子显得慌乱。他隐隐觉得,每棵树、每块石头、每扇门的后面,都有眼睛在盯着他。向欧尼帕夏开枪时,他倒没有这种恐惧感。难道是他第一次幸免于难之后,已经懂得了生命的价值?他不怕面见内政部副大臣、那个残暴的小法老,现在却怕这位来与他相会的陌生姑娘?口袋里装着手枪,他便充满勇气、胆量,口袋里没有手枪,他就心惊胆战了?

公园里,每当树枝摇曳,他便悚然。他没有去找那位陌生的姑娘,而是在物色门窗,一旦被警察包围,可以越出逃跑。

他想回去算了,继而就责备自己这样举棋不定,他双脚已踏入罗网,没有时间后退和逃跑。他看见公园的一个看园人在朝他走来,他稍稍避开了几步,等这个看园人伸手来抓他,可是看园人却微笑了一下,这使他受到鼓舞,遂问道:

"猴山在什么地方?"

看园人指指公园中央的一座假山。

这是穆罕默德第一次来扎马利克岛的动物公园,他过去听那些要他代写情书的同学谈到过它,在为情人们约会面地点时也常写到它,他只知道这是个安静场所,现在他发现游客的确很少,而且主要是妇女和儿童。

那些游园的妇女、儿童不可能是来抓他的秘密警察,他略觉放心,又有些不安,他站着看猴子在假山上跳来蹦去,稍有响动他便惶然。嬉戏儿童的嚷叫,母亲招呼孩子的喊声,蜜蜂的嗡嗡声,公园外传来的汽车喇叭声,都叫他心烦。也许,那位陌生的姑娘在那些坐在椅子上的妇女之中,是不是就是那个身材修长、皮肤白皙的姑娘?她看上去不像埃及人,而像个外国人,从容貌看,与其说是扎马利克岛上的居民,不如说是个伦敦人;那么,是这位正在浏览杂志的棕褐色皮肤的矮胖姑娘吗?她不时地抬起头来瞧瞧他,一旦目光相接便立即垂下头,重新读着杂志。是那位身体胖得像个柏油桶的白皮肤姑娘?在那些人中,总有一个可能就是那位素不相识的姑娘。他开枪之后碰到她时,眼睛准是蒙了,在暮色中一点也没记住她的容貌、身高、体态和肤色。

穆罕默德突然警觉到,这样一心一意寻找那位陌生的姑娘,竟使他忘掉了最大的危险,没有细细地观察公园里的人中谁是秘密警察,像年轻人看到了女人容易忘掉自己身边的危险,生活的美好会使他们将死亡的痛苦置之度外一样。

太阳西斜,游客们成了幢幢黑影。那陌生的姑娘还没有来。是她知道他并非她想象中的英雄后,改变了主意?他打中的不是副大臣,而只是车窗玻璃,他不是一名因为工人们流了血而起来革命的敢死队员,而是像维赫丹老板所说的一个秘密警察,参与了制造新的杀人流血惨案的阴谋。她会不会现在正站在公园的树后把他指给那些来抓他的警官们看呢?

突然,他听见有人轻轻地对他说:

"晚上好。"

他没有朝发出声音的地方转过头去,而是迅即转动眼珠,捕捉那将要袭击他,抓住他的警察掌影。可是,坐在椅子上的人谁也没有动,他这才放心,转过身去,只见是一位用密眼黑面纱遮住脸的女人,他看不清她的眉眼口鼻，头部显得黑黢黢的，像是道格拉斯·弗班克斯新片《幽灵》中的一个人物。

那"幽灵"望着穆罕默德的脸，看到他突然流露出诧异和迷惘，便低声说道：

"看来，你不认识我，我想应该作个自我介绍，把我的身份证给你看看。"

"身份证"三个字使穆罕默德心里直发急，因为警官们在逮捕被控告者时常用这三个字。

那陌生的姑娘打开手提包，掏出手枪，一边递给他，一边仍用那安详、低沉的声音说道：

"这就是我的身份证，现在你也许认识我了吧？"

穆罕默德刚把手枪塞进口袋，那幽灵似的姑娘便转过身，准备离去。穆罕默德赶紧抓住她的手，央求道：

"你上哪儿去？我想跟你谈谈。"

那"幽灵"姑娘推开他的手，说道：

"我已经完成你交给我的任务……我的事完了，再见。"她又想走。

穆罕默德抓住她的手，让她挨着自己坐在一张木椅子上。她觉得他用劲抓住了自己的胳膊，因此就顺从地坐下，用祈求的口吻说道：

"求求你，我必须马上离开。"

穆罕默德的表情，看上去就像一个抓着一块巧克力糖不放的孩子。他说道：

"我想要谢谢你。你昨天真是一个了不起的英雄。"

"我可不是英雄。"她的声音稍稍提高了些，听上去很悦耳，"任何一个女人处在我的地位，都会去做的。"

穆罕默德的目光竭力想穿过她黑色的面纱，但是失败了，那是一道无

法穿透的厚墙。他收回自己的目光,说道:

"我曾想你可能会去报告警察。"

"为了获得那五千埃镑?"她嘲讽般地问道。

"这么说,你看过报纸了。"穆罕默德感到难为情,"你已经知道我没能把那个大臣杀死。"

"失败无关紧要,重要的是你作了尝试。你说了话,而人们却不敢张开嘴巴,这就很了不起。至于你的话是否击中目标,倒并不重要。你手枪的子弹说了话,千百万人都听见了,这就够了。"

穆罕默德听到这里真想拥抱这个"幽灵"吻个够,他原先想从随便哪个人嘴里听到的正是这些话,但他没有如愿,听到的全是相反的话。他热情地说道:

"你想到没有,人们说这是政府策划的一起阴谋,凶手是个秘密警察?"

"这些我全听到了,群众情有可原。"她轻声说道,"政府老骗人,已经没有人相信它说的话。你别去管人们是否相信这件事,重要的是政府相信,当权者们相信,他们惊慌失措了,要不是这样,他们就不会悬赏五千埃镑,也不会逮捕成千上百个反对派人士和工人。我很高兴你没有杀死那个大臣,你实现了你的目标却没有犯杀人罪。我不主张政治暗杀,一颗子弹也许能打死一个暴虐者,但不能消灭所有的暴君。"

她对政治暗杀的看法与穆罕默德的想法有抵触,他说道:

"你既然反对政治暗杀,那干吗接过手枪,把警察引开,说我是个身穿阿拉伯长袍的矮个子?"

"谁告诉你我将警察引走啦?"她甜甜地一笑,问道。

穆罕默德望着她那双像漂亮娃娃似的天真无邪的眼睛,说道:

"我亲耳听见你在说话,原先还以为你指引他们来抓我呢……你干吗为了我做这一切?"

她眼睛望地,仿佛穆罕默德讲话时的神态全了然在胸,说道:

"我觉得你相信我,我想向你证明你的信任没有被辜负。当我看到你把你的生命、命运和前途都托付给我的时候,我感到自豪,你是第一个信赖我的人,第一个对我说'我相信你'的人,这不是你用嘴说的,而是用你的行动——把手枪交给我表达的。"

穆罕默德被这些话震动了,很想借此机会对她说:"既然你信任我,那你干吗不撩起这厚厚的面纱,让我看看你的真容?"

那姑娘看到穆罕默德的手指在动,仿佛想伸向她的厚面纱,她一面笑,一面往后退,说道:

"我怕会使你失望,我宁愿这样戴着面纱,你愿意怎么想我就怎么想。"

穆罕默德抗议道:

"哪怕你是世界上最丑的女人,你的英勇无畏已经把你变成了我眼中最美的姑娘。你揭下面纱吧。"他说话的命令口吻同他早先突然袭击纳吉娃,逼迫她赶快脱下衣服时的口气一样。

然而,这位不知名姓的姑娘却没有像纳吉娃那样立即执行他的命令。穆罕默德突然伸手掀起了她的面纱!

他第一次看到她的脸,不免有些紧张,这突如其来的发现使他呆住了。

"你并不欣赏吧?"她微笑着问。

穆罕默德一面目不转睛地望着她,一面热切地说道:

"确实,我并不是欣赏你。'欣赏'这个词不适宜用来描绘我的感受,我呆住了。你实在是个漂亮的姑娘,名副其实的漂亮。你像贞德,杂志上刊登的扮演影片《贞德》中的主人公贞德的那位法国女演员,跟你长得一模一样,你乌黑的头发,梦幻的眼睛,眼睫毛和口鼻,迷人的嘴唇的颜色,真挚的目光,纯洁的脸容,全都同贞德一样,圣徒与一个绝代佳人合二而一了。你只缺一双翅膀就成一个天使了。"

她好像是有生以来第一次听到这样的赞扬,脸一下子就红了。她赶快放下面纱,站起来说道:

"现在,你已经如愿以偿,看到了我的脸,那就让我走吧。"

"让你走?"穆罕默德喃喃道,"你怎么能把这全部的美色都带走? 你还什么都没给我呢!"

"我已经把手枪给你了。"她揶揄道。

"让我去自杀?"他责备道。

"你的生命很宝贵,"她惊惶地说道,"不能为了一个女人牺牲生命。祖国需要你。"

穆罕默德抓住她的胳膊,用力地摇着,说道:

"我不能放你走。我想问你几个问题,几个重要的问题。"

她感到穆罕默德年轻有力的手紧抓住她娇嫩的胳膊不放,遂说道:

"我再坐一分钟,不能再长了。"她掀开袖子,看着腕上的表说,"现在是六点十六分。"

"一分钟不够,"穆罕默德争辩道,"给我五分钟,我拿自己这一辈子换你五分钟。"

"你已经浪费了四分钟啦。"她微笑道,"问吧。现在本来该你面对审判员,让他们问你一连串的问题。但愿我当初告发了你,把我从那些令人难堪的问题中解脱出来。"

"你让我获得了新生,让我享受一下这新的生命。首先,在我提问之前,你应该掀起面纱,让我看着你的眼睛,以便了解你是否在骗我。"

那姑娘笑了,她觉得自己跟穆罕默德越来越亲近,说道:

"我有权拒绝回答我不喜欢的问题。"

穆罕默德装作没有注意到她的保留,问道:

"你叫什么名字?"

"佐贝黛,一个非常乡气的名字。"她像是在承认一件大逆不道的罪行。

穆罕默德的确不欣赏这个名字,他的脑中浮现过上千个名字,惟独没有想到它。他的邻居——一个做裁缝的女人——就叫这个名字,他一点也不喜欢那个女人。

"你爸爸是机车修理厂的工人吗?"他似乎不是在提问题,而是想以自己出众的推理和洞察力让她大吃一惊。

她稍稍沉默了一会儿,接着用伤感的语调答道。

"不,他不是机车修理厂的工人,但是个穷人,一个挺穷的人。"

穆罕默德细细地端详她身上的黑衣服,那是中等人家穿的衣服,并不显得很寒碜,像他母亲那样穷。他推测她有工作,因而说道:

"你有工作?"

"我是护士。"

佐贝黛准备起身,穆罕默德请求着要她坐下。但她坚持要走,说道:

"医院上班的时间快到了。"

"什么时候我再见你?"

"你再也见不到我了。"她很坚决地说,"我家里的人要是知道我在外面会见一个陌生的男人,准会杀了我!"

她微笑着,接着又说道:

"阿卜杜·瓦哈卜在他的一首新歌中唱道:'好生相会,好生告别!'"

穆罕默德一面假装要从口袋里掏出手枪,一面戏言道:

"你要不确定见面日期,我就自杀。"

佐贝黛也装作害怕的样子，说道：

"那么，下星期三这时候再见。"随后，她一面站起身来，朝他顾盼一笑，一面伸出一个指头，仿佛在警告一个顽皮的孩子，又说道："那将是我跟你的最后一次见面。你如果还想见第三面，下一次就轮到我来杀你了。"

穆罕默德觉得下一次约会太遥远了，他想明天见到她，隔一个小时、一分钟就见到她。然而，她没有停下脚步听他的抗议，而是放下厚厚的面纱，也不同他告别就径自走了。

穆罕默德想陪她走到公园门口，但她坚持要他留在原地，等她离开一刻钟之后再走。他没有反对。他靠在木椅上，目送着她的背影，看她庄重地走向公园大门，在那儿她转过身来，穆罕默德又看见了她那张纯洁的面庞。

暮色吞没了佐贝黛。穆罕默德不由得想起了父亲，想起从父亲嘴里听到的俗语："你所害怕的，恰是最好的。"痴呆的父亲难道是个哲学家？算命先生？懂占卜，有先见之明？难道疯人们比我们高明，能洞悉我们肉眼看不清的事理，所以我们才说他们发疯？过去世界上许多天才不是被诬为疯子吗？原来智者便是疯子，疯子亦即智者？

当穆罕默德拿不定主意，究竟来不来贾卜拉亚公园赴约的时候，是父亲的那句俗语使他消除了顾虑，来的思想占了上风，那俗语好像一杯酒，帮他恢复了勇气。他痴呆的父亲咕哝的为什么恰恰是这句既恰当又适时的俗语？按理说，疯子乃是不管时间场合乱说一气的人。

难道命运剥夺了父亲的理智，又给了他补偿，赐给他的心一种新的未卜先知的能力？穆罕默德在为纳吉娃的事踌躇不决时，父亲讲出的每句俗语都是一种警告，犹如人们在海边竖起的一面警戒线红旗，提醒游泳的人不要靠近那波涛汹涌、会吞噬人的海区。然而，父亲今天提到的俗语,倒是招呼和鼓励他来与佐贝黛相会。

假如他不来与这位陌生的姑娘见面,那他的损失有多大啊!他将虚度半生甚至一生。佐贝黛是一剂速效灵药,能解去布满他心中的毒素;又是一帖万应膏,能愈合他的创伤。他暗杀欧尼帕夏遭到惨败,这使他心如刀绞,仿佛子弹打中的是他,把那小法老给放过了。维赫丹老板咒骂凶手是政府同谋的声音,在他耳边回响,以致他有的时候想到自己不知不觉竟成了暴君手里的鞭子。是佐贝黛使他恢复了自信和对自己从事工作的信念。

穆罕默德开始把纳吉娃与佐贝黛作比较。一个在六点钟见面,一个约在七点钟相会。纳吉娃十九岁,佐贝黛二十五岁;纳吉娃像是个恋爱博士,佐贝黛则是爱情学校的一年级学生。

佐贝黛同他谈话,始终忐忑不安,眼中流露出担心的目光。他描绘她的姿容时,她的脸都红了。这一切都说明这是她第一次冒险跟一个男人会面。比起他同纳吉娃初次见面的情景来,两者的区别是何等的明显!那时,纳吉娃像个爱情大学的教授,在给一个新生上课。她同他谈话,像是在他的怀抱中扭动,说话软绵绵的。穆罕默德望着佐贝黛的嘴唇时,并没有想到要去吻她。她讲的话,圣洁如祈祷,他只愿跪在她跟前祷告而不是一心想去吻她。纳吉娃的双唇充满肉感,如同一座不设防的城市;佐贝黛的唇清白无邪,仿佛是固若金汤的城堡。纳吉娃的谈吐,显得比她的年龄大,从她谈论爱情的字字句句看,她像个玩世不恭的女人。佐贝黛比纳吉娃大六岁,但说话腼腆,她的话像她的厚面纱一样,使她的脸蒙得更深。然而,佐贝黛吸引他,伟大的圣徒要比渺小的女妖精更使他向往,佐贝黛的真诚比纳吉娃的淫荡更有吸引力。也许,佐贝黛的脸容并不具备他想象中的全部魅力,可能是她的勇敢、无畏构成了令他陶醉的脸容。男人发现一个女人跟他志同道合的时候,会感受到置身在女人的怀抱,啜饮着爱情的醇酒时同样的乐趣。

正当穆罕默德浮想联翩,想着他与佐贝黛心相通情相合的时候,公园的看园人打断了他的思路,说道:
"七点钟了,公园要关门了!"
穆罕默德好像正在佐贝黛的怀抱中被看园人抓住一般,他愕然重复道:
"七点,七点了?"
他从看园人的话里只听见"七点"两个字,没有听清公园要关门的话,似乎看园人只是来提醒他七点钟与纳吉娃的约会!
他迷迷糊糊地走向公园大门,头上直淌汗,心里挺纳闷:大冷天的怎么头上会冒汗?是他在竭力使自己的思想与佐贝黛的思想合拍的过程中流下的吗?当时,他觉得自己的想法与佐贝黛的想法结合在一起,抱成一团,共同震颤,相互融合,相互补充。
他的手伸进口袋想掏手绢,一碰到手枪,心里一惊:整整一个小时,他忘了口袋里还装着一支手枪,忘了应赶快把它还给它的主人易卜拉欣·穆纳斯特利,忘了自己曾企图暗杀内政部的副大臣。这一切,难道都是佐贝黛造成的吗?
他沿贾卜拉亚街朝易卜拉欣的家走去,问他家的门房,门房说易卜拉欣在书房里复习功课。
穆罕默德走进易卜拉欣的房间。他隔了这么久才来看望易卜拉欣,易卜拉欣有些惊讶。穆罕默德说,他有一件重要的事情来向易卜拉欣讨教:纳吉娃要她的弟弟福阿德来叫他去见她,说是有要事相商,而他在获悉纳吉娃与埃及驻罗马大使侯赛因帕夏结婚之后已经很长时间不同她来往了,对是否该应邀前往挺犹豫。易卜拉欣热情地说道:

"你应该去见她,了解一下她最近的情况。我今天听妈妈说,纳吉娃跟她丈夫吵过架,决心要离婚。"

看到易卜拉欣这么热心,穆罕默德知道他仍爱着纳吉娃,还在奢望她回到他身边来。

易卜拉欣把穆罕默德从椅子上拉起来,要他快去见纳吉娃。穆罕默德从口袋里掏出手枪,说道:

"我把你忘在我家里的这支手枪给你带来了。"

他生怕易卜拉欣检查手枪,会发现里面少了四发子弹。然而,易卜拉欣拉出一个抽屉,里面竟然还有九支手枪,他毫不在意地把这支枪扔了进去。

穆罕默德看抽屉关上,才松了一口气,仿佛从肩上卸下一个沉重的包袱,塞入那关上的抽屉里。现在,他的秘密进了抽屉,警察再也想不到向国王宠臣开火用的手枪竟是国王侍从武官长的,他穆罕默德把犯罪工具藏在一个谁也想不到的地方。

穆罕默德刚缓过一口气来,便听得易卜拉欣说:

"你读过瞎子开枪打欧尼帕夏的故事吗?你想,那人距离三米开枪,居然都没有命中。我能够相距百米一枪打中挂在贾卜拉亚公园猴山上的灯。来,你看看我的枪法。"

穆罕默德见易卜拉欣伸手拉开抽屉,在里面找枪,便大吃一惊,他声音发颤地叫道:

"我求求你,易卜拉欣,我讨厌枪声。"

易卜拉欣去拿枪的手缩了回来。他连连笑着说道:

"你这么个又高又大的年轻人还怕枪?现在,连孩子都玩枪。那个开枪打欧尼帕夏的糊涂虫准是个小孩子,要是他稍大几岁,就不会四枪都打在汽车玻璃上了。可话又得说回来,我爸爸说,出事以后欧尼帕夏吓坏了,国王想给他打打气,赐给他尼罗河最高勋章,晋升他为国务大臣。所有的大臣都吓得要死,惟一能沉得住气的是首相西德基帕夏。"

穆罕默德听到这些消息很高兴。这么看来,佐贝黛说子弹虽然打飞了,但达到了目的,没有白白糟蹋,这话是有道理的。维赫丹老板说的话,他并不在乎,他所关心的是统治者们都已听到了这次枪声。

穆罕默德又坐下来,想多听一些有关大臣们惊慌失措的情况,因为大臣们越害怕,老百姓就越安心。

但是,易卜拉欣对他说道:

"你忘了跟纳吉娃的约会啦?快去看她吧。我在这里等你,听听见面的结果。"

他把穆罕默德推出书房,让他快到邻居家去。

穆罕默德走出萨米尔帕夏的宅第,来到卡马勒帕夏的官邸。感谢真主,黑暗掩护了他,躲过了卡马勒帕夏的开门人,要是看门人看见他从仇人的家里来,卡马勒帕夏准会以通敌罪把他送上绞架。

仆役把他引进客厅,去向少奶奶禀报他来的消息。

穆罕默德又想起佐贝黛来。他仍在回想佐贝黛善良的美和天真的魅力。环顾四周,他不禁悚然,仆役把他领进的是一件充满回忆的房间。纳吉娃挑逗性的形象又出现在他眼前,他对到纳吉娃家来感到后悔,仿佛犯了叛逆罪,和纳吉娃是一路货色,纳吉娃不是订婚才二十四个小时就拥抱他、吻他吗?这会儿,他在步她的后尘,跟佐贝黛分手才几分钟,就跑到纳吉娃家来。穆罕默德想为自己的这种行径辩护:他只是来看看纳吉娃,为的是证明一下他已经打定主意让佐贝黛把纳吉娃从他的生活中驱逐出去。他明白这是自欺欺人,他来是想把这两个女人作个比较,纳吉娃对他还有影响,她犹如一种慢性病,症状消除后又会再次出现,他以为自己已经痊愈,过了一个时期才发现老毛病又犯了。

不一会,纳吉娃来了,她比他过去任何一次见到的更妩媚、娇艳、动人,她走路的姿态宛若是在翩跹起舞,她不光是走进了客厅,而是踏入了他的心田。

她不是一个人来的,还有位男人陪着她,他身材高大,有着运动员的体魄,一头乌黑头发,约四十岁光景,嘴边挂着爽朗的微笑。穆罕默德感到奇怪,因为纳吉娃不是独自闯进他心田的,她还拉着一个男人!

穆罕默德站起来迎接纳吉娃和这个陌生而快乐的男人。

纳吉娃指着穆罕默德,一本正经地说道:

"穆罕默德·阿卜杜·卡里姆,我的阿拉伯语老师。"接着又指着那男人,含情脉脉地说,"我丈夫,侯赛因·阿什莫尼帕夏。"

侯赛因伸出手同穆罕默德握手,他握手很有力,像个二十岁的年轻人,而不像五十七岁的老人。穆罕默德感到惊异的,与其说是侯赛因帕夏那握痛人的有劲的手,毋宁说是帕夏显示出来的奇怪的青春活力。侯赛因帕夏的一切,都洋溢着充沛的精力和蓬勃的朝气,他头上没有一根白发,脸上没有岁月留给常人的皱纹,而皱纹则是年月刻在人们脸上证明他们岁数的线条。纳吉娃说侯赛因帕夏五十七岁,是不是想欺骗他,让他同情她,而不是怜悯自己,从而减轻对他的打击?

侯赛因帕夏嘴上挂着永不消失的微笑,说道:

"我常听纳吉娃谈到你,在我的想象中,你比你现在的年龄还要小。"

穆罕默德回首注视纳吉娃的眼睛,发现她媚眼笑意盈盈。她像是承认自己做错事似的,说道:

"我只是说,你还是个小孩子。"

穆罕默德埋身在椅子里,他对这样形容自己很恼火,认为纳吉娃不仅骗他,同时也欺骗她的丈夫,她告诉他,侯赛因帕夏是个老头,又对侯赛因帕夏说他穆罕默德是个小孩。

他竭力分辩,仿佛在否认一种莫须有的罪名:

"我差九个月零七天即满二十一岁,我不是孩子!"

侯赛因帕夏哈哈大笑,他把手搁在纳吉娃的腿上,就像一个感到寒冷的人把手伸向火炉去取暖一样。他说道:

"年纪轻这个缺点,老年人巴不得都有呢! 不过,你看上去比你的实际年龄大,像有三十岁了。男人的年龄不是按日子而是按他的经验多少来计算的,女人的年龄,则要按她怦然心动的次数来计算。"

纳吉娃的头向侯赛因帕夏的头靠去,说道:

"那么,我的年纪只有三个月零三天,侯赛因,我是在看到你的那一天才真正出生,是在我尝到幸福的那一天诞生的。"

穆罕默德微微一笑,想起几分钟前易卜拉欣对他说,纳吉娃跟她丈夫闹翻了,已下决心离婚……我们都总是把自己的愿望当作事实!

满心喜悦、乐不可支的侯赛因帕夏相信,这个年轻的女人是爱他的,他说道:

"幸福是长生不老药,幸福的人一生常葆青春,不幸的人童年即见衰老。昨天,我去拜访欧尼·哈菲兹帕夏,祝贺他幸免于难,逃脱了危及他生命的罪恶袭击。可是,当我看到他时,我愣住了,他受了惊吓,本来年纪不大,六十岁还差几个月,但看上去竟像有八十岁。看到他那副可怜相,我挺不好受。国王陛下赐给他勋章,晋升他为国务大臣,却振作不了他的精神。"

纳吉娃激动地说道:

"那个开枪打他的凶手应该枪毙,应该像对付疯狗一样来对待那种人!"

穆罕默德听到纳吉娃在判处他死刑,诧异地端详她的脸,她的眼中没有妩媚,只有恶毒,她的嘴角没有魅力,只有残忍,一刹那间,她的全部娇艳、动人和美好之处都不见了,她变成了一个身穿黑衣的剑子手,握着一把滴着被杀戮者鲜血的宝剑。她跟欧尼帕夏一样,也成为一个小法老,在重复欧尼帕夏那个屠夫杀死工人"狗东西"的命令,她不自觉地说出了跟欧尼帕夏一模一样的话,只差说他妈妈是婊子。

她那些丑恶的看法使她的脸显得十分难看,使她从一个美后变成了一个母夜叉。难道别人同我们意见相悖,他们在我们眼中就会变得面目可憎,而同我们看法一致,他们就会变得格外俊秀吗?一个人的脸犹如是一面反映他观点的镜子,持有我们赞赏观点的人,我们会觉得他们姿容秀美;说出来的意见令我们生气的人,我们则会嫌恶他们的容貌。他不就是听了佐贝黛的话,便不由自主地认为她长得很美吗?大家都说女歌唱家乌姆·库勒苏姆不是一个漂亮的女人,但当她一站上舞台,被她的歌喉所倾倒的人们不都认为她就是世界上最美的女人吗?我们的耳朵不也像眼睛一样,能看能辨,会陶醉会鄙视吗?

纳吉娃又说道:

"当侯赛因帕夏把欧尼帕夏眼睁睁地看着子弹朝他打去时的情景告诉我时,我的心都碎了。那个朝欧尼帕夏开火的人是野兽,心里没有半点高尚的君子气概!"

穆罕默德不吭声。纳吉娃听到欧尼帕夏下令枪杀十六名机车修理厂无辜工人的时候,倒没有心碎,而他穆罕默德让欧尼帕夏擦破了点皮,她倒心碎了!

侯赛因帕夏对那个"受难的"屠夫的遭遇并不怎么关切,只是说:

"欧尼帕夏向我肯定,警察随时都会逮到凶手,他说凶手不是一个,他亲眼看到有四个人同时朝他开枪!"

穆罕默德几乎忍俊不禁。欧尼帕夏吓得居然把一个人看成了四个人。恐惧像烈酒,使我们把一个人看成两个人或几个人。穆罕默德能够

使那个成千上万个人都惧怕的人吓得丧魂失魄,他感到挺得意。他竭力掩饰自己的幸灾乐祸,一面情不自禁地说道:

"欧尼帕夏既然害怕到了这种程度,那他干吗不辞职?难道对他来说,权力比生命更宝贵?这次企图杀死他的人失败了,他会再干第二次,会成功也说不定。"

"权力对掌权人来说就是生命。"侯赛因的眼睛显得十分机灵,说道,"为了保住自己的生命,掌权者便得维护权力,反过来,他保住生命为的就是保住权力。权力是一种优越感,有权的人总觉得自己比被他统治的人强,他们的软弱使他感到有趣,他需要增加自己的权力;他砍断他们的脖子,为的是使自己比他们都高大。政权是最有意思的一种权力。纳吉布·希拉利有一句名言:大臣进入内阁之时,便丧失了他的一半智慧;他退出内阁时,剩下的智慧也失去了。我们全都热衷于抓权。

"聚敛财富的人,竭力想获得权力。女人在精心打扮,浓妆艳抹的时候,也是企图获得权力,她觉得通过自己美的力量能够像暴君支配民众一样支配男人。你不能要求女人放弃她的姿色和魅力,同样,你也不能要求掌权者放弃他的权力。女人想一天比一天更漂亮,掌权者则希望他一天比一天更强大。年老色衰的女人为了不让人们看到她脸上的皱纹,便大量地用脂粉、油膏,掌权者衰老时所使用的脂粉、油膏,则是专横、暴虐和恐怖,借以掩饰自己政权的老迈衰微……专横、暴虐和恐怖便是统治者用来遮盖他们软弱昏愦、老态龙钟的香粉。"

穆罕默德全神贯注地听完了侯赛因帕夏的分析,问道:

"可是,掌权者难道就没有体会到,为了祖国的利益,他应当下台吗?全国正在死亡,一个人活着还有什么意思?掌权者应当考虑一下祖国的利益。"

"祖国的利益?"侯赛因格格地笑了,"在掌权者看来,政权就是祖国,与当局作对，就是敌视祖国，反对当局，就是反对祖国，侵犯当局，就是侵犯祖国。掌权者并不是用这种假想来欺骗人民，他确实相信，祖国已缩小、融合在他个人之中，反对他即反对祖国，相信他即相信祖国。他认为，维护他的权威，即维护祖国的权威，打击同他意见相左的人，即打击祖国的敌人，高呼他万岁，即高呼祖国万岁，要打倒他，即是要打倒祖国，你要求他放弃权力，他会觉得你像是在要求他背弃祖国。"

"可是，我知道有些领袖人物痛恨权力，"穆罕默德反驳道，"比如乔治·华盛顿，他曾拒绝当美利坚合众国总统，萨阿德·扎格卢勒讨厌内阁首相职位，他退出内阁的那一天，他妻子说：'这是我一生最快乐的日子。'还有其他许多人。"

"你反对得有道理。你说的都对，历史书上提到过。不过，那些人讨厌权力是因为权力对他们来说，是太渺小了。乔治·华盛顿是美国的解放者，为美国赢得独立的英雄，这比起国家总统的权力来要高多了；萨阿德·扎格卢勒是埃及的民族领袖，作人民的领袖比当内阁首相，权威性何止高一千倍！他瞧不上小小的权力是因为他喜欢更大的权力。凭萨阿德·扎格卢勒一句话，便能委派内阁首相，或将其罢黜，他有什么必要自己去当首相？掌权者的权力，像一个漂亮迷人的女人，而民族领袖的权力可与阿拔斯王朝的哈里发哈伦·拉希德对他宫廷中的女奴、侍妾的权力相提并论。"

侯赛因帕夏的辩论方式让穆罕默德感到钦佩，他尊重对方的看法，同他谈话饶有趣味。不过穆罕默德并不欣赏他把人民比喻成女奴和侍妾，因而表示异议道：

"人民的领袖不会把人民当作女奴和侍妾来对待，只有暴君才把人民驱往奴隶市场。暴君对权力的贪得无厌，真让我感到吃惊。我知道，人都希望有权，作出各种牺牲去赢得它，但是靠什么才能掌握权力呢？"

侯赛因帕夏往后一仰,笑着说道:

"权力是一个非凡的女人,世界上最美的女人,她具有魅力、姿色,令人神往,她膜拜强者,践踏弱者。掌权者对她,不会感到满足,正如对非凡的女人,她的情人不会感到满足一样。你要了解掌权者下台后的感受,不妨想一想一个同你结交的美貌女人抛弃了你,另觅新欢时,你难道不觉得屈辱和难过吗?难道不愿意付出半辈子甚至一辈子,让这个你热恋着的女子哪怕只回来一夜吗?这些,便是失去了权力的掌权者的感受。"

听了这些话,穆罕默德就像一个溺水者似的晕头转向。侯赛因帕夏举这个比喻,是指什么?是表明知道他跟纳吉娃的故事吗?知道纳吉娃为了一位大使帕夏而离弃了他吗?

突然,穆罕默德看到纳吉娃张开双臂,把侯赛因帕夏搂在胸前,俯身下去说道:

"你是我有生以来看见的最有意思的天才。你说得真妙,我生平第一次看见穆罕默德·阿卜杜·卡里姆倾听让他佩服的话。你没看到穆罕默德像服了催眠剂似的那副样子吗?"

穆罕默德感到惊奇,因为纳吉娃又同往常一样,把他没有说过的话、没有体会到的感受都安在他身上。

他非常尴尬,既不能反对,又不能保持沉默,最好的做法是离开这儿,他已亲眼看见一个他过去喜欢的女人被一个他不喜欢的男人抱在怀里。

他起身告辞。然而,侯赛因帕夏突然站起来对他说道:

"我这会儿跟外交大臣有个约会。希望你能留下来陪陪纳吉娃,别让她一个人待着。"

侯赛因帕夏一面同穆罕默德握手,一面说道:

"认识你,我十分高兴,你确实是个优秀的青年。"

纳吉娃跟着他走到门口,当着穆罕默德的面勾着他的脖子吻他,说道：

"小心别迟到，苏那！"

使穆罕默德感到烦躁的，与其说是他亲眼看着纳吉娃同侯赛因帕夏亲吻、拥抱，毋宁说是"苏那"这个昵称。他觉得纳吉娃是故意在奚落他，激怒他，用这些反常的举动来向他报复。

他从来没有听见过纳吉娃叫易卜拉欣和他穆罕默德的昵称。他真想取笑一下"苏那帕夏"这个称呼，然而，他那受了伤的感情再提不起兴致来揶揄他人。"苏那"这两个字重重地打击了他！

侯赛因帕夏一面走，一面掏出手绢擦去留在他唇边的口红。

纳吉娃回过身来，把门关上。她坐在穆罕默德的身边，突然朝他靠过身去，一面像是想搂抱他，一面悄声地说：

"你生来福星高照，洪福自天降……你将同我们一起到意大利去……苏那真是个模范丈夫！"

穆罕默德差不多快软下来，要倒在纳吉娃的怀抱中了。纳吉娃的香味充斥着他的鼻腔，他感到晕眩，她灼热的呼吸刺激着他的身体。她如同一根靠近油井的火柴，她悄声耳语着他将随她一起去欧洲，仿佛是块铺在他脚下的飞毯，要载着他飞向梦一般的世界。

他毕生都向往着到欧洲去，这就像饿汉向往食品市场一样。他知道他穷，连一张到盖勒尤卜的车票都买不起，更甭说到欧洲了。他总是说服自己，等他拿到了高中文凭，就进法学院去念书，五年后毕业，如考上第一名，大学有可能送他去欧洲留学，读博士学位。他同那个卖鸡蛋的人一模一样：总想着把鸡蛋卖出去，卖了蛋买母鸡，母鸡孵小鸡，他再把鸡卖掉母牛，母牛生牛犊，牛越来越多，他就买地，种庄稼，打下许多粮食，买更多的地，然后他就成了富翁，再变成首相，娶公主为妻，公主如果不听他的话，他便抓起棍子，这样揍她的脑袋……卖蛋人一棍子打在鸡蛋上，鸡蛋全砸得稀烂。

不过,穆罕默德倒没有用棍子砸鸡蛋,他保护着自己的本钱,孜孜不倦地学习,上课专心听讲,等五年后再去实现自己的理想。这会儿,纳吉娃却提议现在就同公主结婚——马上就随她一起到欧洲去。

如果同纳吉娃接吻就是她带他去欧洲的票价,那么,他几乎就要软下来,倒在她的怀抱中。但是,他很快振作起来,推开她勾住自己脖子的胳膊,说道:

"你疯了吗?门并没有锁。"

"你要是想锁,就去把它锁上。我现在是结了婚的女人,谁都不怕。"她得意洋洋地说道。

穆罕默德望了望她的眼睛,发现她的目光在诱惑他、鼓励他、怂恿他、召唤他,仿佛在冲着他喊:"行动啊,胆小鬼!去把门锁上啊!"

好几张脸在瞧着他:佐贝黛的,他父亲哈纳菲师傅的,还有这个判处他像狗一样被杀死的纳吉娃。他犹豫了一下,接着,打起了精神,又问道:

"我倒想知道,我怎么能跟你到欧洲去呢?你是结了婚的,我又一文不名。"

纳吉娃对自己的机敏,有本事周密计划做出奇迹,显然很得意:

"事情非常简单。我丈夫告诉我,埃及驻罗马使馆有一个文件保管员的职务空缺着,外交部要他推荐一个青年。我立即想到由你来担任这个职务。我对他说,你是个优秀的阿拉伯语教师,我待在罗马期间需要继续听些阿拉伯语课。他马上表示愿意任命你。我又告诉他,你还没有拿到高中毕业文凭,他说可以通过他在部里的一位密友,破例任命你。你在罗马期间,可以完成你的学业。使馆只是上午办公,我丈夫说,那里有夜校、夜大学。我是为你的前途着想,对你来说,这可是天赐良机。你的薪金足够你在罗马生活,你还可以买辆汽车,每个月给你在开罗的家中寄十镑钱。这个职务的月薪是七十镑。"

穆罕默德惊讶得目瞪口呆。一刹那间，纳吉娃给他解决了所有的生活问题：他将到欧洲，他最大的理想得以实现，可以在欧洲完成学业，而不用吃苦受累五年，考上法学院的第一名毕业生。即便他考上了第一名，届时谁知道是否一定送他去留学，也可能这个名额被一位大臣的儿子或一位权势人物的亲戚夺走呢！

他将拥有一辆汽车。他连有朝一日能有一辆自行车都没有梦想过。此外，还解决了一个他殚思极虑的问题：他父亲被机车修理厂开除之后，他们一家人怎么办？厂里工人募捐的那三镑钱花完了之后，他母亲已于两天前开始变卖家里的铜锅，今天妈妈还对他说，等家里的所有家具都卖完了再卖他睡觉的床。

现在，天园的大门突然开了，他将能够每月给家里寄十镑，将能够治好他父亲的精神病，全家不至于饿死了！

天园的大门，竟有可能是魔鬼打开的吗？纳吉娃会是为了他而做这些不可思议的事情？几分钟之前，他还在诅咒她，因为她攻击了那个开枪打小法老的人。

一个女人怎么会如此高尚，又如此卑劣？她右手用匕首捅他，左手又带着他飞往他理想的天际。

在穆罕默德眼里，纳吉娃又变得美丽，成了一个迷人的女人。她的姿色令他眼花缭乱，她那令人神魂颠倒的女性美使他垂涎，她的形象使他震动，又唤醒了他激昂的感情——他原先以为，纳吉娃告诉他她将同一个老头结婚的那天，他已经把这种感情埋葬。穆罕默德开始觉得羞愧，他是一个随风倒的青年，毫无主见，一会儿进，一会儿退，一会儿坚定，一会儿妥协，一句话便能激起他的喜怒。一般来说，男人在关心他的女人面前总是软弱的，"关心"是开启紧密心扉的神秘钥匙，关心的目光使男人快乐，冷淡的目光则使他难受。眼前这个女人在她的蜜月中都没有忘记他穆罕默德，关心着帮他找工作，在国外完成学业，让他有足够薪金养家糊口。

穆罕默德情不自禁地问纳吉娃道：

"可是，你干吗要为我做这一切？"

"我不是为了你，而是为了我自己！"纳吉娃的眼睛发亮，答道。

穆罕默德投去钦佩的一瞥，这就像他印在她唇上的一个长吻，说道：

"你真是一个高尚的女人。"

纳吉娃两目炯炯有神地说道：

"不，我不是一个高尚的女人，我是个下流的女人，非常下流的女人。如果你把女人想成了慈善协会，那你就错了。女人是自私的，我做这些是因为我非常自私。我不愿意我出国去，让你独自待在埃及，另外来个女人把你从我手中夺走！从这里到那扇门，我不相信任何一个男人。"

在如此赤裸裸的自白面前，穆罕默德颤抖了。刚才，他还在自己的想象中，把她塑造成一个高尚的女人，对她的形象倾诉感恩之情和赞美之意，倾注他的心血和魂魄，而现在，纳吉娃却硬要撕碎这个形象。

纳吉娃突然冲动起来，眼中流露出玩世不恭、无所顾忌的神色，使穆罕默德受到了冲击，他问：

"你有了丈夫还不满意吗？"

"老实说，他满足不了我，只有你才使我称心。"

穆罕默德在受到她毫不掩饰地表白的冲击后，竭力控制住自己的剧烈震颤，说道：

"可是，他看上去挺年轻，刚才你还拥抱他、吻他，勾着他的胳膊，叫他'苏那'。"

纳吉娃放荡地笑出声来：

"穆罕默德，你可真蠢，我原先以为你还聪明一些，我是想剪除他的尖牙利爪，不让他伤害你。我要让他觉得你我之间毫无关系，要是有关系，我就不会当着你面吻他。我对他说，你还是个小孩子，这是为了让他对你放心。他知道我不喜欢年轻人……我已经把你我将来生活中的一切都计划好了，等到了罗马，我每天到你的房间去看你，你晚上学习的时间我不会去，免得耽误你学习。侯赛因不仅是埃及驻罗马大使，而且还兼任驻南斯拉夫大使，每星期他得在南斯拉夫呆两天，那两天我将同你在一起。侯赛因活不长了，他死之后咱们可以结婚，到时候，我爸爸是不会反对我嫁给一个政界人士的。"

纳吉娃讲话的时候，穆罕默德一直低着头，他不能抬起眼睛望她。他想起了自己的贫穷和不幸，美梦和理想的破灭，想起了那个卖蛋人的故事：卖了鸡蛋娶公主。抡起棍子砸向鸡蛋的不是他，而是她！

他抬起头，说道：

"我很惊讶，一个十九岁的姑娘，居然想得如此多，制订出这种种计划，她编写剧本，还向她挑选的演员分配角色。在这出戏里，侯赛因帕夏演糊涂丈夫，我呢，担任被妻子的金钱、势力收买的情人一角。侯赛因帕夏有可能接受扮演的角色，但我却不欣赏我的角色，我也不适宜演这个角色。我没有学过表演艺术，也不想学。你告诉我，这出戏以咱们结婚告终，但是，谁能保证这出戏不会重演？到时候，你会让我再演糊涂丈夫，另挑一个穷青年演被金钱收买的情人。你在编剧、表演和导演方面，具有令人吃惊的才能，你有本事随心所欲地变换角色。你对我讲得很坦率，我也是实话实说。我宁可演个观众。"

纳吉娃脸色倏变，心火上升，双眼露出恼怒、愤懑之色，仿佛她亲手绘制的场景突然坍了，压在她的头上。她似乎觉得，穆罕默德伤了她的自尊心，蔑视她的女性美，毁了她的花容月貌。一个女人原先以为已抓在自己掌心之中的男人，突然滑脱，自己反被他所掌握，这比什么都更使她生气。

纳吉娃眼中冒火地说道：

"你没有理解我。"

"不，我完全理解你，"穆罕默德很平静，"是你不理解我。我的确很穷，但我不出卖自己。你的全部财产都买不到我。我就像那条人们踩踏的大街，但没有人能买下它。我喜欢的女人，我不愿与别人分享，哪怕他是大使、帕夏。我的这种立场也许会使你惊奇，你可能以为你是提议收买我，我生你的气。不是，我并不生气，恰恰相反，我感谢你，由衷地感谢你。我本来以为，穷人没有尊严可言，贫穷已粉碎了他们的尊严、骄傲和一切。但是，你侮辱性的建议唤醒了我的骄傲，我有生以来第一次体会到我有自己的尊严，这是一种愉快的感受，过去，贫穷不许我有这种感受。"

纳吉娃突然感到她的软弱无能，说道：

"拒绝我向你提出的这样慷慨建议的人，要么是疯子，要么是爱上了别的女人。"

穆罕默德哈哈大笑，说道：

"我并不疯。"

"那么，你爱上了别的女人。"嫉妒在咬噬纳吉娃的心。

穆罕默德的眼前出现佐贝黛的形象，他答道：

"是的。"

"她是谁？"纳吉娃像溺水者似地在挣扎，"她肯定出身名门，她爸爸准比我爸爸有钱，她肯定比我漂亮。"

穆罕默德温和地说道：

"她是个穷人的女儿，像我爸爸一样穷。你比她漂亮，漂亮得多！"

纳吉娃瞪视着他，问道：

"你是什么时候认识她的？你认识她自然比认识我要早，这才是真正的关键，因为打一开始你就不愿同我发生关系。你对她的忠诚，使你在那次命令我脱掉衣服之后还犹犹豫豫地不肯拥抱我,这根忠诚的纽带紧拴着你,所以在贝鲁特的时候,你不肯睡在我旁边……告诉我,你是什么时候认识她的?"

"我今天才见到她的脸,一个小时之前才第一次看见她,是在今天傍晚六点钟,也就是我来看你前的一个钟头。"穆罕默德梦幻似地说道。

纳吉娃觉得受了侮辱,妒火中烧,怨怒之极,恨不得用指甲去掐他。她声嘶力竭地冲着他喊道:

"你是条卑鄙肮脏的狗!"

她歇斯底里大发作,断断续续地又嚷道:

"狗……卑鄙……肮脏东西……"

卡马勒帕夏闻声赶来,他一面跑,一面慌张地问道:

"出什么事啦? 出什么事啦?"

纳吉娃泪流满面地说道:

"他企图抱我,吻我! 他忘了我是结过婚的有体面的太太。我听说,他是易卜拉欣的朋友,这肯定是邻居他们策划的阴谋,想破坏我的婚事!"

卡马勒帕夏一听到易卜拉欣还有他弟弟、弟媳,顿时涨红了脸,失去了控制。他像狮子般地怒吼着,连声喊道:

"亚辛! 阿丹! 伊斯梅尔! 奥斯曼!"

仆役、门房、司机和厨师急匆匆地朝帕夏跑来。卡马勒帕夏用手指着穆罕默德,鄙夷地说道:

"把这条卑鄙肮脏的狗从这里赶出去!"

用人们立即扑向穆罕默德,拳打脚踢,掴耳光,连推带拉地把他赶出去。

穆罕默德心力交瘁地回到家中,他埋怨自己,因为他在会见救他生命的佐贝黛之后,竟然又去见那个一心想毁坏他生活,玷污他声名,利用和收买他的女人！他的遭遇，是真主在为佐贝黛报仇，是真主假手卡马勒·穆纳斯特利帕夏用人们的手揍了他，是上苍借纳吉娃的嘴，说他是条卑鄙肮脏的狗！

可是，他干吗要对纳吉娃说他另有所爱？当纳吉娃问他是否爱着别的女人时，他随口回答说"是的"，那是情不自禁的流露，当时，他仿佛看到了佐贝黛的倩影，生怕在纳吉娃面前否认爱佐贝黛会伤害她，他觉得，他对佐贝黛的爱是高尚的，不应该利用谎话的幕布躲闪、遮掩。他对纳吉娃说的全是实话，当纳吉娃诘问他心中的秘密时，他的话为什么不被相信呢？也许，正是他的这种坦率，使纳吉娃变成了一头疯狂的雌老虎，撕咬他的肉、骨头、尊严和体面。尽管他受到侮辱，头部被打伤，身上和手臂上留下了伤痕，但他承认自己爱佐贝黛，他并不后悔。

父亲看见他走进屋子，细细地端详着他，问道：

"你刚打完仗回来？"

穆罕默德笑了，说道：

"我参加了游行，高呼真理万岁，挨警察打了。"

"下一次，你们得高呼暴政万岁。你听说过吗，有个人呼喊暴虐万岁还是专制万岁，进了监狱？我要不是尽到了自己的义务，杀了国防大臣，把他的尸体扔进了幸福的尼罗河中，我准会率领一支游行队伍，去高呼专制、暴虐和不义万岁！"

哈纳菲师傅一面继续察看穆罕默德身上的伤口，一面说道：

"孩子，想娶美丽新娘的人，得准备副彩礼，自由的彩礼，便是为它抛洒的鲜血。"

穆罕默德钦佩地望了父亲一眼。他心里有些奇怪，今晚父亲怎么不引他常好念叨的俗语？

突然，穆罕默德又听见父亲说出一句新的俗语：

"如果男人听凭女人摆布,可就男成了女,女成了男。"

哈纳菲师傅说完,便丢下穆罕默德愣愣地待在那儿,走出去了。

到约好的星期三,这是穆罕默德与佐贝黛第二次见面的日子。

一星期来,穆罕默德一直在等待这个日子。

他到学校去上课,今天的课特别慢,又特别长,第一节、第二节、第三节、第四节、第五节都完了,第六节,也是最后一节课开始了。

现在已是下午三点,再过三个钟头就将见到她。突然,校警来了,要他去见校长贝克阁下。这非同寻常的召见,使穆罕默德感到惊讶。

他走进校长室,发现教阿拉伯语的老师阿卜杜·拉乌夫谢赫也在,当他看到阿卜杜·拉乌夫谢赫双眼噙着眼泪时,更加纳闷了。

校长板着脸对他说道:

"我很遗憾地通知你,教育大臣阁下下了命令,把你开除出赛义迪亚中学,并禁止你进任何公立学校。"

这个消息犹如晴天霹雳,穆罕默德慌乱地问道:

"这是为什么?我没干过什么坏事!"

"我不负责向你解释原因,原因你知道得很清楚!我的任务是把大臣阁下的决定通知你。"

穆罕默德一双祈求的眼睛转向了阿卜杜·拉乌夫谢赫。阿卜杜·拉乌夫谢赫说道:

"前宗教基金大臣、参议院议员卡马勒·穆纳斯特利帕夏大人拜会了教育大臣,说你企图强奸他的千金、埃及驻罗马大使侯赛因·阿什莫尼帕夏阁下的夫人。"

穆罕默德大骇,说道:

"我向你发誓,我是冤枉的呀!"

"我相信你是被冤枉了,我也被冤枉了,"阿卜杜·拉乌夫谢赫的泪水夺眶而出,"校长阁下也被冤枉了。教育大臣下令扣掉我半个月薪水,因为我推荐了一个道德败坏的学生去教阿拉伯语,进入贵族之家,侵犯了他们的尊严。大臣还命令扣去校长阁下五天工资,因为他批准了对你的推荐。"

校长神色黯然地说道:

"原来是决定调我去担任一所小学的校长,阿卜杜·拉乌夫谢赫调去教小学,你不得参加各门课程的考试。不过,侯赛因·阿什莫尼帕夏阁下总算是一个高尚、宽宏大量、有君子风度的人,他虽然是第一受害者,但在他的坚持下,大臣才同意只扣我五天工资,扣阿卜杜·拉乌夫谢赫十五天工资,把你开除出所有公立学校而不是禁止你参加一切考试。"

阿卜杜·拉乌夫谢赫一面掏出一块大手绢拭去眼泪,一面说道:

"穆罕默德,真主是仁慈的,你别绝望,你可以进私立学校,交付学费就可以参加高中毕业考试。"

"交学费?"穆罕默德大声叫道,"我们家里连吃饭的钱都没有!我吃饭靠的是学校免费提供的午餐!"

"我替你交,穆罕默德,我在家乡还有两基拉特①地,我把它卖了,替你交最后一次学费。"阿卜杜·拉乌夫谢赫说道。

穆罕默德热泪盈眶,说道:

"这,我不能接受。你已经够受的了,他们因为我的缘故,已经扣掉了你半个月的工资。"

"阻止一个像你这么用功的学生获得高中毕业文凭,这是犯罪!我来付学费,你把它看成是我借给你的好了,到你取得了大学文凭再还。"阿卜

---

① 埃及面积单位,一基拉特约合175平方米。

杜·拉乌夫谢赫坚持道。

"我怎么能取得大学文凭呢？我已经被禁止进任何公立学校，大学不就是公立的吗？"穆罕默德痛苦地嘲讽道。

"不义不可能长存。不义的国家长不了，真理的国家才与世长存。"校长插嘴道：

"穆罕默德，依我的意见，你给侯赛因·阿什莫尼帕夏阁下写封感谢信，感谢一下他的高尚态度。"

"我感谢他？"穆罕默德叫了起来，"感谢他什么？感谢他用刀子宰我，而没有按教育大臣的意思用剑宰我？感谢他无缘无故地判我无期徒刑，而没有照教育大臣的决定判我死刑？这可是头一遭要绵羊去感谢宰割它的屠夫！"

"不必谢他，只要写封道歉信，对你犯的错误表示歉意就行。"

穆罕默德弯了一下身子，说道：

"我没有过错却去致歉，不成了我承认有错？我宁可站着死，也不愿跪着活！"

校长摇摇头，没有作声。

"这样说话的青年，绝不可能去侮辱女孩子！"阿卜杜·拉乌夫谢赫说道。

校长说道：

"穆罕默德对侯赛因帕夏的高尚态度缺乏了解。原先，按教育大臣的意见，要以图谋奸污一位出身名门望族的夫人的罪名送交刑事法庭，但是侯赛因帕夏为了你的前途，居中调解，才阻止了这项上诉。"

"为了我的前途，还是为了他的前途？"穆罕默德讽刺道，"他知道，大使的声名稍有玷污，便会立即丢掉职位，他怕这案子一提交上去，报纸就会纷纷报道，他的名声将受到伤害，大使职位也会丢掉，因此，他才慷慨调解,要求将我秘密处死,而不是公开处死!"

他一面伸出手去,同阿卜杜·拉乌夫谢赫握别,一面说道:

"真主与我们在一起!"

他没有回班级去收理课本,宁可把书丢在抽屉里离校。他决定以后托一位同学把书带到他家里去,不好意思去对同学们说他被开除。

他茫无目的地在街上踯躅,等待着与佐贝黛约定的时间到来。他要把这件事原原本本地告诉她吗?她会相信,他这样做全是为了她,他被学校开除,是因为他承认爱她,不愿意背叛她?她可能会猜想,他这样说是为了向她献殷勤,是为了还她的情杜撰出来的故事。她也许会认为,他确实是调戏了纳吉娃。他听说,女人的心眼都挺小,他见她之后又去见纳吉娃,她将会指责他,嫉妒会蒙住她的眼睛,看不清事实真相。他干吗要说实话?他说了一次实话,付出了高昂的代价:被赛义迪亚中学和一切公立学校开除,他要再说一次实话,可能佐贝黛就把他从她心中开除了。沉默是令人痛苦的,但说出来更痛苦,特别是说的又是真话!

时钟刚到六点,他已经编好一套将对佐贝黛说的谎话。

他坐在贾卜拉亚公园猴山前的凳子上等她,不几分钟,她就来到了他的身边。她的脸仍被厚厚的面纱遮盖着,面纱后还戴着一副墨镜,看上去更黑乎乎了。

穆罕默德用发热的手抓住她冰凉的手,发觉她的手在颤抖,便问道:

"你病了吗?"

"没有,我只是害怕。"

说完,她不安地四下张望,同上次穆罕默德一心以为会看到贾卜拉亚公园里埋伏着警察,准备来抓他一样。

她的紧张把穆罕默德逗笑了。他说道:

"你怕什么?你也开枪打大臣了吗?"

佐贝黛微笑着说道：

"我怕家里人看见你跟我在一起。"

"他们要杀你？"

"他们要杀我就好了……他们要杀的是你！"她痛苦地说道。

"可是，你上一次并没有这样害怕啊？"穆罕默德感到诧异。

"因为上一次我没有什么可害怕的，"她垂着头说道，"破产者摸黑独行心不惊。口袋里的钱越多，心里就越害怕。"

"你继承了一笔财产？"穆罕默德困惑不解地问道。

"一笔我不曾想到的财产，"佐贝黛扑哧一笑，"因此，我怕被人抢走。上一次，我胆子大得很，不顾一切，现在，我变得胆小得要命，什么都怕。"

"怎么一下变了？"

佐贝黛叹了一口气，说道：

"为什么一切都变了，你还不知道？你没有感觉到我已经爱上你了！"

"我爱你"这三个字使穆罕默德殊感意外，是他此时此刻未曾料及的。他不由得被这三个字震动了，佐贝黛说出来的方式是那样与众不同，没有絮絮的情话和诉说爱情的音响。"我爱你"这三个字，包含着一首舞曲，每个字都像一股熊熊燃烧的火焰。恋人们吐出这三个字时，都赋予它柔情蜜意、令人陶醉，然而，佐贝黛说这三个字却迥然不同于他听纳吉娃所说，也不同于他在小说中读到的和应同学之邀去奥林匹克电影院看影片时所看到的。佐贝黛说的这三个字，不带庸俗的情欲，没有舞曲的旋律，也没有陶醉恋人心灵的酒香，她说出这三个字时，就像在唱圣歌，那音调在他听来不同凡响，像是召唤他去拥抱，但他却丝毫不想把她搂在胸前吻够，而只是感到有一股力量在敦促他站起来，向真主做感恩祷告。

穆罕默德感到奇怪。他之所以有上述奇特的感受，是她用厚厚的面纱遮住了脸的缘故吗？

他要求她除下面纱,她犹豫了一下,终于除下了。她在他眼中的形象并没有变,相反,他更感到敬畏和圣洁,以致他原先准备用来解释自己累累伤痕的那套谎话,竟迟迟不敢在她面前说出,这正如我们身处神圣之地不敢撒谎一样。

佐贝黛看到了他头上、手上的伤,惊骇地问道:

"你是因为喊打倒西德基帕夏的口号而挨的揍吗?"

"他们揍我是因为我说了真话。他们不光殴打我,而且不许我进任何公立学校。"穆罕默德难过地答道。

她点点头,说道:

"这惩罚算轻的,你大概没有说出全部实话,只是说了一半实话吧?你要是全说了,他们准会砍掉你的脑袋!"

"但愿他们砍掉我的脑袋,"穆罕默德痛苦地说道,"砍脑袋比不许学习还轻松些。无知的人,便是没有脑袋的人。"

"没有脑袋的男人比没有良心的男人好……只要你的心还在跳动,你就能战胜这次灾难!有信仰的男人,头上受了打击,不会跌倒在地,只会更加脚踏实地。"

穆罕默德看看自己的双脚,以确定它们是否踏在实地上,说道:

"我的问题在于我是个穷人,一个很穷的人,交不起私立学校的费用。我在赛义迪亚中学上学,是享受免费的。"

"你可以找个工作,随便什么工作,继续完成你的学业。"她说得很坚决。

"全国现在危机重重,政府不许空缺的职位补员。"穆罕默德咬着嘴唇说道。

"政府既然把你开除出了所有的公立学校,那就不可能任命你担任公职。找个政府部门外的工作吧。一开始,随便干什么,即使是擦皮鞋也行。你如果去擦皮鞋,我也仍然爱你,同今天一样。"

穆罕默德感到,佐贝黛给了他巨大的决心和希望。他开始老老实实地讲述起自己的全部生活来。谈到自己的贫穷,父亲发精神病,自己被学校开除,谈到了机车修理厂工人们募集的三镑钱如何在一个月中便花得光光,他母亲已开始卖家里的铜器,明天他的床也将拿去卖掉,多年来他将再一次睡在水泥地上。他谈到了他生活中的一切,包括一些令人感到痛苦的屈辱的细枝末节。

佐贝黛静静地听着,止不住泪如雨下。她一面掏出手绢拭泪,一面说道:

"你的坦率,使你的形象在我眼中更加高大。男人们在自己喜欢的女人面前,通常总是夸耀他们的荣誉和胜利,你呢,只谈你的失败和眼泪。男人不懂失败,就不懂得胜利,不懂得眼泪,也就不懂得爱情。你相信你能开辟出自己的道路,能把这种种失败转化为胜利。许多伟人在开始时都清贫如洗,而不少庸人踏入生活时,已经有着万贯家财。如果你想向我证明你是真心实意地爱我,那么,从现在起就去寻找工作吧。你洒下的每一滴汗水,都将在我嘴上留下蜜一样的甜味,你为自己开辟的道路,正是我们爱情的道路。"

穆罕默德的眼中闪耀着坚定的光亮,说道:
"我答应你一定尽量多干,因为我太爱你了。"
"现在,你把你一生的故事讲完吧。"
"我已经把我从生下来到见到你为止的全部故事都讲给你听了。"
"你忘了提到一件最重要的事情。"

穆罕默德不安起来,心想她准是指他与纳吉娃的事,他确实隐瞒了,只字未提。他支支吾吾地说道:

"我没有隐瞒什么重要的事情。"

佐贝黛笑了，说道：

"你忘了告诉我一个最要紧的事，忘了告诉我你叫什么名字，亲爱的。"

为了寻找工作，穆罕默德几乎跑断了腿。天刚蒙蒙亮，他就离家，赶在工人或职员上班之前，站在工厂或公司的大门口等着。他经常碰壁，那些工厂或公司的门口总是挂出一块大牌子，写着"没有空职"。严重的财政危机迫使厂家、公司裁减职工，而且按老规矩，总是先对工资微薄的人下手。所有的大门都在穆罕默德面前关得严严实实。原来乘汽车的人，现在乘电车，原来乘电车的人已经改为步行，原来步行的人因为付不出三十个皮亚斯买新鞋，干脆赤脚走路；饭馆也多出了一批工人，人们好像不再来吃饭了，原先常上饭馆的人为了省几个饭钱，宁可在家里吃，家里原先开伙的人现在就买些奶酪和腌橄榄吃，以便省下煤气费。

政府削减职工们的工资，停止开办新企业。棉花价格惨跌，许多商人破产。不动产银行扣押农民们的土地，准备公开拍卖，由于没有买主，拍卖一次又一次延期。经济危机对富人、穷人都不放过，它践踏富人，压榨穷人。

穆罕默德正是在这种令人窒息、沮丧的气氛中寻找工作。他到处敲门，写了上百封求职信。鞋子磨破了，全是窟窿，脚趾都露了出来，它们仿佛想看看这个走遍开罗大街小巷、垂头丧气返回家门的小伙子。

一天，西迪·法尔杰咖啡馆的老板维赫丹对他说，他有个烫衣匠朋友，叫哈吉·马加齐，住在国王大街，正在找个年轻徒工，他已经向哈吉·马加齐推荐了穆罕默德。他要穆罕默德去见哈吉·马加齐，准备上班。

对维赫丹老板的推荐，穆罕默德没有因为自己受过教育、是个应届高中毕业生，却去干烫衣服学徒工的活儿而生气。正如佐贝黛所说，他连擦皮鞋的工作都干，他的两条腿在街上都快跑断了，却毫无结果。他去找哈吉·马加齐，到了店门口，看见那里也挂着一块"没有空职"的招牌便吃了一惊，扫兴得就想回家，继而鼓起勇气才走进店去。哈吉·马加齐听说他是维赫丹那边来的，便热情地接待他，让他坐在一张椅子上。这是几个月来穆罕默德第一次坐椅子，母亲已把家里最后一张椅子卖了，他去找工作见到的那些人从未让他坐过椅子，他们让他一站就是好几个钟头，然后对他老调重弹："很抱歉，这里没有空职。"穆罕默德坐在椅子上，感到挺舒服，似乎是有生以来第一次尝到坐椅子的滋味。

哈吉·马加齐对穆罕默德说，他的工作是帮助烫衣服，把烫好的衣服送交主顾，再负责店里的算账，每月的工资是一镑。

能拿这点微薄的工资，穆罕默德就挺高兴。对每天要从舒卜拉大街走到库巴公园的国王大街，他毫不抱怨，过去为了寻找一个毫无指望的工作，他走得够多的了，从巴德兰岛到国王大街这点距离简直不算什么。工作时间是从早上七点到晚上八点。哈吉·马加齐不管什么星期五和其他节假日，只同意穆罕默德每星期三下午休息，让他能够在约定的时间去会见佐贝黛。

穆罕默德当上烫衣铺学徒工后第一次见到佐贝黛，就很自豪地把这事儿告诉了她，像是当了大臣似的。佐贝黛也很高兴，在他额头吻了一下。

这是佐贝黛第一次吻他，他原先希望吻他的嘴唇，但佐贝黛坚持吻他额头。额头到嘴唇相距很近，只有几公分，但在恋人心目中，那可是一段很长的距离。

当穆罕默德抗议佐贝黛第一次吻他的额头时，她微笑着说，等他找到更大的职业，她再吻他的嘴。

穆罕默德黯然。更大的职业？几个月来，他千辛万苦才找到这么个微不足道的工作,要想吻她的嘴,那还得等上多少年哪!

一天中午,哈吉·马加齐一面把一叠烫好的衣服交给他,一面说道:

"你把这些衣服送到国王大街艾哈迈德·马希尔博士家去,他家在从我们铺子走过两条横马路靠右手的一幢白房子。过去,他烫的衣服都是我亲自送去,他是个老主顾,可是今天我关节炎犯了,一步都走不动。"

穆罕默德双手捧着烫好的衣服找到艾哈迈德·马希尔博士的家,按了按电铃。

使他感到惊奇的是,马希尔博士居然自己来开门,另外,马希尔也没有叫仆人来接烫好的衣服,而穆罕默德每次给大人物送衣服去,都有仆人来接,这也使穆罕默德意外。

马希尔博士坚持亲自把烫好的衣服接过去,还一定要穆罕默德在客厅里的椅子上坐一会,让他去把烫衣服的工钱取来。

穆罕默德没有坐下,仍站在那里。马希尔博士也就不离开,一定要他坐下。在马希尔博士令人惊奇的一再要求下,穆罕默德不得不坐了下来。隔了一会儿,博士端来一瓶汽水和一只玻璃杯,亲自倒好,递给坐在椅子上的穆罕默德。

马希尔博士的谦和使穆罕默德惊讶不已,在哈吉·马加齐的上下几等顾客中,他从未见过如此谦逊的人。

马希尔博士问起哈吉·马加齐的健康,详细地打听他关节炎发病的情况和怎么治疗的,是否去看过大夫,服不服药,服什么药,等等。

穆罕默德简直不相信自己是坐在艾哈迈德·马希尔博士——前教育大臣、埃及华夫脱党的要人面前,马希尔博士的形象跟杂志上登的一模一样,但待人接物却与大臣们迥然不同。穆罕默德生平只见过一位前大臣,那便是纳吉娃的父亲卡马勒·穆纳斯特利帕夏。跟卡马勒帕夏在一起,穆罕默德觉得对方的确是位大臣,有大臣的派头和尊严,但马希尔博士却显得十分平易近人,像西迪·法尔杰咖啡馆的维赫丹老板一样。

穆罕默德受到了鼓舞,说道:

"我叫穆罕默德,父亲叫哈纳菲·阿卜杜·卡里姆,是机车修理厂的工人师傅。我父亲告诉我,一九一九年那会儿,他认识你。我想,您已记不起他来了。"

马希尔博士热情地说道:

"我怎么不知道他!当时,你父亲是个英雄!"

穆罕默德十分诧异,过了这么多年,马希尔博士居然还记得他父亲,并关切地问起他父亲的身体。

穆罕默德把父亲的故事讲给马希尔博士听,怎么被指控为谋杀了国防大臣,精神失常,被开除出厂……后来,穆罕默德又不加思索地向马希尔博士敞开自己的心怀,十分坦率地讲了他被赛义迪亚中学开除的经过。这件事,他对谁都没讲过,包括他的父母亲和佐贝黛在内。

他同这位第一次见面的传奇人物谈话,心里感到格外舒坦,仿佛是找到了一位慈祥的母亲,他可以投入她的怀中痛哭一场!

他说,他到处寻找工作,却只找到了这份烫衣铺学徒工的活儿。

"我很高兴你能从这样的工作开始干起,这证明你具有男子汉的气质。"马希尔博士说道,接着,他看了一下表,站起身来,"我很抱歉,我不得不在新开罗的跑马比赛第一场开始前赶到那儿。你今天晚上在哈吉·马加齐那里干完活儿,八点钟再到这里来见我。"

不等穆罕默德回答,身材矮小、肥胖的马希尔博士便急匆匆地走了。

对自己喜欢的马希尔博士这样一走了之,穆罕默德感到恼火,宁愿他欺骗自己说有个重要约会,要去见一位政治领袖也行,可是他却说要去赶第一场赛马,他关心马远胜于自己这个任人宰割的普通人的遭遇。

穆罕默德决定晚上不去了,马希尔博士先是把他提到云端,尔后又将他摔在地上。

哈吉·马加齐看到穆罕默德闷闷不乐，便问他是怎么回事。穆罕默德把他与马希尔博士间的谈话讲了，说马希尔博士约他晚上八点钟见面，他怎么决定不去了……。

"你别傻！"哈吉·马加齐冲着他嚷道，"要是这个人约我去见面，我哪怕是在海角天涯，也一定赤着脚去见他，他可是个好人！"

穆罕默德按时来到艾哈迈德·马希尔的家，揿了门铃，仆人来给他开门，请他进客厅稍坐。

"我不是客人，我是烫衣铺的学徒穆罕默德。"

这位努比亚籍仆人说道：

"马希尔博士吩咐过，烫衣铺的学徒来了，请他在客厅里稍坐等我。"

不一会儿，马希尔博士像跑步似的，迈着矫健的步伐进来。他同穆罕默德握了握手，挨着他坐下，一面掏出十镑钱，一面说道：

"拿着这个，交给哈纳菲师傅！"

穆罕默德迟疑着，不知该不该收下这十镑钱……他可不是来求马希尔博士施舍的。

马希尔博士和蔼地望着他，凭着他过人的聪明已看出了穆罕默德的心思：

"穆罕默德，这不是施舍。在第一场赛马中，我以哈纳菲师傅的名义赌一个里亚尔①，押的是一匹不太可能获胜的赛马，名叫'男子汉'，结果一个里亚尔赢了十镑钱。这钱是你父亲的，不是我的。"

穆罕默德双眼噙泪，他到现在才明白艾哈迈德·马希尔干吗撒下他，去赶第一场赛马。马希尔凭着他赛马的经验，无疑知道这匹马会赢，他想

---

① 一里亚尔合20皮亚斯。

通过这种方式把这笔钱给哈纳菲师傅,又不伤穆罕默德的感情。

"我太感激了!"穆罕默德说道。

"你干吗要谢我,我又没有从腰包里掏一分钱。"马希尔博士微笑道,稍停,又说道,"我想,烫衣铺学徒工的活儿对你不太适合。我跟我的朋友、参议院的华夫脱党议员阿齐兹·米尔海姆先生联系了一下,跟他商妥由他任命你为他办事处的秘书,每月工资六镑。这是个小职位,但你总得从第一级台阶起步啊!"

穆罕默德想说话,但被马希尔博士堵住了:

"我知道你想说什么,你想说你感谢我。向我表示感谢的惟一方式,是你出色的工作。现在,你到布拉克区阿齐兹·米尔海姆的办事处去,他在等你。我跟他说好,你从今晚九时开始上班,我是不愿意把今天的工作拖到明天的。"

说完,马希尔博士快步走出屋,他那矮胖的身材、滚圆的肚子像球一样滚了出去。

穆罕默德呆呆地坐在客厅的椅子上,他不相信,这一切居然有可能都发生在一天里……过了一会儿,马希尔博士又回来对他说道:

"我忘了告诉你一件事,穆罕默德,我已经跟舒卜拉区你们家附近的私立鲁基·马阿里夫中学负责人穆罕默德·阿卜杜·萨马德先生谈妥,他同意接受你免费上学,直到取得高中毕业文凭。我也跟阿齐兹·米尔海姆先生说好,你下课以后再到他办事处工作。"

马希尔博士说完,又像皮球似的滚出屋去。

穆罕默德想从马希尔博士家出去后立即去见哈吉·马加齐,辞掉自己的工作,感谢哈吉·马加齐在他身处逆境时厚道地待他。对于辞职一事,穆罕默德挺犹豫,马希尔博士许诺的也许是幻景呢!马希尔博士是个政治家,而政治家向群众兜售诺言和梦想,乃是众所周知的事。他是不是等一等,等这些许诺兑现以后再说?阿齐兹·米尔海姆说不定拒绝给他职位,穆罕默德·阿卜杜·萨马德也可能不给他免费上学的待遇,这些诺言很可能是镜中花、水中月呢!

穆罕默德伸手进口袋,掏出那十镑钱,细细地瞧了又瞧。这确确实实是十镑钱,不是镜中花、水中月。

他很快就把钱放回口袋,用手捂着袋口。在他的想象中,开罗到处都是扒手,他们都一心想偷他口袋里的这十镑钱。他拿不定主意是否乘公共汽车到布拉克区去,怕在车上被小偷偷了;对是否带着这十镑钱去布拉克区阿齐兹·米尔海姆的办公室,也拿不定主意,因为他听说布拉克有个图尔杰曼窝棚区,是开罗窃贼们的老巢。最后,他还是先回到舒卜拉去找他母亲。他先把母亲唤醒,把十镑钱塞进她手里,然后又叫醒父亲,告诉他艾哈迈德·马希尔博士谈到了他,说他是个英雄,还给了他十镑钱。父亲点点头道:

"马希尔博士准知道,是我杀死了国防大臣,把尸体扔进了幸福的尼罗河。"

穆罕默德这会儿真想见到佐贝黛,把好消息告诉她。他难受得叹了口气,他不知道她住在哪儿,只知道她叫佐贝黛,是个护士。他闪过一个念头,要不要到开罗市内的所有医院都去转一转,找这个名叫佐贝黛的护士。接着,他想起,马希尔博士说过,阿齐兹·米尔海姆先生今晚九时在等他去报到呢!现在已经九点了。他问母亲要了十个皮亚斯,叫了一辆出租汽车——这是他有生以来第一次乘出租汽车!

他叫司机尽快送他去布拉克大街。他坐在车子后座的前沿,眼睛一直盯着计数器,生怕指针越过了十个皮亚斯的刻度,他口袋里可只有十个皮亚斯。幸亏真主保佑,一切平安,计数器显出的刻度才八个皮亚斯,他松了一口气,将十皮亚斯的银币递了过去,等着找回两个皮亚斯。突然,计数器又跳了一格,得付九个皮亚斯,他又丢掉了一个皮亚斯,他的心难受得都缩紧了。他把剩下的一个皮亚斯塞进口袋,在舒卜拉大街上一面走,一面打听阿齐兹·米尔海姆的办事处。

他发现,街上绝大多数行人都知道这办事处的地址。他登上楼去见阿齐兹·米尔海姆,立即受到热情的接待。阿齐兹·米尔海姆告诉他,马希尔博士说穆罕默德是他的朋友,马希尔博士的朋友能到他的办事处来工作,他感到荣幸。

穆罕默德看到,阿齐兹·米尔海姆态度和蔼,常带笑容,大脑袋,前面的头顶全秃了,后脑勺的头发却很茂密。办事处里挤满了工作人员,他们对待阿齐兹·米尔海姆很随便,没有客套,好像彼此都是朋友。阿齐兹·米尔海姆向他交代了工作,工作很简单:接待来访者、概括工人们的申诉、誊抄一些备忘录。

阿齐兹·米尔海姆奇怪又客气地说道:

"我很抱歉,不能付给你高于六镑的月薪,我是个穷人。不过,我无论如何会保证你每天工作不超过六小时。我一贯主张六小时工作制,我应当身体力行。"

穆罕默德笑道:

"我最近一次的工资待遇是每月一镑,每天工作十三小时,而且没有每星期的休假。"

"这是丑恶的剥削!"阿齐兹·米尔海姆惊讶地张大嘴,叫了起来,"你准是在替一个吸人民血的贪得无厌的外国资本家干活!"

"不是。"穆罕默德笑了,"我在国王大街哈吉·马加齐的烫衣铺里工作。"

阿齐兹·米尔海姆也笑个不停,说道:

"我跟他很熟。他是一位工人领袖,我主张六小时工作制和确定工人最低工资,他们这些工人领袖都是很热心赞同的。"

半小时之后,穆罕默德觉得他和阿齐兹·米尔海姆像是老相识了。阿齐兹·米尔海姆生性开朗,处处都显出他的纯朴,作为一个知识分子,他持有进步的见解,信仰社会主义的原则,他极其强硬,惊人地坦率。他说,埃及绝大部分的政治家都是不会读、不会写的文盲,他期待在二十年内能由埃及工人组阁,到一九五〇年,大多数的部长都由工人担任,内阁中至少应有三位女部长,国会将拥有三分之一女议员,警察将逮捕所有戴着面纱上街的妇女,罪名是有碍通衢大道上的观瞻。

穆罕默德大笑不止,心里决定要告诉一下佐贝黛,如果有朝一日阿齐兹·米尔海姆组建内阁,她将会是什么命运。

阿齐兹·米尔海姆的观点既离奇又新鲜,但是,穆罕默德很欣赏,他衷心希望星期三之前阿齐兹·米尔海姆便组成内阁,下次与佐贝黛见面,她就不戴面纱了。

穆罕默德从阿齐兹·米尔海姆嘴里了解到,他曾在一九一九年建立过一个民主党,吸收了大批进步人士,如穆斯塔法·阿卜杜·拉齐克、马哈茂德·阿兹米博士和穆罕默德·侯赛因·海卡尔博士等。后来,他被马希尔博士说服,解散民主党,加入萨阿德·扎格卢勒一边,通过华夫脱党来贯彻自己的主张。

穆罕默德干了几天之后发现,这办事处不是一家律师事务所,而是一个革命机构,艾哈迈德·马希尔、马哈茂德·法赫米·诺克拉西和阿齐兹·米尔海姆就在这里开会,组织民众抵制运动,抵制伊斯梅尔·西德基帕夏将要搞的新国会选举。华夫脱党和自由宪政党已捐弃前嫌,携手合作,一起作出了号召人民抵制选举的公告,不过公告还是保密的,要到确保集体抵制成功的一切措施都落实后才公开。

穆罕默德从未参加过党派,突然之间他已生活在华夫脱党的一个领导机构之中。救他出苦难的是华夫脱党的台柱之一艾哈迈德·马希尔博士,他所在办事处的领导人,是华夫脱党的杰出人物阿齐兹·米尔海姆,让他免费上学的校长穆罕默德·阿卜杜·萨马德先生,是华夫脱党舒卜拉区的委员长。

怀着对那些救他出水火的人感恩戴德的心情,穆罕默德对华夫脱党抱有热忱。他很快就发现,华夫脱党党员跟他有共同语言,他们攻击暴虐、专制,要求人民有自己管理自己的权利,他们摇撼着福阿德国王的宝座,抵制国王颁布的剥夺人民全部权力占为己有的新宪法,他们议论机车修理厂惨案,诅咒内政部国务大臣欧尼·哈菲兹帕夏,他们说,对那个枪击欧尼帕夏的人,应当在最大的广场上为他立一尊塑像。

是华夫脱党员们在讲他的语言,还是他在讲他们的语言?是他们跟他唱一个调子,还是全体人民唱着同一首歌?他在阿齐兹·米尔海姆办事处里看到成千上万个像他一样的人,被撵出学校的学生,被解雇的职员,被开除的工人,受诬陷的无辜者和挨了鞭笞的高尚人物,他还看到疯子,像他父亲哈纳菲师傅一样的疯子,他们在专横恐怖、不义和暴虐的统治下,精神失了常。

穆罕默德不再觉得自己是阿齐兹·米尔海姆办事处的一个职员,他已成为一名参加战斗的华夫脱党人。

穆罕默德到贾卜拉亚公园去见佐贝黛时,压根儿没想谈情说爱,他谈起自己投身的战斗,第一次体会到自己的力量,起初他以为自己是孤军奋战,现在才发现,全体人民都在战斗。

他的激情感染了佐贝黛,她鼓励他继续干下去,困难将在他面前变得微不足道。她向他断言,人民一定能战胜欺压、奴役他们的暴君。

每个星期三傍晚,佐贝黛和穆罕默德都会面,那是一个神圣不变的时间,不管他工作有多忙,事情有多杂。

他迈出的每一步,都想告诉她。他说,他母亲已用他的第一个月工资买了新铜锅,阿齐兹·米尔海姆送他父亲去精神病大夫那里进行免费治疗,母亲为他买了一张床,他又能在床上睡觉了。几年来,他第一次为自己买了一套新西服,还给母亲买了新衣。

这些消息使佐贝黛感到高兴,仿佛是她买了一件新的连衣裙,她将睡新床似的。

有一天,穆罕默德来见她时高兴得手舞足蹈,阿齐兹·米尔海姆对他说,他很满意穆罕默德的工作,也赏识他的才能,决定把他的工资从每月六镑提高到十镑。

佐贝黛一听到这个消息,便撩起面纱,在穆罕默德嘴上吻了一下。

这个吻使他陶醉,好长时间来,他一直向往、等待着这个吻,不过,相比之下,这个吻比起他日夜盼望的吻来,更美、更甜。

佐贝黛又把面纱放下。

穆罕默德从酩酊状态中苏醒过来,说道:

"我想跟你谈一件重要的事情:我已决定娶你为妻!"

佐贝黛一震,惊讶地问道:

"娶我?"

"是的,娶你!"穆罕默德抓住她的手,紧紧地攥在掌心里,"这不是现在作出的决定,而是从我看到你,你从我手里接过手枪时就定了的。"

"一种报答恩情的婚姻?"她的手指抚弄着他的手。

"我决定娶你,是我第一次在这座公园里见到你听你谈话的时候,那时,你还戴着面纱。"穆罕默德改正道。

佐贝黛笑了:

"有时,耳朵会先于眼睛恋爱。"

"当你掀开面纱的时候,我看到你那纯洁的美,便决定同你结婚。"穆罕默德挺认真地说。

"那你第一次见到我时,干吗不告诉我说你想娶我?"她嘲讽道。

"当时,我觉得自己一贫如洗,我和我的父母正面临着被撵出家去的危险,我怎么能奢谈建立一个新家庭?但是现在,我有能力建立小家庭,我有十镑钱工资,足够咱们在一起生活。我已经告诉妈妈,说我爱你,决定要娶你。妈妈高兴得跳了起来,她说她很乐意你住到我们在巴德兰岛的家里来,如果你想有个独立的家,我家里也不反对,我每月给妈妈三镑,我爸爸在被工厂开除之前每月的工资也是三镑。我想,每月有七镑钱,足能使咱们生活得像国王一样。"

佐贝黛摸摸自己的头发,好像在摸穆罕默德所说的王冠,说道:

"我倒宁愿你每月拿一镑钱的时候提出结婚。"

"我相信你爱的是我这个人,而不是我的高工资。"穆罕默德真诚地说道。

佐贝黛叹息道:

"一个被砍掉双臂的女人,收到的礼物却是世界上最漂亮的手套,可真是不幸!"

穆罕默德惊讶地打量着她的双臂,说道:

"我可是把手套戴在世界上的最美的手上啊!"

"我不能丢掉我的护士工作。"佐贝黛勉强地说道。

"你继续当你的护士,这没有关系。我赞成阿齐兹·米尔海姆的意见:到一九五一年,埃及内阁的所有部长都是工人,其中还有三位女部长。"穆罕默德笑了,又说道,"谁知道呢,也许你就是一位卫生部长,我就成了卫生部长的丈夫。"

佐贝黛却没有笑,说道:

"我的护士工作合同上规定,我不得结婚,一结婚,我的工作就丢了。"

"你可以辞职,另换一家医院嘛。"穆罕默德热情地说道。

佐贝黛不愿再谈她在医院里的工作,想换个话题,说道:

"可是,穆罕默德,我比你大五岁。"

"不对,"穆罕默德争辩道,"只大四岁零九个月……你就是比我大五十岁,我也娶你。我不是同出生证结婚,我是娶一个有灵魂的人!"

"女人的年纪越大,她同比她年轻的丈夫之间的差距也越大,咱们俩现在差五岁或者四岁,但过十年之后,差距就是二十岁或者三十岁。女人好比有的树,到了秋天落叶纷纷,变得光秃秃的……而男人则是根深叶茂,入秋虽然也会落叶,但仍留有许多叶子,依然显得很美。"

"你躲在这厚厚的面纱后面,年纪看上去比我大,"穆罕默德笑道,"等到你摘下面纱,就只有二十岁。你少穿这种又黑又长的衣服,便会年轻些。我相信,你要是不穿这些衣服,将变成一个十四岁的姑娘。"

佐贝黛又叹息道:

"我怕同我结了婚,将成为你生活道路上的一个障碍。你前程远大,我不想你背着一个比你年纪大的女人摔跟斗。请相信,我是衷心希望在真主和人们面前成为你的妻室的,但是,这很难,太难了。"

"在恋人的道路上,没有叫做困难的东西。伟大的爱情能够扫除障碍,克服困难。在我寻找工作的时候,我曾战胜巨大的困难,这是因为我爱你。我相信,你也同样爱着我。"穆罕默德反驳道。

"是的,穆罕默德,我爱你,超出你的想象,但是……"

"在爱情的词典里,没有什么'但是'这个词。"穆罕默德神经质地说道,"我要是能说了算,就把这个词从阿拉伯语词典中删去!"

"等你把这个词删掉了,我就同你结婚。"佐贝黛笑着说道。

穆罕默德严肃地说道:

"我不是说笑。我决定马上就同你结婚。"

"马上?"佐贝黛惊骇地叫了起来。

"是的,马上。"他很肯定地说道,"我想知道你家的地址,好让我妈妈明天就去向你妈妈求亲。"

"她找不到我妈妈了,我妈妈已经去世。"佐贝黛伤感地说道。

穆罕默德没有看到从佐贝黛眼眶中滴落的泪珠,仍热切地说道:

"那么,我带我爸爸去,我去向你爸爸求婚。我明天上午就去,明天下午签订婚约,晚上举行婚礼。"

佐贝黛眼睛一亮,仿佛突然看到自己身穿结婚礼服,站在穆罕默德身旁,听见那充满魅力的铃鼓在为新娘之歌伴奏:

> 细细梳洗,打扮俏丽,
> 可爱的人儿,美丽的新娘,
> 步履姗姗,进入洞房,
> 洞房布置像花园一样。

佐贝黛眼中的泪痕已被喜悦的神色所代替,穆罕默德望着她的眼睛说道:

"我一切都已准备就绪,向学校和办事处请了三天假,我想,咱们可以把正式的蜜月压缩为两天,因为咱们的一辈子将是连续不断的蜜月。"

佐贝黛一阵战栗,像是突然从甜蜜的梦中惊醒似的,说道:

"如果我爸爸不同意呢?"

"你已经年满二十五岁,已经成年,"穆罕默德坚决地说道,"你的行为受法律保护,你有权同你中意的人结婚而不必顾虑你爸爸的反对。如果你爸爸不同意,我们立即就去见全权证婚人,给你爸爸来一个既成事实。"

"穆罕默德,我得负责七个人的生活:爸爸和六个年幼的弟弟妹妹,我要是同你结婚,就得丢掉我的护士工作,他们七个人就得挨饿。因此,我爸爸当然不会同意我不当护士的,我的工作是我们八个人活命的本钱哪。为了同你结婚,我准备献出我的生命,但我不能牺牲七个无辜者的生命啊!"

穆罕默德感到,她的处境确实叫他为难,他烦躁地说道:

"为了你,我牺牲了埃及驻罗马使馆文件保管员的职位,一个月薪七十镑的职位!我拒绝到那里去,不愿抛下你。我作出这项牺牲的时候,我的父母在忍饥挨饿,妈妈卖掉了家里的铜器和我睡觉的床。"

"这你为什么没有告诉我?你告诉我说,你已经把你的一生都讲给我听了。"

"这是惟一我保留着没讲的事,因为我不愿夸耀我作出的牺牲。我们公布自己作出的牺牲,就等于在诅咒它。瞧你,就是不肯牺牲你的工作,尽管随便在什么地方找个护士工作都挺容易的。"

"给我个机会,穆罕默德,"佐贝黛乞求道,"给我一个宽限期,让我作些准备。"

"我只给你二十四个小时。"

"二十四个小时是不够的,穆罕默德,"佐贝黛恳求道,"我需要一年的宽限期。"

"一年?你疯了吗?我可不能等待一年啊!"他像疯了似的叫嚷起来。

"要是你在咱们第一次见面时就告诉我,说你想娶我,那么,我可能立刻就开始作准备了,我要求的宽限期就会稍微短一些。"

"我给你一个星期的时间。"穆罕默德态度坚决地说道,"我想问你一个明确的问题,你想不想同我结婚?我只要一个字的回答!是或者否。"

"你知道得很清楚,我盼望着同你结婚。"

"那么,干吗还要宽限期?是需要花一整年的时间来说服你爸爸吗?你爸爸难道是'国联'?咱们结婚难道是取消外国特权,需要用一年时间来说服世界各国同意吗?一个星期已经够长,几个月来我等得也够了。"

穆罕默德目光炯炯,又恢复了命令的口吻,表现出了他的魅力和强硬的不由分说的个性。他接着说道:

"这是我作为你的丈夫,第一次向你下令:下星期三之前,你就得说服你爸爸同意这桩婚事,如果他不同意,咱们就不管他,径直到全权证婚人那里登记。"

佐贝黛默然,一声不吭。

穆罕默德冲着她叫道:

"我讲的话你听见没有。"

佐贝黛驯顺地答道:

"听见了。"

"你将按我的吩咐去做吗?"他又用命令口吻问道。

"我准备随你走遍海角天涯,穆罕默德。"

穆罕默德想吻她,但佐贝黛说道:

"把这个吻留到下星期三吧。"

星期三的太阳升起来了,穆罕默德像新郎似的忙碌不停。头一天,他已向伊斯梅利亚中学的校长请准了三天假,借口是阿齐兹·米尔海姆办事处有些重要工作要做。他向阿齐兹·米尔海姆先生请了三天婚假,阿齐兹·米尔海姆还借给他二十镑钱,充作结婚开销,将来分二十个月还清。

他穿上那套新西装,还替父亲买了一套新衣服,好穿着陪他去向佐贝黛的父亲求婚。穆罕默德到理发店理发、修脸,对着镜子照脸和身子总有几百遍,比他一辈子照镜子的次数加在一起还多。他不愿步行,也不愿乘电车去见佐贝黛,坚持要乘出租汽车去。今天是他一生中最重要的日子,这样的日子不乘出租汽车什么时候才乘?

他比约会的时间提早一个钟头到达贾卜拉亚公园,坐在老地方等待佐贝黛。

他乘看园人不备,偷折了一朵漂亮的红玫瑰,插在上衣的纽扣襻里。

他等啊,等啊,等了好长时间,但是,佐贝黛没有来!

佐贝黛没有来,暮色却开始笼罩公园,也笼罩着他的心房。看园人过来对他说道:

"现在七点了,公园要关门了。"

看园人的声音犹如猫头鹰叫,穆罕默德茫然环视四周,发现公园里面突然已杳无人影,青草绿树也隐没在暮色之中。整个公园里,只剩下他、猴子和看园人,每只猴子都将在笼子里找到自己的配偶,看园人回家去会发现他老婆正在等他,只有穆罕默德将在黑夜里徘徊,没有妻子或情侣。他在原地直发颤,接着沉痛地站起身来,向园门走去。他踯躅而行,似乎想走得慢一些再慢一些,也许佐贝黛来了呢!

看园人关上了大门。穆罕默德伫立在门前,他不回家去,就在这儿等吧,她肯定会来的。天还没有全黑,穆罕默德在向最后一抹落日的余晖求援,求它慢点遁去,稍稍再停留一会儿,佐贝黛这会儿正在前来,正在路上,然而,这最后一抹光亮没有听见他的呼唤,沉落到尼罗河中去了,丢下他独自站在黑暗中。

穆罕默德觉得自己也随着这最后一抹光线掉进了尼罗河,每过去一分钟,水就往上升,淹没着他身体的一部分,这会儿水已经没掉了他的脚、小腿、膝盖,要涨到他的腰际了,接着传来了脚步声,水也停住,稍微退了一些。那是个女人的脚步声,是她的脚步声!后来,他努力辨认黑暗中的影子,只见来的是一个牵着孩子的老太太。

也许,现在她在路上,医院可能有急诊手术把她给耽搁了。怀着这样的希望,他又等了一会儿,绝望的河水开始往下退去。最后,他对自己说,即便是有临时急诊,她也可以派个护士同事来向他解释一下迟到的原因,这时,这希望之光便完全熄灭了。

也许,路上出了什么事,电车或者公共汽车抛锚了?但是,在她结婚的日子里,她可以像他一样叫出租汽车啊。也许,在这个重要的日子里,她到理发店去烫发了?烫发不可能要这么长的时间。也许,她到裁缝那里去做结婚礼服,试样给耽搁了?试样可不需要试这么多钟头啊。

凡是脑子里想得到的理由,穆罕默德都替佐贝黛找了,随后又都一一驳倒。他心里既埋怨她,又为她辩护,心潮滚滚,开脱或谴责她的决定也接连不断。

他在公园门口踱来踱去,每听到有脚步声走近,他的心就怦怦地跳,及至看清来者不是佐贝黛,他又心灰意冷了。

突然,他听见有人在慢慢地走来,这一定是她!他急不可待地朝后望去,发现面前是一个警察,他走上前去,用嘶哑的声音问道:

"几点了?"

警察凑近路灯,掏出一块大怀表,看了一下说道:

"现在十二点,正是半夜。"

穆罕默德不信,伸长脖子去看警察手里的表,发现分针与时针恰好重叠在一起。

他难受地叹了口气,他在公园里面和公园门口整整等了六个小时!

他觉得,表上的时针和分针宛如两把宝剑,斩断了他的理想和希望。

穆罕默德在夜色中踽踽独行,不知不觉来到了福阿德一世大街的救护协会门前。他心里有个声音在说:佐贝黛出事啦,当时她正来赴约,急匆匆地赶来把她父亲同意他们结婚的消息告诉他,在穿马路的时候没有看到红灯信号,结果被一辆汽车撞了。

他决定到救护协会的事故部去打听一下今天下午发生的车祸。他问事故部的秘书,有没有接到过一位姑娘今天下午发生车祸的报告。

秘书戴上眼镜,开始翻面前的一本大簿子。他说道：

"今天一天出车祸的全是男人。"

穆罕默德转身,准备走了,突然听见秘书说道：

"你等一等,我们五点半钟收到的最后一份报告,是一个女人被公共汽车撞了。"

穆罕默德的心缩紧了。秘书又说道：

"事故发生在舒卜拉大街。"

穆罕默德靠在秘书的办公桌旁,不让自己摔倒。这准是佐贝黛！恋人的心从不会骗人。五点半钟,这是她从舒卜拉的家里出来,赶赴六点钟同他相会的时间。

他听见秘书又说道：

"救护车开到的时候,她还活着,救护车立即送她去卡斯尔艾尼医院,可是到医院前五分钟她死了。"

穆罕默德快瘫了,他拼命打起精神,问话的声音就像一个垂危的病人：

"她叫什么名字？"

秘书扶了扶鼻子上的眼镜,答道：

"她叫扎丽哈·达赫鲁吉·阿苏尔。"

穆罕默德心里一松,他意中人的名字叫佐贝黛,突然,他脑海中闪过一个不祥的念头：佐贝黛可能对他说谎,用中等人家的闺女名"扎丽哈"取代了土里土气的"佐贝黛"。他旋即又问道：

"报告里有没有提到她的长相,是棕褐色皮肤还是白皮肤,是高还是矮?"

秘书冷淡地答道:

"报告不作这类描写,这里只写明遇难者的年龄约六十岁。"

只见穆罕默德扑了过去,亲了一下秘书,并说道:

"她六十岁啦?大喜!大喜!"

秘书愣愣地望着穆罕默德,心里想这个年轻人精神不正常。这时,走进一个志愿救护人员,穆罕默德也扑过去亲他,嘴里嚷道:

"她已经六十岁啦!六十岁!大喜!"

穆罕默德搞得他俩莫名其妙。秘书张开五个手指,转了个圈,做做手势,表示"他疯了"。

穆罕默德高兴得手舞足蹈,因为被汽车撞死的,是个六十岁的老妪。

他刚迈出救护协会的大门便站住了,心里又产生了一个疑团,他问自己:既然她没有出事,那为什么不来赴约?顿时,他再次坠入绝望的海洋,两条腿都站不住了,心头重新被愁云笼罩。

他在大街上走着,注意望人们的脸,盼望从中找到佐贝黛的面庞。他有一种幻觉,似乎所有的行人都用手指着他,哈哈大笑,他听见他们同声嘲讽道:"这个被新娘抛弃的新郎在傻等着!"他还觉得,行人嘴角噙着的香烟,就像是他们用来杀他的匕首;女人嘴唇上的口红,仿佛是用他的血涂成的;行人们的说话声,宛如一条条在空中游走的蛇,都想咬噬他;汽车的喇叭声,恰似一群群鸱鸺和乌鸦的怪鸣,特地来为他送葬。

他在大街上一直走到黎明,他不知道该到哪儿去。他不能回他巴德兰岛的家,因为父亲、母亲将要问起缔结婚约的日期;也不能去阿齐兹·米尔海姆办事处,因为阿齐兹·米尔海姆望望他的眼睛,便会知道他这个新郎在成亲前夕碰壁的故事。一想到阿齐兹·米尔海姆,穆罕默德好像看到一缕阳光突然出现,他应当赶快去办事处,佐贝黛如果想同他联系,会打电话到那里去的。她知道他晚上上班,阿齐兹·米尔海姆的电话号码从电话簿上很容易找到。

他快步走向办事处。阿齐兹·米尔海姆见到他很惊奇,问他蜜月怎么这样快就结束了。穆罕默德说,他还没有成亲,未婚妻这会儿将打电话来告诉他立婚约的时间。他希望,要是有位小姐打电话找他,就请阿齐兹·米尔海姆立即叫他。

穆罕默德到阿齐兹先生办公室隔壁自己办公的屋子去,想坐下来工作,消磨时间,但是不行,他始终竖着耳朵谛听着电话铃声……

穆罕默德一跃而起,走进阿齐兹办公室,只见他拿着听筒说道:

"你好,你好,穆克拉姆贝克。"

穆罕默德明白,打电话来的是华夫脱党的秘书穆克拉姆·奥贝德先生,不是佐贝黛。他泄气地走回自己的办公室。

这个电话打了很长时间。穆罕默德对穆克拉姆·奥贝德占用这么长时间电话挺恼火。不错,穆克拉姆谈的是有关抵制选举的安排,但他穆罕默德等待的也是一件十分要紧的事,那就是佐贝黛为什么没有来赴约。

那个电话终于打完了。听到阿齐兹搁下听筒的声音,穆罕默德松了一口气。

电话铃又响了。穆罕默德再次离座而起。这回是艾哈迈德·马希尔博士打来的。第三次电话响,打来的人是《圣战报》的负责人穆罕默德·陶菲克·迪亚卜先生,第四次是马哈茂德·法赫米·诺克拉西先生。

穆罕默德对这些华夫脱党的领袖和整个华夫脱党简直烦透了。他们不会另找个日子打电话给阿齐兹·米尔海姆吗?干吗非在今天这个关键的日子打?他在这办事处工作好几个月了,从来没有一天像今天似的电话不断。

电话铃不响了,穆罕默德轻松了些。吃午饭的时间到了,阿齐兹先生准备关上门出去吃午饭,穆罕默德对他说,他留在办公室里。

穆罕默德坐在阿齐兹先生的办公室里,守着电话,等着他期待的电话。他忘了昨天他没吃过晚饭,今天,早饭和午饭全没吃。今天是星期四,下午阿齐兹先生不来,明天星期五也不来,穆罕默德将一直在电话机旁守着。

他想起,他忘了告诉他爸爸妈妈他在外面过夜,现在,父亲准在找他,像他找佐贝黛一样,肯定也会到救护协会去询问星期四有没有小伙子出车祸,等到没有在事故登记簿上查到名字,必定会说上一句什么俗语……

有人按门铃,他赶紧去开门,站在他面前的竟是他的父亲。哈纳菲师傅一面热切地拥抱他,一面说道:

"真是'人生在世,到处相逢'啊!"

穆罕默德找了个借口,说阿齐兹先生交给了一件十分重要的任务,他得在办事处连值三天班。

哈纳菲师傅问道:

"那佐贝黛呢?"

"佐贝黛?"穆罕默德支支吾吾地说道,"噢,佐贝黛,我想把婚期稍稍推迟一些时候,我们现在在进行斗争,不是结婚的时候。谈情说爱任何时间都行,眼下却是进行圣战的时候。"

穆罕默德望望他父亲的眼睛,发现他父亲根本就不信他的这套话,父亲的眼中流露出无声的痛苦和沮丧,穆罕默德仿佛从中照出了自己的形象。

哈纳菲师傅叹了一口气,难过地说道:

"佐贝黛真可惜啊!我心里明白,她爱你。俗话说:'你了解的比你不了解的要强。'"

"可是,你原来认识她吗?"穆罕默德神经过敏地问。

"我是从你谈起她时的眼神认识她的,孩子,从你提到她名字时的声调认识她的。真是可惜,太可惜了!"哈纳菲师傅说话的口气显得非常难受。

一个在他成亲之日践踏他心灵的女人,父亲居然挺欣赏,穆罕默德感到不快:

"我发现,她对我来说不合适,她过去谈过恋爱,很有经验。"

哈纳菲师傅笑道:

"女歌手努埃玛唱过一首有名的歌,歌词是:

'别担心我,我是个真诚的朋友,在恋爱上,我的宝贝,我有毕业文凭。'"

"爸爸,你愿意我娶一个持有恋爱毕业文凭的姑娘?"穆罕默德不解地问道。

"我不相信她有恋爱毕业文凭,她的名字是个有品行女人的名字,不是舞女的名字。有恋爱毕业文凭是你,而不是她!"

哈纳菲师傅说完,丢下穆罕默德走了。

穆罕默德木然地坐在椅子上。父亲干吗要这样为佐贝黛辩护?自己又干吗给佐贝黛加上莫须有的罪名?他从来没有描绘过她,过去倒是描绘过纳吉娃·穆纳斯特利。

他的心告诉他,佐贝黛并没有恋爱毕业文凭,连小学程度的文凭都没有。她有的只是恋爱的出生证,而且还是他印在她嘴唇上的。那么,他为什么要糟践她?是因为她亏待了他,故意无视他伸出手去表示的世上最神圣的邀请?是因为她没有到贾卜拉亚公园来赴约,直到现在还没有打电话给他?

我们在谈恋爱的时候,就会冤枉人,冤枉那些不执行我们意志的人吗？西德基帕夏喜欢权力，因此把许多无辜者投入监狱；欧尼帕夏崇拜权力，枪杀了机车修理厂不少高尚的工人。

他穆罕默德难道在不知不觉之中也成了一个暴君，控告、审判起佐贝黛来？他没有听取佐贝黛的一句申辩便判决她。爱情如同权力蒙上了我们的眼睛，使我们残忍地对待那些不同意我们意见的人，明知道他们很高尚，却用泥把他们涂黑，明知道他们清清白白，却强加给他们罪名。

他没有觉察到，他对待佐贝黛的，正是纳吉娃对待他的手段。他不肯做纳吉娃的情人，纳吉娃便诬陷他，而佐贝黛没有按照他的命令在星期三同他结婚，他也诬陷了佐贝黛。纳吉娃让他蒙受冤枉，因为他当时的态度是光明磊落的，谁能说佐贝黛现在的态度不像他当时那样光明磊落呢？他对待佐贝黛，正是欧尼帕夏对待他父亲的手段，他父亲不承认杀了国防大臣，欧尼帕夏就用鞭子毒打他。

穆罕默德决定给佐贝黛一个自我辩白的机会，他可不愿像纳吉娃或欧尼帕夏那样蛮横。

他走出办事处，又去寻找起佐贝黛来……

先从巴德兰岛开始找。他第一次见到佐贝黛，是在花园街的一条胡同里，她准是住在那里，也可能她是去看望一个住在那里的亲戚。

他挨家挨户地去敲花园街和它岔出去的各条胡同里的住家，询问有没有一个名叫佐贝黛的年轻护士。回答是千篇一律的"没有"。

每天上午他都站在花园街、优素福·埃罗特街和巴德兰大街上，端详着每个女人的脸，一站就是几个小时，他瞪着眼睛寻找佐贝黛，然而毫无收获。

他没有因为失败便绝望，又到开罗的各家医院去打听，有没有一个名叫佐贝黛的年轻护士，后来，他干脆站在医院的大门口，注意起那些出出进进的护士来，兴许能从中碰到她也说不定。

他荒废了学业,也忽视了工作。阿齐兹先生每次碰到他,总是逗他道:

"电话还没有来!"

穆罕默德成了一具没有灵魂的躯体,一个不干工作的职员,一个有名无实的人。他讨厌所有的护士、女人、医院和电话机。

有一天,阿齐兹·米尔海姆把他叫去,对他说道:

"我有一种治疗失恋的灵丹妙药。"

"是什么?"

"工作。失恋曾造就天才。俗话说:'每个伟人的后面都有一个女人。'这说得不对,正确的说法应该是:'每个伟大人物的后面,都有一个刺伤他脊背的女人!'"

阿齐兹的这些话使穆罕默德从失败后的迷糊状态中猛地醒了过来。他像是在被绝望的海洋吞没之前,抓住了一根攀附求生的稻草。

他又全心全意地投入了工作,有助于他恢复常态的是,反对派宣布要抵制的选举日期一天天的近了。

选举日到了,人们都待在家里,不去参加投票。电车工人罢工,机车修理厂工人罢工,出租汽车司机罢工。所有的城市突然之间都显得空空荡荡,杳无人迹。街上,只有全副武装的士兵和警察。选举委员会也没有人,选票仍是一片空白,没有人去填它。

人们听说,政府给在选举委员会工作的职员下了命令:伪造选举结果,把全体人民作为投票者登记在册!职员们开始执行命令,把数百万没有投票的人都变成了投票者。

顿时,人民出来反对选举委员会了。他们袭击弄虚作假的职员,撕碎伪造的选票。发生了激烈的冲突,不少人死亡、受伤。愤怒的群众掀翻电车,点火焚烧,拔起了街上的树木和电灯杆。人民用砖块斗争,士兵用枪炮还击。到处都有人牺牲。

领导抵制运动的委员会责成穆罕默德负责米特埃姆尔市的抵制运动。

穆罕默德的组织工作非常出色,城里成千上万名居民中没有一个人违反众议。

不久,穆罕默德听说,代盖赫利耶省省长打电话给米特埃姆尔选区的各选举委员会,命令各委员会的负责人伪造选票,在登记簿上作伪证,证明米特埃姆尔的绝大多数居民都参加了选举。

穆罕默德要求居民们袭击选举委员会所在地,夺走票箱。

他听说,许多选举委员会的成员都拒绝作弊,但卡拉底斯村的选举委员会主任却证明,那里的居民百分之百投了票,尽管那一天没有一个居民走出过家门。

穆罕默德立即赶到卡拉底斯村。他同村民们一起袭击了选举委员会。

警察出来阻挡村民,受到了攻击,手中的枪被夺走,人也被百姓们抓了起来。

当地的选举委员会主任向代盖赫利耶省省长求援,省长派去西部省警察局长助理阿卜杜·马吉德·谢里夫少校率领的一支全副武装的大部队。

愤怒的群众被军队包围了。穆罕默德听见阿卜杜·马吉德少校对士兵们说:

"对待示威群众温和些,好好地劝他们解散。"

阿卜杜·马吉德少校的这种态度使穆罕默德感到高兴。他曾在报纸上看到过阿卜杜·马吉德的照片,当穆罕默德·阿卜杜·哈利克在开罗车站向萨阿德·扎格卢勒开枪的时候,是阿卜杜·马吉德抱住了浑身是血的民众领袖,把他背走。这些年来,阿卜杜·马吉德一直保存着他那件沾染着鲜血的衣服,仿佛那是他一生获得的最高奖章。穆罕默德对自己说,这位曾经亲眼看见民众领袖的鲜血流淌在自己衣服上的军官,不愿下令杀戮人民,是毫不奇怪的。

突然,人群中有人喊道:

"福阿德,你的下场将同阿尔方索国王一样!"

当时,西班牙人民已经起来反对他们的国王阿尔方索,迫使他退位,逃亡国外。

卡拉底斯村的百姓中,没有人听说过阿尔方索国王或者西班牙,他们也不懂"福阿德,你的下场将同阿尔方索国王一样"这句话的含义,他们只知道高呼打倒万恶的福阿德国王。

只见米特埃姆尔县的县长对士兵们吼道:

"向他们开枪!"

阿卜杜·马吉德少校立即对县长说道:

"你干吗下这样的命令?我已经说过,任何人不准开枪!"

米特埃姆尔县长嚷道:

"我接到负责选举的内政部国务大臣欧尼·哈菲兹帕夏的命令,听到敌意的口号就开枪!"

他不顾警察局长助理的反对,又冲着士兵们喊道:

"开枪!"

士兵们慑于县长的权势,便不听警察局长助理的命令,朝着男女老少开火了。

村民们气疯了,向军官和士兵们扑去,用石块和棍棒狠揍。

下令开枪的县长逃进村长的家,躲了起来。

而下令不许开枪的阿卜杜·马吉德·谢里夫,却在愤怒群众的乱棍之下丧了命。

又来了一支军队,把县长和士兵们从愤怒的农民手中救出。

穆罕默德回到开罗。他又高兴又难过,高兴的是人民在战斗中取得了胜利,难受的是下令屠杀示威群众的人死里逃生,而不愿屠杀自己同胞的人却被愤怒的埃及人所杀……战斗中被人民打死的人,并不都是刽子手,有时也是无辜的牺牲者。

出乎穆罕默德意外的是,第二天伊梅斯尔·西德基帕夏发表了一份政府公告,他在公告中感谢民众参加了选举,宣称投票者占全体选民的百分之六十七点八七五。穆罕默德更吃惊的是看到公告上居然说,米特埃姆尔的选民中百分之九十九都投了票,而他却亲眼看到,米特埃姆尔全市除了去殴打那些伪造选票的委员,没有一个人到选举委员会去过。

穆罕默德参加的那场战斗,以一位拒绝向人民开枪的军官丧生而告终,这使他感到很难受。愤怒的群众手中的棍棒是盲目的,并不长眼睛,它们不注意打的是谁,而只是一味地打个不停,这和打仗时士兵们手中的枪差不多,那些枪也是盲目的,子弹往往不打在那个发动战争的头头身上,而击中一个反对战争、信仰和平的战士。

卡拉底斯村的奇怪转变,也让穆罕默德惊讶。选举前,他曾到该村去过,村民们的消极、淡漠态度使他殊觉意外,一筹莫展。当时,他认为米特埃姆尔选区中只有这个村子例外,会去投票。到选举日那天,那些态度冷淡的人突然变了样,他们用闭门不出回答村长的威胁,用砸烂选票箱来抗议伪制选票。当子弹射向村里妇女、儿童的胸膛时,那些温驯的猫顿时成了凶猛的虎。暴政,犹如点燃革命烈火的火柴,使不问世事的人成了革命者,使袖手旁观者成了战士。子弹击中的大多是无辜者,正是这样的子弹促使他们转变为革命者和战士。每一次革命的发展,又同反对革命者有关,如果他们对革命听之任之,革命就会半途夭折。

穆罕默德同抵制选举委员会一起,努力收集各种证明选举作弊的文件、材料。华夫脱党主席穆斯塔法·努哈斯帕夏决定向总检察长呈递起诉书,控告首相伊斯梅尔·西德基帕夏搞假选举,要求刑事法庭对他进行审判。

大量重要的文件落到了抵制选举委员会手里,有各省长命令下属县长搞假选举的指示,有关于把死人当作参加投票的活选民的命令。法官、检察人员和警方人员也都纷纷提供谴责政府炮制选举的材料。

在常到阿齐兹·米尔海姆办事处来的人中,有两位热心的青年,一个叫马西哈·阿凡提,另一个叫谢赫·扎基。

马西哈·阿凡提,高个子,头戴一顶矮毡帽,鼻梁上架着一副眼镜,一激动,毡帽和眼镜就直颤,好像同他一起反对着暴虐和专制。

谢赫·扎基头上戴的是白色缠头巾,那是信仰虔诚、敬畏真主的标志,他好引用《古兰经》里的字眼来形容人,说伊斯梅尔·西德基是魔鬼,福阿德国王是法老,内政部国务大臣欧尼帕夏是该受天罚的恶魔。

他们两个是对挚友。穆罕默德很欣赏他俩间的友谊,那就像一九一九年革命的旗帜上,十字架和新月结合在一起。

他俩与到阿齐兹·米尔海姆办事处来的所有其他人不同,他俩更为热情,更为忠诚,对献身人民事业也更为忘我。能打动穆罕默德心的是,他曾听见他俩热烈地说,华夫脱党所进行的一切反抗都是说空话,应该让一九一九年革命期间艾哈迈德·马希尔博士领导的秘密组织,重新活动起来,人民反抗武装的敌人应该用子弹,用敌人手里持有的同样武器;那个向欧尼帕夏开枪的无名男子,比游行、抗议、声明都更有益于人民。

阿齐兹·米尔海姆不同意他们的意见,他说,一九三一年不是一九一九年,现在是为宪法而斗争,过去的斗争是为了独立。我们已经用枪杆子赢得了独立,而宪法,我们必须通过推翻暴君们宝座的人民革命去争取。

一天傍晚,马西哈·阿凡提和谢赫·扎基走进穆罕默德的办公室,小心翼翼地把身后的门关上。谢赫·扎基战栗着,环顾四周,从口袋里掏出一封信交给穆罕默德。

穆罕默德读着信,发现这是人民党办公室主任穆罕默德·阿拉姆帕夏写给人民党主席、现任首相西德基帕夏一封信的影印件。

这封信实际是阿拉姆帕夏写的一份报告,他在报告中说,他已经执行了西德基帕夏的指示,同各省省长取得了联系,把西德基帕夏关于搞假选举、诡称大多数选民参加了投票并拒绝了反对派抵制大选的决定等命令传达给他们。阿拉姆帕夏还通知各省长,听到有人喊敌对的口号就开枪,西德基帕夏不在乎有多少埃及人被打死,只要正式的选举结果表明,有百分之六十五以上的选民投了票就行。

谢赫·扎基说,这封信是他和他的伙伴从内政部国务大臣欧尼帕夏的秘书奥尔法·贾马勒处偷来的,他们先把他灌醉,马西哈·阿凡提即带信去找了一位摄影师,拍了照,然后再把信放回了不省人事的秘书的袋中。

穆罕默德很重视这份重要的文件,拿了它就去找阿齐兹·米尔海姆,阿齐兹先生一看,立即把马西哈·阿凡提和谢赫·扎基叫来,询问详情。他俩又把对穆罕默德说的话复述了一遍。

阿齐兹·米尔海姆马上就同马希尔博士联系,马希尔博士迅即赶到,他说,这是一份证明大选舞弊的最重要文件,应该首先搞清信上的签名是不是人民党办公室主任穆罕默德·阿拉姆帕夏的亲笔。

马希尔博士给努哈斯帕夏、穆克拉姆·奥贝德和诺克拉西先生打电话。他们都迅速赶到阿齐兹办事处,阅读这份文件。

努哈斯帕夏笑容满面,说,如果这份文件可靠的话,它将摧毁西德基帕夏的政府……它比他收集到的列入交递给总检察长的起诉书中的全部材料还要重要一千倍。

"这份材料百分之百可靠!"穆克拉姆先生说道,"其中的材料,同我那里搞到的上面发下来的搞假选举的密令内容,完全相符。"

努哈斯帕夏把马西哈·阿凡提和谢赫·扎基找来,拥抱和亲吻他们,又从口袋里掏出十镑钱,笑着说道:

"这是材料的翻拍费。"

谢赫·扎基和马西哈·阿凡提都对努哈斯帕夏表示不满,谢赫·扎基说道:

"帕夏阁下,我们确实很穷,但我们不愿拿我们的爱国心换钱花。"

"这不是爱国心的代价,"努哈斯帕夏说道,"这份材料值一百万镑。但是,华夫脱党很穷,我付的只是你们俩的工作费用。"

马西哈·阿凡提像被蝎子螫了似地叫嚷起来:

"宁可我们的孩子吃不上饭,钱也要花在爱国主义运动上,这是我们的光荣!"

努哈斯帕夏很感动,流下眼泪。他拍拍他们俩的肩膀,说道:

"愿真主降福给你们。"

这是穆罕默德有生以来第一次见到努哈斯帕夏,发现他为人善良,信仰忠诚,待人也很谦和。努哈斯帕夏奇怪地坚信,胜利已经临近,几天内便可取得。

穆罕默德觉得自己挺喜欢努哈斯帕夏,也敬佩他的爱国热忱和对人民胜利的信念。

阿齐兹把穆罕默德叫到他的办公室,说要让他去办一件重要的事,即到埃及刑事法庭的档案室去查一下有阿拉姆帕夏签名的判决书,阿拉姆帕夏曾担任重审法庭的顾问,穆罕默德要把那上面的签名同这封信上的签名核对弄清。

这是一项艰巨的任务。穆罕默德不得不阅读上千个案件,才找到阿拉姆帕夏的签名。他发现,两个签名完全一样。

他兴冲冲地回来,把结果告诉阿齐兹·米尔海姆,并说道:

"这封信既然是谢赫·扎基和马西哈·阿凡提带来的,我们理应相信,对他们两人的爱国热忱和忠诚,我们是了解的嘛。"

阿齐兹·米尔海姆说道:

"事关重大,他们两人也有可能无心落入了圈套。"

正谈着,马希尔博士来了。穆罕默德把他查找的结果告诉他。只听马希尔博士说道:

"这类东西,不能单凭肉眼判断。应该把它送交笔迹专家来鉴定真伪。"

"我搞不到阿拉姆帕夏签发的判决影印件,那里只允许抄录判决。必须搞到一份阿拉姆帕夏的签名,才能与这份重要文件上的签名作比较。可是,我们从哪儿能搞到他的签名呢?"穆罕默德说道。

"这很简单。阿齐兹·米尔海姆给阿拉姆帕夏写封信,要求见一次面,阿拉姆帕夏会以为阿齐兹·米尔海姆打算退出华夫脱党,加入人民党,立刻就会答复欢迎见面,他会在信上签名的。这样,我们就拿到了我们想要的签名。"

阿齐兹·米尔海姆坐下来写信。

第二天,不出马希尔博士所料,阿拉姆帕夏的回信到了,欢迎会面,信上有他的签名。

穆克拉姆先生把两封信交给了一位他认识的笔迹专家,专家的鉴定报告上断定,阿拉姆帕夏的签名百分之百可靠。

穆罕默德高兴得跳了起来。

努哈斯帕夏写了一份措词激烈的起诉书给总检察长,里面罗列了他收集到的一系列证明选举全系作弊的材料,其中最主要的便是首相的亲信、人民党办公室主任阿拉姆帕夏签名的文件。

努哈斯帕夏把起诉书的副本寄给了陶菲克·迪亚卜先生,让他在次日一早的《光明报》上发表,阿拉姆帕夏签名的文件影印件也作为附件一起刊登。

陶菲克·迪亚卜吩咐把起诉书放在头版,加通栏醒目标题,字体大得像一根根手指,直指西德基帕夏政府,控告它弄虚作假……印刷机开始转动起来。

午夜一点钟,陶菲克办公桌上的电话铃响了,他听见对方说道:

"我是内阁首相伊斯梅尔·西德基帕夏。"

陶菲克愣住了,西德基帕夏可从来没跟他有过来往。他说道:

"您好,帕夏阁下,晚上好……或者确切地说,早上好。"

西德基帕夏并不理睬他的问候,直接说道:

"我听说,你明天要发表努哈斯帕夏致总检察长的起诉书,指控我搞假选举。"

"是的,是这样。"

西德基帕夏声音平和地说道:

"我愿意提请你注意,努哈斯帕夏用来证明选举作弊的那封信是伪造的,我还愿意警告你,在我提醒你那封信是伪造的之后,你如还把它发表出来,那就负有不可推卸的责任。法律不保护披露明知是伪造材料的记者。这将使你和你的报纸受到最严厉的惩罚。"

他沉默片刻,接着换了一种极为和蔼的口气说道:

"早晨好,陶菲克先生,我们好久没见到你了,我随时都愿为你效劳。"

作为《光明报》的主编,陶菲克先生立即打电话给华夫脱党的秘书穆克拉姆·奥贝德先生,把首相关于文件是伪造的奇怪谈话告诉他。

穆克拉姆先生连声笑着,说道:

"这是西德基帕夏玩弄的一个伎俩。他的密探们告诉他,如果华夫脱党主席递交给总检察长的那份控告他搞的选举纯属伪造的起诉书见报,那必将造成丑闻。他想借口文件是伪造的压下这件丑闻。他曾用这种方法对待过机车修理厂工人的事件,当时,工人们的开水龙头击败了他的士兵,他便下令断水;在华夫脱党主席和穆罕默德·马哈茂德帕夏想去贝尼苏韦夫访问时,他也采用了这种方法:派出士兵禁止我们进入开罗车站。后来,我们硬冲出包围,不顾他的意志登上了火车,火车开动了,我们才突然发现,它不是开往贝尼苏韦夫,而是载着我们奔向赫勒万沙漠,把我们丢在沙漠之中。下令火车改向的,正是西德基。笔迹专家已经断定,文件上的签名是阿拉姆帕夏的!"

"西德基帕夏肯定文件是伪造的,他敢编造这类谎言吗?"

穆克拉姆又笑了,说道:

"你还相信西德基帕夏吗?他宣称百分之六十七点八七五的选民参加了选举,而全国人民都知道,投票的人还不到百分之一,在此之后,你认为他什么谎言编造不出来?你登吧,没有关系,西德基不敢审判你,因为审判你等于审判他和他搞的选举,这是我的意见。当然喽,最后的主意还得你来拿。"

稍停,穆克拉姆又说道:

"不管怎么说,你可以给党主席打个电话,把发生的情况和我的意见都向他汇报一下。"

陶菲克说道:

"可是,党主席这会儿正在睡觉,现在快凌晨两点了。"

"叫醒他吧。他知道了西德基帕夏的新花招,会哈哈大笑的。事实上,他是个无所畏惧的人,一个敢于面对事实的人。"

陶菲克·迪亚卜把华夫脱党主席叫醒,把西德基帕夏的电话和穆克拉姆帕夏认为必须发表的意见都作了汇报。党主席嘲讽道:

"西德基帕夏说文件是伪造的,劝你不要发表,究竟目的何在?担心刑事法庭让你坐班房吗?你每天早晨辛辣地攻击他,他恨不得砍断你的脖子,还不光是让你坐班房哪。你知道猫和老鼠的故事吗?"

"不知道。"

努哈斯帕夏笑道:

"据说,有只猫看见一只老鼠在墙上走,便站住窥伺着,等待机会扑过去吃掉它。老鼠在墙上一只脚滑了一下,猫叫道:'看在主的面上!'老鼠笑了,对猫说道:'你放了我吧,还是让魔鬼吃掉我的一半吧!'"

接着,他仍笑着说道:

"你就对西德基帕夏说。'你放了我吧,还是让魔鬼吃掉我的一半吧!'西德基帕夏要是确信文件是假的,就会让我们发表,然后攻击我们。他插手进来不让发表,这就证明文件是可靠的。托真主的福,你发表吧,到时候不是西德基把你投入监狱,而是你将让他尝尝铁窗风味。"

"只要文件可靠,上绞架我也去。"陶菲克说道。

电话打完后,陶菲克下令继续印。印刷机转动得飞快,印出了成千上万份报纸……

警察包围了《光明报》印刷厂,把绝大部分印好的报纸都没收了。总检察长根据首相的通知,下令立即逮捕陶菲克·迪亚卜。首相的通知上说,他已经提醒过陶菲克文件是伪造的,但陶菲克明知故犯,坚持让它见报。

总检察长向各报都发了指示,不许它们明里暗里地提到华夫脱党主席关于选举作弊的起诉书,因为此事尚在调查中。

西德基帕夏用这种鬼蜮伎俩一箭双雕,既阻止了努哈斯帕夏揭露假选举的起诉书在其他报纸发表,又逮捕了华夫脱党发行量最大的报纸的主编。

西德基帕夏宣布,他将要求审判伙同作伪的华夫脱党主席……阿齐兹·米尔海姆立即给总检察长写了封信,说是他把文件交给党主席,并强调它百分之百可靠,此事应由他负全部责任。

总检察长下令逮捕了阿齐兹·米尔海姆。

华夫脱党人大惑不解,文件百分之百是可靠的,总检察长怎么作出如此离奇古怪的处理呢?

陶菲克·迪亚卜和阿齐兹·米尔海姆两位被送交刑事法庭。

这个奇怪的决定,使穆罕默德·阿卜杜·卡里姆感到突然:搞假选举的人未受控告,呈递证明大选作弊文件的人却被押上刑事法庭受审,罪名是发表了一份反对自由选举的伪造文件。

穆罕默德又失去了工作。阿齐兹·米尔海姆是办事处主任,他被捕后,办事处就没人来了,访问者和工人都不来了,只有两位忠实的访问者除外,他俩还是经常来,这就是马西哈·阿凡提和谢赫·扎基。

毕业考试临近了,穆罕默德没有参加考试,因为他没有书,连那块他用最后一次工资的三镑钱买的心爱手表,他也在考虑卖掉。

灾难不断向穆罕默德袭来,他领不到工资,母亲又在卖铜锅。他简直是走投无路。对自己的困境,他没怎么多想,考虑多的倒还是阿齐兹·米尔海姆和陶菲克·迪亚卜遭受的冤枉。他每天中午给阿齐兹先生送饭。路上,他常想到佐贝黛,他跟女人打交道,总是不走运。他认识的女人不是背叛他,便是抛弃他。想要他的女人,他不要;他想要的女人,不要他。

把他撵出家门的纳吉娃,曾许以外交界每月七十镑的高薪,要他充当她的情夫,他逃离了她;他想娶为妻室的佐贝黛,则从他身旁逃离。

佐贝黛干吗要从他身旁逃走?求婚决不可能造成她的逃跑。他说过得罪她的话吗?他把对她说过的每一句话都回想了一遍,并没有伤人的片言只语啊!他做过招她讨厌的事吗?最后一次见面,他还尽力让她高兴呢,况且他第二次打算吻她时,她说"星期三再吻吧",他也听从了,没有反对啊!

佐贝黛生气是因为他依顺了她的拒绝?女人都喜欢拼搏而不是百依百顺的男人,喜欢说一不二,懂得如何打开紧闭的嘴巴,不敲门便闯进去的男人吗?他对待她的温文尔雅,反使他坐失良机?女人希望世界上所有的男人都彬彬有礼地对待她,只有她喜欢的男人例外。佐贝黛纯洁的眼睛,从不怂恿对方有轻浮的举止,她的谈吐净化了他的欲念。她期待着他做的,他却没有去做的究竟是什么?也许,他的第一个吻她不满意,正如纳吉娃不喜欢他的第一个吻一样。在接吻学方面,他仍然是个生手?他记得,他第一次吻佐贝黛后,她没有像纳吉娃似的大声呵斥,正相反,他的吻使她陶醉,她的嘴唇甜甜蜜蜜,像块糖似地在他嘴中溶化了。

他拎着饭菜,从布拉克区的阿齐兹家出来,送往哈勒克门的监狱,一路上盯着女人的脸,希望能找到佐贝黛。他注视老妇人的脸,也注视年轻女人或女孩子的脸,老妇人有可能是佐贝黛的亲戚,小女孩也许是她的六个弟妹之一,年轻女人则或许是佐贝黛本人。他从不看男人的脸。

在阿比丁广场,他听见一个年轻人对他说道:

"你瞎了吗?"

穆罕默德闻声转过脸去,看见是他在赛义迪亚中学的老同学赛义德·陶菲克。他俩就在街上拥抱起来,互相亲脸。赛义德说道:

"你想,我走在你对面,直盯着你瞧,又紧挨着你身旁走过,你都没有看见我。你复习功课把眼睛搞坏了吗? 我想,今年毕业考试你准是第一名。"

穆罕默德惆怅地说道:

"我没有参加毕业考试,下一轮再参加吧。"

"你病了吗?"赛义德感到奇怪。

"是的,我心脏不好,得了心绞痛。"

赛义德惋惜地点点头,说道:

"我倒拿到了高中毕业文凭。"

"你当然是进法学院喽。"

"不,我将到国外去念大学。"赛义德得意地说道,"我已经被任命为埃及驻罗马使馆的文件保管员。"

穆罕默德情不自禁地流露出惊讶的表情,赛义德看到后,说道:

"你有理由感到惊讶,穆罕默德,这个职位只有大学毕业生才能担任,我可是我国驻罗马大使侯赛因·阿什莫尼帕夏阁下破格任命的。他是个了不起的人,我生平碰到过的最了不起的人。"

穆罕默德控制住了自己,他觉得,他碰巧听到了一个动人的故事,遂问道:

"你是阿什莫尼帕夏的亲戚?"

赛义德稍稍犹豫了一下,说道:

"我的妹妹爱米拉同他的妻子是利西耶中学的同学,她把我介绍给了大使。大使对我挺欣赏,说我是个优秀的青年,显得比较老成,对我的看法也很感兴趣,还说我不像大使夫人所形容的是个毛孩子。"

穆罕默德竭力不露出讥讽的口吻,又问道:

"你将带你的情人、舞女伊卜梯萨姆去罗马吗?"

"你疯了吗?"赛义德抗议道,"我到罗马以后是很忙的,上午在使馆工作,下午到大学去上课,除此之外,我还得教大使夫人阿拉伯语。"

穆罕默德叫道:

"但是,你的阿拉伯语还差得很哪!你给伊卜梯萨姆的情书都是我代写的啊!"

"我原来也认为我的阿拉伯语很差,"赛义德自鸣得意地说道,"可是,大使夫人说,我是她平生见到过的最了不起的阿拉伯语教师。"

稍停顿了一会儿,赛义德又天真地接着说道:

"我到罗马以后,要是发现我教不了阿语,我就要求任命你穆罕默德担任文件保管员助理,我同大使的友情很深。"

穆罕默德微微一笑,幸亏赛义德不理解那微笑的含义,说道:

"我相信你是大使的朋友,不过,我的处境不允许我出国工作。"

他握了握赛义德的手,祝他在意大利传播阿拉伯语的工作顺利。

穆罕默德继续往监狱走去,心里挺好笑,纳吉娃编的这出戏又将重演,还是那么些角色,同样的台词,所不同的只是原来分配给他的角色,现在让赛义德来演了!

他回到阿齐兹·米尔海姆办事处的时候,还在想着纳吉娃挺关心的阿拉伯语课,她一生到底有过多少阿拉伯语老师?她奇怪的举动,说明她心里不断地调动着教师,很像教育部每学年终了时宣布的广泛的人事变动……穆罕默德想象着如果赛义德推荐他担任助手,纳吉娃会是怎么一副表情。

正当穆罕默德寻思着纳吉娃的阿语会有什么样的进步时,电话铃响了。

他听出是艾哈迈德·马希尔博士的说话声音:

"穆罕默德,你马上到我家里来一趟。我等你,乘出租汽车,快点来!"

穆罕默德默不作声,乘出租汽车从布拉克区赶到库巴区,他口袋里连一个皮亚斯都没有。

马希尔立即悟出了他沉默的原因,说道:

"我知道,阿齐兹先生被捕后你领不到工资了。乘出租汽车来吧,车钱我来付!"

穆罕默德乘上他碰到的第一辆出租汽车,要求司机尽快送他去国王大街。到马希尔博士寓所的门口,他跳下汽车,要司机等他。

马希尔博士正在客厅里等他,一见面便让他坐在自己身旁,说道:

"我从一千四百万埃及人中选你来完成一项极为重要的工作。"

"这是我的巨大光荣。"穆罕默德非常高兴。

"你将为祖国作出贡献,我知道你爱阿齐兹·米尔海姆先生,你将帮他也将帮我一个忙。"

"我一辈子也忘不了你对我的态度。"

"我没有替你做过什么,也不想为你做什么。我将要交付给你的任务,也许会叫你付出生命作代价,最宝贵的生命,是人们为之献身而并不期待着报酬。"稍停,马希尔博士接着又说道,"你知道内政部的国务大臣欧尼·哈菲兹帕夏吗?"

穆罕默德目光炯炯地说道:

"你要我去杀他吗?我准备现在就去!"

"我知道你曾企图杀死他,"马希尔平静地说,"你朝他开了四枪!"

穆罕默德愣住了,马希尔博士怎么会知道这个无人知晓的秘密?这个秘密,只有他和佐贝黛知道。他目不转睛地盯着马希尔博士,急切地问道:

"博士,你认识佐贝黛吗?"

马希尔博士笑了,说道:

"佐贝黛?这个佐贝黛是谁?"

穆罕默德好像是说漏了嘴,立即改口,又迫不及待地问道:

"你怎么知道是我开的枪?"

"是你自己对我说的。"马希尔博士微笑着,从容答道。

穆罕默德肯定地说道:

"这样的话,我一句都没有说过。"

"你好好想一想。"

"我们谈过的每句话,我都记得很清楚,"穆罕默德生气了,"那次谈话是我生活中最重要的一件事,你说过的或者是我说过的,我都不可能忘记。"

马希尔博士简洁地说道:

"你在谈到欧尼帕夏对待机车修理厂的工人和你爸爸的时候,你的字字句句都饱含着痛苦,眼中流露的目光就像射出的子弹。我在看着你,听你讲话的时候,经验告诉我,这个青年不是已经向欧尼开过枪,就是即将向他开枪的人。几天之后,欧尼帕夏没有再挨过枪击,我就断定,你就是那个在舒卜拉大街开枪打他的人。"

"我准备再次开枪打他,这一回,我向你保证一定打死他!"穆罕默德坚决地说道。

"这一回,你不是用枪打死他,而是用别的办法杀死他。你如果能成功地完成任务,那就不光是处死了欧尼帕夏一个人,而且是打倒了整个西德基帕夏的内阁。诺克拉西收到的情报表明,假文件的事件正是内政部副大臣欧尼帕夏一手策划的,在他内政部的办公室里,有一份详细记录这次阴谋的卷宗。昨天下午,他把这份绝密卷宗从办公室里抽走,带回他舒卜拉区舒克拉尼街十七号的官邸。对你的要求是潜入他的官邸,进到他的书房,将这份卷宗偷出来。这是他官邸楼上的平面图,红线标的是他的书房,他把卷宗藏在书房里,是符合常情的。

"你将需要一副带钩子的绳梯和一串万能钥匙。现在,你去找你鲁基·马阿里夫中学的校长阿卜杜·萨马德先生,他会把那些东西给你,不会问你想干吗,也不知道你将干吗。

"明天凌晨一点,你到华夫脱党常委阿卜杜·阿齐兹·伊卜拉欣家去,他住在舒克拉尼街十九号,紧挨着欧尼帕夏官邸,他的司机将在那里等你,你跳墙过去,进入欧尼帕夏官邸去完成你的任务。"

"我需要一把手枪。"穆罕默德说道。

"我不希望用手枪。万一出事,你被抓了起来,你就说你是个小偷,到大臣官邸来偷东西。你将被判刑、坐牢,但这无损于你的名誉。阿齐兹·米尔海姆和陶菲克·迪亚卜现在也在押,不久将以伪证罪入狱……这些判决等到人民胜利了,都将被废除。"

"完成这项任务,我需要两个助手望风。我认识两个爱国青年,我像相信自己一样相信他们。我认为,只要是爱国的行动,他们随时都准备献出生命。"

"是谁?"

"谢赫·扎基和马西哈·阿凡提。他们两个是坚定地相信那份文件百分之百可靠,他俩也是阿齐兹·米尔海姆的密友。"

马希尔博士沉默了一会,说道:

"我不认识他们。我只知道,这项任务只需要一个人去完成,这就是你。你的全部任务是拿到卷宗,把它交给西迪·法尔杰咖啡馆的老板维赫丹。"

"你认识维赫丹老板?"穆罕默德惊愕地喊道。

"是的,认识。"马希尔博士微笑道,"他对你挺了解。我在给你十镑钱之前,曾经向他打听过你。他对你极为器重,只是,他告诉我你有一个缺点,就是你相信确实有人朝欧尼帕夏开了枪!我不妨告诉你,维赫丹老板负有保护你的重任。"

他接着又说道:

"凌晨一点之前,维赫丹老板将同内阁派去的三名守卫欧尼帕夏官邸的卫兵坐在一起,几分钟之后,维赫丹老板的水烟筒就被三个卫兵轮流吸过,他们将完全失去知觉,于是,你便可以放心大胆地去完成你的任务。"

穆罕默德还没有从惊愕之中清醒过来,马希尔博士就站起身来握着他的手问道:

"你准备好了吗,穆罕默德?"

"准备好了。"穆罕默德紧张地站了起来。

"你从阿卜杜·萨马德先生那里拿到工具之后,应该直接去阿齐兹·米尔海姆办事处,坐在电话机旁,命令不时会有变化,暗语是'婚礼'。"马希尔博士从口袋里掏出五十个皮亚斯,又说道,"出租汽车费是四十皮亚斯,十个皮亚斯你留着吃饭。"

马希尔博士这次同他的谈话口气与上次截然不同。上一次,马希尔博士是一个慈祥和气的人,而这一次,则俨然是位指挥战斗的统帅。

穆罕默德出门,乘出租汽车到鲁基·马阿里夫学校,校长一见他,便交给他一卷东西,一句话也没说。

他来到阿齐兹·米尔海姆办事处,忐忑不安地坐着等待,跟上次等佐贝黛的电话一样。

午夜,电话铃响,一个陌生的声音对他说道:

"'婚礼'推迟。"

不等他张口说一个词,对方就把电话搁断了。

穆罕默德闷闷不乐,他想起,他和佐贝黛的婚礼也推迟了,他希望这"婚礼"不要像他和佐贝黛的婚礼似的,永远推迟下去。

第二天,电话铃又响了。他听见还是那个人说道:"'婚礼'推迟。"接着,听筒里传来搁断电话的声音。

"婚礼"连续推迟了三次。

第四天夜里,电话铃又响了,穆罕默德以为还是"婚礼"被推迟的消息,但他听见对方说:"'婚礼'今晚举行。"

穆罕默德带着那个装着绳梯和钥匙的包裹,在布拉克大街上自命不凡地走着。他觉得自己是个新郎,今晚确实是他的新婚之夜。他口袋里没有乘出租汽车到舒卜拉区去的钱,马希尔博士给他的五十皮亚斯,统共才剩下四个皮亚斯,尽管如此,他感到他是世界上最富有的人,今晚是他和世界上最美的女人成亲之夜。

他花了六个米里姆,乘电车去舒卜拉。电车在电话局站停住的时候,他看见站头上站着一位姑娘,她脸上戴着黑面纱。他心想,这是佐贝黛,准是佐贝黛!电车开动了,他忘了身负的重任,从开动的电车上跳下来,差一点跌个嘴啃地,他三步并两步朝那位戴面纱的女士跑去,越走近,他就越肯定她是佐贝黛。及至走到她身旁,才发现她不是佐贝黛,长得确实很像,但个子比佐贝黛高。他往回走了几步,接着又折过身来朝她走去,她兴许是佐贝黛的姐妹吧?他走近那位女士,很有礼貌地问道:

"您是佐贝黛的姐妹吗?"

"可耻,先生,"那女人说话的声音很生硬,完全不像佐贝黛,"我跟你母亲的年纪差不多,我不是那些站在电车站上的女人,我是电话局的负责人。你深更半夜跟一位受人尊敬的太太说话,真可耻!"

穆罕默德抱歉地说道:

"对不起,您真像一位名叫佐贝黛的护士。"

"我没有兄弟姐妹!"那太太愤怒地嚷了起来,"你再不走开,我就叫警察把你抓起来!"

穆罕默德赶紧走开,他想象着马希尔博士要是知道他因半夜调戏妇女罪,而不是在大臣官邸偷窃重要文件罪被警察抓住,脸上将出现什么样的表情。

他又乘上一辆电车,这一次,他注意不去看车站上那些站着的女人,生怕佐贝黛会在什么站头等着他。

他到了火车站广场,换了去舒卜拉的电车,在舒克拉尼街下车,沿街走去,看着房子上的门牌号。

快到十七号了,这是国务大臣的官邸,他故意踱到对面的人行道上,远远避开那三个守卫官邸的士兵。他走了很长一段距离。然后穿过街,走回来,从远处打量着国务大臣的官邸。

到了十九号门前,他站住了。这是上届议员阿卜杜·阿齐兹·伊卜拉欣的住宅。他看见司机正在等他。司机从容不迫地打开花园门,带着他摸黑走向与国务大臣相连的围墙,然后让他站在墙旁,一声不吭地顾自走了。

穆罕默德看看表,一点差十分。

他又等了十分钟,每分钟像一整天那么长。

时针正指着一点,他把带钩的绳梯向墙头抛去,开始小心翼翼地踩着绳梯向上爬去,到了墙头,取下抓钩,把它固定在墙的另一侧,接着顺着梯子往下,到达国务大臣的花园。他带着绳梯踏着草地走,看见一棵树,就躲在树后停一停,喘口气,听听周围的动静。四周静悄悄的,没有一点声响,官邸里的电灯都已熄灭。他沿着房子转了一圈,想在一楼找到一扇开着的窗户好爬进去。所有的窗子都看过了,全关得严严的……

他想从房子的大门进去,登上房前的台阶,他发现那是扇铁门,试了试锁,那锁很古怪,什么撬锁工具都打不开。他感到事情棘手。忽然看见有一棵大树靠近一个阳台,他记起随身带着的那张平面图,这阳台正靠着欧尼帕夏的书房,但书房本身不带阳台。他悄无声息地爬上树去,把绳梯抓钩朝阳台抛去。第一次失败,第二次成功了,抓钩勾住阳台的墙,他屏住呼吸悄悄地踏着绳梯往上爬去……

他听见有脚步声,立刻在绳梯上停住不动,身体紧贴着阳台的外墙,接着,他辨清那脚步并不是朝他走来,而是从街上传来。夜深了,万籁俱寂,以致他以为脚步声就在身旁。脚步声渐渐远去,随后消失在夜色之中。

他抓住绳梯接着往上爬,手掌被绳子磨得很痛,皮鞋在绳子上也不易踩稳,他真想脱下鞋子光着脚爬,但又想到脱下的鞋子一扔到花园地上,必会发出声响,他打消了脱鞋的念头。

突然,他看见一束强光把附近照得雪亮,他一慌,想贴在墙面上,差点儿从梯子上掉下来。但灯光很快就灭了,那是一辆舒克拉尼街上行驶的公共汽车,在经过大臣官邸时开亮的前灯。

穆罕默德松了一口气,从容地跳过阳台的墙,停了一会,听见没有声音。他看到通向阳台的一扇木门关着,但门旁有一扇窗,他试了试,发现窗开着,他又舒了一口气,就像看见天园的门敞开着似的。他不需要拿一个个钥匙去试就能开门。试钥匙总会弄出声音。他现在可以进入这房间,然后再转到隔壁欧尼帕夏的书房去。他朝这间屋子张望了一下,只见一团漆黑中有一张床,仔细谛听,听不到有呼吸之声。这一定是间不用的卧室,有钱人家常分夏天卧室和冬天卧室,这间房朝北,准是间夏天卧室①。这些有两间卧室的有钱人是多么舒服,离这儿几米远的巴德兰岛上,有的家里十几人共睡一室。

他提起一条腿伸进窗子,等了一会儿,听见有青蛙叫声,吓了一跳,接着,马上就放心了,心想他的脚步声将被蛙鸣所掩盖。他又提起另一条腿,整个身体都压在窗沿上。

这一切动作完成得非常从容,穆罕默德心里十分满意,这项冒险行动中的最危险阶段,他已经成功地越过。现在,最关键的是如何能够进入欧尼帕夏的书房。他用手摸摸那敞开的窗子,发现那是扇钢窗,这儿不像是住宅,倒像个堡垒。他以前从来没见过钢窗,窗子通常都是木头做的,但这扇窗外面是木头的,看上去像普通的窗,里面却嵌着钢筋。这肯定是欧尼帕夏挨枪击以后,特意加固的,以防子弹或炸弹打入屋内。马希尔博士给他的平面图上,没有任何标记注明国务大臣官邸的全部门窗是钢制的。感谢真主,他竟找到了这扇开着的窗子,若不是这扇窗,他肯定进不了屋子。是真主的手打开了这扇窗,让它一直敞开着。这证明,真主保佑着他穆罕默德这次重大的冒险行动。

他感到真主同他在一起,这给了他力量和决心。他悄悄地让两只脚都踏在这间不用卧室的地板上,踮着脚尖走了一步。

突然,房间里亮起了强烈的灯光,穆罕默德一下子从漆黑一片转到耀眼的灯光下,眼睛被刺得睁不开来,什么也看不见,他一动不动地站在原处。

他举手遮住脸,仿佛想挡住那刺眼的光亮。他很费力地看出,前面是一个半裸的女人,但光线太强,他看不清她的脸。

他惊魂未定,只听到一个声音问道:

---

① 埃及夏天借北面地中海的海风调节气温,故居民住房大多选择朝北。

"你在这里干什么……穆罕默德?"

这声音犹如晴天霹雳,轰得他动弹不得。

他辨出了那女人的脸,惊讶、意外使他的声音直颤,他嚷道:

"佐贝黛?! 你在这里干什么?"

她是怎么到国务大臣欧尼帕夏的官邸来的,佐贝黛没有回答。

一阵双方都愕然的沉默。

穆罕默德细细端详着佐贝黛,她穿着一件天蓝色的透明短睡衣,露出了她白皙身体。穆罕默德觉得自己像是到了另一个星球,而不是在国务大臣的官邸。两种截然不同的感受都在拉扯他:一种是目眩神摇,他看到了身着透明睡衣的佐贝黛,过去,他见到的佐贝黛总是裹着黑衣,她遮脸的厚面纱仿佛拖得很长,一直垂到她的脚趾,她难得露出脸庞,即使让他看,也是疾如闪电的一瞬间,接着,立即又放下那厚厚的黑面纱;今晚,他看到的佐贝黛,半裸着身体,犹如刚出世的婴儿。他从来没有奢望有朝一日会看到她这副模样,也不敢期望她有如此动人的形象。她留给他的纯洁形象,像铁链一样束缚住了他的想象,在那个未能变为事实的成亲之夜,他曾想象她倒在他怀抱中的情景……

他一双贪婪的眼睛,吞噬着她美丽的动人身体。他像一个几天没有吃饭的饿汉,突然独自占有了一桌王家豪华筵席,上面放满了数以百计的山珍海味,他困惑,不知该先吃什么,又仿佛想把这整桌筵席一股脑儿吞下去!

他的另一种感受是迷惘,因为他看见他爱的女人居然出现在他仇人的家中,而且几乎是一丝不挂。他到大臣的官邸来偷一份最重要的文件,但大臣似乎已经抢先了一步,先把他生活中最重要的人、他想娶为妻室的女人偷走了。

佐贝黛是大臣家的女仆吗? 是大臣在挨了枪击、脸上被玻璃碎片弄伤后,经常在医院去治伤碰到她的吧?凭着他的钱财、势力,自然能说服她充当他的情妇,而不光是护士。这就是佐贝黛推三阻四,不愿马上与穆罕默德结婚的原因吧?也许,正因为此,她才提出推迟一年结婚,她很聪明,估计到了大臣的情爱长不了,不可能维持一年以上,当她看到穆罕默德反对等待一年,她便断定,穆罕默德是不会同意充当汽车备用轮胎角色的,于是,星期三的约会,她就没有去。

这一连串的问题和感觉,疾如闪电般从穆罕默德脑海中掠过。当他看到佐贝黛跳下床,走向一块红色大挂帘,从后面取出一件长睡袍穿在身上的时候,他不再去想那些问题和感受了。睡袍起不了黑色厚面纱的作用,反而使她显得更加妩媚和楚楚动人。珠宝商店的橱窗玻璃使那些陈列着的钻石更加光彩夺目。

穆罕默德一直站在原地不动,一步都没迈。

佐贝黛朝他走去,悄声地充满爱怜而不是责怪地说道:

"你到这里来干吗,穆罕默德?你疯了吗?这是挺危险的,对我也挺危险。"

"危险我不在乎!"穆罕默德很激动,"你到这里来干吗?你为什么待在欧尼帕夏的官邸里?"

佐贝黛平静地答道:

"因为我是他的妻子。"

"是他的妻子?妻子?"穆罕默德仿佛被汽车撞了似地嚷道,"你是在我们约定结婚的星期三之前嫁给他的吗?"

"不,是在十年以前。"佐贝黛叹了一口气,答道。

穆罕默德气愤地说道:

"可是,你告诉我说你是个护士,这么说,你欺骗了我!"

佐贝黛温柔地说道:

"我没有欺骗你,穆罕默德,一个字都没有骗你。"

穆罕默德双眼冒火,说道:

"你是在玩弄词句,难道你嫁给他之前是个护士吗?"

"不,是在嫁给他以后。"佐贝黛微笑道,"我同他的全部关系,就是护士同病人的关系。我的任务是按时让他服药,早晨化验小便,了解尿中的含糖量,负责他的饮食卫生,睡觉前替他按摩,他老说他的全身关节都痛得厉害。我还得给他注射胰岛素。"

穆罕默德妒火中烧:

"这么说,你爱他!"

"我爱他的证据是收藏了你想用来杀死他的手枪,没有把你交给警察!"佐贝黛讥刺道。

"你在知道我开枪打你丈夫之后,干吗没有告诉他?"穆罕默德仍然不相信她。

"因为,"她牙齿咬得格格响,"我好几次想杀死他!"

穆罕默德犯了怀疑一切女人的心病,说道:

"既然你如此恨他,那你干吗要嫁给他?干吗要同他一起生活十年之久?你对我说这些话,好像我是小孩子,随便怎么骗我,我都会相信。我原先以为只有大臣们才撒谎,现在才知道,大臣的妻子也都得了说谎的传染病。"

佐贝黛难过地说道:

"你说得对,穆罕默德。我的举止行为的确不像一个大臣的妻子。你听说过一九一三年法国财政部长卡尤妻子的故事吗?当时,法国的《费加罗报》向卡尤先生发动了一场猛烈的攻击,报纸主编指责卡尤先生利用职权,偷窃公款。这是诬告。卡尤的妻子只得亲自到主编办公室去见他,她从手提包里掏出手枪,把所有的子弹都射进主编的胸膛,当场就把他打死了。刑事法庭却宣布卡尤的妻子无罪,在判决书中写道:丈夫遭到了冤枉,妻子有权愤怒,有权杀死那个用恶言秽语诬陷她丈夫的人。你知道卡尤的妻子为什么要这样做吗?因为她爱她的丈夫,坚信他是冤枉的。我呢,一个埃及大臣的妻子,却把用来杀我丈夫的手枪藏了起来,故意指错路让凶手逃跑。为什么?因为我不爱我的丈夫,坚信他是个暴君,他虐待我,现在虐待着全国人民!我要是爱他,认为是你冤枉了他,那么,当我到贾卜拉亚公园去赴约会的时候,就不会把手枪还给你,而是把所有的子弹都打进你的胸膛!你的眼睛表明,我讲的每句话你都不信,你现在想说的是:一个统治阶级的女人,心怎么会向着人民的痛苦呢?这个生活在豪华宫殿里的女人,怎么能体会千百万人民遭受鞭笞的苦楚,怎么会因为机车修理厂的工人被屠杀而感到难过呢?你要知道,我并非出身上层,我同你一样,也是人民中的一员。如果欧尼曾经冤枉你的父亲,说他绑架了国防大臣,使你父亲精神失常,那么,欧尼也冤枉过我的父亲,差一点使他精神失常;如果你的父亲曾挨过欧尼几个钟头的鞭笞,那么,我和我父亲曾挨过欧尼十年鞭笞,现在还在尝鞭子的滋味。我父亲跟你父亲一样,也是个穷人,欧尼当检察官的时候,我父亲是个检察文书。欧尼挺赏识我父亲,用他当面所说的话,我父亲是'一头干活的驴'。欧尼调动时总带着他。政府很欣赏欧尼的暴戾恣睢和对强权政治的信仰,任命他为内政部公安局长,他调我父亲去担任他的秘书。当时,我父亲已经有了六个孩子,我是老大。我们开销大,我父亲的经济情况一年比一年拮据。我母亲患了心绞痛,父亲没有钱买药,向欧尼借了一镑钱。母亲病好转后,父亲带我和五个弟妹去感谢欧尼在我母亲生病时慷慨相助。我不知道,这是出于父亲的感恩心情,还是职员们的虚伪。那年,我十五岁,在萨尼娅中学上学,对生活充满了希望。我长得挺漂亮,比你现在看到的漂亮得多。我们到欧尼贝克家去致谢。他一看见我,眼睛中便露出令我骇然的目光。他像一头有着尖牙利爪的野兽,他的模样使我毛骨悚然。这是我第一次看到他,我不知道,是他确实可怕,还是我常听父亲对母亲讲述他的残暴、凶横,才感到如此胆战心惊。

"拜访结束了,我仿佛看完了一场恐怖影片。

"翌日,父亲下班回来,脸色发黄,情绪慌乱,他当着我的面对母亲说,局长阁下向我求婚……

"母亲骇然喊道:'我可不能活活葬送我的女儿啊!她才十五岁,他已经五十了啊。'

"我对父亲说:'要是这样结婚,我就从窗子跳下去。我宁死也不嫁给那头野兽。'

"父亲哭了,他不想对我施加压力。他说,他支持我抗婚。

"父亲去见欧尼贝克,说我目前不同意结婚,因为我还想拿到高中毕业文凭,等拿到文凭,结婚就没有什么妨碍了。他谎称我说能嫁给公安局长,是我天大的荣耀。父亲不得不说假话,为的是逃脱这头野兽的利牙,赢得时间,调到一个远离他淫威的职位上工作,但欧尼贝克却说:

"'如果我不在一个星期内娶到佐贝黛,我就开除你。'

"欧尼帕夏极有权力,他能够立时立刻开除比我父亲这样九等职员大得多的官员。

"父亲垂头丧气地回到家中。他脸上的神气,同你父亲挨了鞭笞回家时一样,像疯子似地自言自语着。他把经过情况都告诉了我们,说欧尼贝克这种威胁,结果将造成我们一家八口都活活饿死。我想象得出父母亲和弟妹们受饥挨饿的情景。我一边哭,一边对父亲说,为了母亲,为了他,也为了弟妹们,我愿意牺牲我的生命。我父亲哭了,抱住我,热泪滴落到我的脸上像鞭子一样抽打着我。

"只是,母亲不愿牺牲我,她说,宁愿大家都饿死,也不让我嫁给这头野兽。

"父亲说:'可是,你心脏有病,需要经常吃药,我要丢了差使,就没钱买药了。'

"母亲哭着说:

"'我饿不死,但这门亲事却会要我的命。'

"父亲说:'在这场灾难中,谁也帮不了我们,全国都怕欧尼贝克的横暴啊!'

"母亲说:'我们有真主。'

"在母亲的眼泪面前,父亲软了,他转而支持抗婚,坚决地说:

"'把全世界的钱都给我,我也不卖女儿。'

"他去见欧尼贝克,说愿意被解雇。

"父亲揣测,欧尼贝克会冲着他发作,立即下令解雇他,但出乎意料,欧尼贝克居然笑容可掬地对他说:

"'你疯了吗,奥尔法?你真的以为我会因为这些鸡毛蒜皮的事开除你吗?我是同你开开玩笑的,你已经跟了我十多年,怎么会想到我要开除你。这么长时间来,我们一直共事,就像共享着面包和盐一样。奥尔法先生,我将下令提升你为八级。'

"父亲回到家里,高兴得手舞足蹈。把经过讲给我们听。母亲说:

"'你顶他一下,欧尼就让步了。俗话说:人们问法老怎么如此凶暴,法老说,我没见到一个人敢顶撞我呀!'

"父亲说:'欧尼贝克阁下用他今天的行动表明,他是一个高尚的人。他本来只要亲笔写一行字就能开除我。'

"我说:'欧尼这样做,是硬的不行给你来软的。'

"父亲说:'不管怎么样,我们居然九死一生般得救,总得感谢真

主啊！'

"父亲建议我们大家都到圣侯赛因清真寺去，念念《古兰经》'开端章'，是真主施恩拯救了我们。我忘了告诉你，我们当时住在侯赛因区。我们一家八口都去了侯赛因清真寺，念了'开端章'。父亲跪着祈祷，感谢真主。母亲说她的心脏也不痛了。前两天，我们就像在办丧事，这会儿仿佛是在过节。

"过了一个星期，内政部财政局的三位官员突然来到我父亲办公室，要他把公安局的账册交出，清查后，他们说保险箱里短缺了七百镑。父亲不知所措，因为保险箱的钥匙归他管，须臾不曾离身。他要求再盘点一次。官员们还说，是父亲贪污了保险箱里的七百镑。说完，他们径自到欧尼贝克的办公室去了。

"过了几分钟，欧尼贝克唤人的铃响了，叫我父亲去。欧尼贝克要那三位官员先走，并在离开办公室时，随手带上门。

"欧尼贝克对我父亲说：'我不生你的气，我理解你的处境。我知道，你是因为你妻子有病，才不得已挪用这笔公款的。'

"父亲喊道，他连一分钱都没有拿过！

"欧尼贝克说：'我已经要求稽查员们先别按法律规定呈报司法部门，要求给你二十四小时的宽限，让你归还这笔款项。'

"父亲哭着说道：'二十四小时？我从哪儿去搞七百镑钱啊？我家里连七十个皮亚斯都没有。'

"欧尼对他说：'我准备替你垫上，但你得写一份检讨，承认你贪污了这笔款子。等我同佐贝黛结婚时，我再把检讨还给你。'他停了一停，又说道，'不管怎么样，我不想强迫你干什么。我给你二十四小时，你去好好想一想。'

"父亲回家后，把事情告诉了我们。我相信他的廉洁和忠实，想到他要进监狱,不由得失声痛哭。我说,我决定嫁给欧尼。这一回,母亲没有吭声,什么也没说。

"父亲去告诉欧尼贝克,说我允婚了。欧尼贝克从桌旁站起,拥抱并亲他,要他在一份已经写好的检讨书上签字。父亲心地单纯,就签了字,他认为欧尼贝克成了自己的女婿,是决不会使用这份检讨的。欧尼贝克也向他保证,成婚以后,将把检讨还给他,让他亲自撕毁。

"欧尼贝克上我们家来了,给我送了漂亮的礼物,还吻了我,那是我生平第一次接吻,留在我嘴边的味道,就像喝了蓖麻油。

"后来,父亲突然被告知说,欧尼贝克不想请证婚人主持婚礼,只想举行一个世俗婚礼。

"父亲大怒,这个又瘦又弱的人好像变成了一头咆哮的狮子。他说,他宁愿带着贪污罪坐班房,也不同意世俗婚礼。

"当时,我真恨不得有一把手枪,打死这个欧尼·哈菲兹!

"欧尼看到了我父亲、母亲和我眼中的凶狠目光,让步了。他派人召来了证婚人,签订了婚约。

"他没有付聘礼。他对我父亲说,聘礼是他代垫出来放回保险箱的那七百镑。

"我进了火坑。新娘出嫁时,亲人用摇动舌头的欢呼声和鼓声欢送她。我出嫁时,母亲和弟妹们为我送行的是痛哭和自掴耳光的声音。他们都明白,为了父亲不进监狱,我是被送去宰割的牲口。

"欧尼并不想安抚我,他每次看到我哭,就更加野蛮。结婚的当夜,他就冷不丁地扑向我。我一喊,他便打我耳光,打得我失去了知觉。

"每当他躺在我的身旁,我丝毫感觉不到女人待在男人身边所怀有的那种令人向往的快慰,有的只是被掴耳光的痛苦。结婚十年了,我仍然感到脸颊发痛,好像几秒钟前刚挨了耳光。就是今天,欧尼每次走近我,我都觉得他又要对我施行强暴。

"我去看父亲,告诉他我受不了这样的折磨,这个家伙每次挨近我,贴在我身旁时,我总觉得那不是他的皮肤,而是一把宰割我五脏六腑的尖刀,他吻我时,我嘴唇尝到的是这世上的全部苦味。

"父亲哭了,他说,欧尼拒绝当时曾答应过的把那份承认贪污的检讨还给他,我如坚持离婚,那就意味着他要坐班房。

"我满含屈辱,垂头丧气地回到了欧尼的官邸,从那一天起,我就明白,我只是这个家的一个俘虏,而不是它的女主人。我已被判处无期徒刑,出狱的代价将是我亲爱的父亲进牢房。有时,我安慰自己,我的牺牲并不是无偿的,母亲已能定期去看病了,父亲也已从侯赛因区的陋室搬进了舒卜拉区一套较大的住房,我的妹妹们第一次能和母亲睡在一间屋子,弟弟们随父亲睡在另一间屋子,而在过去,大家都睡在一间屋子里,弟妹们上学了,父亲的级别从八级升为七级。我让自己相信,我用自己的痛苦,为他们买到了一些幸福。

"母亲死了。她的预言证实了,当时要我嫁给这头野兽,她就说,这门亲事会要了她的命。我尽力在她面前不哭,但是,泪水从我眼中落下之前,她就已感到滴落在她颊上,像火一样烫着她。

"欧尼加官晋级了。他收入越多,就越残暴。他先是副大臣助理,接着当内政部次长、副大臣、帕夏,现在是国务大臣。他级别越高,骂我就越狠。他常常叫我'贪污犯的女儿''罪犯的女儿','要不是我,你爸爸就得吃官司,一家都得流落街头'。他的健康情况越来越差,他老是指责我使他致病,说我冷若冰霜,无精打采。他给我带来肉感的睡衣,以激起他的情欲。但是,透明的睡衣也无法让死人复活!他更加凶狠,待人更恶劣,常威胁我说要把我父亲投入监狱。

"有一天,他睡在我身边,企图对我施以强暴,但是失败了。他不但不羞愧，反而冲着我嚷道：

"'你这个婊子！我是个受人尊敬的男人，我不习惯同婊子睡觉……这才是我生病的原因。'"

佐贝黛接着又说下去：

"穆罕默德，当欧尼骂你母亲'你这个婊子'的时候，你曾感到痛苦，我呢，则觉得他用这句话置我于死地。十年来，我忍受了凡此种种的痛苦和屈辱。我不能糟踏我的名声，从那时起，我就下定决心，不杀死他，就去当娼妓。

"当娼妓，我没有勇气。凭着我的全部勇气，我将当杀人凶手。我决定到花园街阿拉维胡同的家里去找我的大弟弟马哈茂德，他在国防部当职员，我将借口这些日子大臣常受到袭击，我需要自卫，给他一笔钱，让他替我买一支枪。我在家里等他，可是他没回来。在回来的路上，感谢真主，我找到了手枪……

"我突然看见你当面把手枪交给我，要我藏好，第二天到贾卜拉亚公园去见你。当时，在我的想象中，你不是青年，也不是个男人，而是真主从天上给我派来了送枪的天使。那会儿，我不知道你犯的罪，不知道你是个政治杀人犯还是普通的凶手，这些我都管不着，我只是想，我的手提包里有一支枪了！我看到警察在追捕你，我故意指岔路，因为我不想他们抓住真主从天上派来的天使！

"我回到家里，只见面前一片混乱，听仆人们说，有人向帕夏开枪，我真是高兴，觉得你干了我想干的事，你是因为我才想要杀他的。我觉得我爱你，你似乎是惟一理解我的男人，是我的父亲、兄弟、儿子，是我生活中的一切。我没有端详过你的脸，记不得你的模样。我手提包中的手枪，它就是你。

"我走进我的房间，锁上门，掏出手枪，吻它。我吻枪柄，仿佛在吻你摸过枪柄的手;我吻扳机,如同在吻你扣扳机的手指;我吻枪口,它就像是你的一双我不知道颜色的眼睛。

"后来,我才知道我的丈夫只受了一点轻伤。我决定自己来完成你未完成的任务。当天晚上,他回家的时候,脸上包着白色的绷带,我一点也不同情他,只觉得他流的血不过是我和成千上万名无辜工人流的血中的一滴罢了。我决定那天晚上干掉他。

"我等到他睡着,提着手枪到他卧室去杀他,走到房间门口,我胆怯了,想起了父亲和弟妹们的命运。如果我对你说当时我只有这样一种感受,那是对你撒谎。我心里还有一种新的奇怪感情,那时我还不清楚你对我意味着什么,我想活到明天,让我在贾拉亚公园见到你再说。

"我见到了你……见到你后,我并没有爱上你,因为在见你之前,我已经崇拜你了。然而,我热爱生活,我发现生活有了新的味道,它与过去十年我尝到的滋味不同,欧尼带给我的不幸第一次消失了。我一个星期里只有一天活着,那就是星期三,而且只是那天中的一个钟头。为了这一个钟头,我甘心情愿忍受欧尼各种各样的残暴、辱骂和野蛮。女人跟她所爱的男人待上一个钟头,胜过她不幸的一生。我不想充当你的情妇,我只希望每星期看到你一个钟头、半个钟头、五分钟……甚至一分钟也行!

"你要求我马上同你结婚,这使我感到非常突然。我想说服你宽限一段时间,让我作些安排,可是你不想理解,也不愿等待,却坚持一星期后结婚,而且说,这是你作为我的丈夫第一次向我下令。我怕说了实话让你受到打击。回到家里,我久久地思索,心想惟一的办法是同你一起私奔,但又想到我丈夫的权势,随便我们逃到哪里,他都能找到我们。我担心你和你的前途。眼下我只能从你的生活中退出,靠着回忆你度日。

"如果做出了这样的牺牲,我便说自己很不幸,那是撒谎,正相反,我第一次感到生活得很幸福,因为我有生以来第一次尝到了爱情的滋味。

"我靠读书来消磨时光,读书是我的全部消遣,不过,我读得最专心的是爱情故事,我背得出诗王艾哈迈德·邵基的《莱拉的痴情人》,背得出那位痴情人为莱拉吟诵的诗句,还背得出邵基的《克娄巴特拉女王之死》的故事。我生活在爱情故事之中,我想象,你就是那位痴情人盖斯·马克·安东尼,你是杰马耶勒,我是布赛娜……这些爱情小说里的主人公名字,我都记得滚瓜烂熟。欧尼·哈菲兹成了一个鬼影,我不再恨他,也不再感觉到他的存在,我的心中除了爱情,已没有其他情感的地位,而且,热恋中的人们是不知道如何去恨的……"

佐贝黛默然了……

穆罕默德一直沉默着,没有开口说一个字,没有打断她,也没有质询、追问。他的脸,显得僵硬,毫无表情,她接二连三的受苦受难,并未改变他的神情。他曾张开嘴巴,准备讲话,但后来,又闭上了嘴。

佐贝黛一直盯着他的嘴,终于说道:

"你干吗不作声?穆罕默德!说话呀,随便说什么都行!"

穆罕默德说道:

"我所能说的就是:你讲的每个字都是骗人的!"

佐贝黛往后退去,仿佛被他嘴里射出的一颗致命的子弹所击中。她惊骇地说道:

"我骗人,穆罕默德?"

"我已经不相信你了,不相信世界上的任何女人,我怕我以后也不会相信我妈妈了……我以为,女人就是欺骗,她们干的一切是掩饰自己的谎言……她们的衣服,是为欺骗制成的,让身体露出一部分,又遮住一部分;脂粉是骗人的,为的是掩盖她们的真面目;她们的香水是骗人的,为的是让她们的气息表达一些并非当真的意思。正是女人,赋予诗人和艺术家以灵感，使他们创作出不朽的作品，为什么？因为女人使艺术家绘画的手弄虚作假，把现实当作想象，把想象当作现实，使诗人的灵感骗起人来，夸大地描绘感情，把情场冒险说成是不朽的爱情故事……我跟你的那段经历，使我样样都怀疑，事事都不敢相信。我一边听你谈，一边想象自己正坐在拉美西斯剧场观赏一出优素福·瓦赫比的戏剧，故事情节夸张，有背信弃义的行为，也有人开枪……"停了一下，他又补充道，"你谈完的时候，我都差点忘了自己，忘了鼓掌，当时，我在观看《穷人的孩子们》一剧，听著名女演员艾米娜·里兹克念她那段悲惨遭遇的独白，也这样。"

佐贝黛点点头，说道：

"男人爱一个女人，对她说的每句话，甚至是不合情理的话都深信不疑，你不相信我，证明你并不爱我。"

"我原来不光爱你，还崇拜你！"

"我准备付出自己的整个生命来换取你的信任。"佐贝黛痛苦地说道，"热恋中的女人，听到她钟爱的人怀疑她的诚实，没有比这更伤她的心了。"

穆罕默德尽力不去看她姣美的身子，免得受到影响。他说道：

"如果你去干我现在要求你做的事情，你就能够向我证明你的诚实。"

佐贝黛眼睛一亮，她以为此时此刻穆罕默德要她委身于他以证明她的诚实。她生怕自己软下来，一边后退，一边说道：

"我的心已经与你相通，我求求你让我的身子保持它以往的清白。"

"你以为，所有的男人都像你丈夫欧尼那样下流！"穆罕默德愤然说道，"我不是那种男人，我要你做的是另一码事，跟你所理解的相距十万八千里！"

佐贝黛松了一口气，用委屈的口气说道：

"真对不起，穆罕默德，怀疑是一种传染病，你怀疑我的诚实，使我也怀疑你的动机。你要我做什么,我都准备去干。"

穆罕默德坚定地说道:

"我到这里来,是为了获得那份假文件案的卷宗!"

"我还以为你是为了来看我,才冒这样的风险,"她伤感地说道,"是为了我,才跟踪我、弄清我的住址,才不顾生命危险的呢……刚才那几分钟,我还一直生活在这样一个甜蜜的幻想之中。你等一会儿再把这让我清醒的事实告诉我,那该有多好啊……"

"那份卷宗是欧尼·哈菲兹几天前从内政部他办公室里带回来的,现在放在他的书房里。那份卷宗能把两个无辜者从监狱里救出来。"

"你的情报真准确,"佐贝黛感到惊讶,"欧尼的确把那份卷宗拿回来过,但现在已经不在这里。"

穆罕默德激动起来:

"你怎么能说它不在这里?我相信它在这里,就像我确信你在我面前一样!如果你是个诚实的人,就去把那份卷宗拿来。"

"欧尼烧那份卷宗时,我在场,还问过他,他说,那是假文件案的卷宗,在这个案件起诉以后,卷宗已经没有什么用了。"

"我不信!"

佐贝黛哭着说道:

"我发誓,我说的是实话,穆罕默德,我可以带你去书房,让你把里面所有的文件都拿走,但是,我向你保证,你要的那份卷宗已经烧掉,变成灰了。请相信我,穆罕默德,我从来没有骗过你……不过,我可以了解到那份卷宗的内容,把它告诉你,给我一个机会吧……"

"一个机会?"穆罕默德讽刺道,"像我在贾卜拉亚公园给你的机会,过后你就失踪?一个有信仰的人不会连吃女人两次亏!"

"我答应你,下星期三我将带着你想要了解的全部内幕去见你。我知道,策划假文件阴谋的正是欧尼·哈菲兹,逮捕陶菲克·迪亚卜和阿齐兹·米尔海姆的那天,我看见他得意地搓着手说:'华夫脱党的主席掉进我张开的罗网里……国王亲自打电话给我,祝贺我的天才杰作,国王说:干得好,欧尼帕夏……西德基帕夏使劲儿地同我握手,不过,我觉得他嫉妒我,因为我向国王证明,有雄才大略的是我欧尼·哈菲兹,而不是伊斯梅尔·西德基……'为了你,我将克制自己的感情,将有生以来第一次'热情'待他。我将闭上眼睛,想象你就在我跟前。我相信,到时候我能够从欧尼那里打听到我想要知道的一切。给我一个星期的时间,到时你再看吧……"

穆罕默德竭力想说服自己相信她,但是办不到。他说道:

"我怎么能等一个星期呢？刑事法庭四天之后就要开庭了!"

"那就给我三天,仅仅三天。"佐贝黛恳求道,"晚上六点,我到贾卜拉亚公园去见你。穆罕默德,这一次请你相信我……相信我,穆罕默德!"

他迟疑不定,是相信她还是不相信她？他说道:

"给我一个要我相信你的证据。"

佐贝黛静默了一会儿,然后说道:

"好,我给你一个让你相信我的证据。"

她张开双臂搂住他的脖子,两人紧紧贴在一起,她给了他一个甜美可爱的长吻。接吻时,他忘记了他认为女人惯于说谎的全部信念。吻完了,他有点晕眩,仍在品味那吻的美味,觉得自己仍置身在那两片嘴唇组成的乐园中,那吻,仿佛是块飞毯,把他带进一个令人愉快、令人陶醉的温柔之乡。

穆罕默德又吻着她的嘴唇,说道:

"现在,我才相信你,亲爱的。"

这时,他俩听到了门把的转动声!

门把的转动声犹如打向他俩脸颊、心坎乃至身上的一击,使他俩从沉醉着的、带他俩飞向神妙境界的美梦中惊醒过来。

这对恋人原先感到,他俩怦怦的心跳和谐地奏出了世上最美妙的曲子,这会儿却戛然而止,他俩贴在一起的嘴慌慌张张地分开,佐贝黛搂着穆罕默德脖子的双臂垂了下来,好像正当他俩的幸福降临之时,末日也到来了。

他俩听见连续的敲门声。

这敲打声不是敲在门上,而是敲在他们心上、头上……接着,他们听见一个沙哑的声音粗暴地喊道:

"佐贝黛,开门!"

佐贝黛悄悄地颤声说道:

"是我丈夫!"

穆罕默德惊呆了,站在那里一动不动。佐贝黛紧拉着他的手,想让他藏在阳台上,接着又改变了主意,想拉他躲在床底下,一想还是不行,最后她把他藏在红天鹅绒挂帘后面,夹在挂满她衣服的衣架中间。

欧尼帕夏又猛烈地敲着门,说道:

"我听见你房间里有男人声音!"

佐贝黛走向床旁的桌子,从上面拣起一本书,然后慢慢地朝门走去,转动钥匙把门打开。

欧尼帕夏冲进屋里,眼睛往四下搜索着,说道:

"我听见这里有男人声音,人呢?"

佐贝黛望望欧尼帕夏的脸,发现他没有戴眼镜,她放了心,因为他什么也不会看见.她以出奇的从容态度说道:

"是啊,这里有个男人,现在还在屋里!"

欧尼帕夏活像一头愤怒的鬣狗,在屋子里逡巡,问:

"这男人是谁?"

"莱拉的痴情人!"佐贝黛笑着回答,"我背得出《莱拉的痴情人》全剧,我既演莱拉,也扮她的痴情人盖斯。演莱拉,我模仿泽娜白·西德基腔调;扮痴情人盖斯,得模仿艾哈迈德·阿拉姆的声音。你敲门的时候,我正在演莱拉与瓦尔德·本·萨基夫结婚后,突然看见她的情人盖斯到她夫家来看她一场,莱拉对盖斯说:'真是我的心上人?你在我身边?这是一个神秘的梦,还是我们都清醒着?离开了阿米尔族的故土,我们又相会在萨基夫族的土地上吗?'"

接着,佐贝黛一边把《莱拉的痴情人》一书递给欧尼帕夏,一边说道:

"你看怎么样,欧尼,我们一起来演这出戏,好吗?现在,我演莱拉,你演痴情人盖斯。"

"我不疯,也不想演痴情人,"欧尼说,"你才是疯子,一个人自言自语,同时模仿艾哈迈德·阿拉姆和泽娜白·西德基两个人的声音。"

佐贝黛充满柔情地说道:

"我睡不着……来,我们一起来读这故事消遣吧。"

"你疯了吗?"欧尼帕夏感到诧异,"我不喜欢诗歌,也不喜欢诗人。"

"你的全部生活就是工作、工作、工作,"佐贝黛的声音很亲切,"今晚,我们来改变一下生活,你当艾哈迈德·阿拉姆,我是泽娜白·西德基,我们拿这张床作舞台;要不,你演泽娜白·西德基,我当艾哈迈德·阿拉姆。"

欧尼困惑地望着佐贝黛,问道:

"你今晚是怎么啦?神经不正常?喝醉了吗?"

佐贝黛坐在床上,让欧尼坐在她旁边,他正好背对着穆罕默德藏身的帘子。

她撒娇地向欧尼靠去,把嘴凑到他面前:

"来,你闻闻,我一辈子都没喝过酒……不过,我今晚挺高兴。"

欧尼闻闻她的嘴,她灼热的气息直冲他脸。他感到有些新奇、异样,她娇媚的声音和灼热的气息仿佛唤醒了他沉睡的情感,使他某些业已死去的情感又复生了。

欧尼不相信自己的耳朵,真想戴上眼镜看看她的表情,她真的需要他吗?十年后她第一次需要他了吗?

他觉察到自己衰迈的体内有一种奇异的骚动,他似乎开始新生,大部分已经死亡的器官抖掉了身上的尸衣,恢复了活力。他全身在战栗,好像一个失败的胆小鬼变成了一个确信胜券在握的冒险之徒!

佐贝黛又凑近他说道:

"欧尼,为了我,到你房间去把眼镜戴上,回来我们一起读《莱拉的痴情人》。"

佐贝黛仿佛给他喝了迷魂汤,这位国务大臣突然失去了意志,立即站起身,自鸣得意地慢慢向门口走去。

欧尼刚出门,佐贝黛就关灭电灯,迅速走到帘后,拉穆罕默德出来,说道:

"现在,走吧,快走!"

穆罕默德紧抓着帘幔悄声说道:

"他这会儿就要回来,会看见我的。"

她笑着轻轻地说道:

"他至少要十分钟才能找到眼镜。他戴上眼镜也是个半瞎子,不戴眼镜则是个十足的瞎子。"

穆罕默德踮着脚尖,跟在佐贝黛后面。她把阳台门打开,一边吻他,一边说道:

"亲爱的,我们下次见面,不是我刚才答应的三天之后,我们明天见,晚上六点钟！"

穆罕默德出去后，她就关上阳台门，看着他踩上绳梯，抱着树干下到花园地上。她站在窗后，一直目送着他跳过围墙进入邻居家。

这时，她回到床边，扑在床上，抓着枕头使劲地吻着……

欧尼在黑暗中摸索着走来，嘴里说道：

"你干吗把灯关了？没有灯，我们怎么念？"

佐贝黛笑着说道：

"你难道不知道，幕布拉开之前舞台上的灯光通常都是关上的吗？"

欧尼帕夏在门口站住了，黑黝黝的，他看不清路。佐贝黛伸手扭亮床头的红罩台灯，说道：

"这罗曼蒂克的灯光，最适宜我们一起来念那恋爱的一幕。"

穆罕默德紧贴着墙面，从欧尼帕夏的官邸翻进前议员阿卜杜·阿齐兹·伊卜拉欣的住宅，踏在那花园的地上，他缓过气来，相信自己到了安全的地方。他刚用原先丢在地上的纸把绳梯和撬锁工具包好，便突然产生了一种奇怪的感觉，他想重新回到欧尼帕夏的官邸去，佐贝黛的卧室发出红色的灯光，他心里腾升起一股妒火。他明白红光意味着什么，他应该回去，再翻过墙头，匍匐爬到树旁，攀上树后利用绳梯跳进她的阳台。

他刚才那次冒险，是为了人民，现在第二次冒险，是为了他个人。欧尼当时以为佐贝黛喝醉了，凑过去闻她嘴的时候，他看不见欧尼的脸，真希望身边带着手枪，一枪打碎欧尼的脑袋！他有一股强烈的愿望，想掀开遮住他的红帘幔，用手掐住欧尼的脖子，掐死他！当欧尼靠近佐贝黛的时候，穆罕默德对欧尼的憎恨，比欧尼鞭挞他的父亲、骂他母亲"婊子"时更甚！

那会儿，他怎么竟然能够控制住自己的？看到佐贝黛同欧尼待在一起而要克制自己，这比他翻墙进宅、攀上阳台可要费力得多。

他重新打开纸包,拿出绳梯,把抓钩甩上墙头,使劲拉了拉,看看是否搭牢。他踏上第一级梯阶便停住了,对这样再次冒险,心里挺嘀咕。他说服自己,再冒一次险并不是他想去看看佐贝黛是否倒在欧尼的怀里,而是上一次冒险的继续,想去亲耳听听佐贝黛从欧尼嘴里套出来的秘密。

他又踏上了绳梯,心里完全明白,他编造的理由完全是自欺欺人,他只不过是想在佐贝黛倒在欧尼帕夏怀里时,把她抓住。

登上墙头了,他朝佐贝黛房间的方向望去,看到红光已熄灭,屋里一片漆黑。

难道佐贝黛已经完成了任务,探明了秘密？但是,他刚才还听见佐贝黛对欧尼说:"幕布拉开之前舞台上的灯光通常都是关上的……"难道灭灯是一个标志,说明第一幕结束,第二幕已经开始？

接着,他似乎听到有响动,于是迅即爬下绳梯,又回到了前议员阿卜杜·阿齐兹·伊卜拉欣的花园。他向花园大门走去,拧了一下门把,发现门开着,遂走出门去。使他惊讶的是议员的司机没有露脸,司机接到的指示好像是只管去睡觉,万一穆罕默德被抓住,也由穆罕默德独自承担罪责。穆罕默德随手关上门,从容地走过欧尼帕夏官邸,他见内阁派去的那三名警卫士兵迷迷糊糊地坐在大门前的板凳上,听得有个士兵指着他说道:

"那边有只雌猫,凭伟大的真主发誓,那是只雌猫!"

只听见另一个士兵说道:

"不对……那是只雄猫,不是雌猫,肯定是只雄猫!"

第三个警卫吃力地想站起来,说道:

"吵什么!我去把它抓来,让咱们瞧瞧,到底是雄猫还是雌猫。"

穆罕默德怕他们为了弄清是雄猫还是雌猫把自己抓住,赶紧加快步伐。

他听见第三个士兵往回走时大声嚷嚷道:

"不是雄猫,也不是雌猫……那是只耗子!"

穆罕默德微笑了,这时,他心中清楚,西迪·法尔杰咖啡馆的维赫丹老板任务完成得非常漂亮,他带去的是优质大麻。

穆罕默德的任务完成得像维赫丹老板一样顺利吗?佐贝黛也把他给麻醉了吧?她诱人的美貌和魅力,作用决不亚于维赫丹老板的大麻。穆罕默德进入欧尼帕夏官邸时像头狮子,出来时竟然像只雌猫、雄猫或耗子吗?

佐贝黛说,她明天而不是三天后就把秘密告诉他,由此可见,她认定耗子已入笼子,不必等待,三天的任务她一夜就能完成,她看到欧尼帕夏在她迷人声音的拨弄下已经不能自制。明天,她会来赴约吗?她会不会像那次星期三约会似的故技重演呢?这一次她将老实可靠吗?会不会他抓住的只是比蜘蛛网丝更不可靠的幻影之光呢?

佐贝黛诵读艾哈迈德·邵基的爱情诗时那奇特的可爱神态,是他没有想象到的。她表演爱情,就像泽娜白·西德基,甚至像纳吉娃·穆纳斯特利。世界上的女性,难道天生都是演员?表演是一种欺骗,而欺骗是女性最有成就、最擅长的一门艺术吗?

佐贝黛是表演给欧尼帕夏看?给他穆罕默德看?还是表演给他们两个看?如果佐贝黛确实对欧尼帕夏深恶痛绝,像她在讲述自己身世时穆罕默德从她的目光所看到的那样,那么,她何以能够在转瞬之间即进入角色,变成一个卖弄风情的女人呢?一般来说,擅长表演爱情题材的女演员,演起怀有深仇大恨的角色来,也总是身手不凡。

在此以前,穆罕默德曾亲眼看见纳吉娃一面同她的丈夫阿什莫尼帕夏拥抱,吻他,一面目光中流露出背叛的神色。佐贝黛难道也是个戏剧编剧?他不幸的命运注定他总是要受女编剧们的蹂躏吗?

再说,佐贝黛印在他嘴唇上的那个吻,他依然记得那美妙的滋味,果真会是她第二次吻人吗?她过去肯定吻过成千上万次,才能赐予他如此香甜的吻。她第一次吻他,是印在罪犯头上的一个神圣的吻,使他幡然悔悟,而她第二次吻,那吻简直就像是魔鬼的召唤,使他忘却了警惕、怀疑和他前来的重要使命。

穆罕默德不知不觉地来到了维赫丹老板的咖啡馆前,顾客早已散尽,灯也灭了。他看到门虚掩着,便从容地推门而入,只见维赫丹老板正坐着抽水烟。维赫丹一见他便满面带笑地指着他手里那包东西问道:

"这就是那份卷宗?"

"不,这是绳梯和撬锁工具。"

"卷宗呢?"维赫丹感到纳闷。

"我没找到。卷宗不在他官邸中。"穆罕默德黯然答道。

"你怎么会没有找到?"维赫丹老板恼火地说,"这年月的年轻人可真让人失望。这件事要是让我去干,找不到卷宗,我准会把欧尼帕夏本人带来顶替!"

"我怎么能把他带来,我又没有手枪。"

"你不会用手掐死他!真主为什么给我们造了一双手?就是为了我们没有武器对付敌人时,用它来掐他们的呀!穆罕默德啊,你给我脸上抹黑。你让我们的全部努力都白费了。可惜了那些内阁警卫抽的大麻,那是优质大麻,连首相本人一辈子都没抽过呢!"

"再给我个机会,有一天时间,我将一切都搞到。"

"机会?什么机会?这种事可是千载难逢哪。那批内阁警卫人员今天是最后一次值勤,要换别的士兵来了,再轮到他们当班只能是在一年以后。穆罕默德,你可真是窝囊废。"

维赫丹老板站起身来,把水烟丢在地上,关灭灯,把穆罕默德推出大门,自己出来后即锁上门,连一声招呼都没有跟穆罕默德打,便回家去了。

穆罕默德的嘴边,佐贝黛热吻的馨香已无影无踪,他满嘴都是失败的苦味。他觉得自己越来越渺小,那些内阁警卫士兵把他说成是猫、耗子,可真不是迷迷糊糊时说的瞎话!

失败感是致命的,是屈辱和绝望、不幸和羞耻的混合物,是灰心、愤怒、后悔和痛心掺杂一起调制而成的酒。他恨维赫丹老板,我们恨那些说我们是窝囊废的人,如果我们明白自己的确失败了,就更对他们恨之入骨。

穆罕默德经常从维赫丹老板的身上看到人民的心理,维赫丹不经意说的话会变成人们四处流传的口号,在舒卜拉大街开枪打欧尼帕夏事件发生后,他不是说这是政府策划的吗?没几分钟,这句穆罕默德初听时嗤之以鼻的话便在千百万人嘴上传开,无知的人说,大学生说,连他赛义迪亚中学的同学也在说;现在,说穆罕默德窝囊也将在千百万人中传开;将来,他会听到艾哈迈德·马希尔博士和他的中学校长穆罕默德·阿卜杜·萨马德先生也这样说他。

他干吗不去见马希尔博士,把经过原原本本地汇报一遍,说清楚只要再过几个钟头,晚上六点钟后他就能把卷宗里面的全部内容都搞到手?

凌晨三时去敲马希尔博士的门,把他从睡梦中叫醒,就对他说卷宗没有找到?穆罕默德心中挺犹豫,他决定等到天亮后再说。

天亮了,穆罕默德对去马希尔博士家又迟疑起来。谁告诉他佐贝黛会按时赴约,不会像那个星期三似的捉弄他一番?他早晨去见马希尔博士说自己失败了,晚上又去报告失败,那不成了双重失败了吗?要说失败,还是报一次的好。

他现在的失败感,束缚了他的思想和行动。失败犹如铁链,会捆住我们的手脚动弹不得,限制我们的头脑无法思考,遮住我们的眼睛看不清铁链的位置,从而砸不碎它,无从再作努力。

穆罕默德又想起了晚上六点的约会。佐贝黛要不来,他怎么办?他将不去找马希尔博士,而去找她!这一次,他将从大门闯进去,而不是像上次似的翻墙进去;他将按维赫丹老板的办法,用真主为我们造的两只手掐死敌人,掐住佐贝黛的脖子。

佐贝黛突然成了他的大敌。欧尼帕夏不再是他的敌人,而是他大敌的受害者,我们敌人的受害者乃是我们天然的盟友。

他有点怜悯起欧尼·哈菲兹来。欧尼像他一样,是个受骗者、糊涂虫。糊涂的人总觉得,他们是属于同一俱乐部的,不需要出示会员证,他们不会相互指责对方的天真,常用"心地善良"这种说法来掩饰自己的缺陷,他们觉得自己要负责的是:他们相信了不值得信任的人,对那些不应该放心的人很放心。

穆罕默德猛地意识到,他竟然与欧尼帕夏一起,成了"糊涂者俱乐部"的成员!

对佐贝黛的怀疑,竟然使他为欧尼帕夏洗刷那些铁证如山的罪名:暴君、屠夫、刽子手。爱和恨都会使我们盲目,当我们憎恨一个新敌人时,我们心里仿佛会被迫开释宿敌,因为,心灵不能同时爱两个人,也不能同时恨两个人。

他彻夜未合上眼睛,也念不成书,每打开一本书,他简直看不懂那一行行字的意思。他变成了跟欧尼·哈菲兹一样的瞎子。佐贝黛有本事夺走爱她的人的视力,使他们看不见那些毋需细瞧也毋需戴上眼镜便能一目了然的事情。

当时,她在欺骗他时,他怎么没有注意看她的眼睛呢?说欧尼帕夏已经把那秘密卷宗烧了,肯定是骗人;起先约他三天后见面后来又改在不到二十四小时见面,肯定也是骗人!他怎么会一开始不信,后来又相信她了呢?她的吻准带有大麻,这种麻醉剂能使士兵把他当作猫,使他以为佐贝黛真心爱他。

他又把"唱片"翻了过来,回想起她动人的身材,甜蜜的吻,和交织着温柔、安谧与美妙旋律的声音。这张"唱片"转啊转,他变得安详,心情开朗,又爱上了她,信赖她,认为这个几分钟之前背叛过他的崇拜对象变可靠了。恋人的心,似乎既不符合逻辑理论,也不符合数学规律。恋人的心,先是二加二等于四,接着等于五,再往后便化为乌有;用乘法,恋人的心二乘以二等于四,然后等于三,尔后又等于零;用减法,恋人的心二减二等于零,后来却成了一千,一百万!

穆罕默德放心不下,终于提前两个小时来到了贾卜拉亚公园。这是他第一次下午四点钟去公园。匆匆离家前,他听见父亲又不管场合地说了一句俗语:"人们一周两天倒霉,而我们天天失望。"

听到这句奇怪的俗语,穆罕默德浑身一震,他问自己,是维赫丹老板把他取卷宗失败的消息告诉父亲了,还是哈纳菲师傅从他的脸上看出了失败的神情,因而随口念了这句奇怪的俗语?

他再不能在家里多待了,免得听到其他的格言、俗语,激起对自己的愤恨。

使他感到惊奇的是公园里都是人,比他往日见到的拥挤得多,各个角落里,每条长凳上,每棵树旁,都有一对青年男女,今天仿佛是情人节,恋人们都出来庆祝这个美好的日子,对对情侣在喁喁私语,倾诉着绵绵情话,或在欢笑,互订海誓山盟。

穆罕默德留神注意那些恋人,发现大部分是学生,他们全是从学校里溜出来,到这里来相会,谈情说爱。每个姑娘都夹着书,书像是允许她们出家门的护照。他们到这里来，教科书是接吻，练习簿是拥抱，贾卜拉亚公园的草地成了书的页张。

埃及所有的人都在恋爱，沉入爱河的不光是他一个人。但是，那些谈恋爱的人都像他一样不幸，一样受尽折磨吗？他们都碰到过他面临的难题，遭受过他那样的失望吗？

在他的想象中，公园里的每个姑娘，不是佐贝黛就是纳吉娃，黑头发的是佐贝黛，金头发的是纳吉娃。这些热恋中的小伙子，都像他，像欧尼·哈菲兹帕夏。

这里坐着的每个姑娘，正在欺骗她的男友。她答应他，但是不赴约；发誓对他忠实，但又背叛他；畅谈永世长存的爱情，但第二天便对他不忠。也许，穆罕默德能聊以自慰的是，只有他一个人才知道自己是个糊涂虫，所有那些热恋中的小伙子却不知道他们的糊涂。穆罕默德真希望突然有勇气站到木长凳上，对公园里的全体在谈情说爱的小伙子发表演讲，提醒他们警惕女人，让他们看清女人——每个女人的不忠不义，他要向他们强调，踏进爱情大门的人，不会走向天园，而只能步入地狱。

他真希望他的耳朵能听清姑娘们的窃窃私语，过去他为了替赛义迪亚中学的同学代笔写情书，在念他们收到的女朋友的来信时，曾听到过这类窃窃私语：她们人人都保证自己是初恋，而且将从一而终；个个都发誓自己彻夜未眠，强调自己的爱人是世上最伟大的男人。他怎么没有从这种种谎言中搞明白，世界上的所有女人都是相信不得的？怎么竟会落入纳吉娃的掌握之中？刚摆脱了纳吉娃，又被佐贝黛的利爪所攫获，活像一个饮吗啡止痛的人？

穆罕默德停止了对女人的诅咒。他看看表，希望快点到六点，焦急不安的急切目光，一直盯着公园大门，盼着佐贝黛的到来。眼睛看得都累了，他低下头，又诅咒起女人来。

六点了，佐贝黛没有来……穆罕默德只觉得有两只手蒙住了他的眼睛，心想，许是会听见佐贝黛要他猜"我是谁？"他刚想说"你是佐贝黛"，忽觉这双手挺粗，心里犹豫起来。对佐贝黛的那双手，他是熟悉的，每当听她说话的时候，他便抓着她的手，相互把手指叉在一起。蒙他眼睛的手放开了，穆罕默德见身后原来是他赛义迪亚中学的老同学贾马勒·曼苏尔，旁边还有一个活泼、苗条、文雅、容貌姣好的姑娘，挺像玩具商店橱窗里陈列的洋娃娃。

贾马勒·曼苏尔向穆罕默德介绍这位姑娘：

"伊克芭尔·哈菲兹小姐……你自然认识。"

穆罕默德莫名其妙：

"我还没有这个荣幸……。"

"她是修女学校的学生，你念过她写给我的信，也见过她和我的合影。"

"噢，我全想起来了……不过，她比照片可漂亮多了。"

伊克芭尔笑了，说道：

"你觉得我的阿拉伯语文理还顺吗？是否认为我需要请一位辅导教师？"

听到"辅导教师"，穆罕默德一惊，他已经把过去替纳吉娃教阿拉伯语课那回事忘得一干二净，难道突然之间，埃及所有的姑娘都热衷于学习阿拉伯语了吗？

他看到伊克芭尔坐到他和贾马勒·曼苏尔中间，心中更慌了，要是这会儿佐贝黛来了，看见他的身旁坐着一位漂亮的姑娘，会怎么样？至少，她会认为他带来了两个证人，让他们证明他与国务大臣的妻子之间存在着爱情关系！

他看看表,又望望公园大门,有生以来第一次希望佐贝黛不要准时来,迟到最好!

伊克芭尔注意到了穆罕默德的动作,笑着问道:

"你在等女朋友?真是个好机会,我们四个人可以同坐贾马勒的车到苏伊士路上去兜兜风,人们称那条路是'情人之路'"。

"我在等我妈妈。"穆罕默德简单地说道。

贾马勒·曼苏尔笑了,说道:

"这是我第一次听说,儿子约母亲在贾卜拉亚公园见面。"

"我妈妈到公园旁边一幢大楼里去看望她的一个朋友,"穆罕默德不慌不忙地编造着,"我跟她约好在这里等她,陪她去看医生。"

"伊克芭尔的爸爸是全埃及最了不起的医生,"贾马勒说,"著名大夫哈桑·哈菲兹博士,他是国务大臣欧尼·哈菲兹帕夏的弟弟。"

穆罕默德顿时脸色发黄,紧张起来。估计佐贝黛随时会来,将被她丈夫的内侄女撞见。他这时真希望出个乱子:掉下一颗炸弹把伊克芭尔小姐炸死,或者地裂开来把她吞进去,或者猴子冲出牢笼把她吃掉。伊克芭尔说道:

"我可以带你妈妈去我爸爸那里治疗。"

穆罕默德忽然福至心灵,说道:

"我妈妈得的是癫病,手、嘴都有,她有个怪毛病,看见漂亮姑娘就一定要跟她握手,亲她的嘴。"

伊克芭尔惊骇地从长凳上一跃而起,说道:

"可是,癫病是一种很厉害的传染病,怎么能让她同别人握手、亲嘴呢?"

"等会儿你亲眼看吧。妈妈发作起来,五个男人都没有办法拖住她,不让她去亲她看见的漂亮姑娘是不行的。"

伊克芭尔赶紧拉住贾马勒·曼苏尔的手,一边快步向大门口走去,一边说道:

"对不起,我不能等了,我们还有个重要的约会。"

看到伊克芭尔小姐不愿在贾卜拉亚公园突然遇到他生癫病的母亲,急急忙忙遁去的样子,穆罕默德笑出了声,仰面躺倒在凳子上。

他止住笑,擦去了泪水。这是他偷取卷宗惨遭挫折以来第一次开怀大笑。他嘴里念叨着:"主啊,让一切都顺利吧。"

几分钟后,佐贝黛来了,她戴着墨镜,罩着厚厚的黑面纱,身着黑长袍,看上去活像个老太婆,跟他上天晚上见到的那个穿着半透明睡衣风流迷人的姑娘截然不同。

他的同学贾马勒·曼苏尔要是看见佐贝黛,绝不会怀疑她就是他年迈的母亲,穆罕默德想到这里,不由得忍俊不禁。

他笑着同佐贝黛握手,让她坐在身旁。佐贝黛问他笑什么,他把她侄女的事讲述了一遍,她也止不住同他一起大笑起来。

接着,她立即撩起面纱,向他表示她绝不是老太婆。不过,他看到的不光是她的面庞,在他的想象中,还看到了昨晚她半裸体的模样。突然,他记起了红色的灯光,他涨红了脸问道:

"昨天后来怎么啦?"

"我按你的吩咐办了。你要的内幕情况,我给你带来了。"

"不要转换话题,"他愤愤地说道,"我现在不是问你内幕情况,而是问你干吗把红灯灭了!"

"为的是搞到你要的内幕情况啊!"她笑着回答。

"你搞内幕情况不能用别的办法吗?"穆罕默德怒气冲冲,"我在离开官邸之后曾想再次翻墙进去找你!"

看到他发火,佐贝黛倒挺快活:

"你要是再翻墙进来就好了。"

穆罕默德装作没有听见她的回答,又气呼呼地问道:

"我想知道,为了这些内幕情况你付出了什么代价?整整一夜,我都没闭上眼睛……"

"整整一夜?"佐贝黛笑道,"你可真是太乐观了,《莱拉的痴情人》三场戏演了还不到三分钟!"

"我不信!你不要在我面前把事情轻描淡写。我在帘幔后面看着你同他调情。你仿佛是演莱拉的泽娜白·西德基,他真像是扮痴情人盖斯的艾哈迈德·阿拉姆时,我心里如同刀绞。"

"这会儿没有时间说这些废话,"佐贝黛态度坚决地说道,"让我把经过告诉你,你不是说明天就要审讯陶菲克·迪亚卜和阿齐兹·米尔海姆吗?等我把情况都对你说了,你有的是时间,可以一辈子谴责我,同我争吵,这随你的便。我对我丈夫说,我去看望了卡马勒·穆纳斯特利帕夏的妻子、我的女友萨莉哈太太……"

"你认识卡马勒帕夏的妻子?"一听到卡马勒·穆纳斯特利的名字,穆罕默德情不自禁地打断她问道。

"是的,我认识,不过,这跟我们的事没有关系。"佐贝黛继续说下去,"我对他说,萨莉哈太太的女儿纳吉娃要随她的新郎侯赛因·阿什莫尼帕夏到罗马去,我就去看了她。"

穆罕默德又差点脱口问她"你也认识纳吉娃?",但他克制住了,只说道:

"你过去可没有告诉过我,你是卡马勒帕夏夫人的朋友。"

"你今天是怎么啦?"佐贝黛忍无可忍,"我一开始同你谈你关心的正题,你就用话岔开去……你又没有要我列出我女友的清单。"

穆罕默德改口道：

"打断了你的话，真对不起。卡马勒帕夏的侄子易卜拉欣·穆纳斯特利原来是我赛义迪亚中学的同学。你继续讲吧。"

佐贝黛一边说，一边觉得，自己作出的努力，穆罕默德不能正确地评价：

"我对我丈夫说，卡马勒帕夏夫人的一个女朋友，也是一位宫廷要人的妻子告诉她说，国王说欧尼帕夏的头脑是全国最了不起的，欧尼帕夏用对付华夫脱党主席的办法，把陶菲克·迪亚卜和阿齐兹·米尔海姆都抓进了监狱，这真是'棋高一着'啊。现在，你自然又要打断我问'卡马勒帕夏夫人确实是这么告诉你的吗？'我告诉你吧，这些全是我编出来的！"

"这一次我可没有打断你，"穆罕默德笑道，"是你自己打断的！"

"欧尼·哈菲兹听了这些话更加飘飘然，他在我面前变成了一个小孩子，急着想听我说完。我就又笑着告诉他：'国王后来说的话我不告诉你了，我发过誓不向人泄露的。'欧尼一个劲儿地跟我纠缠，想知道国王还讲了些什么。我便说：'你先告诉我，你是怎么策划这高明的一着的，因为我听了国王的话后有生以来第一次为你感到骄傲。'欧尼说：'我想驳倒反对党对大选舞弊的指控，我知道，有些证明大选中作伪的文件落到了他们手中，反击华夫脱党主席的最妙办法是想法证明他就是个作弊者。我把我们打进华夫脱党的两个人找来，让他俩伪造了一份人民党办公室主任穆罕默德·阿拉姆帕夏签名的信件，信中承认他伙同西德基帕夏搞了假选举。我不让阿拉姆帕夏知道，搞到了他的签名。这计划是在绝密的情况下进行的，内阁中没有一个官员知道，我也没有向政治警察局的任何军官透露过，因为怕政治警察中有反对党的奸细，一开始，我甚至连首相西德基帕夏都没有告诉，我担心他在国王面前贪天之功为已有。我惟一放心能向他和盘托出的人，是国王的侍从伊德里斯贝克。我小心从事，我与伊德里斯贝克见面,既没有安排在宫里,也不放在内政部我的办公室和我家里,而是安排在凌晨三时伊德里斯贝克的家里。

"'伊德里斯贝克听我介绍了计划后先是一愣,随后立即向国王禀奏。国王说:'要是这个点子奏效,反对党关于大选纯属弄虚作假,所有的埃及人都没有参加选举的诉讼,将被我们彻底击败。'还说:'让西德基帕夏了解这个计划是有利的,这样他能帮助我们付诸实施,以伪证罪逮捕华夫脱党主席。'我把计划向西德基帕夏作了汇报,没有告诉他我已经禀告了国王。西德基帕夏同意这个计划,要我写备忘录。我怕西德基帕夏要我写的备忘录,目的在于将来事情一旦暴露,把它当作反对我的证据。我只是口授了一份备忘录,把它放入卷宗,藏在我的办公室里。后来,我发现有人翻过我的办公桌,知道有人想偷这份备忘录,便把它带回家中,保存在我自己这里,我又担心我家里会发生同样的偷窃行动。于是,我决定把它烧了。那天晚上你看见我亲手烧毁的就是那份卷宗。'

"我把头靠着他的头,一面说:'你真是个天才! 我想全埃及也没有你这样的天才。不过,你是怎么能够伪造那份文件的呢?'欧尼为自己的天才作为而洋洋自得,说道:'这件事再容易不过了,我找来两个华夫脱党党员,决定让他们两个去把文件交给华夫脱党主席,他俩的角色怎么演,我事先都和他俩商量定当;同时,我搞到了阿拉姆帕夏的签名,通过国王陛下的私人摄影师海兹曼的照相馆翻拍在一张白纸上。为了确保那两个家伙谁也不泄露出去,我让他俩一个读,一个笔录。然后,我们再把信件和签名放在一起拍照,只有专家才看得出这照片的破绽。我们设法让华夫脱党主席拿到这份文件。他挺相信。他曾向一位专家求助,这位专家早已同我们商妥,便说那签名是真的。这份假文件,是我们放在华夫脱党主席脚下的香蕉皮,他踩了上去,摔了个大跟斗!'

"我对欧尼说:'干得真棒! 这确实是个了不起的主意。你找来的那两个人是华夫脱党党员吗?'欧尼说:'不是。他俩是华夫脱党的外围青年。口授信件的叫马西哈·阿凡提,那个亲笔誊写的叫谢赫·扎基。正是他们两个把信件交给了阿齐兹·米尔海姆。'"

穆罕默德恼火地说道:

"马西哈·阿凡提和谢赫·扎基不可能干这样的事情!我认识他俩,就像我认识你一样,他俩是热心革命的爱国青年。我像相信自己一样地相信他俩。"

佐贝黛打算起身走了,说道:

"你的毛病就在于信任那些不配信任的人,又怀疑那些不该怀疑的人。"

"我什么时候再见你?"穆罕默德抓住她问道。

"晚上六点……就在宣判陶菲克·迪亚卜和阿齐兹·米尔海姆无罪的那一天吧。"佐贝黛微笑道。

"他俩要是被判监禁呢?"

"那你就看不到我了,"佐贝黛笑了,"因为到时候我也将因杀害国务大臣欧尼帕夏之罪而锒铛入狱!"

庭警声音威严地喊道:

"开庭!"

埃及刑事法庭里所有坐着的人都庄重地站了起来。

庭警打开议事厅的门,里面走出三位法官,最前面的是刑事法庭审判长马哈茂德·加利卜贝克。他是个瘦高挑儿,眯细的眼睛闪着聪明过人的目光,身穿黑色法袍,胸前挂着司法绶带。

三位法官在审判桌后就坐。加利卜贝克的嘴边带着他那永不消失的讽刺性微笑,低声宣布:

"现在开庭。"

庭警喊道：

"带被告陶菲克·迪亚卜先生和阿齐兹·米尔海姆先生！"

加利卜贝克扫视了一遍下面坐着的人，只见审判大厅里挤满了群众，座位早已坐满，律师的座位被群众占了以后，另外加了一些椅子给他们坐，记者席也全是人，各家报纸的主编都来观看这场审讯他们一位同事的官司，记者们拿出了笔，准备作记录。反对党的领袖、前参议员、众议员也到了不少，他们都关切地注视着这次重大的审判——在刑事法庭上对反对党和新闻界进行的审判！

律师席的前排，坐着三位律师协会的主席。三位律师协会主席同时为一个案件出庭辩护，这还是第一次。纳吉布·加拉比利帕夏是前任司法大臣，现任律师协会主席，他神色庄重，头发已经花白，长着一双目光温柔的眼睛。穆克拉姆·奥贝德，前任财政大臣，上届律师协会主席，他的头总是动个不停，目光中流露出来的智慧能胜过一千个人，眼镜随着他的脑袋一起晃动，往往显得挺可笑。再就是易卜拉欣·哈勒巴维贝克，再前一届的律师协会主席，他能言善辩，阐述问题极有说服力，五十年来始终是国内最享有盛誉的律师，但他不是华夫脱党党员，而是自由宪政党的一位领袖，这次是自愿来为两位华夫脱党党员辩护，借以表明这个案件不光是华夫脱党的事，而且是全埃及的事。

审判长加利卜贝克望了望被告席，看到陶菲克·迪亚卜和阿齐兹·米尔海姆两位先生已被带上。陶菲克的表情挺严肃，紧闭着嘴唇，像是尽力不想让它动。他，是国内数一数二的语惊四座的雄辩家，今天碍于被告身份却不能随心所欲地施展他口若悬河的本事了，仿佛是被告待的铁笼锁住了他的嘴。他每天都用他火一般的文章为华夫脱党人辩护，今天轮到华夫脱党人来为他辩护。

坐在他旁边的阿齐兹·米尔海姆,叉着双手,露出哲学家的目光,他好像忘记了眼下他是刑事法庭里的被告,而思索起可以引进埃及的社会主义制度来。

加利卜法官的眼光从被告席移向检察席,停留在检察长马哈茂德·曼苏尔贝克的身上。这位检察长身材颀长,他嘴上的微笑天真的人瞧着还以为是傻笑,其实这恰恰掩饰着他的绝顶聪明、令人吃惊的狡猾和杰出的审讯能力,他有本事用刀杀死被告,而被告还以为他在为自己的脖子上系一块丝手绢!

加利卜贝克的目光在被告席和检察席巡视了一圈之后,他嘴上那种讽刺微笑更加突出。他似乎在问自己,按照法律,检察长和被告的位置是已经坐对了呢,还是应当让检察长去坐被告席,被告坐到检察席上去?

也许法官加利卜贝克的讽刺微笑意味更为深长,因为这案子的真正被告并没有进被告席,那就是攻击大选作弊、政府想给他套上伪证罪的华夫脱党主席。政府不敢贸然将他送交刑事法庭,而仅限于控告陶菲克·迪亚卜和阿齐兹·米尔海姆两人。

真正的原告应该是伊斯梅尔·西德基帕夏,本来他应代替马哈茂德·曼苏尔贝克坐在检察长的位置上。

本案实际上是反对党与政府间的较量,反对党控告政府作弊,政府又指控反对党提供伪证。双方都是原告,同时也都是被告。三位法官要作出的,是他们一生中最重大的判决,弄虚作假的罪犯究竟是谁?是政府还是反对党?

穆罕默德·阿卜杜·卡里姆奋力挤进人群,好不容易才插到两个人的中间。一个是华夫脱党的记者,名叫穆罕默德·哈桑·阿卜杜·哈米德,《光明报》的编辑;另一位是法学院的学生安瓦尔·艾哈迈德,二十年后,他曾在影片中扮演民族领袖穆斯塔法·卡米勒一角,后来又担任过社会事务部次长。

穆罕默德朝三位法官所在的审判台望去,仿佛想透过那些旧木头看出里面的奥秘来。

埃及最伟大的法官萨阿德·扎格卢勒曾坐在这张审判台上,作出埃及最高统治者阿巴斯国王败诉、东方省一位小农民胜诉的判决。

穆罕默德·阿卜杜胡谢赫曾坐在这张审判台上,判处一位国家要人监禁,因为他打了他的仆人。

法官卡西姆·阿明贝克曾坐在这张审判台上,说出他的名言:"我知道,蒙冤受屈的法官们,终将因他们曾主持正义而名扬四海。"

法官艾哈迈德·塔勒阿特帕夏曾坐在这张审判台上,宣布《政治报》主编穆罕默德·侯赛因·海卡尔博士无罪,海卡尔博士曾指责萨阿德·扎格卢勒首相是"骗子、造谣者、叛徒、诈骗犯",但艾哈迈德·塔勒阿特帕夏在判决书中说:"记者有权按自己的想法攻击掌权者。"

法官侯赛因·达尔维什帕夏也曾坐在这张审判台上,宣布赛夫丁一案中努哈斯帕夏无罪,而赛夫丁一案乃是福阿德国王一手炮制用来反对努哈斯帕夏的。

穆罕默德在想,随着那些伟大的法官们去世,难道正义也已死亡?已经随同他们埋入坟墓?我们当代的法官们难道不能像他们的前人一样,在暴虐面前昂首挺胸吗?保护各国人民的只有三座堡垒:国会、新闻自由和司法。今天,国会和新闻自由这两个堡垒已经失陷,只剩下司法一个堡垒。难道这最后一个堡垒也将不顾真主是否允许就失陷,成为一座不设防的城市,连一个防御碉堡都没有吗?埃及人民最后一个堡垒也落入暴君之手以后,将会有什么样的遭遇?刽子手手里的皮鞭越来越多,监狱里的无辜者成倍增加,许许多多的人将同他的父亲哈纳菲师傅一样精神失常。

穆罕默德竭力想从加利卜贝克法官嘲讽的眼睛中找到自己问题的答

案,但是找不到。加利卜贝克究竟是在讽刺被告、律师、检察长或法律,还是所有这一切?

各国的法律是它的荣誉,没有法律的国家乃是没有荣誉的国家。

穆罕默德举目向被告席望去,他觉得那里有三个人而不是两个人,法庭里所有的人都只看到两个被告,只有他看到了三个。

他看到佐贝黛也在被告席上,时而见她穿着那半透明的睡衣,判决要给她定罪,时而看到她戴着黑色的厚面纱,于是又宣布她无罪。如果她带给他的情报是可靠的,那么,他将相信她是个诚实的人,在爱情上也像在情报的可靠性上一样,没有欺骗他;要是她的情报是假的,那么,他将判她死刑!

他到法庭里来,不仅是来听宣布陶菲克·迪亚卜和阿齐兹·米尔海姆无罪开释,而且首先是来听她究竟是有罪还是无罪。

他朝被告席又望了一眼,恍惚之中只觉得那里不只有三个被告,而是四个,他穆罕默德·阿卜杜·卡里姆就是第四个被告。

他看见自己待在被告席上,今天他也将接受审讯,等待着判决,他还在问道:他将被定罪还是宣布无罪? 当他告诉维赫丹老板说自己失败了的时候,他曾在维赫丹老板眼中看到谴责的目光;在把绳梯和撬锁工具还给鲁基·马阿里夫中学校长穆罕默德·阿卜杜·萨马德的时候,又见到过这种目光;第三次看到这谴责的目光,是他翻墙冒险的第二天见到马希尔博士时,他告诉马希尔博士,他没有找到那份卷宗,但搞到了有关伪造文件的重要情报,他声称是偷听到了国务大臣同他老婆在卧室里的谈话。对这些内幕情况,马希尔博士不置可否,连一句话都没有说。穆罕默德战栗着,以为马希尔准凭着他少有的聪明从自己的眼睛中看出他没有搞到卷宗,却赢得了大臣妻子的一个吻和贾卜拉亚公园里的一次幽会。当穆罕默德提到谢赫·扎基和马西哈·阿凡提的名字时,马希尔博士微笑道:"谢赫·扎基和马西哈·阿凡提?那不是你曾建议陪你一起去袭击欧尼帕夏官邸的两个人吗?"穆罕默德羞愧地低下了头,那天再回答不出一个字来。马希尔博士只对他说了一句"谢谢"。当时,穆罕默德并不理解"谢谢"两字的含义,马希尔博士说的是真心话吗?是穆罕默德提供的情报对打这场官司有用,还是马希尔博士用"谢谢"两字来表明他穆罕默德是个糊涂虫、蠢驴、窝囊废,没有本事搞到那份卷宗,却只是听到了一些作为证据在刑事法庭上根本就站不住脚的废话?

在穆罕默德出神想这些事的当儿,马哈茂德·加利卜法官已经向两个被告问完了例行问题:名字、年龄、职业,他们对被指控罪名的看法。

检察长站起来,要求传讯首席字迹专家。

进来一个老头,夹着一大卷纸,还带了好几副眼镜。他宣了誓,在回答法庭提问时说,他看了华夫脱党主席向总检察长呈递的起诉书中的文件,经过细致的研究,发现文件上穆罕默德·阿拉姆帕夏的签名是伪造的,是先写好加到文件上去的,不是原来的签名。进行这项伪造工作的人,水平是第一流的,因为光凭肉眼是看不出签名是后来印上去的。

伪造者先将阿拉姆帕夏的签名和信件分开拍摄,然后又将两张照片拍成一张,掩盖了伪造的痕迹。

检察长要求听取第二位专家的证词,第二位专家肯定了第一位专家的意见。

接着,又传讯了第三位专家,他也证明了前两位的意见,说华夫脱党主席呈递的这个文件百分之百是伪造的。穆克拉姆先生站起来,要求讨论专家们的证词,但是,马哈茂德·加利卜法官不许他向专家们发问。

从马哈茂德·加利卜的行动看,他似乎相信这文件是百分之百伪造的。

穆克拉姆先生一面坐下来，一面做着手势抗议不许他对证词质疑。

检察长接着要求传讯人民党办公室主任穆罕默德·阿拉姆帕夏，这个案件便是缘由他的信而起。一个矮个子、宽肩膀、戴着一副大眼镜的人走了进来，他站着发表讲话。除提供自己的证词，还说首相伊斯梅尔·西德基帕夏阁下曾想阻止这罪行的发生，提醒陶菲克·迪亚卜不要在《光明报》上发表这份材料，向他断定材料纯属伪造，发表了要负法律责任，但陶菲克·迪亚卜明知材料是假，仍坚持把它登出来。

阿拉姆帕夏提到，他曾收到过阿齐兹·米尔海姆一封信，要求约时间见面，他写了一封亲笔签名的回信，定了见面时间，然而，阿齐兹·米尔海姆并没有赴约，这证明阿齐兹写信的目的在于取得他本人签名，从而干那伪造文件的勾当。文件上他的签名是假的。

阿拉姆帕夏不仅以证人的身份说话，而且充分利用他当过重审法庭法官的经验，提供了判处阿齐兹·米尔海姆和陶菲克·迪亚卜故意伪造罪的前提。

穆克拉姆·奥贝德想打断阿拉姆帕夏的话，被马哈茂德·加利卜法官制止。听众席里响起了愤慨的议论声。加利卜贝克宣布休庭。

听众席里立即传开一则消息，断言判处陶菲克·迪亚卜和阿齐兹·米尔海姆的决定早已准备就绪，由宫廷向马哈茂德·加利卜法官作了传达，他将鹦鹉学舌地念一遍就完事。

华夫脱党里的年轻人都挺喜欢穆克拉姆·奥贝德，他们认为法官禁止穆克拉姆向字迹专家和阿拉姆帕夏提问，证明这个法官心怀叵测，毫无操守和良心。

每个党都有一批热情的支持者，从"消息贩子"那里听取消息。所谓"消息贩子"，是一些搞政治的小贩，他们转来转去，向各党出售合乎它们胃口的谣言,这些谣言不啻是向各党的对手投去烂泥,向自己的支持者捧上鲜花香草。

休庭后不几分钟,消息贩子们已经向所有来旁听审判的人出售了一则消息,说马哈茂德·加利卜法官爱上了著名的女歌星玛莱克,是博斯普尔夜总会的常客,国务大臣欧尼·哈菲兹帕夏曾到国王街玛莱克的住所去见过她,向她口授了严惩阿齐兹·米尔海姆和陶菲克·迪亚卜的判决意见,玛莱克已把这意见向她的情人马哈茂德·加利卜法官转达,现在加利卜法官演的这出戏,最后一幕是事先早已说定了的。

穆罕默德一从消息贩子那里听到这种说法,便惶惶不安起来。他诅咒这个不论插手什么总是把事情搞糟的女人,随后,又诅咒起歌女和所有的法官来。

穆罕默德对过去那些法官不胜怀恋。在今天马哈茂德·加利卜法官坐着的审判台上,一九一九年革命期间的一次庭审记录中,法官们都明确表示站在革命者一边,他们拒绝在英国人践踏各种法律的时候执法,也不能在英国人掳掠全国的时候判处一个偷了几个皮亚斯的人坐牢,甚至也不能判杀了一个人的凶手死刑,因为当时英国军队每天都在大街上屠杀数以百计除了要求独立外什么罪都没有的埃及人!

一九二五年,两位埃及法官——卡尔勒·伊卜拉欣贝克和阿里·伊扎特贝克也是坐在这张审判台上,同英国情报局局长克肖先生作斗争,克肖先生执意要判马希尔博士和诺克拉西死刑,罪名是在革命期间策划了暗杀英国人的活动,而两位埃及法官坚持无罪释放。当时,另一位英国法官以英国人、英国军队和当时真正的君王——英国高级专员的势力相威胁,但两位法官不为所动,迫使英国法官签署了无罪释放马希尔博士和诺克拉西的判决。克肖先生无奈只得宣读这份判决,第二天即愤而辞职,以示抗议。

穆罕默德缅怀着昔日的法官们，他们凭良心的启示办事，而不是听命于歌女们的吩咐。

他决定，将把法官马哈茂德·加利卜的名字列入为了拯救祖国必须处死的名单中去。

休庭结束，审讯又开始了。

穆克拉姆·奥贝德站起身来，要求传讯阿巴斯·哈利姆亲王，听取他作为被告证人的意见。

检察官反对，说没有名叫阿巴斯·哈利姆亲王的人。

检察官的反对是有道理的，因为阿巴斯亲王曾发表过一篇针对福阿德国王的激烈演说，警告国王不要废除国民宪法，威胁说，如果碰一碰这个用人民和先烈的鲜血换来的宪法，就将爆发人民革命。

福阿德国王很生阿巴斯亲王的气，剥夺了他的全部封号，在法律面前，他只能叫阿巴斯·哈利姆先生，而不能叫阿巴斯·哈利姆亲王。

穆克拉姆明白检察官反对的理由，便说道：

"那好吧。我们要求传讯阿巴斯·哈利姆贵族。"

"没有人叫阿巴斯·哈利姆贵族，"检察长说道，"只有阿巴斯·哈利姆先生。"

穆克拉姆说道：

"是人民授予阿巴斯·哈利姆'贵族'称号的，也只有人民才能剥夺他这个当之无愧的称号，因为他曾站在人民的营垒中反对暴君和侵略者。"

检察长说道：

"检察部门反对传讯这个人，因为他与本案无关。"

纳吉布·加拉比利帕夏站起来说道：

"辩护人坚持要传讯他，他将向法庭证明，他与本案有着密切的关系。"

穆罕默德受到消息贩子的影响，以为加利卜法官不会同意传讯政府反对他出庭作证的阿巴斯·哈利姆，因为阿巴斯要说的话，自然会惹怒国王和政府。

然而，加利卜法官却不顾检察官的反对，决定传讯阿巴斯·哈利姆，让他出庭作证。接着，法官宣布第二天继续开庭。

穆罕默德对这个奇怪的决定感到诧异。在法院门口，他碰到自己的朋友、穆克拉姆的弟弟乔治·穆克拉姆·奥贝德，乔治经常到阿齐兹·米尔海姆办事处来转转，穆罕默德是在那里认识他的。穆罕默德对他说道：

"马哈茂德·加利卜怎么会作出如此大胆的决定？所有听审的人都说他爱上了歌女玛莱克，玛莱克也爱他，欧尼帕夏已把自己对判决的意思告诉了玛莱克，玛莱克已向审判长作了传达……"

"你别相信这种无稽之谈，"乔治笑着说道，"马哈茂德·加利卜倒确实喜欢音乐，但他并不喜欢歌女玛莱克，玛莱克也不喜欢他。玛莱克喜欢的是努哈斯帕夏的弟弟、法官阿卜杜·萨拉姆·努哈斯，他们不顾努哈斯帕夏及其全家的反对，不久将要结婚了。"

穆罕默德不再诅咒法官，而骂起那些消息贩子的谣言来。

第二天，即一九三一年十一月二十六日，穆罕默德第二次去法庭听审，他看到这一天来的人比上一天多了一倍。

检察部门禁止当天出版的晨报刊登有关阿巴斯·哈利姆的辩论，理由是这有损王室的尊严。然而，消息越是禁止，传播得却越快。

群众纷至沓来，听阿巴斯·哈利姆亲王在刑事法庭的大厅里攻击福阿德国王。

小道消息说，阿巴斯亲王可不是到法庭来作证，而是来用鞭子抽打检察长，因为检察长说没有一个名叫阿巴斯·哈利姆亲王的人。

大家都知道，阿巴斯亲王在辩论中用鞭子比用嘴巴多。几个星期之前，《万宝囊》杂志的负责人苏莱曼·法齐先生发表文章攻击阿巴斯亲王。阿巴斯亲王二话没说，拿了鞭子就到《万宝囊》杂志社去，他到处找苏莱曼·法齐，终于找到了他。他一面用鞭子猛抽，一面说道：

"法律允许我对谈到我的文章作出回答，这就是我回答的方式。"

新闻记者们群情激愤，因为亲王鞭打一个记者，侵犯了新闻自由，而亲王还是一个要求按宪法办事的人哩！

奇怪的是，公众舆论却站在亲王一边，反对这个记者，亲王受到人民的爱戴，而《万宝囊》杂志的负责人却普遍受人憎厌，因为他专门攻击华夫脱党和萨阿德·扎格卢勒。

另一次，阿巴斯亲王看到与他寓所毗邻的易卜拉希米亚中学的一些学生调戏姑娘，便怒不可遏地提了鞭子闯进学校，他来到窗子正对着他寓所的那个班，要挨个儿把学生抽打一遍，谁也不能例外。校长跪倒在他面前说道：

"王爷，让我来打所有的学生吧，该挨打的不光是一个班，他们冒犯了王爷的尊严，该受惩罚。"

阿巴斯王爷被说服了，把这个任务交给了校长，他一面走出易卜拉希米亚中学，一面把鞭子在空中抽得噼啪噼啪响。

因此，到刑事法庭来听审的人揣测尊敬的亲王殿下将用鞭子来教训教训这个长舌的检察长，这不足为怪。

阿巴斯·哈利姆走进了法庭，人们看到亲王没有带鞭子，都显得很失望。

开庭了，法官加利卜贝克命令传讯阿巴斯·哈利姆。有着魁伟的运动员体魄的阿巴斯走上前来，他一头金发，脸色红润，长着一双蓝色大眼睛。他迈着军人的步伐，一直走到审判台前才站住。

纳吉布·加拉比利帕夏问他有关那份文件的情况。阿巴斯·哈利姆回答的声音很响亮,讲着夹杂方言的普通话,带一点土耳其音,还有些德国腔。尽管如此,他说话很有力,像机关枪一样。

阿巴斯亲王说,那天他到阿齐兹·米尔海姆先生的办事处去拜访,看见有两个人把一份有阿拉姆帕夏签名的信件照片交给阿齐兹先生,阿拉姆帕夏在信中说,他已将西德基帕夏指示搞假选举的命令向各省省长作了传达。阿巴斯亲王自己看了这封信,立即就相信了,因为信里讲的全是不容置疑的事实,全国人民都知道政府搞了假选举;阿拉姆帕夏写这封信,他一点都不觉得奇怪,犯有废除国民宪法滔天大罪的人,犯点搞假选举这样的小罪,当然不算什么。

检察长想打断阿巴斯亲王的话,却被加利卜贝克法官制止。

穆克拉姆·奥贝德问阿巴斯亲王:

"你知道把文件交给阿齐兹·米尔海姆的两个人是谁?"

"他们是马西哈·阿凡提和谢赫·扎基。"亲王答道。

检察长立即站起来说道:

"我们欢迎传讯这两个人,我们将在法庭上证明,上面的故事纯属虚构,毫无根据。"

阿巴斯亲王双眼冒火,盯着检察长。加利卜贝克法官以为亲王要揍检察长,于是就向他致谢,宣布听证结束。

穆罕默德感到纳闷:检察长居然欢迎传讯马西哈·阿凡提和谢赫·扎基!

穆克拉姆站起说道:

"辩护人不同意传讯马西哈·阿凡提和谢赫·扎基。"

检察长霍地站起来说道:

"但是,既然阿巴斯亲王已经在法庭上提到他俩的名字,检察部门就坚持要听取他俩的证词。在听取他俩的证词之后,法庭将会判明这个文件是在国民议会大厅里伪造的,华夫脱党主席、阿齐兹·米尔海姆和陶菲克·迪亚卜都是知情者。"

加利卜贝克法官说道:

"法庭决定,明天传讯马西哈·阿凡提和谢赫·扎基,听取他俩的证词。"

伊卜拉欣·哈勒巴维先生说道:

"我们请求法庭下令在明天的审讯中传讯三位字迹专家,辩护人想对他们提几个问题。"

"三位专家的话已经说完,"检察长气愤地表示反对,"他们以确凿的证据证明,文件是伪造的,他们的证词已将辩护人驳得哑口无言。"

穆克拉姆想对字迹专家的证词提出疑问,被法庭阻止。哈勒巴维贝克用微弱的声音说道:

"我年纪大了,听力很差,专家们说的话全没听清,还是今天从报上看到的。我希望公正的法庭能给我这样一个上了岁数的人一个机会,搞清专家们的某些看法,辩护人保证不同专家们辩论。"

马哈茂德·加利卜法官同意哈勒巴维的请求,决定传讯三位专家,庭审推迟到次日上午举行。

一九三一年十一月二十七日上午九时,法庭又开庭了。审判长下令传讯马西哈·阿凡提。

一个高个子走了进来,他戴着眼镜、毡帽,步子很大,显得聪明、安详、十分自信。

马西哈·阿凡提宣誓,他将说真话,句句是真话。检察长问他:

"你常到阿齐兹·米尔海姆先生的办事处去吗?"

"是的。"

"你在阿齐兹·米尔海姆办事处见到过阿巴斯·哈利姆吗?"

"我一辈子都没见过他……除杂志刊登的照片外。"

"他说,他看见你曾将一份文件交给了阿齐兹·米尔海姆。"

"我当着一个陌生人的面,去交这样的文件,这可能吗?"

穆克拉姆说道:

"但是,阿齐兹·米尔海姆说,这份文件是你交给他的。"

"很遗憾,阿齐兹·米尔海姆没有说真话。"马西哈平静地说道。

穆克拉姆表示,目前马西哈的证词已经够了,他要求传讯谢赫·扎基,对马西哈的证词留到庭审结束之前再问。

审判长下令带谢赫·扎基。

进来的是一位庄重的教长,三十岁左右,身穿肥袖长袍,头上戴着白色缠头巾。他挺神气地一直走到审判台前,宣誓将说真话。

穆克拉姆一面把文件递给他,一面问道:

"你以前见过这份文件吗?"

"是的,见过。我是宣过誓的人,我不可能违背我的誓言。"

所有来听审的人脸上都露出宽慰的神色,因为这个有信仰的谢赫·扎基承认事实,没有像马西哈·阿凡提那样矢口否认。

检察长问道:

"教长先生,你是在哪儿见到过这份文件的?"

"我在《光明报》上见过,"谢赫马上回答道,"是附在华夫脱党主席关于大选有弊的起诉里的。"

法庭旁听席上所有听众都大失所望。

穆罕默德几乎控制不住,想从座位上跳起来喊"你这个骗子!",但是,他克制住了,仍坐在自己的位子上。

穆克拉姆诡谲地微微一笑,问道:

"你在爱资哈尔上过学吗?"

"是的,我有这个荣幸。"谢赫·扎基自矜地答道。

"有人说你既不会念书,也不会写字?"

谢赫叫道:

"这是撒谎,是诬蔑!"

穆克拉姆面对法官们说道:

"法庭可否允许我考他一下听写?因为,谢赫·扎基是否能读会写是关系到他的话是否可信的重要问题,他声称是在报纸上读到这份文件的,而有人却说他既不会念,也不会写。"

"这是侮辱斯文!"谢赫·扎基怒气冲冲,"我不仅准备接受听写考试,也准备考语言学和修辞。"

"只考听写就行。"穆克拉姆一面说,一面想从自己面前找一份报纸,"很遗憾,我带来的那份《光明报》丢在律师室里了。我就考他检察长说是伪造的阿拉姆帕夏的信吧。"

穆克拉姆开始念,谢赫·扎基记。听写考完后,谢赫·扎基洋洋自得地把卷子交给穆克拉姆,说道:

"你将会明白,说我无知的人自己才是骗子、无知!"

穆克拉姆右手拿起谢赫·扎基听写的卷子,左手拿着那张伪造信件的照片,说道:

"法官先生们,这两份材料出自同一个人的手笔,这就是谢赫·扎基的手笔。我们并没有伪造文件,是政府让这个不幸的可怜虫把这份材料硬塞给我们,企图陷我们于这小小的伪造罪之中,从而掩饰最大的伪造罪,也就是伪造选举罪,伪造人民意志的罪行!"

谢赫·扎基暴跳如雷,尖声喊道:

"这是撒谎！是骗人！是诬蔑！"

伊卜拉欣·哈勒巴维贝克站起身来，轻声说道：

"正因为此，我们曾请求法庭传讯三位字迹专家，我们昨天已经答应检察长不同专家们辩论，我们将言而有信，对字迹专家的要求是请他们鉴定一下文件上的字是否出自谢赫·扎基之手。"

审判长下令传三位专家，他们进来后，审判长随即将两份材料都交给他们。

专家们立即作出了回答：两份材料上的字迹完全相同！

审判长宣布休庭。休息后继续审讯，三位专家交上了一份详细的鉴定报告，认定伪造文件上的笔迹确系谢赫·扎基所写无误。

谢赫·扎基拼命喊道：

"我是清白的，就像狼同雅各布儿子的血毫无牵连一样清清白白。这不是我的笔迹，我要求请第四位专家来！"

穆克拉姆开始同谢赫·扎基辩论，步步进逼，终于逼得他理屈词穷。突然，谢赫·扎基大哭起来，说道：

"我坦白，我对你们实说了吧，这的确是我的笔迹，我是照马西哈·阿凡提事先交给我的一份草稿抄的，是马西哈·阿凡提一手把阿拉姆帕夏的签名搞到信上去的。"

马哈茂德·加利卜法官当即下令逮捕两个原告证人：马西哈·阿凡提和谢赫·扎基，宣布他俩是被告，接着，又命令把他俩押上被告席。

穆罕默德再也控制不住自己，他情不自禁地为审判长的决定鼓起掌来，群众也在鼓掌，法庭里响起了"正义万岁"的欢呼声。

审判长又下令释放陶菲克·迪亚卜先生和阿齐兹·米尔海姆先生，审讯推迟到十二月十五日举行，以便进行新的调查。

两个星期来,穆罕默德一直在观察,穆克拉姆能在下一轮的审讯中使两个被告彻底交代吗?能供出是内政部的国务大臣欧尼·哈菲兹帕夏一手策划了这个阴谋,是他要他俩去干这肮脏的勾当吗?

穆罕默德在阿齐兹·米尔海姆和陶菲克·迪亚卜被释放后,心情非常舒畅,他觉得佐贝黛也同他俩一起走出了被告席,她讲的每句话都是真的,女人不是骗子,她们是诚实可信的,纳吉娃·穆纳斯特利骗人不能成为世界上所有女人都骗人的证据。

更重要的是,这一切都证明佐贝黛爱他,她爱他的最有力证据便是她为他搞到了这些内幕情况。

他有个强烈的愿望,就是想赶快到西迪·法尔杰咖啡馆去见维赫丹老板,到鲁基·马阿里夫中学去见穆罕默德·阿卜杜·萨马德先生,去见艾哈迈德·马希尔博士,他好像很想从他们三个人那里取得恢复自己名誉的判决,他不是维赫丹老板用语言、阿卜杜·萨马德先生用沉默、马希尔博士用微笑所指的那种"窝囊废"。

后来他又宁可等到正式判决了以后再说。案件推迟十五天,他觉得真像十五年甚至十五个世纪那么长。

等待期间聊以自慰的是阿齐兹·米尔海姆亲了他一次。阿齐兹先生知道他起的作用,还告诉他,陶菲克·迪亚卜想要见他,向他表示感谢。

穆罕默德不需要任何人的感谢,只需要宣布他无罪。

不过,马哈茂德·加利卜法官推迟审讯可曾想到这也使他同佐贝黛的见面推迟了十五天?要是加利卜真爱歌女玛莱克,他就不会把审讯推迟这么久。

阿齐兹·米尔海姆告诉他,他知道国务大臣欧尼帕夏一天夜间去了拘留所,到牢房里去见了马西哈·阿凡提和谢赫·扎基,以名誉向他俩担保,只要他俩否认他欧尼帕夏与文件无关,他俩便会被判无罪,如果供出他与文件有关,那他就在狱中处死他俩!

穆罕默德第一次看到阿齐兹·米尔海姆悲观沮丧。阿齐兹已接到可靠的情报说,福阿德国王对马哈茂德·加利卜法官大为不满,说加利卜法官把案子办成了闹剧,非但没有审判华夫脱党的主席,反而审判起政府来。政府已派人把国王震怒的情况告诉了马哈茂德·加利卜,并说他如果判决无罪,就要他好看。

阿齐兹·米尔海姆说,如果马哈茂德·加利卜软下来,他不会感到意外,因为四面八方都在对加利卜施加压力,压不住他,也能压住他左右手的两个法官。

最后一次审讯开始了。

穆克拉姆·奥贝德想尽办法要马西哈·阿凡提和谢赫·扎基招出欧尼·哈菲兹帕夏所起的作用,但他俩坚决否认,强调他们犯伪造罪是自觉的,事先并没有人策划或唆使。

穆克拉姆的一切努力都无济于事。

穆罕默德心里很失望,他知道,阿齐兹·米尔海姆获得的情报是对的,他又诅咒起法官来……

马哈茂德·加利卜宣读了判决书:陶菲克·迪亚卜和阿齐兹·米尔海姆无罪释放。谢赫·扎基和马西哈·阿凡提各判五年苦役。

此时此刻,穆罕默德觉得自己是世界上最快活的人,司法作为最后一个堡垒,没有落入暴君之手,它顶住了威胁利诱,民族也保住了自己的荣誉。

国家的首脑伊斯梅尔·西德基帕夏坐在位于扎马利克官邸楼上的书房里,他身穿白色绸睡衣,外面套着厚羊毛大衣,头上戴着一顶有点像小丑帽似的红色小帽,鼻梁上架着一副眼镜。

时间是凌晨五时,大臣们早已入睡,反对党的领袖们也已入睡,国王在睡觉,全国都在梦乡,这个时候,是首相阅读连夜送到的各省、市治安情况秘密报告的时间。

今天,所有的报告措辞虽然不同,但意思都是一个。明尼亚省省长艾哈迈德·扎基·穆斯塔法贝克在报告中说,人们一听到宣判陶菲克·迪亚卜和阿齐兹·米尔海姆无罪释放的消息,便在大街上跳舞;运河省省长哈桑·法赫米·拉法阿特贝克的报告说,人们出来举行声势浩大的游行,高呼公正的法官马哈茂德·加利卜万岁,打倒暴虐的统治者伊斯梅尔·西德基;代盖赫利耶省的警察局长哈伦·艾布·萨哈利贝克报告说,曼苏腊市的学生们举行罢课,扛着一具棺材上街,棺材上写着:被公正的法律判处死刑的伊斯梅尔·西德基内阁;亚历山大省省长侯赛因·萨布里是王后纳齐莉的兄弟,他在报告中说,妇女们摇动舌头发出欢呼来迎接无罪释放的判决,人们互相拥抱、亲吻,不断地说:"恭喜,恭喜";政治警察局局长萨利姆·扎基贝克的报告说,开罗举行了声势浩大的示威游行,高呼打倒舞弊者伊斯梅尔·西德基的口号,要求西德基政府在受到法律谴责之后立即辞职……

西德基帕夏把手里的报告丢开,摘下眼镜,点了一支烟,考虑起他与人民之间的这场斗争来。他不理解人民,人民也不理解他;他不信任人民,人民也不信任他。他并不讨厌人民,他给自己的党取的名字叫"人民党",为他的政权辩护的喉舌报,名字也叫"人民"。他只是认为,人民是个应该置于监护之下的小孩,还未成年,必须由保护委员会来限制其行动,他作为一个世界著名的专科医生,认为不管人民是否愿意都应躺在床上,关紧门窗,别得了感冒,或从窗子口掉下去。他不许人民讲话,免得人民患喉炎,或讲出一些不登大雅之堂的脏话。也不许人民活动,免得人民摔倒在地,跌伤。如这个病弱的孩子不服管教,那就是违背了医生为他开好的医嘱。西德基帕夏打他,不是为了惩罚他、伤害他,而只是为了教育他,让他遵守医嘱,免得旧病复发,身体再次弄垮。

这个孩子,他是一心为他好的,为什么要生他的气呢?这个还未成年的孩子为什么提出要求说他有权自己挑选治病的医生呢?我们每每给这个孩子挑选医生的权利,他就挑乡下治病的理发师,而不要专科医生,多数党的领袖们就是这样的乡下理发师,无知的乡下人宁可要他们而不要世界著名的医生。这些领袖没有一个人具有他伊斯梅尔·西德基这样的能力、天资、学问、经验和治国的本事,他在大选中搞舞弊,并不是想要剥夺人民的什么权利,而是在为他们谋福利,不让他们去选一个对治国安邦之术一窍不通的乡下理发师。这些幼稚的民众不正确估价他的贡献,反高呼要打倒他,而在埃及的所有外国人都一致肯定他的能力和天才。英国的《泰晤士报》说,伊斯梅尔·西德基要是生长在欧洲,肯定能成为一个大国最伟大的首相。不错,他每月都给《泰晤士报》驻开罗记者马顿先生津贴,但是,《泰晤士报》乃是世界上最大的报纸,它要是不信服这样重要的判断就在社论里发表出来,那才是不可思议呢!他了解的人民和了解他的外国人之间的区别,是无知与学问、感情冲动者与现实主义者之间的区别。等这个孩子长大,有了知识,他就会懂得为什么应该选择世界著名的专科医生,而不要选乡下理发师了。因此,这个孩子应该继续待在床上,不许动,直到他长大,学会对事物作出判断再说。

西德基帕夏伤心地叹了一口气,因为人民坚持说自己不是孩子,所有的孩子都不承认自己是孩子。人民声称自己已有几千岁了,比世界各国都早就懂得了民主,也比许多世界文明古国更早就有了自己选举出来的议会,是一八八二年英国占领埃及以后,才取缔了议会。人民说,民主只有通过斗争实践才能赢得,孩子应该多摔跤才能学会走路,他要是一直待在床上,将会终生瘫痪,无法动弹。必须允许孩子说话,开始或许会讲错,慢慢就会讲得纯熟。要是我们禁止孩子说话,一说话非得满口哲理、格言,通篇天才理论,那他随着时间的推移非成哑巴不可。孩子应该有生病、痊愈的过程,这样才能取得抵抗力,不生那些衰迈虚弱者所得的瘟病和绝症。

所有的理由,西德基帕夏都嗤之以鼻,它们不过是乡下理发师不让请专科医生的自我辩解罢了。

西德基帕夏想起了他同人民的斗争由来已久,很早很早以前就开始了。在一九一九年革命中,他是最早拥护萨阿德·扎格卢勒的埃及人之一,他加入了华夫脱党,用他优美的法国笔调为华夫脱党写了第一篇抗议英国占领埃及的文章,拍发了第一份要求巴黎和会承认埃及独立的电报。后来,在巴黎,他同萨阿德·扎格卢勒意见不合,当时他认为萨阿德·扎格卢勒应该同意分几步走,贯彻"拿一点,再要一点"的原则,而萨阿德·扎格卢勒却坚持要外国军队全部撤出,让埃及和苏丹彻底独立。在这个问题上,另一位华夫脱党成员马哈茂德·艾布·纳斯尔支持西德基。可是,华夫脱党突然开会,没有经过仲裁便决定开除他们两人出党。西德基帕夏写信给尤素福·努哈斯博士,建议萨阿德同意他立即退党而不是开除他出党,因为他担心开除的决定将会造成坏的后果,当他回国的时候将会招致非难和蔑视。

尤素福·努哈斯博士对萨阿德说:

"我不理解,你是位以执法公允而著称的法官,犯有小过的人你都不愿在听取他的辩护之前就作出判决,现在怎么会允许判处你的两位同事永世不得翻身呢?对他们两人,你既提不出具体罪名,也不给他俩一个辩护的机会。"

"华夫脱党的党章规定,可以开除任何党员,"萨阿德说,"只要领导机关认为已无法与他共事就行,不必说明原因或提出具体的指控。"

"这太过分了。我相信你的内心会感到不那么妥当。与他们两个人共事有困难,干吗不让他俩退党呢?西德基帕夏和马哈茂德·艾布·纳斯尔准备立即提出退党。"

"对此我们议论过。但是听说,他俩可能要回埃及去,会发表一些有损于华夫脱党声誉的话。"

"华夫脱党受到国民的尊敬,这类中伤损害不了它。"尤素福·努哈斯说。

"对我来说,他俩退党也行,但事情应提交我们华夫脱党的同事们讨论,得听听多数人的意见。"

这时,穆罕默德·马哈茂德帕夏和艾哈迈德·卢特菲·赛伊德贝克进来,萨阿德便把自己的意见告诉他俩,他俩强烈反对,绝大多数的华夫脱党党员也反对西德基和马哈茂德·艾布·纳斯尔退党,坚持要公开除名。

西德基帕夏回到埃及,忽然发现在人民眼里,萨阿德·扎格卢勒开除他的决定,就像罗马教皇发布的禁止接触令一样,人们不同他握手,拒绝听他讲话,对待他犹如一个贱民,他的朋友们逃避他,全埃及都对他关上了大门。

从那时起,伊斯梅尔·西德基和埃及人民之间开始被一张网隔开了。

西德基帕夏又点了一支烟,在屋子里踱方步。他在阿卜杜·哈利克·萨尔瓦特帕夏的内阁当过财政大臣,是首相的得力臂膀,争得了英国人在一九二二年二月二十八日发表的声明,使埃及从英国殖民地变成了一个王国。不错,英国人在声明中是作了四点保留,即英国继续占领埃及,保护埃及境内的外国侨民和少数民族,管理苏伊士运河的交通,维持对苏丹的英埃统治。不过,他当时认为,他在独立的道路上成功地迈出了至关重要的一步,心想他将堂而皇之地被载入史册,埃及人将把他举在肩上。不料,萨阿德却说,这份声明是变相的"保护",是英国人用三分之一的力量来行使对埃及的"保护"。英国人的保留意见,乃是暗中打下的钉子,不是一枚,而是四枚钉子。人民于是便诅咒那些争来二月二十八日声明的人。

一九二四年第一次选举时,他在杏德巴斯塔选区竞选,他和他的家族在那里拥有数千费丹的土地,权势显赫,支持者和姻亲也多。萨阿德·扎格卢勒在那里支持的是一个默默无名的律师穆罕默德·纳吉布·加拉比利先生。结果,人民抛弃了他西德基,赫赫有名的帕夏落选,无名小卒的律师却当选了。西德基帕夏对人民又一次感到失望,更加坚信埃及人民不配自治,他们挑选的是乡下理发师,而不是世界上伟大的医生。

一九二五年,他在艾哈迈德·祖尤尔帕夏内阁里任内政大臣,开始向把他视若贱民、让他竞选败北的人民宣战。他用各种恐怖手段对付人民,打击一切犟头偏脑的人,派兵包围萨阿德的住宅,禁止人们去看望他,并迫使许多华夫脱党的议员退党,同萨阿德·扎格卢勒断绝往来,在成功地把人民打进夹缝里去之后,他举行了新议会的选举,在三十个选区的选举中击败了萨阿德·扎格卢勒。他威胁议员,恫吓候选人,花了大笔款项来笼络穷苦的人民。选举结果,政府的支持者成了多数派,萨阿德的支持者成了少数派。大臣们高兴得手舞足蹈,福阿德国王为表彰他在击败萨阿德·扎格卢勒方面的伟大胜利,拥抱了他。

议会召开了首次会议,政府提名阿卜杜·哈利克·萨尔瓦特帕夏担任议长,萨阿德提名自己为竞选人,与政府的候选人抗衡。

进行投票的结果,大大出乎西德基帕夏的预料,萨阿德·扎格卢勒把萨尔瓦特帕夏打得大败,赢得了绝大多数选票。

西德基帕夏目瞪口呆,不懂这究竟是怎么回事。议员是他亲自挑选的，是他动用了国家的钱财、势力帮助了他们，为了保证他们当选，他还在选举中做了手脚，怎么一夜之间这些人一下子就从萨阿德的敌人变成了他的支持者？后来他才搞明白，这些他以为是站在政府一边的议员，许多人都欺骗了他，不少人一看到萨阿德出现在自己跟前，便会悔恨地跪倒在他脚下，乞求他宽恕自己曾有过一天背叛了他。西德基帕夏不得不要求解散新议会，国王在议会开会的七小时之后即下令解散。这是历史上最短命的议会。

正因为此，西德基帕夏坚信人民是个不懂自己利益何在的孩子，应该把他放在床上，等他病愈，应该揍他让他变规矩，应该蒙上他的眼睛直到他明白怎样看清正道，应该捆住他的双手免得他侵犯治安人员，应该让他戴上口罩不让他说出不知分寸、有伤尊严的话，应该给他的脚上套上镣铐不让他误入歧路。

一九三〇年，他担任了内阁首相，他把自己的计划付诸实施。他解散了人民选举的国会，代之以政府选出的国会，废除了给予人民太多的自由以致被阿卜杜·阿齐兹·法赫米帕夏说成是"宽袖大袍"的宪法，代之以按小孩尺寸裁制的"紧身"宪法，或称"超短"宪法，它有点像四十年之后才在世界上流行的超短裙！

西德基帕夏微笑了，人民的口号声他已经不在乎了，组成或解散内阁的，又不是埃及人民。群众抬的棺材上写着他的名字也刺激不了他。群众没有力量来决定内阁首相们的生死存亡。幸灾乐祸的亚历山大妇女发出的摇舌欢呼，他不会激动，她们摇舌欢呼也好，打自己脸颊号哭也好，他都挺欣赏她们的姿容。他的情妇孔茨·爱丽斯就是亚历山大人，看在她美丽的金发份上，他准备宽恕所有为陶菲克·迪亚卜和阿齐兹·米尔海姆无罪释放而欢呼的亚历山大妇女。

西德基帕夏想到自己的美人儿,眼睛就发亮,浑身热血沸腾,孔茨的名字犹如还春灵丹妙药,能暂时恢复一下他已消逝的青春。

他看看表,已是早晨七点,这是孔茨睡醒的时间,让他借她悦耳迷人的声音来避开人民的诅咒吧。他想象着,这会儿她在他为她盖的尼罗河畔的住宅里,躺在宽大床上熟睡的样子来。他抓起话筒,拨电话。

他已经年过六旬,可是一站在美貌的女人面前,就成了个三十岁的青年,碰到他爱的女人,则像个二十岁的小伙子。他这张发布朝人群开枪、监禁、逮捕等命令的嘴,会变得温柔,说出一些最伟大的诗人都说不出口的调情词句。

在他的艳史中,打交道的绝大多数不是埃及女人,因为他不懂怎么用阿拉伯语来谈情说爱,他总是用法语来调情,他擅长用法语交谈、阅读和书写,仿佛是巴黎不朽者协会的成员。也许是他原来生活中的外国气氛养成了他这种倾向,或者是他故意在外国人圈子里猎艳,免得消息传到他老婆的耳中,对他老婆,他总是不敢掉以轻心。

西德基帕夏听见电话那头传来半睡半醒的女人声音:

"哈罗……呵呵呵……"

他用温柔的声音问道:

"亲爱的,我把你吵醒了吧?"

"不,我正在念诗。"她声音飘忽,软绵绵的。

西德基帕夏被她的声音迷住了,问道:

"你在念爱情诗吧?"

"我正在念英国著名诗人珀西·毕希·雪莱的诗句:

不必害怕邪恶的宗教的教士们
和暴君们的统治会地久天长,

他们正立足在那愤怒的河滨，

面对他们用死亡染污的波浪。

不必害怕他们的强暴，

那咆哮的河水将把他们埋葬。①

西德基帕夏笑道：

"这首诗是诗人雪莱的作品，还是阿巴斯·阿卡德所编？"

"阿巴斯·阿卡德是谁？"

"一个天天在报上骂我的作家。你读这样的诗，证明你已经加入了反对党。"

"确实，我正在认真考虑加入反对党的问题。"

"在这场斗争中，"西德基仿佛贴着她耳朵倾诉情话，"我相信我能够在第一个回合就击败华夫脱党。"

"我不开玩笑。你是个暴君、专制者、一个狠心的人。雪莱的诗对你完全适用！"

"出什么事啦？"西德基帕夏莫名其妙。

"我二十四小时没有看见你了，"孔茨显得非常伤心，"你答应我出席糖业公司董事长亨利·努斯贝克的晚宴，我一直等到你凌晨一点，可是你没有来。无视人民愿望的统治者，那便是暴君、独裁者和狠心的人。"

西德基帕夏歉疚地说道：

"我真想去参加，哪怕只有一分钟，可是我太忙了。华夫脱党主席控告我在大选中弄虚作假，他提供的材料是伪造的，但伪造材料的人奇怪地

---

① 珀西·毕希·雪莱(1792～1822)，英国诗人。文中的诗见诸《雪莱诗选》(湖南人民出版社1980年版)中《给威廉·雪莱》第四段。最后一句根据阿拉伯文译出。

被判无罪释放,还发生了要打倒我的示威游行。"

"所有参加晚宴的人都谈到了这件事。亨利·努斯说,埃及配不上伊斯梅尔·西德基。不动产银行董事长埃米勒·米尔耶勒先生说,西德基帕夏牺牲了原先能从各银行和大公司董事会领取二万镑的年薪,去当年俸仅三千镑的首相,对此,埃及人作不出正确的评价。百万富翁西尔瓦戈说,埃及法官作出的判决,把原告的证人当成了被告,这证明作出判决的是人民大众而不是法官们。恩斑男爵说,比利时银行董事长告诉他,西德基帕夏是世界上最伟大的三个经济学家之一。穆赛里银行的老板穆赛里先生说,消灭了恐怖,这就够西德基自豪的了,我们再也听不到向大臣掷炸弹、开枪的声音了。"

西德基帕夏颇有感触,声音里隐藏着忧伤:

"要是所有的埃及人都是银行家和大公司的董事长,我的担子就轻松多了。但是,先知在自己家乡却无尊严可言。你想,你们亚历山大市妇女听到跟我唱对台戏的刑事法庭判决,居然摇动舌头欢呼个没完!"

"我可不是亚历山大人,我是黎巴嫩人!"孔茨似乎为了自己的心上人,想同她的城市脱离关系。

"出生在亚历山大的黎巴嫩人吧……这使我更加喜欢亚历山大了。我眼下正在亚历山大修建滨海大道,改造一下这座城市,人民却因为我修建滨海大道而攻击我,今天他们指控我,说我修这条大道是为了贪污几千镑钱,这是一项毫无用处的工程;明天他们又将指责我在亚历山大修滨海大道是因为我喜欢的女人出生在亚历山大!"

"巴黎人诅咒乌特曼部长,因为他修了巴黎最大的一条街。他死后,他们却给他树了一尊塑像。"

"他们准备用来为我立像的砖头,早就砸在我身上了。"西德基帕夏揶揄道。

孔茨软语款款地说道：

"我有一次读到一段话，说人民像女人，只喜欢打她耳光的男人。"

"要真是这样，埃及人民理应崇拜我！"西德基帕夏讽刺道。

"有我爱你就行了，你感到满足吗？"孔茨脉脉含情地说道。

西德基帕夏好像想极力压下那冲动的感情：

"有你的一半爱情我就心满意足了，在你的爱中，我将把全国人民的仇恨忘得一干二净。"

孔茨的声音充满了青春活力：

"我今晚必须见到你，否则你就会听说我参加了最新一次打倒内阁的示威游行。内阁倒台对我可有利，那样，我就能每夜都见到你了。"

西德基满怀情意，仿佛要倒在她的怀抱中：

"不管发生什么，今晚我一定来见你！"

西德基帕夏打完电话，感到比原来精神多了，他精力充沛，工作欲望更加强烈。统治者总是需要一些东西来振奋自己，有时是群众的呼喊，有时是一杯威士忌，有时是政治上的重大胜利，有的时候是他所爱女人的声音。

西德基帕夏刚搁下听筒，孔茨迷人的声音还在耳畔回荡，那就像美妙的一曲终了，余音绕梁，袅袅不绝，这时，电话铃突然又响了。

只听得国务大臣欧尼·哈菲兹帕夏慌乱地说道：

"刚才有人朝爱资哈尔清真寺教长艾哈迈迪·查瓦希里谢赫阁下扔了一枚炸弹，教长刚出门，炸弹击中汽车，但没有炸着他本人……"

西德基帕夏放下听筒时，为这奇特的变化微笑了，一分钟前，他想着孔茨·爱莉斯，现在却得考虑爱资哈尔的教长。

他们干吗要朝爱资哈尔的教长扔炸弹？

爱资哈尔的人士干吗也对内阁表示气愤？西德基帕夏的内阁为了让他们满意已经做了许多事。他们反对姑娘们上大学，教育大臣阿里·伊萨帕夏命令大学中男女生分开，致使反对党都称他为"守旧的大臣"。

爱资哈尔人士反对戏剧学院里教交谊舞，政府便下令禁止跳交谊舞。

人民不愿意拿什么东西来取代他们的自由。西德基帕夏开了一个人民餐厅，让工人们花一个皮亚斯就能吃一餐饭，可是工人们不到人民餐厅去，却高呼人民自由万岁，好像对他们来说，自由比吃饭更宝贵。

他为人民修滨海大道，可是人民却不屑一顾，说他们只想要自由之路。他派乐队到公园去演奏，人们却不愿去听，因为他们只想听自由之歌。意大利总理墨索里尼对埃及外交大臣阿卜杜·法塔赫·叶海亚帕夏说，他很欣赏埃及政府进行的重大改革，然而，埃及人民听后却耸耸肩膀，不以为然。人们说，意大利的大独裁者赞扬埃及的小暴君，这是理所当然的事情。埃及需要的是一个埃及人欣赏、外国人痛恨的民主政府。人民说，嘴巴被封着，食物有什么用？人们戴着脚镣手铐，修新马路干什么用？统治者的手指塞住了他们的耳朵，不让他们听到声音，音乐又有什么价值？

真是小孩子的脑袋！他们竟然想要自由，吃弄坏他们肠胃的食物，不服教师的管教，不在规定的时间去洗澡，把干净的衣服上搞得满是污渍，肮脏不堪。他们想要的是反对现制度的自由！

什么是自由？世界上任何人的自由都有限制。他伊斯梅尔·西德基帕夏，身为埃及首相，也并不自由，不能想干什么就干什么。福阿德国王在限制他，干预他的内阁事务，任命一些他不想要的大臣，塞给他一些他不信任的官员。英国高级专员珀西·洛林爵士也限制他的自由，反对他想实施的计划，制止他想采取的措施。不错，限制他的自由，他也挺恼火，但是，他不会走上街头去高呼打倒福阿德国王和英国高级专员，不会去砸路灯、掀翻电车和公共汽车。自由只适用于大人,孩子不能有自由。

不过。他干吗要这样受人民、国王和英国高级专员的气?他为什么不遵照他情妇美人儿孔茨的劝告,辞掉首相职务,在她的怀抱中度过夜晚?

西德基帕夏开始责怪自己的幼稚。

他要是辞去首相职务,美人儿孔茨还会像现在这样爱他吗?她爱的是他这个人,还是爱他大权在握?

西德基帕夏一面穿衣,准备去上班,一面又想起他的美人孔茨。

他突然冒出了一个奇妙的念头:

是否有一个反对党企图占有孔茨,像现在的反对党幻想掌权一样?

这个反对党是谁?

孔茨向他提到四五个出席昨天亨利·努斯贝克晚宴者的名字,他们全是六十开外的老家伙,没有可疑之处,在被邀请者中难道就不可能有一个年轻人,既爱权也爱孔茨,心里两样都要吗?

首相不久就把这种奇异想法置之脑后,一面继续穿衣,一面考虑国内的问题。

电话铃又响了。

他听见欧尼帕夏的声音:

"我在爱资哈尔清真寺教长阁下的寓所给您打电话。站在我们伟大教长寓所大门前的内阁卫兵看到有一个青年围着房子转,卫兵说,扔炸弹的就是这个青年。我主张不要马上抓他。我让秘密警察的警官穆罕默德·阿卜杜胡盯住他,弄清他的同伙,我认为他会为我们引出整个集团。我吩咐这位警官,只有接到了我亲自下的命令才能逮捕这个青年。为了不致泄密,由他独自执行这次任务。"

"干得好!"西德基帕夏说道,"要是能够证明这枚炸弹和以前向大臣们开枪的事件的幕后人是华夫脱党的领袖们,那将是对无罪释放陶菲克·迪亚卜和阿齐兹·米尔海姆判决的最有力反击!"

西德基帕夏乘上汽车到内政部去——他是内政大臣。

两小时后,他乘车去财政部——他是财政大臣。

又过了两小时,他来到了首相府——他是首相。接着,他去穆罕默德·阿里俱乐部进午餐,尔后直接去财政部,留在那里办公。

晚上七时,财政部西德基帕夏办公室的电话铃响。

是欧尼帕夏打来的电话,他说道:

"帕夏阁下,有非常好的消息。那个向爱资哈尔教长扔炸弹的青年到阿齐兹·米尔海姆办事处去了。"

"好极了!"西德基帕夏高兴地说道,"阿齐兹·米尔海姆不光是个伪造者,而且也是凶手!"

"不仅如此,那青年从阿齐兹办事处出来后,又到《光明报》报社去会见了陶菲克·迪亚卜。"

"整个犯罪集团都落到我们手心里了。等马哈茂德·加利卜法官发现他昨天释放的人今天又押上了被告席,我倒想看看他脸上的表情。"

"问题比这严重得多。那青年见了陶菲克·迪亚卜后,又到国王大街马希尔博士的寓所去了。"

"一九一九年革命中,策划暗杀英国人的罪魁祸首就是这个马希尔博士!"

"此后,那青年回到自己的家,出来时手里拿了一卷东西。"

"肯定又是一枚炸弹!"

"他去了扎马利克岛的贾卜拉亚公园。来了一位戴面纱的女士,从他手里接过那包东西,走了。"

"你抓住那个青年了吗？"

"抓住了，我把他抓住了。他现在关在外国人监狱。"

"那个戴面纱的女士，你们当然也抓住了，检查那藏有炸弹的包了吧？"

"很遗憾。我给穆罕默德·阿卜杜胡警官的命令是只有接到我亲自下的命令，才能逮捕那个青年。他走出公园，从扎马利克岛的警察局给我打电话，我命令他逮捕那个青年和女士，可是，他转回去时没有找到那个女士，只看到那个青年，便把他抓了起来。"

"可是，那女士极为重要，应当抓住她。"

"不出一个小时，我们就将抓住她。那个青年十分惊慌，开始顶不住了。"

"他招了吗？"

欧尼帕夏满怀信心地笑了，说道：

"首相大人，您很清楚，他肯定会招。"欧尼帕夏信心十足地笑着说道。

拂晓时分，欧尼帕夏回到家中，他疲惫地登上通向二楼的木楼梯，仿佛肩上扛着整个内政部。

内政部的国务大臣是多么不幸，他活像一个巡逻兵，但是巡逻兵一天只干八小时，国务大臣每天却要干二十四小时；巡逻兵只抓闯入民宅的小偷，国务大臣抓的却是偷盗政权的蟊贼，这些蟊贼是世界上最危险的匪徒，打着党派名义的团伙，顶着反对派招牌的强盗，以记者身份出现的吸血鬼。

欧尼帕夏脱下衣服，一反常态地胡乱扔在一旁，套上厚羊毛睡衣，精疲力竭地倒在床上。

现在，他将闭上眼睛睡觉。从早上七点开始，他不停顿地一直干到第二天早晨五点，整整二十个钟头都花在审讯、调查、研究、侦破、搜索和追捕上，把早饭、午饭和晚饭全忘了，他只吃过一口夹沙丁鱼的三明治，那还是在审讯时，副大臣递给他的，他就站着塞进嘴里。人民是多么忘恩负义啊！对那些负责治安事务的人付出的辛劳总是不给予正确的评价，而往往嫉妒他们豪华的汽车和高薪金，还要朝他们开枪。人民就是没有想到，要不是欧尼帕夏这样的人，全国早就一片混乱。不错，他保护的不是人民，而是政权，但政权乃是人民的首脑，政权这个首脑被砍了，人民就会没有脑袋活着。

他在床上翻身，把政权比作人民的首脑，比得好！他想起了另一个他想砍下来的脑袋，那就是那个拒不招供的罪犯脑袋。那家伙比过去最重大的凶犯都更难对付。欧尼帕夏一连审讯、盘问了他好几个钟头，所有逼供的办法使尽了，全没用。这个罪犯好像十分坦率，同时又非常可疑，他什么都说，又什么都没说。他挨鞭笞一声不吭，目睹着警察把他的父母抽得遍体鳞伤却毫不动心。这是铁了心的亡命徒的本性，他相信自己的事业是正义的，能够忍受最强硬者都无法忍受的痛苦。他不承认是他向爱资哈尔的教长扔了炸弹，让那个怀疑他的内阁卫兵和另外从省里搞来的密探充当的假证人同他对质，也无济于事。他拒绝说出那个在贾卜拉亚公园同他见面的女士名字。尽管欧尼帕夏他们威胁说，他不说他们也会搞到她的住址，把她抓起来，让士兵们当着他的面强奸她，但是他没有动摇，他似乎深信那女人比一师军队还强，孤身一人就能抵挡住所有警察的进攻。

欧尼帕夏还告诉他，他们知道事件发生后他的一切活动，查清了他的所有联系，掌握了他的全部秘密。他们以为，这下子他就会顿时垮掉。然而，他仍不招供，坚持要当着总检察长的面才开口。他们把总检察长请来，他令人吃惊地列举了好几个案发前能证明他的证人，有条不紊地提出了证明他无罪的证据，活像一个在刑事法庭上进行辩护的精明强干的律师。这证明，这是一个大阴谋，而不是一个孤立的案件，经过精心策划，给许多人严格地分配角色，他们都演得很出色，有一个出谋划策的头儿躲在后面，操纵着阴谋活动。

再说，那罪犯坚持不说出同他在贾卜拉亚公园见面的陌生女人的名字，这清楚地表明，他隐瞒着一个重大秘密，在为一些大人物打掩护。他十分明白，要是欧尼帕夏他们抓到了那个女人，他们就掌握了一个重大案件的关键，进而便能揭开包藏着的秘密，挖出隐匿的同伙和所有密谋犯罪暗杀的秘密组织。

欧尼帕夏被迫把审讯推迟到第二天中午，他感到劳累、困倦，那罪犯倒若无其事，看不出他有那种招供前快顶不住的迹象。他没有求那些用鞭子狠抽他的人发慈悲，不喊叫，不呻吟，更没有双膝跪下去吻鞭挞他的人的脚，他的脸上没有流露出痛苦、受折磨和屈辱的表情。警官们掴他耳光，用皮鞋踢他，还破口大骂他。他呢，只是不停地念叨着"主啊"，好像以为真主会自天而降，进入外国人监狱，让那些持鞭的警官们手足瘫痪。

当时，真主并未降临，但那罪犯的双眼却闪耀着奇异的光彩，他似乎奇怪地坚信真主是会降临的。

任何一个无辜者，在受尽这种种折磨之后，都必然会招认那莫须有的罪名，但是，这个罪犯的忍耐力是绝无仅有的，他不愿招，仿佛也不想从警官们的鞭子下稍事喘息。因此，欧尼帕夏感到警官们都已打得筋疲力尽，而罪犯却若无其事。

欧尼帕夏竭力想忘掉这二十个小时来发生的一切，让自己睡一会儿，闭一闭眼睛。然而，他无法入睡。换到床的另一侧去睡，接着又换回原处，把枕头垫高，接着又把头埋在枕头下面去睡，都睡不着。头痛得要命，似乎那罪犯在用鞭子抽打他，鞭子都抽在头上，打得够狠的。那只举鞭抽他的手，比普通男人的手凶一千倍，难道那是罪犯祈求来的真主的手吗?

欧尼帕夏觉得自己全身都在发抖,他一辈子也没有这样害怕过。他宽慰自己道,真主是不会救助一个企图杀害爱资哈尔清真寺教长的罪犯的。这样想了以后,欧尼帕夏轻松了些,也稍稍安静了些。过后,头痛又发作了。他伸手拉开床边桌子放药品的小抽屉,在黑暗中去摸阿斯匹林的瓶子,没有摸到。他扭亮台灯,戴上眼镜,再找,终于找到了阿斯匹林瓶子,但里面是空的。他记得瓶子里本来装得满满的,难道又是真主倒空了药片,让他找不到治这要命的头疼的止痛片?

欧尼帕夏到他妻子的卧室去找阿斯匹林,拧门把时发现门从里面锁上了。敲敲门,没有声音。他感到烦躁,他妻子在做好梦,他却在受苦,睡不着觉。他猛敲门,门缝里漏出灯光,是妻子醒了,打开台灯。接着,他听见她懒洋洋地朝门口走来的脚步声,后又突然停下,惊恐地问道:

"谁?"

"我是欧尼。"他答道。

"你想要什么?"

她的问题让他恼火,他头痛得都快裂开了:

"这是审讯的时候吗? 快开门!"

佐贝黛一边努着睡意蒙眬的眼睛,一边打开门。欧尼进屋,说道:

"我头痛得厉害,你有阿斯匹林吗?"

佐贝黛望着他疲惫不堪的脸,问道:

"你怎么啦? 病了吗? 你什么时候回来的? 你进花园门的时候,我怎么没听见汽车声音?"

欧尼帕夏把手搁在头上,使劲地按着,仿佛想止住那剧烈的头痛:

"我的头痛得快裂了。现在已是早晨五点半,我刚从外国人监狱回来。"

"出什么事啦?"佐贝黛望望手表说道,"囚犯也闹事啦?"

欧尼帕夏对她的问题烦透了,他说道:

"你睡得又香又甜的时候,世界上可是闹得天翻地覆啦!昨天凌晨,有人朝爱资哈尔的教长扔了颗炸弹,我们抓住了罪犯,他是鲁基·马阿里夫中学的学生,名字叫穆罕默德·哈纳菲·阿卜杜·卡里姆。"

对佐贝黛来说,这个消息犹如她头上重重挨了一锤,她呆立在原地,一动不动,嘴巴、眼睛、双脚全动弹不得,仿佛是被霹雳击中,化成了一尊没有生命、纹丝不动的僵硬塑像。

欧尼帕夏看到她突然惊呆的模样,问道:

"你干吗这样皱着眉头?"

佐贝黛控制住了剩下还未被晴天霹雳击中的神经,答道:

"我怎么不难受呢,作为一个穆斯林,伊斯兰教长居然会挨炸弹,我真是又伤心又奇怪。"

她转过身,背对着他,走到柜子前,打开柜门,假装寻找阿斯匹林,事实上,她是竭力想把自己的激动藏在抽屉和柜格子里去,她相信,在听到这个惊人的消息之后,要是继续面对她丈夫,她脸上的表情会让他怀疑的!

穆罕默德怎么会犯了新罪而没有告诉她呢?昨天傍晚她还同他在一起,不错,在贾卜拉亚公园,她同他在一起的时间只有几分钟,她当时不得不赶快回娘家去探望她生病的父亲,但是,穆罕默德并没有同她谈起杀人的事儿,他只是谈到了爱情,他没有说到投扔的炸弹,而只是说到了他想吻她,而她没有同意,因为她有急事。她是十分了解他的,他的话没有出口,她就知道他想说什么,他说开了头,她就能接下去把话说完。她能看清他的思想,犹如在阅读一本无名的书。女人在恋爱的时候,有本事看清情人的思想,当她心生疑云的时候,她就成了不会读书写字的文盲,或者会患眼病,看情人头脑中的想法全是颠倒的。但是,佐贝黛爱穆罕默德,对他毫无怀疑,像信赖自己一样信赖他,他们两人无话不谈。这最后一次见面,只有短短的几分钟,疾如闪电。情人相会一小时,如同一分钟;分开一小时,恰如一个时代。但是,这几分钟足够穆罕默德把次日早晨要向爱资哈尔清真寺教长扔炸弹的事告诉她了,他曾不止一次地对她说,枪击欧尼帕夏后,他对其后果有亲身体验,他已经确信,搞政治暗杀毫无裨益。射向欧尼帕夏的子弹所起的全部作用,只是更激起暴君们横暴肆虐、大搞恐怖和报复的欲望,给予他们以反对恐怖活动为名制造新罪行的理由。

穆罕默德在向她谈及这一切的时候,难道是在欺骗她?不可能,穆罕默德不会骗她,她是他的一部分,他也是她的一部分,只有蠢人才欺骗自己。穆罕默德是个聪明人,男人在爱情减弱的时候才开始撒谎,这正如女人为了掩饰皱纹才搽脂抹粉一样。穆罕默德的爱情不但没有减弱,反而越来越强烈,充满了青春活力。昨天,他还谈到他想娶她的理想,谈到他俩将共同生活在一起的小家庭,就像在谈论天园一般,谈到她将为他生一个小女孩,他给她取的名字,也叫佐贝黛。谈论未来理想的人,是不会谈完才几小时就去犯暗杀罪的。敢死队员们不憧憬人世间的天堂,而向往着天上的乐园。

佐贝黛一面这样想,一面嘀咕着:"阿斯匹林不在这里,天哪,我把阿斯匹林放哪儿啦?"她的头伸进一格一格的抽屉里,仿佛不是在找阿斯匹林药瓶,而是想把自己的思想藏进抽屉里去。

她终于想清楚了,得出了穆罕默德是无辜的这一不容置疑的结论,她的头从抽屉里伸了出来,她高兴地喊道:

"感谢真主,感谢真主,阿斯匹林药瓶找到了!"

她在房间里走动着,手里挥动着药瓶,就像在挥动一份证明穆罕默德无罪的文件。她简直像跳舞似地走到床边的桌旁,抓起桌上的水壶,往玻璃杯里倒了一些水,招呼欧尼帕夏坐到床边她身旁来。她一面把杯子递给他,一面说道:

"我现在放心了,很放心,因为阿斯匹林找到了,你的头痛会像从面团里抽出一根头发丝似的从你头上抽走。"

她伸手在他额头上摸了摸,说道:

"感谢真主,感谢真主,不发烧了。"

她心里想说的是:"感谢真主,感谢真主,我已经认定穆罕默德是无辜的了。"不过,话对丈夫只说了半句,后半句留给自己就够了。

佐贝黛拿来一瓶香水,用来擦欧尼帕夏的头和身体,仿佛是想麻醉他的神经,削弱他的防御。等到确信他已落入自己的掌握之中,她装作漫不经心地问道:

"那罪犯招了吗?"

"我们什么办法都用尽了,他还是没有招。"欧尼帕夏说道,"你想象得到吗,那罪犯在整个审讯期间望着我们的样子,好像他是清白的,我们倒成了罪犯政府!"

佐贝黛不由自主地笑出了声,笑得很痴,这确确实实是穆罕默德,她想象得出他在监狱里俨然是个主审人的情景。

她连续不断的笑声使欧尼帕夏感到惊奇,他不解地问道:

"你笑什么?"

佐贝黛一面继续笑着,以赢得时间,编造一个答复这突如其来的问话的谎言,一面答道:

"我回娘家的时候,听我弟弟马哈茂德说起了一个笑话。"

欧尼帕夏愠然说道:

"现在是说笑话的时候吗？我眼下正在受难。"

"我有什么罪？"佐贝黛笑道，"你说到罪犯政府，让我想起了这个笑话。笑话说，有一个宪兵站在首相府的前面，听见有一个学生喊道：'打倒罪犯政府！打倒强盗政府！'宪兵冲上去抓住了学生，说：'你呼喊打倒现政府的口号，幸好我当场抓住了你！'学生假装天真地说：'谁告诉你我呼喊打倒现政府的口号啦？我喊的也许是打倒萨阿德帕夏的政府，祖尤尔帕夏的政府，也可能是阿德利帕夏的政府或努哈斯帕夏的政府呢？'宪兵光火了，说：'你以为我那么糊涂，我干了三十年警察，除了现在这届政府，从来就没有什么罪犯政府、强盗政府。走，跟我上局里去！'"

欧尼帕夏厌恶地说道：

"这则笑话很无聊，你弟弟要是再说一遍，他就得进监狱。你也不要再说了。埃及人民舌头长，说的笑话比炸弹还响，比枪弹更厉害。西德基帕夏大人要是听说国务大臣的妻子在传反内阁的笑话，我的大臣地位就会受到损失。"

佐贝黛不笑了，不过她很惊讶暴君们的政权竟然会被一则笑话所震动。

她想再回到她关心的话题上来：

"可是，你怎么会被这么个罪犯搞累呢？你有的是能耐，手指一动，成千上万个罪犯都够呛。"

欧尼帕夏摸摸头，像是在找那柄取代了鞭子在击他脑袋的锤子，说道：

"在案件发生以后，我们监视罪犯整整十二个钟头。是我下令在弄清他的全部同伙之前先不马上逮捕他。但是他事先对各种问题都准备了答案。我们问他，大清早他在宰德区郊外的爱资哈尔清真寺教长住宅旁干什么。他的回答出奇的简单，他说是去看望国王街的烫衣匠哈吉·

马加齐·法基,烫衣匠的家在爱资哈尔教长住宅后面的谢尔宾胡同。我们问,干吗那么早去。他说,烫衣匠因为关节炎一直卧床不起,他是去探望他的健康的。去得那么早,是因为他是鲁基·马阿里夫中学毕业班学生,只能抽上课前的时间去。我们问他与烫衣匠是什么关系。他说他在烫衣匠那儿当过学徒。我们以为已经把他逼进死角,他逃不了啦,于是问他,高中毕业班的学生给烫衣匠当学徒合乎常理吗。他回答说,他去那儿干活是出于无奈,因为政府把他父亲从机车修理厂里给裁了。我们突然发现,他把对向爱资哈尔教长扔炸弹一案的审讯转到了向机车修理厂工人开枪一案上来了。我们感到,他是想把我们引入我们已经包了起来、想让人们忘得一干二净的案子中去。我们立即停止审讯,到烫衣匠的家去调查,发现他的确住在爱资哈尔教长住宅后面的胡同里,到他家去的人进出都得经过教长住宅。我们闯进烫衣匠家中,看到他正躺在床上,抱怨着关节痛。我们把省里的医生叫来确定一下他是真病还是装病。医生肯定,烫衣匠确实病得不能动弹。而烫衣匠追忆他和穆罕默德·阿卜杜·卡里姆说过的话,与记录在案的穆罕默德的交代完全吻合。"

佐贝黛高兴得双眼发亮,说道:

"这证明穆罕默德没有罪!"

"不,这恰恰证明他是个老手,是个惯犯!"欧尼帕夏嚷道,"他谨慎地选好了合乎情理的证人,这说明这伙阴谋分子策划阴谋很老练,他们考虑得十分缜密,假设了各种可能。我们已经查清,这个烫衣匠给马希尔博士烫衣服,这是条重要线索,一条通向得出马希尔博士是罪魁祸首这个结论的线索。"

"烫衣匠为马希尔博士烫衣服就能证明马希尔博士参与了犯罪吗?"佐贝黛问,"舒克拉尼街那个替你烫衣服的烫衣匠,杀了他的老婆,难道有人会说你在杀害他老婆时充当了他的同伙吗?"

"这是线索,而不是证据。政治案件靠怀疑,一般案件则靠证据。说这次是个阴谋,还有另一个疑点。我们问那个罪犯:'你说这么一大早去看望烫衣匠,是因为鲁基·马阿里夫中学上午八点钟上课,我们作了调查,查了学校的点名簿,那天上午你没有去上课,这你怎么说?'罪犯说:'我到学校的时候,在门口看了看钟,已经过了八点。校长很严厉,超过八点到校的学生放学后得关两个钟头禁闭,还得挨揍,我放学后要去工作,所以那天就没有去上课。'我们去问了校长穆罕默德·阿卜杜·萨马德,他说他确实要处罚迟到的学生,当着排好队的其他学生用尺打他们,即使是毕业班的学生也不例外。"

佐贝黛想到她的意中人被校警当作小孩子似的用尺打脖颈子,不禁哈哈大笑。

"你现在有什么好笑的?"欧尼帕夏恼怒地问。

佐贝黛一面笑,一面说道:

"我又想起了另一则笑话。"

欧尼帕夏吼道:

"又来了!我已经警告过你,随便什么笑话听到了也不要传。我听你传反政府的笑话,就成了你辱骂政府的同案犯!今后要是有人在你面前讲反政府的笑话,我要你立即退出,把讲笑话人的名字告诉我,我要砍下他的脑袋!"

佐贝黛想,千百万埃及人都要突然失去脑袋了。埃及人全是用讲笑话来反抗暴君的,在纸草①纸文献中曾找到过埃及人嘲讽法老的笑话。人民能够用冷嘲热讽的笑话打垮暴君。暴君的力量在于他强迫人民尊敬

---

① 纸草,古埃及人造纸的原料。

他、怕他，人民一旦讽刺他，就没有人会尊敬他、怕他。笑话能把暴君从坚堡上打下来，能够手不拿兵器就冲进堡垒，不用大炮就能将它捣毁。人民讽刺的笑声能成为窒人气息的瓦斯，使暴君动弹不得，全身瘫痪。手无寸铁的人不会害怕瘫痪者手里的枪炮！"

欧尼帕夏又讲述起审讯过程来：

"我们问罪犯，在作案以后为什么到阿齐兹·米尔海姆办事处去。他说，他在那儿当文书。阿齐兹·米尔海姆自然证实了这种说法，因为他百分之百参与了阴谋。我们问罪犯，为什么他从办事处出来后又到《光明报》社去会见主编陶菲克·迪亚卜。他回答说，阿齐兹·米尔海姆推荐他到陶菲克·迪亚卜那里当编辑。他的确去了，也见了陶菲克·迪亚卜，陶菲克·迪亚卜聘用了他，月薪为二十镑，先预付十镑。这可能吗？一个还没有拿到高中毕业文凭的学生，居然有二十镑的月薪，而政府规定，有文学学士学位的人月薪为六镑！这份离奇的协议里，透出阴谋的气味、犯罪的气味。二十镑不是薪金，而是向爱资哈尔清真寺投扔炸弹的酬劳，十镑是预付款。陶菲克·迪亚卜是阴谋活动的同伙，他在假文件案时坐了牢，一心想报复政府，所以他在总检察长面前支持了罪犯的说法。总检察长问他，怎么能给一个学生每月二十镑的薪水，他说，新闻界编辑的薪金是因人而异的，由主编独自决定，不看资历，也不看学历。他认为穆罕默德·阿卜杜·卡里姆配得每月二十镑的薪金，而要是现任内阁的哪一位大臣想到他的报社当一名编辑，那就至多只配拿三镑钱一个月。"

佐贝黛看到她丈夫怒不可遏的样子直想笑，但马上又用手绢捂住了嘴，好像是不想让心里的欢笑发出声来。

国务大臣接着又说道：

"真是无耻！不要脸！反对党人利用传讯他们的机会，当众尽说那些他们怕触犯惩罚法不敢在报纸上写出来的话。马希尔博士就是这样。他是前任大臣，总检察长为了表示客气，没有传他到检察院去，而是到他家去看他，尽管如此，对他讲客气一点用处也没有。

"总检察长曾问过穆罕默德·阿卜杜·卡里姆，在犯罪的那天，到马希尔博士的寓所去干吗。穆罕默德说，马希尔博士在听说了他父亲被政府从机车修理厂开除后，曾给过他十镑钱。现在，他从陶菲克·迪亚卜手里第一次拿到整整十镑钱，他首先想到的是到马希尔博士家去，把钱还给他，并表示谢意。但是，马希尔博士却不肯收回这十镑钱。穆罕默德这番话破绽百出，罪犯与马希尔博士的关系颇为可疑。总检察长就去马希尔博士家，听听他怎么说。出人意料的是，马希尔博士说，在调查清楚哈纳菲师傅的事件之前，他拒绝回答。哈纳菲师傅受尽折磨，遭到鞭笞，以致精神失常，胡乱招认了他谋杀了至今仍健在的国防大臣。因为，迫害哈纳菲师傅的罪行同他会见穆罕默德有联系，迫害哈纳菲师傅的罪行发生在先，向爱资哈尔清真寺教长投扔炸弹一案发生在后，教长并没有被炸死，而哈纳菲师傅人虽活着，却已被判了死刑，因为在法律面前，精神失常的人乃是死人，司法理应首先关心一个人的遇害，其次才是爱资哈尔教长那辆擦破了点皮的汽车。

"总检察长进退维谷，他知道，马希尔博士是想把哈纳菲师傅的事变成一个案子，上诉刑事法庭。他勉强作了记录。他认为马希尔博士的话无关紧要，不必再听。"

佐贝黛全身都是耳朵，出神地听着这全部详细的经过。她觉得自己仿佛亦步亦趋地紧随着穆罕默德走。最近一次见面，穆罕默德曾极为简扼地跟她提到过他的这些访问。女人对于自己钟爱的男人的消息，喜欢听上一千遍，每听一次，都像第一次听似的那样饶有兴味，重复他的名字不会叫她生厌，她的心随着每一次搏动，在呼喊她心上人的名字，这个名字，她不仅想用耳朵听，而且也希望自己的心、眼睛和双手……都能听到。

她看到这名字,用神奇的墨水写在墙上,印在送入她嘴里的每口食物上;她听的每一首歌曲,都在描述她的心上人,她看的每部影片,他都是主角,她打开的每本书,都能见到他的形象。当她的仇人嘴里说出她心上人的名字,她就宽恕她仇人的罪过,仇人之所以提到她心上人的名字,好像就是为了求她宽恕他的全部罪过。别人怎么谈论她的心上人,她不在乎,她关心的只是他们提到了他的名字,他们仿佛奏出了惟一能使她的心灵婆娑起舞的乐曲,他们奏得高明还是刺耳,她不管,这首乐曲中一个旋律就使她心满意足,这就是她心上人的名字。

欧尼帕夏看到佐贝黛默不作声,以为老谈这个案件使她感到腻味了,他把审判过程讲得太详细了。于是,他抱歉地说道:

"我怕这个故事把你的头都搞疼了。"

"正相反,"佐贝黛否认道,"你讲得有趣极了,我一直在注意听,就像在看一部精彩的侦探片。"

欧尼帕夏对女人的思想方法感到奇怪,十年来,这还是他第一次听到佐贝黛形容他的讲话"有趣极了"。他一面戴上白色小睡帽,一面说道:

"可是,对我来说,这可不是什么有趣的影片,而像一场噩梦。你想,罪犯落到了我的手里,我却不能让他招供,国王、伊德里斯贝克和西德基帕夏会怎么说我呢?"

佐贝黛热情地说道:

"他们想要怎么样?想让你炮制一个冤案,而放过那个投扔炸弹的真正凶手?假如你炮制了这个冤案,往后努哈斯帕夏上了台,就会把你送上刑事法庭。"

欧尼帕夏一震,说道:

"努哈斯帕夏永远上不了台,这一点,伊德里斯贝克向我强调过。他要我'放宽心'！我还没有把这案子里的最重要之点告诉你呢。那个我要他负责监视罪犯的蠢驴警官,曾经看到罪犯在贾卜拉亚公园把一个装有炸弹的包交给一个陌生女人。"

"炸弹？炸弹？"佐贝黛愣了。

"是的,是炸弹！"欧尼帕夏断言道,"警官百分之百确信,那包里放的是炸弹,他原应当场将他们两个抓住,但他没有付诸行动,因为我曾下过命令,只有得到我亲自许可才能逮捕凶手。警官怕他立即逮捕他俩会惹我生气。因此,他跑到扎马利克岛的警察局打电话给我,把情况作了汇报,我下令马上逮捕他俩。可是,真倒霉,却让那个陌生的女人带着炸弹溜跑了。

"警官在公园里只找到那罪犯一人,就把他抓了。我犯的错误是只命那警官一个去执行这项任务,我是怕消息泄露给反对党知道。那女人从我们手里逃掉了,真是倒了大霉！"

这个意外的新消息使佐贝黛张口结舌,半天说不出话来。过了一阵,她才缓过气来,竭力想摆脱刚才那令她窒息的惶遽。她用发颤的声音问道：

"警官看到那个陌生女人了吗？有没有向你描绘过她的模样？"

"很遗憾,那女人当时戴着厚面纱。"

佐贝黛暗暗感谢真主,这一次在贾卜拉亚公园,尽管穆罕默德一再要求,她却不肯掀起面纱,因为当时她正急着要去探望她生病的父亲。

欧尼帕夏似乎不想让她多想,又说道：

"不过,那个在贾卜拉亚见过她的警官断言,要是再见到她一次,他便能从成千个女人中认出她来。她的形象已经完全印在他的脑子里了。"

"可是,开罗有一半女人都戴着面纱。"佐贝黛嘲笑道。

欧尼帕夏把鼻子上的眼镜扶正,说道：

"西德基帕夏有个看法,我倒是同意的。他说,那女人肯定是谢莉法·里亚德太太领导的萨阿德派妇女会中的成员,这个妇女会参加抵制大选行动,散发过反政府的传单,我们掌握有这个妇女会全部成员的名单。西德基帕夏已经下令让警察今晚袭击她们的家,搜查武器和炸弹。西德基帕夏确信,我们会找到罪犯交给那陌生女人的包。在贾卜拉亚公园见过那女人的警官,随同搜查队一起去,这样,他会很容易地找到那女人。我们必须抓到那女人,任何代价都在所不惜。"

佐贝黛神经质地笑了,她想用笑声来掩饰被当局要抓住她的决心引起的惊慌。她说道:

"那绝顶聪明的西德基帕夏以为,为了让那位天才的警官找到贾卜拉亚公园里的那个女人,女人们待在家里也都得戴上面纱吗?"

欧尼帕夏沉默了一会儿,接着说道:

"奇怪!这一点,西德基帕夏聪明的脑袋怎么没有想到呢?我怎么也没有想到呢?"

佐贝黛想安慰一下她聪明的丈夫,同时也使自己放心:

"智者变蠢,转瞬而已。你们与其这样花九牛二虎之力,干吗不去问问罪犯,那同他在一起的女人叫什么名字呢?"

欧尼帕夏对她的天真哈哈大笑,他似乎想收回那件几分钟前被她剥去的智者外衣:

"你怎么会以为我们没有问过他?这几个钟头,我们一直在问他那陌生女人的名字,问了共有上千遍,他都不肯讲。我们对他说,如果他的确是清白的,那就把那女人的名字说出来。他不愿用这种办法来证明他无罪。我们说,他要是坚持不肯说出那女人的名字,那就是默认他曾企图杀害爱资哈尔的教长。但是,他说,他宁可被判处死刑,也不说出那女人的名字。"

佐贝黛目光炯炯,说道:

"他准是崇拜那女人,否则就不会为了保护她而牺牲自己的生命了。"

欧尼帕夏鄙视地说道:

"那小伙子即使没有罪,也准是个疯子。他如果是罪犯,那倒很有头脑。世界上没有一个女人值得男人为她牺牲自己的指甲。我敢同你打赌,他现在关在监狱里,戴着脚镣手铐,而那女人呢,正在寻找新的情夫!"

佐贝黛情不自禁地喊了起来:

"住嘴!"

欧尼帕夏先是一愣,随后恼怒地冲着佐贝黛嚷道:

"你怎么胆敢冲着我叫'住嘴'?你怎么为罪犯的情妇辩护?"

佐贝黛失去了控制,说道:

"因为你刚才在骂我!"

"我没有骂你,我骂的是罪犯的情妇!"

佐贝黛一面哭,一面说道:

"你刚才说,世界上没有一个女人值得男人为她牺牲自己的指甲。我不就是世界上那些连指甲屑都不如的女人之一吗!"

"我没有侮辱你的意思,"欧尼帕夏安慰她道,"你倒是在为罪犯的情妇辩护。"

"我没有为她辩护,"佐贝黛仍然哭着说,"我是为爱情辩护,为那些为了自己钟爱的女人不惜牺牲自己生命的男人们辩护……你要是有朝一日沉入爱河,便会懂得,恋爱的人为了爱情,随时准备献出他们的生命、灵魂和他们拥有的一切。爱情是受人崇拜的神,值得恋爱者把自己的灵魂当作献牲奉献给他。为爱情而死,虽死犹生,为爱情牺牲,乃是最大的幸福。"

欧尼笑了,说道:

"你读《莱拉的痴情人》,被邵基的诗迷了心窍。我劝你别去读诗,那全是废话,一纸空谈。"

"一纸空谈?"佐贝黛像是自言自语道,"我有时在读大诗人的诗集时,觉得诗人不总是用笔和墨在写诗,他们时而用刀在写,时而用眼睫毛或玫瑰枝在写。他们不是用笔蘸着墨水写,而是蘸着他们的泪水或伤口流出的鲜血在写。我读邵基的《莱拉的痴情人》,就觉得他好像是用他的口红笔写的。"

"说到诗,我们问罪犯他在贾卜拉亚公园交给那女人的包里是什么东西,他说是几本诗集,有阿卡德的《四十灵启》,艾哈迈德·鲁米的《诗集》,奥马尔·赫亚姆的《鲁拜集》和诗人哈利勒·穆特朗写的故事《罗密欧与朱丽叶》。"

佐贝黛微微一笑,欧尼帕夏不明白她微笑的含义。她说道:

"这些诗集,我这儿全有,是我最喜爱的书。这说明,罪犯在选择诗集的时候,倒挺有鉴赏力。"

"我一开始不相信他的说法,我从来没听说过男人把诗集当作礼物送给自己的情人。按理他应该送一瓶香水,一个手提包,或者一盒香粉什么的。罪犯的话引起了我的怀疑,他说,这些书是他从法拉基大街华夫脱书店老板穆罕默德·马哈茂德那里买来的。我们抓住了书店老板,老板说,他确实把这些书卖给了罪犯,书是用一张黄纸包的,跟警官说的那个藏有炸弹的包皮纸一样。"

佐贝黛充满信心地说道:

"既然他说的话都有证人证实,那就说明他是无辜的。"

欧尼帕夏恶毒地一笑,说道:

"不,这正说明他有罪。为他作证的人,全是华夫脱党党员,艾哈迈德·马希尔、陶菲克·迪亚卜、阿齐兹·米尔海姆,那个鲁基·马阿里夫中学的校长穆罕默德·阿卜杜·萨马德,烫衣匠,全是华夫脱党党员,甚至他去买书的那家书店,也叫华夫脱书店,再说,还有一个比所有这些都更重要的问题,他在受审时瞧着我的目光,充满了深仇大恨,他眼睛中有一种神色表明,他想杀我。我的直感错不了。这个家伙想杀死大臣们和国家要人……他要确实无罪,就应该说出那女人的名字!"

佐贝黛说道:

"也许那女人是个已婚妇女,高尚的男人应该保护爱他的女人。"

欧尼帕夏耸耸肩膀:

"如果那女人确实爱他,那她会向总检察长自动投案,说:'我就是你们在找的那个陌生女人,'这样,她为了把自己心爱的男人从绞刑架上救下来,牺牲掉她并不爱的丈夫。你刚才不是对我说,恋爱者们为了自己的情人随时都准备牺牲自己的生命吗?与其让这个小伙子丢掉他的生命,倒不如那女人牺牲掉她不喜欢的丈夫。"

差一点佐贝黛就想说"我就是那个女人",但话到了嘴边停住了,因为她想到她的丈夫乃是一个杀人如麻的暴君……她说道:

"那女人的丈夫很可能是个有势力的人物,比如秘密警察局的一个军官,他要是知道被告是他妻子的情人,就会在监狱里处死他,政府还将为他授勋,因为他忠于政府,激烈地反对政府的敌人。那样的话,那做妻子的就将永远失去她的情人,而不是暂时失去他。"

"怎么会是暂时失去他?"欧尼帕夏嘲笑道,"她现在就将永远失去他,他肯定要被判处死刑。"

佐贝黛愤怒地咬着嘴唇说道:

"怎么会判处死刑呢?你不是说,到目前为止,你们还没有找到足够的证据吗?你们没有能够取得他的口供,也没有找到那个女人。我认为,没有什么证据能把这个年轻人送交刑事法庭,即使你们把他送上刑事法庭,法庭也不会判他监禁一小时,更不要说死刑。你好像忘了马哈茂德·加利卜在假文件案的判决了,像他那样的法官是不会凭怀疑给人判罪,不会因为国务大臣从一个人的眼里看出他不喜欢自己,就判那个人死刑。我相信,现在任何一个法庭,都有马哈茂德·加利卜这样的法官。"

"再不会有哪个法官敢像马哈茂德·加利卜那样处事了!"欧尼帕夏显得挺激动。

"公正像不义一样,也会传染。"佐贝黛说道,"一个国家只要有一个大暴君,就会孵化出成千上万个小暴君,法庭里公正的大法官会将正义传遍全国。埃及的法官们都已经听到人们怎样涌上街头,为公正的法官欢呼。今天,你将会看到,埃及的每一位法官都想成为马哈茂德·加利卜那样的英雄。犹豫者成了果断的人,害怕的人变得勇敢,懦怯者则充满了勇气。这个国家需要的,只是良好的榜样。我怕你们今天把一个无罪青年送上法庭,将会出现另一位勇敢的法官,像马哈茂德·加利卜那样,作出对预审员不利的判决,反把他们押上被告席。"

欧尼帕夏受到震动,说道:

"像马哈茂德·加利卜那样的打击,这届政府可受不了第二下,那样它会坐不安稳。正因为此,我下决心要被告全招出来。要是那个不知名姓的女人落到我手里,我只要跟她待上五分钟,就能整垮她,让她说出一切!"

佐贝黛尽力掩饰她的嘲笑,说道:

"要是你找不到那个不知名姓的女人,那怎么办?难道把国内所有戴面纱的女人都抓起来吗?"

欧尼帕夏脸色骤变,露出刽子手杀气腾腾的表情:

"到那时,我们就用鞭子揍到那罪犯招供为止,日日夜夜地揍他!人的忍耐力是有限的,我们揍他一星期,一个月,一整年,直到他垮掉、招供。

到目前为止，罪犯凭着不可思议的毅力顶住了。昨天，我们把他母亲抓来，当着他面用鞭子抽他母亲，他没有哼喊。他母亲比他更勇敢，她望着他说：'放心吧，穆罕默德，鞭子抽我不痛，大臣骂我是婊子，就比这鞭子痛好几倍！'"

佐贝黛用手遮住眼睛，仿佛她看到面前穆罕默德的母亲正在挨鞭子：

"你骂过她婊子吗？"

"骂过。"欧尼满脸得意。

"她真的是婊子吗？"佐贝黛不以为然地问道。

"不知道。"欧尼帕夏满不在乎地说道，"不过，我相信，所有反对现制度的女人都是婊子！"

佐贝黛咬着牙问：

"她反对现制度了吗？"

"她儿子反对。"

"那她有什么罪？"佐贝黛揶揄道。

"她的罪就是生了一个反对现制度的儿子。"

佐贝黛难受地说道：

"那么，支持现制度的堕落女人，当然就高尚得很。正是这种逻辑，使得人们上街举行示威游行，高呼着要打倒你们。"

"反对现制度就是犯上作乱，犯上作乱就是反对法律，反对法律就是反对高尚。司法就是得绞死杀人凶手，从而使他清白的孩子变成孤儿，使他无辜的妻子守寡，使他无罪的母亲遭受丧子之痛。这些人都没有参与杀人，连知道都不知道，但都受到司法的惩罚，因为他们都得为一家之主的罪行负责？这同飞机上的乘客由于飞行员的过错而一起坠毁一样，飞行员的过错乘客们并不负有责任，但却得与他同归于尽。你如果彻底理解法律的精神，就不会反对鞭打那罪犯的母亲，这是她应交付的税，有点像交遗产税,死者的遗孤要交遗产税,判了刑的活人的家属则要交惩罚税。"

"可是,他还没有判决啊!"

"从逮捕他的时候起,我们就认为他已经被判了刑。"欧尼帕夏无所谓地说道,"即使法庭宣布他无罪,我们也将认为他被判了刑。"

"可这是冤枉的啊!"佐贝黛感到憋闷。

"当权者要是对所有的人都公正,那就委屈了自己,如果冤枉了所有的人,那便保护了自己。那罪犯的父亲我们打他的时候,他没有反抗,也没有说这冤枉了他,而是高呼:'司法万岁!'因为,他是个聪明人,懂得法律!"

"可你不是说过,他精神失常,还为此把他从机车修理厂开除了吗?"

"这是马希尔博士说的废话。那家伙很有头脑,我们打他的时候,他说:'被心上人揍几下,好像吃葡萄干。'他很清楚,要是反对我们揍他,我们会打得更凶。这证明他有头脑,而且他还表示愿与审讯他的人合作,说他准备承认是自己向爱资哈尔的教长扔了炸弹,条件是也让他承认是他杀死了国防大臣,把尸体扔进了幸福的尼罗河。"

佐贝黛为哈纳菲师傅感到难过,她一面克制眼中冒出的泪花,一面说道:

"这样打人,有助于你们了解事实真相吗?"

欧尼帕夏目露凶光,恶狠狠地说道:

"到目前还没有起什么作用。但是,从明天开始,我将采用一些新办法来对付罪犯,这些刑罚他想都想不到。我将使用过去任何一个案子都没用过的现代化手段。罪犯面前只有两条路,要么说,要么死!"

佐贝黛毛骨悚然。她看到她丈夫脸上的表情很古怪,门牙不见了,露出了尖齿,脸部肌肉在收缩,他从人变成了一头野兽。甚至他的声音也变了,那声调活像是饥饿的野兽准备扑向猎物发出的哼叫。

她害怕地闭上眼睛,仿佛不想看到她丈夫的利齿在咬噬她心上人躯体的情景。

她感到,她比过去任何一天都更恨他。

她费尽全力才控制住自己的嘴巴,压下发自她肺腑的诅咒。

她控制住自己的双手,没有在此时此刻扑过去掐死他。

她控制住自己的眼睛,藏起她睫毛后面仇恨、厌恶和蔑视的目光。

她不由自主地扑过去吻他,像是想让她的香吻变化成置他于死地的毒药。

她咬他的手,想使他痛苦,而他却以为她是在表达对他的渴念。

欧尼帕夏被她的吻和咬陶醉了,张开双臂拥抱她,一面飘飘然地说道:

"这个吻比我睡七个小时还舒服。在尝到这个美妙的吻之前,我可真是累坏了。"

佐贝黛准备继续扮演自己的角色:

"这个案子搞得你束手无策使我挺难受,男人们在让那个罪犯说话方面,已经智穷力竭。你们干吗不试试女人的才智?这些日子,我从阅读爱情诗中学到不少东西,我已经能够理解恋爱者的想法了。你刚才对我说,有情报证明罪犯爱上了那个不知名姓的女人。"

"他崇拜那女人,"欧尼帕夏肯定地说道,"谈到那女人时,罪犯的表情都变了,声音显得柔和,仿佛那女人的一切都潜入了他心中,在谈那女人时,他好像在拥抱她,变成了另一个人,不是那个在审讯时冷漠而又僵硬的人。"

"这就是你用来打开他紧闭嘴巴的钥匙,"佐贝黛乘机进一步说道,"你应该立即停止采用殴打和折磨他的手段,既然他到目前为止能受得了那种种刑罚,那就是说,他将忍受到底。你明天去告诉他,那个不知名姓的女人到你办公室来过,告诉你,她就是穆罕默德·阿卜杜·卡里姆所爱的不肯吐露姓名的女人,穆罕默德不愿说出她的名字,是因为她是个有夫之妇,怕她丈夫知道了实情会杀死她,她要求你把这封信带给她的爱人。"

佐贝黛停了一会儿,接着突然又说道:

"我怕你会把信的事忘了,这封信应该以女人的口吻写,使他相信是一个女人交来的,而不是出自那个审判他的人之手。"

她从床上站起身来,走到柜子旁,拿出纸笔,递给欧尼帕夏,说道:

"我念你记,到时候你就对罪犯说,这封信是他的情人写的。"

"可是,他当然熟悉那女人的笔迹,马上便能判断这是伪造的。"欧尼帕夏提出异议。

"真主与有耐心的人在一起。"佐贝黛微笑道,"你告诉他,是你要求那女人口授你作记录的,以便你能忠实地把信转交给他。"

"好主意。你口授吧。"欧尼帕夏拿起纸笔,准备记录。

佐贝黛在椅子上坐端正,打开《莱拉的痴情人》,假装要从中引用一些词句。接着,她慢慢地念道:

> 我的生命:
> 我爱你,
> 我愿为你而死。
> 说出我的名字吧,
> 如果说出我的名字能把你
> 救下绞索。
> 为了我们珍贵的爱情,
> 我的生命乃是

我作出的微不足道的牺牲。
我坚信你的清白无辜,
即使全世界都冤屈了你,
我的心仍永远坚信你无罪。
你将从这囹圄脱身,
我们将一起实现理想,
享有一个小小的天园。
你被剥夺权利、遭受别离的日子,
将由我为你补偿。
亲爱的,对我只管放心,
别担心我的丈夫,
他蒙在鼓里,不会有何作为。
你知道,我爱着你:
活着,爱你,
死时,也爱你……

佐贝黛口授完毕,要欧尼帕夏复述一遍,以确信他是否一字不漏地记了下来。

欧尼帕夏复述时,读到那些色彩强烈的爱情词句,声音都颤抖了。佐贝黛竭力不让自己笑出来。过了一会儿,她说道:

"罪犯读到这封信,会立即相信你,你将会看到这个守口如瓶的人开口说话。这封信将会起神奇的作用。"

欧尼帕夏还在回味佐贝黛的香吻,说道:

"这真是一个妙主意。可是,他要问我那女人叫什么名字,我怎么办?"

佐贝黛用手指支着脑袋,仿佛在想办法解决这个新冒出来的问题:

"你就告诉他,你看到那热恋中的女人雍容华贵,在她面前发了誓,你决不在世界上任何人前说出她的名字。为了维护你神圣的誓言,你决不在他面前提到她的名字。"

欧尼帕夏又高声读了几句信中的词句,接着,又问道:

"那小伙子也许会要我描绘一下她的模样,我怎么对他说?我又不知道她是棕褐色皮肤还是白皮肤,是高是矮,是年纪轻年纪大。"

"告诉他,"佐贝黛微笑道,"她是你生平见到的最漂亮的女人。"

"也许她并不漂亮呢?"欧尼帕夏反驳道。

佐贝黛笑了,说道:

"情人眼里出西施。男人越爱一个女人,她在他眼中就越美。"

欧尼帕夏久久地望着佐贝黛的身子,点点头,相信她是世界上最美的女人。

突然,他的目光又变得呆滞了,问道:

"如果这样做了以后,那罪犯还是不招呢?"

"这就是说,他百分之百是无辜的。这番话会使任何一个恋人感到陶醉,失去意志,不知不觉地昏昏然,如果他还不招,那你可以断定,他绝对不是凶手。"

欧尼帕夏钦佩地点点头,问道:

"这些,你是从哪儿学来的?"

佐贝黛用手指抚摸着欧尼帕夏的光脑袋,说道:

"从诗集、爱情小说,从莎士比亚的《罗密欧与朱丽叶》,还从《莱拉的痴情人》中学到的。"

"这办法要是成功,我将下令向所有的预审人员、警官都发一套诗集。这是一个了不起的主意,将会得到西德基帕夏的赞赏,他可是个恋爱专家。"

欧尼帕夏稍微沉默了一会儿,像是从佐贝黛香醇的吻中苏醒过来,说道:

"不过,我怎么向国王陛下的侍从伊德里斯贝克交待呢?我答应他二十四小时内交出凶手,即使那小伙子是清白的,我也得把他当作罪犯交出去。"

佐贝黛几乎要冲着他大发作,为了使他入彀,她用尽心计,这下全成了泡影。但她克制住了,说道:

"听我说,欧尼,这桩案子中,你不要参与伪造证据。大暴君们喜欢那些替他们干肮脏勾当的人,但并不尊重他们。大暴君们吸干了他们的血,便把他们一脚踢开,生怕沾边,被那些为自己卖命、犯罪的人搞脏。

"你伪造证据,国王会喜欢你。但是,到他想任命新首相来取代伊斯梅尔·西德基的时候,他就会另外找一个声名还没有被玷污的人。因此,我劝你,在这桩可能断送一个无辜者的案子中,你别去干脏事。我说这些话,是为了我的利益,而不是为了你!"

"你的利益是什么?"

"我的利益?"佐贝黛一面拥抱他,一面回答,"我的利益就是当埃及首相夫人……"

她又给了他一个长吻,吻得他醉醺醺地失去了意志,不知不觉地昏眩起来……

吻完,欧尼一面跌跌撞撞走出佐贝黛的卧室,一面说道:

"我睡不了啦,这会儿我就去外国人监狱,把这封奇妙的信交给穆罕默德·阿卜杜·卡里姆。"

佐贝黛陪他走到卧室门口,摇摇手指提醒道:

"你别忘了给他念念无名女人信上的这段话:'别担心我的丈夫,他蒙在鼓里……是个大糊涂虫!'"

穆罕默德蹲在外国人监狱狭小的牢房里,眼睛在关闭的门、惟一的一扇窗子上的铁栅栏、水罐、尿桶、压在头顶的天花板和地上的破席子上转来转去。

上一天的情景快得出奇地映过他的眼帘,一幅还未看清,第二幅就到。昨天那一连串的事情在一天中发生,那简直不可思议,那些事件的残酷和痛苦,真够他一辈子受的。不过,在众多的画面中有一幅来了又去,去了又来,一再出现,似乎已永远刻在他的脑际!

那是他母亲受审时的情景。一个老年妇女面对着国家机器,一个体弱多病的女人战胜了全副武装的政权,战胜了警官、士兵手中的皮鞭。她说的话,鞭笞着暴虐者们的脊梁。他第一次听到母亲说话如此明白、清楚。母亲在父亲跟前,总是百依百顺,俯首听命,见到他的影子就害怕,片言只字的责备她就会哭,委屈地走进浴室,关上门,惟恐父亲看到她的眼泪,更加生气。

这样一个女人,昨天是怎么回事呢?小耗子怎么变成了女英雄?

他们把她带进穆罕默德的牢房。她想拥抱他,被一个警官猛地一推,跌倒在墙角落里。欧尼帕夏用饿狼般的声音,对警官们嚎叫道:

"当着她面揍他!"

警官们用鞭子狠抽他的脸,血流如注,只见母亲像老虎似的跳了起来,冲过来,站在警官们和她儿子的中间,对他们喊叫道:

"你们这些杀人犯,打我吧,别打我的儿子!打我吧,你们这些凶手!"

她的眼中交织着爱和恨,爱她的儿子,恨这些用鞭子抽她儿子的人。警官们大吃一惊,他们奇怪,一只衰老的耗子竟成了一头猛虎。他们手里的皮鞭在发抖,僵住了,好像中了风。

"打这个婊子!"欧尼帕夏吼道。

他们立即狠狠地用鞭子抽她,她没有后退,没有用手挡住抽她脸部的皮鞭,没有叫嚷,也没有哭泣,仿佛在替儿子挨皮鞭的过程中,她感到了做母亲的乐趣。

她令人惊奇的坚强,使欧尼帕夏震惊。勇敢总是能震慑住暴力,坚强似乎解除了暴君的武器。欧尼帕夏沮丧地说道:

"行了。"

警官们立即住手,他们在鞭笞一个没有掉下一滴眼泪的老年妇女时,他们的手似乎在哭泣,感到疼痛。

警官的头头对她说:

"去谢谢帕夏大人,是他下令停止打你的。"

母亲露出讽刺的微笑,安详地说道:

"你们怎么要求伤口去感谢刀子!"

接着,她回头看看儿子,泪水在她眼眶里凝住了,说道:

"放心吧,穆罕默德,鞭子抽我还不如大臣骂我婊子叫我痛苦哩。"

欧尼帕夏歇斯底里大发作,嚎叫道:

"把这女人从这里撵出去!"

他们把她推出牢房,砰地关上牢门。穆罕默德感到非常自豪,因为这女人是他的母亲,一个目不识丁的女人给这些读过书的人上了一课,孱弱的女人把她的舌头变成了鞭子,她没有号哭,没有倒在暴君脚下的泥泞中打滚,更没有用嘴去吻刽子手的皮鞋。

穆罕默德感到,母亲以她不同寻常的态度给了他新的力量,鼓励他去顶住各种各样的折磨。埃及妇女在遭灾罹难时的态度是多么奇怪,原先软似和风,这时成了风暴;原先会被耗子吓跑,这时能挡住千军万马;原先如小鸟啁啾,这时似猛虎腾跃,甚至她们黑色的眼睛也像是成了大炮的炮口。

灾难使她们从一个极端走向另一个极端,从毫无价值的人,变成举足轻重的人,她们是尼罗河两岸膏腴的土地和建造金字塔的花岗岩的奇妙结合,在平常的日子里,她们受人践踏,到了危急关头,利箭射在她们坚强的身上都会折断。

穆罕默德点点头,自语道:

"有着像妈妈和佐贝黛这样女性的国家,绝不会死亡!"

钥匙在牢门锁孔里转动的声音,把他从沉思中唤醒。他看见欧尼帕夏来到了跟前。

然而,这不是他认识的欧尼帕夏,欧尼帕夏变了,像是换了个人。穆罕默德第一次见到欧尼帕夏居然带着微笑,第一次看到没有带着那一大帮提着手枪、挥着皮鞭的警官。穆罕默德是在做梦吗?关在监狱里,我们想象一些压根儿不存在的事情。窗口的铁条有时像绞索似的绞杀着囚禁者的美梦,有时又像上天敞开的拱门,上天正在谛听他们的呼号,实现他们的愿望。

他听见欧尼帕夏温和地对他说道:

"早上好,穆罕默德先生。"

"穆罕默德先生"?过去他叫穆罕默德少不了要骂"狗东西""狗崽子""凶手"!

外面发生什么事情啦?是西德基帕夏内阁倒台了?是人民掌握了政权?

欧尼帕夏打断了他的胡乱猜测:

"我给你带来了一个好消息。"

"释放令?"穆罕默德好奇地问。

欧尼帕夏笑得更欢了,说道:

"不是,是比释放更重要的东西……我认识那个爱你的戴面纱的女人。"

穆罕默德眼睛露出惊慌的神色,感到像是被欧尼打中了一枪,这一枪打中他的心脏,不像他向欧尼帕夏开的枪,那些子弹只打中汽车玻璃。

欧尼帕夏看到他惊惶不安的目光,说道:

"你放心,我们没有把她抓起来。"

"你昨天不是对我说,你们将把她带到这里来,让士兵们当着我的面强奸她吗?"穆罕默德说话的声音都在发抖。

欧尼帕夏咧着嘴笑了:

"那是我跟你开玩笑的。那位女士使我不得不尊重她。她亲自到我办公室来,说她就是我们在寻找的无名女人,是穆罕默德·阿卜杜·卡里姆的情人。"

穆罕默德惘然,又感到安心,因为佐贝黛不可能到内政部欧尼帕夏办公室去说"我就是穆罕默德的情人"。她即使想向他承认自己爱穆罕默德,也尽可以在家里说,不必到内政部他的办公室去见他。那一定是另外一个女人,为了救穆罕默德而到内政部欧尼帕夏办公室去声称是他的情人。

阿齐兹·米尔海姆有一次同穆罕默德谈起过一九一九年革命时一位女子中学女校长,她在秘密组织工作,去见总检察长,自称是一个因向劳工大臣开枪而被捕的被告的情人,说他上一天夜里同她待在一起,这样就掩护了当局真正想抓的人,那是秘密组织的一个头头。

一九一九年的秘密组织可能又恢复活动了,故伎重演,找了另外一个女人来搭救他。但是,他并没有向爱资哈尔清真寺的教长扔过炸弹,秘密组织也不必来营救他,他又不是那组织的成员,这准是欧尼帕夏玩弄的新花招。

欧尼帕夏不出声地注视着穆罕默德时而迷惘,时而宽心的样子。

穆罕默德望望欧尼帕夏的眼睛,发现那是一双狡诈的眼睛,表面的善意掩盖着内在的恶毒,毒药掺了一点蜜,荆棘带着玫瑰花的香味,毒蛇装成了温顺的绵羊。

突然,他听见欧尼帕夏说道:

"我这里有你女朋友的一封信,她原先要我带个口信,但我要求她口授,让我记下来,以便逐字逐句地传达给你。"

他从口袋里掏出一张纸,开始念起来。他一句一句念得很慢,声音时而柔和,时而颤抖,还有的时候像是要哭出声来。

穆罕默德听着听着,简直愣住了,这确实是佐贝黛的词句,是她说话的风格,是她表达的方式。信里有一个他俩之间的暗语"天园",在最后那次见面时,他俩还谈到了未来的"天园"。他的心跳得很剧烈,仿佛在听佐贝黛的悄声耳语,中间并没有第三者,他从信里听出,逮捕他的人找不到对他不利的证据,他不久就将同她相会。

当听到"你只管放心……我的丈夫蒙在鼓里"时,他真想放声大笑,但他还是克制住了,像是动了恻隐之心,不愿笑话他面前的这个糊涂虫。对于糊涂虫,我们从不仇视,而是可怜他们;不是痛恨,而是觉得好笑。

他惊讶得张开了嘴巴,佐贝黛怎么能说服她丈夫给他带这么一封信?

他的快乐感顿时消失了,他愁闷地问自己:为了要欧尼帕夏完成这项奇特的使命,佐贝黛究竟付出了什么代价?一个吻?要达到这种程度,吻是不够的,她付出的代价肯定不只是一个吻。

他又嫉妒起欧尼帕夏来,嫉妒这个几秒钟之前亲口承认自己蒙在鼓里的糊涂虫。他如此糊涂,怎么可能是一个厉害的大臣、狡猾的暴君、恶毒的刽子手呢?

是不是我们总是在某些方面聪明,在另一些方面糊涂呢?我们可能在公众生活中才华横溢,而在私人生活中窝窝囊囊;对爱情无所不晓,对学问一无所知,也许,我们能治理一国人民,但无力制服一个女人。欧尼帕夏是不是在欺骗他,愚弄佐贝黛,假装糊涂,让他俩放心,然后乘他俩不备猛扑过来?

他又看看欧尼帕夏的眼睛,竭力看清那藏在后面的东西,可是,他看到的只是一个蒙在鼓里的受骗丈夫的形象,一个全盘皆输还自以为得计的男人形象。欧尼帕夏的目光表明,他带这封信来,乃是一个高招。那么,穆罕默德应该将计就计,让他继续蒙在鼓里。穆罕默德说道:

"我第一次对你感到放心,觉得你够朋友,为人高尚,你的态度是我没有想到的,我没有想到这届内阁里的一位大臣,居然能以如此高尚、宽宏的态度来对待一个被告。我现在愿意同你以诚相见。"

欧尼帕夏目露喜色。穆罕默德看到他的瞳仁中仿佛有喜庆的队伍在跳舞。欧尼帕夏感到,他妻子的办法成功了,罪犯开始说话,已经对他解除了顾虑,相信他了。他揣测,供词将会滔滔不绝地说出来,他将搞到那幕后的全部秘密,将能把犯罪集团的头头和成员一网打尽,将能向伊德里斯贝克,并通过他向国王陛下报喜,西德基帕夏的脸色将变得蜡黄,将竭力用他那刻出来的微笑掩饰蜡黄的脸色。

穆罕默德真挚地说道:

"请你相信,欧尼帕夏大人,我并没有向爱资哈尔清真寺的教长扔过炸弹,我对那个扔炸弹的人毫无所知。"

欧尼帕夏眼中的喜悦神色不见了,那喜庆队伍也不见了,似乎穆罕默德的这几句话把他眼睛中的花团锦簇给毁了,彩旗倒了一地,灯光也全灭了。

他妻子佐贝黛告诉他,如果这小伙子听了这信之后仍矢口否认,那就应该释放他,因为他是清白的。当时,欧尼帕夏对此表示同意,同意但不信服。现在,他看到罪犯在直截了当地说话,眼中也没有那种深恶痛绝的目光,但是他仍不相信这小伙子无罪,反而更加坚信他是凶手,一个擅长表演的罪犯。欧尼帕夏心里总有一种直觉使他痛恨这个家伙,他觉得这个年轻人一心要把他从内政部国务大臣的宝座上拉下来,他倒没有想到穆罕默德事实上还想把他从另一个位置上拉下来,那就是佐贝黛丈夫的位置。穆罕默德想杀死他,让他一动不动地待在椅子上。崇尚权力的人在这种时候绝不会想到他们的良心,他们的心里只有权力,权力是他们的至爱,是他们生活的伴侣。

欧尼帕夏努力把自己的这种憎恶藏在微笑的面具后面,但是,憎恶之感还是通过微笑暴露得清清楚楚。

他像是绝望地打出最后一颗子弹:

"你有什么信要带给你女朋友吗?"

穆罕默德沉默了片刻,然后笑容可掬地说道:

"我想请你转告她,我原先怀疑她丈夫是否毫不知情,但现在我相信,她丈夫确是蒙在鼓里,是个大糊涂虫!"

欧尼帕夏一时感到恍惚,这回信似乎与他带来的信的水平不很相称。他关上了牢门……

穆罕默德听见欧尼帕夏在外面冲着警官们嚎叫道:

"进去,揍那个狗崽子!只有鞭子才对他有用!"

囚禁者同一个爱他的女子共系囹圄,他是何等幸福。女人的身子虽然不能越窗而入,但她的爱情却能穿过铁栅栏。囚禁者在牢房里收到他钟爱女子的一封信,他就不会感到孤独。话语会从纸上跃起,仿佛她正在他耳边轻声诉说,这些话语是使他快乐、兴奋的歌曲,吻会从字里行间跳出,热烈地印在他的嘴上。

要是他有一张他崇拜的女人的照片，他便会感到，这照片在面前晃动，变成一个有血有肉的形象，他仿佛摸到了跟前的这个形象，拥抱着他的爱人，他抚摸着这形象的嘴唇，宛如尝到了她甜蜜的吻。他看到他孩子们的照片挂在墙上，他想象他们就坐在身旁，在同他说话，心里就毫无惆怅，他们不时地跳下镜框，让他逗他们玩，坐在他的肩上，把小脑袋偎在他宽阔的胸膛前，他想把他们的烦恼都埋入他的胸间。

这一天是外国人监狱查牢的日子。穆罕默德听见对面牢房里一片喧嚷，传出凄厉的惨叫。他相信，欧尼帕夏又在鞭笞别的囚犯，可能是他父亲，也可能是西迪·法尔杰咖啡馆的维赫丹老板，或烫衣匠哈吉·马加齐·法基，或鲁基·马阿里夫中学的校长穆罕默德·阿卜杜·萨马德。他很想认一认那挨打发出惨叫的人的脸，便踏在尿桶上，从朝着走廊的弓形门隙里望出去，只见是一个不相识人的脸，那脸上的痛苦神色，他一辈子都没见过，这个人好像是用痛苦和折磨制成的，全身都在呻吟、发痛、哭泣、呼号。他看到一个警官抓着那人妻子的照片在撕，一个士兵在撕他孩子的照片，撕碎扔在地上用脚踩。那受刑男人的脸上显露的表情，就像他目睹着警官把他妻子的身子割成一小块一小块，那士兵用他笨重的皮鞋践踏着他一个又一个的孩子。

穆罕默德懂得，生活中有许多事情比挨皮鞭更令人痛苦。感谢真主，因为佐贝黛的照片藏在他的心坎里，警官要想拿到张照片，除非用刺刀挑穿他的心脏。

他听见脚步声朝他的牢房走来，立即跳下尿桶。他想，是警官来寻找佐贝黛的照片。他蜷缩在角落里，下意识地把手捂在心口上，似乎是想遮住佐贝黛的照片，不让凶恶的警官看见。

他看到一个曾用皮鞭打过他的警官打开牢门，对他说道：

"算你走运，警察局抓到了一个机车修理厂的工人，名叫穆罕默德·

阿里·吉拉勒,他供认是他向爱资哈尔清真寺的教长扔了炸弹。已经从他家里抄出了爆炸事件中使用的同一类型的炸弹。"

稍停,警官接着又说:

"穆罕默德·阿里·吉拉勒还承认,在舒卜拉大街开枪打欧尼·哈菲兹帕夏的也是他!"

穆罕默德不由得脱口喊道:

"不可能!他没有罪!"

警官一面狠狠地揍他,一面说:

"你这个罪犯,还要为别的罪犯辩护?下次不许你再这样说,否则,你又得再尝尝铁窗风味。他有没有罪,跟你有什么相干?你只要为你自己负责。你被证明无罪,应该感谢真主才是!"

穆罕默德在开罗火车站广场走着,朝他巴德兰岛的家走去。他一面茫然地迈着步,一面自言自语道:"穆罕默德·阿里·吉拉勒怎么会承认是他开枪打了欧尼帕夏?开枪的明明是我嘛。这供词是鞭子从他嘴里打出来的吧?说他向爱资哈尔清真寺扔炸弹,准是冤枉,就像他没有开枪打欧尼帕夏一样。"

鞭子帮不了司法的忙,只会使它迷失方向。被告受尽刑罚说的话,已经并不是他们的声音,而是抽打他们的皮鞭声音,他们的供词乃是谎话,借以保护自己不继续受皮肉之苦。他的父亲一再肯定自己杀死了国防大臣,把尸体扔进了幸福的尼罗河,是情有可原的。他是个年轻人,一个身体健壮的运动员,在鞭笞之下也差一点屈打成招,承认自己是向爱资哈尔清真寺的教长扔了炸弹,多亏了佐贝黛的信,它就像卡通片里那个水手波比吃的菠菜盒,一下子从侏儒变成了巨人。这封信犹如避雷针,给了他巨大的力量,顶住了那雨点般的鞭打。

他痛惜地叹了口气,想起那个释放他出狱的警官拳打脚踢地为他送行。在监狱里,你是罪犯他们要打你,你清白无罪他们也要打你;把你关进牢房他们侮辱你,放你出狱他们也侮辱你。殴打和侮辱,仿佛是监狱生活中的课税。

在世界上所有的文明国家里,一个人被扔进监狱,一俟证实他无罪,国家得按天计算,补偿他被剥夺生活享受的损失,那是一笔很大的补偿费,差不多有几千镑。可是,在这里,他们只是对你说一句:"你应当感谢真主才是!"

穆罕默德在渴望自由的时候,非常想念他英勇的母亲。他加快步伐,朝家里走去。

他来到巴德兰岛他家的门前,发现那里静悄悄的毫无声息,宛如一座坟墓,里面的人已经死了心,不指望他能再回来。窗户紧闭,透不出一丝光亮。

他用钥匙打开门,缓步走进去,心想父母亲已经熟睡。他划了根火柴,借着光看见母亲坐在屋子角落里,父亲蜷缩在另一角。母亲一开始挺惊骇,接着在亮光中认出了他,站起身来拥抱他,一面颤声说:"穆罕默德,穆罕默德,穆罕默德!"似乎除了叫他的名字,她找不到别的欢迎词句来表达她的全部欢乐和惊奇。父亲仍坐在原处,纹丝不动。穆罕默德一面拥抱母亲,一面问,他的声音在黑暗中回响:

"您干吗不点上那盏小灯?"

"有你的光就够了。"母亲答道。

穆罕默德微笑道:

"我来之前,家里也有我的光吗?"

母亲默然,没有回答。穆罕默德想从她的眼睛中找答案,可是,火柴灭了,他的问题仍悬着。

"你们干吗不点上灯,让我看看你们的脸?"他又问。

母亲说道:

"我已经没有钱买煤油了。"

穆罕默德凝视母亲身上那件与黑暗同一颜色的衣服,明白母亲已把他为她买的新衣服卖了。

他把手伸进口袋,陶菲克·迪亚卜先生预付给他的十镑钱还在,他掏出钱,塞进母亲手里。又走到愁眉蹙额的父亲跟前,问他怎么啦。

他看见父亲犹如一盏饥饿憔悴的灯,又像一盏没有油的灯。

哈纳菲说话的声音,充满悲伤,他像是点亮了一根蜡烛,而不去诅咒黑暗:

"伤心人想欢喜,却无地欢喜。"

穆罕默德不明白父亲说这句俗语是什么意思。父亲又说道:

"我原来只希望真是你向爱资哈尔清真寺的教长扔了炸弹,可突然发现你没有罪……我原来昂首挺胸走在巴德兰岛的大街上,嘴里说:'我杀死了国防大臣,把他的尸体扔进了幸福的尼罗河,我的儿子穆罕默德向爱资哈尔教长扔了炸弹!'可是,伤心人想欢喜,却无地欢喜……你关在牢房里的这些日子,我走到哪里,巴德兰大街上的人家总要拉我到他们家里去,这个给我一杯咖啡,那个给我一瓶汽水,还有的给我糖果。我觉得,我是巴德兰大街上最了不起的人,是舒卜拉区最了不起的人。可是,你让我失望。我原以为你是头雄狮,可你是只耗子。我原希望他们打你,是因为你扔了炸弹,可是他们揍你,却因为你没有罪。"

"他们也揍了您啊!"穆罕默德说道。

"打在独眼龙的瞎眼上,打不打都一样。"

母亲第一次笑了,说道:

"穆罕默德,他们把你抓去以后,你爸爸就不说民间俗语了,要说也只说谜语。这是第一次恢复老样,又说起民间俗语来啦。"

穆罕默德装作高兴的样子,对父亲说道:

"来,爸爸,您来考考我猜谜吧。"

"身体大得如象,却能装进手绢。"

"蚊帐!"

"不对,是现政权。"哈纳菲师傅大笑,又道,"手掌般大小,能杀死成百上千。"

"梳子。"

"不对。"哈纳菲又笑了,"是自由记者写的文章。你再猜,冒热气,人们抓着当鼓敲。"

要是当时广播电台已经为人所知,穆罕默德就会猜是它,但是,埃及当时还没有广播;要是宣传部已经建立,穆罕默德也会猜是它,但是那时埃及并没有宣传部。他只好说:

"我不知道。"

"是政府的报纸!"

这个小小的家庭,在猜谜中度过了整整一夜,仿佛是想在这短短的几个钟头里,忘掉几天来打在他们头上的鞭子。

他们似乎都想用笑话和谜语来解除鞭子带给他们的伤痛。

在欢笑声中,穆罕默德不时地想到佐贝黛,她知道他获释了吗?今晚,她在干什么呢?

这一夜,佐贝黛通宵未睡,一直站在卧室的窗前,等待着欧尼帕夏从内政部办公回来,想打听一下她爱人的消息。她等候着爱人的消息,就像等候爱人的到来一样。

穆罕默德关在监狱里的那几天,她一反往常的做法,没有锁上卧室的门,也没有独自先睡觉,随便欧尼帕夏什么时候回家。她不再躲开,不再不同他谈话,也不回避与他待在一间屋里。

每夜,她都如坐针毡似的等着欧尼帕夏,尽量打听到她爱人的最新消息。自从五月二十六日星期二那天他见到她,把手枪交给她那时起,便改变了她的全部生活。五月二十七日星期三,她把手枪连同她的心都给他以后,他控制了她的生活。他入狱以后,她每晚等待丈夫,如同在等待她的爱人一样。

第一夜,她知道欧尼帕夏已经把信送到,回音是:穆罕默德"原先怀疑她丈夫是否毫不知情,现在已相信,她丈夫确是蒙在鼓里,是个大糊涂虫"。那夜,她哈哈大笑,很长日子没有这样笑过了。她说,这罪犯倒挺有趣。欧尼帕夏生气地说,那罪犯非常可恶,寡廉鲜耻。佐贝黛没有因为骂她的爱人可恶而生气,从五月二十七日星期三以来,她已经和穆罕默德同呼吸共命运了。

第二夜,她知道欧尼帕夏说为了贯彻她对恋爱者想法的理论,已决定释放穆罕默德,这是撒谎。骗人的丈夫和真挚的爱人,两者真有天壤之别!

第三夜,她问欧尼帕夏:"你们还在揍他吗?"欧尼帕夏说,他已下令停止殴打。但她不信,因为恋爱者的心里有一种奇怪的无线电波,能传达彼此的情感,她独自坐着的时候,听得见抽打在她爱人脊背上的皮鞭声,打在他身上的皮鞭,她身上也感到疼痛,自五月二十七日傍晚六时在贾卜拉亚公园与穆罕默德相会以来,这种电波从未消失。

欧尼帕夏每晚都告诉她一些假的审讯情况,她心里的无线电接收得十分仔细。她丈夫向她保证,他们给政治犯送份饭,她心里的无线电波却告诉她,穆罕默德在挨饿;她丈夫强调,穆罕默德有床睡,她心里的无线电波却断定,穆罕默德睡在冰冷的地上,身上没有被盖。

这天晚上,她心里的无线电波告诉她,穆罕默德已经出狱。是什么原因,怎么出狱的,这些问题她回答不了,她只知道,她心里断定穆罕默德已不在监狱,那无线电波说他自由了,身上已没有手铐脚镣。

这会儿,她在等欧尼帕夏回来,以证实她心里的无线电波传来的消息无误。

在忐忑不安和焦急之中,她埋怨心里的无线电波在欺骗她,然后,她又变得自信,宽慰自己道,自五月二十七日星期三傍晚六时以来,她心里的无线电波从未有一次骗过她。

她怕欧尼帕夏仍像以往那样骗她,因此决定让他面对事实,告诉他,她听说检察机关已经把犯人放了。

欧尼帕夏夹着文件包走上楼梯,佐贝黛已穿着黑色透明的睡衣在楼梯口等着。那睡衣就像一片乌云想遮但遮不住那月轮和光芒,她身上的香气弥漫在整个楼道,像一种可爱的麻醉剂,登楼梯的人越往上走,就越迷糊。她乌黑柔软的秀发披散在肩头,落在颈脖上,宛如情人的臂膀正搂着她。

欧尼帕夏抬头,看见她容光焕发地站在那里,禁不住高兴地嚷了起来:

"这真是世界上最美的欢迎会!"

他想吻她,但她温和地推开了,用能使大地回春的声音说道:

"我有重要的消息要告诉你。"

她温柔地拉着他的手,把他带进她的卧室。他神不守舍地跟在后面。

佐贝黛让他坐在床上自己的旁边,说道:

"我听说,检察院把那罪犯给放了!"

"是的,是我把他放了。"欧尼帕夏心不在焉地说道,"感谢真主,我们没有把他送交法院。那个扔炸弹的人露面了,又是机车修理厂的工人,叫穆罕默德·阿里·吉拉勒。我们要是把穆罕默德·阿卜拉·卡里姆送上去,迫使他招认,而真的凶手却出来了,那不成了丑闻!"

佐贝黛像听一支乐曲似的,高兴地点点头。爱人出狱的消息使她快乐,更使她快乐的是她心里的无线电没有骗她,它总是忠实地不差分毫地把有关她爱人的一切都告诉她。五月二十七日那个星期三,从六点到七点,她在贾卜拉亚公园度过的这一个小时,就足够把这么一台机器在她心里装好。

从那时起,这台无线电就只向她传达她爱人内心的搏动,他的脉搏、思绪、爱慕、泪水和微笑。

沉浸在幸福之中的佐贝黛说道:

"我不是一开始就对你说他没有罪吗?你要听我的话,自己就可以少受许多累,少打不少鞭了。"

欧尼帕夏掏出一支烟,点着,说道:

"奇怪,我的直觉从来不出差错。我百分之百地相信,他是罪犯,即使没有犯向爱资哈尔的教长扔炸弹罪,也一定犯有别的政治罪。我看到他眼中流露出来的那种深恶痛绝的目光,总怀疑朝我打四枪的就是他。"

佐贝黛一骇,从美梦中惊醒过来。她正在幸福的海洋中遨游,忽然看见面前正有一个旋涡要将她吞没……欧尼帕夏能从穆罕默德的眼中看出真相,他也能从她的眼中察觉隐情吗?她以为是糊涂虫的男人,诡谲、狡猾得出奇呢!他说的话,犹如利爪,正紧抓着她不放。

欧尼帕夏又轻描淡写地说道:

"不过,那个新抓到的犯人承认,那几枪是他开的。"

佐贝黛松了一口气,感谢真主,做丈夫的和不爱他们的妻子之间并没有无线电。

蓦地，她都透不过气来了，因为欧尼帕夏冷冷地问道：

"可是，是谁告诉你我们释放了穆罕默德·阿卜杜·卡里姆的？"

这个问题出于佐贝黛的意外，事先毫无准备。她敛息答道：

"我去看望我的女朋友阿巴斯帕夏的夫人艾米娜太太，在那里见到了卡马勒·穆纳斯特利帕夏夫人，她当我的面说：检察院发现穆罕默德·阿卜杜·卡里姆没有罪，就把他放了……我以为你还不知道这个消息，所以就想把它告诉你。"

她实在是无知，对国内大事是如何进行的懂得太少，欧尼帕夏嘲讽道：

"你以为国内释放一个罪犯，我会不知道，或者会不首先获得我的允许？"

佐贝黛得为她触犯了王室的尊严——内政部君王的尊严寻找一个托词，今天是她爱人获释的日子，是她一生最愉快的日子，她好像想让欧尼帕夏也高兴高兴：

"我还以为你不知道呢，犯人是个无足轻重的小人物，释放一个浪荡学生对国内最重要的一位大臣来说，有什么要紧呢？"

欧尼帕夏挺高兴，因为佐贝黛对那个他不喜欢的青年，和他持同一看法。但是，他稍想了一想后，又皱着眉问道：

"可是，前宗教基金大臣、参议员卡马勒·穆纳斯特利帕夏的夫人干吗要关心这个穆罕默德·阿卜杜·卡里姆呢？"

佐贝黛不知如何回答才好，只得说道：

"他可能是她的亲戚吧？"

欧尼帕夏把烟蒂在小桌上的烟灰缸里揿灭，说道：

"机车修理厂工人的儿子不可能跟前宗教基金大臣的夫人有亲戚关系，要真是那样，他就不会在机车修理厂当工人，早成了宗教基金部的要员!"

佐贝黛感到,她丈夫似乎在步步进逼。她说话的声音如履荆棘,显得很不踏实:

"我不清楚他们是什么关系,也许,他是她儿子的朋友。"

欧尼帕夏大笑,说道:

"她的儿子才十三岁,穆罕默德·阿卜杜·卡里姆已经二十岁了。"

佐贝黛默然,她找不到话说。

欧尼帕夏用眼角瞟着她,说道:

"卡马勒帕夏夫人没有告诉你,这个穆罕默德·阿卜杜·卡里姆是个猎艳能手?"

佐贝黛从欧尼帕夏的眼中看到一种她不喜欢的神色,仿佛是为了洗刷自身的疑点似的,她马上接口道:

"欧尼,你不要瞎猜!你是说,卡马勒帕夏夫人就是那个与罪犯在贾卜拉亚公园会面的无名女人吗?论年龄,她比他的母亲还大哩。"

她本来想说,卡马勒帕夏夫人是位受人尊敬的太太,是不会背叛自己丈夫的。可是,话到嘴边又咽了下去。她也是一位受人尊敬的太太,却背叛了丈夫,而且只是从五月二十七日下午六时起她才意识到自己是位受人尊敬的太太。

欧尼帕夏凝视着她的眼睛,说道:

"不,我指的事情比这严重。"

佐贝黛伸手去拿小桌上的镜子,佯装照镜子,借此避开他那双锐利的眼睛。她从来没有这么害怕过,一面像是想关上门,不让大风甚至风暴吹进来,一面继续照着镜子,不去看他的眼睛:

"要真有严重的事情,检察院也不会释放他了。"

"不,"欧尼帕夏摇头道,"有好些严重的情况能够解释清楚,卡马勒帕夏夫人为什么关心这个年轻人。这种关心可不同寻常。"

佐贝黛放心了,因为疑心没有落到她头上,而是落在卡马勒帕夏夫人身上。

欧尼帕夏打开文件包,翻找着文件,他脱下眼镜,把它收好,从口袋里又掏出一副看书用的眼镜戴上,然后,仔仔细细地寻找起来。他抽出一张打字机打的材料,凑近眼镜镜片,开始念道:

"赛义迪亚中学校长呈内政部国务大臣阁下的秘密报告:

"遵照阁下要求提供原本校学生穆罕默德·哈纳菲·阿卜杜·卡里姆的材料的来函,兹报告如下:该生已被本校开除,与本校不再有任何联系。开除该生是根据:一、教育大臣作出的将该生开除出一切公立学校的决定;二、前宗教基金大臣、现参议员卡马勒·穆纳斯特利帕夏的控告,控告该生于五月二十七日傍晚七时半进入帕夏官邸,企图对帕夏的小姐、埃及驻罗马大使侯赛因·阿什莫尼帕夏阁下的夫人施以强暴,因非出于该生意愿的原因,此罪行未遂。"

在听这份秘密报告的过程中,佐贝黛脸色骤变,时而红,时而黄,时而青,时而黑,好像那里面的每一句话都是欧尼帕夏刺向她心口的匕首,听到五月二十七日七时半和纳吉娃·穆纳斯特利的名字时,匕首刺得更快、更狠了。

突然,屋子里响起一声尖厉的喊叫,佐贝黛倒在地上,昏了过去,一动不动。

欧尼帕夏诧异地四下张望,颤抖着声音喊道:

"怎么回事?怎么回事?"

他听到的只是呼哧呼哧的呼吸声,只见佐贝黛口吐白沫,四肢乱颤,仿佛是在垂死挣扎。

他赶紧拿过一瓶花露水,往她脸上洒,接着抬起她的头,轻轻地垫进一个枕头,一面按摩她的身体,一面让她闻花露水味道。

佐贝黛的眼睫毛动了一下,一道眉毛稍稍抬起,像是有点醒了,嘴里吐出的字眼含混不清,声音低而嘶哑,颤抖不已,仿佛在哭、在战栗:

"七点半……六时……七时……五月二十七日……星期三……"

她缓缓地睁开眼睛,接着又闭上,迷迷糊糊地念着数字。欧尼帕夏听不懂她说些什么,只听得她在讲六、七、七点半、三、二十七。

佐贝黛战栗得更厉害,口中吐出白沫也越来越多。

欧尼帕夏手足无措,发疯似的围着床转,弄不清佐贝黛怎么突然发起病来。

他想让她镇定,伸出胳臂搂着她,想吻她一下,她猛地一震,似乎这一吻使她恢复了诅咒他的能力,她用麻木的双臂推开他,像被蛇咬了似的惊骇地睁开眼皮,继而拼命地用手推他,歇斯底里地喊道:

"出去……从这里出去……你们……你们全是狗!"

欧尼帕夏赶紧给著名的医生苏莱曼·阿兹米博士打电话,把他从睡梦中叫醒,要他快来,因为帕夏夫人病得很厉害。

然而,欧尼帕夏走回佐贝黛的卧室,一拧门把,发现门被锁上了,他把耳朵贴近钥匙孔听,只听得传出低微的声响、断续的抽泣声和零乱的字眼,像有一把刀把这些字眼割成了支离破碎的字母,字眼与接连不断的呻吟混杂在一起,每个字似乎都浸满泪水,而泪水又像是被害者身上流下的滴滴鲜血。

欧尼帕夏不知道他妻子是怎么了。他如是内心无线电的专家,就会懂得,每个处在热恋中的女人心里都装着一架无线电,它能准确地收到她情人的每一次心跳,无论他们相隔多远,是白天还是夜晚,也无论是在欢乐还是不幸之中。只是到了另一个女人接近这位情人时,那奇妙的无线电才会突然失灵,此时,电波受到干扰,会变弱、消失。

苏莱曼·阿兹米博士来了，检查过后，他说，佐贝黛得了歇斯底里症，建议她彻底休息，不断服用镇静剂。

佐贝黛的情况并未好转，总是泪流不止，躲在自己的屋子里谁都不见，不和谁说话，也不肯吃东西，只是一个劲儿地在屋子里走来走去，打自己的脸，念着六、七、七点半、二十七这样一些数字。欧尼帕夏请达马尔达什医院的院长斯蒂芬森博士到家里来出诊。

斯蒂芬森经多次诊断，说佐贝黛得的是一种罕见的神经衰弱症，数字二十七会使她的神经错乱，像匕首刺一样使她痛苦；这个数字肯定从她孩提时代就深深地印在她的脑海里。有可能是算术教师要她通过加减乘除，算出的结果是二十七，但她算错了，挨了教师的痛打。在特定的条件下，当有人在她面前提到这个数字时，她就控制不住自己的神经，发起病来，这样发病有可能造成神经错乱，也有可能变成疯子。斯蒂芬森博士嘱咐，不要在她面前提起任何数字，也不要给她看任何写有数字的纸头。

欧尼帕夏相信英国医生斯蒂芬森博士的诊断，而不相信埃及医生苏莱曼·阿兹米博士的诊断。他对待佐贝黛，就像她是个半疯子，既不惹她生气，也不问她为什么这样伤心。

斯蒂芬森博士的诊断，正中佐贝黛下怀，因为如果她丈夫问起她哭泣的原因，她不知该怎么回答他。过去，她为了维护自己的爱情，可以撒谎；现在，她撒不了谎，因为她已不再爱穆罕默德，她恨他，讨厌他，鄙视他，而且也恨自己，讨厌自己，鄙视自己。

她发现，大糊涂虫不是欧尼帕夏，而是她佐贝黛！她曾使自己的婚姻、名誉岌岌可危，仅仅为了一个青年，一个七点钟说他爱她、崇拜她，七点半钟又企图去强奸另一个女人的青年！

她听说过男人背叛自己的情人，有隔四年、五年的，也有在恋爱开始后一年的，但还是第一次听说过了半小时——仅仅半小时——就变心的男人。

她把所有的男人都骂成是狗,这个比喻是冤枉了狗。狗另觅新欢,也要隔一个不算短的时间。

她原先爱穆罕默德,以为从他眼中看到了真情实意,这种真情实意是她从未在她丈夫眼中见到过的,她以为穆罕默德非常坦白地把他的经历,从他呱呱坠地以来的一切都告诉了她,任何细枝末节和最令他尴尬的事,甚至那些男人一般都不愿向女人吐露的有关自己的穷困、不幸和潦倒的情况,也都没有向她隐瞒。

然而,她今天回味着他对她说过的每一句话,怀疑那全是谎话。他从来没有爱过她,这段时间,他一直在骗他,愚弄她。当时,他关心的只是把枪从她处取回,确保她缄口不语,为此在她面前扮演着一见钟情的恋人角色,接着,就在他俩在贾卜拉亚公园首次见面的半小时后,又企图强奸另一个女人。

这不可能是他惟一的一次背叛,每次相会以后,他肯定都背着她去跟别的女人鬼混。

纳吉娃·穆纳斯特利不愿屈从,但是,成百个女人已经顺从了他。他肯定是个怪僻的青年,纯洁的爱情居然会激起他的兽欲。她听说,有的男人在干杀人勾当或坐上赌桌之前,总是很慎重地做个祷告。

他告诉她说,他每天晚上都待在阿齐兹·米尔海姆办事处,她怎么能信以为真呢?他肯定是在他的情妇那里欢度良宵,一个律师事务所深更半夜还开着,那是不可思议的。

她难道不知道,他连一天也没爱过她,他的全部目的是向欧尼帕夏报仇,欧尼帕夏骂他的母亲是婊子,他就要使欧尼帕夏的妻子变成婊子?

她把穆罕默德送上她的嫉妒柱上绞杀,确信他已经毙命以后,不禁又心中怦然,她解开他脖子上的绞索,试图把他救活……给他寻找各种各样的理由和借口,像是在为他辩护,把他从亲手套上他脖子的绞索中救出来。

他是个毛头小伙子,纳吉娃倒可能是个玩弄男性的姑娘,用她的狐媚风骚挑逗他,他在疯狂的瞬间失去了对自己的控制……嗣后又对自己的孟浪行为感到后悔,因为他爱的是佐贝黛。

这强词夺理的辩护,使她略感安心。接着,她又一下子从辩护席跳到了控告席。倘若上述的理由属实,那他为什么要欺骗她,说他被赛义迪亚中学开除,是因为他参加了游行?为什么当她谈起她去看望纳吉娃的母亲、卡马勒帕夏夫人时,他惊慌失措,还声称他不认识卡马勒帕夏夫人,而只是她儿子的朋友?这些都是有罪人的行为,而不像无罪者的举止。再说,他在贾卜拉亚公园与她相会以后,为什么要直接去纳吉娃家?那肯定不是他们第一次见面,过去,他准常去那儿。他约她在贾卜拉亚公园见面,目的一定是接着去看纳吉娃。她真后悔当初不该在欧尼帕夏跟前为他辩护,让他被鞭子活活打死才好,也真想怂恿一下欧尼帕夏去罗织他的罪名,把他送上法庭,甚至判处他死刑!

嫉妒咬噬着佐贝黛的心。热恋女人心中的嫉妒之火,使全世界熊熊燃烧的火焰都黯然失色。女人的嫉妒心,是给失败的矜持和被践踏的自尊加上的冠冕堂皇的名字,嫉妒的情感中,充斥着委屈和受辱。一个人妒火中烧的时候,随之会引起疯狂的情感,如仇恨、厌弃和复仇的欲望。

妒火能使人心中那些原来沉寂的情感燃烧、变旺、炽烈乃至爆发。这是一组能制造出原子弹的毁灭性物质。嫉妒遮住我们的眼睛,我们就变得盲目;蒙住我们的理智,我们就变得莽撞。这类情况,我们经历得多了。把这样一颗原子弹扔出去,结果反落在我们自己身上。我们毁灭的,只是我们原先的爱人……爱人藏在我们心中,要毁掉他,必得毁掉我们的心或我们自身。

嫉妒,是我们的自尊心受到的创伤,伤口越大,我们内心的嫉妒就越蛮横。

所有的人都会嫉妒,但程度因人而异。强者不会嫉妒弱者,俊女不会嫉妒丑女,风月场里的老手不会嫉妒宫闱中的太监。不过,这种规律也有例外。使人盲目的嫉妒,会使我们把软弱的对手看成强者,把侏儒看成巨人,把丑八怪看成健美比赛中的冠军,把太监看成女人崇拜的偶像。嫉妒造成的屈辱感,使我们显得比实际上更渺小,使我们丧失信心,把遭受的挫折当作灭顶之灾。

佐贝黛感到,她被打败了,一败涂地。她嫉妒纳吉娃,嫉妒埃及每一个女人。嫉妒纳吉娃,是因为穆罕默德企图强奸她;她感到屈辱和卑贱,是因为穆罕默德只尊敬她,而不想强奸她⋯⋯

她回想着纳吉娃的姿容,尽力把自己同她作比较,找出纳吉娃具有而自己却缺乏的东西,探明纳吉娃使穆罕默德神魂颠倒的魅力。

她看到纳吉娃的影子总在面前晃动,她在脑海中勾勒纳吉娃的形象,刻画纳吉娃的秀容,她像一位艺术家,在形象的塑造中倾注自己的爱和才华,这是一个能勾人魂魄的女人的形象。

她细细揣摩着纳吉娃罕见的魅力、出众的美貌、双眼顾盼之中流露出的欲望和嘴唇富有的吸引力。她愣愣地瞪视着她凭想象描绘的纳吉娃的肖像,接着便把它毁去,又用仇恨的笔给纳吉娃另画了一幅像,丑化她的脸,把鼻子拉长,双眼画成一条线,龇牙咧嘴的样子。

穆罕默德在选择女人方面如此缺乏审美力,佐贝黛不由得冷笑连声。接着,她把第二幅纳吉娃的像也撕了,又画了一幅漂亮的像,这幅像使佐贝黛的妒火更加炽烈。

最使佐贝黛激愤的是,纳吉娃年纪比她轻,身材比她高,而且还有一头金发。

佐贝黛进入了恢复时期,开始每天下午乘车出去兜风。她看见高个子的女人就讨厌,遇到金发妇女就诅咒,她的目光尾随着每个年纪比她小的女人,恨不得用手掐死她们。

她开始考虑找穆罕默德复仇。为了复仇,应该见到他,再见一次面,把自己对他的看法告诉他,不,她不屑同他讲话,只要唾他一口然后径自走开就行。

下星期三,她想到贾卜拉亚公园去,他一定每星期三都会到老地方去转悠,不过,他不知道她已洞悉其奸,不可能想到她已听说了他与她会面半小时后就企图强奸纳吉娃的事。但是,她打定主意不等他,她将走进公园,远离那张他俩常坐的木椅站着,一见他来,就上去朝他的脸唾一口,然后一句话都不说丢下他就走。

她急不可待地等着星期三的到来,那是她向负心男子报仇的日子。那吐在他脸上的唾沫将浇灭爱情火焰,也将熄灭她内心熊熊燃烧的妒火。她要是看见公园里有一位俊秀的青年就朝他走去,微笑着问他时间,使穆罕默德以为这青年是取代他位置的新情侣。

她连一句话都不会责备他。责备,是让爱情由争执通向和解的桥梁,她已不再需要让爱情通过的桥,只需要复仇之桥。在贾卜拉亚公园找一个陌生青年来激怒穆罕默德,这便是复仇之桥。

他将弄不明白她为什么背叛他,她也不知道他为什么背叛她。他俩会面的半小时之后,他就背叛了她;她呢,在唾了他的一分钟之后,就利用那个陌生的青年来表示对他的背叛。

佐贝黛打扮着自己,仿佛这一辈子她从未打扮过似的,像去参加自己的喜事,那是为自己复仇的喜事。妇女们在喜庆中摇舌发出的欢呼将由她内心的欢呼来取代,吐在穆罕默德脸上的唾沫,则是饮料——复仇的饮料。

这一次,她不戴厚面纱。她已经谁都不怕,也不为任何人担心。她丈夫认为她是个半疯子。疯子有权为所欲为。假如他看到她唾穆罕默德的脸,她就告诉他,她这样做是因为这家伙恨她丈夫,她丈夫也恨他。她在啐穆罕默德脸的时候,愿意全世界都看见,但愿今天纳吉娃也在贾卜拉亚公园,看她怎么对待穆罕默德。她要告诉纳吉娃,她听说穆罕默德曾企图强奸纳吉娃,所以她要啐他,但愿全埃及的女人下午都到贾卜拉亚公园来,看看穆罕默德怎样擦去他脸上的耻辱。

她来到贾卜拉亚公园,朝那条熟悉的长椅望去,穆罕默德不在。她急切地张望着公园里一张张男人的脸,想找到他,心里十分气愤,牙齿紧咬着嘴唇:负心汉没有来,没有送上门来让她啐他的脸,她将等待,他肯定快来了……他已经开始不准时守信了,过去,他总是提前一小时、两小时甚至四小时就到公园。他一定准时到过一二次,见她老不来感到失望,此后便不来了,这会儿准已背叛了她,同一个高个子、白皮肤、年纪比她小的女人鬼混去了。

她委屈地沮丧地朝木长椅走去,步伐像是在送葬队伍中行走。独自坐在长椅上,焦急地四下张望,然后目光紧盯着公园大门……几分钟、半小时、整整一小时过去了。

她看见一个衣冠楚楚的漂亮小伙子,像个电影明星,向她走来。这样的小伙子,是她原来希望借询问他时间为名来激怒穆罕默德的。他比穆罕默德英俊多了,头发是亚麻色的,年纪比穆罕默德轻,身材也更高。他长得确实不错,假若穆罕默德这时到达,她就当着他面抓住这个小伙子的手,一起走出公园大门!

她不需要再啐穆罕默德,她同这个漂亮的小伙子出公园,就不啻是给穆罕默德的一个耳光，一种唾弃，比耳光更痛，比唾弃更使穆罕默德感到屈辱。

这漂亮的小伙子越走越近，她的心跳得也越来越剧烈，眼睛一直在寻找着穆罕默德，希望他来，看见她……

她将邀请这个长得挺帅的小伙子坐在她身旁，那原来是穆罕默德坐的地方，让穆罕默德确信，他的位置已被另一个男人占了。

那小伙子走到她旁边，声音温柔地说道：

"晚上好。"

佐贝黛赶紧转过脸去，根本不看他惹人注目的姿色和迷人的双眼，皱起眉头。突然那小伙子在她眼里变得面目可憎，显得猥琐、狰狞，她觉得心惊胆战，而且很怕穆罕默德这时候到，看见她与一个陌生青年在一起，啐她的脸，打她耳光，然后一言不发地离去。

她疾步逃出公园，叫住一辆出租汽车，要司机快点送她回家。

她明白，她仍然爱着穆罕默德，除他之外，不愿任何男人亲近她。这段时间里，她像是在欺骗自己。她并不想啐穆罕默德的脸，而是想吻他；不想打他耳光，而是一心想拥抱他；不是想到公园里来诅咒他，而是想告诉他，不管他过去怎么对待她，她仍然爱他。

正因为爱他，所以才恨他，嘴上骂他，心里却爱他；糟践他，像是为了抚慰她受伤的自尊心；声称不再爱他，似乎是为了挽回她那被击败的骄傲。

医生们好像不懂如何为她开处方。心病还须心药医，她的药就是穆罕默德·阿卜杜·卡里姆。

从佐贝黛内心承认自己仍爱着穆罕默德的时候起，她就不再流泪，不再疯疯癫癫，在屋子里一面下意识地念着那些数字，一面踱来踱去。她一门心思想着一件事，那便是如何同穆罕默德联系。穆罕默德是她生平从未这样恨过的人，也是她生平从未这样爱过的人。她把他从死刑中救出来，接着又希望他们处死他。即便他爱所有高个子的女人，所有白皮肤的女人，国内所有年龄比她轻的女人，她也将爱他。

佐贝黛对自己内心的突然变化感到奇怪，烈火怎么一下子成了灰烬？她怎么竟将刺痛她的"七点半钟"置之度外了？是贾卜拉亚公园的气氛熄灭了她的妒火？是她在每棵见过她与穆罕默德相爱的树面前感到羞愧，生怕它们看到她对他的背叛？是公园的和风中还残存着她的气息，这些气息突然变成了氨水，使她从昏迷中苏醒过来？

人们说，有一种吻叫做"生命之吻"，许多人的心脏停止了跳动，有人来吻他们一下，便恢复了他们的生命，或者挡住了灵魂出窍。是他留下的那些气息吻拂了她的嘴唇，给她的心里注入了生命，还是她坐的那条长椅子，身体刚碰上去，心里便重新燃起爱穆罕默德的火焰？这很像火苗渐灭或行将熄灭之际又添上一块木柴。是那个陌生的小伙子走近她时，她觉得他走得越近，与自己相隔得却越远。他刚要碰到她，她便感到他俩之间相去更远，鸿沟更深，这种种的感受都集中在一起来，还是这段时间来，她仍爱着穆罕默德，骂他是因为他听不见，攻讦他是因为他隔得远，恨他是因为她渴望着再被他吻一次？

她回家的时候，嘴里哼着歌，仿佛她见到了穆罕默德似的。她的确感到自己是见到了穆罕默德，在公园里的每一朵玫瑰、每一丛鲜花以及草地、树木、微风和木长椅上，都会到了他。在她重温着自己爱情的那段时间里，她觉得自己找到了那失去的财富，不再怀有那发疯似的嫉妒发作日子里所感到的屈辱和卑微。她轻声哼着穆罕默德·阿卜杜·瓦哈布的新歌走进卧室：

我走过恋人之家

发现心中的爱人已他往

欧尼帕夏走进她的卧室,打断她的歌声,问道:

"你今天到贾卜拉亚公园去干什么?"

佐贝黛看见他的目光吓人。她被这奇怪的问题问住了,不一会儿,她感到自己有一股过去从未体会到的奇异力量……爱情的力量能使怯懦者变得胆大。她漫不经心地挖苦道:

"你既然知道我去过贾卜拉亚公园,那准清楚我为什么要去。你派密探跟踪我,刺探我的消息,他肯定向你提供了有关我行动的详细报告。"

"那个小伙子走上前去,对你说'晚上好'的时候,你干吗惊慌失措?"

佐贝黛惊讶地说道:

"感谢真主,警察的报告第一次没有出差错。我还以为报告里说我同那小伙子在谈情说爱呢!"

"你要是同他谈情说爱,我准得砍下你和他的脑袋!"欧尼帕夏笑道,"那小伙子是我的一名警官,他负责监视贾卜拉亚公园,找到那个同穆罕默德·阿卜杜·卡里姆见面的戴面纱女人。可是,那个女人一直没有来,好像知道我们在找她。有报告说,穆罕默德天天下午六点到公园里来,待上整整一小时。只是从昨天开始,他才没有在这时间到公园里来。"

穆罕默德天天到老地方去,只是昨天没去,这使佐贝黛很高兴。这又一次证明,他仍旧爱她,没有忘记她。可是,他今天为什么没来?是不是病了?

佐贝黛停了片刻,说道:

"奇怪,检察院已经判他无罪,把他放了,你们居然还盯住他和那个戴面纱女人不放!"

"怀疑是统治的基础,"欧尼帕夏像是在给她上统治原理课,"对我们来说,没有一个埃及人是清白的,他们全是被告,人人都可疑,都有问题,今天的清白者,明天可能成为罪犯。因此,每个形迹可疑的人都在我的监视之下,就是大臣们家中的电话,也在我的监听之下。我不敢担保,某位大臣就不同反对党联系,阴谋反对现任内阁。"

佐贝黛用笑声来掩盖她的惊恐,说道:

"那我们家的电话也一定受着监听喽。西德基帕夏窃听你的电话,你呢,也窃听首相的电话!"

"谁也不敢窃听我的电话。窃听电话是我掌管的权力!"

欧尼帕夏在她心里丢下疑团之后,便走出屋去。他是在监视她,还是在监视穆罕默德,还是两个人都监视?她在歇斯底里的状态中说过什么,引起了他的怀疑?她听到穆罕默德因为纳吉娃而背叛她时曾发出一声尖叫,他看出她与穆罕默德之间有恋爱关系了吗?他读了赛义迪亚中学校长的秘密报告她便犯病了,他为什么故意避而不问是什么原因呢?民间俗语说得好:"头上有伤,老要摸它。"但是,她头上倒没有伤,浑身上下却都有伤,张着口在喊叫:"我爱穆罕默德·阿卜杜·卡里姆!"

假如穆罕默德今天到贾卜拉亚公园去了,假如她啐了他的脸,失去自制,对他说了原来想说的话,假如她将事先的计划付诸实施,去向那个显然是她丈夫手下的一名警官的漂亮小伙子问时间,那都会发生什么样的情况?

落到穆罕默德头上的将是什么样的灾难啊!

她关心的只是穆罕默德。被当大臣的丈夫休掉或仍让她留在家中,她都无所谓。她一直觉得自己早已被休掉,只是缓期执行罢了。重要的是别让穆罕默德因为爱她而受到伤害,她得从她暴虐的丈夫手下保护好穆罕默德。然而,她想见见穆罕默德,听听他的声音,急于望望他的眼睛。

为了重新感受到他灼热的气息温暖着她的身体,她都想疯了……在知道贾卜拉亚公园受着监视,她可不能再去了,也不能打电话给他,《光明报》报社的电话肯定被人监听着,此外,她也没有办法到他巴德兰岛大街的家去,因为不知道地址。

佐贝黛记起,穆罕默德曾跟她谈起过西迪·法尔杰咖啡馆的维赫丹老板。她干吗不去找他,向他打听穆罕默德家的地址?不过,公开去不行,说不定那里的顾客会认出她,知道她是内政部国务大臣的妻子,在国会开幕仪式上《图画》周刊登过她和其他大臣夫人的合影,顾客们将会对大臣夫人来打听哈纳菲师傅的儿子穆罕默德的地址而窃窃私语。

她眼睛一亮,脑子里闪过一个冒险的念头。

她把贴身女佣萨尼娅叫来。萨尼娅不光是她的仆人,也是她的朋友,结婚前,她们在侯赛因区是邻居,嫁给欧尼那阵,她获悉萨尼娅的丈夫去世,留下她和几个孩子连个住处都没有,就叫她来跟自己一起住在官邸里。

她对萨尼娅十分信赖,然而,时至今日她还不敢把她与穆罕默德相爱之事告诉萨尼娅。她干吗不派萨尼娅去找维赫丹老板打听穆罕默德的住址呢?

对此,她不免有些踌躇。要萨尼娅去打听穆罕默德的地址,就得把她与穆罕默德的关系告诉萨尼娅。她认为,自己无权向任何人泄露这个秘密,这个秘密也属穆罕默德所有,在与第三者分享之前,首先得征得他的同意才是。秘密如同接吻,只能由两人分享,超过两个人就成为公有了。

佐贝黛决定独自去冒这次险。她叫来萨尼娅后,告诉她自己想去拜访一位名叫穆罕默德的谢赫,他是一位苏非派教徒,擅长写护身符,她认为自己得病是魔鬼附身,穆罕默德谢赫的护身符能帮她降魔祛邪。她不能公开去拜访，因为她丈夫不信这些歪门邪道，只得私下去找穆罕默德谢赫。

佐贝黛提出，她先到萨尼娅孩子们住的巴德兰岛米弗拉什希姆西街的家去，在那里换上萨尼娅的长袍，再去找穆罕默德谢赫。

佐贝黛按计划行事，脚上趿着萨尼娅的拖鞋，身穿黑色长袍，摇摇摆摆地出门了。她向人打听西迪·法尔杰咖啡馆，找到后，打发一个小孩到里面去请维赫丹老板出来。

维赫丹老板诧异地走出门来，端详着这位年轻白皙的可爱姑娘，她身上的长袍使她显得分外妩媚、动人。

他一面迎上前去，一面嘀咕道：

"是做梦，还是真的？"

这地方所有的女人他都认识，这可是他第一次在巴德兰岛看到这么漂亮的女人。

佐贝黛犹犹豫豫地向他打听哈纳菲师傅的住址。

维赫丹老板惊讶不止，这么俏丽的女人居然打听哈纳菲师傅那个又疯又傻、病弱不堪的人的地址！他不解地问道：

"你找哈纳菲师傅有什么事？"

"我想见见他的儿子穆罕默德。"她支支吾吾地答道。

维赫丹老板一震，好像她要见哈纳菲师傅那样的疯老头还可以理解，要去见健康年轻的穆罕默德倒是不可思议似的。突然，他管起闲事来——人们在自己期望的女人落入他人之手时，总是好管闲事，冷冰冰地说道：

"穆罕默德的妈妈挺要面子，不在家里接待她儿子的女朋友们。你到《光明报》报社去吧，穆罕默德在那儿当编辑。"

维赫丹老板充满责备和蔑视的口吻使佐贝黛愣住了，她一言不发地走了。

维赫丹老板讲到"她儿子的女朋友们",似乎知道穆罕默德女友挺多似的,这使她感到烦恼,妒火几乎又要重新在心里燃烧起来,她赶快把它扑灭,宽慰自己道,维赫丹老板的话并非真有所指,他不过是想说,穆罕默德的妈妈是受人尊敬的,而她佐贝黛却不是。

维赫丹老板的看法倒没有使她生气。当她察觉到在她亲爱的穆罕默德的生活中,居然有"女朋友"这一事实时,她很恼火。她好像能够忍受对她本人的攻击,但受不了对她伟大爱情的侮辱。

没有打听到穆罕默德家的地址,佐贝黛沮丧地回到家中。是否穿着长袍到纳齐尔杰什街——今萨阿德陵园街——的《光明报》报社去找他,她挺犹豫,怕让他在编辑同事中间感到尴尬。然而,她已下定决心要见到他,哪怕她丈夫监视她,派人盯梢也罢。要是他知道她与穆罕默德会面,会怎么样?大不了被他休了,而她如果见不到穆罕默德,可就活不下去了!

离婚总比死了强,出丑比起受人阻拦好多了。处处受人限制的人,才懂得那是何等的难受、残酷和痛苦。她又担心穆罕默德逃不脱她丈夫的铁腕。

应当想一个办法,背着她丈夫同穆罕默德取得联系。她无意自保,只想保住穆罕默德,保住她的爱情。爱情有时使我们变得勇敢无畏,有时又使我们变得胆小如鼠,我们的举止时而疯狂,时而理智。真正的爱情,总是交织着理智和疯狂。如果爱情纯属理智,那就成了一只冰箱,如果一味疯狂,它就会在电炉里毁灭。爱情的乐趣,就在于徘徊在胆怯和疯狂、进和退之间,它像心脏的搏动,时起时伏,循环反复,像一首美妙的歌,时而低回如耳语,时而高昂似鼓声。

佐贝黛踌躇再三,决定给《光明报》报社打个电话,她不从自己家里打,家里的电话很可能会被人窃听,首相或者她丈夫都可能派人窃听,而从她父亲家里打给穆罕默德,她将利用父亲在书房里工作、弟弟马哈茂德到国防部去上班的时机,当着妹妹们的面,她可以装作是在跟她的一个女友通话。

《光明报》报社一间办公室里的电话响了。

编辑艾哈迈德·卡西姆拿起听筒,里面传来电话员的声音:

"穆罕默德·阿卜杜·卡里姆先生的电话。"

卡西姆问道:

"谁打来的!"

《光明报》报社电话员阿卜杜·拉赫曼答道:

"是他母亲。"

卡西姆先生把听筒递给穆罕默德,说道:

"令堂打来的电话。"

穆罕默德叫出声来。妈妈竟会打电话给他?妈妈根本就不会打电话,她这辈子连电话机都没见过……爸爸出什么事了吗?可能疯病突然发作,被电车压了?穆罕默德离开自己的桌子,到放电话机的卡西姆桌上去拿听筒时,脸色都变了。

卡西姆先生看到穆罕默德满脸惊慌的神色,一面把听筒递过去,一面起身离座,让他坐在自己的椅子上,这样,听到不幸的消息也不致晕倒在地上。

穆罕默德听见听筒里传来一个陌生的声音:

"我是纳吉娃·穆纳斯特利。"

穆罕默德这一次的惊叫声比第一次更响,叫声中夹杂着诧异和紧张,他听到的仿佛不是一个女人的说话声,而是恐怖之声。

卡西姆先生看见穆罕默德的脸倏地变得像死人一样惨白,说话的腔调如同听说了深重灾祸一般。

"不可能!不可能!"

卡西姆先生想,这灾祸要比他起初想象的严重得多,准是穆罕默德全家遭受了不幸,而不光是一个人。他赶紧离开办公室,把门带上,让穆罕默德一个人待在里面。

穆罕默德用发颤的声音问道:

"你是谁?"

"我是纳吉娃啊,"那陌生的声音说道,"你听不出我曾经打动过你的声音了吗?把你曾经日思夜想的我的名字忘啦?我昨天才从罗马回来,得了感冒,你也许因为这个原因才听不出我的声音吧。男人的记性可真坏!难道你竟然会把五月二十七日晚上七时半你企图强奸的纳吉娃·穆纳斯特利都忘了?你忘了为了她才被开除出所有公立学校的?我一回来就主动打电话给你,为的是让你放心,对过去的事表示歉意,因为……我爱你。"

"你捉弄我还不够吗?"穆罕默德怒不可遏,终于发作了。

"你杀了人,还要给他送葬?你用刀杀了我,然后再送我一根漂亮的领带?你在我背上用带毒的匕首捅了一刀,然后再问候我的贵体?我坦白告诉你,我爱的是另一个女人,我决不会背叛她!"

对方传来一声大笑,这笑声他非常熟悉。他听到一个熟悉的声音对他说道:

"无罪!"

佐贝黛说了"无罪"后便搁下了听筒。

听到"无罪"两字,穆罕默德惊讶得张开了嘴巴。这确实是佐贝黛的声音。这声音,他能从千百万人中辨认出来,已经好几个星期没有听到了,刚才耳边又听到了远处传来的她那乐曲般的声音。

佐贝黛干吗要对他说"无罪"？他在她面前是个被告,所以她才判决他无罪释放吗？她怎么可以对他进行缺席审讯和判决呢？

他微微笑了,他明白爱情是个专制的暴君,不承认普通法律,总是诉诸非常法。

然而,佐贝黛并不知道他同纳吉娃的关系呀,难道纳吉娃真的从罗马回来了,佐贝黛去表示祝贺,纳吉娃把那些编造的谎言统统都告诉她了吗？

她打电话给他,是为了调查一下纳吉娃对他的控告,光凭问几句话就作出判决,宣布退庭,如同法官们在刑事法庭上的做法似的,还是打电话的中间,欧尼帕夏突然走了进来,她不得不中断通话？

第二天,"纳吉娃"又打来电话,通话的时间比第一次长。穆罕默德本来有机会向她提出成千上百个萦绕在他脑际的问题,然而,电话打完了,他一个问题也没问。打了十分钟的电话,他俩千百遍重复着的只是一句话:"我想念你。"一对恋人久别重逢之际,漂亮的诗意的词句会消失得无影无踪,相逢的激动使他俩变成了两个孩子,仿佛跑完了一段长跑来到母亲的跟前,一下子便投入她的怀抱,叫着妈妈,以为叫唤妈妈的声音就表述了自己充满恐惧、难受和宽慰的过程。

佐贝黛第三次打电话来时,对他说道：

"打电话时,你不要提我的名字,你们报社的电话有人窃听,我的电话也受到监视。"

"你在哪儿打的电话?"穆罕默德问道。

"在某个地方……在中东。"

佐贝黛打电话时显得很警惕,不时讲些毫无意义的话,以扰乱窃听电话的人员,她谈到医院里的麻烦,对护士工作的厌恶,接着又用同样的办法让穆罕默德明白,他受到监视,有人在盯他的梢。

穆罕默德能听懂她转弯抹角的话,解开她的谜语。囚犯自然会利用看守的疏忽,统治者把我们压得喘不过气来的时候,我们就会想出各种各样的办法逃避他的苛政。人们受不了被剥夺自由,也许,只是在自由被剥夺以后,他们才认识自由的价值。人们一旦被剥夺了自由,就会千方百计地获得它。凡不许碰的东西,人们偏要设法搞到。墙挡在前面,出不去,人们就在墙上挖个洞,至少能透点光亮和空气进来,如果这个孔不够大,不能让自由整个儿钻进来,那至少也能吹些自由之风进来。

使穆罕默德感到难受的是,他打电话有人窃听,走路有人跟踪,文章要经过审查,贾卜拉亚公园也受监视。他在街上走路,恍然觉得那路灯便是监视他的眼睛,树枝都长着耳朵偷听他的话,地上是鬼影幢幢,在盯他的梢。他感到,逃避跟踪他的密探是一种乐趣。他乘上电车,电车即将启动的时候他跳下车,密探也想跳车,往往栽个嘴啃泥,穆罕默德哈哈大笑,那倒霉的密探则在拍沽在撕破裤子上的泥巴。

穆罕默德走进希库里勒商店,什么也没买便从另一扇门出去了。他看见那个密探隔了一会儿才气喘吁吁地赶到,生怕被他甩掉。穆罕默德下班后故意在报社里磨夜,及至出门的时候,那密探早已呼呼睡着了。

这段时间,穆罕默德并没有干什么违法的事,他只是有意捉弄暴虐的当局。我们假如无法用行动反抗暴虐的统治,那总可以用冷嘲热讽、蔑视表示反抗。

他虽然这样逗弄密探,但心里对这种监视可是烦透了,因为在监视之下,他没有办法见到佐贝黛。

通电话已不能使他满足,他想抓住她的手,想吻她,告诉她许许多多在被监听的电话里不便说的事。

有一天,他终于对她说:

"我必须见你,什么时候能见到你?"

"这届内阁辞职了,我就能见到你,那时黎明重新出现,黑夜终于过去……"佐贝黛说道。

"内阁什么时候辞职?"

"你的《光明报》今天说,内阁几天之内就得辞职。"

然而,内阁并没有如《光明报》所断言的几天之内便倒台,倒台的恰恰是《光明报》自己,它成了自由之战中的牺牲品。那几天里,内阁召开了会议,决定彻底封闭《光明报》,理由是它扰乱治安,引起不安——自然是内阁大臣们的不安!

警察用铁栓和大锁关闭了《光明报》报社。穆罕默德失去了工作、电话和佐贝黛。

穆罕默德作为一个新闻工作者,生活是很艰辛的,充满了荆棘和痛苦。三十年代,在西德基帕夏执政的日子里,报纸不是死于衰老、贫血,也不是由于没有读者看,而是它们一诞生便被扼杀。陶菲克·迪亚卜的报纸早晨出版,政府晚上就让它关门。当天晚上,阿卜杜·卡迪尔·哈姆扎又发行新报,政府第二天一早就予以关闭。鲁兹·尤素福夫人和穆罕默德·塔比伊的杂志才发行了一期,翌日便遭封闭。艾哈迈德·哈菲兹·伊瓦德的《东方之星》被封后,每天换着名字发行他的报纸,但政府每天下令封闭他的新报。

新闻工作者出版新报可谓是不厌其烦,西德基帕夏没收和封闭报纸也确实是不知劳累。

反对党的办报人破产了,他们无力支付编辑和工人们的薪水,新闻工作者在忍饥挨饿,报社的工人踯躅街头。

新闻工作者干一天,停几天,一个星期有饭吃,剩下的三个星期全家都跟着他饿得要死。新闻工作者们付不起房租,被撵出家门;交不起学费,只得让孩子们辍学。他们挨饿的挨饿,囚禁的囚禁。工人们印着报纸,但是不知道印完后警察是否即予查封,造成报社惨重的经济亏损,或者今天让报纸印出,发行几个小时之后即下令关闭?

穆罕默德账面上的薪金为每月十五镑。他曾从陶菲克·迪亚卜手里领过十镑钱,那是他当时作为一名新闻工作者,第一次也是最后一次看到过的十镑钱。不断的查封,报纸连续停出,主编坐牢,这些都使那十五镑钱越来越渺茫了。有时,他得分期领薪,每次不超过十个皮亚斯。每月的一日到了,他往往五分之四的薪水都还留在账上,会计便把这笔钱转到下个月,他拿到的只有十个皮亚斯。

比起其他编辑来,穆罕默德的运气还算是好的。有的编辑领到的乃是顶薪水的旧报纸,他们管这些退回报社的报纸叫"回炉货"。编辑们就搞来一辆驴车,拉上一捆"回炉货",领着驴子和车夫往前走,去寻找想买这些报纸来包货的顾客。

编辑们冬天难挨,夏天倒还好过。夏天是收获椰枣的季节,卖椰枣的小贩需要报纸制成口袋装椰枣,因此"回炉"报纸的价格就高一些。而在冬天,卖水果可不需要用纸袋装。

在埃及,有两家报纸能按时发工资,因为它们不攻击西德基帕夏的政府。《金字塔报》支付最低薪,它的主编每月薪金也只有五十镑。《穆盖塔姆报》对待大部分编辑的办法,是大陆饭店对待侍者的办法,即不发薪金,允许小费归他们所有。

反对党的办报人财政拮据是情有可原的,他们不愿向政府的淫威屈服,政府就有意在经济上搞垮他们,没收报纸,关闭报社,把他们投入监狱。

后来,西德基帕夏颁布了新的新闻法,专门给反对党报纸的主编定了一条:在法庭上受审过的任何新闻工作者,不得担任主编。反对党报纸的各位主编和社长都因为新闻案件受过法院的审讯,这样一来,他们就谁也不能当主编了!

办报人为了对付这横蛮的新闻法而殚思竭虑,他们雇人来当主编,主编不需办报,只要在报纸上挂名就行,政府如要把他们送上刑事法庭或拘禁,那也无妨。这就像拍电影里用"替身",他们替大明星挨打一模一样。

陶菲克·迪亚卜用《圣战报》代替了《光明报》。以阿卜杜·阿齐兹·法赫米帕夏为首的最高法院曾因陶菲克·迪亚卜批评了政府的一些工作而判处他九个月劳役。他被关在加拉迈丹监狱,身穿蓝色囚服,分配在缝纫车间干活。

阿巴斯·阿卡德因为触犯了王室尊严被刑事法庭判处九个月监禁,穆罕默德·塔比伊被判刑六个月,他侵犯了总检察长和视察员的权利,竟然详细披露哈萨伊纳村迫害村民的情况:视察员剃掉农民的胡子,用鞭子打他们,强迫他们取女人名字,原因是农民不愿意在西德基帕夏访问该村时去欢迎他,他们把所有的驴和牛都赶到首相一行经过的路上,每头驴或牛的脖子上都挂着一块牌子,上面写道:"我们欢迎西德基帕夏"。

有一天,《圣战报》的负责人请穆罕默德·阿卜杜·卡里姆去,提议他来担任报纸主编。

穆罕默德听到这个建议简直不知所措,他还是个初出茅庐的小编辑,怎么能当主编?

负责《圣战报》的侯赛因·陶菲克先生说道:

"你不必干主编的工作,文章不交给你看,编辑们的工作也不归你管,只是要把你的名字作为主编放在报纸第一版上,你每月的薪水从十五镑提为三十镑,对你的全部要求是你得为报上发表的文章负责。"

穆罕默德激动地说道：

"这就是说，要我当个傀儡！"

"你把这项工作叫做'傀儡'，我则称它是'敢死队'。"

穆罕默德表示，他准备承担任何一项敢死队的工作，准备担任主编，条件是当名符其实的主编，而不是一个名义上的主编。

侯赛因·陶菲克先生在打发他走的时候，又说了一句：

"你好像挺怕坐牢。"

被指责为胆小，穆罕默德挺恼火。他进过监狱，挨过鞭笞，还开枪打过国务大臣。他写了信给在狱中的陶菲克·迪亚卜，解释自己的立场。陶菲克·迪菲卜给他回了一封措辞恳切的信，说他理解穆罕默德的立场，要是自己处在这种情况，也会同样做。

穆罕默德松了一口气，他拒绝当傀儡的理由已得到报社社长的认可。

《圣战报》按时发行以后，佐贝黛又按时打电话给他了。

每当电话铃响，接线员说是穆罕默德的母亲打来的电话，艾哈迈德·卡西姆先生就离房出去避开。

佐贝黛在电话中坚持称自己是纳吉娃，也坚持要穆罕默德只用纳吉娃来称呼她。

穆罕默德几次要她换个别的名字，但是徒然。

他俩电话一打就是一个小时，有时长达两个钟头，说的尽是相互的爱慕、思念。

有一次，当谈话正热烈的时候，佐贝黛说道：

"我怕《圣战报》的电话员正在听我们的谈话。"

突然，佐贝黛和穆罕默德同时听见电话员阿卜杜·拉赫曼说道：

"对不起，先生，编辑先生们的谈话我是不可以偷听的。"

穆罕默德在报社里碰到过诗王艾哈迈德·邵基贝克,他是报社的常客。

诗王写过一句诗,让报纸把它作为头版的通栏标题:

请留步,记下你作为圣战者的人生观,
生活,离不开信仰和奋斗!

陶菲克·迪亚卜分配给穆罕默德这位年轻编辑的是担任报纸的文艺编辑。

穆罕默德想采访一次大歌唱家乌姆·库勒苏姆。

他往乌姆·库勒苏姆家里打了几次电话,但对方都说自己不是乌姆·库勒苏姆。

穆罕默德相信,那个说乌姆·库勒苏姆不在的声音,恰恰就是她本人的声音,他曾听过她的唱片。

穆罕默德找诗王艾哈迈德·邵基帮忙,请诗王搭个桥,定个时间,让他去见乌姆·库勒苏姆。

邵基给乌姆·库勒苏姆联系了一下,约好穆罕默德次日去见。

穆罕默德来到扎马利克区艾布·阿拉桥附近的巴赫拉别墅。乌姆·库勒苏姆接待了他,但说的话却使他一惊,她说,她讨厌新闻界和记者,要不是邵基贝克出面,她决不在家中接待他,过去从未有一个记者踏进她家门,今后也不会再有。

穆罕默德被这样不客气的接待搞懵了,便问她原因。乌姆·库勒苏姆答道:

"我从松布拉温的家乡塔迈扎哈伊拉村来到开罗,刚开始成名,就突然发现有一本戏剧杂志给我套上了莫须有罪名。

"读了那篇虚假的报道,我哭了,一辈子都没有那么哭过。当父亲带了一本刊登有那篇文章的杂志给我时,我哭得更厉害了。父亲说,开罗这个城市对有自尊心的穷人来说,不适宜。我们应该立即回塔迈扎哈伊拉村去。我跪在他跟前,哭着求他收回这个决定,但是,他固执己见。幸亏当时艾敏·马赫迪贝克和著名的作曲家谢赫·艾布·阿拉劝说他道,不要为这种横蛮的指责妨碍我的前程,要不然,我现在还在塔迈扎哈伊拉村,世上就没有乌姆·库勒苏姆其人了……后来我才知道,那时的大歌星穆妮拉·马赫迪亚女士穿着长袍来听我唱歌,她对爱她的那个杂志负责人说:'这个小姑娘想取代我歌唱家女王的位置。'那负责人说,他将发表一则假消息,搞得我从此一蹶不振。那篇虚伪的报道就这样出笼了。"

乌姆·库勒苏姆接着又说道:

"我一直不停地工作,奋斗,吃苦受累,学习,才成为埃及第一女歌手。一九二六年,另一本杂志举办过选埃及最佳女歌手的比赛,它宣布的结果是,得票最多的是法塔希娅·艾哈迈德,第二名穆妮拉·马赫迪亚,第三名也是最后一名是我乌姆·库勒苏姆。

"对这个评选结果,我并不生气,我对自己说,我应该发展自己的声音和歌唱,有朝一日总会成为第一,重要的是不能甘居第三。

"后来,那本杂志的主编突然找到我说,事实上,法塔希娅有一个男朋友是那本杂志的编辑,他搞了几百张空白选票,都填上法塔希娅第一名,然后塞进了读者的票中。检票后,编辑们意外地发现,尽管给法塔希娅加上了那么多假票,但得票最多的仍是乌姆·库勒苏姆。

"于是,编辑们在评选结果上玩花样了,他们扣除了一大批我得的票,使法塔希娅得了第一,穆妮拉第二,我成了第三。"

乌姆·库勒苏姆沉默了片刻,问道:

"我讨厌新闻界和记者,难道不是情有可原的吗?"

穆罕默德说道:

"两家杂志的过错,怎么能成为你给埃及所有报纸杂志作出如此严厉判断的理由呢?那两起事件,不光是两个新闻界人士干的,你承认,穆妮拉参与了第一起,法塔希娅参与了第二起,这使我讨厌她们两人,但是,这怎么能成为理由,因为你跟她俩一样,也是一位歌唱家,我也得讨厌你呢?"

乌姆·库勒苏姆笑了,说道:

"你赢了。你想谈什么就谈吧。"

穆罕默德采访乌姆·库勒苏姆谈话的方式使她很满意。她讨厌记者谈她个人,而希望谈论她的艺术。她恼火记者问她对爱情的看法,她唱的每首歌里都已表达了自己的看法,歌声比言语更能明白流畅地描绘爱情。她憎恨记者问她何时结婚,因为她自己也在问自己这个问题。她不愿谈自己的私生活,她还是一个从塔迈扎哈伊拉村来的农村姑娘,非常腼腆、害羞,害怕人们的风言风语。

穆罕默德采访乌姆·库勒苏姆获得了成功。编辑部要他采访埃及著名的女演员。

他开始出入女演员的家。他见到了泽娜白·西德基,佐贝黛很欣赏她在诗王艾哈迈德·邵基的诗剧《莱拉的痴情人》中莱拉的一角。他发现,泽娜白的沙龙里,文学家、记者、诗人群星荟萃,这位面容洁白红润的俏丽女人,对诗歌颇有鉴赏力,说起俏皮话来妙语如珠,她的趣闻轶事往往要占戏剧杂志的不少版面。在自己的沙龙里,她是位名符其实的女王,及至有人敲门,她才由女王变成一个惊慌失措的女人。在替那位她心爱的大记者开门之前,她先得把她辖下的"臣民"统统从用人走的门赶走。那位记者嫉妒所有的文学家、记者和诗人,连慷慨的全埃及人民都容忍不了。

穆罕默德结识了当时誉满全国的女明星法蒂玛·鲁希迪。她演爱情片却不懂爱情，擅长在舞台上接吻而在真实生活中却不敢接吻，她的片子使观众向往，仿佛是一位令人倾倒的女王，如果与一个男人同坐在一间锁着门的屋子里，她会站在床上发表一篇她热爱表演艺术的精彩演说。法蒂玛谈话、做事，颇像是一位领袖。她也确实是位领袖，学生们迷她，在某个地方见到她，就把她抬在肩上，高呼她万岁，好像她是一个大政党的领袖似的。

穆罕默德曾几次接触阿齐莎·艾米尔，她是埃及电影史上第一部影片的主角，发疯似的热爱电影事业。她当时容貌出众，褐色皮肤，一对大眼睛具有诱惑力，说话的音调也很动人，似乎能使冰雪消融，使人返老还童。

穆罕默德与女歌唱家和女演员的来往使佐贝黛大为恼火，他把每次来往都告诉她，详细讲述每次谈话的经过，然而，佐贝黛却受不了，既然她没有办法见到他，他也无权去见别的女人，她担心随便哪个女人都会把他夺走。碰到那些情场经验丰富的女明星，你又会作何感想？他见到的每一位女明星，能给予他的总比打个电话多得多吧，女明星可以坐在他身旁，为接待他而打扮一番，让他闻到她的香水味，感受到她的气息，而佐贝黛能给予他的，只是她的声音，电话里的声音。

佐贝黛只许穆罕默德通过电话同女演员们联系。

这道禁令只对乌姆·库勒苏姆例外，因为佐贝黛喜欢、尊敬也信任乌姆·库勒苏姆。有一次，诗王艾哈迈德·邵基邀请穆罕默德到他家去参加一个晚会，他的家坐落在尼罗河畔，取名"安乐儿的葡萄园"。

乌姆·库勒苏姆在晚会上唱了一首歌：

爱你的人儿哪,多么欢乐,

多么幸运,又多么受尽折磨……

这是一首由艾哈迈德·拉米作词、扎克里亚·艾哈迈德谱曲的歌。

在听这首歌的时候,穆罕默德一直想着佐贝黛,仿佛乌姆·库勒苏姆是描绘他与佐贝黛在一起时的欢乐,见不到她时的痛苦。

这个节目完了以后,穆罕默德见诗王邵基悄悄地把乌姆·库勒苏姆拉到一边。

突然,他听到乌姆·库勒苏姆气愤的声音:

"不,不行,绝对不行!"

他又听见邵基央求道:

"我请求你,我求求你。"

乌姆·库勒苏姆更加生气地说道:

"你是在你的家里侮辱我!"

接着,穆罕默德看到乌姆·库勒苏姆浑身发颤走了出来,诗人邵基贝克紧跟在后面,竭力平息她的怒气。她径自走着,根本不回头看他。

穆罕默德心中疑团难解,阿拉伯世界最伟大的诗人和最了不起的女歌唱家之间出了什么事?诗王说了一句什么话惹恼了东方之星?

他作为记者,不免想打听一下,于是赶紧走到乌姆·库勒苏姆面前,问她与邵基贝克是怎么回事。

乌姆·库勒苏姆说道:

"邵基贝克想塞给我一个里面装着钱的信封,作为我在他家唱歌的报酬。我是作为朋友而不是歌手到这里来的,他给我这笔钱是对我的侮辱!"

邵基插话进来,一再表示歉意,说他这笔钱不是给她的,是给乐队的报酬。

乌姆·库勒苏姆却坚持乐队的报酬由她掏腰包。

乌姆·库勒苏姆的气终于消了,又开始演唱了。

她一唱起来就把刚才的事忘了,歌声婉转,时快时慢,控制自如,往返回旋,像是在为自己歌唱,对所有出席晚会的人都视若无睹。这是一首由巴迪阿·海里作词、扎克里亚·艾哈迈德谱曲的歌,歌的开头是:

他焉敢漠视真主,
竟然恃强凌弱!

穆罕默德坐在客厅的最后一排,紧靠着通向二楼的楼梯,前面几排都是大人物和文人墨客。艾哈迈德·邵基贝克手里拿着一杯威士忌,来到他身旁坐下。不一会,邵基掏出烟盒和一支小笔,在烟盒上写了几行,接着又聆听歌声,喝一口威士忌,又写上几行。

邵基把烟盒塞进口袋,目不转睛地凝视乌姆·库勒苏姆,听她歌唱。他左手握着烟嘴,右手拿着酒杯。

穆罕默德搞不清楚邵基在写些什么。

第二天下午,穆罕默德到乌姆·库勒苏姆的家去拜访,头一晚她与邵基之间的事情引起了他的兴趣。

乌姆·库勒苏姆笑道:

"今天,我与邵基贝克之间又发生了一件挠头的事情。他今天到我家来,突然又交给我一只封了口的信封,我真生他的气了,对他说:'你昨天在你家里侮辱了我还不够,今天居然到我家里来侮辱我啦?'邵基微微一笑,说:'先别发火,还是打开信封,看看里面装的是什么吧。'我气愤地说:

'我甭看内容就先把它撕了!'他央求道:'我求你别这样。这一次装的可不是钞票。'我打开信封,只见里面是他亲笔写的信。邵基的手颤抖着,说道:'这是我昨天在你唱歌时的速写。'"

乌姆·库勒苏姆把那首诗递给穆罕默德。穆罕默德念道:

> 问问小巧玲珑的酒杯,
> 可曾碰到了她的嘴唇?

在这首诗里,邵基把乌姆·库勒苏姆的歌声比作达乌德的笛声,他出色的描绘使穆罕默德叹服:

> 树林里的鸽子正在忧伤,
> 暮色中传去的召唤充满关切,
> 鸽子来到花园,
> 欲饮一口清泉。
> 助它解渴的,
> 却不是美酒,
> 也非玫瑰露。

穆罕默德问她道:

"你干吗不唱这首诗?"

"你疯了吗? 我怎么能唱它?"乌姆·库勒苏姆说道,"这只是邵基对我这个女歌手的个人看法。"

穆罕默德又笑着问道:

"你说,邵基贝克在第一只信封里放了多少钱?"

乌姆·库勒苏姆答道：

"我不知道。不过，哪怕他放进了一百万镑，也没有这首诗这样让我高兴。"

拜访乌姆·库勒苏姆后，穆罕默德刚回到报社，就接到佐贝黛的电话，只听得她一本正经地说道：

"我看到一份重要的秘密报告，是关于你昨天参加诗王艾哈迈德·邵基家晚会情况的。报告说，你穿了一身黑西服，系的灰领带，脚上是黑皮鞋、灰袜子。"

穆罕默德笑了：

"你知道，我那身咖啡色西装破了以后，这就是我惟一的服装。"

"报告说，乌姆·库勒苏姆在第一轮节目中唱的一首歌是《爱你的人啊，多么欢乐》。"

穆罕默德讽刺道：

"乌姆·库勒苏姆晚会上唱这首歌是理所当然的事情，因为这是她跻身艺坛的第一首歌。"

"报告说，第一轮节目结束后，你和乌姆·库勒苏姆站在一起交谈，后来邵基贝克加入进来。你坐在楼梯下的最后一排，邵基贝克则坐在你旁边。"

"一点不错。"穆罕默德感到诧异，"我似乎成了一个十分重要的人物，警察对我在邵基贝克晚会上的一举一动都不放过。"

"报告说，你是一个令人讨厌的家伙。"

"治安与我讨人喜欢或惹人讨厌有什么关系？"穆罕默德莫名其妙，"是我说了什么俏皮话让打报告的人不高兴了？打报告的人怎么知道我是个令人讨厌的人呢？"

"报告说,证明你令人讨厌的证据是你在整个晚会期间一直坐在楼梯下,望着乌姆·库勒苏姆,既不左右张望,也不看前后上下。"

"我干吗要看上面?"

佐贝黛笑了:

"因为我就在上面啊。整个晚会期间,我一直站在楼梯头上,看着你在听乌姆·库勒苏姆唱歌。"

"你怎么也到邵基贝克家里去了?"

"我听你告诉我,邵基贝克邀请你听乌姆·库勒苏姆唱歌,就让我的女友、邵基贝克的孙女邀请我参加晚会。楼上有许多夫人、太太,都是去听乌姆·库勒苏姆唱歌的,我呢,一边听,一边瞧着你的眼睛,仿佛是有生以来第一次听她唱歌似的,又觉得她是只唱给你我两人听的,为我们的爱情和不幸,为我们的乐园和地狱,也为我们的欢乐和痛苦在歌唱。有一阵,我有个奇妙的愿望,真想跑下楼去,拥抱你,吻你。我觉得,同你接个吻、拥抱一次,即使出丑、离婚那也值得!"

穆罕默德骇然道:

"你疯了吗?"

"这不是我的过错。造成我这样想的,是你的朋友乌姆·库勒苏姆的歌声。她的歌声带着我飞向你,把我投入你的怀抱。乌姆·库勒苏姆昨天的歌唱表达了我对你的全部心声。这些话,我即便悄悄对你讲,也觉得不好意思,但乌姆·库勒苏姆却高声唱出来,用的是同样的音调,怀着同样的热情、欢乐和痛苦。晚会开始之前,乌姆·库勒苏姆到楼上来过,同太太们逐一握手。她看到我的时候,对我说:'你怎么了?你今天的模样比我上次见到时漂亮多了,你准是在恋爱吧。'我面红耳赤,不知该怎么对她讲。我有一阵还以为你在到她家去拜访时,把你我相爱的事告诉了她。她在说'恋爱'一词时,音调挺奇妙,充满了信心和把握。我在许多场合碰到过乌姆·库勒苏姆,她从未用这种方式同我谈过话。

"我几乎控制不住我的舌头,真想脱口而出:'是的,我正爱着你的朋友穆罕默德·阿卜杜·卡里姆。'但是,我怕你生气,终于还是克制住了自己。她接着问我晚上想听一支什么歌。我说,想听《爱你的人啊,多么欢乐》,她笑着说:'爱你的人啊,被你搞得多么悲伤!'"

穆罕默德笑着说道:

"奇怪,这一切都发生在我的头顶上,我却一无所知。说来也怪,我昨晚在听乌姆·库勒苏姆唱歌的时候,也觉得她是在为你我歌唱。我作了一个决定……"

"我求求你不要作决定了。"佐贝黛说道,"你还记得你有一次作出的决定吗?在那以后,我就没法见你了。"

"不,这是一个新的决定。我决定,一定得见到你,这样受禁锢我可再也受不了啦。"

"在演哪个节目的时候,你作出这个决定的?"

"在第二轮节目,乌姆·库勒苏姆唱《他焉敢漠视真主,竟然恃强凌弱》的时候。"

"我呢,在第一轮节目,她反复唱'爱你的人啊,多么不幸'的时候,我也作出了同样的决定。"

穆罕默德高兴地问道:

"我到哪儿去见你?"

"在家里。"

"在谁的家?在我家里?"穆罕默德想搞清楚。

"不,在我的家里。"佐贝黛的态度很坚决。

她的回答,使穆罕默德一怔。他想起了已经还给穆罕默德·阿卜杜·萨马德先生的绳梯,诧异地又紧跟着问道:

"在你的家里？"

"是的，在我家里。"说完，她马上搁断了电话。

穆罕默德手里拿着听筒，愣愣地站着，乌姆·库勒苏姆讲的话跳入他的耳中："佐贝黛哪，爱你的人啊，被你搞得多么悲伤！"

佐贝黛告诉她的爱人穆罕默德，她将在自己的家中接待他后，就让他陷于困惑之中。她的家，即内政部国务大臣欧尼·哈菲兹帕夏的官邸，门口有三个内阁派来的卫兵日夜守卫着。

她没法向他详述她制订的计划，那可是说来话长，在受内政部监视、《圣战报》报社电话员阿卜杜·拉赫曼又在窃听的电话中细讲是不妥当的。

她真恨不得把经过都告诉穆罕默德，以便让他明白，女人一旦爱上了人，什么样的事都能干出来。

佐贝黛参加完邵基贝克的晚会回来，如痴似醉。她感到陶醉的是，她与穆罕默德在同一地方一起呆了三个小时，两人相距四公尺，但她在这段时间里，却恍若置身在他的怀抱之中，她没有跟他讲过一句话，但乌姆·库勒苏姆唱出了她想对穆罕默德耳语的全部衷曲。昨天晚会上，在那么多的男宾中，她见到的只有穆罕默德，其他人都成了为他作陪衬的幢幢人影。

参加这个晚会以后，她满心欣喜，想跳舞，想唱歌，想把开罗居民全都从睡梦中唤醒，把她的快乐告诉他们。过去，她不下几十次见过穆罕默德，坐在他身旁，抓住他的手，吻他，但那全是匆匆的相会，不像这一次，他俩一起待了三个钟头。在痛苦的分离和长期受禁之后，她幸福地看到他在倾听爱情歌曲时，双眼都流露出对她的爱。她看到了他，他却看不到她。她在乌姆·库勒苏姆唱到爱情的欢乐时，看到他脸上的激动和愉悦，唱到爱情的折磨和痛苦，情人分别的凄楚时，看到他愁眉蹙额的神情。在这三个钟头期间,穆罕默德仿佛一直在同她互诉衷肠。

已经是凌晨了,佐贝黛临睡前,女佣萨尼娅进来帮她脱衣服。她有个奇怪的念头,想吻吻她的这位女佣兼朋友,似乎是借以表达她想吻和拥抱这整个世界的愿望。

当着女佣,佐贝黛说话总是尽量字斟句酌。然而,这一次见到穆罕默德实在太激动人心了,她吞吞吐吐地对萨尼娅说道:

"萨尼娅,我有个秘密想告诉你,除你之外,我谁都信不过。"

"这秘密你不说我也知道。"萨尼娅漫不经心地说道。

佐贝黛微微一笑。

"这秘密你可想不到。"

"我知道你想告诉我的这个秘密,"萨尼娅从容地说道,"你想告诉我,你爱上了一个男人。"

"你怎么知道的?"佐贝黛吓了一跳。

萨尼娅一面抱住她亲她,一面说道:

"我是从你眼睛中看出来的。是的,我不会念书,不会写字,但是,几个月来,我从你的眼睛中却看出了这个秘密,只有瞎子才看不出,我挺纳闷,帕夏居然也没看出来。"

佐贝黛惊住了。乌姆·库勒苏姆说,从她的眼睛看出她在恋爱,她的女佣萨尼娅也从她的眼睛看出她爱上了一个男人,那么,她佐贝黛不就像一只鸵鸟,把头埋在沙里,还以为猎人看不见它。

"你从什么时候知道我在恋爱的?"佐贝黛又问道。

"有很长一段时间了。我看到你突然一反常态注意起打扮来,星期三出门之前总是仔细地全身都洒上香水。我看到你走出家门时那种急不可待的目光,回来时那副喜滋滋的神情。你对待用人、对待我、对待帕夏本人的态度全变了,你眼睛中那种严厉、僵硬的神色不见了,换成了亲切、温柔的目光,你好像爱上了所有的人,爱上了你从前切齿痛恨的生活。你上次神经犯病的时候,我知道你是在受爱情的折磨。那个英国医生说你哭,是因为十五年前数学老师打过你,我听了心里暗暗好笑。我凭女人的直觉知道,当时你遭到的是新伤痛,而不是旧伤复发。你那时对我说,要借我的长袍去见穆罕默德谢赫,让他给你画一道符,驱除附在你身上的邪魔,我假装相信,但我心里明白,这个穆罕默德谢赫就是你喜欢的男人。你回家的时候,我见你目光忧伤,便知道你没见到穆罕默德谢赫,更加相信这个穆罕默德谢赫就是附在你身上的邪魔!"

佐贝黛听着女佣萨尼娅滔滔不绝地一气谈来,简直目瞪口呆,她们两人认识已有二十年,在侯赛因区家的胡同里一起玩耍。佐贝黛从未想到,这位做她贴身女佣的旧日朋友,竟然如此聪明,萨尼娅可是从没上过学啊。佐贝黛不由得问道:

"你是从哪儿懂得这些谈情说爱的事情的?"

"我是从爱情本身弄明白的。"萨尼娅叹了一口气,"从前,我爱上了侯赛因区的一位邻居卡米勒师傅,尝到过爱情的痛苦和甜头。家里人反对我,我只好逃走,跟他结了婚。我们生了一子一女之后,卡米勒突然死了。我不愿再嫁。你问过我几十遍为什么不结婚,我回答你说:'这是命啊。'但是,实际上,我不结婚是因为我不能同时嫁给两个人,直到今天,我还觉得卡米勒师傅还活着。每夜,当我关上底层的房门,便觉得卡米勒就在我的怀里,我们交谈,相互接吻、拥抱,共享夫妻之乐。"

佐贝黛说道:

"我是想见穆罕默德谢赫,但不知道怎样才能见到他。我觉得,我受到监视,他也受人监视。我倒是想过,到你的孩子和姐妹住的米夫拉什希姆西街的那间屋子里去见他。"

"这，我也想过。"萨尼娅微笑道，"但是，我那间房有个不足之处，帕夏的司机也住在那条街上，我怕你进进出出会被他撞见。我记得卡米勒师傅有一次对我说，逃避警察最好的藏身地，是警察局顶上的房间。"

佐贝黛不相信自己的耳朵，问道：

"你是要我到警察局顶上的房间去见他？"

萨尼娅亲切地拍拍佐贝黛的脸颊，说道：

"不，是要你在这儿会见他，就在这个家里，在有三个内阁卫兵看守的家里。"

佐贝黛怒气冲冲地走进二楼她丈夫的书房，嚷道：

"这种生活我可再也受不了啦，这些用人又要使我发疯了！我觉得，我的病刚好，又要复发了！"

欧尼帕夏从他面前那厚厚的卷宗里抬起头来，艴然问道：

"怎么回事？"

佐贝黛噙着泪花说道：

"萨尼娅想爬到我们头上来啦，她要把每星期的休假从星期五改为星期三。我对她说，星期三是所有的男用人休息的日子，这一天帕夏不在家吃午饭，要同全体大臣一起出席西德基帕夏在穆罕默德·阿里俱乐部举行的午餐会，接着去贝尼苏韦夫，去视察他的庄园，晚上才能回来，家里总得留一个用人啊。萨尼娅对这些道理都听不进去，坚持要星期三休息，她说，她的弟弟在哈瓦米迪亚的糖厂当工人，休假由星期五改为星期三，他每星期都要来探望萨尼娅一小时。见不到自己的弟弟，萨尼娅说她受不了。"

欧尼帕夏勃然大怒，叫道：

"讲这些废话干什么？我有空管用人们的闲事吗？国家大事我还忙

不过来呢！"

佐贝黛低下头，装着不好意思的样子，说道：

"我知道你要事在身，忙得不可开交，我是不想用这类事情来打扰你。可是，整整一个星期我都没有能与萨尼娅达成协议，她的脑袋简直像是花岗岩做的，我只好来要你帮忙了。"

欧尼帕夏吩咐把萨尼娅叫来，一面气呼呼地骂着用人，骂他们厚颜无耻，不懂规矩。帕夏的圣殿被这些鸡毛蒜皮的事情给扰了，他好一阵子神经质地狠狠地呼着气。

萨尼娅步履跹跹地来了。欧尼帕夏想好好说服萨尼娅，让她接受同过去一样在星期五休息，可是，萨尼娅一脸天真地问道：

"你干吗不要求西德基帕夏，让他把每星期的午餐会由星期三改为星期五呢？"

欧尼帕夏再也按捺不住，冲着她大嚷道：

"你发疯啦！为了你那个在哈瓦米迪亚当工人的流氓兄弟，你居然想要我去要求首相改变他与全体大臣的每星期午餐会时间！反对党宣传平等，把你们的脑子都毒害坏啦！"

"我兄弟星期三来，我见不到他那可不行。"萨尼娅的态度十分固执。

欧尼帕夏好像找到了一个解决这个难题的办法，说道：

"咦！他可以到这里来见你嘛，你不必非星期三休假不可。"

"我在哪儿接待他？"萨尼娅还是那样天真。

欧尼帕夏又火了，仿佛是在同他平生见过的最蠢的女人说话：

"当然在地下室你那间房间里见他喽，难道你还想在客厅里接待他？"

萨尼娅装作是为了帕夏大人才同意这个解决办法的，因为对帕夏大人的话人人都得服从啊。

帕夏对自己取得了卓绝的成功十分得意，萨尼娅擦着眼泪走出房门的时候，他便对佐贝黛说道：

"你看见了吗，你伤了一个星期脑筋的问题，我一分钟就解决了！不过，这个女人挺狂妄，她以为自己比男人还聪明，那个胡达·沙阿拉维女士更是荒唐，居然要求给埃及妇女以选举权！"

佐贝黛低下了脑袋，佯装对埃及妇女的愚蠢、大臣大人们的智慧感到十二分的羞赧。

欧尼帕夏给守卫他家门的内阁卫兵下了一道命令：女仆萨尼娅的弟弟每星期三来探望她时让他进来。

欧尼帕夏挺仔细，下命令时还特别关照，萨尼娅的弟弟不能走大门，只得从后门——用人们走的门进来。

听到欧尼帕夏作出了这个重要的决定，佐贝黛高兴得紧紧地拥抱萨尼娅。

她俩居然能够将这个厉害的大臣玩弄于股掌之上，让他作出了她俩事先安排好的决定。

还剩下一个问题：穆罕默德怎么对付他身后的那个密探，那人盯穆罕默德的梢，每天都得记下他的一举一动，向治安机关汇报。

佐贝黛和萨尼娅都被难住了，怎样才能找到解决这个棘手问题的办法？佐贝黛曾考虑让穆罕默德穿上老百姓的长袍，乘密探不备跳上一辆出租汽车来。她从丈夫的谈话中得知，这些日子密探们无权乘坐出租汽车，因为治安预算有限，他们要乘车只能坐电车。

她也想过要穆罕默德到开罗火车站，买一张去亚历山大的车票，到本哈站就下车返回开罗。在这种情况下，密探只能回治安机关去汇报，说他监视的目标出门旅行去了。每个密探的任务都是以城市为界的，如果监视对象地位重要，治安机关就得与亚历山大省取得联系，让该省指定专人，对象一出亚历山大车站就监视起来。

然而,如果密探曾接到过指示,说穆罕默德是个危险人物,应该跟踪到底,那怎么办?

佐贝黛可不能心存侥幸。

这个悬而未决的问题终于由欧尼帕夏大人亲自解决了!

佐贝黛利用了报纸上登载审判向爱资哈尔清真寺教长投扔炸弹的穆罕默德·阿里·吉拉勒一案的机会。

她手里拿着报纸,问欧尼帕夏道:

"你认为法庭会给这个罪犯判刑吗?"

"当然会判。"欧尼帕夏傲然答道,"至少是服苦役。我们拿到了穆罕默德·阿里·吉拉勒签名的全部亲笔交代,这些坦白交代是推翻不了的,他决不会像阿齐兹·米尔海姆和陶菲克·迪亚卜似的从我们手中溜之大吉。"

"哦,我想起来了,"佐贝黛似乎是随便问问,"还有一个流氓罪犯,有一段时间你认为是他向爱资哈尔的教长扔了炸弹,他后来怎么啦?"

欧尼帕夏极力回想穆罕默德·阿卜杜·卡里姆的名字。用鞭子打人的人总是把被打人的名字忘得一干二净,然而,被打人却永远记得鞭打他的人的名字。欧尼帕夏说道:

"嗯,他的名字叫穆罕默德……穆罕默德……"

佐贝黛好像在帮助他回忆那个已忘记的名字:

"穆罕默德·阿卜杜胡?"

欧尼帕夏试图掸去记忆中的尘埃:

"不,他不叫穆罕默德·阿卜杜胡,而是叫穆罕默德·哈纳菲或者穆罕默德·克拉姆,反正是这一类的名字。罪犯太多,我记不清他们的名字。我只记得,我们好好教训了那个疯小子,他在外国人监狱里挨了揍以后,走路都靠着墙脚走。我曾经下令监视过他,可是他整天出入那些女歌手、女演员和女舞蹈家的家,我对剧场、夜总会的消息可没有兴趣,所以停止了对他的监视,他不值得我们花费一个密探的工资,去每天打他的报告。"

佐贝黛心里顿时产生了两种截然不同的感受,高兴与嫉妒交织在一起。高兴的是,对她爱人的监视业已取消,嫉妒在咬噬她是因为穆罕默德作为《圣战报》的文艺版编辑,经常出入女歌手和女舞蹈家的家。此时此刻,她既想吻他,又想咬他;既想拥抱他,又想掐他的脖子……

佐贝黛情不自禁地说道:

"用鞭子抽这些年轻人,没错!"

"感谢真主,"欧尼高兴得眉开眼笑,"你终于同意了我的观点,我一直认为,制服这些人只能用鞭子。"

佐贝黛一震,好像鞭子打在她心爱的穆罕默德身上。她说道:

"你可真厉害!"

这位厉害的帕夏说道:

"我现在通过秘密警察、密探和警官控制着全国的一切,我听得到阿斯旺蚂蚁的爬动声,也辨得出亚历山大苍蝇的嗡嗡叫。"

佐贝黛展颜微笑,什么也没说,脸上丝毫没露出嘲笑她丈夫的神色,她这位明察秋毫的丈夫,能掌握住阿斯旺的蚂蚁和亚历山大的苍蝇的动静,却不知道自己家里正在发生和将要发生的事。

穆罕默德开始在每星期三下午六点到欧尼帕夏的官邸来了。

站在后门的内阁卫兵一看见他,便啪的一下立正,向他行军礼。

大臣阁下女佣的弟弟是一个有权的人物,用报纸的称呼,叫"知情人士"。

萨尼娅站在门口等他,他一到,她就携着他的手,带他到地下室她的房间,佐贝黛正在那里等他。

萨尼娅在门口"望风","望风"是窃贼们在行窃的过程中对观望路上动静者的称呼。

穆罕默德第一次从后门走进去的时候,不免战战兢兢,心中的畏惧正如他上一回逾花园围墙而入时一样,那次他用绳梯,像人猿泰山似的爬上树,跳入阳台,越窗进房。

他与佐贝黛同坐在地下室萨尼娅的房间里,心中忐忑不安,双眼盯着房门,揣测欧尼帕夏随时都会进来。经过几次之后,他才变得坦然,走进欧尼帕夏的官邸,犹如回他在巴德兰岛的家,或到他在《圣战报》报社的办公室一般。

我们在进行第一次冒险时,总是心怀恐惧,重复多次以后,安全和放心之感便油然而生。第一次乘飞机的人多半紧张得要命,今天飞机上的乘客却能睡能吃,还能跳舞看电影。

去了几次之后,穆罕默德觉得自己仿佛成了这个家的主人,佐贝黛带着他到处转,仆人们度假去了,帕夏则在庄园。

有一次,穆罕默德产生了一个奇怪的念头,想到楼上佐贝黛的卧室去,坐坐那次躲在红帘幔后面看见欧尼帕夏坐过的床,当时他恨不得掐死欧尼帕夏。他希望在这间卧室里,看到佐贝黛穿上那夜他见过的半透明睡衣的模样。

一开始,佐贝黛对他这种孩子气的想法感到挺奇怪,但是,她发现自己的行为也像个孩子,也尽想实现一些奇怪的愿望。

还有一次,穆罕默德想在每间房里吻吻她,洗澡间、厨房、客厅、餐厅,甚至在欧尼帕夏的卧室。他似乎希望凭借想象与她一起,在这幢房子里生活。恋人们有时会有些常人想不到的疯狂念头。这些傻气的举动,常人听说了会惊愕不止,但是,若他们尝到过一次爱情的滋味,就会知道爱情能使人酩酊大醉,做出那些从未在世上最美的酒杯——恋人的嘴唇——中啜饮过爱的醇味的人所无法想象的事来。

然而,尽管这两位恋人如痴似狂,他俩在性关系上却是清白的。

佐贝黛身上总有一种东西在说"不",她决不会亲口对他说"不",但是,他的耳畔却经常听见"不"的声音在震响。她在吻他、拥抱他、辗转于他的怀抱中的时候,他感到,她同他一模一样,心火难忍,渴望着生命之水。接着,她蓦地清醒了,更准确地说,是穆罕默德恢复了理智,在应该更进一步亲近她的时候,他离远了些。

佐贝黛对待他,犹如对待自己的未婚夫,未婚夫拥有广泛的自由,只是没有同房的自由。

她从来没有对他提过他俩这种奇特的关系应有什么样的条件,也没规定过不得逾越的界限。然而,他总是看到一条虚构的线,像赤道,他是无权超越的。

有一次,佐贝黛被他抱在怀里,她突然挣脱他的双臂,冲着他喊道:
"我再也受不了啦!"

然而,穆罕默德并没有从她的声调中发现有要他跨过"赤道线"的意思,她只是感到难受,在呻吟,因为她无力控制内心的情欲,它一个劲儿地想砸碎牢笼,冲将出来。

佐贝黛的双眼在强烈地呼唤,她说道:

"我们一定得结婚!我知道,这个想法证明我自私,我与欧尼离婚,意味着我的爸爸和弟弟将被解职、失去工作,弟妹们将忍饥挨饿。过去,我在考虑离婚后和你结合的时候,就会听见弟妹们哭着喊饿的叫声,但是,我肉体发出的呼喊比他们的哭声更响,他们饥肠辘辘的声音消失在我肉体的呻吟之中。为了他们,我已经作出了十年牺牲,我的青春岁月不多了,我有权同我喜爱的男人一起享受这剩下的年华。"

穆罕默德同她一样难受,双眼也流露出同样的乞求目光,胸中燃烧着炽烈的欲念,说道:

"我现在就想同你结婚,但是我记得你在我们关系建立之初所说的一句话,你当时说:'我们应该保证,我们当中一个发了疯,另一个应该保持理智。'这协定中的'疯子',总是我当,这一次,老天却要我充当'理智者'了,这是个令人讨厌的角色……疯子们痛快一时,受苦终生。我曾说过,我们将来的小家庭中只有一张椅子,是给疯子坐的,我们中一个坐上椅子,另一个就得站着,以保持住家庭的平衡。"

"可是,我不觉得我发了疯,"佐贝黛插嘴道,"我从来没有像今天这样清醒,我们生活在这种受人压制的环境中被活活憋死,那才是发疯!"

穆罕默德偷偷地在她的嘴上印上一个甜蜜的吻,一个像处女般纯洁的吻,一面安抚她道:

"我们今天取得的已近乎是奇迹了。过去,我们只能提心吊胆地匆匆相会,现在却能安心地定期见面;过去,只能打电话,现在却能当面交谈;过去,我只能想象你的倩影,现在却能见到你;过去,我只能梦想吻你,现在已能尝到吻的滋味;过去,我只能拥抱枕头,现在却能把你抱在怀里。我们现在不是在进行一场冒险,而是在建设一种生活,我们伟大的爱情,好比一座大厦,它需要砖块、水泥和木材。"

佐贝黛认真地说道:

"看着你从后面仆人的门进来,我可再也受不了啦,我希望有朝一日你能从前面的大门进来。不管是茅舍还是单间房屋,你都应走正门,不是以女佣兄弟的身份,而是在真主和众人面前都以我丈夫的身份出入。"

穆罕默德悒郁地点点头,说道:

"真主是慷慨的,这一天总会到来。"

"要是这一天来不了,我们就一直像小偷似的偷偷摸摸地见面吗?"佐贝黛显得很不耐烦,"我有一个愿望,想同你手挽着手在大街上走,希望有这么一天,人们指着我说'这是记者穆罕默德·阿卜杜·卡里姆的妻子',如果人们指着我说'这是内政部国务大臣的妻子',那我将觉得是奇耻大辱。

"我从未感到自己是欧尼的妻子,总觉得是他的女奴,是他凭借权势把我从奴隶市场买来的。"

穆罕默德抬起头,说道:

"你感受到的愁闷、折磨、痛苦和不幸,我都感受到了。但是,我们打仗之前,应先备战,因为一着不慎,便会满盘皆输,连我们的生命都得赔上。"

"按照习惯,应该男人向女人求婚,"佐贝黛哽咽道,"但是,今天是我在要求你娶我。我曾经要求你给我一年宽限期,让我作好安排再同你结婚,你却生气了。现在,轮到我来生你的气了……我要你娶我,别的统统随它去。你并不像我这样备受折磨。"

穆罕默德用一千个吻来拭干她的泪水,说道:

"你知道,我想结婚比你更迫切。从我们相见之日起,我就觉得你在真主面前成了我的妻子,我今天体会到了,一个热爱自己妻子的丈夫,知道了妻子在家里同一个陌生男人同居是什么滋味。"

"你知道得很清楚,我和欧尼之间没有什么关系。"佐贝黛艳然变色。

"至少他能见到你穿睡衣的模样,能吻你,同你在一张餐桌上吃饭,"穆罕默德难受地说道,"他一天能见你几次,我却只能一个星期见你一次。我到这里来,是作为你女用人的兄弟;他进进出出,则是你的丈夫。这种种感受,折磨着我,使我痛苦,在宰割着我。"

佐贝黛坚决地说道：

"我不愿你有片刻的受罪，为了把你从一时的痛苦中拯救出来，我准备献出我的生命，准备现在就弃家而走。我对欧尼没什么要求，既不要赡养费，也不要那拖欠的彩礼，我只要一样，就是我的自由，让我自由地与我所爱的男人生活在一起。"

稍停，她又说道：

"我准备今后只当你的情妇，首先摆脱掉欧尼，我准备与你住在屋顶的简陋房里，靠大饼和橄榄过活。"

"我相信，我们能够靠吃大饼和橄榄生活，住屋顶的简陋房，而不是这幢豪华的宅第，但是，你得负责你的父亲和七个弟妹，我也得赡养我衰老的爸爸、妈妈，我在报社的薪水是不固定的，就是我拿到的那几个皮亚斯也不太有保证。我们结婚，我损失的还不及你的千分之一，你的牺牲几倍于我。我明白，为了我们的爱情，我们可以献出生命，但是，我不同意为了我牺牲七个无辜的人。"

"可是，我在受罪哪，"佐贝黛神经质地双脚跺地，"我原先以为，你到我家来，我将感到无比的幸福，但是，事实表明，我已经后悔让你到这里来了。我们打电话的时候，我觉得你近在咫尺，而当我抱着你时，却又感到你远在天边。我过去好像并没有看到我们相隔的遥远距离，现在抱在一起，却看到了那有限的距离。穆罕默德，我是在受罪啊！"

穆罕默德吻她，仿佛把吻当作了塞进她嘴中的镇静剂，说道：

"到今天为止，我们已经跨过了许多过去似乎是难以逾越的障碍，我相信，今后我们也能够排除万难，真主决不会置我们的爱情于不顾。"

佐贝黛嘴唇翕动着，声音发颤：

"我受不了这种压抑的生活，同时也不能牺牲我的爸爸和弟妹，我曾经产生过自杀的念头，想吞一管阿斯匹林。"

"你怎么能自杀?"穆罕默德神情紧张地说道,"你不但害了自己,也害了你爸爸和你的六个弟弟妹妹,连我都活不成了。自杀,是懦夫逃避生活的手段,我之所以爱你,就因为你是个勇敢的女性。"

"是啊,我很勇敢,但也害怕。"佐贝黛擦干了眼泪。

穆罕默德针对她的悲观说道:

"我听见黎明的脚步正向我们的门口走来。"

佐贝黛脸上露出嘲讽的微笑,她用手兜在耳后,装作在谛听穆罕默德所说的正向门口走近的黎明的脚步声。

然而,那不是黎明的脚步声,而是女仆萨尼娅的脚步声。她急急忙忙地闯进门来,惊慌地说道:

"帕夏……帕夏来了……"

欧尼帕夏一间间屋子找过来,嘴里喊道:

"佐贝黛!佐贝黛!你在哪儿?"

佐贝黛赶紧离开地下室女用人的房间。她要穆罕默德待在原地别动,自己登上楼梯。欧尼帕夏一声紧一声的呼唤使她更加慌乱。

她走进欧尼的卧室,气喘喘地问道:

"出什么事啦?你怎么突然回来了?不到庄园去了?"

欧尼帕夏根本不睬她的问题,说道:

"礼服呢?我现在要去觐见国王陛下。"

礼服是觐见国王时穿的正式服装:一件黑色的长上装,一条黑裤子,颇像出殡时手擎香炉走在前头的人的服装,也像欧洲殡仪馆人员穿的衣服。

佐贝黛不声不响地从衣柜里取出礼服,瞧了瞧丈夫的脸色,只见他一脸的不高兴。她挺纳闷,欧尼去觐见国王怎么皱着眉头,往日就是去见国王的贴身仆人伊德里斯贝克,也总是满面春风的啊。

欧尼一面把腿伸进裤筒,一面说道:

"一场没有想到的灾难哪。"

佐贝黛眼睛一亮,似乎想起了她心爱的穆罕默德说的黎明即将来临的那句话:

"你们去觐见国王,是不是内阁辞职了?"

"西德基帕夏的内阁还得继续十年。"欧尼帕夏难受地说道,"这家伙真是洪福齐天。"

佐贝黛有生以来第一次与她丈夫怀有同感,即对西德基担任首相表示愤懑。她气愤,是因为这件事意味着她同她心爱的穆罕默德结合又遥遥无期了;她丈夫气愤,是因为西德基帕夏连任首相意味着他原来确信自己将继任首相一事又成了泡影。

欧尼帕夏瞧妻子的眼睛,看到满是忧愁、痛苦的神色,于是,叹了口气说道:

"国王陛下原先认为,西德基帕夏废除了国民宪法,搞了一份新宪法,炮制了大选,已经完成了使命,他的作用也仅此而已。国王要求伊德里斯贝克准备组阁,不料西德基帕夏搞到了前赫底威①阿巴斯·希勒米签署的文件,赫底威宣布放弃他对王位的全部权利,代价是现付他一百万埃镑,另外每年再拿十万埃镑。国王拿到这个文件,高兴得手舞足蹈,说他敢断言,西德基帕夏是国内最伟大的政治家,他已经授予西德基帕夏全部国家勋章和奖章,这一回只召见西德基帕夏的夫人,把最高完美勋章授给她。接着,陛下又下令让全体大臣现在去阿比丁宫觐谒,要当面告诉大家,西德基帕夏深得圣心。"

---

① 16世纪后埃及受奥斯曼帝国统治,1866年埃及总督改称"赫底威",亦即督政。1922年3月,埃及的赫底威改称国王。

佐贝黛安慰他道：

"过几个月，国王就会把西德基帕夏的功劳忘得一干二净。君主和当权者们不出两个月便把别人的汗水与功劳忘个精光，就像忘记两个月前他们脚上穿的皮鞋颜色一样。"

欧尼帕夏正在往他浆洗过的衬衣领上系灰领带，说道：

"两个月？国王认为这是天大的喜讯，已降诏向全国人民报喜，要我们通知各省省长，由省长们通知村长，再传达到农民，好像埃及已实现撤军，最后一名英国士兵都离境了似的。"

佐贝黛真讨厌这个昏聩的国王，他花了一百万埃镑买了一张毫无价值的纸，那个一无所有的人在纸头上宣布放弃他并不拥有的东西。她笑着说道：

"我倒是听说过一个乡下人买了一辆电车的事。我想，国王陛下买电车还是第一回吧！"

欧尼帕夏一只指头竖在嘴前，说道：

"这种话你在任何人面前都不能说，隔墙有耳哪！"

"西德基帕夏知道陛下的弱点，国王总觉得他的王位是篡夺来的，赫底威阿巴斯才是合法的王位继承人。因此，陛下经常彻夜难眠，生怕王位被阿巴斯夺走。"

"我原先还以为国王是怕人民起来推翻他的王位呢。"佐贝黛说道。

"人民？"欧尼帕夏露出鄙视的神情，"福阿德国王根本就不把人民放在心上，他只顾虑赫底威阿巴斯。人民一贫如洗，赫底威则是腰缠万贯的百万富翁，在世界上也是数得着的富豪之一。人民戴着桎梏，赫底威则一无羁绊，随心所欲地在欧洲各大首都周游，策划着阴谋诡计。现在，各政党觊觎的是首相职位，却没有一个埃及人对王位虎视眈眈，连正眼都不敢瞧上一眼。只有赫底威阿巴斯才想把国王的宝座收回去。因此，国王最关心的要件,是监视赫底威阿巴斯在欧洲活动的报告。其次是惩罚那些见过赫底威的埃及人:是官员就罢免;是地主,国王就逼迫银行征用其土地,并宣布他破产;是政治家,名字就会上国王开的黑名单,别想当大臣。有一次,律师哈桑·萨布里贝克说,他会见了赫底威阿巴斯,提到了当时的首相萨尔瓦特帕夏的名字,赫底威说,萨尔瓦特是'我们自己人'。陛下听说了这件事,吓得魂飞魄散,当即将萨尔瓦特帕夏赶下了台。赫底威阿巴斯的一句话就葬送了一个埃及首相,而千百万人举行游行,在大街上诅咒首相,首相也垮不了台。"

佐贝黛发现,欧尼帕夏有生以来第一次以一种新的口吻谈论国王,原先那种毕恭毕敬奴颜婢膝的词语不用了。她丈夫的这种突变,是因为他感到首相的职位又夜长梦多了……要是他被逐出内阁,真不知道他会怎么样呢!

欧尼帕夏又照照镜子,看这身觐谒国王陛下的礼服穿合适了没有。隔了一会,他说道:

"奇怪的是国王居然吸取了过去的教训。几年前,哈桑·艾纳西帕夏正担任内政部的副大臣,他嗜赌成癖,很了解福阿德国王害怕赫底威的心理。每当他输掉一笔巨款,就打电话给国王,说赫底威正在利比亚集结军队,准备进攻埃及,为了挫败赫底威的计划,他已同利比亚的各部落取得联系,谈妥了一笔交易。国王便下令从内政部的秘密金库里支付这笔款项。

"哈桑帕夏的这套把戏玩了很长一段时间。

"内政部还有一位副大臣,名叫马哈茂德·阿卜杜·拉齐克帕夏,他注意到,内政部的秘密金库总是当哈桑·艾纳西帕夏在穆罕默德·阿里俱乐部赌输巨款的日子动用。他进行了广泛的调查,搞清楚了赫底威根本没有在利比亚集结军队,只是艾纳西帕夏利用了福阿德国王对赫底威的恐惧心理,让国王动用内政部的金库替艾纳西帕夏付赌账。

"有一个夜晚,艾纳西帕夏在穆罕默德·阿里俱乐部又赌输了一万镑,借俱乐部的钱垫上了。那时,已经是凌晨三点了。

"他早早就到了内政部,打开金柜,取了一万镑,还给俱乐部。他在内政部的保险箱里留了一张条子,上面写道,这笔款子经他同意付给利比亚的几个部落。

"最后,进行了一次调查,结果由内阁会议颁布决定,让内政部副大臣哈桑·艾纳西帕夏退休了事。

"今天,新的诈骗行为又在重演,这次的新骗子是首相本人!"

佐贝黛仔细地听她丈夫讲述埃及统治阶级的这些内幕故事,不过,她心里却盼望着这些故事早点结束,让她回到在底层等待着她的"君王"身边。

欧尼帕夏走出卧室,开始下楼梯,走了几步,又停止了,说道:

"我想在家里举行一次午宴,招待西德基帕夏,祝贺他成功取得赫底威宣布逊位的文件。"

佐贝黛对她这个口是心非的大臣丈夫露出了讽刺的微笑,一分钟之前,他还在说首相是个骗子,现在却又决定要宴请首相,庆贺首相最新的骗局成功!

欧尼帕夏问道:

"你看,把宴会放在星期三怎么样?"

"星期三?"佐贝黛像被蝎子蜇了似的叫了起来,"星期三绝对不行!"

欧尼帕夏停在楼梯上问道:

"为什么?为什么星期三不行?"

佐贝黛装出神经病又要发作的样子,说道:

"我忌讳星期三,星期三正好是二十七日!"

欧尼帕夏记起了他妻子听到数字二十七会出事,遂说道:

"好,那就放在星期二吧。"

佐贝黛回到地下室女仆萨尼娅的房间,用钥匙把锁着的门打开。

穆罕默德一跃而起,不安地问道:

"怎么回事?"

佐贝黛笑着说道:

"我们在谈论昏聩的国王和骗子手首相……"她把从丈夫那里听来的消息告诉给穆罕默德听,说西德基帕夏取得的胜利将使他的内阁延长十年寿命。她痛苦而失望地摇摇头,忧伤地说道:"这就是说,我们要结婚,也得在十年之后!"

穆罕默德脸上勃然变色,这时他想到的不是佐贝黛,不是他的爱情,而是埃及人民又得受十年压迫、十年暴虐和专制的统治,是埃及得从国库里拿出一百万镑给赫底威阿巴斯。阿巴斯已是世界十大富豪之一,而埃及人民却在忍饥挨饿,世界性的经济危机伤害着农民、工人,使富人变穷,商人破产。

一百万镑,赫底威阿巴斯将用来修理他那艘周游欧洲名港胜地的船,花在他那条狗身上——听说,他专门为狗请了一位医生,每月薪金为一百镑,也将花在那个陪他参加宴会、晚会的法国情妇身上。埃及政府付出一百万镑,换回的只是一张毫无用处的纸头。为此,国内的职员们将不得不停止提职加薪,大批的高校毕业生找不到工作,兴办学校和医院的计划将被取消,这一切全是因为政府财政拮据。

然而,佐贝黛的脑子里压根儿没想到这一百万镑,而只是一门心思想着这届政府延长了寿命,便延长了她受折磨、遭禁止、精神上挨饿的期限。

她又嘲弄道：

"现在，你又要我再等上十年结婚了吧？"

"我们不会等上十年。"穆罕默德答道。

"你打算怎么办？"

"从重新反抗这届政府着手。通过这样的反抗，我们不仅维护了我们的爱情，也维护了千百万人的爱情。"

佐贝黛冷笑道：

"我们连两个人的命都救不了，怎么谈得上拯救千百万人？我不能再靠这样的哲学生活了。我每天都感到，我正一部分一部分地在死亡……你理解'死亡'一词的含义吗？"

"我完全理解，但是，我也理解另一个词的含义，那就是'斗争'！"

"你准备杀死西德基帕夏？"

"不，我不准备杀他。我现在已经明白，我杀掉他，就会有一个更坏的首相接替他，那就是你的丈夫欧尼帕夏。成百上千个欧尼帕夏之流，都准备充当毒打埃及人民的鞭子。我们应当为埃及人民赢得自由而斗争，到胜利的那一天，将不会有一个暴君或独裁者还坐在执政的宝座上！"

佐贝黛消沉地说道：

"昨天我从书上读到，有些国家的人民为了赢得自由，已经奋斗了五十年，但仍未成功。等到我们获得了自由，我都七十五岁，你也七十岁了。到那一天，人们看到我们穿着结婚礼服，都会觉得好笑。"她稍稍沉默了一会，终于发作了："听我说，穆罕默德，我们现在分手比五十年后再分手强。你一心都放在比我们的爱情更伟大的爱上，那就是你对人民的爱。我不会因为这伟大的爱而责备你。我与其明天衰老而亡，还不如现在心跳停止死去。今天，是我们最后一次见面！"

她泪流满面，说完便夺门而出，丢下穆罕默德独自坐在女仆萨尼娅的屋里。

穆罕默德久久地坐着，一动不动。

萨尼娅急匆匆地跑来，进屋问穆罕默德：

"出什么事啦？你打她啦？"

"我没有打她……"穆罕默德仍然耷拉着脑袋。

萨尼娅皱着眉问道：

"是她听说你爱上了别人，那是谁？"

"埃及！"

"埃及？"萨尼娅用手拍打胸脯，诧异地问，"我一辈子没听说过有个名叫'埃及'的女人！"

"埃及，就是我们的国家，我们的祖国。"

"这算什么过错呀？我丈夫卡米勒师傅对我说过，他崇拜祖国，我可没有生气，也不觉得嫉妒，因为我们全都热爱祖国呀！"

穆罕默德痛苦地咬着嘴唇说道：

"佐贝黛对我说，这是我最后一次见她了。"

萨尼娅笑了：

"你信她吗？"

"她把我撵出了她的家门。"

"谁告诉你这是她的家？你从踏进这房子起，就成了这家的主人。这间屋就是你的屋，下星期三你应该再来这里，佐贝黛到时要是不来同你言归于好，你就把她从屋子里赶出去。过去，卡米勒师傅就是这样对待我的。

"自从佐贝黛爱上了你，这个家就属于你的啦。女人爱上了男人，就意味着她在解开自己石榴裙的时候也除下了她所拥有的一切，全给了她心爱的男人了。"

穆罕默德哈哈一笑，说：

"可是，迄今为止，我并没有解开过她的石榴裙。"

萨尼娅眨眨眼睛，也笑着说：

"那么，她把你撵出家门是有理由的。"

穆罕默德站起身来，微笑道：

"你说得对，萨尼娅，我下星期三再来。"

穆罕默德走出欧尼帕夏官邸，见报贩们一边在街上跑，一边喊：

"《穆盖塔姆报》号外！《穆盖塔姆报》号外！全国人民的喜讯！"

穆罕默德买了一份号外，想看看这喜讯是怎么回事。

他读到的消息是：一九一四年已经逊位的赫底威，又在一九三一年宣布放弃王位，代价是一百万镑！

在这份退位书里，前赫底威宣布他支持新宪法——那个全国人民切齿痛恨的宪法。他说，他承认对他在埃及的财产清理，尊重王位世袭制的诏书，承认福阿德·本·伊斯梅尔一世国王陛下是埃及的合法君王，宣布放弃一切有关他拥有埃及王位权利的起诉。接着，他强调绝对地永远忠于至尊至贵的国王陛下，并衷心为王储法鲁克王太子殿下祝福。

《穆盖塔姆报》说，这份重要的文件，是赫底威与西德基帕夏阁下经过整整三个月的秘密谈判才拟成的。这项成就证明西德基帕夏才气卓异和他对国王陛下的忠诚。

出乎穆罕默德意料的是，政府不仅让各家报刊发号外，把这条"喜讯"报告给民众，而且还向各区派出宣传员，让他们穿街走巷，拦住行人，要行人们把赫底威让位福阿德国王和他支持新宪法的消息相互转告，做到家喻户晓。

穆罕默德回到巴德兰岛的家中，只听得父亲哈纳菲师傅在念叨一句民间俗语：

"瞎子生儿老去摸，摸瞎了眼才算数。"

父亲嘴里说出这句俗语使穆罕默德感到惊讶，他想，埃及假如有新闻自由的话，他将就政府用来向饥寒交迫、镣铐锁身的人民报喜的这份文件写一篇评论，标题就用这句俗语！

他到西迪·法尔杰咖啡馆去，正好见到维赫丹老板一面把《穆盖塔姆报》的号外扔在地上，用脚踩，一面说道：

"这也算喜讯？我买报纸，本来希望喜讯是内阁辞职，哪知道却是赫底威退位。这同他们拿一份由那个死掉的拿破仑·波拿巴签名的文件，宣布他把埃及王位让给福阿德国王有什么两样？我跑步去追那个报贩，想把报纸退掉，收回半个皮亚斯，可是，那报贩逃掉了。我简直像福阿德国王一样糊涂，他花一百万镑买了一张毫无用处的纸头，我呢，花了半个皮亚斯也买了一张没用的纸。不同的是，他拿人民的钱来付那一百万镑，自己一个子儿没花，我付的那半个皮亚斯，却是辛辛苦苦赚来的血汗钱。"他两手一拍，又嚷道，"这也算喜讯？一九一四年，也是这份《穆盖塔姆报》发了一份号外，上面的通栏标题是《向尊贵的埃及人民报喜：英国宣布对埃及实行保护》。"

穆罕默德说道：

"大臣们说，西德基帕夏的这次胜利，将使他的内阁延长十年寿命。"

烫衣匠哈吉·马加齐·法基抚摸着他那条患风湿关节炎的腿，说道：

"十分钟都延长不了。埃及人在把阿巴斯大街改名为纳齐莉王后大街的那一天，就把赫底威阿巴斯的名字给忘啦。我看，赫底威阿巴斯比福阿德国王更该挨骂。我对阿巴斯可是挺了解的，我年轻时在库巴宫烫衣，那是一八九四年，整整三十七年了，当时阿巴斯才二十岁，他母亲从伊斯坦布尔买来三个女奴，做年轻的赫底威的通房丫头，免得他到宫廷外面去过声色犬马的生活。民众知道他们的小君主原来是个放荡成性的家伙，就没有人爱他了。"

咖啡馆里玩骰子的人，打牌的人都静默下来，棋盘里的棋子也都一动不动，仿佛想听听宫闱艳事，吸水烟的人不再发出"呼噜、呼噜"的声音，所有的人都没说话，西迪·法尔杰咖啡馆里的人全往前凑，准备听烫衣匠讲述宫廷内幕，这位烫衣匠曾给坐王位的人的情妇们烫过内衣，好像他当时曾躲在御床底下似的。

哈吉·马加齐感受到听众们的兴趣，便细细讲了起来，接着，停一停，咬着手里的水烟筒嘴吸一口，让听众们的急切之情更加形诸于色。他缓缓地说道：

"三个女奴中，伊克芭勒最漂亮，是个妖冶的姑娘，像是《一千零一夜》中的人物，她容貌出众，长得很甜，身材修长，两只眼睛有一种神奇的魅力，男人被她看上一眼，会蒙头转向，一动也动不了。她既聪明伶俐，又野心勃勃，并不满足当赫底威的侍妾，而一心想当正宫娘娘。

"年轻的赫底威被她的狐媚迷住，终于同意把另外两个女奴逐出宫去。伊克芭勒成了赫底威心中的娘娘，只剩下当全埃及的女王了。

"太后当时满心希望让儿子娶哈里发——土耳其素丹的一位公主为妻，为此花了总有几十万埃镑，她贿赂伊斯坦布尔叶尔代宫的阿加帕夏、侍候素丹喝咖啡的帕夏——他擅长煮正宗的咖啡，被素丹授予帕夏的爵位，还有宫廷大臣和当时的土耳其宰相萨达尔·艾阿查姆，另外还买通了一大批大臣。在这一切都做好之后，她才替她的儿子、年轻的赫底威向素丹求婚，要求娶他的一位公主。不料，素丹龙颜大怒，说：'我怎么能允许我的女儿嫁给我的一个奴隶？埃及的赫底威是我的奴隶，只是负责照料我在埃及的财产罢了。'

"土耳其素丹的拒婚，使年轻的赫底威感到高兴！

"突然,那个女奴伊克芭勒宣称,她有喜了。赫底威便去见太后,说他决定要娶伊克芭勒。太后断然拒绝,要伊克芭勒打胎,而赫底威却要她保胎。

"那女奴自然听命于赫底威。

"一八九五年二月十二日,女奴伊克芭勒生了一个女孩。赫底威阿巴斯一连七天竭力说服太后同意他娶伊克芭勒,但是,太后坚决不同意。

"一八九五年二月十九日,赫底威与伊克芭勒·阿凡提夫人亦即原先的女奴伊克芭勒成亲了。

"太后大怒,说她决不会同意她的儿子同一个已经生了女孩七天的女奴结婚。

"赫底威把太后撵出宫去。

"太后在被从宫中逐走前,站在大理石的台阶上,双手举向天,当着宫廷人员的面祈祷道:'主啊,不要赐福这门婚事!主啊,把这忤逆的儿子赶下王位,就像他赶我出宫一样吧!'

"那天,宫中人员对这稀奇古怪的祈祷感到好笑……没过几年,太后的祈祷却全部应验了,赫底威休掉了他的妻子伊克芭勒,他自己也被废黜。"

听众们点着头,舔舔嘴唇。

维赫丹老板说道:

"一个出卖母亲的家伙,我们却花一百万镑把他买下来,这像话吗?"

哈吉·马加齐·法基双手一拍,说道:

"一百万镑买具僵尸!"

穆罕默德满腔愤怒:

"对这样的荒唐事,我们能保持沉默吗?人民应当行动起来,我们应当干点什么!"

没有人行动。倒是默默坐着听故事的哈纳菲师傅突然动了起来，说了一句新的民间俗语：

"人们要骆驼吹笛子，骆驼说，我可是既无嘴唇，又没手指！"

听了烫衣匠哈吉·马加齐·法基讲述的故事，穆罕默德内心深处被太后诅咒赫底威那一节所震动，母亲因儿子做的祈祷一直在他耳旁回响。

会有这么一天，他的母亲会因他娶佐贝黛而诅咒他，如同赫底威娶了女奴伊克芭勒而受到太后的诅咒一样？

他要是顺从佐贝黛的愿望，立即同她结婚，他的经济情况将比眼下更紧张。报社面临危机，迭遭没收、查封，负责人屡被监禁，他每个月十五镑的薪水只能拿到三镑。如果同佐贝黛结婚，这笔微薄的钱就要负担三个家庭：她娘家一家七口，他与佐贝黛的小家庭，和他父母亲的家。区区三镑钱，怎能维持十一个人的生活？他现在每月给母亲二镑七十皮亚斯，自己每天用一个皮亚斯。佐贝黛的父亲、兄弟一旦被开除，他将不得不减少给母亲的钱，那就等于克扣了母亲的口粮和父亲的医药费，他母亲将认为他像赫底威一样，是个不孝儿子，将站在他们巴德兰岛家门口的台阶上诅咒他穆罕默德·阿卜杜·卡里姆，如同太后诅咒她的忤逆儿子阿巴斯·希勒米似的，母亲将认为，他牺牲她和有病的父亲，只是为了一个他爱的女人！

想到母亲诅咒的情景，穆罕默德不寒而栗。

他决定下星期三不去赴约会。

然而，他又感到，佐贝黛向他求婚，他却置之不理，那是伤害了她。女人要求一个男人娶她，却遭到拒绝，或被借故拖延，没有比这更伤她的心了。男人求婚遭拒，是感受不到如此惨痛的。不错，他也会痛苦、难受，为自己的自尊心受损而光火，但是，他的伤痛随着时间的推移会痊愈，而女人直到她生命的最后一天,这创伤都不会收口。

即使佐贝黛下定决心要同他断绝关系,他也应该去赴约,向她道歉,只要她心中创伤还未收口,他就不应该离开她。可是,什么原因促使佐贝黛决心要与欧尼帕夏离婚、同他结婚呢?

也许还是女佣萨尼娅说得对,他没有解开佐贝黛的石榴裙是他的错。萨尼娅说,佐贝黛要把他赶出家门是有道理的。他把佐贝黛当作一半是圣女,一半是女人,上半身是女人,下半身是圣女,难道不是错误吗?她既不欣赏圣女的纯洁,也不欣赏荡妇的情欲。如果他干脆把她当作一个圣女或者一个十足的女人对待,那不是更好吗?

折中的解决办法往往导致灾难。如果一开始他就让她当自己的情妇,那她受禁锢的肉体就不会受到种种折磨;如果从初次相见起他就只把她当作圣女,那她就不会去喝那杯苦酒,连点滴的过失感都没有。

穆罕默德把他与佐贝黛的交往重新回忆了一遍。是什么使他迟迟不敢把佐贝黛作为女人占有呢,她又没有说过"不行"?

然而,每一次他都听到有一个陌生的声音在对他说:"不行。"这声音不是出自佐贝黛之口,它不是从嘴里说出来的,也不是发自佐贝黛的肉体,她的肉体在大声疾呼:"行!行!行!"

这声音出自他自身。为什么?也许因为她是大臣的妻子。他的祖先世世代代挨老爷们的鞭笞,他身上还有他们残存的奴性,这使他迟迟不敢像普通相爱的男人那样对待大臣的妻子。

不过,她可从来没有以大臣的妻子身份对待过他,恰恰相反,她在他面前对这位大臣十分鄙视,总是用最丑最坏的词来描绘他。

从今天起,他应该像个主人,像一个坚强的男子汉对待一个弱女子那样对待佐贝黛,从现在起,他应该让她学会服从他。如果他说,眼下推迟结婚是有利的,她就应信服。她有权与他争辩,有权陈述反对的理由,但最后应由他说了算。

他将去见她,明明白白地告诉她:"我不喜欢大臣的妻子,我爱的是一个名叫佐贝黛住在舒卜拉区的女子!"

接着,他又犹豫起来,他能把这句他对着镜子用舞台腔念的台词当面对佐贝黛讲吗?

他是个反对专制和暴虐的人,这会儿自己却企图当专制的暴君;他追求舆论自由,却禁止他爱的女人说出她的意见,像他一样坚持自己的看法;他追求平等,却不愿平等对待他选为终身伴侣的女人!

他决定采取高姿态,去向她道歉。错的是他,他用刀子刺伤了她,她只是说的话让他难受。

接下来的星期三下午六时,穆罕默德一如往常地走进欧尼帕夏的官邸。

萨尼娅在大门旁接他,一声不吭地陪他走到地下室。他看见佐贝黛坐在萨尼娅的屋里,架着二郎腿,手支着脸颊。

佐贝黛坐着没有动,没有像过去每次似的跳起来投入他的怀抱。

她装作没有看见他,仿佛感觉不到他的存在。

穆罕默德十分恼火,她好像是以国务大臣的夫人身份在对待他。

他真恨不得上去打她耳光,但克制住了。他走上前去,发现她眼睛噙着泪。佐贝黛转过脸去,不让他看见自己的泪花。他细细地端详她,望着她那身雅致的衣服,这衣服是分隔他俩的高坝。他专注地审视着遮盖她全身的衣服,像是觉得自己的双眼里伸出了手臂,要把她那身长衣剥去。

他又朝站在他身后的萨尼娅看了一眼。

萨尼娅立即明白了他目光的含义,不声不响地退出屋去,随手关上房门。

穆罕默德慢慢地走到门旁,伸手转动钥匙,把门锁上了。

萨尼娅在锁着的屋外等了许久。门开了,穆罕默德急匆匆地走出来,避而不望萨尼娅好奇的目光。萨尼娅忐忑不安地进屋,只见她的女主人躺在床上,像是醉了似的……

萨尼娅没有问佐贝黛与穆罕默德之间发生了什么,她已从佐贝黛的蒙眬的眼睛中看到了答案,从屋中的空气闻出了原委。这种气味她是太熟悉了,那是苹果被咬后的味道。因为这只苹果,夏娃被逐出了伊甸园。佐贝黛好像吃了一公斤多苹果,而不只是一个苹果,她没有被撵出伊甸园,而仍在安享快乐。

萨尼娅的鼻子充满了苹果咬过的气味,一对情侣留下的气味,这神话般的气味,既有花的馥郁,又有火燃过的味道。

萨尼娅又转眼瞧床,仿佛在找苹果的残渣,果皮和核,但一无所有,好像他们两人把苹果连同皮和核一股脑儿都吃掉了。床铺叠得整整齐齐,枕头仍在原处,白床单毫无折痕,肉眼找不到苹果宴在床上留下的痕迹。但是,萨尼娅是个女人,女人的眼睛在查找爱情痕迹方面,比法医还高明。

萨尼娅似乎觉得屋里的一切都着了魔,令人眼花缭乱。椅子像在原地震颤,如同一曲终了,听众忘形地震颤一般;柜子上的镜子蒙着一层水汽,那是热空气碰到玻璃造成的,好像这对情侣把热气哈在玻璃上,不让镜子看到它不该见的事;从天花板上垂挂下来的电灯在跳舞,犹如舞曲虽终脚仍在舞动。

屋子中的一切都表示默认。墙壁沉默着,天花板不作声,铺在地上的席子成了哑巴,好像所有的东西都发誓守口如瓶,绝不泄密。

萨尼娅望望佐贝黛的脸,发现它尽情地吐露着一切,她的嘴因尝了既陌生又熟悉的醇酒而醉了,两眼惺忪,脸部表情愉快、松弛,她的整张脸像一嘟噜被饥饿的嘴咬过的红葡萄。

萨尼娅惶惑地站着,凝视着佐贝黛。

她离开时,佐贝黛是堆灰,回来后发现她成了火;离开时,佐贝黛是朵枯萎的花,回来后发现她成了怒放的鲜花,甚至像一座百花争艳的花园;离开时,佐贝黛是个不完全的女人,回来后发现她成了一个十足的女人。

不到一小时之前,佐贝黛犹如一具木乃伊,她坐的椅子是她的棺椁,身上的连衣裙是她的尸衣。穆罕默德把她从椅子上移到床上,使她起死回生,剥去了尸衣,她的灵魂又回来了。

情爱与思念结合,能造就一个欢快的人。穆罕默德在抚摸佐贝黛时,他的手指就像一位天才雕塑家的手指,重新塑造了她的躯体,又像扭亮了她身体各部分的电灯开关,使之发出夺目的强光。萨尼娅认识佐贝黛已经二十多年了,从来没见过她竟是如此美貌、快乐和年轻。

萨尼娅记起,童年时曾听祖母讲过一个善良美丽的公主的故事。素丹的公主病了,全国的医生都对她的病束手无策,她终于一命归天。后来,人们带来一个会弹七弦琴的年轻魔术师,把他与公主的尸体关在一间屋子里。那魔术师在停放公主尸体的床前不停地弹琴唱歌。三天后,打开门,只见公主已经复生,仍是那样的美丽、健康、年轻和迷人。

现在,萨尼娅明白祖母讲的故事是真的了,知道那陌生的魔术师就是公主的爱人。

她又一次从头到脚打量着佐贝黛,佐贝黛的全身各部位都在欢呼,身上的每个细胞都在跳舞。佐贝黛如同一叶小舟,在狂风恶浪中迷了航,但是,最终找到了港口。

萨尼娅叹了一口气,她想起了她的丈夫、已经故去的卡米勒师傅,想起了她在他怀抱中度过的那些夜晚。那时,像现在一样,镜子蒙上了水雾,她那间小房间中的一切在唱在跳,她觉得是在伊甸园中作长时间的访问,在吞噬园中所有的苹果。

佐贝黛惊奇地睁开眼睛,好像在过去的那几分钟里,她没有看见萨尼娅,没有觉察到她的存在。佐贝黛快乐地伸了个懒腰,张开双臂仿佛又想拥抱穆罕默德。

她瞧了瞧萨尼娅的脸,看到了她惆怅的目光,没有想到她是为与卡米勒师傅共度的良宵一去不复返而伤感。佐贝黛以为萨尼娅在为她担忧。

佐贝黛似醒非醒,带点责备口吻说道:

"我猜你要说我在玩火了吧!"

萨尼娅展颜微笑,定睛望着女主人新添的姿容:

"不,我是在想,你怎么能没有火柴生活了这么多年呢?你像一根打足了气的汽灯灯芯,黑黝黝的,毫无光亮,只因为缺少火柴。"

佐贝黛凝视着被穆罕默德逐一吻过的手指,说道:

"奇怪,这么长时间里,火柴一直在我手里,我却没有看见!我想划一根,整盒火柴一下子就烧了起来。"

"烧着你的手指了?"萨尼娅笑着问。

"没有。"佐贝黛幸福地闭上眼睛,"它照亮了我的心,我的身体,我的灵魂。"

说完,她沉默了,用手摸摸身体,像是担心穆罕默德出门的时候,把她的身体也带走了,她又说道:

"你知道吗,萨尼娅,我开始后悔了。"

"你后悔了?"萨尼娅一骇。

"是的,我后悔,后悔没有在第一次见到穆罕默德的那一天就把火柴划亮。我应该在大街上点燃火柴的,就在我第一次见到他的花园街上。"她继续往下说着,语句像醉了似的,在她的嘴边晃晃悠悠,"我觉得今天获得了新生,要是我现在死了,也死得瞑目、快乐。这短短几小时尝到的快乐,抵得上我活一辈子。在这以前,我像是没有爱过穆罕默德,那些强烈的迷恋,受禁阻的夜晚,熊熊燃烧的爱慕之情,全是孩子们的游戏。受到禁阻是爱情的山麓,赐予才是爱情的顶峰,没有受过从山脚往上攀登的折磨,就体会不了登上峰顶的欢悦。当我融没在穆罕默德之中的时候,我才第一次感觉到了自己的存在,当我躺在他的怀抱里闭上双眼的时候,我才看到了他全部的美。"

萨尼娅笑道:

"现在你也许不再坚持马上离婚了?"

"正相反,"佐贝黛热切地说道,"我坚持必须马上离婚。要是我可以做主,我现在就走出这个家。"

"这事你应该让穆罕默德去办。他下星期三来见你的时候,你不要提这件事。"

"星期三?你疯了吗?你以为我能一连七天见不到他?穆罕默德出房门的时候,我对他说,明天一定得见他。"

萨尼娅莞尔一笑,什么也没说。

然而,穆罕默德吃到苹果后所起的作用却截然不同。他也感到陶醉,体会到了乐趣,但愿每个小时——而不是佐贝黛要求的每天——都见到她,不仅如此,他还产生了一种新的感受,那就是:为了打倒暴君,让佐贝黛、他和全国人民早日迎来黎明,他应当有所作为!

他从欧尼帕夏官邸出来,径直前往《圣战报》报社。他要求编辑部主任哈桑·陶菲克先生把他从文艺部调到政治部,祖国在水深火热之中,祖国的大地正遭人践踏,他不能光写写文艺,描绘描绘明星,不能只奢谈诗人想象之美而对现实的丑恶讳莫如深。

编辑部主任对穆罕默德要求调到政治部感到惊讶。编辑们都逃避政治,谈政治意味着会坐牢,被驱逐,受审判,遭恐怖……他让穆罕默德去见时事政治消息版负责人马哈茂德·阿兹米博士。

穆罕默德说,他想每天写一篇攻击政府的政治文章。

阿兹米博士哈哈大笑,他认为攻击政府的最好办法,不是在报纸上发文章,而是通过消息,确凿的消息比登在第一版上的文章更能震撼政府。

阿兹米博士开始训练穆罕默德掌握采访消息的技巧。穆罕默德对阿兹米博士的才华、广博的学问十分钦佩,但有一点他感到困惑不解,阿兹米在华夫脱党的报纸上写文章,却不信仰华夫脱党,他同陶菲克·迪亚卜这样虔诚的信徒共事,自己却是个异教徒。阿兹米已经成家,妻子是一位俄国白种人,年轻时十分漂亮,现在老了,但阿兹米待她就像对待一个二十岁的姑娘,他对她的爱近乎崇拜。穆罕默德是在东方环境中成长起来的,当他看到阿兹米太太插手她丈夫的工作,以他的名义与报社谈判,代表他与报社负责人争执,总感到惊愕。

马哈茂德·阿兹米博士对穆罕默德说道:

"我们想给报纸搞些新闻。要知道,这是份党报,要恪守党的政治路线,执行党的决定。"

"我准备到国会去,采访一些国会消息。"穆罕默德说道。

"华夫脱党决定抵制国会消息,"阿兹米微笑道,"因为华夫脱党不承认新宪法,也不承认新国会。"

"那我去采访跟大臣们有关的消息。"

"华夫脱党决定对内阁各部的所有行动都置若罔闻。"

"那我直接去采访大臣。"

阿兹米哈哈一笑:

"华夫脱党还决定,禁止任何华夫脱党党员与现任大臣或现任议员握手,禁此党员接受他们任何人的宴请、出席婚礼或参加送葬!"

穆罕默德微微笑了,他想起父亲念叨过的一句民间俗语:"好吃的咬不碎,打碎的不能吃,吃吧,吃饱为止。"他对阿兹米博士说道:

"不让我同消息灵通人士接触,我怎么能搞到新闻?"

"我的职责是向你传达我收到的指示。"阿兹米说道。

阿兹米太太插嘴道:

"你别去听华夫脱党人的话,你想见大臣就去见,给报纸搞些新闻来。"

"我要违反了华夫脱党的决定,会怎么样呢?"穆罕默德问。

"华夫脱党人什么也干不了,最多把你从这家报纸赶走,你可以在另一家报纸找工作嘛。"阿兹米说道。

穆罕默德脸色变白了,到另一家报纸找工作?他可清楚得很,有好几百个记者找不到工作做,他要被华夫脱党开除,华夫脱党的其他报纸也不会聘用他当编辑,到时候只能到政府的报社工作,而这届政府正是他不惜一切要打倒的。

穆罕默德开始采访新闻,他避开大臣和国会议员。阿兹米博士给他介绍了一些高级官员。一开始,他搞到的尽是芝麻绿豆般的消息,被阿兹米扔进了字纸篓。

有一天,他听佐贝黛说,欧尼帕夏告诉她,首相西德基帕夏正与王室太傅扎基·阿卜拉希帕夏展开暗斗,阿卜拉希想从幕后操纵政局,西德基则以辞职相威胁……

穆罕默德把这重要新闻写了下来,交给阿兹米博士。博士十分重视,经过调查,证实完全可靠,遂用大字予以发表。

这条消息震动了宫廷和内阁,报纸竞相发表评论。穆罕默德有生以来第一次觉得自己成了一名新闻记者。

不过，与其说他因为业务上的成就而高兴，不如说他为能够震动一下暴政而感到兴奋。新闻不是他的目的，而只是手段，是他抓在手里用以对付暴君皮鞭的手枪。

穆罕默德正坐在自己的办公室里，听差进来要他去见阿兹米博士，说有要事相商。

穆罕默德马上过去了。阿兹米博士微笑着对他说道：

"我找你来，是要让你去作一次采访。你将第一次有机会在地方消息版上署名发表一点东西。过去由你署名的女演员采访记都是在最末一版发表的。"

穆罕默德为阿兹米博士给他这么一个大好机会感到高兴。阿兹米博士说道：

"昨天我出席了意大利驻开罗大使诺扎努伯爵的晚宴，这是为访问亚历山大港的意大利舰队司令罗比海军上将举行的招待会。坐在我旁边的是一位年轻的夫人，讲一口流利的法语，她跟我谈了不少有关埃及妇女和欧洲妇女之间的差别。她年龄不大，但颇有经验。我听得出，她周游过欧洲各国的首都。起初，我还以为她是法国驻开罗大使的夫人，意大利大使老是称呼她'女大使阁下'，后来我才惊讶地知道，她是埃及人。

"我向她提出，派一位《圣战报》的编辑去采访她，让她谈谈这些有价值的有趣的看法。她对我的建议表示欢迎，说她在欧洲的时候，读过《圣战报》上发表的一位记者采访乌姆·库勒苏姆的谈话，但记不得那位编辑的名字了，她倒想同那位编辑谈谈。

"我提到了你的名字，她说她没有听说过。我向她保证，说你是一个前程远大的青年记者。

"当时，《金字塔报》主编吉卜拉伊勒·塔基拉贝克同我们一桌，听到了一些我同她的谈话。我认为，塔基拉贝克企图抢在我们前面去采访，因此就替你同那位女士约定了时间，定在后天上午十时，她明天上午要去觐见纳齐莉王后。"

听到阿兹米的赞扬，得知自己被选中去完成这次采访，又听说那篇有关乌姆·库勒苏姆的文章传到了欧洲，穆罕默德不禁心花怒放。

阿兹米博士递给他一张纸条，说道：

"这是那位女士的名字和家庭地址。"

穆罕默德一看，拿着纸条的手便颤抖起来。纸条上写的是：

埃及驻罗马大使侯赛因·阿什莫尼帕夏夫人
寓居其父卡马勒·穆纳斯特利帕夏公馆
吉齐拉大街紧靠阿姆尔·伊卜拉欣王子宫殿

穆罕默德表情苦涩地说道：

"这次采访我干不了。"

"为什么？"阿兹米感到诧异，"这位女士的确很出类拔萃，确实有不少进步的新见解！"

"她丈夫是一位掌权人物，华夫脱党禁止党员会见这类当权人物。"

"华夫脱党禁止会见的是大臣和议员，阿什莫尼帕夏是位大使，可不是大臣或议员啊！"

"这位女士的父亲是参议员，抵制决定对他是适用的，再说，我也不得进西德基国会任何议员的公馆。"

阿兹米博士从穆罕默德的眼神中看出，他是在借口推托，不愿做采访，遂问道：

"穆罕默德，你怎么啦？我不知道你会这样怕女人。"

"我不怕女人,但我讨厌这个阶级。"穆罕默德说道。

"我也同你一样讨厌这个阶层,但是,你作为一名记者,应当尽职才是。即使我要你去采访一个杀人的强盗,你虽然痛恨强盗和杀人犯,但也得去见他啊。记者就像医生,哪里请就得到哪里去,并不理会病人的身份。如果你不欣赏那位女士的看法,你可以发表后再作批评、抨击,但是绝对不能因为你不喜欢消息的出处,就拒绝完成记者的工作。记者拒绝任务,如同士兵接到司令要他开枪的命令却不肯开枪一样,在军队里,这样的士兵要被处死,在报社这样的记者也得处死,报社的死刑就是将你开除出去。"阿兹米博士停了一会儿,接着站起来,坚决地说道,"去吧,去进行这次采访吧,我已经答应她,你将准时前往!"

穆罕默德从阿兹米博士的办公室出来,惶恐不安,不知所措。

纳吉娃·穆纳斯特利这么个年纪轻轻的女人,怎么居然能够欺骗阿兹米博士这样聪明机智的人?怎么能用她的思想来迷惑他,使这位难得赞扬人的报界老人对她的看法大为欣赏,执意要把她的看法发表在《圣战报》上?再有,纳吉娃为什么偏偏选中他穆罕默德而不是其他的编辑?她以前那样对待他,现在还想拿他怎么样?是真的想发表谈话,还是把他叫去捉弄一番,让他采访不成扫兴而归,从而向阿兹米表明他穆罕默德是个蹩脚记者,不够水平对大使的夫人们进行采访?

突然,他觉得头上像是挨了一锤,他忘了这件事中最重要的一点:佐贝黛!他是告诉她说自己将去见纳吉娃,还是把这倒霉的事情瞒着她?不过,佐贝黛是天天看《圣战报》的,因为他在这家报纸工作,她将从纳吉娃的谈话后面读到他的署名,到时一件倒霉事情就会变成两件!

不,他将要对佐贝黛和盘托出,她现在已成为他的一部分,他也成了她的一部分。他怎么能欺骗一个爱他的真心实意对待他的女人?怎么能有片言只语瞒她呢？她对他可是披肝沥胆，献出了全部身心。他现在每天都与佐贝黛见面。佐贝黛对她丈夫说，萨尼娅的兄弟调到开罗的糖业公司经理部工作，天天都来看萨尼娅。欧尼帕夏没有提出异议，他对这种消息压根儿不感兴趣。穆罕默德天天与佐贝黛相会，怎能有一个小时对她撒谎呢？

穆罕默德在约定的时间去见佐贝黛，把经过情况都告诉了她。不等他把事情说完，佐贝黛就打断他道：

"你当然不会去赴约……"

穆罕默德支支吾吾地说道：

"我对阿兹米博士说，我不能去赴约。他说记者就像应征入伍的士兵，在任何一次战斗中临阵脱逃的记者都将被枪毙！"

佐贝黛怒不可遏，仿佛是嫉妒心在说话：

"我宁愿你被枪毙，也不愿你去见纳吉娃。你想要她进一步捉弄你吗？你干吗不开诚布公把过去同她的交往告诉给阿兹米博士？干吗不告诉他，你被赛义迪亚中学开除，就是因为她？你要是把这一切都说出来，他就不会派你去干这件差事！"

"我不敢把那件事告诉他，"穆罕默德说道，"我不能损害任何女人的尊严，甚至是这个曾经用最肮脏的手段反对过我的女人。我以为，我如果把我与纳吉娃那件事说出来，阿兹米博士便会蔑视我，他有些奇怪的看法，如他认为埃及女人总是对的，埃及男人则老出差错。我也奇怪，一个冰雪样聪明的男人竟然落入纳吉娃的圈套，相信她的鬼话！"

佐贝黛挖苦道：

"也许纳吉娃的双眼使得他神魂颠倒了。"

"阿兹米博士不是一个寻花问柳的人，他崇拜他的妻子。"

"也可能是她的放荡迷住了他，如同过去迷住了她的堂兄似的。"佐贝黛继续讽刺道。

"阿兹米博士的惟一弱点,是他出奇地爱他的妻子。虽然他们结婚已经三十年,但他和妻子仍像在度蜜月一样。我认为,纳吉娃凭她天生的狡黠,超过她年岁的狡黠,摸准了阿兹米博士的这一弱点。当时,阿兹米博士的夫人也出席了意大利大使的晚宴,纳吉娃很可能大肆赞扬了阿兹米夫人的智慧、美貌和魅力,从而取得了这位天才博士的欢心。通常总是,喜欢我们所爱的人,我们就喜欢他,不喜欢我们所爱的人,我们则讨厌他!"

"这证明,纳吉娃为了让你到她家去,事先炮制了一个计划,很可能要像上次那样对待你,声称你又一次企图强奸她,这一回她就能够把你投入监狱了。你上次挨了打,被撵出她的家门,但是,你被赛义迪亚中学开除一事,便能够证明你决心要侮辱她。你还有什么脸去见那些揍你、捆你耳光、用皮鞋踢你的仆人呢?"

"阿兹米的亲笔条子能证明我不是主动去找她的,博士当然也能作证是她要求我去看她的。"

佐贝黛的手指神经质地敲打着穆罕默德坐的床,说道:

"我认为,纳吉娃还在想把你搞到手,对这种放荡成性的女人,我很了解。男人在她们面前越克制,她们就越想,性欲也越强,盼望别人追求她们成了一种执着的决心。你如果不告诉纳吉娃,说你爱的是另外一个女人,她就会对你弃若敝屣,你要是当着她面承认你不爱她,因为你另有所爱,那就会使她发疯似地缠着你。"

"她已经结婚,住在罗马,"穆罕默德说道,"肯定碰到过成百上千个鲁道夫·瓦伦丁那样的追逐女性的人,我不认为她还在想爱我。"

"女人结婚后情思不断,她忘不了那个命令她脱下衣服又穿上却不伸手碰她的男人,追逐她的男人,她早已忘记了他们的名字,她追逐的男人,尤其是追逐未成的男人,则永记在她心头。纳吉娃现在想要你,当她在你的怀抱度过一夜良宵之后,她便会砸碎你的脑袋。正因为此,我求你不要去赴约。穆罕默德,我是信任你的。不错,我也嫉妒你,嫉妒你的过去和未来,嫉妒你的现实和你周围的幽灵。但是,我的嫉妒并不是我反对你去见她的惟一理由,我的心告诉我,她想报复你。她自以为在把你从赛义迪亚中学开除的那一天,她心中的火焰便已熄灭,她已葬送了你的前程,但在读到《圣战报》上你对乌姆·库勒苏姆的采访报道后,这火焰又熊熊燃烧起来,而且比过去更加炽烈!

"你会以为我疯了,光想一些捕风捉影的事,但是,我是个女人,我知道女人是如何考虑的,她要给你这个记者抹黑,像当时玷污你这个阿拉伯语文教师一样。她故意接近阿兹米夫人和阿兹米博士,取得他们的信任,使他们相信这出她导演的让你充当牺牲品的新戏。你将感到奇怪,一个年轻的姑娘,竟会如此恶毒和狡猾。然而,女人的年纪并不是按她活了多少年来计算的,有的年轻姑娘谈话处事老于世故,也有的老妪仍怀着童心。有的女人天生狡猾,经验丰富,具有不知从何处继承来的搞阴谋诡计的本事。女人的智慧不总是体现在她的思想中,有时她心有灵犀,有时她巧舌如簧,还有时她腿脚特灵,这真是灾难。穆罕默德,我替你担心,你不要去见她,绝对不要去!"

"可是,我并不怕她。"穆罕默德说道,"我在与你第一次相会后就在她面前挺住了,那一天,我还没有尝过这深沉的爱和这种种的欢乐。今天,我觉得自己能对付她,能抵挡得住她,也能击败她的一切诡计。我应该去,作为一名记者,我的工作要求我去。"

"我不想妨碍你的记者工作,"佐贝黛说道,"我并不相信你的理论,但是,我已习惯事到临头还是听从你,闭着眼睛跟你走……只是我得告诉你,今夜我是睡不成了,我将提心吊胆地等到明天上午十时你们约好的时间,你跟她一起的每分钟我都在受煎熬。只有当我明天下午的老时间看到你在我跟前,我才会放心……答应我,别多望她的眼睛,坐得离她远远的,尽可能缩短会面的时间,让我受苦、受罪和不安的时间也短一些。"

在约定的时间,穆罕默德来到卡马勒·穆纳斯特利帕夏的公馆。门房欢迎他的态度少有的热烈,这仍是那个参加打他、踢他、骂他、把他赶出去的门房。

门房像欧尼帕夏记不住他的名字一样,也认不出他的脸了吗?打人的人的记忆力比起挨打的人来,差得真是太远。

仆人把他带进大客厅。

不一会儿,纳吉娃进来,她笑容满面,张开双臂,连连说道:"欢迎,欢迎,欢迎!"

穆罕默德不由得违反了佐贝黛的指示,目光盯住纳吉娃,她出落得更加美丽可爱了,像是意大利给她增添了几分妩媚,脸色日渐娇嫩,完全是一种妇人的体态,少女与妇人的体态之别,正如苹果有生熟之分,成熟的苹果更为香甜。

纳吉娃邀请他同坐在一张沙发上。

穆罕默德记起佐贝黛的忠告,坐在沙发旁的椅子上。

纳吉娃的眼睛像是要吃掉他似的,说道:

"尽管有过去的那些事情,我还是相信你会来的,我们之间的关系不会中断……今天我就要回罗马去,这次回国是来探望我生病的母亲,同时也想趁机看到你。想见你的愿望同想见母亲的心情同样迫切!再过几个星期我就回开罗,我丈夫将调回任宫廷要职,那样,我就能跟你在一起了……"

纳吉娃说这些消息,发出这种种决定,速度之快,仿佛是新闻社的自动收发报机。

她不给穆罕默德任何说话、争论、分辩或反对的机会,如同发出的是不容置辩的御旨,是上天的命令,奴隶只能听命、服从。

她似乎相信,穆罕默德上次在她家挨了门房、仆役、厨师和司机的打,被教育大臣下令开除出所有的公立学校,业已接受了教训,深明事理,不会再违抗她的命令了。

穆罕默德沉默不语,他不知道该说些什么!

他的嘴,既不说"不",也没有说"是"。

纳吉娃突然用嘲弄、冷漠的声音说:

"哦,我想起来了,你曾经跟我谈起过你的恋爱,有什么新闻吗?你的热情仍是高得发昏,还是已随物价一起下跌啦?"

穆罕默德被她问得猝不及防,什么问题都想到过,这个问题却出乎他意料。他到这里来,是作为记者来提问的,不料却成了被告似的要他来回答问题。

他想找句话来答复她的问题,但是找不到,找不到一个也带有奚落口吻的回答,也找不到一个像他的爱情一样认真的答复。

他感到,纳吉娃把他抛入了一个旋涡。他抬头望望她的眼睛,期望能从中找到答案,找到一个救生圈,然而,他捕捉不到她的目光,因为,她的双眼突然惊慌地直瞪瞪地看着房门。

穆罕默德扭头向门口一瞧,只见门外进来了问题的答案!

正是佐贝黛本人,她走进了客厅的大门!

佐贝黛冲进客厅,张开双臂,笑容满面地拥抱纳吉娃,同她亲了又亲,用充满喜悦和想念的口吻说道:

"感谢真主让你平安归来,纳吉娃!"

纳吉娃以局促不安的神态对待佐贝黛的拥抱和热吻,她万万没有想到佐贝黛会突然来访,这破坏了她的新计划。她把约会定在上午十时,为的就是同穆罕默德单独相会,因为她知道,这么早太太们是不会相互走访的。

佐贝黛稍稍离开纳吉娃,围着她转了一圈,羡慕地说道:

"你可真是更漂亮,更文雅,更年轻啦。意大利居然这么对女人有益,我也得马上去意大利!"

纳吉娃在其他时间听到这样的赞扬,准会高兴得跳起来,还想多听一些,但是,这一次却没有,眼下她想与穆罕默德单独相处,想让他去租一套公寓,由她付钱,搞得齐齐整整的,她从罗马一回来就可以与穆罕默德欢聚,这个计划,她在意大利期间就曾反复考虑过……现在,这个讨厌的女客来得真不是时候,扰乱了她周密计划,确保必能成功的会见的清净。

纳吉娃抓着佐贝黛的手,说:

"来,跟我去见见妈妈,妈妈看见你来看望她将非常高兴。她病了,一直躺在床上,你是她病好后接待的第一位女客呢!"

然而,佐贝黛没有跟她走向大门,而是抽出手,在离她最近的一张椅子上坐下来,说道:

"让我先喘口气,我刚听我的朋友、纳齐莉王后陛下的宫女马哈茂德·阿斯阿德贝克太太说,你在开罗,昨天已荣幸地觐见王后陛下,明天就回罗马去,我便把所有的约会都取消了,什么都不顾就到这里来看望你。我知道你在开罗,怎么能不赶快来见你呢!"

纳吉娃嫣然一笑,把气恼掩饰在笑容后面,说道:

"我太高兴了,你能来,我真高兴。"

佐贝黛看出纳吉娃藏在微笑后的怒意,说道:

"仆人在门口接待我,要先进来通报,可是,我一心想让你来个冷不防。仆人告诉我说,少奶奶在客厅接待记者,我说,我最喜欢新闻界,一辈子没见过记者,想看看记者是什么样子……"

佐贝黛说话时，眼睛盯着纳吉娃，装作没有看到穆罕默德，好像不知道他就在客厅里。

纳吉娃挺尴尬，佐贝黛的饶舌使她烦躁，但她把自己的不快压了下去，露出一个迷人的微笑，她指着穆罕默德说：

"你认识这位穆罕默德先生吗？"

穆罕默德心想，佐贝黛马上会说她不认识，从来没见过他，令他惊讶的是，佐贝黛竟然伸出手，同他热情地握手，一面握一面还说：

"当然认识，在埃及还有人不认识他吗？他可是大名鼎鼎啊！"

这一回答虽然让穆罕默德惊愕，但也使他高兴，听到这样公开的问候，他心里乐滋滋的，明白佐贝黛存心捉弄纳吉娃，要激怒她。

纳吉娃却掩饰不住她惊诧的神情，这一回笑不出来了，原来脸上的笑波已被疑惑取代。她似乎在问自己，她离开埃及后这短短几个月，出了什么样的奇迹？一个被赛义迪亚中学开除的学生竟然已是大名鼎鼎，成为遐迩闻名的记者，连国务大臣的夫人谈起他时都是如此钦佩和敬仰。

她心里纳闷，原来只希望穆罕默德是个默默无闻的记者，好由她独占，其他人都不认识他惟有她认识，她怕他在新闻界崭露头角，她的计划便会成画饼。男人名声大了，她纳吉娃便难以驾驭了。她的计划是把他当作一个租来的情夫，她替他付公寓的租金，买体面的衣服。她绝对不想被一个男人所掌握，而是一心想控制男人，她花钱买男人如同在市场上买裙子，裙子旧了或者不时髦了，她就不穿，再去买件新的。

佐贝黛一眼便看穿了纳吉娃的心思，知道她已从对方的利爪下夺走了猎物，这场戏演下去倒挺有趣，她把猎物凑近纳吉娃的利爪，再把它重新夺回，看到纳吉娃失望的眼神是一种乐趣。

佐贝黛觉得激怒够了纳吉娃，便说道：

"我怎么会不认识每星期都攻击我丈夫的人呢？不错，穆罕默德先生,你的攻击让人难受,但也挺有趣,你骂我们的时候也挺幽默。"

接着,她又转过脸对纳吉娃表示抗议:

"纳吉娃,你怎么以为我会不知道《鲁兹·尤索福》杂志的主编穆罕默德·塔比伊先生呢?"

纳吉娃松了一口气,原来佐贝黛如此赞誉和尊敬的并不是穆罕默德·阿卜杜·卡里姆,她感到欣慰,佐贝黛吹了半天的气球,拿根大头针一戳就爆了,同时她也暗暗高兴,因为佐贝黛并不知道穆罕默德,穆罕默德仍是那个不为人知的青年,他若想抬头反抗,她就用脚踩他!纳吉娃说道:

"佐贝黛,他不是穆罕默德·塔比伊先生,他是《圣战报》的年轻编辑穆罕默德·阿卜杜·卡里姆先生,他是来采访我的。"

纳吉娃心想,佐贝黛搞清了这位穆罕默德先生并非是那位著名的政治作家,只是个名不见经传的小编辑之后,会站起身来告辞,上楼去探望她母亲。

谁知佐贝黛却坐着没动,她说:

"这可真是太妙了,我生平第一次能看到记者进行采访,我这辈子都盼望能亲临这样吸引人的采访现场,看看记者是怎样巴结消息灵通人士,从他们那里挖出新闻和声明来……来吧,穆罕默德先生,你提问,纳吉娃答,我不作声,只从远处瞧着就行。"

穆罕默德刚想张嘴,佐贝黛就打断他,问纳吉娃道:

"侯赛因帕夏跟你一起来了吗?我要不告诉欧尼帕夏说侯赛因帕夏来了,他会生气的,他理应来向侯赛因帕夏问候。"

纳吉娃没有听懂这问题的含义,但是穆罕默德懂!纳吉娃天真地答道:

"我是一个人回来的,侯赛因在罗马还有重要的会见。"

佐贝黛转头问穆罕默德道:

"穆罕默德先生自然已经成家了?"

穆罕默德被这个问题问得莫名其妙:

"还没有……"

"那么,你正在谈恋爱。"佐贝黛说道,"你的眼睛表明你在恋爱。所有的记者都在恋爱。"

"是的,正在谈,我将同我喜爱的人结婚!"

纳吉娃的脸色变了,穆罕默德要结婚的消息犹如一颗炸弹在客厅里爆炸,弹片击中了她。

佐贝黛仿佛想乘胜追击将她的情敌置于死地,于是匆匆说道:

"我想问个问题,你应该实言相告,如果你不愿回答,也有权拒绝。"

"你说话像记者一样,我答应你任何问题我都回答,不予拒绝。"穆罕默德笑道。

"我想问你,"佐贝黛目不转睛地盯着纳吉娃,"你在谈恋爱的时候,如果看到一个漂亮的姑娘,她又以自己的魅力和美貌来勾引你,你是否会弃旧逐新?"

"我不会背叛我爱的女人。"穆罕默德回答。

"要是这个新女人是埃及的美后呢?"

"哪怕她是世界上的美后也罢!真心实意谈恋爱的人,从忠诚中找到乐趣;爱情不专一的人,则通过背叛感受到自己的乐趣!"

纳吉娃脸色发黄,她恨穆罕默德,因为穆罕默德紧握着手枪,把子弹都打到她身上;她更恨佐贝黛,因为穆罕默德的那把枪是佐贝黛给的。

纳吉娃似乎想结束这个话题,说道:

"穆罕默德先生来是向我提问的,结果倒成了我们两个向他提问题。"

佐贝黛也笑道：

"音乐家穆罕默德·阿卜杜·瓦哈卜最近新灌了一张唱片，里面有一句是：'你来抓他，结果反被他捕获。'"接着，她又问纳吉娃道：

"说起阿卜杜·瓦哈卜，我才想起，你把乌姆·库勒苏姆的唱片带到罗马去了吗？"

佐贝黛提到乌姆·库勒苏姆的名字，又像是在纳吉娃的心头捅了一刀。纳吉娃神经质地说道：

"我不喜欢乌姆·库勒苏姆，听到她的声音我就受不了。"

"奇怪，"佐贝黛惊奇地说，"记得你原来挺迷乌姆·库勒苏姆的，还保存着她的全部唱片。"

"我已经不喜欢她了，把她的唱片全砸了。"

佐贝黛望了穆罕默德一眼，像是在同他说："我那时告诉过你，纳吉娃·穆纳斯特利在读你采访乌姆·库勒苏姆的报道时，会以为你爱上了乌姆·库勒苏姆，你信了吧？你现在相信我对她是很了解的了吧？"穆罕默德点点头，仿佛说："我信了。"

纳吉娃并不明白他俩的目光，只是知道穆罕默德不同意她对乌姆·库勒苏姆的看法。她突然爆发了：

"穆罕默德先生是很欣赏乌姆·库勒苏姆的，我在罗马时看到他的采访报道，他把乌姆·库勒苏姆说得神乎其神。但她的歌声怎能与意大利歌唱家卡洛佐相比？她的音乐怎能与法尔第相提并论？她的容貌又怎能与格莉塔·加布、简·哈洛、马琳·迪特里奇那样的电影明星相媲美？我们埃及人有个毛病，没有到欧洲去，没有参观过欧洲大陆的音乐学院，根本不了解各国首都真正的艺术！乌姆·库勒苏姆已经过时了，在欧洲已经涌现出比她强一千倍的艺术家！"

穆罕默德反驳道：

"他们在纽约盖了一百零二层的摩天大楼,它比吉萨的金字塔高,也比它大,但是,全世界却只承认金字塔是世界七大奇迹之一。依我看,乌姆·库勒苏姆是阿拉伯世界的第三奇迹。第一奇迹是尼罗河,第二奇迹是金字塔,第三奇迹就是乌姆·库勒苏姆!"

佐贝黛有意要激怒纳吉娃,说道:

"穆罕默德先生说话的口气,与其说是个记者,不如说是个恋人。你既然这样喜欢乌姆·库勒苏姆,那对她一定很了解喽?"

"是的,我了解。我知道邵基把她的歌声比作是达乌德的笛声,知道有一位著名作家有一次谈到她时说:'我如若是个诗人,便要借乌姆·库勒苏姆的歌唱来写成我的诗集!'"

纳吉娃想喊叫,想让仆人、门房、厨师、司机来痛打穆罕默德和佐贝黛,把他俩撵出门去。但是,她克制住了,勉强说了一句:

"我个人倒不觉得乌姆·库勒苏姆的歌声如此感人。"

"纳吉娃,你一旦产生了爱情,就会理解乌姆·库勒苏姆,没有尝过真挚爱情的人,就欣赏不了她的歌声,只有恋人们的心灵才能感受到她歌唱的尽善尽美,才能体会到歌中流露的痛苦之情,从委婉、高亢的歌声中领略思念和欢乐的含义。至于那些根本没有爱情的人,他们听乌姆·库勒苏姆唱歌,仿佛是在听一首他们无法理解的外文歌。"

"那么,你是在恋爱喽,佐贝黛?"纳吉娃似乎挑衅地问道。

"是的,我在恋爱。我爱上了一个出色的男人,他使我心满意足。他的吻使我如醉如痴,我们的情感融合在一起。我到处追随他,总觉得他永远也不会离开我,我坐在这里,感到他就在我旁边,在听我谈话。这就是爱情。至于那种占有的爱情,则是另一回事,那不是爱情。恋爱者爱的只是一个人,而占有者的爱情则是得寸进尺。有了一幢房屋的人,想要二幢、三幢。爱情必须作出牺牲,占有则是自私自利;爱情应当专一,占有却贪得无厌;爱情是严肃的,占有却是嬉戏。我不觉得我占有了我爱的人,只觉得是他占有了我;他也不觉得占有了我,而觉得他是我的一部分。"

"你在哪儿找到这个男人的?"纳吉娃问道。

"在我的心里找到的。"佐贝黛哈哈一笑,"他是我的爱,我的丈夫,我生活的伴侣,是我毕生惟一的男人。在他之前,我不认识什么男人;在他之后,我也不再去结识别的男人。"

"我倒不知道,欧尼帕夏居然是个唐璜!"纳吉娃感到惊诧。

佐贝黛几乎忍不住想告诉她,欧尼帕夏只是一个贵族"唐",而不是"唐璜"。不过,佐贝黛还是很高兴,因为纳吉娃有眼无珠,不知道她佐贝黛的爱人正坐在她们面前。于是佐贝黛微微一笑。

穆罕默德愣愣地坐着,出神地听着舞台上两位卓越的女演员的对话。他原先以为纳吉娃是一流演员,殊不知佐贝黛也是一流的演员、编剧和导演。

佐贝黛的话是说给他听的,但并不望着他的眼睛,她向他吐露心曲,纳吉娃却茫无所知。佐贝黛说的每句话,都不啻是同他交流感情,拥抱他,吻他。同时,她表面上拍拍情敌的肩膀,实际是在拿刀子捅她;拥抱她实际是在掐她的脖子;赞扬她实际是在诅咒她;把她捧到天上实际是在用脚踩她。

纳吉娃被佐贝黛夫妇的恋爱故事吸引住了,说道:

"你是我第一次听到如此一往情深地谈论自己生活的妻子……有些妻子隔一段时间会觉得她的家就像一座监狱。"

"我现在比过去十年里的任何一天都更爱自己的家。今天,我的家里有我的乐园,我从来没有这样快乐和安逸过。"

佐贝黛差一点说出"我家里的地下室",但看到纳吉娃眼里的惊讶神色,她终于不说了。

纳吉娃一心想同穆罕默德单独相处,就他喜欢并决心娶作妻子的女人,问上一千个问题。她想重新挑起这个话题,但佐贝黛不给她开口的机会。

她想同穆罕默德单独谈,还因为她只有在锁上房门,单独与男人谈话时,才感觉得到自己的力量。

纳吉娃看看表,故意让佐贝黛看到她在看表,让佐贝黛明白她还有约会,能起身告辞,让她与穆罕默德单独待一会儿。

然而,佐贝黛坐着没动,假装没有看见纳吉娃在看表。她希望时针从表盘里跳出来,去螫一下纳吉娃。

纳吉娃终于忍不住了,对佐贝黛说道:

"我怕要耽误你的约会了。现在跟我上楼去吧,趁医生还没来,去看看妈妈。"

佐贝黛用手按住心口,说道:

"医生说我的心脏有病,嘱咐我不要爬楼梯……我在考虑把卧室搬到地下室去。"

"搬到地下室去住?"纳吉娃吃了一惊。

"是啊。我觉得睡在地下室里比睡在楼上舒服多了。我结婚之前,就同我爸爸住在侯赛因区一幢房子的简陋地下室里。所以在地下室里睡觉,我会觉得自己回到了青年时代。"

一位大臣的妻子,想在地下室里睡觉,纳吉娃大为惊讶,凭她的想象,她绝对不会猜到佐贝黛这些日子正是在地下室里度过了她美妙的时光。

纳吉娃发现穆罕默德的眼睛泛着笑波,以为他同自己有同感,也在嘲笑这位想睡地下室的大臣夫人。她没想到穆罕默德嘲笑的恰恰是她纳吉娃,没想到穆罕默德也愿意睡在欧尼帕夏官邸的地下室里,而不是他巴德兰岛家中。

纳吉娃对这个赖在客厅里不肯离去的讨厌女客实在是烦透了。她每结束一个话题，佐贝黛便又挑起一个新话题。每当她以为佐贝黛的话都说完了，该告辞了，佐贝黛却又总是出人意外地引起一场新争论。

看到穆罕默德并不像她那样讨厌这位女客，相反，她发现自己想哭出来的时候他却在笑，这使她更加气恼。

穆罕默德对这两个女人间的争斗感到好笑。佐贝黛认为，她的任务是穆罕默德待在客厅里的时候她也在旁，保护他不受纳吉娃的勾引，不上纳吉娃的当。而纳吉娃则认为，她的事要等这位饶舌的女客离去之后才能开始进行，这位女客把她纳吉娃为自己布置的乐园变成了地狱。

这一场斗争，谁更有耐心谁就能取胜。

纳吉娃终于失去了耐心，她烦躁地望望表，说道：

"很抱歉，穆罕默德先生，我想发表的谈话恐怕没有时间了，因为这会儿我跟牙科医生有个约会。"

佐贝黛真诚地说道：

"纳吉娃，你可以去看牙科医生，让穆罕默德先生等到你回来。"

纳吉娃脸上现出了笑容，她终于找到了解决问题的办法。她假装出门，欧尼帕夏夫人的汽车一开走，她就乘自己的车回家，跟穆罕默德单独谈谈。

佐贝黛没有让纳吉娃得意得太久，她接着说道：

"我准备待在这里陪陪穆罕默德先生，一直到你看完病回来。"

纳吉娃情不自禁地叫了起来：

"我决不能让你跟他待在一起！"

过了一会儿，她才控制住自己，好像要弥补过失似的又微笑道：

"我不能让你跟他待这么长一段时间，把你的约会都给耽误了。"

"我今天没事。"佐贝黛直截了当地说,"我刚才告诉过你,为了你,我把所有的约会都取消了。你要是替我担心的话,不妨让我陪你去看牙医,留他待在这里等我们。"

穆罕默德觉察到纳吉娃此时此刻真恨不得想杀人,于是赶紧说道:

"对不起,我现在不得不走了,我在报社里还有不少重要的工作。"

纳吉娃痛苦、失望之极,说道:

"我们以后再谈,等我从罗马回来,我不会去很久的。"

佐贝黛听到纳吉娃说"我不会去很久的",仿佛挨了一棒,她立即回敬一刀,说道:

"不过,纳吉娃,你可别忘了采访的时候邀请我来参加啊,我想看记者采访真是想死了,这种采访肯定非常精彩。"

穆罕默德站起身来,同佐贝黛握手。佐贝黛握手时拧了他的手一下,他明白这是他在同纳吉娃谈话时违反了佐贝黛的指示,眼睛看着纳吉娃谈,被佐贝黛抓住了。

纳吉娃陪穆罕默德向门口走去,她利用送他出门单独谈话的机会想在他耳边悄声说上几句,要他傍晚六时再来见她,她有一件要事相谈。在听见他亲口说爱上了另外的女人并准备结婚以后,她也没有绝望,而是对他缠得更紧了。她自己也已结婚,他结了婚也不妨碍她爱他呀。

然而,佐贝黛不给她希望得到的机会,也紧随在她和穆罕默德身旁,仿佛很小心地不让他有片刻的时间跟她在一起。她认识佐贝黛有好多年了,过去从来没见过佐贝黛像今天这样好多管闲事,成了一个麻木、迟钝的客人。佐贝黛像是故意来妨碍她和这个男人接触,她从罗马来,为的就是同这个男人单独待上几分钟,共同商量安排一下今后的生活。

纳吉娃来不及在穆罕默德耳边悄悄说上片言只语,穆罕默德就走了。

这段时间,她一直觉得佐贝黛的耳朵紧贴着她的嘴,在偷听她对他说的每个词。佐贝黛的脚步跟得那么紧,犹如一个警察生怕一个已被他抓住的要犯逃之夭夭。

穆罕默德的身影刚在花园的围墙后消失,佐贝黛便转过身来对纳吉娃说道:

"我想,你要说我是世界上最让人厌恶的女人了,因为我不让你单独同这个年轻人待在一起。我是故意留在客厅里的,不管你脸色多么难看仍一动不动。你心里也许会想,我干吗要这样做?"

"我想,你挺欣赏这个青年吧。"纳吉娃支支吾吾地说道。

"你疯了吗,纳吉娃?"佐贝黛怒气冲冲地喊道,"你以为我会喜欢一个年纪比我小的青年人?我在家里过得挺快活,感谢真主赐予我的一切。拿世界上的任何男人来换我的男人,我连想都没有想过。"

纳吉娃明白了佐贝黛是在故意破坏她的计划,她掩饰不住自己的气愤,说道:

"那你干吗一直这样形影不离地跟着我们?"

"我是在保护你啊。"

"保护我?"纳吉娃大感不解,"保护我什么呀?"

"保护你对付穆罕默德·阿卜杜·卡里姆,不让他强奸你!"

"强奸我?"纳吉娃的笑声充满了嘲弄,"我有能耐强奸十个像穆罕默德·阿卜杜·卡里姆那样的男人!"

"可是,我丈夫让我看过一份秘密报告,有一个名叫穆罕默德·阿卜杜·卡里姆的学生曾企图强奸你,因此被教育大臣开除。你向我介绍这个年轻人时说他叫穆罕默德·阿卜杜·卡里姆,我立即记了起来。我认为,他来是想再次强奸你,所以就故意待着不走以便保护你。"

面对佐贝黛的天真,纳吉娃不禁笑了:

"他强奸我的事是一场误会。当时,他对我很不礼貌,我应当教训教训他。他确实已变得彬彬有礼了。"

佐贝黛对自己的好朋友受到一个无礼青年的侮辱装作很气愤的样子说道:

"这个无耻的家伙当时对你说什么啦?"

"他告诉我说他爱上的是另外一个女人。"

这句话证实了穆罕默德的忠诚。佐贝黛尽量不流露出自己的快活,说道:

"他真是个罪犯,不仅应当被学校开除,还应当处死。我要是同一个男人有过恋爱关系,他背叛了我,又同另外的女人相好,那我就会毫不犹豫地杀了他!"

纳吉娃看到佐贝黛也赞成她向穆罕默德报复,眼中露出欢欣的神色。

佐贝黛想进一步证实自己所爱的男人的清白。女人发现了一个证明自己爱人清白的证据,总想再找别的证据,这种清白越是确凿她却越是怀疑。佐贝黛责怪纳吉娃道:

"你要是早点告诉我你同穆罕默德的关系,我早就走了,马上就会离开客厅。我倒没想到,你同这个年轻人还有关系……"

纳吉娃笑道:

"关系还没有开始呢。"

"不可能!"佐贝黛佯装不信,"你那样对待他,把他从所有的学校赶出去,编造他强奸你的罪名,指责他爱上别的女人背叛了你,凡此种种都发生在你和他的关系开始之前?如果他真是你的情夫,你又会拿他怎么样呢?"

"我要他的命!"纳吉娃说话时仍在笑,看到佐贝黛诧异的目光,接着她又说道,"除了这个穆罕默德,我还认识许多小伙子,比他漂亮得多的小伙子，他们跪在我的脚下。他们有头衔，有地位，也很有钱，但是，他们却无法让我忘掉穆罕默德。"

佐贝黛为自己选中的男人所具有的影响力感到高兴，问道：

"穆罕默德和其他男人有什么两样？我看不出他有什么不同寻常之处。"

"他的不同寻常之处在于他对所爱的女人非常忠诚。"纳吉娃说话时咬着嘴唇，"我很想知道那个把他从我手里夺走的女人。我宁愿少活半辈子也想知道这个女人是谁！"

"我很怀疑那是一个重要的女人。"

"肯定是，肯定是！"

"你长得比谁都美，这个年轻人怎么会瞎了眼呢？"

纳吉娃恶狠狠而又神经质地说道：

"即使那个重要的女人长得挺漂亮，我也有本事把他从她那里夺回来！即使她是世界上最漂亮的女人，我也不允许她从我手里抢走穆罕默德·阿卜杜·卡里姆！"

佐贝黛好像看到了纳吉娃脑海上空浮过一团乌云，那就像是绞杀人的刽子手身上穿的黑衣。纳吉娃的心里仿佛竖起了一个绞刑架，那绞刑架要绞杀所有企图接近穆罕默德的女人。

她对纳吉娃奇怪的决心感到吃惊，弄不懂纳吉娃为什么不能保守秘密，却像个天真的孩子似的直言不讳。狡猾的女人待人接物，可不会露出那么多搞阴谋诡计的痕迹。

纳吉娃欲望之大，远远超过她的年龄。她的心思不会稳定在一个地方，大的时候足能与阴谋家的脑袋相匹敌，小的时候就像一个孩子的头脑。她被欲望所控制，占有穆罕默德的决心搞得她歇斯底里大发作。

一个女人怎么会因为一个她并未委身过的男人而如此痴狂呢？他们

之间又没有正式的关系,她的思想、行为和谈吐怎么会如此疯疯癫癫?

佐贝黛不知道究竟该相信自己的耳朵,还是相信自己的眼睛,她困惑地问道:

"纳吉娃,我想相信你的话,可是又做不到。你对穆罕默德痴心到了这种程度,你们两人之间却毫无关系,这可能吗?"

佐贝黛的问题似乎一语击中目标,紧闭的大门打开了,里面出来了嘴里喷着火焰的魔鬼。

纳吉娃的眼睛闪烁着异样的光芒,流露出挑衅、决心、情欲、放荡以及狂暴的嫉妒。

纳吉娃嘴里吐出的话,如火焰,如浑身着火的女人的嚎叫,她的声音使佐贝黛心惊肉跳,全身战栗不已:

"现在还没有关系,但将来会有!肯定会有!"

穆罕默德用胳膊搂住佐贝黛,一面拥抱她、吻她,一面说道:

"我原先不知道你这么会说话。今天上午你变了个人,不是我认识的你。你有时跟我在一起,整整一刻钟连一句话都不说。今天你就像是汽车喇叭,按上了一个劲儿地叫着。"

"我是想把纳吉娃捆在椅子上,不让她说话,我说个不停,不让她有时间来考虑摆脱我的办法。"佐贝黛笑道,"噪声常常使我们的脑子转动不了。她确实是一个早熟的狡猾女人。当她迫使你当面说,即便她是世界上的美后,你也决不背叛你所爱的女人时,她的脑子不灵了,变得束手无策。她需要静默一段时间,考虑下一步。我不给她这么个机会。你出门之后,我才看到她的真相,那是一头张牙舞爪的母老虎,一心要扑向任何接近你的女人,把她撕碎。"

佐贝黛笑个不停。穆罕默德凝视着她的笑眼,觉得那里是一片欢乐的海洋，一对快乐的眼珠正在里面遨游。他说道：

"我坐在你和纳吉娃旁边，真以为你随时都会对她说，你爱我，我也爱你。"

"我要是知道她爱你，为了可怜她，我本来倒是准备把这一点告诉她的。可是，我觉得她不爱你，她只是想占有你。我发现，捉弄捉弄她也挺有趣，她那双眼睛瞪着我时，犹如愤怒的鞭子，她的悄声细语就像憋在嗓子眼里的喊叫，她颤抖的手指恰似利爪。这一切都无法引起我对她的丝毫同情，也感受不到某些胜利者对打败的对手所怀有的那种同情。在我眼里，她不是一个热恋着男人的女人，而像一个企图征服别国的国家，想统治它的人民，吮吸他们的鲜血。当我与纳吉娃单独相处时，我的这种感受更强烈了，我从她的眼睛里看到了两个魔鬼，一个想迷惑你，一个想杀死爱你的女人。"

"不管怎么说，纳吉娃总要到罗马去了，她在那里会碰到别的青年，将把我忘得一干二净。这种水性杨花的女人，她们的欲望就像天气一样变化无常。"

"可是，她说她将回来，一心一意地捕捉你。这种女人除非占有了你，然后才会抛弃你。不让她内心的魔鬼安静下来，她不会善罢甘休。现在她受到阻止，无法实现她的这个愿望，她就将追逐你，花毕生的精力来攫取你。"

"她什么也干不成！"穆罕默德揶揄道，"等到她的丈夫当上了宫廷高官，他就不能伤害我了。我攻击国王都不怕，难道还怕一个官员不成。宫廷的高官只是些拥有爵位的仆从。"

"我倒不是替你担心她的丈夫和国王，我担心的是她！她在说'现在还没有关系，但将来会有！肯定会有'时，你没看到她的眼睛，那目光真让我恐惧、害怕，几乎使我忘记了我的胜利。"

穆罕默德很快地处理完了《圣战报》报社里的工作,他要去吊唁赛义迪亚中学的阿拉伯语老师阿卜杜·拉乌夫谢赫的岳母。

他刚走进位于吉萨一条胡同里的阿卜杜·拉乌夫谢赫简陋的家,便发现自己仿佛走进赛义迪亚中学的五年级班,与他一起度过生命最美好时光的所有老同学都在,他们都迎上前来,拥抱他、亲他。他发现自己周围的同学,大多是他当年替他们代写过情书的人,那时热恋着修女学校女生、欧尼帕夏侄女的贾马勒·曼苏尔,现已是商学院的学生;爱过拉美西斯剧院女演员安阿姆的阿里·法塔希,进了文学院,其他同学都是法学院的大学生。大家说来说去,都是调动和升级。原先喜欢一个默默无闻女演员的人,现在爱上了大名鼎鼎的女明星;原先爱着一个初出茅庐的舞女的人,现在已成了名声大噪的舞女尼阿玛特·法赫米的情人之一——当年,五年级的学生在写参观工农业展览会的作文时,都写到过这位舞女;原先爱上希库里勒商店一位女售货员的同学,现在爱上了希库里勒商店老板的一位千金;贾马勒·曼苏尔原来爱的是修女学校女生、哈菲兹博士的女儿,现在他也已升级,爱上了利西亚中学的一位女教师。

所有的同学都进了高校,只有他穆罕默德例外。

他看到在座的青年人中有不少陌生的脸,他知道,他们是新的应届毕业生,取代了他和他的同学们的位置。他仔细地端详着他们的脸,心想:他们中谁会像他当年那样代同学写情书呢?谁会接下去爱女演员安阿姆、修女学校的女生和希库里勒商店的女售货员呢?

从新同学的窃窃私语中,他看出他们怒气冲冲,情绪激动。他们在谈论第二天罢课的事。

穆罕默德问他们为什么决心要罢课。他们说,学校里出了大事,自由宪政党一位领袖赛伊德·哈什巴帕夏的儿子阿里·哈什巴在学校操场上与同班的同学打网球,担任裁判的是西德基首相的公子阿齐兹·西德基同学。

裁判阿齐兹判阿里输了一分,阿里不服裁判,受到阿齐兹的呵斥,要他住嘴。阿里尊重裁判的意见,继续比赛。

比赛结束后,阿里走向他的朋友阿齐兹,指责他裁判不公正。两人发生争执,扭在一起。阿里打了阿齐兹一记耳光,阿齐兹的嘴角受了一点小伤。两个朋友吵到最后,又言归于好。

阿齐兹·西德基回家,正好教育大臣来拜会首相,大臣看到首相的公子嘴边有伤,就问他原因。阿齐兹把经过情况如实相告,并说吵完后他已与阿里·哈什巴和解。

不料,教育大臣勃然大怒,认定这是个政治事件,阿里是反对党一位领袖的儿子,居然侵犯首相的公子阿齐兹。大臣说,他认为这次事件是蓄意的,有预谋的,其严重性不亚于枪击一位国家大臣。

教育大臣作出了埃及教育史上最离奇的决定:鉴于阿里·哈什巴打伤了内阁首相大人阁下的公子阿齐兹·西德基的嘴唇,特决定将阿里·哈什巴永远开除出赛义迪亚中学,并不得参加所有科目的考试。

穆罕默德对他们说道:

"那你们打算提出什么要求呢?"

"我们要求让阿里·哈什巴复学!"大家答道。

"这还不够,"穆罕默德说道,"你们应该要求恢复宪法。"

"宪法与这件事有什么关系?"大家感到奇怪,"这是学校内部的事。"

"可是,政府作出的决定是把这件事当成政治事件处理的。国内要是有一部值得尊重的宪法,统治者就不能自称神明,他们的子弟也不能享有神权。"

正在这时,首相的儿子阿齐兹·西德基走进来,谈话顿时中断,一片紧张的沉默。

阿齐兹·西德基同阿卜杜·拉乌夫谢赫握手,向他表示慰问,看见穆罕默德旁边的位子空着,便坐了下来。

仍然没有人作声。

阿齐兹·西德基直率地问道:

"看来,你们的谈话被我打断了,你们原来在谈些什么?"

坐着的人都默然,一声不吭。

阿卜杜·拉乌夫谢赫想打破这尴尬的局面,说道:

"我们正在谈我去世的岳母,她是个好人哪!"

穆罕默德打断他道:

"事实上,我们正在谈你,阿齐兹。凭什么要把一个学生永远开除出校,不许他参加所有科目的考试,就因为他同你吵了架?学校里,学生吵架的事天天都有,你听说过一个学生因为打了别的学生就被永远开除、不得参加所有科目考试的事吗?只因为他是首相的儿子,是王储,所以他的尊严才受到保护,连碰也碰不得。这样处理问题的结果,是学生们决定举行罢课,对这种无耻的行为表示抗议。"

阿卜杜·拉乌夫谢赫的脸涨得通红,接着又变得蜡黄。穆罕默德在他家里骂了首相的儿子,教育大臣将会知道这件事,他没有把穆罕默德从窗口扔出去,当然也得被学校开除。

不过,他也不能把穆罕默德扔出窗外,因为穆罕默德是他的客人,他也完全同意穆罕默德的看法,他只能设法缓和一下局面,说道:

"对这件事有两种说法。"

阿齐兹直截了当地说道:

"同学们明天如果因为这个原因罢课,那我也参加。穆罕默德,你说的每句话我都同意,我请求过教育大臣,要他别这样决定,但是他固执己见,说如果不开除阿里·哈什巴,他就向内阁辞职。"

"这是大臣们玩弄的两面三刀。"穆罕默德说道,"教育大臣用这种廉价的手段来博取你父亲的欢心,好让他继续担任大臣。"

"还不光是教育大臣呢,内政部的国务大臣欧尼·哈菲兹帕夏也说,如果不立即开除阿里·哈什巴,那学生们将会乘机殴打所有的大臣子弟。"

"我现在在《圣战报》任编辑,明天我将写文章报道这个事件。"

"你干得好。我对教育大臣说过,报纸将会就此问题攻击内阁。他说,没有一家报纸敢兴风作浪。"

穆罕默德对阿齐兹的运动员精神感到惊异,他万万没想到首相的儿子居然会说,他将与举行罢课的同学们团结在一起。穆罕默德更惊讶的是,阿齐兹在告辞时握着他的手说道:

"你在当记者,我感到非常高兴。你到我家里来吧,我将给你提供消息……重要的消息。"

阿齐兹走了,起身送他的只有阿卜杜·拉乌夫谢赫和穆罕默德。

穆罕默德心里想道,阿齐兹·西德基是继承了他父亲的冷静顽强呢,还是体会到了他的同学对教育大臣的处理决定怀有的痛苦,感到无地自容?只因为他是首相的儿子,一个朋友仅仅同他吵了一架就被开除出校,不得参加考试,前途被葬送掉了!

贾马勒·曼苏尔说道:

"阿齐兹·西德基活像他的父亲,也是个出色的演员!"

阿卜杜·拉乌夫谢赫说道:

"他的行为像个男子汉。但愿所有的男人都有一些男子汉气概。"

阿里·法塔希说道:

"如果阿齐兹·西德基不去把穆罕默德将在《圣战报》上写文章的事

告诉他父亲,没有通过监督部门禁止文章的发表,那就证明他是个男子汉;如果《圣战报》上没有登出这条消息,那证明他是个戏子!"

这时,赛义德·陶菲克突然走进屋来。他是赛义迪亚中学的校友,原来爱上了舞女伊卜梯萨姆,后来担任埃及驻罗马使馆的文件保管员,也就是纳吉娃·穆纳斯特利的阿拉伯语老师。

穆罕默德望了一眼赛义德,发现他满面愁容,神情沮丧,不觉暗暗好笑,心想赛义德这种逢场作戏的本事准是从"政治表演"或"政治马戏"中学来的。乌姆·库勒苏姆总是把政治事件叫作"政治马戏"。穆罕默德从赛义德忧伤的目光里看出,他对阿卜杜·拉乌夫谢赫的岳母大人去世,难过悲痛到了极点。

赛义德选择了阿齐兹走后留下的空椅子,在穆罕默德旁边坐下,声音悲怆地对他说道:

"祝你长寿。"

穆罕默德揶揄他道:

"也祝你长寿,代理大使阁下。"

"代理大使……是过去的事喽。"赛义德的声音更加悲痛了。

穆罕默德明白了是纳吉娃·穆纳斯特利把赛义德的全部工作都辞掉了。他侧过身去,悄声问道:

"怎么回事?"

"经过的情况简直都不可思议啊。"赛义德说道,"我每天都坚持到使馆办公室去上班,节假日都不例外。每天还给大使夫人上阿拉伯语课,只有一天没有去上课,我给大使夫人打了电话,说我得了流感,请她原谅。她很客气,同意了。

"后来,发生了意想不到的灾难。大使夫妇到我住的公寓来探病,发现我不在。过了几天,外交大臣发来电报,说由于我不恪于职守,决定将我开除出外交界。你想,我被开除只是因为我有一天没有去给大使夫人上阿拉伯语课!这又不是我的正式工作,我在使馆的工作可是一天都没有耽误过,而且我还是使馆内惟一节假日不休息坚持工作的职员哪!"

穆罕默德想笑,想纵声大笑,但为了尊重阿卜杜·拉乌夫谢赫的岳母庄重的追悼会,终于克制住了。他轻轻地贴着赛义德的耳朵说道:

"你不会为你不在公寓找个理由,说你去看病了或者不得不去药房买药了?"

赛义德对自己的运气不佳难过得直摇头,说道:

"谁也不给我辩白的机会。倒霉的是,使馆的一个随员在同一时刻看见我在大陆饭店的舞厅同使馆的女打字员西妮拉·卡明跳舞。"

"那么,她就是造成你被开除出外交界的灾星喽!"穆罕默德藏起他的笑容说道。

"不,不,"赛义德真诚地说道,"我自己看过外交大臣的电报,开除我的理由是不恪于职守,电报上一个字也没提到西妮拉·卡明。"

"你不给大使夫人上阿拉伯语课,却去和西妮拉·卡明跳舞,她不恼火吗?"

"正相反。大使夫人是位出类拔萃的女士,对开除我的那个不公正决定,她表示难过和遗憾,我走的时候,她还亲自到车站来送我呢。"

穆罕默德闭上眼睛,眼前出现了纳吉娃·穆纳斯特利的形象,是她,是她的音容笑貌、举止和特征,她杀了人却去为他送葬,还捆自己的脸颊痛哭。

穆罕默德不需要再打听别的细节,详细情况他早就知道,在纳吉娃把他开除出赛义迪亚中学之后,昨天又是那样热烈地欢迎他,他就明白了……他仿佛看到自己穿着老同学赛义德的衣服……他要是到罗马去担任了使馆文件保管员的职务,教大使夫人阿拉伯语,赛义德经历的一切他也都会碰到。

赛义德又露出他进屋时那种忧愁、痛苦的目光,说道:

"我回到开罗,去找旧日的女友舞女伊卜梯萨姆,发现她已另有新欢。我又到巴迪阿舞厅去找过另一个舞女,发现所有的舞女几个月前就被预订出去了。"

"你干吗不写封信把罗马的西妮拉·卡明叫来,跟她结婚呢?"穆罕默德问道。

"这我考虑过,特别是因为她不懂阿拉伯语也被埃及使馆解雇之后。"

"打外文的意大利女打字员必须懂阿拉伯语吗?"

"我也感到惊讶,西妮拉·卡明做这项工作已经五年,从没有人要求她学习阿拉伯语。可是,大使突然出了一个通知说,埃及政府很关心在意大利传播阿拉伯语,因此,所有的职员都得懂阿拉伯语。根据这份通知她就被解雇了。"

穆罕默德听了哈哈大笑,随即他又为自己在阿卜杜·拉乌夫老师岳母的追悼会上笑而感到羞愧。他是一点就明,想在罗马传播阿拉伯语的不是大使,而是大使夫人。

赛义德对穆罕默德的发笑感到不解,他问道:

"你干吗在这追悼会上笑?"

穆罕默德用手绢堵住嘴,不让自己再笑,说道:

"我好笑的是,你还不明白你和西妮拉·卡明为什么会被开除,原因就在于你们一起在大陆饭店跳舞啊!"

"不可能!"赛义德争辩道,"大使先生给我写了一张证明,说我品行端正,卡明被解雇则是因为不懂阿拉伯语!"

"你说得对,赛义德,她被解雇确实是因为阿拉伯语。"

穆罕默德回到报社，就阿里·哈什巴因为与首相的儿子阿齐兹·西德基吵架而被开除的事件，写了一则消息。

审查机关没有禁止这条消息的发表，穆罕默德很高兴，他更高兴的是赛义迪亚中学的同学们举行了罢课，阿齐兹·西德基也和大家站在一起！

政府对学生们的罢课漠然处之，依然坚持开除阿里·哈什巴的决定。

学生们不知所措，不知道该怎么做才能打倒这个不想垮台的政府。人民和反对党的领袖们也都感到困惑。

政府禁止集会，禁止游行，派人包围了国民议会、萨阿德俱乐部和自由宪政党党部，不许反对党的领袖们到各地访问。

政府加紧压制群众，禁止他们同反对党的领袖们接触。反对党的领袖努哈斯帕夏决定向政府挑战，他到剧院去，华夫脱党人知道他去的剧院，就在那儿集会，呼喊反政府的口号。

有一次，穆罕默德来到帕兰塔尼亚剧院，法蒂玛·鲁什迪剧团正在演出《黎明》一戏……群众一看见努哈斯，就高呼"万岁，打倒西德基"的口号。

两天后，政府在帕兰塔尼亚剧院召集支持者，西德基帕夏一去，他们就高呼"西德基万岁，打倒努哈斯"。

努哈斯来到拉美西斯剧院，观看了优素福·瓦赫比剧团演出的《折磨》，群众高呼华夫脱党主席万岁，打倒首相。

第二天晚上，政府让西德基帕夏也到拉美西斯剧院去，他的支持者们高呼首相万岁，打倒华夫脱党主席。

穆罕默德很不欣赏这种对抗方式，他再也不到剧院去了。

青年人想到了打倒西德基帕夏政权的理想途径，那就是提倡国货，抵制洋货。

外国人支持政府，埃及人反对政府。制止外国人支持西德基政府的理想方法,是要让他们懂得,支持政府对他们不利。

青年们对这个主意很起劲。一场抵制洋货的运动开始了。

当时,印度正掀起甘地领导的抵制英国货运动,英国人逮捕了甘地,人民继续抵制英国货,英国的纺织公司破产,英国人不得不向印度人民屈服,释放了甘地。

穆罕默德对印度发生的情况很关切,他想,我们为什么不能像印度人民一样干呢?我们的领袖们为什么不能脱掉他们的洋服,披上一块马哈拉生产的布,在大街上行走,直到最后一个英国兵撤出我们的国土,直到暴虐、专制和蛮横随之一起滚蛋呢?

眼下的独裁统治是外国占领造成的阴谋,消除了根本,才能消除阴影。

穆罕默德把这种想法写成文章,进行宣传……

然而,领袖们并不欢迎要他们赤身露体在大街上行走的想法。他们说,埃及是一回事,印度是另一回事。

在萨拉马·穆萨的领导下,组成了"埃及属于埃及人协会",协会主张提倡国货。穆罕默德怀着热情,成为该协会一名出色的成员。

令穆罕默德意外的是,他在报纸上看到了一些文件,那是在穆罕默德·马哈茂德内阁时代,由萨拉马·穆萨亲笔签名寄给出版局局长的信件,他在信里攻击了华夫脱党和萨阿德·扎格卢勒。

萨拉马·穆萨会写这样的信件,穆罕默德觉得奇怪。他去找萨拉马,问他的签名是否属实。萨拉马说,这确实是他的亲笔签名,他在信里表述的是他的个人见解,至于他的政治见解,则与华夫脱党和萨阿德·扎格卢勒的一致。

穆罕默德搞不明白,作家既有什么个人见解,又有什么不同的政治见解。青年们纷纷从萨拉马·穆萨周围离去。萨拉马·穆萨本来是埃及社会主义运动的先驱之一,是最先反对愚昧、提倡埃及民族工业的人。但是,他却并不得人心,因为他反对泛阿拉伯主义,主张抵制叙利亚人办的报纸,把每个阿拉伯人都视作外国人。

若不是报上发表了萨拉马亲笔署名的文件,"埃及属于埃及人协会"就会成为埃及一个崭新的先进党。

本来,在这场战斗中,华夫脱党理应站在萨拉马一边保护他,他已成为反对伊斯梅尔·西德基最有力的喉舌。

然而,发表的这些文件使华夫脱党抛弃了他,他办的《埃及人》杂志曾一度是发行量最大的杂志,也破产了。

穆罕默德准备宽恕萨拉马·穆萨的这一过失。萨拉马曾与使宪法搁置了三年的穆罕默德·马哈茂德政府合作,在华夫脱党和自由宪政党携手合作之后,群众倒宽恕了穆罕默德·马哈茂德,但却永远也不原谅萨拉马·穆萨。

出现了一个经济独立协会,它宣传的是萨拉马·穆萨主张的原则,但萨拉马·穆萨没有参加。

穆罕默德加入了这个新的协会。

但是,这个协会缺乏萨拉马·穆萨本人所具有的革新思想家的精神。

新协会迈出的步子踉踉跄跄,它无法像"埃及属于埃及人协会"那样,把广大学生团结在它的旗下。

为了争取印度独立,甘地在前往英国谈判的途中路过苏伊士运河。

印度领袖路过埃及一事,燃起了埃及青年心中的热情。抵制洋货运动又蓬勃兴起,青年们竞相提倡国货。

有人设计了一种毡帽,由法尔纳瓦尼商店制作,形状像一弯新月,但学生们并不欣赏,因为这帽子像小丑帽。这种设计失败了。

一些商人设计了一种白色头巾，类似土耳其帽，以取代从奥地利进口的红毡帽，但是，学生们嘲笑这种帽子，说戴上它活像印度人。

有几个青年设计了一套服装，用的全是埃及货，衣服是埃及棉织品公司的产品，领带由大马哈拉厂生产，帽子是法尔纳瓦尼商店的货物，皮鞋系杜姆亚特的出品。整套衣服鞋帽共要九十三个皮亚斯。

青年们对这套新的民族服装兴趣不高。全国人民都在忍饥挨饿，绝大多数人拿不出九十三个皮亚斯，他们宁可继续穿原来的旧衣服，或是把旧衣服翻个面或重新染一染再穿。

改革服装的设想之所以夭折，不是人们缺乏热情，而是因为人民在挨饿。

商学院的学生决定出钱，租下福阿德大街的克莱珀电影院，把它改名为福阿德电影院，免得埃及人到外国人办的电影院去看电影。乌姆·库勒苏姆对这个主意挺热心，决定每星期到这家电影院去演唱一次，让埃及人熟悉去这家电影院的路。

有个年轻人热心过了头，宣称即使这家电影院是个马厩他也要去看电影，管理电影院的负责人对这种热情信以为真，把这家新电影院办得真如同马厩，群众终于不再登门，电影院破产了。

使青年们感到意外的是，伊斯梅尔·西德基居然请求国王授予塔勒阿特·哈尔伯以帕夏的称号，以奖励塔勒阿特在创办埃及实业方面的贡献！

接着，青年们又突然看到伊斯梅尔·西德基也热烈地主张提倡国货，宣布支持这个运动。

原先以为提倡国货的主张将打垮西德基帕夏的人进退维谷，狡猾的帕夏偷偷地挖了反对派的墙角。

这个运动开始衰落，终于消亡。

造成这运动衰落的是还有一批人认为,不要去抵制无甚危害的洋货,首先应该抵制的是威士忌、白兰地和进口香烟。

青年们分成了许多派,各派有自己的主张,反对别的派别。

学生们为了筹建毡帽厂,向每个埃及人募捐一个皮亚斯,开始时做得较成功,但不久从事这项工作的人就意见有分歧,互相攻讦,甚至大打出手。

假如各反对党都团结在抵制洋货运动的大旗下,像一九一九年革命时那样行事,那么,它们是能够达到目的的。然而,人多心不齐终于扼杀了抵制洋货的主张。

反对党的领袖们只能为这个运动送葬,群众一看到他们走在送葬队伍的前列,送葬队伍就成了高呼打倒内阁口号的示威游行。

后来,反对党又号召人民不要向政府纳税。不少人热情地支持这个主张,不少抵制纳税的人公开拍卖他们的土地、财产。

穆罕默德去看过拍卖现场,他体会到农民在拍卖自己的土地时,就像公开卖儿鬻女似的心疼。

由于世界性的经济危机,耕田价格剧跌,土地是按最廉价格出售的。

出售土地的人试图推迟拍卖,但是政府坚持要他们立即出售,以交付税款。

许多种植者受不了这样的牺牲,有些人开始暗中授意自己的亲戚到拍卖场把土地买下来,免得丧失土地。不久,政府又压又逼,迫使大多数人交纳税款。

继反对党向政府宣战之后,政府也向反对党宣战。政府使用的武器是让人饿肚子!

埃及的种植者大多欠着银行的债,经济危机一来,他们就被压得直不起腰来。

政府看准这是个强迫种植者队伍中的反对派就范的大好机会,开出了一张欠债人的名单。

各省省长与地主们联系,让他们两者择一:要么宣布支持政府,要么让银行逼他们连本带息立即偿还到期的债务。

有些人硬顶,破了产,被赶出家园,除了身上的衣服,一无所有;有的软下来,不得不向暴虐和威胁屈服。

残暴、饥饿和经济危机沉瀣一气,统治者成了魔鬼,把被统治者囚禁在由债务和期票围成的铁笼里。

饥饿是六亲不认的,辘辘饥肠削弱了人民的反抗,扼杀了不屈的精神,使体面的人颜面扫地。

有力者低下脑袋,弱者屈膝跪倒,顽强的人被逐出家园,流离失所……

埃及处在黑暗中。

有一天,穆罕默德环顾四周,只见反对派们日暮途穷,支持政府的人却在增加。

暴虐和黑暗越来越甚。政府好像把黎明也随同政治犯一起锁进了牢房。

每次见面,佐贝黛带给穆罕默德的都是坏消息。她提到的名字,原先他都相信他们是能顶得住的人,佐贝黛说,这些人在压力之下都已在支持政府的电报上签了名。

他不相信佐贝黛,第二天打开官方的报纸一看,发现正是在这样的电报后面,署有他原先很推崇、坚信他们的爱国心和忠诚的人的名字。读这些电报,他仿佛觉得是在读他所爱戴的人的讣告。

这类"讣告"的版面,天天都在增加。

努哈斯帕夏到清真寺去,领着人们做礼拜:主啊,报复不义者吧!主啊,让暴君的脚下地震吧!主啊,最仁慈的主啊,怜悯我们,让我们摆脱这漫漫长夜吧!

对这种莫名其妙的礼拜,政府报以冷笑,它让努哈斯帕夏自由自在地每星期五去清真寺,去做这样的礼拜。

穆罕默德觉得,反对党失败了,它亮出每件武器都不管用,在被人民抛弃之后,只能向真主祈求佑助了。在我们面前,所有的灯都灭了,门窗紧闭,只剩下通往天园之门还开着。

有一天,穆罕默德又去看佐贝黛。佐贝黛一见到他,就紧紧地拥抱他、吻他,眼睛中闪耀着喜悦,说道:

"真主答应了我们的祈求!"

"真主把内阁打倒了吗?"穆罕默德讽刺道。

"不。是西德基帕夏中风了!"佐贝黛说的每个字都在欢呼,都在跳跃!

阿兹米博士要穆罕默德对西德基帕夏患病的真相进行调查。关于首相生病一事,国内谣言蜂起。有的说,首相生的是政治病,真正的病因是他与国王之间有分歧;有的说,西德基帕夏已全身瘫痪;还有一种谣言说,医生们一致认为西德基帕夏只能活几天了,上面已在研究挑选继承首相的接班人了;第四种说法断言,首相患的不是中风,而是脑血管破裂,当局隐瞒真情,以免人民幸灾乐祸,使国内治安失去控制。

负责《圣战报》政治消息版的阿兹米博士说道:

"为西德基帕夏治疗的医生们决不会透露真相,他们将借口这是职业秘密而矢口回避。你的任务是去结识这些医生的同行好友。医生的习惯,每遇疑难杂症总要征询同行的意见。现在替西德基帕夏治病的医生有：苏来曼·阿兹米博士、阿卜杜·阿齐兹·伊斯梅尔博士、阿卜杜·阿齐兹·纳兹米博士，还有阿里·易卜拉欣博士。他们每个人都有自己的学生，你去找找这些学生，探探他们的口气，最后才能查明真相。"

穆罕默德戴上毡帽，很快离开办公室，去完成这项任务。

他刚走到报社大门口，门房就指着一辆红色法罗密牌的漂亮大轿车，说道：

"这车子里有一位女士正在打听你。"

一位女士居然到《圣战报》报社来打听他，穆罕默德感到奇怪。他朝汽车望去，天黑看不清坐在汽车前座的女士的脸。他想，这准是一位他认识的女歌唱家或女演员，不过，这位拥有如此昂贵型号豪华汽车的女演员究竟是谁？

他走近汽车，向车窗里一瞧，原来是纳吉娃·穆纳斯特利！

他站在那里愣住了。他没有想到纳吉娃在埃及，而且竟然在《圣战报》报社大门口见到她。

"你什么时候从意大利回来的？"他诧异地问道。

纳吉娃微微一笑，打开车门，请他坐在自己身旁的座位上，说道：

"来，坐在我旁边，先对我说：'感谢真主让你平安归来。'"

坐不坐车？穆罕默德挺犹豫。他又怕阿兹米博士出来，看见他同纳吉娃站在一起，一下子明白他当时再三推诿不愿去采访纳吉娃的原因，弄清他未能采访成功的秘密。那次，他不得不对阿兹米博士撒谎，说当天纳吉娃不在家，第二天去时，听说她已到意大利去了。他不敢对自己的领导阿兹米博士说起他、纳吉娃和佐贝黛的三方会谈，更不敢谈及他们三人探讨的重大问题。

他若丢下纳吉娃，自己回报社去，那么，这个大胆的女人也可能会闯进阿兹米博士的办公室，通过博士把自己召去，或者编造一套新的谎言，或者直接把他那天没有进行采访的原因讲给博士听。

他无可奈何地坐进汽车,急急忙忙地说道:

"我有个重要的约会,这会儿不能与你谈什么。"

纳吉娃发动汽车,脚踩油门往前开去,说道:

"今天晚上,我准备替你开车,别害怕,谁也不会看到我和你在一起。这辆汽车没有人认识,它今天才从意大利运到,挂的还是意大利牌照。我也是今天才从意大利回来,没有人知道我到了开罗。外面是一片漆黑,我将戴上墨镜。我和你的区别,在于你是个懦夫,还没有结婚,怕被你情人看见你同我在一起,我虽然结了婚,胆子却很大,我丈夫看见了我也不怕。"

"这不是胆子大小的问题,报社正委派我去找为西德基帕夏治病的医生的朋友,以搞清他的真实病情。"

"这项重要的任务需要花几个钟头?"

"我不知道,也许四个钟头,也许六个钟头。"

纳吉娃发疯似的把车子开得飞快,哈哈大笑道:

"那好,你就跟我一起呆六个钟头吧。"

"你疯了吗?"穆罕默德气愤地说道,"你要我丢下报社交给我的任务陪你吗?"

纳吉娃把车停在马路中央,微笑道:

"真可惜!"她打开车门,又说道,"我来找你,就是为了把西德基帕夏的病情告诉你。我父亲刚去过西德基帕夏的家,回家后把医生们说的话都讲给我听了。当时,我知道这是个重要消息,你作为记者一定感兴趣,尽管时间已晚,天气又冷,我还是马上开车来把这个消息告诉你……真可惜,穆罕默德!"

穆罕默德正准备下车,一听说她是来告诉自己正要去打听的消息,就没有下车。他关上车门说道：

"对不起，纳吉娃，我没想到你因为我这样做。"

"为了你，我准备做许许多多的事情，但是，你不想理解……"纳吉娃又开动汽车。

一开始，穆罕默德并不相信她，然而，当她谈到了西德基帕夏的详细病况，他身上的记者气质终于占了上风。

纳吉娃告诉他，医生们说西德基帕夏是半身不遂，心脏所在的左侧身体不能动弹。医生们说，要一星期后才能判断瘫痪对心脏的影响，西德基帕夏是死是活……如果活下去，他能够继续从事首相工作，还是什么事都干不了？不过，这还不是最重要的消息，最重要的是由于首相中风，全国已陷于瘫痪。

纳吉娃讲完消息，穆罕默德真希望自己有勇气，要求她把车子开回报社，让他向阿兹米博士汇报这个疾如闪电般采访到的新闻。

他不好意思开口，他知道，她带给他这个消息是要索取代价的，代价之高昂他偿付不了。他对佐贝黛的忠诚，使他不能答应纳吉娃要求的代价，即使这代价降低到一次接吻、一次拥抱。

汽车已来到通向苏伊士城的沙漠公路上。他在听首相患病的详情时，心无旁骛，不知不觉之中，汽车从安沙区的纳齐尔杰什街开到了通苏伊士城的公路上，走了一大段路程。

纳吉娃停住车，稍稍凑近他问道：

"你现在知道我是关心你的了吧？"

"我知道，你是个忠诚的朋友。"穆罕默德答道。

"仅仅是朋友？我认为，有许多事把我们结合在一起，你信仰自由，我也信仰自由！"

穆罕默德微微一笑：

"我信仰的是人民的自由，你信仰的则是生活的自由。"

"自由是不可分割的统一体，追求言论自由，就不能禁止恋爱自由。自由，要粉碎一切锁链和桎梏，这才是生活的自由。"

"你以为生活就是一男一女一张床？你想把自由禁锢在卧室里，我却要让自由遍及全国。你追求的是一夜良宵，我追求的是更美好的明天！"

"我们不能通过一种关系把一夜良宵和更美好的明天结合在一起吗？"纳吉娃笑着说道。

"革命的自由不可能和淫荡的夜晚共卧一榻。我需要的是我一生漫长斗争道路上的志同道合的伴侣，你想要的是在床上伴你欢娱几小时的搭档。"

纳吉娃用热切的渴望的眼光望着他，反驳道：

"我想要你成为我的终身伴侣，我肉体和精神上的伴侣。"

"你像只猫，有七个灵魂。"穆罕默德嘲笑道，"你对你原来的阿拉伯语老师赛义德·陶菲克都干了些什么？"

"你怎么知道的？"纳吉娃一惊，声音嘶哑地说道，"肯定是他告诉你的。"

"他什么也没说。但是，当你选中他去为你教授阿拉伯语的时候，我就明白你的手法没有变，也没有什么新花样。这个可怜的小伙子，本来理应成为你终身的伴侣，可惜这'终身'才几个月。"

"这一切的根子都是因为你。"纳吉娃笑了，"他老是跟我谈起你，使我总是忘不了你。我把他撵走是因为我知道我丈夫将调回开罗，我决心同你——只同你一起生活。"

"这一切的根子究竟是我，还是那个同他一起在大陆饭店跳舞的女打字员西妮拉·卡明？"

"我要是真爱赛义德,那么,不要说一个西妮拉,就是一千个西妮拉我也受得了。可是,我想借赛义德来忘掉你,他呢,却使我越来越惦记你,我不愿被一个我不喜欢的男人奴役。"

"你认为忠于一个男人是一种奴役,在你眼里,女奴才忠于一个男人。你想要的自由是纵欲的自由。你出身于惯于发号施令的阶级,每天从你的庄园里撵走一个农民,再另外雇佣一个。被撵的农民不能反抗,新雇的农民不能拒绝雇佣。你的肉体就是一个庄园,你管理庄园的方式,同你的祖先一模一样!"

"你是个革命者,我也是个革命者。你要求摆脱暴虐的阶级,我要求摆脱男人的专制。我真想生下时是个男人,能像男人们那样调换女人。既然我生为女人,那我认为我也有权享受男人所拥有的自由。男人结婚前结识一百个女人都无可非议,女人结婚前结识了一个男人为什么就要受人指责?你们要是相信女人要求男女平等就是想当女大臣、女议员,那就错了,女人要的是平等地享有男人的一切自由……"

"你生活在一个寻欢作乐的世界,你以为人的生活就是上床、下床。床只是爱情的一部分,而不是爱情的全部。"

穆罕默德坦率地表明自己的意见,纳吉娃倒并不生气,她低头不看穆罕默德的眼睛,仿佛在一个咒骂她的主人面前,毕恭毕敬、战战兢兢地跪倒在地,在做感恩祷告。过了一会儿,她像是站起身来,面带微笑地抬起目光,说道:

"女人的嘴和她的肉体有什么区别?按社会上的看法,一个姑娘吻了成千个男人,她就是玩世不恭,把自己的肉体给了一个男人,大家称她是堕落的女人。是谁把女人的身体当作神圣祭台的呢?那是一种陈旧腐朽的传统。总有一天,社会会允许女人像换香烟牌子那样调换男人。我为什么不能今天抽埃及烟,明天抽英国烟,后天抽美国烟?我为什么无权调换我的男人呢？"

"调换香烟牌子常常造成咳嗽。换着牌子抽烟的人是不会抽烟的人，真正嗜烟的人，只抽一种烟，是不肯改变自己抽惯的品种去改抽别的牌子香烟的。一种牌子抽惯了，换了牌子就品尝不出味道。你呢，并不会品尝烟味，各种香烟都抽一口，然后就丢弃在地，用脚一踩。吸引你的，不是香烟本身，而是香烟点燃时的样子。你点烟，是为了烧掉它，第一支烟踩灭了，再点第二支。你认为，忠于一种牌子的烟，如同在僵死不变、慢性自杀的世界里生活一样。"

"我变换香烟牌子，是为了寻找一种使我舒服的烟。我已经从你身上找到了我想要的牌子，我知道，这种牌子的烟我抽上一次，就不会再变，将一辈子抽下去。可是，我的嘴想抽却抽不到。"

穆罕默德在纳吉娃的眼中看到的是一种夙愿难偿的目光，好像她整个青年时代抽的烟，都还不能使她满足。他看到她的嘴唇在颤抖，犹如烟鬼闻到了烟味，却找不到烟抽时嘴唇直哆嗦一样。

"我同你的区别在于，"穆罕默德对她说道，"你只相信具体的现实。在这世界上，我们看得到手指却摸不着的最美好的东西，是月光、春风、朝霞和蔚蓝的天空。"

"你像艾哈迈德·拉米一样，是爱情教会了你懂得诗。"纳吉娃怅然说道，"女人爱上了一个男人，不会给他什么月光、春风、朝霞和蔚蓝的天空，而只能献出她最美好的东西。我最美的东西是我的身子，我准备把它奉献给你一个人，不让他人共享。"

穆罕默德凝视着纳吉娃皮肤白皙的躯体和丰满的胳膊，她的美色摄人心魄。他在欣赏纳吉娃的美色时，纳吉娃一直注视着他，她高兴的是，从穆罕默德的眼神里，看到了一张垂涎妖娆肉体的嘴脸。

纳吉娃立即向他靠拢过去，他躲开了。正是在这一瞬间，他想起了佐贝黛,想起他应该把这次见面中发生的一切,原原本本地告诉佐贝黛。

纳吉娃说道:

"我越是温顺地接近你,你越是粗暴地避开我。"

"因为,我不能同时抽两支烟。我的心是一间小小的茅舍,而不是哈里发哈伦·拉希德能容纳成百上千名女奴和嫔妃的宫殿。"

纳吉娃觉得自己蒙受了奇耻大辱,仿佛变得越来越渺小,简直成了盘踞在驾驶座上的一条小虫。她闷声不响地发动汽车,疯子似的驾着汽车返回开罗。

穆罕默德坐在后面座位上,看她驾着汽车。纳吉娃头也不回一下。他看得见她的眼角,这眼角足能让他看清纳吉娃怀有的怒火和怨恨,她的面庞显得异样的冷酷,那脉脉含情频送秋波的目光早已无影无踪。她的眼里有一种东西用令人恐惧的声音在呼喊着、咆哮着,活像一个嘴里衔着尖刀的杀人凶手。

他感到害怕。从她的眼里看得出,她想驾车撞向有轨电车、无轨电车或者电线杆,似乎是想与他同归于尽。

穆罕默德想平息一下她的怒气,说上一句客气话,以熄灭她胸中的烈焰。他伸手拍拍她的肩膀道:

"纳吉娃,请你相信,我为你的友谊感到自豪!"

纳吉娃一把推开他的手,在开罗火车站广场停住车,打开车门,用手指指着要他下车。他刚走下车,她就用哽咽的声音说道:

"你的友谊只配得上我的皮鞋。"

说罢,她发疯似地开车走了!

穆罕默德长长地叹了口气,像是死里逃生一般,叫了一辆出租汽车,回报社去。

穆罕默德看到报社挤满了来访者，有好久没见面的熟人，也有第一次见到的新面孔。人们从开罗的四面八方涌到报社，来询问首相的健康，询问首相是否已经奄奄一息。

穆罕默德走进阿兹米博士的办公室，汇报了西德基帕夏的真实病情。阿兹米要他把听到的一切都记下来，腾出自己的办公室，让他坐下来撰写这条重要情报。

写完了消息，穆罕默德走进编辑部主任侯赛因·陶菲克先生的办公室，只见里面有不少华夫脱党的高级领导人士，其中的达尔维什·哈比卜帕夏是党的领导人之一，素以强硬、对华夫脱党的原则忠贞不渝著称，他深受党主席努哈斯帕夏的信任。

穆罕默德发现，房间里所有的人都断定，西德基帕夏活不了几天了，他一死，国民宪法就将恢复，人民将重新掌握政权，好像死神将承担起为人民斗争的任务，把祖国从独裁的暴政中拯救出来。

穆罕默德说道：

"西德基帕夏患病并非重要新闻，重要的是全国已经瘫痪。反对党应当抓住时机，乘当局还没有缓过气来，西德基帕夏尚未痊愈、重新执政之前，全力出击！"

"西德基帕夏肯定不会痊愈了，"达尔维什帕夏说道，"他最多只能活一个星期！"

穆罕默德对此颇不以为然：

"假如出现奇迹，他好了呢……"

这个小小的编辑居然胆敢反对达尔维什帕夏建立在最可靠情报基础上得出的看法，帕夏的脸上显出憎恶的表情，他说道：

"他绝对好不了，他痊愈的可能性是百万分之一！"

"假如这百万分之一的可能成了事实呢？我们应当准备应付最坏的

情况。"

"你想要我们干什么?"达尔维什帕夏说道,"整个政权行将灭亡,眼下反对党的报纸发表几篇文章,反对党领导人作几次演讲,足够了!"

"今天,光说说话是不够的。"穆罕默德说道,"领导人端起架子,玩弄语言把戏的时候,人民的任务就是观看和鼓掌。必须行动!必须组织各地示威游行,各厂罢工,各条街道发生冲突,这样才能置这个因首相中风而瘫痪的政权于死地!"

"这是领导人考虑的高级政治,领导人不需要小孩子来教他们如何开展斗争。"达尔维什帕夏摇摇头说道。

屋子里所有的人都支持达尔维什帕夏的意见,嘲笑穆罕默德荒唐可笑的想法。

穆罕默德觉得自己坐在椅子上越缩越小,成了一条虫,同纳吉娃·穆纳斯特利坐在汽车驾驶座上逐渐变得渺小一样。他觉得自己置身在一场真正的马戏中,屋子里所有的人都擅长走绳索,只有他在旁观看,只有他知道这是一种老把戏,这把戏只能使人民群众得到消遣,却不能让他们冲上前去,把暴君拉下宝座。

人们是有惰性的,总是指望这指望那,如果看到了一线希望,他们就会听任这线希望去创造本应用他们的双手创造出来的奇迹。

在人们的想象中,幻景会变成真实,又在此基础上建造理想的殿堂,他们住在里面,用愿望来铺设……到后来,他们会蓦地发现,他们原来是住在沙漠的蜃景里。

几天过去了,西德基帕夏并没有死,各地谣言蜂起,都说明天就死!

明天来了,又去了,首相却没有死。

佐贝黛告诉穆罕默德,听她丈夫欧尼帕夏说,西德基帕夏在慢慢地恢复健康。

穆罕默德认为，欧尼帕夏在欺骗妻子，与政府用惑人耳目的消息说首相的健康有进展来蒙蔽群众如出一辙。穆罕默德心里希望佐贝黛的消息不对，达尔维什·哈比卜帕夏说得斩钉截铁的情报是正确的。

一切都表明，达尔维什的消息有道理，大臣们的脸上都罩着愁云，内阁阒无生气，仿佛首相不在失去了灵魂。各地的群众都断言，西德基帕夏的病情一天比一天糟……

穆罕默德想起，那天在阿卜杜·拉乌夫谢赫的家里，首相的儿子阿齐兹·西德基曾邀请他去家中访问，阿齐兹可能会向他提供一些消息。

他把这想法告诉阿兹米博士，博士鼓励他去。

穆罕默德来到扎马利克岛的首相官邸，只见门口站着几十个提着手枪和机关枪的卫兵。

他走近一个卫兵，告诉说他是首相的公子阿齐兹·西德基贝克的朋友，是应邀前来见面的，他把自己的名字告诉了卫兵。

卫兵要他稍待。

不一会儿，一名军官跑步出来，说道：

"您请，穆罕默德贝克。"

穆罕默德受到这样的欢迎很高兴，他随军官走进官邸底层一间豪华的客厅，过了一会，阿齐兹出来了，表示欢迎，并问他为什么迟迟不来，说他错过了许多重要的消息。

穆罕默德说，他是受报社的委托，前来了解首相的真实病情。

阿齐兹直截了当地问：

"你想见见我父亲吗？"

穆罕默德一惊，他没想到竟能如此随便地见到首相。他说，他很想见一见。

阿齐兹让他坐在客厅里稍等片刻，不一会儿他就回来说道：

"我父亲说，他愿意见你。"

"你告诉他，我是反对党办的《圣战报》的编辑了吗？"穆罕默德直愣愣地问道。

"当然说了，我告诉他，政府把你从学校里开除了，你是我的朋友。"

穆罕默德蹒跚地登上楼梯，他自认为取得了新闻业务上的成功，他将是世界上第一个看到临终首相的记者。

突然，他发现，阿齐兹带他走进的是一间书房。他看到西德基帕夏坐在书桌前，身穿蓝色睡衣，头上戴着蓝色的便帽，左手缠着白色绷带，用一根带子吊在脖子上。

西德基帕夏没有站起来招呼他，而是伸出右手同他握手，微笑道：

"我还活着，不久就回到你们中去。"

穆罕默德一阵哆嗦，像是听到一个死人在说话，他嘴唇翕动着，却什么也说不出来。

这个暴君在病榻上仍然统治着埃及，他当时想一枪打死的正是这个家伙，人民正指望死神担当起反对党派领袖的任务，夺走这家伙的灵魂。

西德基帕夏嘴上依然带着微笑，说道：

"阿齐兹告诉我说，你是来探望我的健康的，我想起了殡仪馆老板的故事，他每天派女儿去看一个病人，了解病情。你现在可以去告诉反对党，让他们放心我的健康，我只是左手有病，我不用手工作，而是用脑。等着我吧，我要回到你们中去……不会太久。"

会见了暴君出来，穆罕默德惊愕不止，西德基帕夏的坚强神经和为了重新欺压人民而恢复健康的决心，都使他惊异，更使他目瞪口呆的是，西德基帕夏居然还活着。

穆罕默德在路上探索着自己究竟对西德基帕夏怀有什么样的感情。他钦佩西德基帕夏的强硬，但决不喜欢他。西德基帕夏笑容可掬的神态，并不能让他忘怀皮鞭抽打在他身上的痛苦，西德基帕夏的聪明机智，倒使他记起了被鞭打得失去了理智的父亲。

他记起，达尔维什·哈比卜帕夏说过，反对党的领导人都相信西德基帕夏活不了一个星期。

他决定去见华夫脱党的书记穆克拉姆·奥贝德先生，把自己的所见所闻告诉他，在西德基帕夏重新站立起来之前，人民必须立即采取行动。

他认识穆克拉姆，穆克拉姆常来报社，相比华夫脱党办的其他报纸，他对《圣战报》更重视一些。穆克拉姆与《公报》的主编阿卜杜·卡迪尔·哈姆扎先生的关系冷淡，与《东方之星》报主编哈菲兹·伊瓦德先生的关系一般，与《圣战报》主编陶菲克·迪亚卜先生的关系却很密切。当时，《圣战报》是发行量最大的晨报，印数比《金字塔报》还多一万份，是华夫脱党的第一大报。

穆罕默德走进位于新开罗郊区贝克里街的穆克拉姆住宅。这幢房子没有门房，不用按电铃征得允许便可以进去。数十个人进进出出，在里面吃中饭、晚饭，穆克拉姆的妻子阿伊黛用微笑迎接他们，穆克拉姆以自己神经质的笑声送别他们。对每个来访者，穆克拉姆总能找到几句动听的话来敷衍。他是最接近华夫脱党主席的领导人，最有势力，最活跃，最擅长辞令，也最易树敌。

穆罕默德看见穆克拉姆先生正与华夫脱党领导人之一的达尔维什·哈比卜帕夏坐在一起。穆克拉姆一见到他，便连忙起身，表示欢迎，一面让他坐在自己身旁，一面说道：

"穆罕默德先生，你真是好运自天降，来得正是时候。我有一条震撼全国的重要新闻要带给《圣战报》，一条政府竭力想隐瞒的、要在采取必要措施后才予以公布的秘密消息,它百分之百可靠,是达尔维什帕夏阁下从可靠人士那里听来的。"

达尔维什帕夏点点头,肯定地说道:

"提供消息的人士熟悉内情,了解所有的幕后活动。"

穆罕默德十分重视并准备聆听这条将震撼全国的消息。穆克拉姆先生接着说道:

"西德基帕夏死了。"

"什么时候死的?"穆罕默德诧异地问道。

"死了三天了。"穆克拉姆说道。

达尔维什帕夏说道:

"确切地说,他是星期二凌晨三点一刻死去的。大臣们商定,在国王和英国人决定继承首相的人选之前封锁消息。他们已经把西德基帕夏的尸体放进冰柜,免得腐烂。"

"这消息不可靠。"穆罕默德平静地说道。

达尔维什帕夏神经质地质问道:

"我完全相信这个消息,你怎么说它不可靠?"

"西德基帕夏怎么会已经死了三天呢?"穆罕默德依然很平静地说道,"我刚从他家里来,还在楼上见过他。"

"这是胡说八道!是公开造谣!"达尔维什帕夏勃然大怒,嚷道,"西德基帕夏三天前就死啦!是星期二凌晨三点一刻死的!"

"要是说他半小时之前死的,我倒还相信,说他已经死了三天,那就不可靠。"

达尔维什帕夏想打断穆罕默德的话,但穆克拉姆要他让穆罕默德把话讲完。穆罕默德逐字逐句地讲述了他与西德基帕夏会面的经过。

达尔维什帕夏说道:

"他们有可能搞来一个与西德基帕夏长得挺像的人,让他穿上西德基帕夏的衣服,坐在他的书桌前,让你把这情况带给我们,让我们相信他还活着,继续欺骗和蒙蔽我们!"

"我是突然到西德基帕夏家里去的,"穆罕默德说道,"从他的儿子阿齐兹对我说去征求一下意见,到我见到西德基帕夏,我只等了几分钟。这么短的时间,他们可来不及搞来另一个人,让他穿上西德基帕夏的衣服,坐到书桌前。"

穆克拉姆微笑不语。

达尔维什帕夏却大发雷霆,粗声粗气地责问道:

"先生,你为什么违反华夫脱党的决定?华夫脱党曾作出决定,禁止任何党员走进大臣的官邸,不得与大臣握手,你却去了首相官邸,同他握手,还询问他的健康!你的行为,是对华夫脱党原则的背叛!"

穆罕默德对这样的攻击感到突然,说道:

"我到西德基帕夏官邸去,是征得了我的领导阿兹米博士的同意的。"

"阿兹米博士不是华夫脱党党员,他无权取消华夫脱党的决定。"达尔维什帕夏恼火地说道,"如果连那些在华夫脱党的报纸工作的人都不尊重党的决定,那还有谁能尊重?华夫脱党不需要脚踏两条船的支持者!"

穆克拉姆先生赶紧置身进来,把穆罕默德从达尔维什帕夏的利爪中救出来,说道:

"穆罕默德·阿卜杜·卡里姆是个青年人,难免会犯点错误。我相信,他那样做是出于好意。不管怎么样,我认为他已经吸取了这次教训,除非经华夫脱党书记的允许,他再不会去访问大臣的家了。穆罕默德先生,你别介意达尔维什帕夏阁下的激烈态度,你知道,对我们都发誓要尊重的党的决议,他是严格遵守,一丝不苟的。"

穆克拉姆仲裁穆罕默德与达尔维什帕夏间的分歧的方式,使穆罕默德感到恼火。

分歧的焦点是西德基帕夏是活着还是已经死了,现在突然成了违反华夫脱党关于不得与大臣握手和走进他们家门的决议。

穆克拉姆显然明白,达尔维什帕夏受了蒙蔽,他带来的是一条假消息,几乎使发行量最大的报纸上当,消息要是登出来,将成为一大丑闻,政府的报纸将欢呼称快。达尔维什帕夏显然也知道,他声称这条消息是他从最可靠的人士处听来的,是熟悉内情、了解一切幕后活动的人提供的,乃是欺骗了党的书记。然而,穆克拉姆天生好恭维人,他不想让他的朋友,另一位党的领导人陷入窘境,宁可在小编辑面前替他打掩护,让穆罕默德当被告,达尔维什帕夏倒成了公诉人!

达尔维什帕夏一面走出屋去,一面说道:

"我不同与西德基帕夏促膝面谈过的人坐在一起。我现在就去用石炭酸洗手,因为我同与那个罪犯握过手的人握了手。"

穆罕默德脸倏地红了,半晌说不出话来。穆克拉姆为了平息他的怒火,安慰他道:

"你别生达尔维什帕夏的气,他是个好人,心直口快。他出于对华夫脱党的忠诚才对你发火的。每次民众运动,都需一批这样热心肠的人。我对你的爱国热忱和忠实的信念,是很信赖的,但是,作为党的书记,我却不能替违反了党的决议的青年人辩护,我们决定,对待大臣如同对待贱民,任何违反这项决议的行动都会削弱党的力量。要是一个在最亲政府的报纸工作的记者来到党的总部,你会怎么想?"

"他发火是因为我说了西德基帕夏没有死!"穆罕默德说道,"我在半小时之前还见过西德基帕夏,难道要我说他已经死了吗?"

"我告诉你,达尔维什帕夏就是提供消息的人。你知道,他是个神经质的人,你应该把我拉到远处,把真相告诉我,而不必当面拆穿他。你别忘了,他不是个普通人,而是华夫脱党的杰出人物,我们都是人,如果来了一个青年人,当着党的书记说我们讲的全是废话,我们就会生气。当时,我不得不插进来,为的是维护华夫脱党同时也是我家里客人的尊严。"

"我来找你,是为了告诉你,我认为目前是反对党向政府出击的千载难逢的良机,政府已经瘫痪,无法行动。如果错过了这个机会,西德基帕夏就将恢复健康,挥动铁腕进攻。"

"西德基帕夏即使痊愈重新工作,也已经不堪一击。这个制度全靠一个人撑着,他就是伊斯梅尔·西德基。他是首相,又是内政大臣、财政大臣,是惟一的巨人,他的周围全是侏儒。人民已经有力量把他拉下台。我国人民充满生气,不会死亡,人民的意志就是真主的意志……人民一旦要求生存,命运必须作出回答。"

"你认为我有必要明天在《圣战报》上披露西德基帕夏的真实病情吗?"穆罕默德问道。

穆克拉姆思考片刻后,笑道:

"刽子手健康好转的消息将使全国震惊,让政府的报刊去报道吧。反对党报刊的任务不是给生活在艰难困苦中的人民雪上加霜。"

穆罕默德和佐贝黛在一起幸福地欢度他们最美好的时光。

"你鄙视我吗,穆罕默德?"佐贝黛突然问道。

穆罕默德一震,争辩道:

"我鄙视你?除我母亲之外,我最尊重的就是你。"

"我有的时候想,你心里在说:这女人在我娶了她之后,会像今天背叛她丈夫一样背叛我吗?"

"我认为,女人违背自己的意愿同一个她不喜欢的男人结婚,那才是真正的奸淫。"

"凡是过错,并没有什么不同。"

"我相信,我们的爱情,乃是对我们所有过错的忏悔。你不同于一切女人,你是圣洁的。"

"女人的身体都一样。"

"不,不一样。有的身体,男人跪在上面作祈祷;也有的身体,受到男人的唾弃。"

"人家说,男人关上了电灯,所有的女人都差不多。"

"不,我认为,关上了电灯才显露出女人之间惊人的区别。"

"可是,你不可能为了弄清这种区别,去对女人一一试验。"

"我不需要试验就能了解,我在死去之前便了解死亡!"

"难道,爱情就像死亡?"佐贝黛笑着问道。

"死亡是爱情的终结,爱情是生命的开端。我们的心是我们的坟墓。心脏在动,我们活着,一旦心脏停止跳动,我们就被埋葬在心底里了。"

"你真会讲话,也真会谈情说爱。"

"因为我的爱情就是我的语言。"

"可是,有些人挺会讲话,却不会谈情说爱;另外一些人擅长恋爱,说起话来却笨嘴拙舌。"

"有的时候,语言失灵,因为感情通过别的感官表达出来,比语言更能曲尽其妙。我有时觉得,你的双眼在表达一首诗,你的嘴唇贴在我的嘴唇上在歌唱。在这种情况下,语言就失灵了,因为真主没有为我们缔造两张嘴,而只是赋予我们能够像语言一样传情达意的东西。我在拥抱你的时候,觉得不需要用言语来表达我想要说的话,也不需要通过言语来了解你想告诉我的话。一对恋人结合在一起,他们交谈的话语便会减少,甚至一连在一起多日一句话都不说,但却一直绵绵不断地表达着各自的心声,除了舌头,他们的一切都说个没完。"

佐贝黛把秀发撩到头上,然后又让它披散在肩上。穆罕默德端详着她的秀发,说道:

"有时,你的头发也能传情。你用手指捋你一绺绺的头发时,我马上就听见你心里在说,我需要你。"

佐贝黛笑了,说道:

"我可没有这个意思。"

"你想表达的最美好的意思,正是你不想说出来的话。"

穆罕默德抚摸着她的绺绺秀发说道:

"昨天,穆克拉姆先生对我说,伊斯梅尔·西德基已经不堪一击,我们朝夕相处在一起的日子已经为时不远。"

"欧尼今天也对我说过同样的话,"佐贝黛说道,"他说,西德基在作垂死挣扎,紧抓着政权不放。但是,医生们一致认为,他再也恢复不到原先的状况,再不能像过去一样把所有的权力都抓在自己手中,不能每天工作十八个钟头了。欧尼说,国王也这么认为。"

"但是,国王担心找不到一个能像西德基那样慑服民众的人物。国王对他的近侍伊德里斯贝克说:'可以让西德基帕夏继续当政,充当一个田里吓吓鸟雀的稻草人嘛。'"

"他也许能吓唬鸟雀,但吓不倒鹰隼。我见到西德基帕夏时,倒不觉得他像我们想象的那么可怕和强大。是我们的软弱使他变得强大,是我们的胆怯使他显得比实际更有力量。阿巴斯·阿卡德说得对:我们的头号敌人是福阿德国王,人民在攻击首相之前首先应当向国王发起进攻。阿嘎德是国会中最勇敢的议员,他在国会中站起来说道,我国人民准备打倒蹂躏国民宪法的元凶! 阿卡德的慷慨陈词使他付出了代价:蹲了九个月的班房。要是我们的领导人都这样说话,暴政绝不会维持这么长时间。"

"欧尼·哈菲兹告诉我,福阿德国王保伊斯梅尔·西德基,是因为他最有办法对付华夫脱党。欧尼将试着向国王表明,他将比西德基更有对付华夫脱党和其他反对党的能耐。"

"他想干什么?"穆罕默德不安地问道。

"我不知道。不过,你也别慌,他不敢在光天化日之下出来作战,只擅长在黑暗中干。你不必害怕胆小的敌人,只须防范凶猛之敌。背上戳几刀会流血,但刀子捅着心脏才是致命的。我倒不替你担心欧尼·哈菲兹,我为你担心的是纳吉娃·穆纳斯特利。"

"从我搭乘她汽车的倒霉日子以来,我们每次见面你最后总要提到她的名字,我已经把她忘了,你也应当把她忘掉。"

"我永远也忘不了她。我不担心你坐牢、上绞架,只担心纳吉娃这个人!"

穆罕默德讽刺道:

"你怕起纳吉娃来了。我亲眼看见你把她装进你的手提包中,我知道你是个勇敢的女人。"

"爱得越深,怕得越甚。尽管如此,我倒不怕我丈夫知道你我关系时的残暴,怕的是纳吉娃知道我们的关系,我不怕她向我寻仇,而是怕她报复你。"

"你放心吧。"

"我想过,借口祝贺她丈夫荣任宫廷要职,去拜访她,但是,又怕我老去看她引起她的怀疑。你去她家的那天我去看过她,她回国后理应回访,但是她没有来。我应当不知道她已从意大利回来,我如果现在去看她,她就能推想得到我是从你这里听说她回国消息的。因此,我宁可等待,等她自然来访,到时候,我就知道她在搞什么诡计。"

"不过,我倒宁愿你离她远一点。你从她那里回来时被搞得神不守舍。她总是有本事让你的心中充满恐惧。你还记得我在场的那一次,你见了她以后,以为你已经打消了她的全部希望,她却对你说'现在还没有,将来会有,肯定会有',这几句话搞得你好几个晚上合不上眼吗?我把我同她在汽车里的谈话告诉你后,你惊慌得不得了,好像她第二天要杀掉我似的。

"好几天过去了,她什么也没干,没打算再次见我,也没有打电话来。我最后一次见她时,看到她的眼中满是失望的神色,我相信她已经对我断了念头,肯定知道对我不可能指望什么。我对她说得很清楚,为了让祖国挣脱枷锁镣铐,我将献出我的一生。我认为,她很明白,我属于历史,而不属于纳吉娃·穆纳斯特利。我已经说服她,我与她彼此都不相宜,表达的方式也不同,她用她的身体,我用我的心,她想在我的床上闹个天翻地覆,把另一个女人拉下来,她躺上去,我考虑的是在龙床上大闹一番,把暴君拖下来,让人民当家做主;她要造忠诚的反,我要造背叛的反;她要变换男人,我要改变制度;她一心追随我,想躺到我的床上,我全力参加神圣的进军,以拯救整个民族。她以为,只要她脱掉了衣服就足以让我放弃原则。"

"这一切都不足以说服她,要她丢开你,恰恰相反,反而会使她对你越抓越紧。每个女人都认为自己有能力改变她所喜爱的男人,觉得凭她的美貌、肉感和魅力能够在男人身上产生奇迹。你对她说到的这种种区别,非但扑灭不了她的欲火,反而是火上浇油。"

"她知道了我同她不是一路货,怎么会不死心呢?"

"女人不喜欢像她一样的男人,而是崇拜与她不同的男人,区别越大,爱得越深。"

"可是,你我处处一致,有时,我觉得,我们就像是双胞胎,只是出自不同的母胎罢了。"

"一开始,我和你并不一致。等到我们这样完全结合时,我才找不到自身。我们现在所达到的,是爱情的最高境界,是顶峰,是爱情的博士学位。"

"纳吉娃到现在为止,好像还是一年级的小学生。"

"她将永远留在一年级,这是个幼稚的女人,双手涂满墨水,她以为是在打扮,把衣服剪成一块一块,她以为能使衣服更加美观,她想把落到她手里的一切东西都打碎、搞坏,她毁坏了她的玩具之后,便坐下来放声大哭。"

穆罕默德把佐贝黛搂在怀里,说道:

"现在,我们别谈纳吉娃了吧!"

突然,他俩听见有人敲门。

佐贝黛从床上跃起,赶快穿好衣服,踮着脚尖走到门口,透过钥匙孔向外张望。她听见是女仆萨尼娅的声音:

"纳吉娃·穆纳斯特利太太来了。"

佐贝黛不相信她的耳朵,认为是她恐惧的鬼魂在说话。萨尼娅又重复了一遍纳吉娃的名字。

佐贝黛说话的声音又惊又怕:

"你告诉她我在这里了吗?"

萨尼娅说道:

"我对她说,太太出去了。她坚持要进客厅等你,说有要紧的事想见你。"

佐贝黛迅速套上连衫裙,然后,俯下身去吻了一下穆罕默德的腿,她总是喜欢吻穆罕默德那颗长在大腿上的黑痣。这黑痣老挑逗着她,她每次吻它总有一股愉快的电流流遍全身。在吻它的时候,她觉得自己是在感谢那位生下如此杰出人物的母亲,在这位人物身上,集聚着她的全部梦想。穆罕默德有一次告诉她,他母亲怀孕时嘴馋,老想吃黑橄榄,这就是他身上长有黑痣的原因。从那天起,佐贝黛就喜欢吃黑橄榄,早餐、中餐、晚餐都吃,每当她把黑橄榄放进嘴里时,她就觉得自己在吻穆罕默德身上的黑痣。

佐贝黛丢下穆罕默德急急忙忙地穿衣服,从萨尼娅的屋子走了出去,她心里像是憋得慌,丢下穆罕默德,去同纳吉娃见面,离开爱人的怀抱,走向张牙舞爪的敌人,从热烈的恋人走向冰冷的情敌,这转变是何等的残酷!

她每次与穆罕默德幽会之后,总爱独自坐在萨尼娅的床上,一幕一幕地回忆那美妙的情景。她回忆穆罕默德说过的话,每一次都能从中找出不同的音调,这是她凭想象给他的话谱上了几种曲调。她闭上眼睛,默想着穆罕默德依然躺在她的身旁;接着睁开眼睛,想象他又会再走进萨尼娅的房门,也许是来找他遗忘的东西,他忘了她,来找她,把她放进口袋,同他的手绢放在一起带走。

这一次纳吉娃的突然来访,剥夺了佐贝黛这段美好的时光,这是她幽会后所喜欢的轻松的遐想时光。她不得不经由用人走的楼梯,从地下室登二楼,走进自己的卧室,换一换衣服,脱下睡衣和长罩袍,穿上出门的服装。

她站在镜子前面,为自己的情敌打扮自己。几小时前,她梳妆打扮是为了自己心爱的人。女人去见敌人往往比去见爱人更注意精心打扮。

她又一次诅咒这个把她从美梦中唤醒的纳吉娃,似乎生活中的纳吉娃专好破坏别人的乐趣,扰乱别人的休憩。这个女人是她佐贝黛洁白生活中的污点,每次见到她,或穆罕默德与她相会,佐贝黛的心就缩紧了。两个月前,穆罕默德和纳吉娃在她的汽车里相会,佐贝黛十分恼火。在夜色中,穆罕默德与纳吉娃单独乘车在通向苏伊士城的沙漠公路上,这使佐贝黛嫉妒得要命。她在穆罕默德面前拼命掩饰她的妒意,相信穆罕默德对那次邂逅的陈述。然而，在以后两个月的日子里，每次与穆罕默德相会，开始和结束她总会不由自主地谈到纳吉娃，似乎纳吉娃的名字成了宴会开始和结束的王国国歌。佐贝黛每次提到纳吉娃的名字，挑起那次汽车里见面的话题，穆罕默德就很不耐烦。为了不扫穆罕默德的兴，她尽力忘记纳吉娃，可是在不知不觉之中她又会重新谈论纳吉娃。

她强烈地希望见一见纳吉娃，弄清她报复穆罕默德的诡计。然而，穆罕默德不许她去见纳吉娃。他为什么要阻止她？这会儿，纳吉娃倒找上门来了，正像谚语所说："穆罕默德没有走向大山，大山却向穆罕默德走来。"今天，她将会了解这两个月来她一直想知道的事情。

佐贝黛穿好出门的衣服，还是从后楼梯走下去，走过花园，然后从前门进去，以给纳吉娃一种印象，她是刚从外面回来。

她见到的纳吉娃，不是她熟悉的形象。这女人比纳吉娃总要大上十岁，那双迷人的媚眼不见了，取而代之的是一对浮肿的眼睛，就像醉汉的双眼布满血丝，好像几天没睡过觉似的，脸上胡乱地抹着脂粉。换句话说，她那苍白发黄的脸，显得憔悴，满是白的、红的和黑的脂粉。她真是满面愁苦之色，仿佛那美丽的脸蛋罩上了一块痛苦的面纱。

佐贝黛对这个遭受惨败的情敌不由得产生了一点怜悯之心，问道：

"你怎么啦，纳吉娃？你病了吗？"

"我不是生病，我是快要死了。"纳吉娃的声音充满悲楚。

佐贝黛尽力想安慰她，露出一个幸灾乐祸和怜悯交织在一起的微笑，说道：

"也许还是老毛病……爱情吧。可是，爱情只会使人充满生气，而不会使人死亡的呀！"

"可是，它却要了我的命！"

"这肯定是一次新的恋爱。几个月前我在你家里见过的那个小伙子是个连小鸡都杀不了的人。"

"是那个小伙子,穆罕默德·阿卜杜·卡里姆!"纳吉娃伤心地说道,稍停,又叹了口气,"我今天到你这里来,正是为了穆罕默德·阿卜杜·卡里姆!"

佐贝黛慌乱地说道:

"我跟这类事情有什么相干?"

"只有你才能解救我。"

佐贝黛艰难地控制住自己,拼命掩饰她的惊慌,她感到,纳吉娃变成拥有确凿证据的被告的手,直指着她。她赶快装出一种天真的微笑,像是在模仿女演员法蒂玛·鲁世迪,用舞台腔说道:

"你是想让我去跟某个女人谈谈,要她把穆罕默德让给你吗?"

说完这句话,佐贝黛轻松了些,仿佛她已经卸去了自己头上的罪名,把它套到另一个女人头上。

对这样直截了当的答复,纳吉娃没有露出喜悦的神色,而只是平静地说道:

"我怀孕了……怀的是他的孩子!"

佐贝黛直瞪瞪地望着她,喃喃地问道:

"怀的是他的孩子?他是谁?"

"穆罕默德·阿卜杜·卡里姆。"纳吉娃仍是那么平静。

佐贝黛脸色骤变,脑子停止了思索,但是,她很快顶住了这次冲击,纳吉娃在说谎!佐贝黛相信穆罕默德的忠诚,这是纳吉娃编造的新骗局,杜撰来陷害穆罕默德的新罪名,就像上次诬陷他企图强奸她一样。那次罪名,纳吉娃曾当佐贝黛的面承认是罗织的,结果把穆罕默德开除出了学校,这一次的目的是要把他撵出《圣战报》报社。

佐贝黛嘲讽地一笑，尽力用这微笑来掩饰她内心的愤怒，说道：

"这一次，他又强奸你了吗？"

纳吉娃泪流满面，说道：

"我对你直说了吧，我告诉过你，上一次是我给他捏造的罪名，因为他不愿占有我；这一次，他也没有强奸我……我得承认，发生的事情应由我负责。"

她开始向佐贝黛复述穆罕默德已经讲过的汽车里的会面，讲得非常详细。

她承认，是她傍晚时驾车到《圣战报》报社去的，她坚持要穆罕默德上车。她以出奇的诚实，一字不漏地追述了他俩的谈话，她怎么勾引他，他怎么抵制，她如何以身相许，他如何拒绝。她承认，穆罕默德告诉过她，他爱另一个女人，决不能背叛她，纳吉娃还直言不讳地提到穆罕默德在对他自己和她作比较时，所说的那些侮辱性的话。

纳吉娃没有一个字说谎，既不想为自己的疯狂行为辩白，也不想装出一副受害者的样子，没有给穆罕默德身上硬栽一句不实之词。

佐贝黛第一次听这个女人说实话，感到惊异，开始疑惑不定，觉得怀孕的事也许是真的。一个故事的百分之九十九属实，那么，剩下的百分之一就不可能是谎言和诽谤。但是，佐贝黛不能相信这百分之一，穆罕默德不可能说谎、骗她。上次，她上过那个星期三七点钟事件的当，对赛义迪亚中学校长关于穆罕默德企图强奸纳吉娃一事的报告信以为真，到后来才弄明白她是自己幻觉的牺牲品，纳吉娃本人也承认穆罕默德是清白的。她可不能再次上当受骗，被同一块石头连砸两次。上一次，她相信了自己的幻觉还情有可原，那时还没有与穆罕默德完全结合，不觉得穆罕默德是她身上的肉，生活在她心坎里，现在两人的血已经融合……不行！纳吉娃又在撒谎！

可是，纳吉娃为什么要炮制这新的骗局呢？为什么特地来说给她听？是对她与穆罕默德的关系起了疑心？纳吉娃真是狡猾到了能够从穆罕默德和她的眼中看出他们在相爱吗？

佐贝黛假装对纳吉娃的话深信不疑，纳吉娃这次来是为了把穆罕默德从佐贝黛的心中赶出去，就像她当年把他撵出赛义迪亚中学一样！

佐贝黛耷拉着脑袋，听着纳吉娃讲述，突然，她的脑中闪过一个奇怪的念头，遂抬起头，问纳吉娃道：

"可是，你干吗要挑中我来诉说这个秘密呢？"

"因为你是我惟一相信能替我保密的人。我跟穆罕默德之间的事，我上次就讲给你听了，因为我爱他，编造了他强奸我的故事。我怀孕的事，除了你之外，我不相信还有谁能替我保密。我求过穆罕默德，要他帮我打胎，陪我去找个堕胎的医生，我总不能一个人去吧，但是他拒绝了，丢下我溜了。我对他说，打胎费用由我付，但是他溜了……他是无赖，胆小鬼！"

"可是，堕胎的医生我一个都不认识呀。"

"我认识医生，他叫易卜拉欣·利沙阿博士，诊所在法鲁克大街。"

"可是，你是什么时候怀的孕呢？"佐贝黛对纳吉娃的话仍然很怀疑。

"穆罕默德说，他不能当我的情人，只能做我的朋友，我冲着他喊道：'你的友谊只配得上我的皮鞋！'我哭了，求他告别时吻我一下，这是最后一次见面，今后我不打算再见他了。我们吻了很长时间，我不知道此后发生了什么……只觉得我躺在他的怀抱里……我忘记了我们是在大街上，忘记了我是个有夫之妇，我的丈夫已成为宫廷高官，要是我们在这种情况下被风化警察逮住，那么，我和我的丈夫就完了……事过之后，我和穆罕默德都没有说话，默默地回到开罗。我觉得，他后悔了，因为他背叛了他爱的那个女人。但是，我却非常快乐，十分得意，因为我的身体战胜了他的原则。

"在那以后,我发现自己怀孕了,慌了手脚,不知该怎么办。我怎么对丈夫说呢,我们已经三个月没有同房了,他现在受国王指派,在瑞士陪阿巴斯赫底威,我在开罗,我给《圣战报》报社打了电话,要穆罕默德陪我去看医生,在我丈夫回来之前把胎打掉。但是,这个无赖居然说他是个高尚的人,他准备杀死所有的大臣和统治者,但不能杀死母腹中无辜的胎儿。我求他见次面,当面谈谈,他躲避我,说他常不在报社。昨天,我终于见到了他,再三要求他陪我去看医生,他却劝我声称这胎儿是我丈夫侯赛因·阿什莫尼帕夏的孩子,他说他读过一篇医学论文,婴儿出生前可以在母腹中呆上整整一年。"

佐贝黛一声不响地坐着,仿佛在优素福·瓦赫比剧院观看《献牲》一剧,有时,她看入了神,相信剧情是真的,与女主角阿米娜·里兹克一起哭泣,接着,她恢复了常态,想起这是在演戏。她挺钦佩剧作者安东·叶兹贝克先生的天才,女演员阿米娜·里兹克的出色演技,导演阿齐兹·伊德的才华。然而,眼前这出戏的主题却是宰割穆罕默德,编剧、演员和导演是同一个人,即纳吉娃·穆纳斯特利。佐贝黛彷徨不定,既佩服这个编剧兼演员,又对这个好诬陷人的说谎女人感到愤慨。

纳吉娃继续扮演她的角色,接下去又说道:

"我对穆罕默德说,我感到奇怪,他声称的高尚到哪里去了,是打掉这个终生是私生子的无辜胎儿,还是给他搞个假父亲?对穆罕默德来说,哪一种做法更高尚?他没有回答我的问题,而是又一次解开了我的衣服,他的手指一碰到我,我就忘记了一切,忘记了我腹中的胎儿,毫无抗拒地向他屈服了。等我从醉态中醒来,我又一次求他陪我去找医生。当时我是赤身裸体,他也几乎是一丝不挂,我跪倒在汽车里,吻他的手,吻他的脚,吻他的腿……也吻他那颗黑痣……"

佐贝黛一听到"黑痣",不觉在椅子上僵住了。纳吉娃怎么会知道黑痣长的位置？那是只有在穆罕默德脱掉衣服时才能看到的。这么说，纳吉娃所说不谬，她不是在演戏、编剧，不是在编造新的谎言。

一小时前穆罕默德留在佐贝黛唇上的醇味，顿时消失得无影无踪，她觉得四肢出奇的冷，"黑痣"一词熄灭了穆罕默德给予她的全部热和火，使她的全身变得像冰冷的铅，然后又成了灰……

屋子在旋转，客厅里的一切都翻了个儿，椅子四脚朝天，沙发在她面前翻腾，甚至纳吉娃也头朝地，双脚举到她原来坐的椅子背上。整个世界天翻地覆。她感到在这个头足倒置的世界里，自己好像已经化为乌有。她不知道，自己是坐在椅子上，是双脚站着，是趴倒在客厅的地毯上，还是头朝地双脚朝天？

"黑痣"一词，如同狂飙骤起，卷走了她的理智，卷走了她的心灵，也卷走了穆罕默德。开罗像是发生了剧烈地震，把一切都摧毁、破坏了，到处是废墟，她也成了尸骸。

佐贝黛睁开眼睛，向四处张望，客厅不见了，纳吉娃不见了，连她穿着去见纳吉娃的衣服也不见了。她发现自己穿着睡衣，躺在二楼自己卧室的床上。

她是在做梦吗？她见到的一切，都是梦魇？纳吉娃并没有来看过她，没有谈起过穆罕默德使她怀孕的事，也没提到过黑痣？

佐贝黛又尽力透过罩在她眼睛上的云翳向外望，只见屋子的尽头是她的丈夫欧尼，旁边还有一个陌生人，她瞪着眼睛细瞧，认出他是达马尔达什医院的院长斯蒂文生博士。

她听见斯蒂文生博士用英语轻声说道：

"这还是上一次的毛病发作，不过更厉害些。每当她听到伤心的消息或不幸的事情，这种歇斯底里的病态就会发生。我建议，立即送她到马尔达什医院,等情况稍有好转,再送到瑞士的精神病疗养院去。"

佐贝黛想喊:"我不疯!我不疯!"但是,话说不出来,似乎有一只强有力的手堵住了她的嘴,使她没法开口。

接着,她又听见她丈夫轻声对大夫说道:

"我注意到她的举动反常已经有一个时期了,家里所有的房间她都不待,只到地下室去坐着休息。而且,我看出她的目光也很异样。有时同她说话她也不听,她好像生活在另一个世界。"

"她家里有人发过疯吗?比如说,她的父亲,母亲?"斯蒂文生博士问道。

"我看没有。她父亲给我当了二十年秘书,有时有些神经质,但从没有明显的疯态。这病可能是她祖上遗传下来的。"

"必须立即送她去达马尔达什医院,进我亲自负责的精神科。这是专为长期精神病患者开的。他们半疯半正常,有时举止像我们一样,偶尔发病时又像疯子,做出在他们恢复常态后不会相信的事。"

"我最关心的是不能把她发疯的消息泄漏出去,不能让任何人知道,不然会影响我的大臣地位。我就是因为怕走漏消息才不请埃及大夫来看她的,除了你,我谁也不相信……我担心,她转到达马尔达什医院去,毛病又会发作,不能就在这里治疗吗?"

"我不认为她还会再说那些胡话。"

"三天来,她几乎一直在叫嚷,说出的话都莫名其妙,什么'我的儿子在另一个女人的肚子里','这是我的儿子,他大腿上有一颗黑痣'……谁听到这种话,马上就会明白她是个疯女人。她要是在医院里说这种话,那会败坏我的名声,而我的名声就是我的资本。"

"她的这种病状也许是因为她感到需要同你生一个孩子,长期没有孩子可能会导致她神经紧张,压抑这种感情也可能造成这种歇斯底里。"

"可是,我们结婚十年来,她从来没对我说过,她想同我生个孩子啊。我确实生不出孩子,但是,我从未感到她想生儿育女啊。"

"多年来,她一直压抑着这个愿望,这就是爆发的原因。不管怎么说,她现在已经安静下来,给她注射的麻醉剂足能使她恢复平静,医院里不会有人知道她患有精神病的。患这种病的病人,总是想象一些压根儿没发生过的事情,但是,他们并不危险,不会危害别人的生命。"

"我怕她再发病,"欧尼帕夏不安地说道,"因此,我宁愿在医院登记簿上写她娘家的姓名:佐贝黛·阿尔法·贾马勒,不要写上'内政部国务大臣欧尼·哈菲兹帕夏夫人'。"

"这简单。你放心,不会有人知道她的事,你也不需要来探望她。"

"我自然不会去。我现在是首相候选人,这件事有可能成为我道路上的障碍,反对党将会利用首相妻子发疯这件事,理所当然地指责我是造成她发疯的原因。"

两个男护理员抬来一副担架,在斯蒂文生博士的帮助下,轻轻地把佐贝黛放上担架。

佐贝黛想动,想从担架上跳下来逃走,但发现肢体像瘫了似的。

她张嘴想反对把她送进精神病科去,嘴唇却动不了,她觉得自己的舌头也瘫痪了,用目光求救,但谁也不明白她的目光是什么意思。

她又一次作出努力,仿佛想赖在这正常人的世界里,不到那个疯子的天地去。费了九牛二虎之力,她的嘴唇翕动着,断断续续地轻声说道:

"我……不……疯。"

她听见斯蒂文生博士用英语对她丈夫说道:

"每个疯子在进医院的时候,都说这句话。"

佐贝黛听天由命了,仿佛是第一次相信自己确实疯了,她不是幻觉纳吉娃来看过她,纳吉娃说她怀了穆罕默德的孩子,还提到了他大腿上的黑痣吗？只有疯子才幻觉一些虚无缥缈的东西，听见谁也没有说过的话，想象一些根本不曾发生过的事件。

她闭上眼睛，似乎并不想目睹自己的命运。

斯蒂文生博士走过来，替她盖上一块白床单，把头和身子都遮住，免得人们知道内政部国务大臣的妻子失去了理智。

佐贝黛在医院里注意到了一种奇怪的情况，不论她说什么话，陪同她的英国护士都同意，从不拒绝她的任何要求，同时也从不兑现她的要求。佐贝黛发现，她房间的窗子装着铁栏杆。女护士一刻也不离开她，如果女护士有事要出去，她就召来另一名看护。佐贝黛要一把剪刀修指甲，护士不肯把剪刀交给她，而坚持由她来剪，好像生怕佐贝黛会用剪刀杀她或自杀。

佐贝黛想发火，大叫大嚷，但是，她想到这正是疯子的行为，因此，她宁可默默地忍受折磨。

斯蒂文生博士来了，问她一些稀奇古怪的问题，那是只用来问疯子的问题。他问道：

"今天星期几？"

"星期一。"

"昨天呢？"

"星期日。"

"明天呢？"

"星期二。"

"后天呢？"

佐贝黛想弄明白后天是什么日子，但是不行……她怎么会忘掉这个日子呢，那是她一生最重要的日子。就是在那一天，她与穆罕默德第一次在贾卜拉亚公园见面，为了那个日子，她常常一等几个月……终于，她想

起来了,高兴地说道:

"星期三!"

斯蒂文生微笑了,说道:

"你的确好多了。原先一提到星期三,你就控制不住。"

佐贝黛没有吭声。她记得,只有在她第一次发病的时候,是因为提到了星期三。那是她丈夫给她念了赛义迪亚中学校长的秘密报告,说星期三那天,即在她与穆罕默德首次见面的一小时后,穆罕默德企图强奸纳吉娃。

她觉得自己挺想见见穆罕默德……怎么跟他联系呢?又不许她走出屋去,房间里也没有电话。她想起了她的女佣萨尼娅,便对大夫说道:

"我可以见见我的女佣萨尼娅吗?我想让她陪我住在医院里。"

斯蒂文生博士和蔼地拍拍她的肩膀,说道:

"我原来禁止任何人来看你。但是,你现在的状况允许我答应你的要求。发病期的确已经过去了。我去给欧尼帕夏打个电话,要他带你的女佣来。"

佐贝黛见萨尼娅走进房间,就立刻吻她、拥抱她,迫切想了解穆罕默德的情况。那个会说阿拉伯语的英国护士一直待在屋子里监督着,一动不动,这使佐贝黛很烦躁。她对那护士说道:

"我想洗个澡,我习惯让我的女佣在浴室里侍候我,这有什么妨碍吗?"

"我接到的指示是不能让你一个人呆着。我应该陪你们两人一起进浴室。"

"你可以去请示一下大夫。"佐贝黛说道。

女护士叫来了她的同事,由那个女护士监督佐贝黛,她去见斯蒂文生大夫。

在这过程中,萨尼娅一直惊奇地望着佐贝黛,一句话不说。

女护士笑容满面地回来了,说斯蒂文生博士认为佐贝黛带她的女佣进浴室没有什么关系,条件是浴室的门得开着。佐贝黛在这层楼里有一间单独的浴室。

佐贝黛从床上一跃而起,朝浴室走去。萨尼娅迷惘地跟在后面。

她俩刚单独待在一起,佐贝黛就问道:

"穆罕默德的情况怎么样?"

"发疯的是他,不是你。"萨尼娅答道,"他每天下午六点钟来找我,坐在床上哭。每天都想知道你的消息。我呢,什么也打听不到。帕夏不愿意提起你,我从他的司机那里听说,你住在达马尔达什医院。穆罕默德每天晚上什么事也不干,光绕着医院转。他千方百计地想弄清楚你是否真在这里,但是,医院登记簿上没有你的名字。我和穆罕默德是在暗中摸索啊!"

"我不知道我到底出了什么事。你想,我还以为纳吉娃·穆纳斯特利到我家里来看过我呢!"

"你以为?"萨尼娅诧异地望着佐贝黛,"她的确来看了你,我不知道这狗娘养的对你说了些什么,我只听见纳吉娃叫嚷道:'她是晕过去了吗?'我问她对你说了些什么,她说,她是突然看到你倒在地上,一动都不动的。"

"那么,我并不疯,我不是在想象一些虚幻的事情?"

"谁说你疯了?"萨尼娅一面用丝瓜络和肥皂替她搓背,一面答道,"他们才是疯子!"

佐贝黛猛地推开萨尼娅替她擦背的手,问道:

"这么说,黑痣的事是真的?"

她又开始叫嚷,捶自己的脸颊,并且不断重复着:"黑痣……黑痣……黑痣……"

穆罕默德终于摸黑溜进了达马尔达什医院佐贝黛住的病房。他只花了点钱就买通了男护理员。他冒险的这一天,碰巧是星期天,也是那位英国女护士每星期休假的日子。

萨尼娅说服当天晚上陪夜的埃及护士,让护士相信穆罕默德是佐贝黛的未婚夫和情人。那护士也在恋爱,懂得爱情的痛苦和煎熬,就为穆罕默德开了绿灯。萨尼娅等不到第二天让两位恋人见面了,她坚持让他俩当天晚上就见面。

佐贝黛躺在床上,背靠着两个枕头。她心里虽然对穆罕默德很恼火,但还是打扮了一下,梳了梳头。她并不想见他,之所以同意见一见,是因为拗不过萨尼娅的固执。

穆罕默德踮着脚尖走进佐贝黛的病房。佐贝黛一见到他,就勾住他脖子吻他,拥抱他,泪流满面地说道:

"真是那样吗,穆罕默德?你让纳吉娃吻了你身上的黑痣?"

穆罕默德诧异地松开她的双手,说道:

"我听萨尼娅说了黑痣的事。我也奇怪,纳吉娃怎么会知道我大腿上长有一颗黑痣。"

"你一定当着她的面脱过长裤。"佐贝黛仍然哭着。

穆罕默德想笑,但他止住了。他凝望着佐贝黛那双透过泪帘注视着他的双眼,说道:

"我告诉过你,有一次我曾命令她当我面脱下衣服,过后又命令她再穿上。我告诉过你,我没有接近过她。我什么都告诉了你,原原本本,实实在在。我从来没有欺骗过你。"

"你再想一想,穆罕默德。"佐贝黛仍然边哭边说道。

穆罕默德一面竭力掩饰内心激起的烦躁,一面说道:

"这种事,男人是绝对不会忘记的。"

佐贝黛感到,穆罕默德说话的态度很气愤,她想不吱声,但是办不到,双眼更加泪如泉涌。她说道:

"那她怎么会知道你大腿上有一颗黑痣呢?"

"正是这件事使我百思不解。"穆罕默德真挚地说道,"自从萨尼娅告诉我黑痣的事以来,我几乎要疯了。如果纳吉娃知道这种事,那她肯定了解有关我的一切,也知道你我的关系。"

"她知道你我的关系,我并不在乎。我最关心的是不能让她知道黑痣,我总觉得那颗黑痣是我的,是我发现的,是只归我所有的,只有我吻过它……穆罕默德,坦坦白白地告诉我吧……我爱你,仍然爱着你,我准备宽恕你,告诉我,你犯过错误……我答应你,我将忘记一切。纳吉娃承认,那事应由她负责,是她勾引了你……我只要你对我说实话,承认她肚子里的胎儿是你的孩子。想一想吧,穆罕默德,我们常会忘记疯狂时候的所作所为。"

"我怎么可能忘记让一个女人怀孕的事呢?男人会忘记这样的事情吗?你明明知道,纳吉娃是在撒谎,她造我的谣,这可不是第一次。那一次,她让她的丈夫和父亲都相信我企图强奸她,还说动了教育大臣和你。现在,她又在搞鬼,寻找信她鬼话的人!"

"可是……那黑痣却是不容置疑的证据啊。"

"的确,它是不容置疑的证据,但我是清白的。"穆罕默德心里既怪她,又原谅她,"我曾经想,她看过我在赛义迪亚中学赛球,见我腿上有颗黑痣,可是,我找来当时比赛时穿的球裤,穿上对着镜子照过,那黑痣却露不出来。我又想,是她的表兄易卜拉欣告诉她的,但我不记得有哪一天在易卜拉欣面前脱过长裤啊。"

"你再回忆一下,穆罕默德,"佐贝黛好像在设法帮助他回忆,"也许她家的仆人把你赶出家门的时候,曾经扒下你的裤子揍过你,你可能不好意思把这告诉我。"

"这种情况也没有。"

突然,穆罕默德一搯脑袋,这些天一直没有想到的那件事终于想了起来,于是他说道:

"我记起来了,记起来了。我告诉过你,我住在贝鲁特那家旅馆时,纳吉娃到我卧室里的那回事吧,那天晚上,我穿着睡袍,我告诉过你,她怎样坐在我的脚旁,吻我的脚、脚趾和小腿吧……"

"是的,我记得很清楚。"

"她肯定是在那一天看见黑痣的!"

"你以为我是糊涂虫吗?这种话连小孩子都不会相信。她从你腿上撩起睡袍的时候,你没有感觉吗?"

"我没有觉察到。我没有想到,她当时会瞧那个部位。"

"我不信。"佐贝黛神经质地说道,"你给我出去!你骗人,骗人!骗人!"

穆罕默德举起手,打了她一个耳光。

佐贝黛没有叫嚷,反把头埋在膝间,低声饮泣起来。

穆罕默德丢下她,朝门口走去。

佐贝黛叫他,求他留下,但是他没停步,却一直走到门前,用钥匙锁上,然后才走了回来……

这一切都发生在一刹那。她要把他赶出病房,接着又拥抱他;指责他,又相信他的清白。恋人的心,犹如专制者的法庭,只判决不辩论,只发命令不说原因,随心所欲,不受证据影响,判得极快,先判人死罪尔后又宣布无罪,未开庭先判罪,作出的判决总是不同寻常。

穆罕默德打佐贝黛耳光是不假思索的,他要是略作思索,就会对打一个医院里的女病人耳光迟疑不决。打这个神经质的女人耳光,很可能使她真发疯,以致使她丧命。然而,这狠狠的一记耳光反倒使佐贝黛清醒了,唤醒了她内心深处昏迷的爱情。穆罕默德打心底里感到冤枉,他受得了敌人的冤枉,却受不了爱人的冤枉。纳吉娃的造谣、中伤和诽谤并不使他感到难过,但当他看到自己心爱的女人居然相信这种谎言和诬蔑时,才感到心如刀绞。

穆罕默德在解佐贝黛衣服的时候,没有想到要占有她,而只是想让她摆脱她的幻觉,让她赤裸裸地面对现实。我们的衣服仿佛是我们谎言的一部分,不仅用来欺瞒他人,也欺瞒了我们自身。

我们总是想象,在被遮盖的事物后面,一定藏着比暴露出来的事物更多的美。想象常常比现实更动人。

他在贾卜拉亚公园见到的佐贝黛,脸上罩着面纱,衣服长得拖到脚背,领口紧闭,比起被穆罕默德命令脱掉衣服的纳吉娃来,更使穆罕默德心荡神移。

现在,全身赤裸着的佐贝黛相信了穆罕默德的清白,而她身穿睡衣时却并没有信服。她相信他那灼热的气息,更甚于他提供的全部证据,沉默比语言更使她信服。

似乎爱情法庭需要用耳光来作出公正的判决。佐贝黛脱下衣裳,乃是脱下她的伪装,露出了她的皮肤,这皮肤犹如法官佩戴在胸前的绶带,借以强调公正是政权的基础,而恋人们的气息则是心灵法庭上最雄辩、最诚实的辩护。

第二天上午,斯蒂文生博士来查房,他一瞧见佐贝黛的气色,便微笑着问道：

"发生过什么事啦？"

"什么也没有……我洗过一个澡。"佐贝黛莞尔一笑。

"洗澡能使人如此年轻、健康和美丽吗？"斯蒂文生感到不解。

"我好好用水洗了洗。"

"你不仅洗了你的外部，也洗了你的内部。你同我昨天见到的模样相比，简直像换了一个人。你原来憔悴，脸色蜡黄，目光暗淡，嘴唇发白，今天，这些病容都到哪里去了？"

"我几天没有洗澡了。你允许我洗澡，我就用水冲洗全身，于是，就发生了这变化。"

斯蒂文生博士奇怪地说道：

"在我漫长的医疗生涯中，我还是第一次听说水会对病人创造出这样的奇迹。"

"水是生命之源嘛。"

佐贝黛微笑着，她想告诉他，她指的水是生命之水，而不是水龙头流出的水。

斯蒂文生博士仔细地检查佐贝黛后说道：

"这是医学界的奇迹！我原来认为，治好你的病，至少需要两到三年。"

他似乎不相信他的眼睛，又作了一遍检查，尔后说道：

"我将吩咐让精神科的所有病人都进浴室洗澡……那是土耳其浴吗？"

佐贝黛笑出了声，说道：

"不，是埃及浴。"

"我的意思是问，洗这种澡用冷水还是用热水？"

"热水,很热的水。"

"医学不仅是科学,也是实践。热水澡既然使你如此舒服,你应该每天洗一次。"

"我是每天洗的,可是仍要发病。"

"那你就一天洗两次、三次、四次。"

佐贝黛笑了,她好久没有这样笑了。斯蒂文生博士不知道她为何发笑,在离开病房的时候说道:

"我将给欧尼帕夏打个电话,告诉他我决定让你立即回家。我现在相信,你的病是突发性的,已经好了,不会再发。"

斯蒂文生博士给欧尼帕夏打了电话,告诉他佐贝黛已经痊愈的消息,决定让她马上回家,要求他派车到医院来接她。

不料,欧尼帕夏以奇怪的冷漠态度答道:

"我宁愿她在医院里再待一个时期。我现在要事缠身,她要再发病,就会毁了我的工作。在目前情况下,我不能与一个疯女人待在一起。"

"她比你我都更理智。她是一个完全正常的人,我不能再让她在医院的精神病科里待上一个钟头。要是有人发现我把一个正常人收进这个科,那我会受到惩罚的。"

国务大臣既没有感谢斯蒂文生博士的悉心照顾,也没有对佐贝黛的痊愈表示高兴,而只是说道:

"我宁愿她叫一辆出租汽车回家,因为我的司机不知道她住在医院里。我希望这整个事情始终不要让别人知道。"

斯蒂文生博士回到病房,没有把他同欧尼的谈话告诉佐贝黛,只说道:

"我以为,你最好叫辆出租汽车回家,你如果不愿意乘出租汽车,就乘我的汽车,我送你回去。"

佐贝黛满面春风地答道：

"我乘公共汽车或有轨电车回去也行。我这辈子就不是当大臣夫人的命，我原先就很穷，住在侯赛尼亚区。"

"幸好，穷人到处都能找到水。"斯蒂文生博士微笑道。

佐贝黛由萨尼娅陪着乘上了一辆出租汽车，她要司机以最快的速度开往舒卜拉区的舒克拉尼大街。她想飞回家去，给《圣战报》报社的穆罕默德打个电话，要他当天晚上六点到她家去找她，不要再按昨晚所约半夜十二点以前到医院去看她。

佐贝黛惊讶地看到门前停着她丈夫的汽车，欧尼帕夏中午十二点钟回家来干什么？知道她出院，特地来迎接她的吗？她倒不希望他对她如此关心，还是让她赶快给穆罕默德打电话吧。

她问站在门口的内阁卫兵：

"帕夏大人是什么时候回来的？"

"帕夏大人还没有出门。"卫兵答道。

佐贝黛感到抑郁，这意味着她丈夫病了，他除非病得动不了是决不肯待在家里的。这也意味着，她不能按自己的心愿晚上六点见到穆罕默德。

她登上楼梯时，由衷地希望真主赶快让她丈夫病好，可以出门！

走进欧尼的卧室，她没见他躺在床上，心想他在浴室，浴室的门开着，她探头一望，也不见他。佐贝黛想他可能睡到她卧室里去了，可是，那里也没有。她叫着欧尼的名字，没有回答……她见书房的门关着，便径直走去，一拧门把，发现里面用钥匙锁上了。

她敲敲门，隔了一会儿，才听见她丈夫的声音。

"是谁？"

"我是佐贝黛。出什么事啦？你病了吗？"

欧尼帕夏打开门,佐贝黛见他穿得整整齐齐,她十分诧异。欧尼帕夏一面欢迎她,一面说道:

"斯蒂文生博士没有骗人,你的身体果然好极了,你比过去更年轻、更漂亮!"

佐贝黛不理会他的赞美,问道:

"你怎么没去上班?"

"我有个重要的问题要研究,决定留在家里静静地深入研究一下。我在办公室里一分钟也静不下来,进进出出的人实在太多。"

佐贝黛一面围着他转,一面说道:

"奇怪,你对我说过,你在部里的办公室门口有一盏红灯,灯一亮,谁也不敢进去……"

欧尼用手抚摸着她的脸颊说道:

"那盏红灯是用来对付一般官员和参议员、众议员的,但要是我的内阁同僚不期而至,我还是得见,大使、公使和宫廷官员来了,也得见。"

"你准备几天不去上班?"佐贝黛咬了咬牙,问道。

"我不知道。"欧尼抓住她的手说道,"也许四天,或者一个星期。"

"一个星期?"佐贝黛倒吸了一口凉气,木然地说道。

这句话不由自主地脱口而出之后,她才意识到自己是在想穆罕默德。她怎么能整整一个星期不见穆罕默德呢?

接着,她缓了口气又说:

"一个星期? 你怎么能耽误人家的工作呢? 你一个星期不去上班,内政部的工作就得停下来,内政部停顿了全国就开展不了工作啊!"

欧尼帕夏听到妻子赞扬他对国家大事的重大影响不禁眉开眼笑,说道:

"我将通过电话主持主要工作,如果有重要约见,就安排在家里。"

"可是,自打我们结婚以来,你从来没有在家里工作过。你发烧发到三十九度都还去部里上班呐。"

"因为我们结婚以来,还从来没有什么问题像今天要我研究的这么事关重大。我的前程、国家的前途,都取决于我在这件事上的成功。"

"你在忙组织新内阁的事吗?"

"组织新内阁也取决于我在这件事上的成功。"欧尼微笑道。

佐贝黛很想知道究竟是什么事情,居然要让她丈夫在家待上一周。这倒不是出于好奇心,而是想知道她何时才能与穆罕默德相会。她与穆罕默德相会一小时,对她来说,比她丈夫当一辈子首相还要紧。

她靠近欧尼,像在谈情说爱似地说道:

"到底是什么问题呀?你什么都不瞒我的,总是把你的成功告诉我,让我作为一个创造奇迹的伟大人物的妻子感到自豪。"

"等事情成功以后,我就告诉你。"欧尼帕夏得意洋洋地说道。

佐贝黛撒娇地佯装生气:

"你要我像别人一样去看报上的消息吗?"

欧尼帕夏感觉到了她呼到他脸上的气息,那灼热的呼吸大大地唤醒了他沉寂的情感。他拍拍她的脸颊说道:

"到适当的时候,我什么都告诉你。"

"什么时候才算适当?"她向他越靠越近。

"过几个星期。"

"我可等不了几个星期,"佐贝黛娇媚地说,"我看到你熬夜,受苦受累,却不知道是因为什么,那可受不了。我要知道你这样吃力的原因,就可以帮你分担一些,可以关心你的休息,不给你添麻烦,也不发神经病!"

欧尼哈哈大笑道:

"正因为这个,我曾要求斯蒂文生博士再让你在医院里待一段时间!"

佐贝黛装出痛苦的样子，双臂抱住他：

"你的心真狠！我还以为你爱我比爱工作更深呢。"

"我是非常爱你的，"欧尼帕夏挣脱她的搂抱，"但是，我的职责是第一位的。没有人知道这件机密，首相西德基帕夏不知道，连国王的近侍伊德里斯贝克都不知道，知道这个秘密的只有两个人，那就是国王陛下和我欧尼帕夏！"

"肯定是你要杀死西德基帕夏！"佐贝黛笑了。

"是的，这件事如果成功了，就将置西德基帕夏于死地，把他彻底消灭掉，就将证明他并非像他自诩的是天下第一能人。"

"你说话这样神秘莫测，我越加好奇了。"

"这计划的成功与否，取决于它能否保住秘密。你想，为了这份计划，我不得不亲自动笔，一共只有两份，一份在国王的御书房里，一份在我家的书房里，放在部里我的写字桌或者铁保险箱里我都不放心。我把计划送呈给国王时，是装进密封的信封，上面还盖有火漆，由伊德里斯贝克亲收。两天后，伊德里斯贝克来告诉我说，国王陛下许诺，如果这计划成功，我将担任终身首相。

"伊德里斯贝克想从我这里了解计划的内容，但是，我得恪守向国王保证过的诺言。我对他说：'我什么也不瞒你，然而，我不得不什么也不说，因为我曾以脑袋担保向陛下发誓决不泄露。'

"伊德里斯贝克被说服了，不再硬要了解计划的内容。"

佐贝黛笑着拉住他道：

"我也以自己的脑袋担保好了……告诉我吧，是份什么样的计划啊？"

"我对国王宣誓过，实在是什么也不能说了。我只能告诉你，这份计划将完成西德基帕夏未实现的事，他上台只是为了一件事……"

"什么事？"

"消灭反对党。但是,他没有成功。情况恰恰相反,那些反对党派越来越强,比他原来执政时强了好几倍。

"我制订的计划将使反对党万劫不复,反对党的领袖将不敢抬起脑袋,他的党徒们也将不敢张嘴说话。"

"你将向他们开枪?"

"那是西德基帕夏的办法,是老派做法,无非是开枪、鞭笞、囚禁,这全是西德基帕夏的老一套。今天,将开始采用欧尼·哈菲兹的新办法,不开一枪,不抓一人,也不打一鞭,就可使反对党的党魁死于非命。"

佐贝黛装出钦佩丈夫的样子,张开双臂抱住他说道:

"我为我的天才丈夫感到骄傲!"

她的一只眼睛瞧着欧尼那双傲然不可一世的眼睛,另一只眼睛越过他的双肩,窥视那锁着的书桌抽屉,仿佛想搜索一番。

赛妲·阿姆莎[①]坐在她豪华公寓里那间精致客厅的一张安乐椅上。她的公寓位于艾列菲贝克街的一幢大楼里,下面是"巴黎人餐厅"。

她那套房子位于大楼的最高层,俯瞰着开罗全城,它下面的大楼群都匍匐着向它鞠躬致敬。

她既不是夫人,也不是烂眼睛,而是开罗地下世界的女王,黑暗王国的君主,奴隶买卖的操纵者,她售出虚假的爱情,换进货真价实的支票。

她确实是一位女王,权势显赫,头戴王冠,手握权杖。她有她的秘书长、侍官长和典礼司司长,有对她俯首帖耳、惟命是从的臣民,也有陪同她的警卫。

这间富丽堂皇的客厅是她王国的首都,她在里面主持大政方针。她

---

① "赛妲"意为夫人、太太,"阿姆莎"是烂眼睛的意思。

的王国由城里数以百计的住宅和寄宿公寓组成，所操的行业就是出卖皮肉，肤色、模样、大小、品种不一的皮肉，那不是用纸头或尼龙袋包好出卖的，而是套着连衫裙出售的。

她的主顾是成千上万个糊涂虫，名流、显贵、青年人、老年人、外国人、埃及人，还有地痞流氓。她能达到今天的地位，是因为她守口如瓶，对待顾客犹如家里养的绵羊。

每当她到亚历山大市去避暑，总习惯把她的政府一起搬去。这个海港城市里，有由住宅和寄宿公寓组成的她的政府的分支机构，目的是让消夏的人们不必风尘仆仆地赶到开罗去就能获得他们所需要的夏季的"肉"。

当局对她形迹可疑的活动和违禁的商品是清楚的，但是，费尽心机也抓不住她。每次风化警察前去抓她，她预先知道他们到达的时间，便从从容容地让顾客从后门溜走，卖淫的场所变成了舞会，女人们敲着铃鼓，赛妲·阿姆莎或代替她的人，头上披着一块白纱，按着鼓点晃着脑袋，抖动身子……威士忌飞快地消失了，香炉取代了酒瓶，大麻烟块不见了，放上了念珠……

她花钱收买风化警官；钱不行，就用她一个花枝招展的臣民去笼络；钱和美色都不奏效，赛妲还能凭借她在政府部门的势力，把这样的警官从首都调到边远省份的派出所去。

有些密探是她的臣民，他们对她比对政府更忠心耿耿，他们充当她监视警察的眼线，而警察满以为这些密探在侦察黑暗女王的活动呢。

在风化警察局里有赛妲的档案，同样，她那里也有每个风化警官的档案，里面样样都有，如警官的弱点，他的妻子、姐妹、亲戚、朋友的情况，他的长处和丑事，经济状况和债务。有了这样的档案材料，赛妲总是能够先发制人，首先发出威胁和警告，警察怕她远胜过她怕警察。

风化警察局里曾有过一批警官,金钱、美色和威胁都不能迫使他们就范,结果,赛妲·阿姆莎倒没有受到他们的追捕,反追剿他们;他们未能审判她,反受到她的审讯;他们没有消灭她的地下买卖,反被她断送了自己的前途。

前几个月,她突然听说法里德·卡米勒中校担任了风化警察局局长,这家伙居然向她宣战,大批撤换警官和密探,接连不断地向她发起进攻,抓住了那些正想从后门溜走的顾客,不等妓院变成舞厅就逮捕了那些暗娼和鸨母。

赛妲·阿姆莎更恼火的是,这些搜捕活动法里德·卡米勒都亲自出马。

赛妲想收买他,但是,他不贪钱财;想用美色勾引他,他却过着清教徒的生活;查他的档案,发现他没有妻子、姐妹和母亲,无法制造事端,用流言蜚语来败坏他的名声。

法里德把穆罕默德·沙达德中校调回,任命他为风化警察局副局长,这越发使赛妲烦躁不安。穆罕默德·沙达德是个讨厌的警官,她过去成功地把他调到了阿斯旺,这会儿他突然又回到开罗。事情还不止如此,法里德·卡米勒还把赛妲的亲戚穆罕默德·法图赫少校从局本部调往阿斯旺。

法里德·卡米勒中校整理的有关赛妲·阿姆莎和她经营的妓院报告,多达五十三份,三份是他亲自写的,五十份由穆罕默德·沙达德起草。

在黑暗之光大街上,与宗教法庭相毗邻的一幢大楼是赛妲·阿姆莎的财产,她在这幢大楼里经营的是向顾客们提供"鲜肉"。

她之所以选择这个地点居住,是为了捕捉那些上宗教法庭的女人,她们有的离了婚,有的急需钱用——在被法庭判罚区区几个皮亚斯之前,早就打着赤脚了。

那天,赛妲正待在大楼里的一套房子里时,突然受到法里德·卡米勒的袭击,她和三个最漂亮的姑娘被抓,投入了监狱。

赛妲·阿姆莎从监狱里与她的秘书长、专管伪造证据事务的穆泰瓦利·布勒布勒取得了联系,命令他立即毁坏那幢大楼,并搞一些证人证明那幢大楼在赛妲被捕前三个星期就已毁了。

两天之内,那幢大楼被夷为平地,穆泰瓦利搞到了所有证据、材料和毁楼许可证,时间是在赛妲被捕的一年前。

赛妲又聘请埃及的三位大律师,他们发表声明指责风化警察局局长弄虚作假,局长在逮捕报告上说,赛妲·阿姆莎是在黑暗之光大街十三号大楼的一套公寓中被捕的,事实上,黑暗之光大街上,根本没有这个门牌号的大楼!

检察官亲临现场,见到的是一片空地。

法里德·卡米勒中校被送交惩罚委员会,判处退休!

这案子花了赛妲·阿姆莎一万埃镑,但她并不后悔,因为她使得警官们胆战心惊。

上面颁发了命令,委任刑事警察局局长阿利什·萨利姆上校兼风化警察局局长。然而,赛妲庆祝胜利的喜悦仍受到了干扰。那个同她互为寇仇的穆罕默德·沙达德少校仍留任风化警察局副局长。

赛妲·阿姆莎查阅阿利什·萨利姆的档案,端详穆泰瓦利·布勒布勒带来的照片,想搞清楚,这阿利什是个什么样的男人。

她坐下来拟订计划,如何与阿利什接触,怎样才能说服他调走穆罕默德·沙达德少校。这时,穆泰瓦利走进屋来,脸色发黄,说道:

"新任风化警察局局长阿利什·萨利姆上校来了……他想见您"。

"他怎么上午出门?风化警官们一向像蝙蝠,只在夜间出现。"

"他说他想见您,有要事相商。"

"他是一个人来的,还是带着警官和士兵?"赛妲诧异地问道。

"是一个人来的,穿着便服。"

"让他进来……你快去收拾一下房间。"

穆泰瓦利明白黑暗王国女王说的"收拾房间"的含义。

一个棕色皮肤、中等身材的男人走进来,他蓄有小胡子,戴着墨镜。

他恭恭敬敬地鞠躬,同她握手,然后在她旁边坐下,问候她的健康。

赛妲·阿姆莎大感意外,这可是风化警官第一次问候她的健康。当她注意到他称她为赛妲夫人时,她更是大惑不解了。

赛妲宽慰地想到,这位新任局长肯定从他的前任经历中汲取了教训。

阿利什上校说道:

"我希望借我就任新职之际,同您建立起合作和谅解。"

"我准备进行任何合作……我的事业正是建立在合作和谅解上的。"赛妲答道。

"为了使这种合作和谅解成功,我们应该确保严守秘密。"

"我的资本就是严守秘密。"赛妲哈哈一笑,"我和你们的区别在于,我想秘密地干,你们想要我公开干……你们袭击秘密的勾栏,对公开的青楼却听之任之。"

"从今以后我们之间不会有任何分歧,我们为您服务,您也为我们效力。"

赛妲露出一个精明商人的微笑,说道:

"我随时准备效劳。我有一位年方及笄的姑娘,容貌出众,名叫伊姆梯萨勒,我准备让她只侍奉您一个人,其他所有的姑娘也悉听尊便。您如果喜欢年纪大的,我也可以听您吩咐。"

"我希望达成的是高水平的谅解。"

"我倒喜欢低水平的!"赛妲哈哈大笑。

"我的意思是说,我希望这项协议将受到最高方面的赞成和支持,以免有人横加干预,加以破坏。因此,我已经把您的情况向内政部国务大臣欧尼·哈菲兹帕夏大人作了汇报,他愿意见一见您,他说本来很乐意到这里来见您,但为了保密起见,他宁愿把会见安排在他府上。"

"荣幸之至。我的主顾中有副大臣,但还没有大臣呢。"

"大臣阁下很欣赏您的聪明机智,说您可以为国家作出重大的贡献,国家也可以帮您的大忙。"

"我听候大臣阁下吩咐,他可以指定任何时间,我前去见他。"

"他现在正等着您。"

"现在?男人们总是性急。"赛妲把阿利什留在客厅,自己走进卧室,穿戴好出来时,已变成了一位雍容华贵的夫人,看见她的人绝对想不到她是位烟花巷的女王。她问道:

"您愿意乘坐我的汽车吗?我的汽车与大臣们的汽车是同一型号。"

"我倒认为我们最好还是乘我的汽车去,免得有人认出您。"

埃及最大的鸨母走进了内政部国务大臣官邸的客厅。阿利什贝克待在客厅外面,等待着巨头会见后的结果。

欧尼·哈菲兹帕夏大人满怀敬意地站着迎接赛妲,请她在客厅的一张大沙发上挨着他坐下。他一面打量着她,一面说道:

"赛妲夫人,大驾光临,不胜荣幸。我原先以为你的年纪大多了,想不到你还是一位漂亮的妙龄女郎。我读到的关于你的报告,把你描绘得像一个头发花白的老妪。"

"您现在也许相信,警察的报告靠不住了吧。"赛妲笑道。

这时,警察局局长阿利什贝克端着咖啡进来,他首先把咖啡递给赛妲,说道:

"我宁愿亲自把咖啡送进来,免得仆人打断你们的重要谈话。"

在局长大人端走咖啡盘之后,欧尼帕夏啜饮了一口咖啡,说道:

"我只选中了你而不是别人来为祖国作出最大贡献。"

赛妲笑了,手里的咖啡杯直颤,说道:

"我的姑娘可满足不了全国啊!"

"我说的是另一种方式的贡献。"

"我知道的方式可只有一种。"

欧尼帕夏露出专注的神情,说道:

"我准备把风化警察局局长打来的五十三份揭露你的报告封存起来,代价是……"他沉默了一会儿,开始审视赛妲的双眼,看看这慷慨的建议引起的反应。

赛妲的双眼高兴得发亮,问道:

"代价……是多少?"

"代价不是款项,而是你亲笔签名的一张纸。"

"汇票?"

"不,不完全是汇票,也有点像汇票,这就是说,事情兑现了,案子就搁起来。"

"这纸在哪儿?"

欧尼帕夏从口袋里掏出一张折好的纸,打开,递给了赛妲……她念道:

"我,赛妲·阿姆莎供认不讳,我是吉齐拉大街国民俱乐部前面一一七号游艇的主人,是我委托萨米赫·沙里夫女士代我经营的。"

赛妲念完后说道:

"可是,我不认识这游艇啊!"

"阿利什贝克会立刻陪你去认一认。"

"可是,我也不认识这位萨米赫·沙里夫女士啊!"

欧尼帕夏从口袋里掏出一张漂亮女人的照片,递给赛妲。她眯起眼睛端详照片,她就是因为这副模样,才又被人称做"烂眼睛夫人"的。她说道:

"我一辈子也没见过这张脸。"

"但是,从今以后你就认识了。"

"这件事情是什么意思?"

"这是国家的秘密。我们只要你在这张纸头上签个名,永远闭上你的嘴就行……你是位聪明的夫人,会明白我的意思!"

"那五十三份报告呢?"

"将由我们全部封存,但你先得在检察长面前对游艇的事作证。"

赛妲凭着她买卖人的聪明问道:

"怎么能保证您兑现诺言呢?"

"我以名誉担保。"

赛妲笑道:

"在我这一行里,我们从来不同名誉之类的东西打交道。钱总得先付。"稍停了一会儿,她又接着说道,"鉴于您是与我打交道的第一位大臣,我准备破例地给您一些支付便利。我现在只要求一次结清。"

"你可真是一位不可小觑的夫人!你想留几份报告在账上?"

"不,我要的是一份命令,将风化警察局副局长穆罕默德·沙达德中校调往阿斯旺,任命穆罕默德·法图赫少校接替他的职务。"

欧尼帕夏满脸带笑,说道:

"你的要求太微不足道了。你就这个要求吗,赛妲夫人?我遵命就是。"

欧尼帕夏把客厅外的阿利什上校叫进来,当场写了一份内政部决定,

将穆罕默德·沙达德中校调往阿斯旺,任命穆罕默德·法图赫少校为风化警察局副局长。他把决定交给阿利什贝克时说道:

"你负责今天就执行这项决定,穆罕默德·沙达德明天到阿斯旺报到。"

然后,欧尼帕夏把沾水笔递给赛妲要她在纸上签名。

欧尼帕夏陪着娼妓业女王出门,在阿利什贝克汽车旁向她告别。

"从今以后,赛妲夫人,你可以把自己当作欧尼·哈菲兹帕夏的朋友,如果有什么人为难你,你就立即与阿利什贝克联系。下一次,我不光要把打扰你的人调往阿斯旺,而且要他尝尝铁窗风味。"

赛妲脸上绽开了笑容:

"我不知道怎么感谢您才好……我有表示感谢的特殊办法。"

"待这件事成功之后,"欧尼帕夏笑道,"我将前去领受谢意。"

娼妓业黑暗王国的女王搭乘风化警察局局长阿利什贝克的汽车,坐在后座,心里颇飘飘然,局长居然替她这个黑暗王国女王当司机。她回想起过去那几次被风化警察局的一名警官押着,乘坐的总是福特牌汽车,她和她的女伴们在路上就像垃圾似的被人扔来抛去,扔进警察局,再扔进监狱。

世道真是在变!当局居然承认她的女王地位,国务大臣在自己的官邸接待她,送别时对她鞠躬,还亲自替她打开车门。

风化警察局局长,过去一提到他的名字,她就战栗不已,现在局长知道国家有重大事情仰仗她,也向她大献殷勤。

赛妲·阿姆莎对与国务大臣达成的协议十分满意,她笑他太天真……她使国务大臣以为她只索取了一部分报酬,事实上,全部账目都已结清,她一分钱也没少拿。这是她与那些她不信他们会按期付款的顾客打交道的老办法。

只要能摆脱掉风化警察局副局长穆罕默德·沙达德中校就行。这个警官扰乱了她生活的清静，是警察局里惟一没有从前任局长事件中吸取教训的警官。

只要她的情夫穆罕默德·法图赫少校能当上风化警察局的副局长，她便心满意足。沙达德中校接替她的情夫被流放到阿斯旺，而她的情夫则从阿斯旺调回，荣升一级，担任了沙达德中校原先的职位。

糊涂的大臣满心以为他手里还抓着未付的报酬没给她呢，那就是五十三份控告报告。他没有想到，沙达德调到阿斯旺，她的情夫法图赫当了副局长，这将彻底将她从这些控告中解脱，那些作证的警官和密探将不得不改变口径以讨好新任的副局长，报复一下前任的副局长。她将要求内政部赔偿两万埃镑的名誉损失费，以消除一位出身名门、声誉清白的受人尊敬的女士被控为经营地下妓院所造成的恶劣影响。内政部将被迫与她缔结和约，将信服地让欧尼帕夏付给她一万埃镑，作为补偿她毁坏的那幢大楼的代价。那个案子已经导致前任风化警察局局长法里德·卡米勒上校离职退休。

她生平第一次签订了协议却不付出任何代价，既不付硬的货币——现钞，也不付软的货币——她的姑娘，她做这笔交易的全部代价，是在一张纸上签个名。这张纸也许会使一位无辜的女士萨米赫·沙里夫受到控告。然而，罗织罪名已经不是一种令她良心不安的罪行。她一生炮制的假案件实在太多，诬陷无辜的罪过也多得数不清。捏造罪名是她生活中的常事，是干她那一行的一种需要。捏造罪名的不光是她，当局也在这样干。国务大臣本人要她在那张纸上签名，就是在炮制案件，破坏一个她不相识女人的名誉。

参与给一个体面的女士套上娼妓罪名的案件，赛妲·阿姆莎毫不后悔,她痛恨所有的体面女人,把她们全当作敌人,准备不惜代价控告每一个体面的女人,哪怕她这次没有拿到报酬,她的仇人不被解除风化警察局副局长职务,调往阿斯旺,她的情夫不从阿斯旺调回,担任副局长,她也干!

这个社会冤枉了她,必须让它付出代价!

赛妲原先是一个清清白白的姑娘,年方十四,犹如一朵玫瑰。她在阿比丁区的一家人家当女佣,这家的主人想勾引她,被她拒绝。不料,那主人竟诬陷她,说她与看门人睡觉被他抓住,随后就把她赶了出去。这件事在整个阿比丁区广泛传扬。今天她到一家人家干活儿,第二天就被撵走,因为主人们很快都听说了她与门房睡觉的事儿。阿比丁区的各家各户,都用手戳着她的脊梁,说她是娼妓。

她下决心去当娼妓,把每个落到她手中的姑娘也变成娼妓。她觉得这样做才报了仇,谁给她脸上抹黑,她也把谁抹黑;谁向她投井下石,她也对谁投井下石。她成了娼妓业的女王,故意租下那些曾把她从里面撵出来的大楼,开办了地下妓院。

赛妲从沉思中醒来,望着正在开车的阿利什贝克说道:

"我在与小警官打交道中虚度了光阴,要是我一开始就与大臣们交往就好了。"

阿利什贝克把车停在国民俱乐部门前,车子正对着一条游艇,他下车替赛妲打开车门,说:

"赛妲夫人,请!请看看这游艇。"

赛妲围着游艇转了一圈,发现游艇的仆人正警觉地站在阿利什贝克跟前,向他行军礼。

阿利什贝克向他投去责备的目光,仿佛想说:"你应当是这游艇的普通仆人，而不是内政部的密探。"

赛妲注意到，这游艇铺设简朴，毫无豪华之处。

她走进餐厅，瞧了瞧食品柜后，问仆人道：

"这里没有威士忌酒吗？"

"没有。游艇的女主人不喝酒。"仆人回答道。

赛妲俯在阿利什贝克的耳边，悄声说道：

"这种地方理应有威士忌和大麻烟。"

"你真是事事都不疏忽。"阿利什贝克微笑道。

"既然我是这游艇的主人，我就得做好准备。"赛妲笑道。她走进卧室，不以为然地望着那些简单的床上用品和朴素的家具，对阿利什贝克说道："在这类地方，卧室理应是最重要的房间，这游艇的主人们好像不利用卧室似的。"

"不管他们用过没用过，你在审讯时自然会说，萨米赫·沙里夫用过这间卧室！"

赛妲哈哈大笑，说道：

"欧尼帕夏已经发出了调令，我准备作证：我一直躲在床下……我实在佩服欧尼帕夏！"

赛妲·阿姆莎倒没有恭维欧尼帕夏的下属阿利什贝克，她实在佩服欧尼帕夏。她觉得，他与她有许多共通之处：她是黑夜中的女王，他是黑夜中的大臣；她经营非法的爱情，他从事非法的政治；她是奴隶市场的贩子，他也是奴隶市场的贩子。他俩都做买卖；她出卖姑娘，他收买男人；她利用男人对女人的情欲；他利用国王的权力欲。

她钦佩欧尼帕夏是个对待女人的专家，能把娼妇当作夫人，把女士当作妓女对待。

她还佩服欧尼帕夏是个完美的男人,他身上具备龟奴的全部品质和长处:说话娓娓动听,待人彬彬有礼,在宰割那个受冤枉女人萨米赫·沙里夫时,神经坚强,就像在庆祝她的婚礼一般……他谈判直截了当,一点不转弯抹角……穿的衣服也挺文雅。

不过,最让她佩服得五体投地的是,他同她一样,都不信人们所谓的"名誉"。

赛妲想起了那个她不认识、只看过照片的女人:萨米赫·沙里夫,她斩钉截铁地证明,萨米赫是个卖淫妇,并且在那张供词上签了字,即使她出庭作证,冤枉了萨米赫,也不能算是侵犯了萨米赫的权力。

赛妲充满讽刺意味地耸耸肩,也许这个萨米赫就是当年冤枉她是娼妓的阿比丁区的居民之一,如果萨米赫没有说过那样的话,可能是她母亲、姐姐、亲戚或者是她那个阶级的人说过。

给那个冤枉过她的阶级一记耳光,赛妲心中很高兴。

她又想起了欧尼帕夏,忍俊不禁,便望着阿利什贝克说道:

"阿利什贝克,请告诉我,大臣一个月的薪金是多少?"

"每月二百五十镑。"

"首相呢?"

"三百镑。"

赛妲惋惜地说道:

"欧尼帕夏把他伟大的才能浪费在大臣的交椅上真是可惜。阿利什贝克,请您转告他,让他辞去大臣的职位,到我这里来代替穆泰瓦利·布勒布勒那孩子,给我当助手,我付给他比首相更高的薪金!"

阿利什贝克微笑不语。

赛妲则真的考虑起辞退穆泰瓦利,让欧尼帕夏来当她赛妲王国新首相的事来。

萨米赫·沙里夫女士离开她亚历山大市沙姆勒区圣伊斯梯法努车站附近的家,叫了一辆出租汽车,向锡迪贾比尔火车站驶去。她乘上午九时半从亚历山大开出的特别快车,在高级车厢里坐下,打开《图画周刊》翻阅。她想找一张照片,但没有找到,于是失望地合上杂志。花一个皮亚斯买这本杂志,她感到有点可惜。杂志中所有重要的、引人入胜的内容,她都不感兴趣,那排得满满的照片,也与她无关,她只想找一张照片,既然找不到,那么这个星期的《图画周刊》就没有什么价值。

火车开动了。她并不注意看车厢里乘客们的脸,而是向着窗外眺望,只见电线杆一根接一根地往后退去,颇像她那单调、相似的生活图景在飞快地掠去、消失。

四年来,她每星期四上午九时半乘这列火车去开罗,晚上乘开罗开出的火车回亚历山大,一来一去分别都要三个半小时,为的只是每星期见见她心爱的男人一两个小时。

她珍惜这艰苦劳累的旅行,一如珍惜自己的生命。有时冒着严寒出门,有时抱病上路,为了她这赖以生存的一个小时,一切艰难困苦都不在话下。在每天早晨他给她打电话的那短短几分钟里,她无法倾诉自己的衷肠,因为她知道,他的电话有人窃听;她也不能在信上吐露心曲,因为他的信件都被邮局拆开,检查过,再重新粘好。

他谨慎地不让别人知道他们的关系,他由于地位太高,不得不一直不让她露面。当局毫不留情地向他宣战,她不想充当敌人用来刺向她爱人脊背的尖刀。

他俩每个星期只有一个小时时间,那还是硬挤出来的。她从不向他抱怨自己的痛苦,这一个小时使她感到幸福,生活得很充实,这就是她生活的支柱和动力。她宛如独自生活在一个遥远的海岛上,与整个世界都没有联系,每星期有一条供应船驶向她,给她送去水和食物,这些水足够她喝一个星期,这些食物能使她整整七天感到饱足。

是的,她一星期只能看见她心爱的人一面,然而,她从所有人的嘴里听到他的名字,街上的示威游行队伍高呼着他万岁,学生和工人们在饮弹身亡之前还念着他的名字。他的讲话总是发表在报纸的第一版上,全埃及都谈论着有关他的消息,所有的埃及人——男女老少都热爱他,但只有她才是他的爱人。

她明白,他的心中不光只有她一个人;她知道,他的心里怀着比她的爱情更伟大的爱,它充斥着他的感情和思想,支配着他的日日夜夜,那就是他对人民的爱,他要把人民从帝国主义和暴虐政权下解放出来。萨米赫对自己在他心目中的渺小地位感到知足,心甘情愿地让他每周给她一个小时,让他把每天二十四个小时都献给那另一种爱。

萨米赫·沙里夫认识努哈斯帕夏,早在他成为国民领袖、华夫脱党主席和当上首相之前。那是在一九二七年,努哈斯帕夏正担任众议院的副议长,也是一位名律师。她呢,在和她的前夫阿卜杜·萨拉姆·阿巴斯贝克打官司。她前夫请了当时最了不起的律师易卜拉欣·希勒巴维贝克当代理人。萨米赫为了对付她前夫,竭力寻找一位大律师,以能与她前夫的厉害律师分庭抗礼,特别是她前夫很有钱,常常能贿赂和收买她委托的律师。一位女友建议萨米赫去找努哈斯帕夏,因为他是国内最清廉的律师。

她到努哈斯的事务所去见他。他一向只承办大案子,但对她的小案子倒挺关切,她惊讶地发现,努哈斯仔细地阅读了卷宗,记下了里面的每一句话,而她原先请的律师只是法庭开庭时才看卷宗。

她接连去了几次,很欣赏他的朴实无华和开诚布公,他的正直清廉也使她心动。她从努哈斯身上,看到了一个与她的前夫阿卜杜·萨拉姆完全不同的形象。阿卜杜·萨拉姆不知道如何说实话,穆斯塔法·努哈斯不知道怎么撒谎;阿卜杜·萨拉姆常醉不醒,穆斯塔法滴酒不尝;阿卜杜·萨拉姆荒淫无度,穆斯塔法信仰虔诚,按时祷告——即使是他与萨米赫坐在一起,礼拜的时刻一到,他就离开她,做小净、礼拜,尔后再回到她身边;阿卜杜·萨拉姆狡黠地不常作声,穆斯塔法与人为善,总是直言相告,说个不停;阿卜杜·萨拉姆对萨米赫漠不关心,穆斯塔法对她的一切事情都关心备至。

穆斯塔法长相并不出众,阿卜杜·萨拉姆比他英俊,年纪也比他小。但是,萨米赫倾心于穆斯塔法的精神,心灵之美通常要比外表美更动人!

她和穆斯塔法·努哈斯彼此相爱了。她很钦敬他从不嫌弃她是个离婚的女人,对待她就如对待一位处女。她感觉得到,他作为一个人,一个没有结过婚的男人,忍受着压制情欲的痛苦,这么多年来,他俩的爱情始终是纯洁、清白、高尚的。

她觉得,他会娶她,尽管他从来就没有许诺过,说想要娶他,但是,他的双眼一直在向她求婚。

一九二七年夏天,穆斯塔法·努哈斯到欧洲去治病,萨米赫心想,他回来以后就将同她结婚……不料,国民领袖萨阿德·扎格卢勒在那次旅行中辞世,华夫脱党举行会议,选举穆斯塔法·努哈斯为党主席,继承萨阿德的事业。

穆斯塔法告诉萨米赫,他曾极力推辞,可是,由于同伴们的再三要求,他不得不接受选举结果,出于爱国的责任感,他只得作出这种牺牲。

即使穆斯塔法不说,萨米赫也明白,他不愿身居要职乃是为了她,他知道,领导国民的工作一天得花上二十四个小时,能留给他生活伴侣的只有几分钟。

穆斯塔法生性乐观、开朗,他原先认为,内阁首相萨尔瓦特帕夏与英国外交大臣奥斯汀·张伯伦爵士的谈判将会成功,英国将从埃及撤走它最后一个士兵,往后,他就能辞去华夫脱党主席的职务,安逸度日。一九一九年革命爆发时,他正青春年少,然而,他没有享受过自己的青春年华,而是随同萨阿德·扎格卢勒一起被流放去塞舌耳岛,在反对英国人和暴虐政权的斗争中度过的。英国撤走最后一名士兵后,他应该享受一下个人生活的幸福了。

萨米赫知道,她就是穆斯塔法的个人生活。

谈判失败,阿卜杜·哈利克·萨尔瓦特帕夏辞职。努哈斯帕夏第一次组阁。与英国人,与国王,与英国驻埃及的高级专员,天天都有矛盾。福阿德国王颁布御旨,要努哈斯帕夏辞去首相职务。

萨米赫为爱人的辞职高兴,今后,他可以安安心心地过自己的生活了。突然,他又投身于民族斗争之中,到各地访问,向群众演说,要求恢复宪法,痛斥那控制全国的铁腕人物。

在那些日子里,她只能在每星期四见他一小时。

人民的斗争持续了两年。人民打倒了独裁政权,努哈斯第二次担任首相。他还来不及喘一口气,就开始与英国人谈判。

谈判以失败告终,矛盾层出不穷。国王又一次辞退努哈斯。

西德基帕夏上台,斗争变得惊心动魄,经常发生流血冲突。她心爱的男人又参加了这场艰苦的斗争。每星期四下午,她总是坐在吉齐拉街旁的游艇里等他,时间一小时一小时地过去,他没有来……游艇没有电话,他没法打电话来为被迫迟到一事向她致歉:有时正好是萨阿德纪念日,有时是国民圣战节,有时他正在砸碎锁链,冲过警卫闯入国会,有时是他想闯进开罗火车站到贝尼苏韦夫访问,被警察打伤了头,有时正好碰到他要去曼苏腊市访问……

萨米赫第二天看报,总能看到穆斯塔法·努哈斯言辞火辣的演说。千百万人阅读他的演说,把它看作是革命的号召。她读这类革命演说如同在看她爱人的致歉信,他在里面陈述了他未能在星期四下午前去会面的原因。

对此,她并不难受,等待、见不到他,她也不伤心,当她与这个把自己的全部生活都献给祖国的男人坐在一起的时候,她感到无比的幸福。她也为他带来一些快乐,仿佛是报答一下他的恩情,凭借她的爱情包扎他的创伤,安慰补偿他受到的暴虐者们的折磨。

她从他的眼中看出,他们这样简短的相会使他愉快,忘却了烦恼,减轻了他的愁虑。她很谨慎地不同他谈论政治,让他在这片刻之中摆脱掉政治的折磨。可是,他总是喜欢谈政治,往往整段时间都用来向她讲述暴君们的罪行和专制者的野蛮,说得十分详尽,这时,她就要逗他,笑着说道:

"你都忘了问问我的身体怎么样?你知道,这几个星期,我一直在生病。"

穆斯塔法笑了,他确实忘了她的疾病,一心都扑在使千百万人遭殃的暴虐瘟疫上。

她不想给他添麻烦,把自己的苦恼告诉他,不想告诉他,她的兄弟们正在逼她结婚,每天都给她介绍对象,她每拒绝一次,家里就闹翻了天。兄弟们对她发火,说他们出身保守的大家,让一个女儿离婚后不再出嫁留在家里,为这个家庭的尊严所不容。

过去,她的前夫阿卜杜·萨拉姆·阿巴斯贝克是那样虐待她,法院审理他们的案子,由于穆斯塔法·努哈斯的辩护她获胜,现在他却企图与她复婚。

奇怪的是,她的兄弟们竟然相信她骗人的前夫怀有诚意。她的前夫狡猾地把他们从敌人变成盟友,站在一起对付她,向她施加压力,要她回到他身边。

萨米赫不能向她的兄弟们说她爱上了一个人,那人正献身于另一种爱,眼下还不能与她结婚。假如他们知道她爱的这个人是国民领袖,那就会狂呼打倒他,加入西德基帕夏的阵营,用各种各样的武器反对他。

她的兄弟们并不信仰爱情,无法想象世界上还有一种东西叫做"纯洁的爱情",认为那只是荒淫堕落的代名词罢了,他们也无法想象,一男一女单独相处,会不受魔鬼的蛊惑。她每次去开罗都不得不撒谎,说她到女朋友考赛尔·加尔亚妮那里去过一天,在位于阿布基尔郊区的考赛尔家里吃午饭和晚饭。萨米赫痛恨说谎,但是,四年来每到星期四她就得说一次谎,以堵住那些好奇心重的兄弟们的问题。

萨米赫叹了一口气,依然透过车窗玻璃望着那些电线杆。

爱上一位领袖人物的女人是多么不幸,她享受不到做人的权利,也得不到领袖的任何权利,只能偷偷地瞧一瞧她心爱的人,只拥有开启他生活的后门钥匙,前门钥匙则是属于除她之外的所有其他人的。她站在街头,观望着他的队伍,却无权加入他光荣的行列。记得在政府取缔国民宪法以后掀起的人民斗争中,她曾一连几个星期四徒然地等待他,她如饥似渴地想见见她心爱的人。听说妇女们将举行一次游行,要到国民议会去向他致敬,她插进了游行的人群,站在队伍的最后面,远远地注视他,听他发表演说。她与其他妇女一起高呼他万岁,向他鼓掌,她看到自己思恋的人时,不觉热泪盈眶。

她看到一位妇女挤过人群,冲上前去同他握手,许多妇女紧跟着也同国民领袖握手,只有她萨米赫始终站在原地,不敢开出一条路去摸一摸她爱人的手。接着,她看见一位姑娘抱住他,吻他,她的爱人在笑……

萨米赫看到另一个妇女也在吻她的爱人时,脸色顿时蜡黄,她感到自己从来没有这样嫉妒过,真希望地上裂开一条缝,自己能钻进去,恨不得扑向那个恬不知耻的姑娘,用指甲抓她。萨米赫觉得浑身热血沸腾,像在发高烧,睁着双眼却看到了梦魇。她想拼命叫喊,但是,不能那样。为了她心爱的领袖,她应收起女人的情感,应该用脚踩住她受伤的心灵,不让别人听见她心灵的呻吟,应该化成一座石雕像,忍受住世界上任何女人都忍受不了的一切。

她忍住了,坚持住了,一直屈辱地站在队伍后面。游行队伍中的妇女冲向领袖,有的吻他,有的同他握手,还有的跟着他一起笑。在这人山人海之中,他没有看见萨米赫,没有能伸出手拭去她的泪水。只有她一个人,没有从他那里听到一句同情的话,他把同情的言语分送给了所有参加游行的妇女,惟独没有她!

在下一次会见时,萨米赫向他讲述了那次经过的情况。他很惊讶竟没有看见她,她向他欢呼,叫得声嘶力竭,热情地为他的演说鼓掌,把手拍得通红,她双眼噙着泪水,他都没有看见!这是因为在千百名妇女中,只有她不能在光天化日之下接近他。

她责备他在那个厚颜无耻的姑娘吻他时不该哈哈大笑,他应当生气,转过脸去,不让她吻,他应当用手把她推开。

穆斯塔法笑了,说他不能阻止一位热情支持他的姑娘吻他,作为国民领袖,国内所有的女人,都是他的母亲、姐妹和女儿,一家之长可不能对家庭中的女成员想用吻来表达感情加以呵斥。萨米赫知道,他说的是实话,置身在群众之中,他对待男人的吻和女人的吻,确实是不加区别的。领袖一到群众之中,就成为清教徒式的人物,摆脱了七情六欲,群众把他们举在头顶上,使他们根本不会去想那些站在地上的人所考虑的琐碎小事。

萨米赫的不幸,在于她爱上了一位领袖,一位全国性的领袖,他的生活被千百万人分享。她的责任是维护他头上的光环,维护民众对他的爱,维护这位放置在用千百万群众的心做成的牢固雕像座基上的人物。

她多么期望有朝一日能像成千上万对恋人那样手携手地走上街头！人们看到雕像从座基上下来，与一位女人漫步大街，将会感到惊讶，把雕像、座基连同这个女人一起砸个粉碎。她的命运将会如何？一辈子从后门进出？会有这么一天，让她从前门堂堂正正地走进去吗？

她消磨空闲时间的办法是读书。看那些爱上伟人的女人的故事，她们在暗中受苦，用自己的忍耐和爱情参加那些英雄人物的斗争，在艰难困苦之中支持他们，她们的心是保护伟人的盾牌，供他们支撑的墙。正是她们的爱，使他们变得坚强，有力量坚持他们艰苦卓绝的斗争。

这些女人都从后门消失了，她们中从没有过一人，分享到她爱人伟大的光荣，到头来她们都被英雄人物的崇拜者们扔进了遗忘的垃圾箱，即便史书也不肯对她们花费一点笔墨，只是把她们放在与参考书名、页码排在一起的注释里。

她的命运将像莱达·汉密尔顿一样吗？莱达与英国伟大的英雄纳尔逊勋爵相爱。这位英雄用独臂拥抱她，她觉得这条臂膀比世界上所有男人的双臂加在一起还温柔，更有力量。纳尔逊这位天才人物只有一只眼睛，莱达是他的另一只眼睛，用以看尽世界上的全部美色。她在他的光荣和权力庇护下生活了一段时间，后来，纳尔逊突然丧命，这位英国史上最伟大人物的爱人，过着穷愁潦倒、忍饥挨饿的生活，替纳尔逊在伦敦竖起最高雕像的民众，并没有俯身施舍给这位曾与纳尔逊相爱的妇人一块面包！

她的命运如同波兰的伯爵夫人玛丽·法勒费斯卡吗？拿破仑一生从没有像爱玛丽似的那样一往情深，他想娶玛丽·法勒费斯卡，却遭到将领和朋友们的反对，他们要他与仇恨、蔑视他的玛丽·路易丝结婚，而不愿他娶热爱、崇拜他的玛丽·法勒费斯卡！

她将得到与泽娜白·贝克里一样的结局吗？拿破仑在开罗看见泽娜白，迷恋上她，人们把她叫做"统帅的埃及姑娘"。后来，法军撤退，民众冲进乔达里亚区贝克里的宫殿，索取那个喜欢占领军统帅的女叛徒的脑袋，她的父亲谢赫·贝克里出来，把她交给愤怒的人群，声嘶力竭地喊道："我同她没有关系！"狂怒的群众扑向泽娜白，用埃及古代史学家伽百鲁蒂的说法："他们折断了她的脖子。"

萨米赫难受地摇摇头，深深地叹了一口气，那些情景仿佛使她窒息，她想自己的情况和上述的故事画面明显不同，那些女人都同自己的男人生活在一起，享受过夫妻之乐，只有她与历史上那些热恋伟人的女人们迥然不同，她对他始终怀着纯洁、高尚的爱情。

纯洁的女人难道会与娼妓命运相同吗？真主决不会抛弃这纯洁清白的爱情，它一尘不染，远离污浊和罪行。真主一定会赐福给它，让她有一个合乎常情的结局，不久她将一周七日天天从正门进出，而不必等到星期四夕阳西下的时候……

黄昏时分，努哈斯帕夏的汽车停在萨米赫的游艇前，这位领袖走下汽车，手里拿着手杖，快步走向游艇的门，他的汽车随后消失在暮色中。

萨米赫站在梯子头上等他。他一面望着她，一面登上梯子。她一头乌黑的秀发，一对迷人的眼睛泛着笑波，身材娇美、婀娜，这么多年来，她和他一直让这热情奔放的身子受着禁锢。然而，在这令人心动的美色面前，他却无法保持沉默，笑着说道：

"这是一种示范，美的示范！"

她紧握着他的手。握手一直代替他俩的拥抱，手心贴着手心，手指交叉在一起。

这种奇特的会晤使他俩感到满足，仿佛他已经把她抱住，搂在胸前，吻个不停似的。

他年已半百,萨米赫也三十岁了,这会儿,他俩都成了稚气的少年,他和她都忘记了他是国民领袖,他俩只是一对热恋中的少年。

努哈斯坐在一张藤沙发上。她傍着他坐下,问道:

"你的情况好吗?"

"好极了!"他答道,"上星期五,我到侯赛因清真寺做主麻礼拜,整个侯赛因区的居民都出来高呼我万岁。警察赶来,用棍棒殴打街上示威的群众,群众高呼打倒伊斯梅尔·西德基。警察打得越凶,群众呼喊打倒内阁的声音就越响……国内情况不错。"

萨米赫微笑道。

"我是问你的情况,而不是国家的情况。我上星期四离开你的时候,你正在生病,发着高烧。"

"当时我确实病了,可是一看到群众高涨的热情,我就霍然而愈了,感冒消失,体温也恢复了正常。看来,群众的情绪低落,我就会发烧;群众情绪上升,我的体温就正常。明天我要到圣泽娜白清真寺做主麻礼拜,我将在那里为你念《古兰经》'开端章'。"

"你看上去很累,需要休息。"

"全国都在受苦受难,我怎么能休息?到处都是冤狱,支持我的人在各地受到追捕,天天在抄反对派党员的家。政府使用一些虚假的漂亮许诺欺骗民众,每天吹嘘它已消灭了经济危机,但经济状况却一天比一天恶化。政府用最卑劣的武器来对付我,这就是饥饿的武器。我是个穷人,一年的退休金只有一千五百镑,要养活我的姐姐和她失去了父亲的孩子们。我的亲戚也没有钱,政府却突然作出了蛮横的决定,减少了我的退休金。这样的退休金,我一个子儿也没拿。我已经上诉,控告政府,我会胜诉的,因为埃及还有法官。如果这件事只牵涉我个人,那我可以节衣缩食,但我得负责一个家庭！我想向埃及银行借款，朋友们劝我别借，银行不敢与陛下和政府作对。不过，塔勒阿特·哈尔伯把我要的款借给了我，我才没有像政府希望的那样饿死。我很穷，我的经济很拮据，但是，我不会向暴君低头屈服。"

努哈斯露出蔑视贫穷的微笑。他是位帕夏，对贫穷只是蔑视地一笑，还坦率地说出自己和全家的清贫，这使萨米赫感到钦佩。

萨米赫仿佛看到，这蔑视贫穷的微笑使他疲惫、苍白的脸显得容光焕发，增添了一点英俊之气，他确实与众不同，一般人总是为贫穷发愁，遇到困苦便低三下四，对自己的拮据感到不胜羞愧。

此时此刻，萨米赫觉得自己更爱他了。过去，他也总说他一无所有，好像是为了让她准备过一种俭朴平凡的生活，但是，他今天谈到自己的清贫时，声音有些特别，充满了自豪和骄傲，就像一位百万富翁，在爱人面前夸耀他拥有的田庄、高楼、珠宝、银行和公司股票！

"对我来说，你是世界上最富的人。"萨米赫紧捏着他的手说道，"我和阿卜杜·萨拉姆·阿巴斯结婚的时候，他是亚历山大最有钱的青年，可我却觉得自己是全市最穷的女人。钱不能使人富足，有时反会使人变得贫乏，一无所有，甚至弃家出走，流离失所。我体会到，你之所以有力量，是因为你同国内千百万一贫如洗的人一样穷。你要是腰缠万贯，那他们就不会像现在这样理解你……他们爱你，因为你是他们中的一员，像他们一样穷困，为生计奔波，四处借贷。国家已经破产，对穷苦人来说，任何一个有钱人都像是洋人。"

"我的心告诉我，我们生活的漫长黑夜，即将一去永不返，我们的心灵将会重新发出欢笑，阳光又会照耀我们。这是我的感觉，我的心声。我完全信仰真主，随着我的心每一次搏动，我都相信人民的胜利快要来临，比你想象的来得更早。我将同你一起庆祝这胜利。如果在过去的几年里，你的心满是创伤,那么,我相信未来的日子将会治愈这所有的创伤。"

"四年来,我老是听说胜利就在眼前,但看到的却总是失败。你有一个星期跟我谈到了黎明,我却在黑暗中过了整整一周。你说全是喜讯、欢笑声,我们的现实却是一片漆黑、泪流不止。你有时抓着我的手,看我的手纹,告诉我,我的生活将充满欢乐,好像你是个算命先生,你的眼睛夜夜都是良宵,在我同你的生活道路上,不会有破裂或曲折。我却总是忐忑不安,生怕你受到敌人的袭击,我的头脑里全是不祥的念头,担心你的朋友会比你的敌人更先攻击我们的爱情。我知道你的敌人们正窥伺着你,等待着你犯哪怕是一丁点儿的过错。我想站在你身边,用我们的爱情保护你,可是迫于你的处境,我只得远远地离开你。因此,我的生活特别艰难,那相爱的日子犹如凉爽的夏夜,孤独的日子好比严酷的冬夜。我有时宽慰自己,我只是那千百万受苦人中的一个罢了,他们能忍受的我也能忍受,他们能等待我也能等待。偶尔,我也会不由自主地发作。当着你面发作,让你分担我的不幸,在你受了许多麻烦和惊吓之外再拖累你,我却也于心不忍。"

"萨米赫,对我你尽管放心。"努哈斯笑道,"他们不敢伤害我们的爱情,我相信真主不会抛弃我们,我们也没有做过什么触犯真主的事。"

"信徒可是常会遭灾的啊,帕夏!"萨米赫露出一丝凄楚的微笑。

他满怀情意地亲切地拍拍她的脸颊,说道:

"我现在只能对你说:你的全部期望,真主都会使之实现。"

她清澈的眼睛一亮,继而垂下她那丝线般的眼睫毛,仿佛进入了梦乡。这美梦并不长,她又睁开眼睛,面对着现实,说道:

"我只期望待在你的身旁。我的爱情压倒了一切,我并不考虑我自己,今天,我的全部心思都放在你身上。我深信,我是惟一能使你幸福的女人,你随便把我放在哪儿,我都不在乎。我愿意做你的仆人,条件是经常待在你身边!"

"你不是做我的仆人,而是当我的妻子。"

萨米赫感到快乐,不禁喜形于色,全身都在快乐地跳动。这是四年来她第一次听见他说要娶她。在这期间,她每天都相信他将要娶她,他想娶她,但听见他亲口这么说,这可还是第一次。

她真希望他把这样的话说上一千遍,在会面结束之前,除此之外不说其他的话。

然而,他使她失望。他看看表说道:

"我现在得走了,反对党领导人开会的时间到了。"

他离开她走了,她来不及问他会议几点钟开,来不及问他成百上千个问题:他为什么今天才向她求婚?为什么四年来一直让她悬在半空,不给她一个许诺,让她在不安和等待的旋涡中抓住这稻草挣扎求生?他是不是每天向群众演说太多,而忘记了向他所爱的女人求婚?他是不是有西德基政权即将完蛋、人民将要掌权的确凿消息?由于他正投身于一场艰苦残酷的斗争,自己也不知道是能幸存还是将壮烈牺牲,所以才坦率地说出了他原来不能直言相告的话?他是不是肯定黎明的曙光即将来临,才主动说出自己的宿愿,提出同他结婚?

她知道他,凡做不到的事,他是不会答应的,他从来没有许诺过给她带来乐园,而只是谈论等待着他的痛苦和折磨。是不是他从她的眼中看出,她在替自己的命运担忧,所以才赶快安慰她,包扎她心灵的创伤?是不是他因为穷,经济状况不稳定,才没有主动向她求婚,等他从埃及银行贷到一笔款子,四年来才第一次觉得自己有钱付彩礼,为她买订婚戒指和支付结婚费用了?

然而,她倒是从来都没有想过彩礼和订婚戒指,她想的只是同他结合,除了他本人之外,什么都不要。国王要是剥夺了他帕夏和国家要人的封号,她并不在乎,如果新埃及公司把他从向公司租来的那套房子里赶出来,她也不在乎!

她曾告诉过他千百次:世上的钱财并不能使她幸福,她与阿卜杜·萨拉姆结婚时,手里有大笔的钱和昂贵的珠宝,这些她都用脚踢、用鞋踩,因为她宁愿听到一句善意的话,而不要一千镑钱;宁愿要一个贫穷的忠实丈夫,而不要一个变了心的百万富翁丈夫。

他好像没有考虑过她,只想到由他赡养的贫穷家庭,他无意抛开他的家庭,除非他能使这个家庭过上有尊严的生活。她很喜欢他对孤苦伶仃的外甥们的慈爱之心,他谈到他们时,就像谈他的心头肉。有一年过节,他没有能够为他们像别的孩子过节那样添置新衣服而感到痛苦。萨米赫把努哈斯同她的前夫阿卜杜·萨拉姆作了比较,阿卜杜·萨拉姆讨厌他家里的人,如果有人因为要在医院里做紧急手术来向他求助,他就避而不见。一个人是不可能同时又爱又恨的。伟大的心灵,不会只爱一个女人,而是爱所有的人。女人不能从她爱人心中夺走他对自己母亲和家庭的爱。那样做的男人,是没有良心的,他们的爱情只是受着欲望的驱使,而不是发自内心。为了一个女人出卖自己家庭的男人,迟早也会出卖这个女人。心灵如用于买卖,心灵就成了商店。

萨米赫爱努哈斯的家庭,虽然她并没有见过他家中的人。她爱他的家庭,根据是他谈到自己家庭时那充满柔情的声音,是他不能像有能力的父亲那样为自己宝贝的孩子们做这做那而流下难过的眼泪。她爱努哈斯热爱的所有人,和所有爱努哈斯的人,她不嫉妒他们,也不因为他为他们忙忽略了她,赶赴他们的会见没有来与她会面,或谈论这千百万人要比谈论她多上好几倍而责怪他。

她同他结婚,不是为了当国民领袖的夫人,她将躲在家里,不参加那些正式接待,也不在公众场合露面。她在生活中的任务,是待在他旁边,为他一人献出她剩下的岁月,照料他,照料他的外甥们,关心他宝贵的健康。她不喜欢出风头,她等待的只是她的爱人,她那个没有官职、头衔、封号、光荣和权力的爱人。

萨米赫望着轻轻地吻摸着游艇的尼罗河水,叹了一口气。

月光洒落在河水上,留下模糊的倒影,河水显得分外秀美、绮丽……她探问似的望着月亮,只见一朵乌云渐渐逼近,遮住了它……

她的心头一紧,想道:是月亮不想回答,用乌云遮住了脸庞,还是乌云伸出手堵住了月亮的嘴,不让它说话?

穆罕默德和佐贝黛这对情人在分别了五天之后又重逢了!

穆罕默德一面紧紧地搂抱佐贝黛,仿佛还感到不满足似的,一面说道:

"使我心神不定的是,我还没有找到问题的答案,我的脑子里尽是惊叹号和问号。纳吉娃来看你,究竟是什么目的?她编造我让她怀孕的谎言,又是为了什么?"

"我像你一样弄不明白。本来我以为,她亲眼看到我当她面晕倒之后会来看我,问候我的健康,但是她没有来,只是派人送来一束鲜花祝我恢复健康。今天早上,我打电话给她,对那束漂亮的鲜花表示感谢。她对那次我发生的情况只字未提,讲话的方式也很普通,说她很抱歉,没有在我生病期间来探望我,原因是她也病了。怀孕的事,她一句没有谈到,对于你,更是什么都没说,以致我都怀疑当时我听到的只是幻觉罢了。"

"也许这正是她的目的。她想使你以为你真疯了,你想象的是些子虚乌有的事,听到的话压根儿没有人说过。这就使我相信,她正在搞鬼。我深信,她跟你讲过那件事,我们可以假设她什么也没同你谈过,那些全是你的幻觉,那么,按理她也应该问问你为什么会晕倒。可是,她矢口不谈这个题目,这显然证明,你发生的一切她全知道。"

"我现在生活在一个谜一般的世界里。你想,直到今天,我还弄不明白欧尼在忙什么事,他干吗不到部里去上班?他是今天才去办公的,他一出家门我就打电话给你,把你叫来。你没来的这五天,我可受够了罪,差一点又发病。欧尼老待在家里,我简直手足无措。他往往一连几个小时与刑事警察局局长阿利什·萨利姆贝克上校窃窃私语,早上见面,晚上也碰头。我认为,他们两个是在研究暗杀反对党领导人的计划。有一天我正好望着窗外,突然看见阿利什贝克陪着一位我不认识的女士进来,出乎我意料的是欧尼居然与这位女士单独密谈。我看见欧尼在送她走的时候,还朝她的手俯下身去,像是在吻她的手……我心里挺纳闷:这位女士与暗杀反对党的领导人有什么关系?"

佐贝黛接着又说道:

"我问过欧尼,那个陌生的女士是谁?起初,他支支吾吾,后来就冲着我发脾气,问:'你在刺探我吗?你怎么知道有个女士来看过我?'我说:'我是从窗口看见的,看见你朝她的手俯下身去,你的头都快碰到花园的地了。'他说:'这是关系到最高当局的决策问题,跟你没有关系。我待在家里,就是为了不让人知道我的秘密会见。'我假装吃醋,他为了安慰我,说:'那女士是王室的一位公主,跟国王陛下有些纠葛。'我发觉,欧尼在撒谎,但我什么也没说。我是越来越好奇,真想知道这个占据欧尼整个心神,连上班都不去的秘密计划究竟是怎么回事。

"今天,萨尼娅告诉我,她听司机说,欧尼在客厅里接待的那个陌生女士,名叫赛妲·阿姆莎,是开罗地下妓院的女王。司机一下子就认出了她,因为司机也曾经是她的一个顾客。"

穆罕默德感到诧异,说道:

"是什么原因,国务大臣竟会在自己的官邸会见开罗地下妓院的女王?准是有一个反对党的领导人经常光顾她经营的某个妓院,他们想当场抓住他。如是那样,就是一场深灾巨祸,比落到反对党头上的所有不幸都更严重。可是,在反对党的领导人中,这个经常出入妓院的人是谁呢?他们都做礼拜,都有一个幸福的家庭。反对党领导人中,独身的只有努哈斯、诺克拉西、艾哈迈德·马希尔,他们可绝对不会干这些丑事!"

"我无法弄清楚欧尼的密谋,什么办法都试过,都无济于事,我一生还从没见过欧尼这么守口如瓶。他只告诉我,这份秘密计划只有两份,一份放在福阿德国王阿比丁宫的书房里,一份在家里二楼他的写字桌里。我开过写字桌的抽屉,发现所有的抽屉都上了锁。"

"你干吗不趁他睡觉的时候从他口袋里偷出写字桌的钥匙去开抽屉?"

"他把钥匙放在枕头底下,与手枪放在一起。"

穆罕默德的眼睛突然一亮,说道:

"让我现在去看看写字桌,看看是哪一种锁,下一次我把开抽屉的钥匙带来。"

佐贝黛陪穆罕默德走到楼上,进了欧尼的书房。穆罕默德试着开锁,但是,不行⋯⋯

他徒劳无益地试了好几次。他想起,可以向西迪·法尔杰咖啡馆的老板维赫丹求助,维赫丹老板认识区里所有的小偷,他干吗不带一个来,打开这难开的锁。

然而,他又为佐贝黛担心,他不想向任何人泄露她的秘密。带一个惯窃来,他说不定什么时候就会说出去,他通过大臣的妻子或大臣的女佣进入大臣的官邸,开过抽屉,那可怎么办?

穆罕默德记起,他曾从鲁基·马阿里夫中学校长穆罕默德·阿卜杜·萨马德先生手里接过一包工具,当时,他决定夜闯国务大臣的官邸,偷出陶菲克·迪亚卜和阿齐兹·米尔海姆一案的卷宗。那包东西中有万能钥匙和一枚撬锁用的长针,那天他把这两样东西放在长裤口袋里,在还东西的时候,把绳梯和一串钥匙给了阿卜杜·萨马德先生,就是忘了还万能钥匙和撬锁用的长针,现在仍放在他床下的箱子里,他不好意思再去还,免得再一次从阿卜杜·萨马德先生眼中看到责备的目光,那目光他永远忘不了,它只有一个含义:"你这个窝囊货!"不错,他后来搞到了情报,终于使陶菲克·迪亚卜和阿齐兹·米尔海姆无罪获释。但是,他明白自己在窃取那份文件时毕竟是失败了。

他对佐贝黛说道:

"开这些抽屉的钥匙我明天带来。"

"你确信那钥匙能开这种锁吗?这可是英国的耶鲁牌锁!"

"我的钥匙连国民银行的保险箱都打得开。"穆罕默德回答道。

次日傍晚六时,穆罕默德来到萨尼娅的房中,只见佐贝黛穿着一件半透明的玫瑰色睡衣,他把她抱在胸前吻个不停,以表达他的思念。在拥抱她的时候,他听见口袋里的万能钥匙和长针在叮当作响,这两样东西似乎也在拥抱。

这叮当之声提醒了穆罕默德,他温柔地推了一下佐贝黛,说道:

"我们应该先去开抽屉锁。"

佐贝黛二话不说,立即整了整蓬松的头发,将半透明睡衣上的皱褶拉拉直,拿过一件缎子罩袍穿在睡衣外面。

佐贝黛一面踮着脚尖上楼梯,一面说道:

"要小心……用人都在家!"

"我知道。"穆罕默德屏住呼吸说道,"我进书房后,你得下楼去叫萨尼娅上来,替我望风。"

他蹑手蹑脚走进书房。佐贝黛从外面把门锁上,去叫萨尼娅来担负望风的新任务。

穆罕默德试着开写字桌的抽屉。不一会儿,他就打开了第一只抽屉,用发抖的手指在一沓沓的纸中寻找着……他找到了各省、各县关于治安情况的报告,没有发现他要的那份秘密计划。

他把报告按原来的顺序理好,关上抽屉。

第二只抽屉打开了,里面是各反对党领导人的经济状况调查报告,包括他们的银行存款和应偿付的债务。

他抽出第三只抽屉,看到里面放的是一叠欧尼帕夏的照片,有的是他身穿大礼服的单人像,有的是他与西德基帕夏和其他大臣们在宴会和庆典上的合影。

第四只抽屉里放的是一大堆卷宗,有关于前赫底威阿巴斯在国外活动的报告,他在旅行中会见过的人的名单,有一份卷宗是国会议员经济状况调查表,还有一份是关于亲政府报刊和反对党报刊的发行量统计。穆罕默德从这些卷宗的最下面,找到了一份材料,上面写着"风化警察局"。

穆罕默德大失所望地关上了最后一只抽屉,欧尼帕夏准是在把秘密计划的事告诉了佐贝黛之后,把计划撕了!

他突然想起今天佐贝黛谈起赛妲·阿姆莎来拜访过国务大臣一事。

穆罕默德又打开了最后一只抽屉,从卷宗中找出了写有"风化警察局"的那一份,一打开,"计划"两字赫然在目。

他眼睛一亮,立即用眼睛捕捉起那手写体文字的一句句、一行行来。这就是秘密计划!

这份计划分成几段,每一段都有个编号,第一段是:

"他每星期四下午到吉齐拉街国民俱乐部正对面的游艇去,在里面待一至两个小时,与亚历山大市的一位富豪阿卜杜·萨拉姆·阿巴斯贝克的前妻萨米赫·沙里夫女士会面。正如我们的报告业已证实的,她是个声名狼藉的女人,每星期四都到游艇来与他见面。我们的一个人员已经打入,担任该游艇的仆人和驭手,他每周向我们递交会面的详细报告,报告说,那人在谈话中攻击国王陛下。"

第二段说:

"调查证实,这艘游艇乃供作地下妓院用,业主是一个名叫赛姐·阿姆莎的女人,法院正在审理的告发她操持妓业的案子,即达五十三个之多。"

接下去是第三段:

"将由极为可靠的刑事警察局局长兼风化警察局局长阿利什·萨利姆贝克上校率领一支部队前去袭击游艇,捉拿游艇上的一男一女,将他俩递解扎马利克岛警察所。上述部队的成员,将从各省的警察中选拔,以免他们认出那男人的身份。随同这支部队前往的有阿比丁检察官巴德兰·拉菲克先生,此人是我方一位可靠人员。这样,逮捕行动的全部正式手续均已完备。"

第四段中写道:

"将邀请一批报刊摄影师和编辑在扎马利克岛警察所集中,一俟将那男女抓获,即令他们摄下现场镜头。"

第五段是:

"我们将把行动安排在斋月九日进行,以在信仰虔诚的人民群众和伊斯兰各国人民中产生巨大深刻的反响。"

第六段说:

"内政部国务大臣一接到通过正式途径的汇报后,将立即赶往出事地点,将提出两种办法让那人选择:作出从此脱离政治的决定,或将丑闻诉诸法庭。那人如若同意,将把摄影记者的胶卷没收,但有可能漏掉若干照片,在国外报刊上刊登出来。他如拒绝,丑闻将通过一切宣传工具予以揭露。"

穆罕默德读完秘密计划,更加困惑不解。这个经常流连于地下妓院的人是谁?当局何以对他如此重视?

穆罕默德开始默想所有反对党领导人的名字,但是,其中没有一个符合上述情况。

他在卷宗中发现还有一张用打字机打的纸,顶上面写着"绝密"。

"关于亚历山大市拉姆勒区圣伊斯梯法努大街四十一号萨米赫·沙里夫女士的报告:

"经我们调查获悉,这位女士曾与著名富翁阿卜杜·萨拉姆·阿巴斯贝克结婚,后因阿卜杜·萨拉姆多次与舞女和女演员厮混胡搞声名扫地而离婚。

"她今年三十一岁,身材修长,容貌秀美,在拉姆勒区名声颇佳,难得离家去看望亲戚和兄弟。

"她的长兄阿卜杜·穆塔拉卜·沙里夫先生,是国民法院法官,其他几位弟弟是哈米德·沙里夫博士,国立医院大夫;卡米勒·沙里夫,亚历山大市工程师;阿卜杜·达伊姆,粮食商。她的娘家是一个因循守旧、恪守传统的家庭。通过对萨米赫女士的监视,业已查明她每星期四上午去开罗,晚上返回。

"她拥有国民俱乐部门对面的一艘游艇,除了国家要人穆斯塔法·努哈斯帕夏,任何人不接待。

"众所周知,他是她家的一位朋友,他夏天到亚历山大市时,到她家拜访过她,她的兄弟皆在场。一般来说,她是无懈可击的。

"调查表明,努哈斯帕夏在她告发前夫阿卜杜·萨拉姆·阿巴斯贝克一案中,曾担任她的律师。

"经过深入调查证实,她一生品行端正,她已经拒绝了许多求婚者,她不问政治。"

穆罕默德看完了报告,越来越惘然。这么说,他们要抓的人竟然是国民领袖努哈斯帕夏!

然而,欧尼帕夏在他炮制的那份计划里为什么说,"调查表明萨米赫是个声名狼藉的女人",而秘密报告中却说"她一生品行端正","她是无懈可击的"?穆罕默德又发现了第三份材料,上面有赛妲·阿姆莎的签名,她供认她是吉齐拉街那条游艇的主人,萨米赫·沙里夫是为她经营的。

穆罕默德想偷走秘密计划和另外两份材料,很快地把它们塞进了口袋……

接着,他怕被欧尼帕夏察觉,又将材料放回卷宗。

他觉得,那三份材料已印在他的脑海里,每一行、每一句、每个词、每个字母,都记得清清楚楚。他把"风化警察局"卷宗放回原处。

他按原先的样子整理好最后一只抽屉,试了试锁舌是否咬紧,一切如旧,才放下心。

突然,他听见书房门有响声,只见女佣萨尼娅慌慌张张地跑了进来,对他说道:

"帕夏突然回来了,太太已下楼去,不让他马上上来,你快躲一躲。"

穆罕默德在书房里四下张望,发现别无通道,便问道:

"我躲在哪儿?"

萨尼娅迅速把他推向一扇门,他发现这是间浴室,惶恐地问道:

"要是帕夏上厕所,那怎么办?"

"我从外面把门反锁上,"萨尼娅镇静下来,"我就说钥匙丢了!"

她不容他争辩,马上把门锁上。

穆罕默德顺着浴室的墙往上看去,只有一扇小窗,他的身子是钻不出去的。

他觉得,自己成了笼中老鼠!

他脸色蜡黄,四肢发僵。欧尼帕夏肯定要上厕所,看到门被锁上,他也许会另找一把钥匙,也可能把门砸开。要是欧尼帕夏看见自己待在他的浴室里,他怎么跟欧尼帕夏说?说是来杀死他的吗?

不,他将说自己是到窃国大盗的家里来行窃的。

他想象着明天各家报纸的第一版上都会登出抓住了一个企图偷盗大臣官邸的记者的消息!

猛地,他听见了进书房的脚步声。他把耳朵贴在门上静听,那是一个男人和一个女人的脚步声,他相信,佐贝黛正陪着欧尼帕夏,凭着她的机智,她会有办法让欧尼帕夏离开浴室,她会佯称这浴室坏了,带他到她的房里去,这样,萨尼娅就可以来开门。

穆罕默德心里稍微踏实了些。接着,他听见钥匙的碰撞声,佐贝黛惊恐地问道:

"你要拿什么?"

"拿计划!"

"干吗要拿走计划,它放在这里挺安全!"从佐贝黛的声音听得出,她是竭力不紧张得叫喊起来。

穆罕默德微微笑了。佐贝黛准以为他把计划偷走了,感谢真主,他在最后一刹那放弃了偷走计划的念头,把计划放回了原处。

他听见开抽屉的声音,接着,抽屉又关上,钥匙在转动,抽屉重新锁上了。

"你找到计划了?"这是佐贝黛的声音,她的语调平静多了。

"当然找到了。"欧尼帕夏答道。

佐贝黛用柔和的带点撒娇味道的声音说道:

"那你就让我看一看吧。"

"你疯了吗?"欧尼帕夏生硬地说道,"我已经告诉过你,这是国家最重大的机密之一。我回来取它,是因为陛下马上要接见我,问我有关这计划的细节。

"那么,你不相信我!"佐贝黛娇声娇气地说道。

"我是完全相信你的,但这件事我做不了主,只有陛下才说了算。我曾以脑袋担保,向陛下发誓不让别人知道,我能够告诉你的,是这份计划将把努哈斯从华夫脱党主席的位子上拉下来,也将把伊斯梅尔·西德基从首相宝座上拉下来。"

国务大臣的这一奇怪说法,使穆罕默德纳闷。他明白,欧尼帕夏的鬼计划如获成功,将把努哈斯从华夫脱党的主席位子上拉下来,但是,怎么还会把伊斯梅尔·西德基从首相高位上赶下台呢?

不一会,穆罕默德又听得脚步声朝书房门走去,佐贝黛问欧尼·哈菲兹:

"你不想上厕所吗?"

穆罕默德差一点晕倒过去,萨尼娅肯定还来不及把穆罕默德躲在浴室里的事告诉她的女主人。

"我没时间上厕所了。陛下命我立即去库巴宫见他,要我穿便服去。"听到欧尼帕夏这么一说,穆罕默德松了一口气。

蓦地,宣布进入斋月的炮声响了。

欧尼帕夏又说道:

"望见斋月的新月了……祝你年年如意。"

穆罕默德听见炮声后只想到,已经是星期天的零时了。再过四天,欧尼·哈菲兹策划的阴谋就将付诸实施,他必须赶快采取行动,挫败这个葬送一个清白男人荣誉和败坏一个高尚女人名声的大阴谋。

马上应该采取什么行动,穆罕默德还没有拿定主意,就听见钥匙开浴室门的声音。佐贝黛笑吟吟地进来,说道:

"你干吗不利用这机会洗个澡?"

"你的神经真挺得住。"穆罕默德一面拥抱她,一面说道,"你胆子可真大,居然建议欧尼·哈菲兹上厕所,你不知道我躲在浴室里吗?"

佐贝黛伸了伸舌头说道:

"我知道你一直藏在里面,我是看萨尼娅手势明白的。我看他急于要出门去觐见国王,就建议他上个厕所,我明知道他不会去,但是想吓吓你,报复你一下,因为你执意让我待在床边,自己上楼开抽屉。"

"你可真吓了我一大跳。"穆罕默德吻着她波浪般的秀发说道,"可是,你想,我要是动作稍微慢一些会出什么事?我还来不及看,欧尼帕夏就把秘密计划拿走了!"

"你看到计划了吗?"佐贝黛高兴地问,"我还以为你没有找到,他就冷不防地来了呢。"

"是的,我注意到了你几次三番想从他嘴里打听到计划的秘密。"

"他嘴巴封得这么严的计划究竟是怎么回事?"

"你丈夫搞不出什么新名堂,每个罪犯好像总是万变不离其宗,总是他自己的那一套。昨天,捏造一个陶菲克·迪亚卜和阿齐兹·米尔海姆的案件失败了,今天他又在搞一个更庞大的陷害活动,这是败坏努哈斯名誉的阴谋,像欧尼一样卑鄙、低劣、下流的阴谋!我从未想到,政治竟会如此龌龊,我总以为政治是高尚的行业,它的武器是高尚的,政治家也是高尚的人，真没想到这些大臣和统治者竟堕落到了这种地步！"

佐贝黛又带他回到萨尼娅的房间。然而，这时，他看不到别的什么，他脑子里只想着一件事，就是那阴谋计划和他应该马上做些什么……

他匆匆丢下佐贝黛走了，忘了吻她，也忘了向她讲述那份秘密计划的内容。他在舒卜拉区的大街上漫无目的地走着。

到《圣战报》报社去，把他刺探到的情况告诉他的顶头上司阿兹米博士吗？不行！阿兹米不是华夫脱党党员，他决不会关心华夫脱党及其主席的声誉，也不会丢开手中的事去专心研究这个重大的问题。再说，穆罕默德不愿让任何非华夫脱党党员知道华夫脱党的领袖与一个女人有关系。他想到华夫脱党的书记穆克拉姆·奥贝德的家中去找他，但是，他想起了最后一次与穆克拉姆的见面，穆克拉姆故意偏袒达尔维什·哈比卜帕夏，不顾事实恭维达尔维什。穆罕默德想找一个能对努哈斯直言相告的人，要能阻止得住努哈斯星期四去赴约。

他想起了艾哈迈德·马希尔博士。博士很了解他，那天曾委他以重任，要他去夜盗国务大臣欧尼帕夏的官邸，只有马希尔博士知道他曾企图暗杀欧尼帕夏，他觉得，也只有马希尔博士才不计较地位和身份，能与他推心置腹地交谈。

他叫了一辆出租汽车，直奔国王大街库巴公园旁的艾哈迈德·马希尔住所。他问看门人，看门人说博士出去了。他问博士什么时候回来，看门人说他也不知道。

穆罕默德坐在马希尔博士住所前的一条木凳子上等。

过了好几个小时，艾哈迈德·马希尔也没有来。

看门人见穆罕默德冒着严寒在门外等了这么久，不禁起了恻隐之心。他走进里面去了一会儿，然后出来说道，仆人告诉他，马希尔博士来过电话，说他到亚历山大市去了，星期三晚上才能回来。

穆罕默德进退维谷……星期一、星期二、星期三都将白白过去,他见不到马希尔博士了。

他向看门人打听马希尔博士在亚历山大市的地址。

看门人说不知道。他进去问了仆人后告诉穆罕默德说,博士一般总下榻在大都会饭店。

穆罕默德离开马希尔博士的住所,乘上一辆出租汽车,赶往开罗火车站。他询问开往亚历山大的火车什么时候开,知道半小时前刚开出一辆。

下一班火车要凌晨四点钟才开!

他精疲力竭回到巴德兰岛的家中,却睡不着觉。拂晓前,他收拾了一个包,放进睡衣和拖鞋,又前往开罗车站,乘上了四点钟的火车。

火车一到亚历山大车站,他立即前往大都会饭店,此时,已是早晨八点了。他向饭店门房打听,门房说马希尔博士出去了。什么时候回来?门房说他不知道,因为马希尔博士没有固定的活动规律。

穆罕默德坐在饭店的客厅里等待。他感到腹饥,想起昨天晚饭、今天早饭都没有吃过东西。他把手伸进口袋一摸,只有七个皮亚斯。

他问了一下在饭店里吃一顿早餐多少钱,服务员告诉他,早餐是二十个皮亚斯,还不算小费。

他走到街上,花了半个皮亚斯,买了一个环形小面包和一小块奶酪,然后又回到饭店。

吃午饭的时间到了,他又感到饿,一个环形小面包可不够一顿中饭。

他发现,在不知不觉中,他已经在闹"经济恐慌"了。

出门前,他身上一共有八十个皮亚斯,一张来回火车票花了七十个皮亚斯,还剩下十个皮亚斯。他本想花五个皮亚斯找个地方住一夜,另外五个皮亚斯买点吃的。可是,他忘了,他一下子买了四份晨报,花了两个皮亚斯,又用一个皮亚斯买了本《鲁兹·优素福》杂志,他口袋里的钱就只剩下七个皮亚斯。现在,买了小面包和奶酪之后,身上还有六个半皮亚斯。

要是今天见不到马希尔博士,他就不得不在亚历山大要命的冷天里露宿一夜。

冷,他倒不放在心上,他最关心的是挫败陷害国民领袖的卑劣阴谋。他又花了半个皮亚斯,吞下了一盘焖蚕豆和一只面包。

他回到饭店,问马希尔博士回来了没有?

门房说,博士回来过,换了衣服又出去了。

穆罕默德一直找不到艾哈迈德·马希尔。星期一、星期二两个晚上过去了,他到处找,到一个地方一问,总是听说,马希尔博士刚才还在,现在走了。

到星期三上午,穆罕默德快成流浪汉了,两整天没有合过眼,一整天连块大饼都没吃过。他最后一次到大都会饭店去,打定主意光是为了吃饭也得回开罗去。突然,他听说马希尔博士在,他让人先去通报他的名字。马希尔博士让人传话,请他立即上楼到他房间去。

马希尔博士一见穆罕默德肮脏的衣服,就问道:

"出什么事啦,穆罕默德?你坐牢了吗?"

"没有。我在亚历山大的大街小巷找了您整整两天。"穆罕默德微笑着,把他搞到的情报一五一十地讲给马希尔博士听,他谨慎地没把情报的来源说出来,马希尔博士也没有硬要他透露如此重大的消息是从哪儿搞到的,只是显得十分重视,要求穆罕默德讲得尽可能的详细。

穆罕默德说道:

"我感到奇怪的是,我听说,炮制这份计划的欧尼·哈菲兹帕夏说:'这份计划将把努哈斯从华夫脱主席的位子上拉下来,也将把伊斯梅尔·西德基从首相的宝座上拉下来。'这个阴谋如果得逞,将把努哈斯从华夫脱党主席的位子上搞掉,这我能理解,但我不明白,伊斯梅尔·西德基怎么也会下台呢?"

马希尔博士笑了,说道:

"你要是再大几岁,就知道此话不假了!一九一五年时,你当时大概还只有五岁,发生过一起类似事件。风化警察袭击了扎马利克岛的一条游艇,它也停在今天萨米赫·沙里夫的游艇泊靠的那条街上,伊斯梅尔·西德基当时是宗教基金大臣,他在游艇上同一位有夫之妇——他的一个内阁同僚,也是一位大臣的女儿厮混,被警察当场抓住。那位大臣的女儿第二天就自杀了。当时埃及的君王侯赛因素丹盯住西德基帕夏不放,企图把他一脚踢开,强迫他引咎辞职。制订这个罪恶计划的,是个极为恶毒的人。试想,努哈斯被解除华夫脱党主席的职务,是因为他在扎马利克岛的一条游艇上与一个离了婚的女人待在一起被人抓住,那么,当年在那岛上的一条游艇里与一个有夫之妇待在一起的伊斯梅尔·西德基,也被人当场抓住过,他担任首相怎么说得通呢!这是一箭双雕之计,把反对派的领袖和内阁首相同时撵下台。因此,我认为这个罪恶的计划并非欧尼帕夏一人所能炮制,我在这计划中看到了福阿德国王的指纹。

"这是个重要消息,它表明国王与首相的关系已经达到了什么程度。首相继续在位是仰仗英国人的命令,而不是出自国王的意愿。"

马希尔博士感谢穆罕默德提供的这个有价值的情报,说道:

"华夫脱党决不会忘记你的恩情。"

穆罕默德表示感谢,说他不过是尽自己的责任。

马希尔博士同他握手,把他送到门口,关上了门。

穆罕默德朝电梯走去,接着他又折过身来,重新敲开马希尔博士的门,羞惭地说道:

"您能不能借我一个皮亚斯?"

博士打开皮夹,掏出十镑钱递给他。

穆罕默德不肯收下,说道:

"我只要一个皮亚斯,去买盘焖蚕豆和一块面包……我已经二十四个小时没有吃过东西了。"

"穆罕默德,你为祖国作出的贡献,何止几十万埃镑。我相信,国王为了不让我们获得这个消息宁愿付出一百万镑……这十镑钱,你拿去吧!"

穆罕默德坚持只要一个皮亚斯。马希尔博士又说道:

"你是自己掏腰包从开罗到亚历山大来的,至少让我把车票钱还给你吧。拿两镑作车票钱吧。"

"我买的是三等车票,来回才七十个皮亚斯。我只想要一个皮亚斯去买盘焖蚕豆和面包吃。我希望您不要剥夺我为祖国作出牺牲的乐趣。"

马希尔博士热泪盈眶,就给了他要的那一个皮亚斯,陪他走到电梯门口,然后一起下楼,直送他出饭店大门。

马希尔博士回到自己的房间,坐在椅子上,无声的眼泪潸潸而下。

华夫脱党党员马哈茂德·法赫米·诺克拉西先生无法相信自己的耳朵,国民领袖在恋爱?这不可能!这是撒谎、造谣、诬蔑!

当年,诺克拉西视民众领袖萨阿德的接班人努哈斯如同一尊神,神祇是不谈情说爱的,恋爱乃是普通人的特性。领袖们心中充满了对祖国的爱,没有余地可容男女的情爱。

国民领袖乃属神圣,犹如罗马教皇,为爱情祝福,自己并不恋爱,他为恋人们指引正道,男婚女嫁,自己并不犯世人的过错。

这个消息不可能是真的,如果属实,他就会知道。他在华夫脱党内担负的任务是掌握一切情况,公开的、秘密的全都在内。他的确专心于注视华夫脱党的敌人行踪,刺探他们的情报,揭露他们的阴谋。不过,他也还有一个任务,那就是保护领袖的生命安全,弄清他去的每个地方,组织好一批忠心耿耿的支持者不让领袖受到任何侵犯。

领袖爱上一位女士已经三年,并且常常见面,他诺克拉西却毫不知情,这可能吗!这位女士是亚历山大人,而亚历山大也是他的故乡,他还自以为对亚历山大市街头巷尾发生的一切都了如指掌呢。

他认为,努哈斯从不对他、马希尔和穆克拉姆隐瞒什么秘密。他甚至把他们三人称为"神圣的三位一体"。如果领袖有了心上人,他是会坦白地把这爱情告诉"神圣的三位一体"。努哈斯是一个襟怀坦白的人,心直口快,讨厌事事保密、守口如瓶……他有时说出一些不该说的话,为此常常受到朋友们的责备。

马希尔博士向诺克拉西强调,他对这情报确信不移,尽管他与诺克拉西在思想上亲如兄弟,但没有说出提供这重大情报的人是《圣战报》编辑穆罕默德·阿卜杜·卡里姆。

穆罕默德曾要求马希尔博士不说出情报来源,以保护向他提供如此机密消息的人,也免得穆罕默德的顶头上司阿兹米博士因为穆罕默德瞒过他而生气,编辑部主任侯赛因·陶菲克因为没有听到这重大机密而恼怒,专管华夫脱党报刊的华夫脱党书记穆克拉姆先生因为没有直接听到汇报而对穆罕默德横加指责。

马希尔尊重对穆罕默德的许诺,他知道新闻记者公开了情报来源有损于自己的职业道德,在记者中间将无地自容。

诺克拉西出于他一九一九年革命时干过地下工作的经验,一向处事谨慎,在进行调查、细细分析和反复研究之前,决不贸然对某个消息信以为真。他的调查研究工作往往从容不迫,镇静得让那些急性子受不了。

诺克拉西要求马希尔给他一些时间,让他核实一下这个情报。

马希尔说道:

"我们没有时间了。这阴谋实施的时间是下午四点钟,现在是上午十时,我们只有六个小时可以行动,挫败阴谋。"

"给我两个小时吧。"诺克拉西要求道。

两个小时后,诺克拉西回来找马希尔博士,说他弄清楚了,努哈斯确实要会见那位女士,她是一位贤淑的女人。她的家庭是亚历山大市的名门望族之一,极为保守。他已经获悉,上面颁发了一项密令,由各省抽调了一批警察组成一支部队在风化警察局待命,星期一国务大臣欧尼·哈菲兹秘密觐见过福阿德国王,他知道,福阿德国王曾对他的犹太情妇鲁丝·摩绥里说,他将在几天内把反对党的领袖努哈斯搞掉,在几个星期内把现任首相伊斯梅尔·西德基搞掉,国王用法语说,这叫一石双鸟。

马希尔博士瞧瞧表,说道:

"离努哈斯出门到游艇去,大概还有三个小时,我们应当立即采取行动。"

"我们怎么办?"诺克拉西问道。

"去找努哈斯,不让他去赴约会,把整个阴谋详详细细告诉他。"

"努哈斯很固执,会坚持前往。"

"他要是不同意……我们就用强力阻止他出家门。"

"我们怎么用强力阻止他?"

"我将带上我的手枪。"

马希尔博士上楼,拿出手枪放进口袋,然后与诺克拉西乘上他的黑色福特牌轿车,向位于新开罗的努哈斯家驶去。

他们发现,努哈斯正一个人坐在那里吃午饭。

努哈斯热情地欢迎他们,邀请他们与他一起分享他那顿简单的、只有半只鸡当菜的午饭。

诺克拉西说道:

"我们没有时间吃东西,我们是来与你谈一个重大问题。"

"我们先吃,吃完了再谈。"努哈斯说道。

马希尔说道:

"这问题关系重大,我们等你吃完饭都不行。"

努哈斯露出惊讶的神情,请他俩走进吃饭间隔壁的书房,关上门,然后,回头问道:

"出什么事了?"

马希尔博士说道:

"政府已经获悉你与萨米赫·沙里夫之间的恋爱关系,你将在今天下午四点钟到国民俱乐部对面的游艇上去与她相会。"

"政府知道不知道管我什么事!"努哈斯漫不经心地说道。

马希尔博士向努哈斯讲述了他获得的并且经过纳克拉西证实了的有关情报,最后坚决地说道:

"诺克拉西和我的意见,你今天不要去赴约。"

"不,我要去!"努哈斯生气地说道。

"挫败这次阴谋,防患于未然最有利。"诺克拉西说道。

"我与那位女士的关系使我感到自豪,而不是羞愧。"努哈斯热烈地说道,"全世界都知道我爱她又有什么要紧?"

"我们相信她是一位品行端正的女士,"马希尔平静地说道,"但是,政府想给你栽上虚假的卑鄙罪名,想不惜任何代价在一部分民众中败坏你的名声,而国民领袖的名声是高于一切的。"

努哈斯猛地一拍面前的桌子,愤怒地吼道:

"既然我认为别人的话是虚伪的,那我去管它干吗?!如果我为民众作出这种种牺牲之后,他们还信不过我的清白的话,那人们的闲言碎语我去理会它干吗?!"

"你别忘了你是民族的领袖,你有责任重视每个敬仰你的国民所说的每一句话。我相信,经过一段时间之后,民众将能弄清这案子纯属捏造,将接受你的辩白,拒绝你敌人的诬告,可是,福阿德国王却会假手这件案子迫使我们由进攻转为自卫,占便宜的是他,吃亏的是我们。"

努哈斯鄙夷地说道:

"我不是屈服于淫威的人,福阿德国王曾编造赛夫丁文件案陷害我,并在一九二八年借口此案将我赶出内阁,使民众产生幻觉,以为我是个窃贼、骗子。国王把我交给惩罚委员会,惩罚委员会判我无罪。那份判决是我的荣耀之一,民众知道,我的皮鞋比我所有敌人的脑袋都高尚。我今天要是不去赴约,那不啻承认了硬套在我和我爱的那位女士头上的莫须有罪名。他们今天来抓我们的时候,就会明白我们的一清二白!"

马希尔博士凑近他,企图平息他的怒气,说道:

"策划这个阴谋的人知道得很清楚,你没有任何过错。游艇的仆人是一个秘密警察,你们每次见面他都有全面的汇报。他们那里的报告,全都肯定你与萨米赫女士的关系是清白的,但是,他们想要制造一个诬陷你、危害我们大家、反对全体民众的假案,我们最好还是不要贻人口实。"

努哈斯深深地叹了一口气,说道:

"我倒不怕他们用刀子捅我,我去曼苏腊市访问那一次,他们用士兵的刺刀对付我,要不是我的朋友西努特·希纳贝克眼明手快,替我挡住了刺刀而身负重伤,我早被他们杀死了。我知道,他们的刺刀都是冲着我来的,但是,我不怕,我继续到各省访问。一个不怕当局刀山火海的人,岂能畏惧如此肮脏的中伤。我应该去赴约,让他们把我和萨米赫抓起来吧……"

"假如你是个普通人,你有权牺牲你的名声,"诺克拉西说道,"但是,你是国民领袖,你的名声就是全体国民的名声哪!"

努哈斯站起身来,在屋子里踱来踱去,接着,站定,凝视着他俩,说道:

"我既然深信自己的名声清清白白,我就不怕被人怀疑。为人不做亏心事,半夜敲门心不惊嘛!"

"你说得对,你有权牺牲你的名声,"马希尔博士说道,"但是,你有权牺牲那位除了爱你之外毫无罪愆可言的无辜女士的名声吗?的确,刺刀杀不死你,但是,它将伤害那位庄重的女士,女人受了伤害是会任人宰割的啊!"

努哈斯沉默了一会儿,接着,停止了踱步,对马希尔博士说道:

"她既然爱我,我能忍受的一切,她也应该忍受。我相信,她为了我是准备牺牲一切的。"

诺克拉西说道:

"但是,我认识她在亚历山大市的家庭,那是一个恪守传统的保守家庭。即使她的家庭知道她是清白的,她的爱情像她的名字一样高尚,那她的家庭也会受到流弹的伤害。"

努哈斯又站了起来,默不作声地在房间里走来走去,显得焦躁不安。他瞧瞧墙上的画,又向窗外眺望,看着那被雨淋湿的草地,苍天似乎体会到他内心的感受,在为他哭泣。

他气恼地从窗口转过身来,说道:

"这一切都阻挡不住我去见她。四面八方对我扔泥巴,我已习以为常,这些泥巴往往只能砸到我的脚上。"

"是的,泥巴只能砸中你的脚,"诺克拉西说道,"但是却会击中你爱的女人的脑袋,因为人们了解你却不认识她。不相信你的人虽然只是极少数,但却会说你与她的关系不正常,绝大多数相信你的人会说,是政府唆使这个女士来玷污你的名誉。"

马希尔说道:

"民众对一个人的热爱达到了崇拜的程度,他们对他绝无疑惑。如果他出了差错,民众就归咎于最亲近他的人。民众将替你开脱,而加罪于萨米赫女士。我感觉得到,你爱她已经到了宁可自己受民众谴责也要保护她清白的地步。"

"正因为这样,我要去……不管发生什么!"

"你不能去!"马希尔说道。

"不,我要去,任何力量都阻止不了我去!"努哈斯十分固执。

"然而,华夫脱党能阻止你去。我现在就可以打电话给全体华夫脱党党员,取得他们的授权,阻止你去赴约,这约会将使党损坏它的名誉。"

"你要打电话你就打。这是我的私生活,我不愿受到党的干涉!"努哈斯针锋相对地回答。

诺克拉西说道:

"你自从担任党主席以来,你就无权有自己的私生活。你的公众生活和私生活都属于千百万人所有。我们华夫脱党的每个党员都可以有自己的生活,只有你除外。身为国民委托的国民领袖,把他生命的全部都献给了国民,作为国民信任的代价,国民领袖得付出他的自由、他的幸福和他的私生活,他付出的不能再索回。你就像一个出家到教堂的修士,当你与上帝的联系开始以后,你就已把与世人的一切关系都留在教堂大门外面了。"

"可是,我不是神,不是修士,我是人,我有权像所有的人一样恋爱。"努哈斯说道。

"是的,你有权恋爱,"马希尔说道,"但是,当这种恋爱与人民的利益有抵触时,内心的欲望应受到抑止,而且还应踩踏这颗心!"

努哈斯噙着泪花说道:

"可是,我不能践踏我的心灵。"

"我完全理解你的感情,"马希尔说道,"我像你一样,也在恋爱,我将娶我心爱的女士为妻,只不过,我不是党主席。"

"我准备辞去主席的职务,只当个普通党员。"努哈斯说道。

"不行!"诺克拉西说道:"华夫脱党党主席无权辞职,只有党员才能罢免他。"

"那么,你们罢免我吧。"

"我们不能罢免你,"艾哈迈德·马希尔说道,"因为你现在正领导着一场反对英国占领,反对一个毫无仁慈、人道可言的政府的艰苦卓绝的斗争。假如你现在放弃了领导斗争的地位,信任你的民众将感到沮丧,为了你,将有成千上万个人受害牺牲,到那时,民众将会说,'我们的领袖为了他爱的一个女人,丢下了我们!'"

"可是,我不能因为一个肮脏的阴谋而放弃与我相爱已经三年的女人啊!"

"我们并不要求你放弃你的爱情,也不要求你从此不去见她,我们只要求你今天别去赴约会。今天的这一枪也许不能使你致命,仅仅让你受一点伤,也可能弹回开枪者的胸膛,但是,枪声对我们的斗争不利,当前,我们应该全力以赴结束外国占领和暴政。"

"我从来就不是懦夫,今后也不会当懦夫!"

诺克拉西说道:

"我们知道你不是懦夫,也知道你是在枪林弹雨之中毫无畏惧的人,决不会被一发流弹吓破了胆。我们要求你的,不是怯懦,不是气馁,而是要你与我们一道粉碎这个危害我们大家的阴谋。假如,你知道有人埋伏在某个地方准备对我放冷枪,你劝我别在此时此刻到那个地方去,我要是接受了你的忠告,我就是个懦夫吗?勇敢不是要我们白白去送死,而是要我们誓死战斗到底。我们只希望你与我们合作,在那犯罪勾当得逞之前就制止它,那是在黑暗中背信弃义的罪行,不是光明正大的战斗。"

"我已与她约好了时间,不管发生什么事,我都应该信守诺言。这一次,我不能让她白等。为了国家大事,我已经让她空等了许多次,那是因为我忙于为祖国的斗争,而不是我怕有人看见我与她在一起。"

"你可以打个电话向她致歉。"诺克拉西说道。

"游艇里没有电话。"

马希尔说道:

"我准备与诺克拉西去一趟,代你向她道歉。"

"我不许你俩去,"努哈斯说道,"我要自己去。我既然已经知道他们要袭击游艇,怎么能丢下她一个人呢!在危险的时刻,我决不丢下她。宁肯让他们把我与她一起抓住,也不愿她独自被俘。我现在一定得去!"

说完,他准备起身。

马希尔博士跳了起来,掏出手枪说道:

"我要用武力制止你去,我宁愿亲手杀死你,也不愿让敌人把你抹黑!"

"你疯了吗,艾哈迈德?你要杀死我?"

"是的,我将杀死你,然后,我再去自杀!"马希尔的眼里滚动着泪花。

穆罕默德来到了吉齐拉路,故意沿着靠尼罗河的一边走,来到萨米赫·沙里夫的游艇前。现在是下午三点钟,再过一小时,那阴谋就将付诸实施了。然而,努哈斯不会来,穆罕默德相信他不会来。穆罕默德到这里来,是为了瞧瞧阴谋者们的箭射飞了时的表情,他将看到他们满脸沮丧的样子,眼中充满失败的神色。

他望着那政府如此重视的游艇,游艇周围笼罩着一种神秘莫测的气氛。与旁边那些漂亮的大游艇相比,这艘游艇又小又简朴。演员扎基·

阿卡沙的游艇,简直就像尼罗河上的水上宫殿,豪华、奢侈、富丽堂皇;女歌王穆尼拉·马赫迪娅的游艇有着一段不同寻常的历史:第一次世界大战期间,这里曾召开过内阁大臣会议,当时的首相侯赛因·鲁什迪帕夏,就是女歌王的第一个情人;在上埃及宗教界头面人物艾布·瓦法·谢尔卡维教长的住宅艇上,英国大使曾提议让今自由宪政党主席穆罕默德·马哈茂德帕夏的父亲马哈茂德·苏来曼帕夏登上埃及王位;一艘幽雅的白游艇,上面写着开罗警察局高级警官英杰拉姆贝克上校的名字,当年警察就是在这艘游艇里逮住了现任首相伊斯梅尔·西德基帕夏与一位大臣的女儿。那事件是马希尔博士讲给穆罕默德听的。

假如这些游艇的木板能开口说话,它们准会说出二十世纪初期在埃及秘史上许多不为人知的动人故事,这些游艇经历过政治阴谋、爱国主义集会和风流韵事,见识过王后、舞女、虔诚的女信徒和淫荡的娼妓,还度过多少个紧张的不眠之夜和纸醉金迷的夜晚。

穆罕默德抬头看着马路两侧的树木交叉在一起的树冠,它们仿佛遮盖住了路上的全部奥秘。

路上静悄悄的,它似乎也闭上嘴巴,发誓什么也不说。难得有几辆汽车轻轻驰过,它们像是对由恋人的心灵和叹息铸成的路面,充满了怜惜之情。

在这条长长的路上,穆罕默德不见士兵的踪影,再过一小时他们就将扑向游艇,这会儿他们藏匿在何处呢?他又从萨米赫的游艇走过,很想看到她,见一见这位国民领袖热恋着的、当局策划阴谋诡计来对付的女士。可是,他什么也没见到,游艇的窗户紧闭着。

他向扎马利克岛的警察分局一路走去,只见里面的活动不比寻常。这个分局他很熟悉,过去每星期三到贾卜拉亚公园去见佐贝黛时都要经过,它一向很平静,门口连一辆汽车都没有,今天,竟停着几十辆车。他走近分局,看到一群群摄影记者、外国记者和不同官阶的警官。他继续往前走,见一条岔路上停着两辆卡车,里面挤满士兵,犹如两听沙丁鱼罐头。

他露出讽刺的微笑。这些都是这场阴谋的见证人,他们原先倒也没有罪,让他们集中在这里,是为了要他们作伪证!

时间在流逝,证人们待在原地一动不动。一个他不认识的警官出来,乘上一辆汽车,向萨米赫游艇的方向开去,不一会儿回来,他的脸上满是失望的神情。

两个小时过去了。穆罕默德看到摄影记者和外国通讯记者在纷纷离去。

他见《联合报》的摄影记者希贾齐·阿卜杜·阿齐兹先生正欲离去,便走上前,问他是怎么回事。

希贾兹说道:

"我们被召来拍摄逮捕一个要犯的现场。可是,那罪犯好像知道已有埋伏,没有在预定的时间出现。"

穆罕默德问他那罪犯叫什么名字。摄影记者坦率地说道:

"我也不知道……可是,从对他重视的程度看,他肯定是个让警察感到头疼的罪犯。"

穆罕默德回到他舒卜拉的家中,心里很高兴,从那些去捕捉要犯的人眼中流露出来的沮丧神色中,他看到了自己的胜利。

他与父母一起围坐在矮圆饭桌前,等待着开斋炮响。冷不防听得他父亲哈纳菲师傅哼道:

"你去抓他,反被他抓。"

穆罕默德笑了。他老听见父亲不分场合说些民间俗语,用于政局倒挺贴切。父亲这种离奇的精神感应使他惊愕,有时他觉得,父亲虽然精神失常,但有一种奇妙的本事,能看透他的心思。在某些场合,父亲仿佛是通过朴素的俗语在卜算未来,像是能未卜先知,这可以称之为天启吗?难道真主夺走了一个人的理智,会补偿他一种本事来代替理智吗?我们所谓的疯子,是否就是比我们更有见识的人?

穆罕默德还记得,他第一次吻纳吉娃后,怀着陶醉的心情回到家中,父亲一见到他,就突然说道:

"别去吻疯子,也别让疯子吻!"

当时,穆罕默德听见这句俗语吓了一跳,他从来没有听父亲这样突如其来说过俗语。他心想,准是纳吉娃的口红留在他的嘴唇上了,赶紧回到自己房里,拿起镜子细看唇上、脸上有没有口红痕迹,但没有找到。

那天,他不明白父亲念这句俗语是什么意思,可是,纳吉娃后来的所作所为使他理解了这句俗语。纳吉娃疯狂的情爱扰乱了他生活的清静。若不是那天那次她并不满意的接吻,他就不会碰到她专为他策划的诡计、带来的麻烦和制造的诬告了……

他洗洗脸,准备去见佐贝黛。他今晚去,主要想知道欧尼帕夏在获悉努哈斯没有去游艇,经过好几天周密策划像是天衣无缝似的阴谋遭到惨败以后又干了些什么。

突然,父亲走进浴室,对他说道:

"献媚效劳,到头来自己屁股挨打!"

说完,他关上浴室门,不再说什么了。

穆罕默德觉得心里闷得慌,父亲说这句俗语指什么?指他与佐贝黛的约会?他又没有替佐贝黛效劳,倒是她在为他效力,为了他,甘冒一切风险,他那天向她丈夫欧尼帕夏开枪,是她接过手枪救了他一命;把陶菲克·迪亚卜和阿齐兹·米尔海姆救出监狱的情报,是她提供给他的;在她的帮助下,他才得以探明敌人陷害国民领袖的密谋。

父亲指的是华夫脱党?马希尔博士对他说,华夫脱党永远不会忘记他的这次帮忙。他没有要求得到报酬,也不期望奖励,为了揭露那阴谋,他自己掏腰包,去了亚历山大一趟,弄得这个月经济紧张,他只要过一个皮亚斯,为的是在饿了整整二十四个小时之后去买盘焖蚕豆吃。

他不再去想这些,责怪自己竟把神经不正常人说的话当真。他又想起佐贝黛,想到她美丽的倩影,便忘了父亲离奇的俗语。

穆罕默德走进萨尼娅的房间,佐贝黛已在等他,一绺绺秀发垂落在她玫瑰色的脸颊和白嫩光滑的肩膀上。

她可真美,一天比一天更年轻、更漂亮、更有风韵,这都是爱情的作用吗?是爱情使人娇美,仇恨把人变丑;爱情能焕发人的青春,仇恨则增添人脸上的皱纹吗?

这美色使他眼花缭乱,他仿佛是第一次见佐贝黛,他每次去,都有初次相见之感,都能发现前几次没有看见的美。是她出落得越来越美,是他爱得越来越深,还是两方面的因素兼而有之?

他握住她的纤纤玉手,今天,他们说好以握手代替拥抱,用眼神代替拥抱。

他只觉得她散发出幽香的手使他陶醉,心旷神怡……

他赶紧睁开眼睛,抽回自己的手,在一张离她远远的椅子上坐下,尽量避开她的目光,说道:

"让我们来谈谈政治吧,只谈三十天政治。"

佐贝黛装出一本正经的样子,说道:

"我在这方面是遵守协议的,主要是你得遵守协议,协议是你提出的。"

订立了这样一个残酷的协议,穆罕默德自怨自艾起来。

佐贝黛立即转换话题道:

"你今天要是看见欧尼·哈菲兹就好了。你真是失去了一个千载难逢的好机会。他今天吃早饭时,仿佛一天之内大了三十岁,抓着刀叉的手哆嗦不停,把他面前的盘子装得满满的,可是什么也不吃。他神经质地用刀子割开肉,把刀子举到嘴边,接着,尝也没尝又放回盘中。他的失败使我感到高兴,但我故意吃惊地问他:

"'出什么事啦?'

"'计划失败了。'

"'什么计划?'我假装不懂。

"'计划,就是我研究了好几个星期、周密安排了好几天的计划!'他神经质地说,'秘密泄露出去了。我在这方面不可能走漏消息,我对谁都没有透露过,连你都一个字没说过。我相信,是宫廷走漏了消息,宫中肯定有内奸!'

"'你猜那个从宫中偷走计划书的人是谁呢?'

"'我不知道。我只知道,诺克拉西与宫中的一个努比亚籍侍从有关系,为他俩牵线搭桥的是他的朋友,阿斯旺的议员哈桑·阿杰布先生。国王准是在餐桌上与王后谈起过这件事,被一个努比亚籍侍从听到,转告给哈桑,再由哈桑向诺克拉西报讯。'

"'可是,我认为国王不会幼稚到这种地步,竟会当着侍从的面谈论如此重大的问题。'

"'你的话有道理。可是,是谁偷走了计划书呢?'

"'偷计划书的人肯定比侍从的身份高,比如说,某个宫廷要人!'

"'他们全都很可靠,在国王面前一向战战兢兢,宫中从来没有泄露过重大机密。他们为国王效力都已经多年了。'

"'宫中没有新任命的高级官员吗?'

"'除了原来的埃及驻罗马大使侯赛因·阿什莫尼帕夏,没有新任命

过任何人!'

"我不怀好意地说:

"'我想,他不会做这种事的……他是你的朋友嘛!'

"我感觉得到,我已将怀疑撒进了他的心田,便又说道:

"'我认识他的妻子纳吉娃·穆纳斯特利,知道她与反对党势不两立。'

"'侯赛因帕夏是个机会主义者,他妻子好像同他一样,也是个投机分子。我看到过一份秘密报告,纳吉娃拜访过华夫脱党一个领导人达尔维什·哈比卜帕夏的妻子,而宫廷官员都接到过指示,不得踏进任何反对党党员的家门。'

"我煽动说:

"'他肯定是通过他妻子把秘密透露给达尔维什帕夏的。'

"'国王要是知道此事,马上就会砍下侯赛因帕夏的脑袋……或者让他退休了事。'

"'他如果退休了,就会把所有的秘密都告诉给华夫脱党人。我看最好的办法,还是让他像从前一样,到国外去任职。'

"'你真成了第一流的政治家。你从哪儿学会搞政治的?'

"'我想起你给我讲过的你爸爸说过的一句俗语,便指着欧尼说道:

"'与铁匠为邻,难免受火烤嘛!'"

佐贝黛讲完她与欧尼的谈话,穆罕默德哈哈大笑,打趣地说:

"你成了搞阴谋诡计的行家里手,都可以到宫廷去担任要职啦!"

佐贝黛微笑道:

"我有一种预感。纳吉娃要耍什么花招,我看,得先下手为强。纳吉娃最近一个时期没有动静很可疑,她的沉默真使我担心!"

"你总是在我们高高兴兴的时候想起纳吉娃来。那天,我是非常快乐的，靠了你的帮助，我干了一件伟大的工作，彻底粉碎了一个阴谋。要是那阴谋得逞，民众领袖就会背一段时间的黑锅，直到民众弄清真相为止。我觉得，由于把那个阴谋扼杀在摇篮里，我国人民就不必经历一个怀疑阶段了。我想，欧尼·哈菲兹现在要策划新的阴谋，非得三思而后行不可。"

"欧尼现在回部里上班去了，"佐贝黛不想让穆罕默德过分乐观，"我从他的眼里看到一种异样的目光，就像受伤的鬣狗在寻找尸体充饥并借以治伤时的目光。他出门时说话的声音犹如蛇的嗤嗤声：'耗子今天逃脱了夹板，但它逃不过下星期四……我要追踪它，时间长着呢！'"

萨米赫在约定的时间，焦灼不安地等待着努哈斯帕夏的到来。时间一小时接着一小时过去，他没有来。萨米赫走到游艇的走廊里，透过垂挂在窗旁的帘幔向路上眺望，她的目光透过路旁的树，希望能看到从远处驶来他的汽车，但从她的游艇前疾驶而过的汽车中找不到他的汽车。随着放开斋炮时间的临近，汽车越来越少……终于绝迹了。

路上空空荡荡，阒无一人。萨米赫眺望着仿佛浮在尼罗河上的夕阳，太阳正在渐渐往下沉去，它似乎也等腻了。

萨米赫感到极度的孤独，像是被她爱的男人抛弃了，汽车、行人和太阳都同时抛弃了她，让她独自待在苍茫的暮色中。每隔五分钟，她就瞧瞧表，接着，每一分钟她要瞧五次表。她的目光在向时光祈求：别匆匆离去，丢下她孤孤单单一个人……

她心爱的人常对她说，他要是迟到两个小时，那就是有要事缠身，不会来了。两个小时已经过去，然而，她还是满怀希望等着他来。

她总是等他，等的时间长了往往忧心忡忡。不过，她这一次的不安却不同往常，是从来没有过的。

今天的等待比前几次的等待更叫她心烦意乱。这一次，她特别想见他,在那一次他坦率地说出他想娶她之后,今天是第一次见面。他那天说完就走了,她都来不及问他上千个问题:他是怎么作出这个决定的?什么时候决定的?何时才能兑现?

当男人对爱他的女人说他决定娶她的时候,那不啻是把她从地上举到了天上,在她面前展示了一条铺满鲜花的道路,让她看到了由她的想象设计的、涂满她理想色彩的神奇乐园的大门,此时此刻,她想听的,想说的,都是他的这句话。

蓦然间,她的脑际涌现出成千上万个问号,想问各种各样的问题,有的她知道答案,有的她不知道,还有的根本就没有答案。她觉得,提问别有一种乐趣,比听到回答的乐趣更奇妙。这时刻,是任何一个女人一生中最幸福的,她但愿一辈子听她钟情的男子对她说,他决定娶她!

然而,在上星期四,当她的梦想变成事实之后,她却没有享受到那轻松的甜蜜时光。她心爱的人说完这句话就走了,去出席反对党领导人的会议。她希望今天的会面能弥补上星期四的不足,幻想他今天可以比任何一次待得更长些。她在开罗车站下火车,就到马纳赫街的克鲁帕商店买了许多他爱吃的食物,准备两人一起在游艇上共吃开斋饭。

开斋炮响了。萨米赫觉得,这一炮打在她的心窝上。她望望她亲手布置的餐桌上的丰盛食品,发现它们也都是愁眉苦脸的样子。

她独自坐在桌旁。她是把斋的,连封斋饭也没吃就睡了,为的是早早地醒来,赶上从亚历山大开往开罗的火车。

她伸手去拿本来准备与他分享的小鸡,接着又缩回来,看看面前的空盘,只见上面已滴满她的泪水。

她离座关上电灯,到游艇的各舱转了一圈,把所有的灯都关灭。她穿上大衣,拎起手提包,走下踏级,准备到开罗车站去乘车回亚历山大。

刚走到最后一级,她又折身回来,重新走进船舱,开亮电灯。

她坐下休息，那灯光似乎照亮了她阴郁的心情。她又来到走廊，眺望着路上，宽慰自己道：他会来的。

伫立长久，她只觉得凛冽的寒风要把她推回舱内，但她不能离开这个位置，于是竖起毛料大衣的领子，不让刺骨的冷风钻进她的脖子。

入夜了。她明白，已经赶不上最后一班开往亚历山大的火车，她将独自在这里过夜，这是她生平第一次不在家里过夜，她的女仆将会忐忑不安，可能会打电话去问她的兄弟们，那将闹出一场大丑闻来。她的兄弟们将尽从坏处猜想她。真主知道，她是清白的，她独自度夜，伴随她的只有她的眼泪。

她一夜没合上眼睛。拂晓时分，她起身做了晨礼，祈求真主保佑她，别让她的兄弟们知道她没在家里过夜。

做完祈祷，她走进餐室，昨天晚上她忘了关灯。她望望那些碰也没碰过的食物，然后拿来一张报纸，把食物放上去，准备包起来的时候，她看到报纸上有她心爱的人的照片。

她想另外拿张报纸，接着又想算了。她把食物包好，拿在手里，在尼罗河街上走着，想叫一辆出租汽车，到开罗车站去。

时间还早，一辆车也没见到。在盲人桥——今名撤军桥——上，她只见到一个年老的盲人乞丐，盘膝坐在人行道上。

她走近乞丐，把手里的那包食物放在他跟前，听见他一面摸着吃食，一面说道：

"真主让你无忧无虑，先生。"

听见这个奇怪的祝福，她微笑了，这是她这么长时间以来，充满痛苦和失望神情的嘴唇上第一次绽露出的微笑。

在桥的尽头，她终于叫到一辆出租车，载着她来到开罗车站。

这时是早上五点半，她知道，开罗出发的头班车要六点半才开。

她在月台上等待，直到火车进站，她才在她订的普尔门式的卧车车厢坐下。

她开始翻报纸，想找到她爱人写的道歉信。翻遍了她买来的三份报纸都没见到努哈斯帕夏的演说，没有努哈斯出席重要会议的消息，也没有国内发生的、阻止她爱的人来赴约会的重大事件的报道。

她满怀愁苦。她本来希望能看到他的一篇重要演说，发现重大事件，或读到只言片语，能减少一点她的痛苦和不安。

他没有来赴约，也不道歉，是后悔直言不讳地对她说他将娶她吗？是发生了新的政治情况，使他明白乐观地认为曙光就在前头是不对的？他的结婚计划是建立在毫无根据的消息上的，因此，他不好意思对她明言吗？她知道，她爱的这个人不怕说实话，也从不回避现实。

他肯定病了，病得很厉害，下不了床，只有这个原因才妨碍他来赴约。

她更加焦躁和难受，真想跳下火车，借用车站的电话，给他家里挂个电话问问情况，只见火车启动了，它好像把她闪过的念头碾碎了……

她又希望火车快开，让她到了亚历山大就给他打电话，听听他的声音，放心他的健康……不，他会给她打电话的，没有在她家里找到她，他也会像她现在一样，为她担心发愁。

她快活地笑了，他将尝一尝她提心吊胆的滋味。接着，她的笑容消失了，她又伤感起来，仿佛从一个火狱逃到另一个火狱，一会儿假定她心爱的人染病在身，一会儿又猜想他收回了想娶她的初衷。

他为什么没有来？为了寻找这个问题的答案，她的脑袋几乎都要炸裂了。

假如萨米赫在她充满痛苦的几小时火车旅行期间，能到火车里面找一找她问题的答案的话，她早找到了！

假如她离开普尔门式的卧车车厢,到头等车厢的走道里略走几步,她也就会在一格掩着门的车座上找到她问题的答案。努哈斯也一夜没睡,整整一夜在自己的卧室里踱来踱去。他像她一样,等待着黎明,做晨礼。也许,当萨米赫祈祷的时候,他的祈祷也已上达天庭。

他乘自己的车来到开罗车站,在萨米赫走进车厢的半小时后,他也到了萨米赫刚站过的月台。

如果萨米赫迟到半小时,或努哈斯提前半小时来,他俩就会在这辆火车停靠的月台上相逢,萨米赫也可以不受那种种折磨。

努哈斯独自走进头等车厢的车座,他作为前首相,有权在头等车厢里一人占一格。

他俩相距只有几米,努哈斯万万没有想到,他爱的女人就在这列火车上。他认为,由于昨天他晚了两个小时没有去赴约会,萨米赫早回亚历山大了。

火车到达锡迪贾比尔车站,萨米赫走下了普尔门式卧车车厢,从努哈斯坐的头等车厢前走过。她没有回过头去看这节车厢,就是回首张望,也不会看见他,因为他的窗子上了木板,沿途的尘土弄痛了努哈斯的眼睛。

努哈斯没有在这一站下车,他不想直接到萨米赫家里去。他要去的是萨米赫想不到的另一个地方。

萨米赫回到家中,看到女佣费尔道丝正焦灼不安地在等她。她问费尔道丝有没有到她娘家去问过。费尔道丝说,她曾给萨米赫在阿布基尔的女朋友打过电话,对方的电话坏了。

感谢真主,萨米赫曾向真主祈告,希望别让她的兄弟们知道她昨天没在家里过夜,真主答应了她的祈祷。她又问道:

"开罗打来过电话吗?"

"电话铃根本就没有响过。"

萨米赫步履蹒跚地登上二楼。她心想,她的电话兴许坏了,于是,立即走到电话旁,举起听筒放在耳边,只听得电话通畅的讯号。

听到这声音,她只觉得全身的热量都散失了,变得像死尸似的冰凉。

他没有来,没有道歉,也没有打电话来。

萨米赫不由自主地掏出一支香烟,点燃,她忘了自己正在把斋。

她很快就把烟撅灭,应该坚持把斋,以感谢真主答应了她的祈求,没有让她的兄弟们知道她在外面过夜。

她脱下衣服,想睡一会儿,然而,却睡不着。她又饿又累,正在把斋,失望而痛苦,凡此种种,只要有其中一项就足以驱走她的睡意。

萨米赫起身,坐在床上,看到她出门前丢在床旁的留声机。

打开留声机,放在上面的是一张阿卜杜·瓦哈卜新灌的唱片,歌名《爱情和青春》,词作者是小阿赫塔勒·巴夏拉·胡里。萨米赫开动唱机,阿卜杜·瓦哈卜唱道:

> 爱情、青春和理想,
> 给人以启示,
> 产生盎然诗情,
> 爱情、青春和理想,
> 全都已逝去,
> 消失在我跟前。
> 聪明人啜饮,
> 留下残汁为明日,
> 我生无明日,
> 酒尽杯碎在唇际。

心悲肠愁,

珠泪盈眶,

脸上闪过希望,

非得潸然泪下?

我的心上人啊,

为了你的双眼,

我受人中伤、任人诽谤,

爱情重担,

只压在我一人肩上。

萨米赫听着歌唱,泪水扑簌,觉得巴夏拉·胡里的这首诗乃是为她所作,阿卜杜·瓦哈卜是在为她歌唱,述说着她的痛苦和不幸。她也感到,她的爱情、青春和理想,也全都已逝去,消失在她眼前,看到盛满她理想的酒杯,佳酿全已倾完,杯中滴酒不剩,她代表所有忠贞的恋人,肩负着爱情的重担,肩负着屈辱和苦楚,她是一个无明日可言的女人!

努哈斯没有在锡迪贾比尔站下车,而是在亚历山大车站下的车。车站上,许多旅客和接客者看见了他,便簇拥在他身旁,高呼他万岁。他一面招呼他们,一面加快步伐,钻进一辆出租汽车,要司机送他去穆哈拉姆贝克区的穆斯塔法·阿巴迪帕夏大街。

汽车来到这条大街,努哈斯指指一幢大房子,要司机停在那里。他下车,走进这幢住宅,登上大理石台阶,按了按门铃。

仆人来开门,一见是努哈斯,惊奇地张开了嘴巴,接着就吻他的手。

努哈斯问仆人道:

"沙里夫贝克法官在家吗?"

"在家,先生。"

仆人立即打开大客厅的门,恭敬地请努哈斯帕夏进去稍待。

不一会,萨米赫的长兄三脚两步地赶来,说道:

"我们不知道阁下到了亚历山大。"

"我才到,"努哈斯说道,"是乘六点半钟从开罗开出的第一趟车来的。我没有时间说客套话,我是来向令妹萨米赫·沙里夫女士求婚的。"

沙里夫贝克大惊失色,说道:

"这真是沙里夫家族的巨大光荣,帕夏阁下。"

"那我们就说定了?"

"不过……不过,我不得不先征询一下她的意见,"沙里夫法官犹豫不决地说道,"因为原来所有来求婚的人,都遭到了她的拒绝。我想,阁下不会反对我先问她一下吧。不错,我是一家之长,但我们家的传统,在这类事上,是要听听女孩子意见的。"

"当然,当然。不过,请同时告诉她,我们将在下星期四下午签订婚约。"

"就在六天之后?"沙里夫贝克困惑地问道。

"不,是五天之后。"

"帕夏阁下,希望您多宽限几天。"

"以便你们去打听我的品行、薪金、职务和家庭?"努哈斯笑了。

"请别见笑,帕夏阁下,您的历史在国人中间是众所周知的。"

"既然如此,那请现在就征询一下她的意见。我就坐在这客厅里等答复。"

沙里夫贝克显得挺迟疑:

"可是,从穆哈拉姆贝克区到萨米赫住的圣伊斯梯法努,来回得一个小时啊!"

"不必劳你亲自前往,打个电话就行。我在这里等答复。请别耽搁,我还得去西迪·艾比·阿巴斯清真寺做主麻日礼拜呢。"

沙里夫贝克走出客厅,满脸惶惑的神色,登上二楼,拿过那架拖着长电线的电话,走进卧室,然后关上门。

萨米赫家里的电话铃响了。

她从床上一跃而起,一听那铃声连续不断地响,她又在床上坐下,脸上为失望的乌云所笼罩。

这铃声表明是亚历山大打来的电话,而不是开罗来的长途电话。她刚才还以为能听到她心爱的人的声音呢,现在搞清楚是亚历山大打来的。她不想同亚历山大的任何人说话,只想同他——开罗数百万居民中惟一的一个人通话!

她又转过身去听阿卜杜·瓦哈卜的唱片,她听了总不下十遍了,一听到"爱情、青春和理想,全都已逝去,消失在我跟前",她就暗自歔欷。

她听任电话铃响个不停,这铃声并不使她烦躁,因为她已经随同爱情、青春和理想消失了……

最后,她终于懒洋洋地伸过手去,缓缓地举起听筒,听筒里传来她大哥的吼声:

"我打了一刻钟的电话啦,怎么没人来听?"

"电话就在我旁边,这会儿才响。"

"我听不清你的声音,"她大哥神经质地提高嗓门喊道,"只听见阿卜杜·瓦哈卜的唱歌声,去把留声机关掉!现在,有件非常重要的事情,它关系重大,我想同你谈谈!"

萨米赫迅速关掉了留声机,显得慌乱紧张,生怕大哥知道了她昨天没有在家过夜的事。

她回到电话机旁马上坐了下来,免得打击太大,她站着经受不住。

她装出坦然的样子，问道：

"什么事啊？"

"出了祸事！"

"祸事？"她紧张起来。

"是的。努哈斯在我家里。"

"在你家里？"她大叫一声，"他什么时候到亚历山大来的？"

"他是乘今早六点半钟的头班火车来的。"

萨米赫不由得叫了起来：

"六点半钟的火车！不可能，他不可能在六点半钟的火车上！因为我……"

她差一点要说："因为我乘的就是这趟火车！"但是，她把话咽了下去。

"因为你什么？努哈斯帕夏刚才亲口对我说，他是乘六点半钟的火车来的。你有什么可惊讶的？"

"我觉得惊讶……因为我知道他早晨起得很迟。"

"这些都无关紧要，"她大哥神经质地说道，"重要的是，他说的事情是你万万没有想到的！"

"他建议你加入华夫脱党吗？或者，让你当下一届华夫脱党内阁的大臣吗？"她揶揄道。

沙里夫贝克更加控制不住了：

"现在不是开玩笑的时候，事情要比你想象的严重得多。努哈斯帕夏来，是向你求婚的！"

萨米赫笑出了声：

"不可思议。"

"我也说不可思议，当然没有这样对他说，我是私下这么说。可是，不可思议的还不只是这一点呢。他还要求下星期四下午，也就是五天之后订婚!"

萨米赫高兴得几乎要跳起来,她竭力掩饰她的情感说道:

"不可思议!"

"不可思议的还不仅如此,他还坚持待在我家里等答复呢!"

萨米赫提起了她抱着长电线的电话在卧室里走来走去,仿佛在跳"欢乐女神"的芭蕾舞。她把电话机紧贴着胸口,像是在拥抱它,她的嘴凑近话筒,像是在吻它。

她觉得,自己是按阿卜杜·瓦哈卜的唱片的节拍在跳舞,不过,唱片已经翻了过来,那伤感的曲调变成了舞曲,歌词也改了,"爱情、青春和理想,全都已逝去,消失在我跟前",改成了"爱情、青春和理想,盈盈在手中",不是"酒尽杯碎在唇际",而是"满斟欢乐吻双唇",她也不是独挑"爱情重担的恋人",而是"独尝爱情美味的恋人"。

沙里夫贝克注意到萨米赫突然静默下来,毫无声息,却没有想到她正按另一首与小阿赫塔勒作词、阿卜杜·瓦哈卜作曲的唱片大异其趣的乐曲的节拍在跳舞。他问道:

"你怎么不说话?"

萨米赫的声调也显得舞步翩跹:

"我在考虑……"

"这难道是一个需要考虑的问题吗?你当然不会同意喽。你连亚历山大最英俊的小伙子都拒之门外,难道会嫁给一个比你大二十岁的男人吗!不过,问题是你怎么拒绝。我们应该研究一个办法,既不答应这门亲事,又不伤害他的感情,特别是眼下他在我家里做客,他显赫的地位又不容许我当面给他碰钉子。我现在可以对他说,你要求考虑一段时间,这样,我们就有充足的时间来找一个适当的借口,再说,我还是挺喜欢和尊敬他的。"

萨米赫粲然一笑，说道：

"你告诉他，萨米赫又同意，又不同意！"

"'又同意，又不同意'是什么意思？是指你将进行考虑吗？"她大哥感到奇怪。

"不。我的意思是我同意这门亲事，但不同意在下星期四订婚。"

"你答应嫁给他？"沙里夫贝克非常激动，"这可不是开玩笑的时候！"

"是的，我将和他结婚。"萨米赫斩钉截铁地说道，"我的答复是：我同意嫁给他，但不同意下星期四订婚，因为每星期四我一般都有个重要的约会，哪怕它与我的大喜之日有冲突，我也得准时赴约！"

她的每句话都使得她的大哥惊讶、困惑，不断地扬起眉毛。他说道：

"你疯了吗？要我去对他说你不能在星期四订婚是因为你另有约会，这合适吗？"

萨米赫依然在屋子里舞动着，紧抱着电话机：

"他征求我的意见，这就是我的意见。他要说什么，你再告诉我吧。"

"他将说，你是个疯子，还将说我也疯了，因为我居然会把这样稀奇古怪的答复转告给他。"

萨米赫笑道：

"他知道我很有头脑，要不然，他就不会想娶我。"

"你可真是疯了！"她大哥十分恼怒，"你同意嫁给他，然后又要我对他说，你不能在下星期四同他订婚，因为你另有约会！我可不敢这么对他说，他是个大人物，是国民领袖，我不能对他说空话！"

"那么，我自己来对他说。"

沙里夫贝克觉得救兵自天而降，忙道：

"我让他听电话，你自己亲口对他说吧。不过，我得警告你，他马上就会大发雷霆，当面撂下话筒的！"

沙里去贝克拿着电话，后面拖着一根长长的电话线，来到楼下，把电线收成一圈，拿着电话机走进客厅，用发颤的声音说道：

"萨米赫想同阁下谈谈。"

"当然可以。她同意了吗？"努哈斯问道。

沙里夫把听筒递给努哈斯时，稍稍退后了几步，免得努哈斯听到他妹妹的答复时冲着他大发作。

努哈斯接过电话，喜滋滋地说道：

"你好，你好。萨米赫女士，我到你哥哥这里来，是来向你求婚。你当然会同意的，好极了，恭喜……你同意下星期四下午在沙里夫贝克寓所订婚吗……？"

沙里夫贝克估计，这时候他妹妹要扔炸弹了。他注视着努哈斯的脸，以为他听见萨米赫的话一定会怒形于色的。不料，努哈斯却说道：

"你说得对，萨米赫，你说得对。下星期四你既然有重要约会，我们应当尊重。我定了约会而不守约，常觉得自己是世界上最不幸的人，的确是最不幸的人！你说得对，萨米赫，你说得对。"

沙里夫贝克站着望着国民领袖，愣住了。

他不知道，他面前的这个人不是作为华夫脱党主席和国民领袖的穆斯塔法·努哈斯，而是作为普通人的努哈斯，一个恋人，一个正在相爱的人。

努哈斯订婚的消息传开了。这突如其来的婚事使穆罕默德大为高兴。这是爱情的胜利，是人民敌人的失败。人民的敌人们曾企图利用努哈斯和萨米赫间的纯正关系来整国民领袖。穆罕默德很钦佩努哈斯快刀斩乱麻的做法，这好比是高明的一击，粉碎了那精心策划的阴谋。他感到自豪，因为在挫败那阴谋的过程中他起了重要作用。

努哈斯订婚的消息,对福阿德国王和欧尼·哈菲兹帕夏来说,恰似晴天霹雳。国王原认为已替努哈斯准备好棺木,让这位国民领袖躺进去,盖上木板,只消敲死最后一颗钉子就行,然后是官方出面替他送葬……

欧尼帕夏曾以为,首相职位已是他囊中之物,确信"天下奇才"的称号将由现任首相西德基帕夏转戴到他头上。然而,他废寝忘食、绞尽脑汁、夜以继日炮制的计划却失败了。

欧尼帕夏坐在家里的书房中,脸色憔悴,头上又添了不少白发。

他的眼角增加了许多条皱纹,这是失败留在失败者脸上的标记。胜利使人容光焕发,失败使人形容枯槁。失败就像死亡,使人脸色惨白,阒无生气,具有坟墓的泥土味。

失败者的本性总是要委过于人,失败的负担过于沉重,他一个人承担不了,失败者不是把时间花在变失败为胜利上,而是在寻找同他一起为失败负责的伙伴。

是国王说漏了嘴?是国王泄露了秘密?宫廷人员被华夫脱党收买了?西德基帕夏了解阴谋的内情,那么,是他告诉了努哈斯,为的是不让欧尼得逞,不让他当上首相。准是赛妲·阿姆莎说了出去。也可能是惟一清楚计划的阿利什·萨利姆贝克上校出卖了他。欧尼帕夏现在能做的,只有把阿利什贝克提升为警察总监,以奖赏他执行计划得力。他知道,阿利什贝克像他一样,是个投机分子,野心勃勃地觊觎着内政部国务大臣的职位,是他迅速地把消息通报给了诺克拉西,而诺克拉西与警界的联系则是众所周知的。

欧尼帕夏辨不清摊在他面前的报告上的字,好像有个报纸版面大小的粗体词"失败",遮住了所有报告上的字。

他厌恶地不耐烦地把面前的报告推开,点燃了一支烟,恍惚中只觉得充满烟雾屋子的空间也连成了一个词:"失败"。

香烟一直叼在他嘴上,终于烧到他的嘴唇,他顿时丢掉了烟蒂。这一烧,让他清醒了过来,摆脱了烦躁,重新读起报告来。

他伸手拿过一份写着《关于努哈斯帕夏结婚的反响》的报告,全神贯注地看起来:

"可以看出,努哈斯帕夏在宣布他向萨米赫·沙里夫女士求婚后,精神大为振奋。双方业已商定,在开斋节后的第四天在亚历山大的新娘家中举行订婚仪式。华夫脱党的要人们对这门亲事绝无喜悦之色,他们宁可华夫脱党主席与某个华夫脱党的名门望族联姻。一位华夫脱党的领导人达尔维什·哈比卜帕夏说,当他听说新娘是一个离了婚的女人时,他感到痛苦。许多华夫脱党党员获悉他们的领袖将娶一个离婚女子,都表示遗憾,因为农村对离过婚的女人总是另眼相看。"

欧尼帕夏看到这最后几行字时,眼睛一亮,他找到了可钻的空子,他的计划并未失败,有可能借尸还魂,达到同样的目的。内政部和治安机关可以想方设法,进一步煽动华夫脱党人的不满,使之成为一场反对党主席的骚乱。

欧尼帕夏脸上露出了微笑。老鼠还未逃出罗网,只要欧尼·哈菲兹还坐在内政部国务大臣的宝座上,这罗网就将始终张着口。

他吹起口哨,就像火车开动前的哨声。

佐贝黛走进书房,见他在吹口哨,不觉一怔,这是他俩共同生活以来她第一次听他吹口哨。

"你在吹什么?"佐贝黛问道。

"吹一首我喜欢的曲子,是阿卜杜·瓦哈卜的新作,歌词是:只要你与我在一起,世界便在我手中,人人都是我的奴仆。"

"我倒从来不知道,你还爱好音乐和歌唱。"佐贝黛笑道。

"我开始爱上音乐了。"他微微一笑。

"是吗?"她显然不信,"出什么事啦?"

"努哈斯将娶一个离过婚的女人。"

"这我已听你说起过。娶一个离过婚的女人有什么要紧?福阿德国王不是与舒薇卡公主离婚了吗!"

"不过,当他成为素丹,想娶亲的时候,他就得娶一个黄花闺女。"

"王室中,绝大多数的亲王和公主都离过婚。好几位先知也都娶离过婚的女人为妻。"

"可是,在埃及,保守的家庭是绝对多数,它们都反对娶离过婚的女人。努哈斯是民众领袖,他只能二者择一,要么娶萨米赫,激怒民众,酿成丑闻;要么取悦民众,解除婚约,弄得丑闻更加一发不可收拾。"

"你从什么时候起开始关心民众的看法了?"

"我并不关心民众的看法,"欧尼·哈菲兹微笑道,"可是,努哈斯是民众领袖啊!"

"离过婚的女人有什么罪?她通常是受害者,忍受了常人无法忍受的苦难,尽管如此,她丈夫一句'你被休了',就把她给宰割了,这句话不啻是判处她死刑,毁了她的家庭和前途,使她无家可归。"

"萨米赫不是被她丈夫休掉的,而是她主动要求离婚的,她起诉,告了她丈夫。她丈夫要她回去,遭到她的拒绝。她愿意嫁给努哈斯帕夏,因为他是个帕夏,而她的前夫只是个贝克。"

"你告诉过我,她前夫是亚历山大最有钱的青年,我知道努哈斯挺穷,女人不可能舍弃财富宁愿挨饿,除非是为了逃脱虐待和不忠的丈夫,她宁可与一个尊敬她、爱她的男人同居陋室,清贫度日,也不愿与一个待她如猪狗的国王住宫殿,享受荣华。萨米赫是一个高尚的女人,她的行为也高尚。"

"你干吗这样热情地为她辩护？你认识她？"

佐贝黛觉得,自己的确是在热情地为萨米赫辩护,只是,她不仅是为萨米赫辩护,而且也是在替另一个即将离婚的女人辩护,再就是她自己——佐贝黛·阿尔法·贾马勒,她要同国务大臣欧尼·哈菲兹帕夏离婚,嫁给一个小记者穆罕默德·阿卜杜·卡里姆。她控制住自己,说道：

"我不认识她,但我知道,她在亚历山大的家庭颇受人尊敬。"

"要是报告上说她是个名声不佳的女人呢？"

佐贝黛差一点就要说出穆罕默德看过报告,那上面说萨米赫口碑不错,也读到过欧尼帕夏炮制的诬蔑萨米赫名誉扫地的报告。但是,佐贝黛不敢这么说,待在这房间里真是憋死了,她没有回答他的问题就离去了。

在《圣战报》报社,穆罕默德注意到高级编辑们都奇怪地紧锁着眉头,他们交头接耳,窃窃私语,有的目光充满了惊奇,有的目光流露出忧伤。穆罕默德一走进屋去,本来在低声议论的人立即会转换话题。这种罕见的令人生疑的气氛使穆罕默德纳闷,他问同事艾哈迈德·卡西姆先生发生了什么重大的事情,致使报社里欢快气氛骤然变得像出丧似的沉闷。艾哈迈德悄悄地用伤心的语调告诉他：发生了不幸,国民领袖要结婚了！

艾哈迈德这样说的时候,脸色比往常更苍白,语调带有压抑着的愤怒,饱含着阴郁、痛苦和疑惧。

穆罕默德诧异地说道：

"这算什么不幸？独身男人有权利结婚,男婚女嫁乃是教义所定,我还以为是华夫脱党的一半党员退党,投靠了西德基帕夏哩！"

"宁愿全体华夫脱党党员,而不仅仅是一半党员退党,也不希望发生这种灾难。我们怎么对民众说？民众在死亡,领袖要结婚；民众在挨枪子儿,领袖在谈情说爱；民众充斥监狱,领袖在布置洞房。真是灾难哪！"

"这有什么灾难可言？难道民众都独身，民众领袖违反了众议？难道华夫脱党颁布过决定，把埃及妇女会当作西德基的大臣和议员对待，予以抵制，领袖违反了决定？"

"她是个离了婚的女人！"艾哈迈德·卡西姆一字一顿地说道。

"是个离婚女人又何罪之有？"穆罕默德耸耸肩，"你的姐妹或女儿也可能无缘无故地被丈夫休掉，难道她们就得当修女度过余生，受到印度贱民的对待吗？所有的人都可以同离了婚的女人结婚嘛。"

"可是，努哈斯不是普通人，他是国民领袖，平民百姓可以做的事情，被众人举在头上的领袖去做就不行。努哈斯是人们的理想，允许家庭成员做的事，一家之主去做往往就不合适。领袖的行为应该无懈可击，不受人指摘。"

这时，阿兹米博士走进来，笑吟吟地问他们在谈论什么。

穆罕默德扼要地把情况说了说，只听得阿兹米博士说道：

"艾哈迈德·卡西姆的话有道理。"

"我不胜惊讶，我们最著名的进步人士之一居然也持这种观点！你可是个巴黎留学生，虽然生活在开罗，但思想可还是巴黎的。"穆罕默德说道。

"这是你们华夫脱党人的过错！"阿兹米博士说道，"穆克拉姆称努哈斯为'受人崇拜的领袖'，你们全都信以为真，把他当作了神，谁反对他，谁就背叛了真主。你们对待他，仿佛他是印度教教徒膜拜的神牛。等他想按常人而不是神牛一般行事时，你们就群情激愤，怒不可遏。你们否认他具有普通人的特性，坚持要他充当不生育也不是凡人所生、不恋爱也不结婚的神。你们今天大发雷霆，合乎你们自身的逻辑，受人崇拜者的确是不结婚的。"

"然而，群众把努哈斯捧为'受人崇拜者'，这并不是努哈斯的过错啊！"

"努哈斯说过，领袖是神圣的。他得为这种神圣付出代价。谁往自己的肩上插上天使的翅膀，谁就不能像常人一样在大街上漫步。"阿兹米博士回答穆罕默德道。

"那么，大声疾呼自由的领袖就得去做奴隶？他为人民争取权利，自己却享受不到每个埃及人所拥有的起码权利，他得去当修士。如果他爱上一个女人，想同她结婚，他还得把结婚计划公诸全体人民，由一个不偏不倚的内阁来举行一次民意测验，就像埃及与英国缔结条约似的。"穆罕默德反驳说。

"你要记住，萨米赫是个离过婚的女人。"艾哈迈德·卡西姆不同意穆罕默德的看法。

"拿破仑·波拿巴娶的约瑟芬，也是个再嫁的女人。"

阿兹米博士说道：

"然而，拿破仑当了皇帝，就同她离婚了。领袖，只是民众遴选的皇帝，他有皇帝的权力，也负有皇帝的责任。你举约瑟芬为例，并不合适，约瑟芬背叛了拿破仑，把法兰西王位当作了谈情说爱的锦榻。我个人的意见，领袖人物的婚姻不是一个光由他就能决定的私事，而是须经全党共商的政治问题。这就是民主，在历史上，领袖们不能娶他们所爱的人做妻子，因为政党往往反对这样的婚事。依我看，努哈斯的这门亲事，只有在恢复了宪法，最后一个英国兵撤出埃及之后才能实现，到那时，努哈斯的角色演完了，他有权按自己的心愿结婚。至于一位军队的统帅在打仗的时候这么做，那可就是个战术错误了。"

穆罕默德突然感到，阿兹米博士的看法不光代表他个人，他平时总以少数知识分子的想法行事，这一回却是按群众的思路考虑问题，群众一心希望他们领袖的所作所为应该像神一样。

后来，他更为惊讶地听说，达尔维什·哈比卜帕夏曾邀集一批华夫脱党党员共进早餐，席间谈论的全是努哈斯的婚姻。达尔维什帕夏对这门亲事持激烈的反对态度，他用来说服所有在座党员的理由是，努哈斯的婚姻对努哈斯不利，对华夫脱党不利，对人民群众也不利，说所有的党员听说党主席要娶一个离过婚的女人，都惊惶不安。

在此以前，佐贝黛曾把欧尼帕夏谈到努哈斯的婚事时所说的话和为破坏这婚姻所制订的计划告诉过穆罕默德。穆罕默德感到奇怪，华夫脱党党员居然在按政府敲打的鼓点跳舞，说出政府想说的话，遵照政府的意愿骚乱起来。

穆罕默德每天到各部去转，努哈斯订婚的消息虽然还没有见诸报端，但官员们却在谈论。泄露消息是政府授意的吧，目的在于让这门婚事引起公愤，在华夫脱党紧密团结的阵线上打开一个缺口，让华夫脱党党员的注意力集中到一个枝节问题上去，而无暇顾及他们的头等大事，那就是反对英国人，反对暴政。

穆罕默德决定去见马希尔博士，把欧尼帕夏制订的破坏这个婚姻、败坏萨米赫·沙里夫名声的计划告诉他。

马希尔博士对他说道：

"我同意你的看法，这位女士是品德端正的。我个人认为，努哈斯年纪不小了，总不能去娶个十七岁的黄花闺女吧，他要是那样做，后果将比娶一个离了婚的女人更糟糕。可是，复杂的是这件私事现在成了全党议论的题目。我看，党主席的婚事是个政治问题，而不是个人私事。我们既然是一个民主的党，我就不能侵犯其他党员的权利，不许他们发表议论。华夫脱党最好不要因为这件事发生分裂。党主席要娶一位离了婚的女人，有些党员火气大得出奇，这是我所无法理解的。我能够理解的，比如说，他们借口那女人名声很坏而对这门亲事横加反对。然而，我敢断定，萨米赫的名声非常之好。"

"是欧尼帕夏制订了一个败坏这个无辜女士名声的计划。"穆罕默德说道。

"这正说明了问题的严重性。倘若政府给这位无辜女士脸上抹黑的阴谋得逞,那么,有的人就会说'大门漏风,关紧了才安泰!'"

"可是,大多数人也不该在这件事上扫努哈斯的兴啊。"

"遗憾的是,赞成这门婚事的只有我和诺克拉西两人。"

"穆克拉姆呢?"穆罕默德感到奇怪。

"穆克拉姆挺犹豫,他一方面爱努哈斯,另一方面有他自己的看法,举棋不定。他个人的看法是,党主席不可以娶离过婚的女人。"

"连穆克拉姆都这样想?!"

"是的,穆克拉姆也这样。可是,你不要责备他,他受上埃及的华夫脱党党员看法的影响。我和诺克拉西之所以持目前的立场,原因可能是努哈斯同我们谈过萨米赫女士,我们知道他俩关系密切的程度。倘若努哈斯召集全体党员像对我们谈话时一样坦率地同大家谈一谈,他们就会转变态度,热情地支持他的婚事。不过,最主要的是我们得维护领袖的威信。"

"领袖的威信?要维护领袖的威信,只有抵制那些诬蔑这位纯洁女士的人,只有坚决反对那些污言秽语侮辱她的人,而不是面对那种不讲道德和廉耻的恶意攻击一味退却!"

"在道义上,我并不缺乏直抒己见的勇气,可是,在某些情况下,理智比勇敢更难做到,退却比猛扑过去更具有献身精神。我认为,这问题如能理智地处理,风波就会平息。我一开始就主张努哈斯立即结婚,让大家面对事实,换了我,我早这样做了。可是,婚期被推迟,消息泄露出去,成为众人的话柄。正因为这样,我现在认为,让风暴平息下来比硬顶着干有利。"

"然而，华夫脱党党员所持的立场已经把这件私事变成了公开的丑闻，他们吵吵嚷嚷，闹得震天价响。这样，我们就中了政府的圈套，用政府磨快的刀自戕。再说，努哈斯这样受折磨，我也感到难受。"

"我同样为努哈斯的痛苦感到难受。可是，那无辜女人遭受的折磨更使我伤心。人们谈论她，仿佛她是个罪犯，偷走了国民领袖，我实在难过。事实上，她就像是我们的姐妹，我们的女儿。我痛心的是，大家总是轻信原告，听不进被告的辩护，急切地自告奋勇地用刀子杀戮落到手中的人，要去包扎他们的伤口却犹豫不决。人们知道的我们的错误，实际上不是我们的错；他们赞扬的我们的长处，也并非是我们的长处。我了解有些人，他们被人疑为魔鬼，实际上是天使；还有些人备受推崇，被说成纯洁无瑕，实际上是过着罪恶可耻的生活。因此，要毁坏任何女人的名誉，我总是迟疑再三。看到有些人剥夺了法官甚至神的权利，不分青红皂白地把一些人送入天园，把另一些人打入火狱，我感到烦恼。今天，我听说我的同事达尔维什帕夏在把一张萨米赫·沙里夫穿着长裤拍的照片让大家传阅。"

"穿着长裤？"穆罕默德一惊。

"是的，穿着长裤。"马希尔笑笑，"我看，这张照片并不值得这样大惊小怪，欧洲的女人都穿长裤。萨米赫的这张照片可能是在她家里拍的。可是，我的同事们一辈子没有见过穿着长裤的埃及女人，认为这张照片证明萨米赫是个放荡的女人。他们中，有的在欧洲留过学，听说过法国人的一种说法：'这女人在家里穿长裤。'这句话的意思是说，她在家里能说了算。他们把这张照片理解为萨米赫将在家中左右党主席，进而干预政治事务。"

"我没有想到，萨米赫·沙里夫这样一位品行端正的女士居然会穿长裤。"穆罕默德感到沮丧。

"衣服并不决定纯洁或有罪。是否贞洁要看一个人的内心,而不在于长裤或裙子。我纳闷的倒不是照片,而是达尔维什帕夏是怎么搞到这张照片的。这件事说明,有人插手,企图玷污这位可怜女士的名声,偷走了她的家庭照,把照片当作匕首伤害她,矛头所向还不光是她,还对准了党主席本人。因此,我主张把努哈斯的婚姻当作政治问题而不是一件私事来处理,态度要慎重,不让我们的敌人有兴风作浪的机会。"

穆罕默德被说服了,他相信穿长裤不足以证明萨米赫·沙里夫女士品行不端。

他告别马希尔博士,在每天约定的时间去见佐贝黛。一见面,佐贝黛便突然说道:

"欧尼告诉我,他搞到了一张努哈斯帕夏未婚妻穿着长裤拍的照片,他已经让这张照片传到华夫脱党党员手中去了,还印了一张装在信里寄给了努哈斯,信的落款是'你悲痛的孩子'。"

佐贝黛说,她当时问她丈夫:"这照片你是从哪里搞来的?"欧尼说得很简单:"从她前夫那里。他仍然爱她,不惜拿出他巨额财产的一半来阻止这件婚事。"

一批华夫脱党党员去见努哈斯,要求他收回要娶萨米赫的决定。努哈斯十分气愤,说道:

"我不是孩子,不用别人来当我的监护人。我选中的女人使我感到光荣,也使你们光荣。我经过了整整三年的交往,才选中这位女士。只有她才能忍受我贫困的生活,才能坚定地跟着我,才能同我一起挨饿!"

达尔维什·哈比卜帕夏说道:

"我们毫不怀疑你判断的正确,相信你的睿智,你中意的,我们都接受。但是,人们有不同的看法。"

"在我的婚姻问题上，人们的看法不关我的事。是我要结婚，又不是他们！我替大家做得还不够，还要怎么样？为了他们，我忍辱负重，放弃一切享受；为了维护他们的权利，我战斗了一生。难道我选择了一个我信赖放心的女人，他们还嫌我过分吗？难道他们结婚时请教过我，这会儿轮到我向他们请示了吗？我这次结婚，没有征求过任何人的意见，我只向真主乞求灵感，只求做到心安理得。我的内心和理智都只赞成这位女士。从今以后，我不允许任何人干预这件事或主动与我谈论这件事！"

达尔维什帕夏从口袋里掏出他准备好的"炸弹"，说道：

"这是一张萨米赫女士穿着长裤拍的照片！"

努哈斯拿过照片，哈哈大笑：

"这就是你们用来破坏我婚姻的惟一证据吗？这照片的事我知道，三年前我就听萨米赫女士本人说过。当时，她的前夫在巴黎，替她买了一条长裤，那年头，女人穿长裤是时髦，她丈夫要她穿，她不同意，她丈夫坚持，并进行威胁，她只得穿上。她丈夫替她拍了一张穿长裤的照片。萨米赫女士对她丈夫的行径非常生气，终于弃家出走，回到娘家。她丈夫后来亲笔写信道歉，说他强迫她穿长裤时是喝醉了酒。在打离婚官司的时候，她丈夫的律师哈勒巴维贝克曾向法庭出示这张照片，以证明做妻子的放荡。我当时是萨米赫女士的律师，我拿出了她丈夫的亲笔信！一个在丈夫的威逼下穿长裤的女士难道是一个放荡的女人？我看不出穿长裤有什么放荡之处，我也拒绝任何人来教训我，说到保守，你们谁都比不上我。请吧！"

华夫脱党党员被撵了出来。

这些一心要破坏努哈斯婚姻的党员们怒气冲冲地走出来，他们一致认为，眼下还有一个办法，那就是向埃及之母萨菲娅·扎格卢勒夫人求助。她是革命的精神之母，受到以努哈斯为首的全体华夫脱党党员的尊重，他们遇到灾难时向她求助，在陷于困境时向她请教，他们都了解她是个最讲道德、严守传统的人。

那时，她住在瓦西夫清真寺旁她自己的庄园里。那些被努哈斯赶出来的党员们乘了好几辆汽车前往。他们要求她接见，说有重大的事情商量。

萨菲娅夫人立即接见了他们。大家吻她的手，讲述了努哈斯订婚一事，说他们握有真凭实据，足以证明萨米赫女士声名狼藉；他们还获悉，福阿德国王那里有一份内政部国务大臣欧尼·哈菲兹帕夏写的报告，上面的内容可一言以蔽之，那位女士名声不佳。他们不敢把这些情况告诉努哈斯帕夏，只有她萨菲娅夫人，作为埃及之母才能够将他们难于出口之言直截了当地告诉努哈斯。

萨菲娅夫人静静地听他们把话都讲完，才开口说道：

"我这一辈子从来没有指控过任何一个女人说她声名狼藉，你们怎么能要求我在暮年作这样的指控来弄脏我的舌头呢？再说，我是埃及之母，亦即是埃及每一个男人、每一个女人的母亲，你们怎么能要求我说我的一个女儿声名狼藉呢？"

"可是，我们有真凭实据说明她是个名声很坏的女人啊！"大家说道。

"说一个女人是淫妇，真主规定了具体的条件。结婚，只要两个证人就行了，但指控女人犯有淫荡罪，真主坚持要有四个证人。你们指责萨米赫女士犯有这种罪，谁是目睹证人？"

"没有，我们什么也没看见，但是，领袖的名声却与我们息息相关啊！"

"我关心每一个埃及女人的名声，正如我关心领袖的名声一样。"

他们坚持要萨菲娅夫人干预，提醒她，努哈斯是她丈夫萨阿德·扎格卢勒的继承人，任何涉及萨阿德接班人的事，也都关系到萨阿德本人。

萨菲娅夫人说道：

"萨阿德是全体埃及人之父，他的女儿名誉受到诋毁，他在九泉之下都不得安宁。你们有什么权力审判萨米赫女士，对她作出缺席判决？你们听过她的辩白吗？你们怎么知道她不是受冤枉的？怎么知道她不是一场造谣污蔑、恶意中伤活动的受害者？又怎么知道不是政府在获悉努哈斯帕夏要娶她为妻后，故意罗织的这些罪名？政府过去以莫须有的罪名控告你们，总不下九十次吧？你们要求公正对待你们自己，为什么对一个弱女子判处名誉上的死刑时，不给予她以公正呢？"

"现在的问题关系到全体国民的名誉。"他们说道。

"全体国民的名誉，是由每个男人和女人的名誉组成的，玷污了一个无辜女人的名誉，就是玷污全体国民的名誉。我作为一个母亲，你们的母亲，全体埃及人的母亲，同你们谈话。每个母亲的职责，就是维护她所有子女的名誉，而不是去玷污这种名誉，更不是凭空怀疑他们，造他们的谣！"

达尔维什帕夏说道：

"我们原来希望您亲自挑选一位有德行的姑娘，做党主席的配偶。"

"由母亲替孩子们选择对象或在这类事情中插手干涉的办法，我一向不同意，不然，我就从母亲变成了丈母娘。"

"我们原来希望党主席能与一位年轻的'埃及之母'结婚，娶一个适合做领袖妻子的姑娘。"达尔维什帕夏又说道。

"埃及的母亲或领袖的妻子不是先知诞辰日放在商店里出售的洋娃娃，能造就领袖妻子的是领袖本人。萨阿德同我结婚的时候，我什么也不是，只是个零，我觉得，他是峰巅，我是山脚。弱者低下头来，凑近山脚下的女人，普通人弯下腰，让他爱的女人踮起脚跟他结合在一起，但天才的领袖却不低头哈腰，而是鼓励他爱的女人向峰巅攀登，这并不容易，相反，是一项非常艰苦累人的任务。但是，如果这女人爱她的男人，她就会以苦为乐，藐视困难。我与其说是萨阿德的伴侣，不如说是她的学生。女人若是真心热爱、尊敬她的男人，那就会听任她丈夫按照他的愿望塑造自己，会不由自主地成为她丈夫所期待的形象。你们若是知道他在世的时候，我从未做过什么领袖妻子的事，也许会感到惊奇。我只是像小猫一样，坐在他的脚旁，从不干预他的事情，因为学生无权管理学校。后来，我丈夫被英国人流放远乡，我才担负起了领袖妻子的使命，他并没有要求我这样做，也没有想到我能够领导革命。每当他从流放地回来，我仍一如往常，坐在他的脚旁，忘记了我曾经接见过代表团、散发过革命传单、领导过斗争。萨阿德去世后，我做的是每个母亲在她孩子们的父亲去世后所应该做的事，也就是不得不又当爹又当娘。"

"我们认为您是我们革命的女领袖。"达尔维什帕夏说道。

"我不是革命的领袖，也不是领导人之一。我自认为是革命的良心，我凭良心做事，凡事做到心安理得，良心受责，我也受责。但是，我不是革命的头脑和双手，你们才是革命的头脑和双手。"

"领袖的妻子穿长裤，革命的良心难道会满意吗？"达尔维什帕夏问道。

"妻子不穿长裤，除非是丈夫脱下自己的长裤给她穿。"

"您曾经穿过长裤吗？"

"我的时代与你们的时代不同，我不能用我的传统习惯来束缚比我晚生五十年的人。我所主张的只是道德的原则永不变，而衣服是常变的。比如，我就从来没有在脸上擦过粉，即使在新婚之夜也没擦过，但是，我不认为擦粉的女人就是道德败坏。"

"我们是农民，"达尔维什帕夏说道，"我们不愿意我们的领袖娶一个离过婚的女人，不愿意他娶一个曾穿着长裤拍过照的女人，也不愿意他娶一个在法庭上招人议论、被打进秘密报告的女人。她确实有罪还是受了冤枉,那不关我们的事,我们关心的是,一旦我们的党主席娶了这么个女人,我们在国内就永远抬不起头来,只能耷拉着脑袋走路了。"

"每个受冤枉、遭蹂躏的女人,不应该被人诅咒,受到贱民的对待!基督教的敌人们冤枉了圣玛利亚,但是,我们世世代代崇拜她,基督教徒和穆斯林都一样!"

这些怒气冲冲的人没有被萨菲娅夫人的观点所说服。她确实是他们的母亲,受到他们的尊敬,然而,她没有在埃及农村生活过,不了解旧式家庭是何等的因循守旧,她也不知道农村里的一些大人物直到今天还在责备萨阿德,原因是他支持妇女抛头露面,在革命过程中要求妇女揭下面纱,有些知名人士就是因此脱离了革命。

萨菲娅已是七十岁的高龄了,但她的皮肤仍保持着光润,好像夫人脸上的皱纹都是香粉、口红和胭脂搞出来的。她一头浓密的白发,犹如头戴一顶银冠,使她显得更美更庄重。她的双眼黑而且大,虽然年华流逝却依然显得挺清秀。身上穿的黑长袍,从她丈夫亡故就一直没有脱下过,袍子把她的手脚遮得严严实实。

她的脖子上戴着一串长长的珍珠项链,讲话的时候手指就拨弄着。她的话娓娓动听,温柔和蔼,间或也会变成子弹。在华夫脱党内,她以直率著称,不喜欢搞歪门邪道,也不接受折中主义的解决办法。华夫脱党的党员们都怕她,就像小孩子怕他们的母亲。因此,这些来找她的党员把全部希望寄托在她身上,因为只有她才能制止努哈斯的婚姻。

她固执地拒绝插手,不愿消弭这场"灾难",这使大家感到意外。一个生平从未往脸上擦过粉的女人居然为一个穿长裤的女人辩护!埃及之母怎么竟会让一个令人生疑的女人有朝一日坐上自己的椅子呢?

谈话快结束的时候,达尔维什帕夏鼓起勇气问道:

"您愿意这位萨米赫女士在您百年之后做您的继承人吗？"

萨菲娅微微笑道：

"母亲的称号是惟一不能世袭的！"

"我担心历史将来会说：这个男人由整个民族将他扶起，却被一个女人摔倒在地。"

"女人不会把男人摔倒在地，除非男人自己准备摔跤。不过，我倒怕历史将来会说：这个无辜的女人被一些不义的男人踏在脚下，他们嘴上却高呼着为千百万人争取正义！"

穆罕默德愁眉不展地走出《圣战报》报社。他又一次为萨米赫·沙里夫与人发生了争吵。他参加了一个会议，所有的与会者都反对他，他们攻击萨米赫，只有他一个人为她辩护。人人都诅咒她，老人、青年、穆斯林、科普特人、保守派、自由派、华夫脱党的敌人和支持者，全咒骂她。政府和反对党从来没有意见一致过，只有在反对努哈斯婚姻问题上是例外，好像国家进行了总动员来向一个女人开战。

为了替萨米赫辩护，佐贝黛与欧尼·哈菲兹也发生了争吵。她的父亲和弟弟马哈茂德对萨米赫出言不逊，她同他们吵了一架。难道所有的人都错了，只有他和佐贝黛才正确？所有的人都瞎了眼，只有他俩才明察秋毫吗？非常可能！因为他在那个发动这次残酷战争的人物的书房抽屉里，曾亲眼看到证明萨米赫清白的证据。他怎么能不相信自己的眼睛，反倒听信谣言？女人的名声究竟是根据人言，还是应该实事求是？

有些人的本性，觉得向别人扔泥块比向人扔玫瑰更有趣，似乎玫瑰的刺会扎伤自己的手，而滑溜的泥块抓在手里挺舒服，又好像糟蹋女人的名誉就像在公园里攀折鲜花一样有趣。

这些人怎么一夜之间变得道貌岸然起来，头上戴着缠头巾，手里拿着念珠,他们作出的是不容申辩的最后判决,他们用舌头搭起绞刑架,要绞杀一个除了与国民领袖相爱外,什么罪也没犯过的女人!

穆罕默德感到,他对政界和新闻界简直腻透了,那些人彼此攻讦就像是相互问候似的习以为常。他有个奇怪的愿望:回到自己的圈子里去,回到他成长的土地去,回巴德兰岛去!在那里,善良的人们若要数落一个无辜的人,先得几次三番地祈求真主宽恕自己,他们不懂搞诡计、玩花招,也听不到穆罕默德·阿里俱乐部或治安机关散布的谣言。

穆罕默德来到西迪·法尔杰咖啡馆,只见里面挤满了吃封斋饭前到这里来消磨时间的顾客。令人奇怪的是,他们没有一人在下棋、玩多米诺牌或纸牌,准是时值斋日,他们不好再玩这些游戏了吧。他们围在胡拉希德清真寺教长法赫尔丁谢赫周围,穆罕默德心想,他们是在听这位庄重的银须飘飘的谢赫说教。坐着的人谁也没有起身与他打招呼,甚至没有觉察到他的到来,他们都全神贯注地在聆听法赫尔丁谢赫的讲述。

穆罕默德拿了一张椅子,坐在最后面。他很快就听出胡拉希德清真寺教长谈的既不是宗教,也不是斋日,而是努哈斯帕夏的婚姻!

法赫尔丁谢赫说道:

"离婚是真主最厌恶的解决办法,努哈斯要是娶一个黄花闺女,那就再好不过。"

坐着的人纷纷点头,表示赞同、深信不疑。

"是哪一条伊斯兰法律把离过婚的女人当作禁止人们接触的贱民?"穆罕默德不待邀请便情不自禁地插嘴反驳。

"努哈斯与一个离过婚的女人结婚有什么理由呢?"谢赫问道。

"理由就在于努哈斯爱她!"穆罕默德回答。

西迪·法尔杰清真寺的教长法特赫·巴卜谢赫打断穆罕默德道:

"爱情不是什么理由,而是一种疯狂。"

"埃及所有的帕夏都乐意将自己的千金嫁给国民领袖,他根本不必娶一个离过婚的女人。"烫衣匠哈吉·马加齐·法基说道。

"努哈斯是个穷人,"咖啡馆老板维赫丹说道,"他应该娶一个有钱的女人,这样,他就可以出其不意地对付政府的步步进逼,政府正在用克扣他衣食的办法打击他。有许多富翁巴不得把自己的女儿嫁给国民领袖。重要的不是让他娶一个美貌的姑娘,而在于让他娶一个有钱的女人,这样,可以把她的钱用于革命运动。革命运动需要钱,政府用金钱来反对我们,而我们可都是破了产的穷人。"

哈纳菲·阿卜杜·卡里姆师傅的小脑袋从在座的人群中探出来,说道:

"抓起金钱给猴子,金钱流去,猴子还是老样子!"

众人哈哈大笑。法赫尔丁谢赫说道:

"国民领袖的妻子乃是全埃及妇女的最高典范。我国所有做妻子的怕离婚就像怕死一样,她们认为女人离了婚,就失去了尊严和名誉。如果国民领袖娶一个离过婚的女人,那将怂恿所有的妻子起来造反,既然国民领袖能娶离过婚的女人做妻子,对她们来说,离婚也就无所谓。"

这段话把所有在座丈夫的情绪煽动起来,他们都曾在某一天以离婚威胁过自己的妻子,逼迫妻子屈服,或赌咒发誓要休掉自己的妻子,这誓言意味着妻子今后悲惨的命运和走投无路的境遇,她们每每不得不软下来。做丈夫的人人都把离婚当作一根鞭子,对着妻子一挥,妻子就会委曲求全地低下脑袋。现在可好,国民领袖的做法,等于是夺走了每个丈夫手中的鞭子。

穆罕默德从他们的目光看出,他们反对努哈斯的婚姻,与其说是出于他们对努哈斯的爱,不如说是因为他们爱自己,坚持他们的自私心理,急切地希望继续驾驭自己的妻子。

另一位教长法特赫·巴卜谢赫说道：

"她要只是个离过婚的女人倒也罢了,她还穿长裤呢！"

"穿长裤？"在座的人都惊骇地叫了起来。

有些人立即祈求真主保佑,另一些人则嘴里反复念道："别无办法,只靠真主了。"其他的人咂着嘴,表示对国民领袖的前途感到难过和忧虑。

穆罕默德强忍着,没有作声。不过,他觉得蹊跷,西迪·法尔杰清真寺的教长法特赫·巴卜谢赫怎么会知道萨米赫穿长裤的事？他知道,政府向各清真寺教长发送主麻日的演讲词,让他们向礼拜者宣讲,政府总是把它想对民众说的话夹进演讲词里,难道这一次为了把萨米赫穿长裤的事搞得满城风雨,政府也把材料塞给了清真寺的宣教人员？想到这里,穆罕默德彬彬有礼地问法特赫·巴卜射赫道：

"我相信,教长阁下言必有据。不过,您能肯定萨米赫女士穿长裤之事是真实的吗？"

"是的,能肯定,完全能肯定。我是从最可靠方面听来的。"

"我相信您是从最可靠方面听来的。"穆罕默德狡黠地说下去,"不过,这最可靠方面曾告诉过您,西德基帕夏搞的选举百分之百是自由的,您在主麻日宣教时也这样讲了,可是,所有的礼拜者都知道那选举是虚假的；这最可靠方面在一年前不还对您说过,政府已经成功地消除了经济危机,可是,我们大家都快要饿死了；这最可靠方面也对您说过,西德基帕夏将在三个月内把英国人赶出埃及,可是,从您宣教到现在,九个月过去了,连一个英国兵都没有离开过埃及！我们怎么能肯定,这最可靠方面不是像以前那样在欺骗您呢？它企图往国民领袖脸上抹黑,可是不敢攻击他,于是转而攻击他想娶为妻子的女人！"

法特赫·巴卜谢赫浑身哆嗦,无言可对,他转过身向他的同行法赫尔丁谢赫求援。这时，维赫丹老板叫了起来：

"穆罕默德，你的话有道理！他们像过去每一次一样，在欺骗我们！"

烫衣匠哈吉·马加齐·法基说道：

"穆罕默德说的那三次主麻日礼拜我都去了，听过那些宣教词，要不是出于对清真寺的尊重，我早就站起身来抗议了！"

香烟店老板阿夫·奥夫仗义执言：

"努哈斯娶了一个离过婚的女人，就亵渎真主了？西德基帕夏杀了机车修理厂几百名工人，把无辜的人塞满监狱，让成千上万个农民破产，不得不公开拍卖他们的财产，他倒没有背叛宗教？你们闭口不谈西德基帕夏的这种种罪行，好像宗教未受损害，而国民领袖要娶一个离过婚的女人，就天下大乱，你们就急匆匆地到咖啡馆来放毒？离过婚的女人又怎么样？我娶的就是一个离过婚的女人，三十年了，我们过得挺好。说不定离过婚的女人比黄花闺女还高尚些呢！"

哈纳菲师傅伸出脑袋说道：

"穿新鞋脚痛鞋子吱吱响，穿旧鞋舒服踩了也没事。"

法特赫·巴卜谢赫气愤地站起身来，一面推法赫尔丁谢赫往前走，一面说道：

"你们挖苦伊斯兰教学者，讽刺有德行的人，到世界末日必受到真主的诅咒！"

西迪·法尔杰咖啡馆爆发出阵阵笑声，人们用笑声和俏皮话送走了那两个怒气冲冲的谢赫。

穆罕默德回到家中，心里挺高兴，他把整个咖啡馆的人都争取了过来，把那些对努哈斯婚姻感到愤懑的人变成了嘲笑这婚姻仇敌的人。他能像争取咖啡馆里的人那样，让民众都赞同他的看法吗？然而，他在争取咖啡馆里的人时，没有使用事实这个武器。事实使人们从他身旁逃开，他矢口不提事实，人们就立即支持他。他明知萨米赫穿长裤一事是真的，他却让人们对此事心存怀疑。不过，他否认了一个小事实，目的是为了肯定一个大事实！完整的事实是一个面貌丑陋的女人，我们得用脂粉遮饰她的短处，让人们相信她。赤裸裸的事实像一个一丝不挂的女人，能挑逗人们，但不能让他们信服，我们替她披上一件外衣，使她成为一名圣女。

举例来说，努哈斯本来可以否认萨米赫穿长裤的照片，声称它是伪造的，愤愤不平的人立即会相信他。然而，他却对那些气愤的人们说出了全部真情，这使得他们更加恼火了。

穆罕默德想起，他与纳吉娃的种种麻烦事，都是因为他说真话引起的。他告诉她，他爱上了另一个女人，他要是不把这事实告诉她，他就不会被赶出赛义迪亚中学，她也不会诬陷他，造他的谣。他的缺点在于他喜欢事实，他的工作就是探明事实真相，毫不掩饰地当众说出。他现在挺后悔没有把事实告诉给咖啡馆里的人，觉得并没有像他起初想象的赢得了这场战斗，由于他隐瞒了事实，这一仗他输掉了。假如他把努哈斯恋爱的故事原原本本地讲给咖啡馆里的顾客听，他还能够争取到他们支持努哈斯的婚姻吗？肯定能争取到。可是，他太急了，他想速胜，不顾事实求得胜利。事实这个武器用起来可不简单，需要比使用欺骗的武器付出更多的精力。

谎言，犹如孩子们玩的气球，容易飞升，接着便在空中爆破；事实则像飞机，需要燃料、称职的飞行员和精密仪器，才能飞离地面。

他很想试一试，对他精神不那么正常的父亲把事实和盘托出。他让父亲坐在身旁，详详细细地把努哈斯准备结婚的始末说了一遍，既有对萨米赫有利的方面，也有对她不利的方面，没有丝毫的隐瞒，最后也提到了他自己为捍卫事实而遭受的烦恼。

哈纳菲师傅默默地坐着听穆罕默德讲述,宛若一座不会动弹、没有生气的雕像。穆罕默德讲完了,哈纳菲师傅仍一声不响,他仿佛突然转到了另一个世界。

父亲的沉默使穆罕默德不快。他问道：

"您看怎么样,爸爸？"

哈纳菲师傅站起身来,不声不响地朝房门走去。然后转过身来说道："今天你如此这般地说我,明天就后悔但愿未曾说过。"

他关上房门,自顾自去睡觉了。

穆罕默德无法入睡,整夜在琢磨着。父亲没有说出他的看法,没有谈到努哈斯是否应与萨米赫结婚,也没有告诉他是继续为事实辩护,还是到此为止。父亲说了一句民间俗语就走了。

父亲的不足是他不生活在现实之中,而是生活在遥远的明天。他理解父亲引的俗语的意思是早晚有一天,那些不公正地冤枉萨米赫的人会感到后悔,说但愿当时努哈斯娶她就好了。

理智不健全的父亲居然以为,努哈斯会舍弃为他受尽中伤和诬陷的萨米赫·沙里夫,因为人们的不公正,萨米赫付出了她的眼泪、幸福乃至生命作代价,在这之后,人们的后悔能为她带来些什么？受冤者能从暴君的后悔中获得什么？暴君的泪水能洗尽受冤者伤口淌出的鲜血吗？受冤枉好比开裂的创伤,时间并不能使它愈合,暴君之死也治不好它。暴君的泪水恢复不了死者的生命,也恢复不了被人践踏过的名誉。这样的泪水弥补不了萨米赫失去的幸福,不能把她流出的眼泪送回她的眼眶,也不能把她受人宰割时发自心坎的呻吟送回她的胸膛。

穆罕默德不喜欢父亲消极的态度。依赖时光,是弱者为自己的软弱无能寻找的借口。他将继续捍卫萨米赫的名誉,哪怕他单枪匹马。保护一个清白女人的名誉,便是保护所有女人的名誉,也是保护他母亲的名誉。

欧尼帕夏曾当面骂他母亲是婊子,也曾把萨米赫·沙里夫说成是娼妓。是欧尼帕夏开了第一枪,许多善良而幼稚的人就接着朝同一方向连连开枪,他们不知道这是在打他们自己,是在朝他们的未来开枪!

翌日早晨,穆罕默德到报社来上班,报社的电话员告诉他,华夫脱党领导人达尔维什·哈比卜帕夏找他,要他一到马上打个电话去。穆罕默德给达尔维什帕夏拨了电话,对方要穆罕默德立即到他新开罗的寓所去见他。

穆罕默德乘上有轨电车,对这奇怪的约见挺纳闷。他不喜欢达尔维什帕夏,每次见面总要发生冲突。他知道,达尔维什帕夏是这场反对萨米赫战役的指挥员,萨米赫穿长裤的照片就是他提供的。

穆罕默德走进达尔维什帕夏高大的住宅。帕夏的秘书哈桑·米尼亚维先生把他领进一间豪华的客厅。

不一会儿,达尔维什帕夏满面笑容地走进来,连声表示欢迎。

这出乎意料的热烈接待,使穆罕默德大为诧异。

达尔维什帕夏说道:

"我这里的材料说你是一个正直的爱国青年。马希尔博士盛赞你的男子汉气概,是马希尔博士的推荐,促使我邀你来见面。"

"应邀造访府上,我不胜荣幸。"穆罕默德说得很谦虚。

"我听说你在各种场合为萨米赫·沙里夫辩护。"

"是的,确是如此。"

"这也就是说,你认识她本人,不然,你就不会这么起劲。你同所有企图用片言只字伤害她的人争吵。为了朋友的名誉,理应挺身而出。这是一种美德,我祝贺你。"

"不过,我并不认识萨米赫·沙里夫女士,她也不是我的朋友,我连她的面都没见过。"

"每个听你谈论她的人都说,有人提到她的名字,你就气得脸红脖子粗,谁攻击她你就攻击谁。你在辩论时会失去自制。这一切,只有熟识她的人才做得出来啊。"

"不过,我不认识努哈斯帕夏,也不是他的朋友,我却热心地替他辩护,谁攻击他我就攻击谁,我在为努哈斯帕夏辩护时也常控制不住自己。"

"看来,你还不简单哪。我听说,你是个直率的青年,现在却突然发现你挺滑头。我希望你老老实实地对我说,是谁委托你为萨米赫·沙里夫辩护的?"

"没有人委托过我,我受我良心的委托。我相信,她是冤枉的,她为人高尚。我觉得我有责任替每一个高尚的受冤枉的人辩护。"

达尔维什帕夏久久地瞪视着穆罕默德,接着又问道:

"我这里收到情报说,是政府委托你为萨米赫·沙里夫辩护的,你怎么说呢?"

"委托我?"穆罕默德仿佛被蛇咬了一口。

"是的,政府委托了你。搞臭努哈斯帕夏对政府有利,让他同那位女士结婚是最好的搞臭他的办法。"

穆罕默德竭力控制住自己:

"政府不会替萨米赫·沙里夫辩护,是它要往萨米赫脸上抹黑,你向华夫脱党党员和努哈斯帕夏出示的那张萨米赫穿长裤的照片,是政府搞到的,然后给了你!"

"是政府给我的?"达尔维什帕夏大怒,"我是通过我个人的途径搞到的,是一位忠诚的爱国人士给我的,他珍惜国民领袖的名誉就像珍惜领袖本人一样。你企图用指责其他忠诚高尚的爱国人士来开脱你自己。"

"你所谓的忠诚高尚的爱国人士乃是内政部国务大臣欧尼·哈菲兹帕夏的手下人员,我相信是欧尼帕夏把照片交给他,再由他交给你,让你掀起反对努哈斯帕夏婚事的风波。"

"要不是在我家里,我就把你赶走!你到我家里来,是来侮辱我的吗?"达尔维什帕夏怒不可遏。

"我来是为了说明事实!"穆罕默德一面说,一面起身离去。

"不,你是受政府委派来替名誉扫地的人作辩护,诬陷纯洁的高尚人士。你参与了破坏华夫脱党的阴谋!"

穆罕默德气愤地不同达尔维什帕夏握手就离去了。

他在英班男爵大街漫无目的地走着。他维护事实,别人就诋毁他的名誉,他为挫败暴君的阴谋而斗争,他们却诬陷他是暴君的走狗。

达尔维什帕夏身为华夫脱党领导人,居然裁定他参与了破坏华夫脱党的阴谋。马希尔博士曾亲口对他说,华夫脱党永远不会忘记他做出的贡献。时隔不久,他们不但忘记了他的贡献,而且还通过党内一个大人物的嘴把他活活地绞死!

事情可真是稀奇古怪!他想替一个无辜的女人擦去污泥,洗清名誉,反倒受到惩罚,被扔进沥青和煤焦油之中。

事实难道成了该诅咒的女人,谁接近她就得挨骂?每个为她辩护的人就得受诋毁?谁相信她,谁就背叛了理想和道德原则?攻击国民领袖热爱的蒙受冤屈的女人,是爱国者,为她辩白的人倒成了违背正道的叛徒?

那一天,他说了真话,说西德基帕夏没有死,达尔维什帕夏曾勃然大怒。几个月过去了,西德基帕夏仍活在世,还在上班工作。

然而,达尔维什对此并不害臊,也没有回到正确的一边来,反而更加恨他、厌恶他，对听到的一切有关他的谣言都深信不疑。有些大人物，内心卑鄙得很。伟人是敢于承认错误的人，小人才一贯自称正确，明知错了还坚持不改，错误成了他的尊严，替这种错误辩护，是在维护他自身的尊严。

穆罕默德看出达尔维什帕夏望着他时那双布满血丝的眼睛，那是一双凶神恶煞的眼睛。他忘不了，当他把西德基帕夏的真实病情告诉穆克拉姆先生时，达尔维什帕夏曾当面侮辱他；也忘不了他为一个女人辩护时，达尔维什帕夏竟然诋毁他的名誉。好像一个小编辑就无权反对大政治家的意见。只有政治家才有权思考、决策、判定人们的生死，小人物呢，只有信奉大人物言论的权利，只能唯唯诺诺，点头称是。

然而，他穆罕默德不会对这种威胁发抖，他将继续走自己的路，维护事实，不管这事实有没有人支持。事实没有能力保护它的支持者，谬误却往往很有势力，每次与真理交锋总是取胜，只有最后一次决战除外。

他将忍受所有战役的失败，等待着决战的到来。真主便是事实，是真理，真主绝不会抛弃信仰他的人。

达尔维什帕夏悄悄地与他的秘书哈桑·米尼亚维先生谈着，快谈完了，他说道：

"现在，我在见了穆罕默德·阿卜杜·卡里姆之后，确信有一个破坏华夫脱党的阴谋。只有你才能挫败这个阴谋。由于努哈斯的固执和坚持，我们制止这门亲事的全部努力都已失败，只有你的手才能拯救努哈斯，拯救华夫脱党，拯救祖国。

"我选择你去完成这项任务，是因为我信任你的爱国热情和忠诚，相信你为了拯救祖国，准备从事任何献身的工作。

"你准备承担我给你解释的这项任务吗？"

"我准备承担!"哈桑回答。

"我们没有时间了。订婚仪式再过四天就要举行。你要明白,你将杀死一个女人,为的是拯救全国人民。"

"我十分愿意去完成这项任务。我知道,只有我才能承担这项任务,只有我才能让我国人民免遭耻辱。"

达尔维什帕夏交给哈桑一个包,说道:

"这是武器,你就用它杀死萨米赫!"

哈桑双眼闪光,流露出坚定和自豪的神情,他将拯救国民和国民领袖,这使他感到兴奋。

达尔维什帕夏从哈桑的眼睛中看到了准备为了原则作出任何牺牲的敢死队员的目光。他一面与哈桑握手,一面问道:

"你什么时候动手?"

"今天!"

达尔维什帕夏摇着他的手道:

"真主保佑你。"

夕阳西斜。新开罗郊区安谧岑寂。一幢幢小别墅沿路分布,相近的黄色墙面,绿色的窗户静得出奇地排列成行,仿佛是一队高矮肥瘦相似的士兵在为白昼送葬。阳光在暮色的进逼下缓缓地后退。

哈桑·米尼亚维先生走进一座花园挺大的小别墅,向门房通报了自己的姓名,说有要事前来见帕夏阁下。

门房艾哈迈德走上几级楼梯即见努哈斯帕夏正在做昏礼。他一直等到帕夏做完礼拜,才走上前去,把一张白色的名片递给他。

努哈斯看了一眼,即吩咐道:

"请他进客厅坐,我穿衣服。"

努哈斯穿衣服花了不少时间,他喜欢在浴室里磨蹭,对自身整洁的重视不同寻常，洗眼睛、刷牙、修指甲总是那么慢条斯理。有些人还以为他有洁癖呢。实际上，他对清洁有一种奇怪的信念，认为清洁能防百病。"家里有肥皂，医生不上门。"

努哈斯从容地洗着眼睛，一面考虑着哈桑·米尼亚维的来访。他从认识这个青年以来就很喜欢他。哈桑具有上埃及人的豪爽，对华夫脱党的原则充满热情，对努哈斯很忠诚，常主动为他辩护，这些都使努哈斯很赏识他。西德基帕夏曾逼得哈桑的家庭走投无路，因为拒绝交税他家不得不卖掉在米尼亚的良田，背井离乡。哈桑的兄长是村长，他不愿在选举中作弊，被撵出了家园。

哈桑获得法学学士学位后，努哈斯曾以为他将在政府机构谋取一官半职，但是，哈桑不愿在伊斯梅尔·西德基领导的政府里工作。

努哈斯想用华夫脱党的钱帮助哈桑，哈桑不接受，经过劝说，他才同意替达尔维什·哈比卜帕夏当秘书。这还是努哈斯要求达尔维什帕夏聘用他的，他非常需要钱，自尊心又很强，不愿担任任何政府职务。

努哈斯走下楼来接待哈桑，像每次见面一样，拥抱他并亲亲他。他注意到哈桑不安的样子，便和蔼地问道：

"你怎么了，哈桑？"

哈桑眼睛望着地，用颤抖的声音说道：

"我来是请您允许我去杀个人。"

"杀人？"努哈斯一惊，"我反对杀人和政治暗杀，我只主张采用合法手段。"

"我也主张采用合法手段，但是，眼下我除了杀人就无路可走，所有的门都已在我面前关死。"

"哈桑，你发疯啦？我知道你是华夫脱党内最理智的青年。你要杀的是何许人物？"

"他不是男人,是个女人。"哈桑仍低垂着头。

"杀一个女人?你,一个豪爽聪明的男子汉,去杀一个女人!你爱她吗?"

"不,我爱的是您!"

"我不知道有生以来哪个女人伤害过我。即便是反对我的男人们,我也不同意谁去杀害他们。那女人是谁?"

"萨米赫·沙里夫女士!"哈桑说道。

努哈斯默然。他突然感到迷惘,紧闭着嘴,满脸怒容。他闭上眼睛,仿佛忍受着常人无法忍受的痛苦,脸色苍白得就像死人一样。半响,他才伤感地说道:

"连你也这样,哈桑?我的儿子要杀我的妻子?在你们看来,我与萨米赫相爱就是她的罪吗?孩子,我宁愿你杀我也不要去杀她……"

"我不杀她,也会有许多华夫脱党的青年人想杀她!"哈桑说得很尖锐。

努哈斯身子站得笔直,举起右手指着哈桑说道:

"你认为,我在为祖国做出种种贡献之后,应该受到这样的对待吗?我为祖国所作的一切牺牲,报答我的竟是让我的孩子们去杀死一个我爱的、离开她我就不能生活的女人吗?"

哈桑低下头,避免碰到努哈斯的目光,说道:

"我敢断定,她对您不忠。"

"她对我不忠?这是撒谎!"努哈斯冲着他嚷道。

哈桑打开手里的一个包,拿出一沓照片,递给努哈斯。

努哈斯把照片推开,说道:

"我知道这是些什么照片,是她穿长裤拍的照片。那是过去的事情。我了解拍这照片的背景,相信她的清白。拍这照片的时候,她还是阿卜杜·萨拉姆·阿巴斯的妻子。她什么都没有瞒过我,哪怕最细小的事情。你们冤枉一个清白的女人,真是罪过!"

"她是阿卜杜·萨拉姆·阿巴斯的妻子时,曾拥有过一艘游艇吗?"

"不,那是在她离婚一年之后买的。"

哈桑把照片递到努哈斯面前,说道:

"这是在游艇里面拍的照片。您不会说这是她前夫拍的了吧,因为您刚才说,她买这艘游艇是在她离婚的一年之后。这些照片是我的几位朋友拍的,他们是国民俱乐部的年轻会员,在您去游艇前和离开之后,常去看望她。我准备把他们带来见您,让他们告诉您他们与她在游艇上干的事。背叛自己情人的女人,对一个男人不忠;背叛国民领袖的女人,那就是对千百万人不忠,对整个埃及不忠,对所有的埃及男人不忠。"

努哈斯的手哆嗦着,拿起照片,仔仔细细地审视,接着,他说道——那声音就像破碎的茶杯发出的声响:

"是的,这是她在游艇里拍的照片,这的确是她的连衣裙,是她的脸。可是,她没有对我说起过曾请人到游艇里来给她拍照。"

"这不是一个人拍的,而是许多人拍的。你仔细看看,连衣裙式各样,夏天穿的,冬天穿的,这些是春天穿的。这证明,这些照片不是一天拍成的。"

努哈斯又端详着照片,放在手里翻来覆去一张一张她看。他哽咽着说道:

"是的,这全是在游艇里拍的,在不同的日子里拍的。可是,她没有告诉过我。"

"您刚才还说,她哪怕是细小的事情都不瞒您。这些照片表明,她瞒了您,不是一次,而是多次!"

努哈斯默然。

哈桑又继续说道：

"我愿意告诉您，华夫脱党内许多人都知道这件事，但没有一个人敢对您直说，他们怕您生气，怕您心碎。我同他们怀有同样的感情，因此决定去杀死萨米赫，也不把理由告诉您。我已经拿着枪到了亚历山大，准备到圣伊斯梯法努她家里去杀死她，但是，我担心您受到丑闻的连累，所以没有开枪就回来了，我来是请求您允许我明天去干掉她。"

努哈斯十分惊慌：

"哈桑，你什么也别干，让我来处理吧。我相信你对我的忠诚和热爱，相信你珍惜我的名声和荣誉，可是，我希望你让我来处理。你能以你的名誉担保，答应我吗？"

哈桑拭去额头沁出的汗珠，深深地吸了一口气，有点手足无措地说道：

"我答应您，以我的名誉担保！"

努哈斯再没有吭声。然而，他的脸代替了嘴，吐露出一切。他脸色苍白，接着抽搐着，充满了怒气，继而转为愁苦凄怆之色，他脸上的一切都受了伤，遭到刀割，他形同槁木死灰，连一滴血都淌不出来。

他耷拉着脑袋，仿佛在观看自己出殡，队伍里有他的尸体、棺木、送葬的人和站在人行道上的观众。哈桑一辈子没见到过像努哈斯脸上流露出来的那样惨不忍睹的痛苦表情。努哈斯战胜过各种强敌，却被一个女人所打垮，他赢得了千百万人的爱戴和效忠，却没有力量保住一个他喜爱的女人。他的痛苦交织着各种因素，为他死去的爱情而痛苦，也为他疏忽、天真地信赖了一个欺骗他的女人而痛苦。他想把自己的一切都给她，为了她，不惜与自己所有的伙伴顶撞；为了她，他受到政府的诽谤。然而，她背叛了他，与一群下流的青年一起玷污他的名誉，他想把她举到埃及最崇高的地位，她却让他坠入背信弃义、寡廉鲜耻的深渊。一个男人，原先以为自己居于幸福之巅，睁开眼睛却发现自己却处在痛苦的谷底，他是何等的不幸啊！

努哈斯在椅子上一震，站起身来，伸手与哈桑握别道：

"谢谢你，哈桑。"

哈桑看出努哈斯眼中那种伤心欲绝的目光，也不禁战栗着说道：

"真是抱歉……"

"你不必抱歉，应该抱歉的是对许多事情感到抱歉。"努哈斯想微笑，但是笑不出来。

哈桑从努哈斯处出来，心里感到他确实犯了杀人罪，杀的不是他讨厌的那个女人，而是他热爱的男人。他觉得，自己犯的罪比杀人更丑恶，他伤害了一个善良、无辜者的心灵，他非常爱这个人，真心实意地爱他！

哈桑感到，他后悔得全身都发抖。然而，他控制住了，又为自己的行为寻找着理由。

他尽到了爱国者的职责，把国民领袖从一个女人手中救出来。这女人将把国民领袖玩弄于股掌之上，使他的名誉受尽非议。如果他们结婚，她一定会给国民领袖带来不幸，在他白璧无瑕的名字上投下耻辱的阴影，使他成为受人取笑讽刺的对象，使他所有的支持者都名声扫地。

依哈桑之见，必须让国民领袖知道事实真相，了解事实，不过痛苦一时，这比瞒不住才让他知道要仁慈得多。

哈桑正是出于这样的信念，才接受了达尔维什帕夏要他承担的敢死队员的角色。当他说他想杀死萨米赫时，他并没有欺骗努哈斯，因为他的确想杀死她。只是，他说他那些国民俱乐部的朋友们告诉他，他们在努哈斯去游艇前和离去之后常去看萨米赫，那是撒谎，说他准备带那些朋友来见努哈斯，让他们当面说说他们与萨米赫之间的事情，也是撒谎！

达尔维什帕夏把那包萨米赫在游艇里的照片交给他时，要求他这样撒谎。达尔维什帕夏向他保证，事实千真万确，绝无差错，证据就是这些照片。达尔维什帕夏不可能骗人，他是最忠于努哈斯的人员之一，对努哈斯充满热情，是最坚决地为他辩护，随时准备为他牺牲的一个支持者。而他忠于国民领袖最有力的证据就是他坚决反对国民领袖娶那个女人！

但是，哈桑没有想到，努哈斯竟是如此痛苦。他在生活中曾见过癌病患者的痛苦，也不如努哈斯脸上的悲苦、哀痛之剧。当时，他真怕努哈斯因为打击太大心肌梗死而死去。哈桑曾见过努哈斯面对艰险以惊人的勇气巍然屹立，然而，这一次，努哈斯丢掉了他的坚定，被哈桑的大胆击败了。

努哈斯痛苦的神色一直萦绕在哈桑的脑际。哈桑看着他那副忧愁悲伤的样子心如刀割，他注意到努哈斯没有哭，不过，可以感到努哈斯把热泪都咽到了肚子里。我们让眼泪奔泻而出，会感到舒坦；硬把泪水咽下肚去，不啻是吞进了焚烧五内的烈焰。

哈桑有一股强烈的愿望，想再回到努哈斯那里去，承认自己撒谎，萨米赫是清白的，是他编造了这套骗人的谎话，目的是不让努哈斯娶一个离过婚的女人。这样做，哈桑就能让他刚才离开时已心如死灰的国民领袖恢复生气，替努哈斯包扎好满是创伤的心灵，拭去他双眼悲痛凄楚的痕迹。然而，哈桑爱自己的祖国，爱即将蒙受耻辱的人民，他更爱努哈斯，爱这位被他折磨的国民领袖。

为了拯救努哈斯的生命，挽回他的名声和荣誉，这是一次外科手术。哈桑将从国民领袖的躯体中驱除癌细胞，不得不用令人痛苦的手术刀割开那有病的心脏，拿走已发生癌变的部分。重大的手术总有些疼痛，特别是在不用麻醉剂的情况下。要想病好，免不了有痛苦；为了让国民领袖摆脱这沉疴，免不了得受些折磨。

让国民领袖躺在耻辱上,让华夫脱党的党员和西德基帕夏的大臣们交头接耳地议论他们听说的萨米赫的种种,做丈夫的却最后一个才知道,这使哈桑很不好受。努哈斯早晚会知道萨米赫的一切,必然会感到痛苦。

与其让努哈斯活着没有荣誉,不如让他丢弃心灵;与其让他结婚后才知道真情,不如让他在当未婚夫时就了解清楚。耻辱,今天一句话就可消除,而到了明天,哪怕说上千言万语也洗刷不净。

他做了一件疯狂的事情,将激怒努哈斯一个月、一年或者一辈子。为了把努哈斯从奇耻大辱中拯救出来,哈桑准备牺牲自己的生命。热恋中的男人痛恨背叛他的女人,但是,更恨的是向他通风报信、说出那女人不忠消息的人。

如果努哈斯生他的气,那会怎样对待他?下一届大选的时候,不推荐他当家乡的议员?哈桑宁愿国民领袖的名声保持清白,也不愿这位伟人受到玷污,自己去当一名他旗帜下的国会议员。努哈斯可能会要求达尔维什帕夏解除他的秘书职务,随便吧,他哈桑甘愿饿死,也不愿听人窃窃议论他所热爱的、乐意为之献身的国民领袖而憋闷死。

哈桑正想为自己的英雄举动感到自豪,然而,一回忆起努哈斯那双悲哀的眼睛,他就难受、后悔,他竭力让自己相信,他是尽到了责任,极其出色地完成了达尔维什帕夏交给他的任务……唉,他去杀了萨米赫,也比目睹努哈斯如此心痛欲碎而遭受折磨要强啊!

努哈斯双手捂住脸,失声痛哭。哭泣的人们,没有人替他们拭去泪水,痛苦得发烫的脑袋没有可以偎依的胸膛,也没有温柔的抚摸医治他们受伤的心灵,他们是多么可怜!

在此之前,萨米赫是替他拭去泪水的手绢,是他可以偎依的胸膛,是抚慰他心灵的温柔的抚摸。如今,她既是伤口,也是匕首。

努哈斯摸摸自己的心,仿佛想找它却找不到。他越来越痛苦。痛苦使孩子老成,使男人成为英雄,但也会使老人变成一具没有灵魂的尸体。

他脸色苍白,神情颓然。身上穿的是一套黑色西服,直到现在,他才发现它是黑色的,那是丧服,好像他挑中这套衣服时,他的内心谈起过有什么在等待着他,但当时没有提到死者的名字,也许是他的心可怜他,不愿对他说死者就是他本人!

他穿着黑衣,房间里昏暗无光,周围暮色已浓。这一切都像是办丧事的标志。他的前额淌下颗颗汗珠,这几分钟里,汗珠走了一段漫长的道路,从天园到地狱,从生到死,从热恋到失去的爱情。

他的目光死死地盯着一个地方。他看见了许多东西,同时又一无所见。他看见游艇,看见自己在游艇里面,而且还看见那些国民俱乐部的会员,他看见萨米赫各式各样的连衣裙,却没有看见穿这些连衣裙的萨米赫。他听见阵阵狂笑,看见福阿德国王格格发笑的脸,看见伊斯梅尔·西德基在微笑,英国高级专员普赖斯·洛林爵士幸灾乐祸的讥笑目光。他所有的敌人和对手都将嘲笑他,将会说,这个连大英帝国也骗不了的人物,却让一个女人给骗了。

在这间屋子里,到处都看得见萨米赫不忠的证据,他都快闷死了。他站起来,想去开窗,却发现窗开着,伸手到窗外一探,天气冷若冰霜。他觉得奇怪,屋子里热得要命,室外怎么会如此寒冷。

他开亮电灯,又想马上给亚历山大挂个电话,接着,他的手像碰到火红的炭似的,又缩了回来。

回到原来的椅子上,他机械地搓着他那双没有血色的手,两只手好像失去了知觉,指头都不会活动了,仿佛里面的血停止了流动。他望望手指,只见手黄中带黑。

他一直盯着手指瞧,像是在向手指表示歉意。他的手指上百次地与萨米赫的手指交叉握在一起，他是通过自己的手指和手心来表示他的吻和拥抱的，他也只抚摸过她的纤纤玉指和手心，而国民俱乐部的那些青年会员则享有了她身体的其他部分。

他慢慢地让手指一点一点地活动起来，手指终于能动了。他捡起哈桑·米尼亚维留下的照片，目光紧盯着照片，他没有见到萨米赫的形象，她褪色、变淡，从照片上隐去，似乎在他了解她的真相之后，她不好意思让他再看见自己的脸。

这个致他于绝境的女人可知道，是他救了她的命，阻止了哈桑去枪杀她？那是在他知道一切之后，知道她与一些跟他儿子年龄相仿的青年厮混，背叛了他，知道她玷污了他俩神圣的幽会之地，知道他自己被夹在中间——她不见他之前和之后，都与别人相会，也知道这个他举到自己头上的女人，用脚踩踏着他的脑袋，在整整三年时间里，他居然像个瞎子，这可能吗？

当一个男人痛悼他伟大的爱情时，他不光觉得他爱的女人已经死去，而且感到有许多东西也随她一起死亡，裹在一件殓衣里同她一起被葬入坟茔，这包括他的幸福、理想、自信、骄傲和对世界上所有男人、女人的信任。他周围的一切都在死亡、坠落、崩溃。他怀疑他的朋友，怀疑他认识的和不认识的人，也怀疑自己。在男人的生活中，深挚深厚的爱情乃是他心灵的支柱，支柱一倒，心灵支撑的一切就将崩溃，心灵将成为只剩下断壁残垣的废墟，他需要一段漫长的时间才能把废墟重建成大厦。然而，无论他意志如何坚强，如何坚韧不拔，他也不能在心中重建起与原先倒塌的大厦一模一样的高楼，高楼虽然可能落成，但那些砌墙的石头仍有裂隙，散发出残存的破败气味，他每时每刻都感到这大楼会像原先的大厦一样倒塌。外人认为这幢大楼十分坚固，只有他才觉察得出这楼房是倾斜的，有裂缝，随时都有坍倒的危险。

他真想对萨米赫一诉衷肠,话都涌到嘴边上,责备、怪罪、厉声呵斥和愤恨的话都想吐出为快,接着,他又决定什么都不说。无论他说什么,都无法表达他的哀伤和痛苦。这个女人如果不懂得他爱情的价值,又怎么能知道他眼泪的价值?杀人者难道会替被害者滴下几颗伤心泪?

尽管她这样对待他,他却依然爱她;她用刀捅他,他却不想用言语刺痛她。他将一声不响地离开她,不说一句伤害她的话。她把他俩的爱情扔进泥淖,他却不愿用手捧起一撮土撒在这爱情上。

然而,他怎么把自己的决定告诉她呢?

到亚历山大去见她吗?再见她一面,望着她那双欺骗他的眼睛,听着她那说谎的声音,看着她那听任国民俱乐部成员拍照的身体,这,他受不了!

那么,到亚历山大去见她的长兄,说他决定解除婚约,可是,他也怜悯她的长兄,不愿眼看着她的长兄遭到打击,她的长兄同他一样也是受害者,他信任自己的妹妹,却受到她的侮辱;他认为妹妹珍惜他的名誉,却不料这名誉遭到她和国民俱乐部成员的糟蹋。

努哈斯想,还是打个电话把自己的决定通知她吧,只要对她说,由于某些特殊的原因,他决定解除婚约就行。然而,他不知道萨米赫会在电话里怎么说。他知道,他的电话受到监听,他与萨米赫的通话明天就会见诸政府的报刊。

他考虑,还是写封信给她。

他踟蹰了一会儿。她也许并没有过错,让国民俱乐部的成员替她拍照,可能纯属消遣,不过,既然她的行为并无不当,那她为什么要瞒他呢?女人的大奸大恶,总是从撒一个小小的谎言开始。

允许一般女人消遣的娱乐,对国民领袖的妻子或有朝一日将成为国民领袖的妻子的女人,是不允许的。在峰巅,活动范围极其有限,远不像山脚的活动范围那么宽阔。

他又陷入沉思。

他在白纸上写些什么？每张白纸上都映出她的形象，她在望着他。他将写的每句话，都是一摊墨水，将弄脏她的形象。但是，不是他的字弄脏了白纸，而是萨米赫把全世界的墨汁都倒在一张白纸上。

过去，他给她写信，总觉得是透过那一句句、一行行在拥抱她、吻她，但是，这一次，他将用利刀来写信。这支过去用来表达热吻、充满柔情蜜意和眷恋之心的笔，将会杀人，使他原来爱慕的女人血流如注。

嫉妒与鄙视掺杂在一起，是一种多么残忍的感情！一个一往情深的恋人眼看着崇拜自己的女人变成偶像，又从偶像变成尘土，他的痛苦真是难以言状，他感到绝望、沮丧、耻辱、卑微，感到一切德行都被伤害，鲜血溅脏了他的心灵、精神和生命。

他回顾过去与萨米赫的交往，追想她说过的话。那些话曾几何时犹如一支欢乐幸福的乐曲，现在，仍是那些话但是却像是一首送葬唱的哀歌。某一天，她说过的含情脉脉的话曾使他快乐，现在，这句话却使他痛苦。过去，他总是默念那些绵绵情话，仿佛那是表明她爱情的证据；现在，那些话则成了说明她不忠不义的凭证。

她留在他脑海中的形象也发生了变化。我们描绘自己喜爱的女人，往往通过我们的爱情，而不是我们的眼睛。萨米赫原先的形象，如同艺术家创作的一幅杰作，完美、动人，披落在脊背和双肩的秀发，色泽均匀，除姿容妩媚外，还处处透出她的冰清玉洁、庄重贤淑，她的头上仿佛戴着衬托天使和圣徒的光环。

现在，那光环不见了，她头顶上的光亮已无影无踪，取而代之的是深沉的夜色，她那双秀眼仍然很美，但已没有那纯洁的神色，望上去只觉得满是奸刁诡谲，她的樱桃小口，过去常吐出像是用她香喷喷的唇膏写成的甜言蜜语，现在，这张美丽的嘴还在说这些话，但却带着毒药味道，尽是骗人的撒谎。

应该说，她留在他脑海中的形象并没有变，变的是他的眼睛，他过去是瞎子，现在成了明眼人，过去受了骗，现在了解了事实，所有的事实真相。

她为什么要这样对待他？他的过错，在于他非常的爱她，她收下了爱情，付给他的却是背叛。他的过错，在于他为国操劳，不能像所有的女人要求自己的爱人那样，把所有的时间都给她，她不愿像他一样作出牺牲，于是就利用他致力于民族斗争的时机寻欢作乐。然而，她不是拿她的时间在寻欢作乐，而是在拿他的心、他的荣誉和他信仰的一切高尚的德行在寻欢作乐啊！

这三年来，他什么都想到了，就是没想到她会背叛他。他曾想到自己可能会死，抛下她让她成为一个望门寡妇；也想过她也许会死，给汽车撞了，她乘的火车出事，游艇沉没，等等。这些念头常使他惶惶不安，备受折磨，直到听见她的声音或每周一次会面对才会消除。然而，他未曾想到，他信赖的女人竟会背叛他，他对她一片赤诚，她却对他不忠，为了谁呢？为了几个同他儿子年纪相仿的青年，几个在游行中高呼他万岁，念叨着他的信条而死的人！

难道，萨米赫需要一个一门心思谈恋爱的男人，除了谈情说爱别无专长，除了拥抱、接吻不干正事，只有她的情欲能使他的心怦然跳动，脑子里只考虑获得她爱情的人吗？努哈斯不能把全部精力放在一个女人身上，他已经把他的生命献给了千百万人，他不能为了个人的感情丢下全民族的大事，不能为了他爱的女人而忘记自己是国民领袖，是民族解放运动的统帅。正相反，他爱萨米赫，是因为她推崇他的工作，在他面前显示出她很快乐，因为他是为了祖国而牺牲了与她的会面。他有时没能去赴约，她从不口出怨言；他忙于国事没有顾到她，她也从不叫苦。她曾说，努哈斯把毕生的精力都用在千百万人的身上，她要把自己的全部生命都献给他。然而，她没有兑现自己的诺言，而把精力放在会见国民俱乐部的几个青年会员身上，让他们替她拍各种姿势的照片，坐着的、站立的、欢笑的、愁眉苦脸的、凭栏眺望的和躺在椅子上的照片。

努哈斯把这些念头抛开，又面对着白纸，抓起了笔，开始写起来。

他手中的笔停住了，像是宣布造反，不肯往下写，它给这位女性写惯表达爱情、充满生气的词句，现在不愿将她判处死刑。

他写了很久，才写出"萨米赫"三个字。

努哈斯拿起信纸，凝视着这三个字。

他拿信纸的手指在颤抖，这三个字似乎在哭泣，哀求他别再写下去。

他扔下笔，推开纸，哭了起来。

欧尼帕夏走进他妻子的卧室。

已是黉夜一点钟了，佐贝黛睡得正香，正梦见她心爱的穆罕默德·阿卜杜·卡里姆。

欧尼帕夏扭亮电灯，佐贝黛惊恐地睁开眼睛，只见她丈夫站在跟前。

她惊恐万状，睁开眼的时候梦境还未消失，她生怕她丈夫看见她在梦中正拥抱着穆罕默德。

她吓得叫了出来。

欧尼帕夏笑了，说道：

"你干吗这样害怕？"

佐贝黛震悚着，在床上坐起来，拉过被子，盖住她袒露的胸脯，像是不愿让她丈夫看见只有她心爱的穆罕默德才能占有的美丽胸脯。她又努努眼睛，以弄清她确是从美梦中回到了狰狞的现实。

对扰乱了她甜蜜梦境的丈夫,她找不到话说。她真想冲着他大叫:"你快滚出去,让我回到在梦中等待着我的爱人身边去!"然而,她没有勇气,不敢对这个破坏她美梦的男人说出自己的心里话。

她只能伸个懒腰,问道:

"现在几点啦?"

"已经凌晨一点啦。"欧尼帕夏笑道,"今天可不是躺在床上睡觉的日子,今天是个节日啊!"

"节日?"佐贝黛感到莫名其妙,"离开斋节还有两天呢。你们又像那次下令改变宪法似的,下令改变节日了?要不,是你们像缩减职工工资似的,把斋月的天数也给缩减了?"

佐贝黛以为,她丈夫准会像以往她嘲笑包括他在内的内阁时所做的那样,勃然变色,转身就回他自己的房去。然而,这一次他却没有动怒,嘴上仍挂着微笑,说道:

"今天是一个大节日,是我胜利的日子!"

欧尼帕夏走近她的床,抓住她的手抚摸着,又拉着她的手说道:

"来,吻我一下,祝贺我吧,我们胜利啦!"

她惊讶地望着他,他摇摇晃晃,像是在跳舞,他身上的一切——毡帽、眼镜、胡子和肚子,都在快乐地抖动。

佐贝黛奇怪地对他凝视良久,问道:

"你喝威士忌了吗?"

欧尼帕夏用他粗糙的手指抚摸着她细腻光润的皮肤,她不禁毛骨悚然,尽往后缩。欧尼帕夏说道:

"没有,我没有喝威士忌,只喝了一些果子露。我晚上待在办公室里,心里真想扑向内政部的所有官员、所有的士兵,一个个地拥抱他们,亲亲他们,遗憾的是,部里一个官员和士兵也没有,我只能扑向你可怜的父亲阿尔法·贾马勒阿凡提,把他当作部里官员的代表拥抱和亲了他,你父亲被我的拥抱和亲吻吓了一跳,我对他说:'来,阿尔法阿凡提,来亲一下!'他还以为我喝醉了。不过,我告诉他,我今晚非常高兴,是世界上最快乐的人。"

欧尼帕夏凑近佐贝黛,想搂抱她、吻她,他说:

"吻吻我,抱抱我!"

佐贝黛转过脸去:

"你亲过我爸爸就行了,他也代表我。"

欧尼帕夏纵声大笑,随便什么话都能引起他笑,他比以往任何一天都高兴,双眼充满了柔情、和蔼和欢快。

他觉得,今晚他的妻子分外姣美,房间挺漂亮,全世界都显得美好,连他的私人秘书阿尔法·贾马勒阿凡提也变得英俊了。

佐贝黛一面打量着仍然兴高采烈得手舞足蹈的欧尼,一面问道:

"发生什么啦?是陛下委托你组阁吗?"

"首相的职位已是我的囊中之物。国王陛下今天给予我高度的评价,他说:'欧尼帕夏,你是国内最了不起的狐狸。'"

"狐狸?"佐贝黛嘲笑道,"狐狸的称号就使你这样高兴吗?人们通常把狐狸放在动物园里。"

她对高雅的王室用语竟一无所知,这使欧尼帕夏哈哈大笑,他说道:

"狐狸意味足智多谋,意味天才,也意味着国王陛下在不久的将来即会起用的人。陛下原先挺欣赏西德基帕夏,因为他是只'狐狸',而现在我成了国内最了不起的狐狸!"

"国王为什么把你称为狐狸帕夏?"

"你可真讨人欢喜。"欧尼仍在笑,"陛下没有说'狐狸帕夏',只是说'国内最了不起的狐狸'。最近,我取得了当大臣以来最伟大的成就,我向国王禀告这个消息,陛下对我可真是圣恩浩荡,金口玉言说了这句话。当时,我打定主意亲自向国王禀告,就打电话,伊德里斯贝克接的电话,他想知道是什么事情,我拒绝了,说我决心向国王本人直接上奏喜讯。伊德里斯贝克不得不把电话交给陛下。我报告喜讯后,陛下说话的声音听上去像是高兴得在跳舞一般,他说:'好极了,欧尼帕夏!你真是国内最了不起的狐狸!'"

"那是个什么喜讯啊?"佐贝黛好奇地问道。

欧尼帕夏左右摇晃,喜笑颜开、得意洋洋地把两只手交叉抱住他的西装背心,说道:

"努哈斯决定解除他与萨米赫·沙里夫的婚约!"

佐贝黛从床上一跃而起,震骇地喊道:

"不可能!"

"这不可能的事是我使之成为可能的!"

"你对我说过努哈斯爱那个女士,矢志不渝,把那些要求他解除婚约的华夫脱党党员赶出了家门;你还说,所有分离这对恋人的努力都失败了。"

"可是,只有我的计划成功了,"欧尼帕夏傲然说道,"我制订的计划,逐字逐句地兑现了。我玩弄华夫脱党的领导人,如同手上的木偶。"

"你是怎么干的,狐狸帕夏?"佐贝黛生气地问道。

"一个非常简单的计划。"欧尼帕夏神气活现地说道,"我把安排在萨米赫·沙里夫游艇上当船夫和仆人的密探偷拍她的照片都收集在一起,那密探是用一架秘密相机暗中拍摄的,萨米赫一点不知道。我把她与努哈斯合拍的照片留下,只利用她的单人照,有欢笑的、撒娇的、偏着脑袋的、流露爱慕目光的,让这些照片落入努哈斯手中,并说成是国民俱乐部的几个青年会员利用努哈斯去游艇前和离开后,偷偷地去看望萨米赫,给她拍摄的。努哈斯见到这些照片，便决定解除婚约。看见努哈斯的人都说他将伤心而死，即使他能硬挺过来，只要萨米赫起诉，要他赔偿解除婚约、破坏她前途的损失，他也活不了。这样，他就将被彻底铲除。现在，你觉得你丈夫怎么样？"

佐贝黛一直低着头，这时抬起头来，说道：

"我看……我看你是个坏蛋。"

明天，就是萨米赫·沙里夫和伟大的国民领袖订婚的日子。

亚历山大穆哈拉姆贝克区穆斯塔法·阿巴迪帕夏街上的沙里夫宅第整饬一新，灯火辉煌，窗子上插着各种式样、大小不一的绿旗，花园的树枝上，垂挂着红、黄、蓝、绿各种颜色的枝形玻璃吊灯，外庭院和人行道上都铺着黄沙。

沙里夫的宅第打扮得像穿上结婚礼服的新娘，一切都显得光彩夺目，喜气洋洋。仆人们来回奔忙，把沙发和椅子从一间房搬到另一间房，厨师们在准备明日招待来宾的各式点心。街上所有的人家都参与这件喜事的准备工作，张灯结彩，悬挂旗帜，铺撒黄沙。

整个街区一片欢乐，明天，这个区里的一位姑娘将嫁给国民领袖。

几里路之外，在拉姆勒区圣伊斯梯法努站的一幢小房子里，萨米赫也在准备喜事。订婚仪式在她娘家举行，结婚仪式放在同一天晚上，就在她的小房子里进行。她已经和努哈斯说定，结婚仪式尽可能简单，只有两个人参加，那就是她和他！

然而，她的女仆费尔道丝坚持必须张灯结彩，硬要在房前铺上黄沙，还要插上旗帜，挂上枝形吊灯。

萨米赫对打扮房子的外表不怎么感兴趣，她关心的是里面的布置。她精心地在卧室里铺设着特地为结婚买来的新床上用品，她选中的是努哈斯喜欢的玫瑰色，房间里各处她都摸到了，床旁桌子上的桌布是她亲手绣制的；放在浴室里的梳子、刷子、镜子，是她自己挑选的，她替他准备了他喜欢的哥隆香水，替他缝了一件雅致的丝睡衣，还为他买了两双拖鞋，一双放在卧室，另一双放在浴室。她很注意浴室，因为她了解他对浴室的整齐、清洁和悦目的重视程度。她准备好他喜欢的一切，甚至还包括浴衣。

离那个伟大的日子不到二十四个小时了。她希望时间走得快一些，让她早一点开始与她心爱的人一起生活，又希望它慢点走，她还有好几百件事情应该在这段时间里办完，应该让美容师来给她做做头发，让霍姆斯太太来替她量量她订婚仪式上穿的连衣裙和结婚晚会上穿的礼服，应该对新婚之夜他俩用的晚餐的准备工作嘱咐几句，应该接待一下女修剪指甲师，应该与为这个幸福之夜辛勤操劳的乌姆·拉比芭一起洗个澡……应该做的事多得数不清，二十四个小时怎么够用呢？

她拿出为新婚之夜准备的玫瑰色睡衣，用手摩挲着光亮的绸面。她把睡衣披在身上，站在镜子前照照，发现自己显得挺美，她还从来没有像今天这样觉得自己很美。她不用脂粉，看上去却绰约多姿，仪态万方。是不是幸福比化妆品更能使人显得秀美？

她想起，努哈斯好几天没和她通话了，他肯定很忙，结婚前肯定有许多事要处理。他答应过，他俩的蜜月是一个星期，就在亚历山大她家里度过，他决不出门。蜜月只有七天，她也很高兴，就是只有七个小时、七分钟，她也会满意。这不是什么要紧的事情，重要的是她每天都能见到他，哪怕只有几分钟；重要的是他们将同床共寝。他若病了，她可以守候在床旁，给他倒水递药，用手摸他的额头，不让他感到孤独，尽力使他成为世界上最快乐的人。

订婚仪式的计划是努哈斯确定的，他定的来宾只有十个人：她母亲、她的兄嫂和证婚人——即穆哈拉姆贝克区的证婚人。他不愿请现任爱资哈尔清真寺的教长出席,因为这教长是伊斯梅尔·西德基参议院的议员;也不愿请前任爱资哈尔清真寺的教长来参加,因为那位教长是自由宪政党的朋友。努哈斯只想请一个普普通通的证婚人,订婚仪式就限于她家里人参加。她哥哥曾建议请一个乐队,努哈斯也不同意,他不愿为了结婚举行通宵达旦的晚会,说祖国失去了自由,处在水深火热之中,他不能大办喜事,通宵作乐!

萨米赫同意他的意见,热情地支持他。她不需要音乐,因为她的心中,有全世界的乐队在演奏欢乐的歌、幸福的曲。努哈斯被迫同意张挂旗帜和铺撒黄沙,当时,她母亲哭了,他在岳母的眼泪前软了下来,同意张灯结彩,但数量要少。

萨米赫对张灯结彩不怎么在意,因为她觉得她双眼射出的,就是幸福和欢乐的光,足以照亮整个穆哈拉姆贝克区,乃至全亚历山大市。她又照照镜子,想看到她那双大眼睛里的幸福之光。她的眼睛清澈、湛蓝,犹如圣伊斯梯法努海边地中海的海水色。她端详着披垂在身上白色罩袍上的一头乌黑光滑的秀发,它又密又亮,恰似起伏的波浪,一直拖到腰际。她对着镜子快乐地曲下身子,仿佛觉得她心爱的人正用手搂着她的腰肢,她乐滋滋地惬意地垂下了长长的睫毛。

她又抬起眼睛,只见自己笑靥如花,满脸喜气,剔透玲珑的小嘴微微启开,露出两排珍珠般洁白整齐的牙齿。

她叹了一口气,似乎在说"梦境真是可爱",不过,更美好的是她的梦境将成为现实。三年来,她一直憧憬着这个日子,这个日子临近了,但还有一段距离,已经露头,但还看不清,几乎可以用手抓住了,但手一放就只剩下了幻影。这些年里,她受尽折磨,翘首期待。她对他的爱情时而绝望,时而充满希望,时而又绝望。是她自己在制造这些幻景、梦境和恐惧。

她知道,努哈斯总是生活在危险之中,起先她怕危险,替他担忧,后来她因为他喜欢冒险也喜欢这种充满风险的生活;起先她讨厌政治,不关心政治消息,后来因为她爱的男人本人就是政治,埃及政治生活中的一切都围绕着他转,她要是讨厌政治便不可能爱他,她也就爱上了政治。

最近两个星期,她发现他忧心忡忡,问他是怎么回事,他说他到处遇敌,究竟是什么样的敌人,他并不想告诉她,她也没有追根问底,因为她知道,他的一生就是连续不断地作战,一仗未完,第二仗就开始了。

不过,每次见面,他总要谈谈他们的订婚和结婚的喜日子,他坚持两个仪式放在同一天进行。她从他的声调体会得出,他与她的心情一样,急切地迫不及待地期待着这个日子的到来。

每次,他从她的眼睛看出她对一生中这个重要日子的向往,就开玩笑似地说道:

"婚礼推迟,要负责任的是你,而不是我。我本来要求提前四个星期举行,是你借口有重要约会推迟的。"

她对推迟婚礼并不后悔,虽然她心里也巴不得一分钟后就结婚。她想做几件衣服,睡衣、家常穿的衣服和浴衣,想当一个名副其实的新娘。努哈斯对她说,他不付聘礼,不送订婚礼物,他力所能及的只是买一对结婚戒指。他从埃及银行贷的款全用去还债了。这一切,她都不在乎,她只想得到他,对她来说,他就是全世界的财宝。她不需要购买家具,因为她将住在新开罗他的家里,新买的只有一间卧室,这是她一直盼望能有的。

门铃响了。

萨米赫立即去开门。裁缝霍姆斯太太抱着一个纸盒子进来,从里面拿出了结婚礼服。

萨米赫接过漂亮的礼服,用手揉揉,摩挲着,似乎想证实一下她不是在做梦。

她丢下睡衣,脱下罩袍,试着穿上这件裙裾长拖在地的礼服。她的双眼噙着泪花。

霍姆斯太太要是知道这件她花费了十昼夜才做成的礼服,到时只有一个男人能看到,她会不会晕倒?霍姆斯太太绞尽脑汁精心缝制的连衣裙,她以为全埃及都会看到,国民领袖的婚礼肯定埃及的所有王公贵族、帕夏、名流都会光临,济济一堂,她如果了解婚礼的真实情况——萨米赫只要她爱的、将要嫁给他的男人来参加,其他都不管——的话,会不会晕倒?

霍姆斯太太给萨米赫身上的结婚礼服别上别针,围着她身子转来转去……

电话铃响,萨米赫拿起听筒,听见对方说道:

"我是华夫脱党的达尔维什·哈比卜帕夏。"

"您好。"萨米赫感到诧异。

"我希望马上能见您一面,有要事相告。"对方的声音彬彬有礼。

"有要事?……"萨米赫有点惊惶。

达尔维什帕夏觉察到了她的不安,便宽慰道:

"我给您带来领袖的一封重要信件,他要我当面交给您。"

"给我的信?信中说些什么?"

"这是一封有关订婚仪式安排的信件。"达尔维什帕夏口气很温和。

"可是,我已经与帕夏大人商定过所有的细节。"

"稍微有些变化,对仪式的程序有一点细小的更改。我现在不得不来见您,因为我必须乘中午的火车从亚历山大赶回开罗,我们正在开重要会议,不然的话,帕夏大人就亲自来了。"

萨米赫满面愁容地说道:

"那请过来吧。"

她又试起结婚礼服来,但显然有些紧张。这是封什么样的重要信件?努哈斯要对订婚仪式的程序作什么改动?达尔维什帕夏是最接近努哈斯的领导人之一,他说要改动的是极为细小的。是努哈斯撤回原议,不同意挂旗帜、在门口撒黄沙吗?是想增加几位宾客参加订婚仪式吗?

她周身发烧,发觉霍姆斯一根别针没有别在衣服上,而是戳到了她的肉,她倒不觉得别针的刺痛,因为她沉浸在另一种更剧烈的痛苦之中,那是惶惶不安带来的痛苦。

蓦然,门铃响了。

女佣进来说,达尔维什·哈比卜帕夏阁下来访。

他怎么来得这么快?从他打电话到现在只过了五分钟。他好像是在街上打的电话。她想起来了,他准住在她家隔壁的圣伊斯梯法努饭店,从饭店到她家,不过三分钟的路程。

她立即脱下结婚礼服,换上一件家常穿的普通衣服,穿上鞋子,没有时间再往脸上搽点粉了。她匆匆下楼去。

达尔维什满面笑容地站着向她问好,一见这笑容,她的心猛地一缩。

她请他坐,他坐在她旁边的一张椅子上。

达尔维什帕夏沉默着,什么也没说。

萨米赫默默地等待着他开口说话。但是,他继续不作声。她终于忍耐不住,问道:

"阁下在电话里告诉我,您带来了努哈斯帕夏的一封重要信件?"

"是的。"达尔维什帕夏打量着她,正如屠夫动刀之前审视着他面前的羔羊一样。他又一声不吭了。

"信呢?"

"帕夏大人委托我向您转达他的问候和敬意。"接着,他又沉默了。

萨米赫更加忐忑不安,问道:

"您刚才对我说,明天的订婚仪式程序稍稍有些改动?"

"是的。"

"是什么样的改动?"

达尔维什帕夏低垂着脑袋说道:

"帕夏大人极其遗憾地通知您:他不得不解除婚约。"

萨米赫没有听清他的话,他的声音轻得像是耳语,或者是因为她不相信自己的耳朵,于是又问道:

"我没有听清口信的内容,能不能请您再说一遍?"

达尔维什帕夏有些犹豫,接着,他稍稍提高了一点声音:

"帕夏大人极其遗憾地通知您:他不得不解除婚约。"

萨米赫在椅子里愣住了,一动不动,既没有叫喊,也没有晕倒。

达尔维什帕夏一直瞪着她,充满了惊奇和困惑。

他原先揣测她会对努哈斯破口大骂,诅咒那些不信守诺言的男人。然而,她什么也没说,也没哭,她成了一尊纹丝不动的蜡像。

达尔维什帕夏站立起来,准备告辞,突然,萨米赫说道:

"等一等,喝杯果汁吧。"

达尔维什帕夏不想等了。但是,萨米赫用命令的口吻说道:

"等着,喝杯果汁。"

他不由自主地又坐回到椅子上。

萨米赫又成了一尊蜡像。

女仆费尔道丝用一只银盘托着一杯玫瑰露进来,把盘子递到达尔维什帕夏面前。

他迟疑着,不敢伸出手去。

萨米赫又用命令的语气说道:

"喝吧。"

他喝了一口，想把杯子放回银盘。萨米赫说道：

"把它喝完，免得我们把它扔到垃圾箱里去！"

他把这杯果汁连同渣汁一气喝完。

第一口果汁，确实是果子味儿，有着喜悦的甘美，胜利的甜味。但是，望着面前萨米赫僵滞的脸，他越喝果汁的味道越怪，跟糖和玫瑰一点关系都没有，颜色虽是红的，却毫无玫瑰和糖的滋味，他只觉得满嘴有一股怪异的苦涩，就像在喝萨米赫的血。

他突然发现，萨米赫的身体仿佛一滴血都不剩了。

他惊慌失措，手上举着的杯子直哆嗦，他赶紧把空杯子放在桌上，掏出手绢擦擦胡子和嘴。

但是，怪异的果汁味仍留在嘴边，涩如苦西瓜，烫似血，犹如毒药，将致人死命。

他越看萨米赫木然的表情，就越慌张。

他的尖刀不光杀死了她，好像也把自己给宰了。他假如能看到火狱，也许就知道，这一刀把他们全杀死了。

萨米赫一直把达尔维什帕夏送到门口，她苦苦地支撑着，好不容易才坚持到他离去，她随后把门关上。她觉得，她关上的是天园之门、生活之门、希望之门，此时走出家门的这个男人，夺走了她的心、她的爱情、她的生命、她的青春和她的全部梦想，他带走的是一个活生生的女人，留下的只是她的残骸。

她茫然地蹒跚着走回来，那晴天霹雳还在头上震响，她步履踉跄，像瞎子一样用手摸着通二楼的扶梯，刚踏上第一阶就紧紧抓住扶梯的栏杆，靠栏杆支撑着，免得跌倒在地。

这个朝气蓬勃、充满青春活力的新娘，突然变老了，一分钟内大了五十岁,原先可以蹦跳而上的楼梯,这会儿她走不上去。她的胸中发出沉闷的嘶喊。最剧烈的呻吟乃是无声的嘶叫!

她勉强靠两条软绵绵的腿撑着,一面喘着气,一面一级级地往楼上移动。她停下来歇一歇,把发烫的脑袋顶在木栏杆上。木头僵硬而冷酷,就像这生活中的一切,她抬起了头。

费尽了力,她才爬上了二楼。

她稍微站了会儿,她不想跪着倒毙,而要站着迎接死亡。她不愿把消息告诉女裁缝,免得骇着她,她将继续试结婚礼服。

她竭力控制自己,把泪水咽下去,木然地解开衣服,她的一双眼睛成了两颗呆滞的玻璃球。

萨米赫步子坚定地走进屋去,脱下衣服,举起双手,让霍姆斯太太把结婚礼服套上……

霍姆斯太太不知道,她给萨米赫试的不是结婚礼服,而是寿衣。

一个女人还活着,却已穿上了寿衣!

穆罕默德和佐贝黛生活在悲痛之中。一场伟大爱情的夭折,是全世界恋人的失败。穆罕默德受不了努哈斯与萨米赫解除婚姻消息的打击,病倒了。他生病是因为一个他不认识也没见过的女人,不过,他内心深处能够体会她的痛苦。他特别难受的是,他知道她是冤枉的。他吃过冤枉的苦头,都是受冤者,方会同病相怜。然而,他环顾四周,发现与他一样感到痛苦的,只有佐贝黛一人。难道国内除了他、佐贝黛和萨米赫之外,恋人都已绝迹?千百万人的唇舌都成了枪剑,仿佛爆发了一场浩大的游行,从亚历山大一直到阿斯旺,所有的男人、女人、老人、青年都参加了,他们手里挥舞着利剑,全插进那个无辜女人的身上。

国民领袖与这个离婚的女人解除了婚约,全埃及都高兴,甚至那些正在热恋中的情人和离了婚的女人也兴高采烈。没有人对萨米赫说一句好话，所有的人都诅咒她，悄声传播着那些歪曲这位毫无过错的女人形象的谣言。她的全部罪行仅仅在于千百万人爱戴的人物爱上了她。是什么使这些善良的人们受到困扰，变成食人肉的恶兽？这场讨伐萨米赫的运动，全是内政部国务大臣欧尼帕夏一手策划的吗？他如果这么有本事，那为什么过去在宣传新宪法、证明大选没有作弊和替暴虐政府拉拢人心等各次行动中都屡屡败北呢？民众为什么昨天对欧尼帕夏的宣传视如敝屣，今天却把他对萨米赫的造谣中伤当作旗帜高高举起呢？那些对她投井下石的人，是不是与贼喊捉贼者同出一辙，为的是不让人们看清他们的过错和失误？民众爱戴一个领袖，这种爱戴是不是必然会产生嫉妒，使他们讨厌比自己更爱他的人，更仇恨每个他喜爱的女人？我们遭受奴役好几个世纪了，是不是泥土已成为我们手中惟一的武器，当我们对罪恶的暴君无可奈何的时候，我们就向可怜的无辜者投掷泥巴，以此作为补偿？

穆罕默德发现，努哈斯撕毁婚约，没有一个人谴责他，相反，大家都为努哈斯的坚定立场、为他在一连串的牺牲之后又作出新的牺牲感到高兴；穆罕默德也发现，那些破坏这门亲事的华夫脱党领导人也没有受到责备，相反，人们还赞扬他们，称赞他们的爱国精神，顶住了那个嚣张地想把领袖从大家手中夺走的女人。人人都谴责那个企图利用领袖的善良想把他劫走的淫荡女人，也都说政府一心想把那个女人塞给领袖以玷污他的名誉。人们凭借着他们的病态心理，编造出各种各样的故事和传说。

佐贝黛对穆罕默德说道：

"萨米赫错了，她的态度太消极。若是换了我，我就要为我的爱情斗争一场，我要自卫，要那些恶意中伤的人哑口无言。萨米赫的沉默，助长了那些造谣者的气焰。靠让步，在爱情的战场上就赢不了，只有进攻才能取胜。萨米赫干吗不到努哈斯的家里去，闯进门去说个清楚，她并没有罪！不错，努哈斯在判处此事时，并没有听过她的辩白。但是，受冤枉的人应该大声疾呼，她不声不响，那不等于在高呼暴虐者万岁吗？"

穆罕默德很同意佐贝黛的看法。他决定到亚历山大去，到萨米赫家里去见她，要她抵抗，他和佐贝黛将与她并肩战斗。是的，在千百万人面前，他们只有三人，但是，三个有信仰的人能够击败暴虐者的军队，他们会变成四人、五人、十人……乃至上百万人。

佐贝黛热烈地支持他，说她跟他一起去亚历山大，女人说服女人要比一千个男人说服一个女人更有办法。她将对欧尼说，她需要换换空气，让她带女仆萨尼娅一起去，欧尼眼下不能丢下部里的工作。

佐贝黛与穆罕默德一起到亚历山大去。她凭国务大臣的免费乘车证带着萨尼娅坐在头等车厢，穆罕默德坐的是三等车厢。

佐贝黛下榻在塞西尔饭店，穆罕默德住在最低级的寄宿公寓。他俩没有想过要在亚历山大共度良宵，他俩一心考虑的是为萨米赫辩护。人们在投入战斗时，除了打仗就心无旁骛；除了厮杀，一切思虑都变得微不足道；除了想拼搏，一切杂念欲望都已置之度外。

萨米赫成了一种使他俩都感到痛苦的感情。他俩从内心深处认识到，他俩爱情的成败系于萨米赫这一役，今天刺入萨米赫的尖刀，总有一天会刺进他俩的胸膛。

穆罕默德和佐贝黛到圣伊斯梯法努车站附近的萨米赫住所去，他们惊讶地发现她家门前仍铺着黄沙，绿旗依然在房子上空飘扬，悬挂枝形吊灯的电线还挂在那里，萨米赫似乎还不知道婚约已经解除，或者还在奢望她与努哈斯的婚礼过几天就将举行。

穆罕默德按门铃，门铃没有声音，他敲敲门，也没有人来开门，他接连敲个不停，还是无人答应。他抬头看看窗户，发现窗子全关着。萨米赫准是无法继续在这幢本来要成亲的房子里生活下去,搬到穆哈拉姆贝克区她哥哥家里去住了。

他俩又赶往穆哈拉姆贝克区沙里夫的宅第,门前还有些残存的黄沙和几根电线,仿佛一场风暴卷走了黄沙、彩旗、枝形吊灯和彩色灯泡。

穆罕默德走过去,问看门人道:

"萨米赫女士是住在这里吗?"

"这里没有叫这个名字的人。"看门人坐在椅子上一动不动。

佐贝黛走上前来问道:

"这里是法官沙里夫贝克的家吗?"

"是的,这是他的家。"

"他有没有一个叫萨米赫的妹妹?"佐贝黛客气地又问道。

"贝克根本就没有姐妹。"看门人的态度很生硬。

穆罕默德明白,沙里夫家族的荣誉被萨米赫玷污了,它与萨米赫脱离了关系。

他遗憾地摇摇头。虽然萨米赫的兄长们也拿起了刀,加入了长长的刽子手的队伍,他还是原谅了他们。

他和佐贝黛没有因为碰壁而灰心丧气,相反,这一打击更增加了他俩要找到萨米赫的决心。萨米赫已经众叛亲离,连她最亲近的人也不认她了!

佐贝黛说,她这样与穆罕默德在亚历山大的街上转悠是有危险的,她建议让她回旅馆去借女仆萨尼娅的大袍穿上,避开人群拥挤的拉姆勒电车站,到下一站跟穆罕默德会面。

这对恋人在圣伊斯梯法努车站附近的所有小商店转来转去,从卖汽水的小贩、蔬菜商、烫衣匠、街区里的掮客、面包师等形形色色的人那里,东听一点,西听一点。把这些小消息汇总,他俩弄清了一点:萨米赫仍住在她家里,在婚约被解除后,她再也没有离开过家门,不开窗,也不接待来访者,她的女仆费尔道丝每天早晨六点出门,买了日用品就回家,直到第二天早上六点再出来。这些零星的情况,使穆罕默德和佐贝黛更加好奇。次日一早,他俩守在萨米赫家附近。六点整,费尔道丝提着一只草篮,开门出来,随手又用钥匙锁上门。

佐贝黛尾随着她,直到离开大街之后,才叫住她:

"费尔道丝!"

费尔道丝一惊,转过身来一瞧,看见是一个身穿黑大袍的女人,便站住问道:

"你是什么人?"

"我是你太太的朋友,"佐贝黛悄声说道,"我穿这件长袍是迫不得已,免得有人认出我。你们家受到监视。我想见见你家太太。"

费尔道丝打量佐贝黛,看出这件长袍对方穿着的确不合身,说道:

"我家太太谁也不见。"

"我知道萨米赫是冤枉的,"佐贝黛同情地说道,"我已经拿到证明她清白的证据,我想亲自交给她。"

"真主知道,她是冤枉的啊!"费尔道丝很激动。

"我就是丢了性命也要证明她的冤枉!"

"是真主派你来了,我家太太都快死了!"

"她病了吗?"佐贝黛惊慌地问道。

"不,她不是生病,是快死了!"

费尔道丝提着空篮子往回走,佐贝黛和穆罕默德尾随着她。她打开大门,他俩想进去,她要他们等一下,让她先去向女主人通报。费尔道丝关上门,用钥匙锁好。

她走上二楼,把情况告诉了萨米赫。

"我谁也不见,也不想向任何人证明我的清白。"萨米赫说道。

费尔道丝苦苦哀求,要萨米赫见一见佐贝黛姊弟俩,她吻萨米赫的手,又弯下身子吻她的嘴。她泪流满面地说道:

"我觉得,那位太太是真主给我们派来的。"

萨米赫软了,说她同意见那位太太,但不接见男人,她不想见世界上任何男人的脸,要费尔道丝让那位太太在客厅里坐,她穿好衣服就下去。

费尔道丝打开大门,把佐贝黛放进来,但不许穆罕默德入内,他只得伫立在门旁。

佐贝黛走进客厅。费尔道丝席地坐在佐贝黛的椅子旁。佐贝黛问她道:

"我听说她家里的人都同她脱离了关系?"

"在她爱的那个男人同她脱离关系之后,全世界都遗弃了她,她都不在乎了。"费尔道丝叹了一口气,"我只担心她会失去理智,而且我怕她已经不正常了。预定成亲的那个晚上,她穿着结婚礼服,打扮得整整齐齐,首饰、珠宝全戴上了,放了一张唱片:'可爱的姑娘袅袅婷婷,恰似园中娇艳的玫瑰……'。她踏着节拍来到一楼,到各个房间转了一圈,步态庄重,好像真的在举行婚礼似的。接着,她吩咐我端上晚餐,这顿新婚之夜的晚餐是她向圣伊斯梯法努饭店预定的。她要我在餐桌旁安排两个人的座位。她在桌旁坐好,我给她上了一道火鸡,她指着那只空位子,说:'先给帕夏上菜。我们是个保守家庭,总是先男后女。'

"我望望那只空椅子,问她:'帕夏人呢?'她对我叫了起来,'你瞎了眼吗?他不是坐在主座上吗!'为了使她满意,我就假装帕夏在,给那只空位子上菜,然后再给她上菜。

"她一面吃,一面与那只空椅子谈笑,用手抚摸着它。每上一种食、一道菜,她都这样来一番。晚餐后,她上楼到自己的卧室,穿上为新婚之夜准备的睡衣,久久地站在镜子面前打扮着。然后,她把为帕夏买的睡衣放在床上,自己就躺在这套睡衣的旁边。第二天早上,她要我准备两个人洗澡用的热水。出租婚礼用品店的人来了,要把旗帜、枝形吊灯和彩色灯泡收走,她叫了起来:'这些装饰品要留着,别动!'她拿起一把剪刀,把电话线剪断了,说:'蜜月期间,我不希望有人来打扰我。'她哥哥沙里夫贝克来看她,她不肯开门,说蜜月只有一周,这期间谁也不接待。

"是真主把您给派来了,您也许能够说服她摆脱孤独,她连她妈妈来都不肯开门。您做得好啊。她妈妈有心脏病,要是看见她现在这副样子,准得心肌梗死发作死掉。这个萨米赫,已经不是她妈妈熟悉的女儿了,萨米赫已经像蜡烛一样熔掉,她那漂亮的玫瑰似的脸苍白、蜡黄,就像死人,她双目无光,眼神滞呆,往往一连几个钟头盯着一个地方,一动不动,跟瞎子一模一样。她坐在桌旁,给自己的盘子和另一个盘子布满菜,抓起刀叉把肉割成一小块一小块,然后,把不带肉的空叉子放入嘴中。她像生活在幻景之中,明明什么都没吃,却以为自己在吃东西;明明只是单身,却以为同她丈夫住在一起;明明那个星期是她一生最受苦受罪的日子,她却以为是她的蜜月。

"她大哥来与我隔着门谈了一次话,他告诉我,华夫脱党一个委员会的主席穆尔西贝克先生对他说,华夫脱党愿意付五千埃镑,作为解除婚约给萨米赫的赔偿。我把她大哥的口信告诉她,她说:'拿全世界的财富来,我也不出卖我的爱情。'依我看,这笔钱总会有用的。可是,她说:'他们侮辱了我一次还不够,还要再一次侮辱我吗?'

"她哥哥坚持要见她,对四面八方落到她头上的罪名问个清楚。她不愿见他,要我对他说,他听到的所有关于她的指控都是真的,她一句话也不为自己辩护。

"她大哥说,他和其他的兄弟将同她脱离关系。她对我说:'我希望他

们赶快与我脱离关系,让我一个人淹死算了.'

"有时,我总以为太太疯了。她最近做的事、说的话,全跟疯子差不多。可是,我很快就发现她头脑很清楚,比我们都清楚。

"我求她放声大哭一场,我觉得把眼泪硬憋在心里,会把人闷死的。她说,她想哭,但哭不出来,她的一切全干枯了,包括泪水在内。

"每当她放新婚之夜的那张唱片,看着她的脸色随着乐曲变幻不定,我就觉得心如刀绞,在我听来,那乐曲就像是狂呼痛号。我求她别放那张唱片,她说它是惟一让她听了舒心的曲子。

"我见过丧夫失子的女人,但没见过这种不声不响、让人心碎的悲伤。她这个女人不哭,但她处处发出哭声;她不喊不叫,但她的一切都表明她在捶胸顿足,痛打自己的脸颊。

"我不知道她能不能在这种痛苦的孤独中生活下去。要是换了我,我准会抓起剪刀把结婚礼服和新婚之夜穿的睡衣剪成碎块,丢在火里烧掉!但是,她坚持每夜穿着那件睡衣睡觉,而且还穿着结婚礼服做礼拜,她好像想提醒真主,她是成亲那天被杀死的新娘。

"我的努力全是白费,苦苦哀求、痛哭流涕也没用。这个过去说话可人意的女人,现在不说话,一整天也听不到她开口。有时,我问她一些事,她也不答,被我逼急了,就点点头或打个手势了事。她要是说话,说出来的话准能摧折山岩,让人痛断肝肠。

"我爱她就像爱我的女儿,从她呱呱坠地到今天,我一直服侍她,见过她笑、她哭、她心情欢畅和她愁苦满怀。我想不到萨米赫就是现在同我一起生活的女人,她像一尊由悲愁、忧伤、失望、不幸、凄惨和痛苦塑成的雕像。我有时直瞪瞪地望着她,心想,这不可能是我背在肩上、从小用奶水喂大的萨米赫·沙里夫,她是从另一个世界来的女人。"

费尔道丝停住了,没有再说下去。这时,萨米赫走了进来,她像一个幽灵,脸色蜡黄,身子轻飘,双眼已没有生命的光芒。

她与佐贝黛握手,坐下,却不说话。佐贝黛立即注意到,这个女人有一股奇怪的气味,不是香水味,而是纯洁的气息,圣水的味道,圣女的气味。女人能通过气味了解另一个女人。

佐贝黛说道:

"你不认识我,但是我知道你,我对你的了解比你想象的还多。我日日夜夜想到你,感到你的痛苦就是我的痛苦。我相信你没有罪,我来看你,是带着证明你清白的证据来的。"

萨米赫始终不说话,她举头向天,喃喃道:"主啊!"

佐贝黛似乎想让她从天上回到现实的人间来,又说道:

"我带来了证据,我就是证据。我叫佐贝黛·阿尔法·贾马勒,是内政部国务大臣欧尼·哈菲兹帕夏的妻子。他曾亲口向我承认,是他策划了破坏你婚事的阴谋。他让一个密探乔装成你游艇的船夫,那密探暗地里给你拍了许多照片。我丈夫让这些照片落到努哈斯手里,使他相信这是国民俱乐部的几个会员在游艇上给你拍的。我丈夫曾策划在游艇上同时将你和努哈斯逮捕的计划,是我及时发现,通知了马希尔博士,由马希尔博士转告努哈斯斋月第一个星期四别去见你。因此,那次努哈斯才没有去。我准备牺牲我的婚姻、我的名誉和我的一切来证明你的清白。"

萨米赫仍没开口,对佐贝黛告诉她的重要情况没有显露出惊讶,她只是又望着上空,念道:"主啊!"

为了把她从天上拉回来,佐贝黛冲着她喊道:

"你要行动!起来维护你自己的爱情!明确地告诉你爱的那个男人:是他们欺骗了他,蒙蔽了他!我准备陪你去见努哈斯,当面把从我丈夫那里听来的一切都说出来。"

佐贝黛双眼噙着泪水,说话的声音很激动:

"你不能听任他们宰割啊。我相信你没有罪,准备付出生命作代价证实你的清白。我觉得,你的清白关系到所有纯洁女人的清白。萨米赫,你得行动!我们不能用沉默来作战。你一句话就能让那些肮脏的嘴巴哑口无言。行动起来,萨米赫!明确告诉你爱的那个男人:他受骗了,他像你一样也是受害者,是这个阴谋的牺牲品。他作不了自己的主,也像你一样在受苦受罪!"

萨米赫没有动,仍然举目朝天,嘟囔着:"主啊!"

佐贝黛觉得,萨米赫已失去了一切,连抵抗的能力也没有。为了挺直身子,我们需要脊柱,脊柱被抽去,我们就成了一堆肉、一片痛苦。

佐贝黛作为一个女人,她理解面前的这个女人,知道落在她头上的天大冤枉已将她毁了,人世间已没有什么值得她去奋斗;为了她爱的人,她准备忍受千夫指、万人骂,然而,当她看到自己心爱的人手里也拿着刀时,她就失去了活下去的愿望。一个人能忍受各种委屈,惟有在受到自己所爱、诚挚相待的人——因为他已成为忠贞不渝的表率——的冤枉时,才万念俱灰,即便是死,也比遭受爱人或朋友的不公正指责要容易啊!在那样的时刻,生活的全部意义,像旗帜般高高飘扬的目标,都破灭了,成了擦皮鞋的破布。这种情况使萨米赫芳心寸断,心一旦破碎,就无法修复,心脏可以移植,但是,破碎的心却决不可能恢复正常。

那一切指责都跌落在她脚下,所有的投枪匕首全在她充满爱情的心灵前断裂,化为齑粉。然而,当她感到自己钦仰、信赖和忠心耿耿相待的人背叛、欺骗和抛弃她时,她的心便成了一座坟墓,墓中藏着她的爱情,但已永远埋葬在泥土之下。

佐贝黛再次作出努力,对萨米赫说道:

"我知道你信仰真主,我同你一样,也信仰真主。我听见你不断地在呼唤'主啊',你想要求真主什么呢?你不想要真主来证明你的清白吗?"

萨米赫摇摇头,没有说话。

"你不想让人们知道你是清白的吗?"佐贝黛感到奇怪。

萨米赫又摇头,没有说话。

"那么,你向真主祈求什么呢?"

整整一个星期来,萨米赫第一次微笑,但没有回答佐贝黛,只是举首向天,喃喃道:"主啊!"

佐贝黛感到自己对这个奇怪的女人毫无办法,萨米赫尽管拒绝为自己辩护,但仍然爱着努哈斯。女人的爱情虽被男人抛弃,但不会死亡,这正如皮球,我们越是用力向地上砸,它蹦得就越高。女人遭受她所爱男人的种种侮辱,虽然痛苦不堪,但却不会中断对他的爱,她可能会离开他,但仍会从远处爱着他、思恋着他。怀有如此深沉爱情的坚强女性,怎么能一方面忍受着这一切屈辱,另一方面又不为她的男人、她的家庭和前途辩护呢?

佐贝黛又说道:

"你本来应该成为国民领袖的妻子,国民领袖的性格之一是抵抗,假如英国人抓走你的丈夫,不许你和你的国家得到他,你怎么办?你也像现在似的坐在这里,仰望上苍,呼喊着'主啊'吗?真主接受站立者的祈求,可比接受呆呆地坐着的人的祈告要多啊。真主要求我们为实现自己的心愿去奋斗,为让自己的努力获得成功而斗争。你以为渔夫坐在家里,祈求真主赐给他鱼,鱼就会从天上掉下来吗?他应该扛起网走向大海,与风浪搏斗,一面撒网,一面向真主祝祷,方能让他的网装满鱼。"

萨米赫又一次微笑着,说道:

"可是,我不要求真主赐给我鱼。"

"那你要求什么?要努哈斯无比后悔地回到你身边,求你宽恕吗?"

"也不求。"

佐贝黛惊奇得微微张开嘴，问道：

"为什么？你不想同他结婚了？"

"不想。"

"你为什么不想同他结婚呢？"

"因为我没有什么能给予他了。过去我年轻，现在成了老太婆；过去长得漂亮，现在成了丑八怪。"

"你仍然很美！"

"我内心已经变丑，是被人言搞丑的。我不愿他娶一个丑女人。假如是他自己来对我说，他的支持者不愿意我同他结婚，那我就会毫不犹豫地从他的生活中退出。我就是杀死自己也要让他生活得有尊严。我完全明白，他不属于我个人，而是属于全体国民。不过，我只希望他对我说实话，不要把这场由他的支持者对我发起的攻击瞒着我。"

"因为他爱你，不愿意伤害你。"

"他因为怜悯我，不想伤害我，因此把我杀了，尽管如此，我仍然爱他，一辈子都爱他。我不用片言只字来为自己辩护，因为我的辩白就是对他的指控。我不想让人说国民领袖犯了错误。如果人们议论纷纷，说这位善良的人冤枉了我，那我就去死。最好还是让我来当冤枉人的恶人，让我失去一切：我的名誉、前途、幸福和生命。我的余生，将在回忆我和他相处的那三年光阴中度过。那三年，我一辈子也够了。我不会嫁给别的男人，因为我爱努哈斯，我也不愿再同努哈斯结婚，因为我崇拜他。我将默默地度过残生，紧闭嘴巴。我感谢真主，他赐给了我一生中那三年美好的时光。"

佐贝黛潸然泪下，哽咽道：

"你真是个高尚的女人，我一辈子没见过像你这样高尚的女人。"

萨米赫又举首向天，喃喃道"主啊！"

佐贝黛起身，洒着热泪同她告别。

萨米赫拥抱她，也滴落了一颗泪珠。

这是婚姻解除以来，她流下的第一滴眼泪。

佐贝黛出门后，把与萨米赫的谈话讲给穆罕默德听，她最后说道：

"当她仰望上空，说'主啊'的时候，我有一种奇特的恐惧感，我看到她眼睛里有一种异样的光芒，她仿佛真的看见了真主！她像一个圣徒，我不觉得她痛恨那些辱骂她、毁坏她名誉的人。"

"也许那些不公正的指责正是犯罪者们点燃的蜡烛，为被他们焚烧的圣女祈福呢。"穆罕默德说道。

"可是，她向真主祈求一样东西，我问她，她却不答。你说，这可怜的女人要求真主赐给她什么呢？她也许求真主怜悯她，让她从折磨中解脱出来。"

"我怕她要求的还不止这一点。"穆罕默德难受地叹息道，"我怕她还要求真主怜悯那些迫害她的人。她由于接近真主，好像知道那些迫害她的人将遭到天谴。那些人在自挖坟墓，总有一天他们会说：'我们没有冤枉过她该有多好！'"

"那些人遭到天谴对萨米赫有什么好处？天谴能把她心爱的人还给她吗？天谴能恢复她的幸福吗？难道暴虐者受点创伤就能让那些冤死者复生吗？"

"是的，能使他们复生的。"

"什么时候？"

"我不知道。"穆罕默德说道，"但是，我知道每个冤死者的坟墓，好比一把铁镐，在替暴虐者挖一座大坟墓。"

"我怕在萨米赫蒙冤受屈之后，国内每一个无辜者都有可能成为'萨米赫·沙里夫第二'。"

"受冤者实在不幸！萨米赫也实在不幸,她眼睁睁地看着人们把她当作一个没有荣誉的萨米赫！"穆罕默德说着叹了一口气。

"任何地方的无辜受冤者,都是萨米赫·沙里夫！"

华夫脱党领导人达尔维什·哈比卜帕夏的宅第坐落在新开罗郊区。纳吉娃·穆纳斯特利正坐在里面那间豪华宽敞的客厅里。她观赏着用金粉装饰的墙壁,金线绣制的奥比松椅子椅面,还有那些挂在墙上的精美油画——那是达尔维什帕夏每年一度去巴黎时买来的。

纳吉娃象牙般的双肩上,披着一张昂贵的狐裘。她不时地抚摸那好看的狐狸脑袋和它的玻璃眼珠,狐狸眼中有一种怪异的目光,就像猛兽趁黑扑向猎物前投去的一瞥。

客厅里的金碧辉煌远不及狐狸诡谲的目光使她动心,她仿佛从这张皮裘中看到了自己。

布赛玛太太皮球似地滚了进来,她长得挺富态,圆头圆脑活像个地球仪。后面是她的丈夫达尔维什帕夏,手里拿着一串念珠。

布赛玛太太拥抱纳吉娃,在她的右颊和左颊各亲了一下。

达尔维什帕夏满面笑容地等着轮到自己,一面说道：

"好极了,纳吉娃,好极了。你长大了,真成了一个新娘子啦！我二十年没见你了,我想我有权亲亲你吧。哦,不,我猜,你丈夫侯赛因·阿什莫尼帕夏会对我这样亲你提抗议的。过去我老让你坐在我的膝盖上,总有好几十次,亲你也不下几百次呢。那时,你还是个孩子,我们都住在扎马利克岛上,还是邻居呢。"

纳吉娃庄重、有礼貌地弯下身子吻他的手,他亲亲她的额头。布赛玛在一旁笑着说道：

"我想，侯赛因帕夏倒不会抗议你亲她，不过，你现在要是让她坐在你的膝盖上，那侯赛因帕夏是肯定要抗议的。"

达尔维什笑着拍拍纳吉娃的脸颊，一面对他妻子说道：

"要提抗议的究竟是侯赛因帕夏还是你？"

"提出抗议的将是纳吉娃本人吧。"布赛玛微笑道。

纳吉娃羞赧得红了脸，把头低下。接着，她抬起脑袋，在布赛玛太太旁边坐下来，说道：

"那时，你们把我当作宠爱的女儿，我可忘不了那些美好的日子。可是，该死的政治把父辈和子女都隔开了。"

"政治真是该死！"布赛玛太太不胜感慨，"我们参与政治以来，得到的只是麻烦、头疼、花钱和亲朋好友间的争吵！"

达尔维什帕夏佯装没有听到妻子对政治的看法，他心里清楚，要不是搞政治，他就当不上帕夏，成不了大臣，也不会成为反对党的一个领导人。他转过脸对纳吉娃说道：

"不错，我好久没去拜访令尊大人卡马勒帕夏了，不过，我仍一如既往地爱他、尊敬他，对他怀有友情。只是华夫脱党有过决议不同西德基帕夏的国会成员来往，我得遵守，才不得不停止与令尊大人的来往。令尊是参议院议员，我作为华夫脱党党员，必须严格遵守党的决议，当然这并不意味着我就忘掉了旧日的友好情谊和邻里关系，那友情是终生难忘的啊。"

"大叔，"纳吉娃感动地说道，"您遵守党的决议，谁也不会责备您。我相信，家父对您的情况是充分了解的，大叔。"

"作出那次决议之后，有一次，我与努哈斯帕夏走过圣伊斯梯法努饭店的大厅，突然看到我的一个朋友、参议员卡林·法赫米帕夏从座位上跃起，向努哈斯帕夏伸出手去，恳求能与努哈斯帕夏握一握手。努哈斯帕夏无动于衷，顾自朝前走。卡林帕夏再三要求同他握手。努哈斯帕夏转过脸，对他说：'我决不同你握手！'卡林帕夏转而央求我道：'达尔维什帕夏，我们是四十年的老朋友了，你愿意国民领袖这样对待我、让我难堪吗？'我对他说：'华夫脱党的决议就是决议。'说完，我就走了，让他的手一直悬在那里。"

"西德基帕夏那样对待你们，我不会对国民领袖的行为见怪的，也不会责怪华夫脱党作出这项决议。不过，我不明白，我看望布赛玛大婶，西德基帕夏的政府干吗要发火？"

"让他们断了舌头！他们不知道你是我的孩子吗？"布赛玛太太面有愠色。

"内阁向国王陛下告状，说我来看望了您，"纳吉娃用舞台腔说道，"还问国王陛下怎么能允许一位宫廷大官的妻子到与国王陛下为敌的华夫脱党一位领导人达尔维什帕夏的宅第去拜访？"

"国王陛下自然就生侯赛因帕夏的气了。"达尔维什关切地说道。

"陛下一开始挺生气，后来就对我们的事释然了。我丈夫对国王陛下说，布赛玛太太就像是纳吉娃的母亲，是看着纳吉娃出生、长大的。国王陛下听我丈夫说得诚恳坦率，便马上不再介意了。大叔，要不是那些坏小子……"

"是的，"达尔维什帕夏点头同意道，"宫廷里的那些坏小子，专门在我们与陛下之间搞鬼。"

"我倒不是指宫廷里的坏小子，"纳吉娃显得挺真诚，"您对他们很熟悉，他们是些身穿礼服的仆役，微不足道。危险的是您那儿的坏小子，您还不了解他们呢，大叔！"

"我们这儿的坏小子？"达尔维什帕夏十分震惊。

"是的。是您那儿的，大叔。"纳吉娃故意压低声音，仿佛在说一件重大的秘密。

"我不明白,"达尔维什帕夏越发惊讶,"你是在用宫廷的语气说话。"

"您不明白也有道理。好,我丢开宫廷的语言,用老百姓的语言说话吧。您知道有句民间俗语说:'乳酪藏久了,里面就生虫。'虫就在你们中间。"

"这真是不幸。"达尔维什帕夏感到痛心。

"确实是不幸。这也是我丈夫的看法。我丈夫原来在罗马当大使,薪俸高、生活优裕舒适,也不用负什么责任,他之所以愿意丢下那份差使到宫廷里面任职,是为了他信仰的一个目标:居中缓和宫廷和国民的关系。"

"这是每个忠于国王的人的职责。"达尔维什帕夏钦佩地说道,"要是所有的宫廷官员都像侯赛因·阿什莫尼帕夏一样,天下就太平喽。"

"我丈夫认为,埃及有三股势力:陛下的势力、国民的力量和英国人的势力,只要有两股力量一致了,就能打败第三股力量。英国人干的就是一会儿与陛下联合反对国民,一会儿又联合国民反对陛下。最后占便宜的总是英国人,吃亏的是国王和国民。因此,我丈夫认为,国王若与国民协调行动,于国、于陛下都有利,并能借此战胜英国人。"

达尔维什帕夏热情地肯定道:

"这是能把英国人赶出埃及的爱国主义见解。"

"可是,很遗憾,"纳吉娃难过地叹口气说道,"每次当我丈夫对陛下做工作接近成功之际,国王总是会突然收到揭露华夫脱党内反对陛下的言行和计划的秘密报告。这样,我丈夫的努力便全都付诸东流,分歧又再次出现,而且愈演愈烈。"

达尔维什帕夏双眉紧锁,斩钉截铁地说道:

"那些报告是假的!"

"遗憾的是,"纳吉娃一本正经地说道,"大叔,那些报告百分之百是真实的。陛下最近接到的一份报告上说您攻击他,您说:'埃及除非实行共和,别无出路!'"

达尔维什帕夏显然感到惊讶,这话他的确说过,不过,他记不得在什么地方、什么时候说的。

纳吉娃暗自欢喜,脸上露出了微笑,她懂得如何击中目标,如何把老鼠塞进达尔维什帕夏的袖子里,知道怎样圆谎。达尔维什帕夏的话,不是她杜撰的。那是她上次来作客时,听布赛玛太太说的。纳吉娃当时就推断出愚蠢的布赛玛太太决计不会想到把埃及从君主制度改为共和制,她只不过是鹦鹉学舌,在转述达尔维什帕夏的看法罢了。

纳吉娃让达尔维什帕夏堕入五里雾中,在那里发愣。她接着又说道:

"我丈夫知道,华夫脱党内肯定有人与内阁有秘密联系,他很想弄清楚这个通过打报告来破坏他善意努力的人是谁。他费了九牛二虎之力进行调查研究,才知道这个神秘人物……"

她故意顿住话头,让她拉响的这颗炸弹有充足的时间来轰一轰达尔维什帕夏的脑袋。

他果然急不可待地问道:

"这个挑拨陛下和国民关系的罪犯是谁?"

纳吉娃又略作沉默,让达尔维什帕夏急得如坐针毡,然后说道:

"大叔,我不能再往下说了,我已经说得太多了。"

达尔维什帕夏找到了一条理由:

"你要是把这个罪犯的名字告诉我,那是对祖国的贡献,你将会名垂史册。"

从纳吉娃漠然的眼神中,达尔维什帕夏看出她对青史留名并无多大兴趣。于是,他又说道:

"这也是帮我的忙。这罪犯编派我没有说过的话。我的言行可以由真主作证。"

纳吉娃瞧了瞧把达尔维什帕夏事实上说过的话转告给她的布赛玛太太,对丈夫说谎,好鹦鹉学舌的布赛玛太太毫不在意,她结婚五十年来,对此似乎已经习以为常,当作了她丈夫生活中的家常便饭。

纳吉娃今天来,就是为了把这个消息透露给达尔维什帕夏,为了让他更加急迫地攫取这个消息,她在挑选字眼。她又稍稍沉默了一会儿,尔后说道:

"国王陛下假如知道是我泄露了这个重大的机密,他会把我丈夫在宫中的要职给革了。我想,你们失去宫中惟一肯为你们辩护、替你们辟谣和挫败陷害你们的阴谋的人,怕未必有利吧!我丈夫要是知道我泄露了这个秘密,准会立即休了我!"

达尔维什帕夏一面从口袋里掏出一本《古兰经》,一面热切地说道:

"我凭《古兰经》向你发誓,决不让人知道你对我说过什么!"

他又转过脸对妻子说道,"你出去,布赛玛!"

布赛玛太太立即听从她丈夫的命令,离开客厅,随手关上了门。

纳吉娃松了一口气,她与达尔维什单独在一起了。女人与男人单独相处,要欺骗他真是易如反掌;而若有另一个女人,哪怕是像布赛玛太太那样的笨女人在场,那也会困难得多。

纳吉娃觉得,现在她可以施展她的十八般武艺了。

达尔维什帕夏紧缠着纳吉娃不放:

"你是我的女儿,纳吉娃。女儿难道还对自己的父亲保密?"

纳吉娃嫣然一笑,充分地显露出她的娇媚和风骚,说道:

"女儿们总是对父亲保密,她们只向自己的情人泄露自己的秘密。"

达尔维什帕夏坐在椅子上一震,顿时容光焕发,眼镜后的目光闪闪发亮。他赶紧正一正领带,嘴唇哆嗦着,脑袋向纳吉娃那儿偏去,使劲地用鼻子吸进她那醉人的香气，他觉得自己全身发酥，此时此刻，他真想自己能年轻十岁，不，二十岁！不，三十岁！

他捻着自己的小胡子，不由自主地把纳吉娃的苗条轻盈同他妻子布赛玛的肥胖臃肿作比较：一个是欢蹦乱跳的羚羊，一个是笨头笨脑的母熊；一个聪明伶俐，生气勃勃，一个是脑满肠肥，泥塑木雕。

一瞥之下，他就产生了如此多的感受；一瞥之下，他的眼睛就把纳吉娃从女儿的位置移到了情人的位置。

纳吉娃一眼就看出她的帕夏大叔已经入彀，便立即软语款款地说道："帕夏，您身上有一种东西，我不知道该叫什么，使我对您产生信任，相信您说过的每一句话。我生来对谁都怀疑，不轻易相信人。此外，我也挺钦佩您是伟大的天才人物。"

这几句话，比他年轻时听歌星穆尼拉·马赫迪娅和谢赫·萨拉马·希贾齐唱歌还让他陶醉。他高兴的是，纳吉娃不再称他"大叔"了。这是一个令人讨厌的字眼，当一个年轻貌美的姑娘用它来称呼七十岁的男人时，它就像一道高坝，把他与她隔开，他俩之间相差的年龄成了几公里长的距离，使他与她各处一端。

这次，她叫他"帕夏"，听上去多么悦耳。而一个迷人的姑娘称人"大叔"，那是何等的粗鲁！

纳吉娃说他是个"伟大的天才"，他真是心花怒放。他搞了几十年政治，当过大臣，愚蠢的记者们说他是个忠诚的爱国者，但是，从没人把他描写为伟大的天才。他曾多次掏腰包为他们出狱付保证金，向被政府没收和封闭的华夫脱党的报纸提供资助，那些愚蠢的记者同他还挺熟的呢。而纳吉娃跟他才见了一面，便能够理解他，发现他的天才和伟大之处。即便是他的妻子布赛玛，那头与他一起生活了这么多年的蠢驴，也从没有一次说过他是个伟大的天才。

谢天谢地,凭着他的天才和伟大,他总算想到了让妻子走出客厅。布赛玛一走,纳吉娃就不叫他"大叔",她摆脱了羁绊,开始显示出她的千娇百媚。而布赛玛在场,就像是戒严令和新闻检查一般。

纳吉娃一眼看穿了达尔维什帕夏的全部心思和他身体的蠢动。她把狐裘从肩上挪开少许,露出她那美丽迷人的脖子,使她越发美妙动人,充满魅力。

达尔维什帕夏端详着他已失去而纳吉娃身上都具备的一切:豆蔻年华的红润双颊,感情灼热的敏锐目光,笑意可人的双唇——那就像是一杯斟满爱情和青春酿制而成的美酒。

纳吉娃卖弄风情地微笑着,说道:

"您信不信,上次我来探望布赛玛大姊,发现您不在,我真是好生失望。"

"我不信?我怎么不信?你的为人是既老实又坦率。我的心绝不会骗我。我一向以一眼就能看出人的好坏而闻名。"

"我刚才不是说您是个伟大的天才吗?慧眼识人是伟大的天才最重要的特点。拿破仑有一次检阅一支千人组成的部队,他把手搁在一个士兵的肩上,说:'这个小伙子会当上将军!'后来,经过几次战役,那小伙子果真成了将军。"

把他跟拿破仑·波拿巴相比,达尔维什帕夏真有点飘飘然了,他仿佛一口喝光了一瓶他喜欢的"约翰·黑格"牌威士忌。这时,他想起自己手里还拿着念珠,这和拿破仑的英姿和地位可不相称,他赶快把它放在桌上。那只刚才还拿着念珠的手怯生生地向纳吉娃伸去,温柔地抚摸着她的玉手。

纳吉娃听任他抚摸自己的手,说道:

"我听我丈夫说,政府反对我来探望布赛玛大姊,我偏要顶着干。我马上就给布赛玛大婶打电话,说我今天要来,条件是大叔必须在家。"

纳吉娃从达尔维什帕夏的眼神中看出,她又称他"大叔"时,他一怔,于是赶快改口,微笑道:

"我是说,达尔维什帕夏必须在家。"

"叫达尔维什就行,从今往后只叫达尔维什吧。"他馋涎直淌。

纳吉娃风骚地一笑,笑得不带帕夏头衔的达尔维什心荡神移。她说道:

"我叫您'多多'吧。"

达尔维什帕夏乐不可支,全身摇晃,说道:

"多多?多多?这真是个可爱的名字……多多?"

"多多帕夏!"纳吉娃眨眨眼睛。

"不,叫多多!光叫多多!"达尔维什帕夏嚷道,带有责备口气。

在这幸福可爱的时刻,达尔维什帕夏把有关党的机密泄漏给国王、挑拨宫廷和国民关系的卑鄙阴谋和致力于订立宫廷和国民之间的协议等,全忘到了九霄云外。

他觉得,这是个快人心意的时刻,他成了国王,他签订的协议比宫廷和国民的协议重要得多。

纳吉娃发现,在多多帕夏被她弄得神魂颠倒,被她的柔媚妖冶夺走意志之后,是她完成自己角色的大好时机了。她含情脉脉地抓住他的手说道:

"现在,我才能够把一切都托付给你,包括我的生命和前途。你有什么要求都可以提,我准备答应你的要求。"

纳吉娃停住,等达尔维什帕夏问她那个向内阁打秘密报告的神秘人物的名字,她既然答应满足他的任何要求,那就不得不把那神秘人物的名字告诉他。

不料，达尔维什帕夏却问道：

"我什么时候再同你见面？"

纳吉娃感到失望。这个家伙忘了政治，除了想得到她的情爱，他什么都不记得了。她说道：

"你急什么？我们有的是时间呢。"

达尔维什帕夏吃了一惊。有的是时间？他已经七十岁了，还能有几年？也许她是出于对他的爱，以为他才五十岁吧。他不想把自己的年龄告诉她，于是摇摇头，说道：

"在今天之前，我从没有恋爱过，一次也没有，我的心依然是一块处女地，我在爱情学校里，还是个一年级的小学生哩。"

纳吉娃凝视着他的眼睛说道：

"你是只老狼，搞女人特别有经验，你搞得我昏昏沉沉，在几分钟内失去了自制，说出了不该说的话。"她从椅子上站起："我现在得走了，再待下去，你会使我说出一些我不想说的事情，或许你已经让我不知不觉地说了，你是个危险人物，你让我干出的事情连我自己都没有觉察。"

"再稍微待一会儿，"他央求道，"五分钟，只待五分钟。"

她吃惊地看着表，说道：

"我现在不得不走了，我跟我丈夫约好在穆罕默德·阿里俱乐部见面。我要再待五分钟，就会把自己也给忘了。"

说着，她向门口走去，然后，停了一下，说道：

"您是个危险人物，您让我说出了那个向内阁打秘密报告反对你们的神秘人物的名字。我本来是不想说的。"

达尔维什帕夏一把抓住她的手，这会儿，他猛地记起了神秘人物的事。他被情欲缠得晕头转向的时候，她真的把那人的名字告诉他了吗？是他把那人的名字忘了？

"你什么也没告诉我。那神秘人物叫什么?"

"他是华夫脱党机关报《圣战报》的一个编辑。"纳吉娃漫不经心地答道,一面继续往前走。

达尔维什帕夏抓住她的手不放,恳求她再留一分钟。

纳吉娃装作无可奈何似地坐了下来。达尔维什帕夏暗暗高兴,他为祖国,同时也为他的内心赢得了一分钟。

"他叫什么名字?"

"他的名字,我听说过,可是忘了,因为我没怎么放在心上。"纳吉娃仍是一副心不在焉的样子。

"肯定是马哈茂德·阿兹米博士。他不是华夫脱党党员,我一直反对他在华夫脱党的报社工作。"

"不,那人不是阿兹米博士,是另外一个名字,我不记得了。"

"你好好想一想,"达尔维什帕夏挺重视,"《圣战报》的编辑,不下五十个呢。"

"我的记性很差。我只知道那人每天傍晚六点到内政部国务大臣欧尼·哈非兹帕夏的官邸去,从用人走的后门进去,在那儿撰写有关华夫脱党机密消息的详细报告。我不愿意无缘无故冤枉人。这件事关系重大,你们应该亲自调查,可以监视舒卜拉区欧尼帕夏官邸的后门,这样就能搞清这个每天偷偷溜进大臣官邸的《圣战报》编辑是谁。"

她稍事停顿,装作对说的话极后悔的样子,又用遗憾的语调说道:

"我说您是个危险人物,您强迫我做了我不想做的事。"接着又看看表,大惊失色地抬起眼来,说道:"多多,瞧您对我干了些什么?您耽误了我与我丈夫的约会。"

她与他握手,柔情地捏了他一把,同时发出使老人萌动春情的笑声,说道:

"你能对这个秘密守口如瓶吗?"

她的笑声、手的抚摸、娇滴滴的声音和妖艳的美色,搞得达尔维什帕夏醉醺醺的,他说道:

"不光对这个秘密,而且对所有的秘密我都能守口如瓶。我是国内最能保守秘密的人。"

他叫他的妻子布赛玛太太进来,向纳吉娃告别。

布赛玛太太满脸堆着愚蠢的微笑进来。纳吉娃抓起她的手,亲热而尊重地亲了一下。

布赛玛太太爱怜地拥抱她,亲她的双颊。布赛玛太太没有想到,她拥抱的乃是披在纳吉娃肩上的那只狐狸。

她陪纳吉娃向门口走去。

达尔维什帕夏跟在她俩后面,又不由自主地把她俩的脊背作起比较来:一个是母熊的背,一个是羚羊的背。

布赛玛象征过去:吝啬、丑恶、不断重复。

纳吉娃意味现在:慷慨、美丽、独一无二。

达尔维什帕夏叹了一口气,对过去度过的年月表示惋惜,对现在和将来的那有限几年感慨万千。

然而,他对自己非常满意。

即使在刚才美滋滋的快活时刻里,他也没有忘记祖国,他为祖国作出了贡献,同时也为自己的内心尽了力。

他掌握了最重大的政治秘密,同时也抓住了一个最美的女人,她爱他这个人,比任何人都了解他,认为他是个伟大的天才。

纳吉娃驱车在新开罗的路上,向扎马利克岛她家的方向驶去。车身一颠一颠,好像在跳舞。手把着方向盘的纳吉娃也摇摇晃晃,仿佛按着一首悦耳动听、沁人心脾的乐曲在舞动——那是一首复仇的乐曲。

她根本就不把那个一举手便把他拖入情网的老头放在心上，他不过是她进政治澡堂套在脚上的木屐罢了，为的是不让不干不净的政治污水弄脏她的脚，她等自己的事一完，就立即会脱掉这双木屐，她在考虑的倒是那个她想谋害的男人，她在想穆罕默德。这个青年人挫折了她的骄傲，伤了她的心，她费尽心机，他仍不肯当她的情夫。这个家伙不让她进入她梦寐以求的天堂，让她在嫉妒的地狱里徘徊，被烈火烧烤、受司地狱的天使折磨。

她曾竭力将他忘怀，千方百计把他这一页从她的生活中翻过去。她从意大利回到开罗以后，结识了几个男人，她的心像舒卜鲁德旅馆，顾客盈门，有外国人，也有埃及人，有白皮肤的年轻人，也有棕色皮肤的小伙子，有富翁，也有官员，他们全匍匐在她脚下，把她当作美神顶礼膜拜，在酒宴晚会上追逐她，用电话缠住她。

她想以新欢替代旧日的爱，以病治病，然而，她却怎么也忘不了这个一贫如洗的青年。他对情场的奥秘一无所知，依然是爱情学校一年级学生，毫无阅历、经验，而她结识的男人都是谈情说爱的行家里手。

她从每个认识的男人身上寻找穆罕默德的气质。有时，她骗自己，闭上眼睛想象自己是在穆罕默德的怀抱之中，她的情欲顿时烈火熊熊，及至睁开眼睛，没见到穆罕默德，她又成了一块冰。

穆罕默德对她说，他爱上了另一个女人，这句话最让她动火。她决定监视他，搞清楚这个胜过自己为穆罕默德所爱的女人是谁。她把她父亲的司机阿卜杜·穆塔阿勒师傅调来给她开车，让父亲另找一个司机。

她对阿卜杜·穆塔阿勒师傅很放心，是他教会了她开车，当时她在利西亚中学念书，他替她保守一切秘密，她逃学偷偷去与人幽会，他总是为她打掩护。

她与阿卜杜·穆塔阿勒师傅说好，由他监视穆罕默德，不论穆罕默德去何处,他都得形影不离地跟着。她答应,他每监视一天,她给他一镑,时间是从穆罕默德一清早出门到晚上回家。

她最近一次到意大利去之前,关照过阿卜杜·穆塔阿勒,他惟一的工作就是监视穆罕默德。

她从意大利回来,在自己的汽车里与穆罕默德见了面,她最后一次提出愿意委身于他,而他却说他爱上了另外一个女人。

第二天,阿卜杜·穆塔阿勒师傅来见她,微笑着告诉她,他看见穆罕默德乘上她汽车,根据她的指示,他叫了一辆出租汽车在后面跟着,一直尾随到开罗通白苏伊士市的公路。他想,他的任务可以结束,她也不再需要报告了。

纳吉娃说,她想要一份从她去意大利后有关穆罕默德一举一动的详细报告。

使她大感意外的是,阿卜杜·穆塔阿勒师傅告诉她,穆罕默德每天傍晚六时到内政部国务大臣欧尼·哈菲兹帕夏的官邸去,从后门进出,在里面待一到两个小时。

一开始,纳吉娃没有想到穆罕默德会爱上国务大臣的妻子佐贝黛,她认为佐贝黛是个保守型女人,一直置身情场之外,是无可怀疑的。

然而,她又回想起佐贝黛的反常举止。那次,穆罕默德刚到她家,佐贝黛就突然不期来访,借口说要旁听《圣战报》的采访。后来,穆罕默德在的时候,她又一直赖着不走,临别时还声称她坚持不走,是以为穆罕默德企图强奸纳吉娃。

佐贝黛的突然来访不可能无缘无故。这种反常举动充分证明她爱穆罕默德,她故意不让穆罕默德与纳吉娃单独待上一分钟,免得他被纳吉娃抢去。

纳吉娃气得几乎发疯,佐贝黛居然乘她不备套出了她与穆罕默德交往的经过,佐贝黛拥抱她是为了扼死她,询问她的计划是为了破坏它。要不是这个骗局,她早就把穆罕默德从佐贝黛手中夺了过来,一千个佐贝黛也不是她的对手。

纳吉娃恨穆罕默德,因为他把他俩的交往都讲给佐贝黛听,若非如此,佐贝黛就不会知道他俩有个约会。

纳吉娃起初决定通知欧尼帕夏,他的妻子与穆罕默德私通,每天在他的官邸干着大逆不道的勾当。

后来,她转念又想,欧尼帕夏像每个忙于政事的男人一样,很关心自己的名声,他决不会公开捉奸,将佐贝黛和穆罕默德送入监狱。他最多立即休掉佐贝黛,届时,佐贝黛就将与穆罕默德结婚,那不是她纳吉娃报仇不成,反搬起石头砸自己的脚吗?

为了切断那对恋人的关系,纳吉娃又想了个办法。

她想,穆罕默德是事事都不瞒佐贝黛的,他肯定会将那天与她一起坐车在苏伊士公路途中发生的事情告诉佐贝黛。她干吗不利用这件事,原原本本地对佐贝黛说一遍,最后加上一段谎话,说她用肉体引诱穆罕默德,他终于就范,使她怀孕了呢?

于是,她去看望佐贝黛,抛出了这颗炸弹,当看到佐贝黛晕倒时,她说不出的痛快。离开佐贝黛家时,她相信自己已彻底摧毁佐贝黛与穆罕默德的关系,要不了多久,穆罕默德就会回到她身边来。

让她吃惊的是,阿卜杜·穆塔阿勒师傅告诉她,穆罕默德到达马尔达什医院去探望佐贝黛,后来又像过去一样天天都到她家去,接着,还双双去了亚历山大。

这时,纳吉娃可真是气疯了。穆罕默德每一仗都打败了她,使她射出的箭反弹回她身上。她越是想隔开这对恋人,他俩抱得就越紧。她感到,她对穆罕默德的怨恨远远超出了她对佐贝黛的厌恶,她的敌人是他,而不是佐贝黛,头号凶手是他,佐贝黛只是他的同伙,他用全部的爱情、力量和男子气概控制了佐贝黛。他每天给予佐贝黛的,过去从来就不肯给她纳吉娃。他使佐贝黛为了一个不务正业的记者而拿她的大臣丈夫冒险。穆罕默德给佐贝黛的每一个吻,都是从纳吉娃这里偷去的;佐贝黛与他的每一次幽会,本来应该属于她纳吉娃享受的。纳吉娃曾毛遂自荐,充当他的一个情妇,他拒绝了,却一心一意地爱着这女人。

纳吉娃是个女人,女人一旦获悉她的男人被别的女人爱上时,是有权发疯的。

现在她不光发了疯,而且正在死去……她的情爱受到侮辱,她的期待充满屈辱,她的追求成了丑闻。

她决不甘心独自死去,她要把穆罕默德带走。

她越是饥饿,她的爱情越是无望,她就越想报仇。

"不,我决不孤零零地死去,

"我要把他带走,带入我的坟墓。"

从亚历山大回来后,穆罕默德待在《圣战报》报社,就像夹在一排坚固牙齿中的一颗松动的牙,坚固的牙齿讨厌它,它则更讨厌它们,比它们更痛苦,更难受。

萨米赫·沙里夫受到的冤枉震动了他。人们含冤受屈,使我们怆恨伤怀。如果我们无力抵制、反抗这种冤枉,或者连迅速提出异议都办不到,那么,我们将感受到常人无法忍受的五内俱裂的痛苦。

彼此都是盲人,往往相安无事,一旦一个盲人见到了光明,其他盲人就会讨厌他,他也会讨厌他们。

穆罕默德本来像瞎子一样看待事物,心中坦然,对他来说,一切事物都只有一种色彩,在黑暗中,样样东西的长和宽、美和丑、日出和日落、皎洁的月色和愁苦的黑夜,都一模一样。

这些年来,穆罕默德同他同事们的观点完全一致,认为华夫脱党不会错,党的决议不容置辩,党的意见神圣不可侵犯,领导人是神或半神半人,大家无权同他们争论。穆罕默德和他周围的人一样,对领导人充满信任,并为此感到高兴。能对某种事物怀有信仰是令人愉快的,这正如躺在羽绒垫上睡觉一样舒服。当躺卧者心里有了怀疑,他便会感到羽绒成了针毡,自己就像一个贱民。是的,穆罕默德有时也独立思考,在内心探讨一些事情,但很快就又随大流,按着战鼓的节拍,与同伴们齐步前进。

后来,他认识了达尔维什·哈比卜帕夏,知道了萨米赫·沙里夫的事,他仿佛受到了一次猛烈的撞击,开始倒不觉得痛,也未料及后果,不知道这一撞已经重创了他。他只是深深地感到难受,伤心得流下眼泪。泪水洗去了许多牢牢盘踞在他心头的信念,其中最主要的是领导人不会犯错误,他们不是凡人,他们的权利是发号施令,我们的权利是闭上眼睛盲从。这些本来是不言而喻的道理得推倒,传统的思想方法需要重新研究,好像受崇拜的神祇已成为泥塑木雕的偶像。穆罕默德产生了一种新的前所未有的感觉,那就是要进行抵制。

这种感觉刚开始时,他觉得很痛快,那就像从监狱里逃了出来。然而,等到囚徒砸碎镣铐,逃出牢门,他那种战胜狱卒的愉快感旋即消失,他开始感到不安:向何处去?藏在什么地方?哪里可以找到自由?

穆罕默德发现,达尔维什帕夏与他主张的原则自相矛盾。他主张一切埃及人平等,但不愿与穆罕默德平等相处;他号召支持真理,实事求是,但西德基帕夏明明活着,穆罕默德半小时前刚与他谈过话,达尔维什帕夏却硬要说他死了,三天前就已放入冰柜;达尔维什帕夏明知自己错了,却不肯承认,反而指责穆罕默德违反党的决议,去拜访首相。

达尔维什帕夏和他的许多同僚都信仰正义,主张通过说理的办法反对暴虐专横,凭着信念抵制独裁专制,然而,他们却不愿意党主席娶一个离过婚的女人,说服不了努哈斯撤销婚事,他们就平白无故地冤枉萨米赫·沙里夫,不经审判就作出判决,用点香烟那样随便的态度烧一个无辜的女人。达尔维什帕夏对舆论自由很起劲,他攻击那些不让人说话、查封报刊的暴虐者,然而,当他与穆罕默德对萨米赫的看法产生分歧时,他一转眼工夫就把穆罕默德说成是暴虐政府的走狗,他诋毁穆罕默德的爱国心,说穆罕默德是打入华夫脱党内的,鼓励努哈斯与那个堕落的女人结婚,是为了毁坏党主席的名誉,而这一切都只是因为穆罕默德为一个蒙受不白之冤的女人说了几句公道话。

这种自由究竟是绝大多数人民的自由,还是个别人的自由?按照穆罕默德的理解,自由就是当全体人民意见一致,有个别人持有异议时,人民有责任以保护全体人民自由的同样热情,保护这个不同意见人的自由。

正义不能只限乎一个阶级或阶层,哪怕是这个阶层拥有千百万人也罢。如果你让千百万人享有公正,却剥夺个人有公正的权利,那就像你只允许某个个人享有公正,而不让千百万人有公正一样,犯了同一性质的罪。人们无权剥夺个人完整地享有公正的权利,不应该对他进行非常的审判,在人们专门对他进行某种非常的审讯时,他们就是不经起诉就对他判刑!

他们已经判处萨米赫死刑!他们在暗地里审讯她,关紧房门秘密开会,人们的私下议论是被告,伪造的证据成了判决的前提,罗织罪名者充当了原告的证人。

要是这一切都暴露在光天化日之下,那就不致造成悲剧。

假如达尔维什帕夏敢面对面地控告穆罕默德,而不是背着他,通过华夫脱党的秘密会议做手脚,那么,穆罕默德就会知道如何驳倒这些指控,不让这些罪名在他提供证据之前老挂在他头上。

我们需要的是光明正大。灯光一亮，谣言就会像幢幢鬼影一般销声匿迹！灯光灭了，那莫须有的罪名恰似黑暗中的蝙蝠四散乱飞。

穆罕默德从亚历山大回来后，曾企图在报社的编辑同事中争取同意他观点的支持者，想向他们证明萨米赫是清白的，是受害者，党主席同她一样也是受害者。但是，他发现，同事们躲避他，一听到为萨米赫辩护的话，他们就堵住耳朵，逃得远远的，整天像苍蝇似的麇集在一起，听编辑部主任侯赛因·陶菲克先生攻讦萨米赫，这位编辑主任天天编造新谎言来证实老谎言。替无辜者的名誉辩护，似乎有害于这些人，用谎言来诽谤无辜者他们才觉得悦耳动听。

穆罕默德的同事们认为，努哈斯解除婚约的决定，是一个不容置辩的神圣决定，它彻底关死了讨论这个敏感题目的大门，重新谈论此事，实属大逆不道，乃是挑起了一个已经死亡的题目。

如果此事不是与一个无辜女性的名誉有关，死亡了也无妨。但是，怎么能让一个女性伴随这个话题一起死亡呢！他们居然不相信这座埋葬努哈斯婚事的坟墓还活埋着一个女人呢！

他们会说，对国民领袖的名誉说来，一个女人算得了什么！为了拥有千百万之众的一个政党的利益，就让这个女人见鬼去吧，只要国民领袖是神圣的、无懈可击的就行了！住嘴，闭上你的嘴巴！这些事，只有党的领导人才可以谈论，其他人要插嘴讨论，那就是违反了党的原则！

穆罕默德根本就不信服这种道理。讲民主，就可以谈论一切，什么事都可以议一议，搞搞明白，不信服的也可以反对。民主不存在禁忌，有什么不许人们议论的事情，有受到禁止不准公开的话题；讲民主，也不应该禁止党员讨论、议论和批评党的决议，还有批评党的领导人。

眼下，英国保守党的领导人之一丘吉尔先生正在批评保守党的主席波尔登先生,不同意党的决议,尽管如此,保守党主席也没有想到要开除丘吉尔出党。

比弗·布罗克勋爵主编的英国保守党的喉舌之一《每日快报》,经常批评党的决议,讽刺党的领袖,保守党也没有同它脱离关系啊。

穆罕默德曾想去找马希尔博士,同他坦率地讨论一下这些问题,建议他立一些新的规章,要允许党的各级组织讨论党的决议,提出不同的看法;一个民主的政党作出的决议,允许党员讨论,决不表明反对党的原则,恰恰相反,这种讨论能够导致正确的看法,讨论比强迫更有说服力。

后来,穆罕默德听说马希尔博士很忙,忙得不可开交,他正在筹备在巴黎召开国会会议,他是会议的主持人之一。

穆罕默德决定,在马希尔博士到巴黎去参加会议回来之前保持沉默,等马希尔博士回来再去见他,同他讨论问题,谈谈自己开始产生的、内心又很痛苦的反抗心情。这些天,他在研究国外的党章党规,每天上午都到哈勒克门的图书馆去阅读研究,摘录一些不同的见解。

有一天,他从图书馆回到报社,电话员告诉他,马希尔博士在找他。穆罕默德对两个人的想法不谋而合感到惊讶,因为此时此刻,他也正想去见马希尔博士。他立即打电话过去,马希尔博士要他立即就去见面。

穆罕默德赶到马希尔博士住所,发现他显得十分疲惫,于是,他便像往常一样微笑着向他问好。

穆罕默德刚坐定,马希尔博士就说道:

"我出门之前想同你见一次面,明天上午我就要到巴黎去参加国会会议。"

"我也想来见你,"穆罕默德仍带着微笑,"谈谈萦绕在我脑际、弄得我睡不好觉的一个想法,那就是党的制度必须民主化。"

"民主?"马希尔博士吃了一惊,"党的领导人强迫党的主席不与他喜欢的女人结婚,他被迫屈服,你还嫌民主不够?要不是我们的民主制度,党主席就会把那些领导人开除,早与他心爱的女人结婚了。"

"他要是开除他们就好了。他为了发扬公正,却蒙受了冤枉。"

"这是民主制度的缺陷。人类的民主,错了再纠正;独裁制度是神的制度,如果出一次差错,就会置无数人于死地。"

"然而,萨米赫·沙里夫是冤枉的。"

"我也知道她冤枉,我曾设法为她辩护,但没有成功。我不得不服从大多数人的意见,因为我是个民主分子。"

"可是,我们这儿,只有党的领导人才能行使民主,他们不许其他党员拥有民主的权利。"

"这是个别人的缺点,而不是制度的毛病。这件事等我们的战斗结束后就能予以纠正。如果我们在战斗的过程中忙这些事,那就像拜占庭人,敌人打到了门口,还在为天使是男是女争执不休。"

"这也就是说,在最后一个占领兵撤出之前,我们得听任萨米赫被人活活踩死……她现在都快死了!"穆罕默德嘲讽道,"但是,事实不会死亡,总有一天大家会明白她没有罪!"

"我有时觉得,有朝一日,我们谁都有可能成为萨米赫·沙里夫,可能是你,也可能是我!"穆罕默德惆怅地说道。

"的确这样,"马希尔笑了,"穆罕默德,你现在已经是第二个萨米赫的候选人。"

"我?"穆罕默德觉得奇怪。

"是的,正因为这,我才在出门之前把你叫来,问你一个问题:你真的经常会见内政部国务大臣欧尼·哈菲兹帕夏吗?"

"我只见过他三次。第一次,我开枪打他;第二次,我闯入他家去偷有关陶菲克·迪亚卜和阿齐兹·米尔海姆案件的材料;第三次是在外国人监狱,他为爱资哈尔清真寺教长被炸一案审讯我,用鞭子抽我。"

"我的几位同事说你每天向欧尼·哈菲兹提供有关党内机密的报告,他们说这是从最可靠的方面获悉的。"

穆罕默德笑笑,说道:

"我知道这话是谁说的,当然是达尔维什·哈比卜帕夏大人喽。"

"你怎么知道是达尔维什帕夏?"马希尔感到诧异。

"因为这是他的作风。他曾当着我和穆克拉姆先生的面说,他知道西德基帕夏死了,三天前尸体就放入了冰柜。这是几个月之前的事,直到今天,西德基帕夏还在正常地上班。当达尔维什帕夏明白,向他提供消息的最可靠方面是骗人的时候,他立即指责我对祖国不忠,因为我曾去看过西德基帕夏,知道他还活着。"

"这也不足以使你认为是达尔维什帕夏在控告你啊。我刚才已经告诉过你,控告你的是我的几位同事,我并没有指名道姓。"

"可是,我从这控告上看到了达尔维什帕夏的指纹。"穆罕默德愤然道,"当我驳斥政府污蔑萨米赫名声时,达尔维什帕夏却指责我为政府效力。难道,大人物不论说什么,甚至说的是一句违背我们良心,与我们掌握的情况大相径庭的空话,我们这些小人物都得说'阿门'吗?否则我们就成卖国贼和走狗了吗?难道,爱国志士就得跪倒在地,卖国贼则是昂首挺胸的人吗?"

"镇静些,穆罕默德,别控制不住自己。谁也没有要你下跪,或者要你说违背良心的话。事情只不过是一个我不便提到他名字的领导人在党的会议上提出了这个问题,坚持要把你从《圣战报》报社开除出去。我不得不把我知道的有关你的全部情况都谈了,包括我答应过你不向别人谈及的事。我这样做,不是为了替你辩护,而是为了澄清事实。一个青年,他的父亲参加了一九一九年革命，被暴虐无道的当局开除，鞭打得精神失常，他本人曾在大街上向国务大臣开枪；根据我的命令，他夜入大臣官邸，去窃取证明控告我党领导人的罪名纯属捏造的证据，到头来，他倒成了国务大臣的密探，这是不可思议的。我忘不了无名老战士的功劳，也忘不了他们的子弟。"

"你把他们驳得哑口无言了？"

"遗憾的是，我没有驳倒那个控告你的人。他接着我的话说，伊卜劣斯在变成魔鬼之前也是一位天使。"

"我为祖国作出了这一切之后，还要背上这样卑鄙、不公正的罪名？"穆罕默德神情黯然。

"政治家的本性是健忘，既忘记别人的伤害，也忘记别人做过的好事。正因为这样，我这个人不适合搞政治。"

"可是，你恰恰在搞政治！"

"不对，我从事的是爱国主义的事业。爱国必须忠贞不渝，政治则不讲信义；爱国须恪守道德，政治却是搞阴谋、耍花招；爱国是光明正大的工作，政治却是偷偷摸摸地捣鬼；爱国主义者决不相互残杀，而政治家们却总是食他人肉而自肥。

"在爱国主义的斗争中，也可能出现一些差错。我记得一九一九年革命那阵，爱国主义热情高涨，成千上百的人天天在爱资哈尔清真寺集会，群情激愤，当时，我们与占领军之间的斗争非常激烈。在那样的集会上，有个人指着一个站着的人高叫道：'特务！'清真寺里的人立即脱下鞋子，猛砸那个被指的人，直到把他打死。后来，我们发现一些心灵卑鄙的人利用民众高昂的爱国主义热忱，公报私仇，无中生有地陷害他们的仇人——一些高尚的爱国主义者。我们立即下令制止这样杀戮，在爱国领导人遴选的法庭举行公开而公正的审判之前，不得侵犯任何可疑分子的人身。

最有趣的是，那时我们曾受理一个商人提出的控告案，他指责一个青年是英国人的特务，后经过调查才搞清楚，那商人是为了一个邻居的女儿同那青年争风吃醋。我们下令把那个诬告的商人拖到大街上鞭笞示众。"

穆罕默德微笑道：

"我可以期待你们把达尔维什帕夏拖到大街上鞭笞一通吗？"

"达尔维什帕夏是个好人，热心，忠诚，但是，他也有缺点，那就是墨守旧有的传统：年幼者必须对年长者低头，青年人对老年人的意见提出异议是对老人尊严的侮辱。我得承认，他的这种想法是不民主的，但是，我们的党代表了全体国民，党内各式各样的思想都有。不过，你也可以放心，我告诉你，当你的问题被提出后，党主席说他是法官，在他掌握确凿的罪证之前，不得把人处以死刑。那个控告你的领导人答应提交证据。"

"也许他提交的证据与达尔维什帕夏陷害萨米赫的证据是一路货，很可能是拿出一张我穿着长裤的照片。"穆罕默德揶揄道。

"我认为，我不在期间，这件事还不会处理。我要告诫你的是，如果达尔维什帕夏与你谈起此事，你说话要有礼貌。不管怎么说，我最多两个月就回来。"

"这种莫须有的罪名难道要在我头上挂两个月？含冤受屈者对挂在他头上的捏造罪名是一分钟都受不了的，受冤一分钟那可就是一辈子啊！"

"我宁愿这莫须有的罪名挂在你头上，也不希望它落到你身上。俗语说：'灾祸，与其等待它降临，不如即时就发生。'这话不适用于政治。在政治上，时间会解决一切。世界上最复杂的重大问题，天才的政治家都感到棘手，无能为力，时间却能解决它。"

"手持皮鞭的打人者，以小时来计算时间，挨打的人则是通过落在他脊梁上的鞭笞次数来计算时间的。"

穆罕默德从马希尔博士处出来,心情郁悒。他觉得,马希尔博士的微笑、幽默、礼貌和睿智,犹如是用刀切开他心脏前凑近他鼻子的麻醉剂,他离开马希尔博士,麻醉剂便消失了,刀子却还留在他的心脏里。

他体会到了受冤者的创痛,那是集世界各种痛苦之大成的伤痛:悲酸、哀愁、凄惘、颓丧、绝望。他不想回报社去,也不想见任何人,同任何人说话,只觉得一种慢性毒药正向全身扩散,身心逐渐在死亡。冤枉如同黑夜,它会使我们感到痛苦、可怕的孤独,我们像是什么也看不见,或者觉得周围一切美好的东西都已失落,剩下的只是断垣残壁,我们的心成了废墟,散发出死亡和毁灭的气味。穆罕默德茫无目的地走着,回想自己说过什么话,但想不起来,他难受地摇摇头。无辜者不像罪犯那样懂得为自己辩护,突如其来的诬告会弄得他不知所措,失去了思考和自己的能力,而惯犯在作案之前,总是把证明自己无罪的证据准备得很妥帖。

他一面走,一面哀叹自己不走运。他命中注定要被那些他舍出命去为他们效力的人乱刀捅死。

快到巴德兰岛了,他见一个老头站在一辆手推车旁卖橙子。他想起父亲几天前对他说过想吃橙子,他因为到亚历山大去了,把橙子的事忘得一干二净。他把手插进口袋,发现只剩下一个皮亚斯。

他就用这一个皮亚斯买了几个橙子,带着回到家中。

他见父亲没有睡觉,就把橙子递给他,抱歉地说自己身上只有一个皮亚斯。

父亲微笑道:

"亲人一根葱,胜过一头羊。"

他见儿子愁容满面、心事重重,就长长地叹了一口气说道:

"不走运的人,在羊杂碎里找骨头。"

穆罕默德感到惶惑,父亲怎么知道他在哀叹自己不走运?父亲没有让他继续困惑下去,又说道:

"不要紧,不要紧,穆罕默德,一天吃蜜,一天咬葱。"

穆罕默德本不想把他烦心的事情说给父亲或母亲听,免得徒然增添他们的痛苦和烦恼。可是,他不由自主地坐下来,用手撑着头,说道:

"您想,居然有人控告我泄露党的机密!"

"可耻的人说可耻,其实不可耻。"

"可是,那些控告我的人并不是无耻之徒,而是我们自己人,是党的一个领导人,他说我把党的机密报告了政府官员。"

"你的胳膊自行其是,你就把它砍了!"

"可是,马希尔博士说,一位一九一九年革命时代的英雄,他的儿子绝不可能是反对革命的特务。"

"过去不干好事的人,今天也不会行善;你父亲的好友,也是你的好友。"哈纳菲师傅微笑道。

"他今天还对我说,他决不会忘记无名老战士们作出的贡献。"

"旧东西虽说难看,用着却舒心啊。"

"我的过错就在于我当面对达尔维什帕夏说:'你错了。'他把这句话理解为我蔑视他。"

"尊重老年人,可是一种美德。"

"我奇怪的是这么一个人,"穆罕默德难过地说道,"念珠不离手,礼拜不误时,居然会用这样莫须有的罪名来诬陷我。"

"有的人一面向真主祈祷,一面掘地找财宝。"

"奇怪的是,马希尔博士还要求我对待那个家伙要有礼貌。我怎么能同一个诬陷者讲礼貌?"

"你要是有求于狗,也得叫它一声'先生!'"

"那家伙居然敢指着真主发假誓,真叫我惊奇。"

"人们要小偷发誓,小偷心想机会来了!"

"一个自称反对暴虐的人冤枉我,心里真不好受。"

"我们称为先知穆萨的人,原来是个无道的法老!"

"我做了那么多的事情,冒过生命危险,坐过牢,受了罪,他们却说:'你自作自受!'"穆罕默德感叹不已。

"你扶植他,他铲除你。"哈纳菲点点头,"做好事,得恶报;行善反得挨耳光。"

"这一切都是因为我对他说,西德基帕夏还活着,他却硬要说西德基帕夏已经死了。"穆罕默德仿佛自言自语道,"我了解真情,难道不应该说吗?"

"要说就别怕,要怕就别说!"

"我挺奇怪,这样一件微不足道的小事会闹大,居然拿到党的行政会议上去研究。"

"有人要他父亲教他怎样做到厚颜无耻,父亲说:你先学会把鸡毛当令箭吧。"

"我也弄不明白,我们不去反对祖国的大敌,却在自相残杀。那家伙除了专找我的碴子,就无所事事。他找不到我的毛病,就捏造一个,然后再跟我算账。"

"亲人为你,肯吞石块;敌人盼你,连摔跟斗。"

"爸爸,他们横蛮地污蔑国民领袖的未婚妻萨米赫的名誉,我为她辩护,您认为我也错了吗?"

哈纳菲师傅略微沉默了一会儿,说道:

"夹在葱头葱皮中间,只能落得一身臭气。"

"您难道愿意我眼看着一个清清白白的女人冤枉地被人用鞋砸死,却不为她辩护吗?"穆罕默德愤然道。

"不是你的伊尔达勃①,何必拿来量东西,不然,拿着既费劲,还弄脏你的胡子。"

"可是,这不是'伊尔达勃',而是一个有血有肉的女人,就像我的姐妹和母亲。我这样做,不是为了想参加国民领袖的婚礼,而是为了维护事实。我们不会出席人们的喜庆,却总是在他们做丧事时到场。我们不待邀请便投入战斗,而他们庆祝胜利时却往往忘记向我们发出邀请。"

"可以共患难,不能同富贵。"哈纳菲师傅讥诮道。

穆罕默德愤懑之极,咬牙切齿地说道:

"我与达尔维什帕夏较量,不是一场公平的战斗。他是大人物,我是小人物;他有钱,我穷;他有权有势,我只是个小编辑。"

哈纳菲师傅拍拍穆罕默德的肩膀说道:

"各种胡子都有剪刀对付。"

穆罕默德回自己的房去,一面回味着父亲说的俗语:"各种胡子都有剪刀对付。"

然而,他到哪里去找一把剪达尔维什帕夏大胡子的剪刀?就算他找到剪刀,他又怎么用它来对付这个家伙呢?他什么罪愆、过错都没有,只是说了真话,达尔维什帕夏就向他宣战。

再说,比起砍人脑袋的宝剑来,修胡子的剪刀又有何用?

在此之前,达尔维什帕夏已经成功地砍断萨米赫·沙里夫的脖子,当着各位领导人的面,也在爱她的男人面前,把她搞得臭不可闻。这个家伙既然有能耐砍断国民领袖的未婚妻的脖子,怎么会没有本事砍下他穆罕

---

① 伊尔达勃:埃及容器名,可盛物约44加仑。

默德的脑袋呢?

手无寸铁的侏儒怎么能在武装到牙齿的巨人面前自卫呢?

不错,写文章可以抵挡大炮,可以引起比炮声轰隆更高的反响。是的,他是个记者,他可以写文章自卫,但是,到哪儿去找肯发表他申辩文章的报纸?编辑部主任侯赛因·陶菲克准会把文章撕碎,扔到他脸上!华夫脱党的报纸决不会刊登反对党的一位领导人的只言片语。剩下的只有政府的报纸,他如果在政府的报纸上登出申辩文章,那不啻是证实了对他的控告。在支持暴虐政权的报纸上发表文章,支持自由的言论会变得污浊不清,体面的语句也会失掉光彩。

他只能在会议上向达尔维什帕夏发起进攻。然而,他在报社的编辑同事面前连替萨米赫说几句话都办不到,又怎能当着他们的面攻击党的一位领导人呢?他的那些同事都认定党的领导人是不能批评也不容指责的。

他多么像一个仰面啐天的人,唾沫只会落到他自己的脸上,又多么像一个坐在树杈上锯枝杈的人,一个用石头扔星星反被石头砸死的人!难道,弱者就不能反抗强者?只能垂下脑袋,永远无权昂首抗争?只能服服帖帖地挨耳光,还惟恐伤了那打在脸颊上的手?

穆罕默德感到自己心烦意乱,六神无主,几乎拿不出主意来,脑袋热得像火烧,仿佛要发疯似的。

一想到发疯,他不由得一阵哆嗦。他父亲过去因受迫害而发疯,他受不了那冤枉,发作时在大街上边走边说:"是我杀死了国防大臣,把他的尸体扔进了幸福的尼罗河。"

难道,还要逼儿子走父亲这样受冤枉的老路吗?他也得在街上边走边说"是我向内政部国务大臣欧尼帕夏泄露了党的机密,我每天给他打秘密报告"吗?

想到这里,穆罕默德全身战栗,感到十分惊恐。他摸摸脑袋,似乎是想证实一下他的理智是否仍然健全。

他睡不着,通夜睁着眼睛,手搁在头上,像是在保护它,生怕理智乘他熟睡之际逃之夭夭,如同他父亲当年失却理智一般。

第二天,他像平常一样去见佐贝黛。他决定不把自己的愁闷告诉她。早晨,父亲的模样已够他受的。父亲双眼突出,又出现了治疗前的状况,在家里走来走去,以手捶胸,说道:"是我杀死了国防大臣,把他的尸体扔进了幸福的尼罗河。"穆罕默德见到佐贝黛,闭着嘴巴,一声不吭,好像那充满爱慕的情话已从他嘴边消失。沉默片刻之后,佐贝黛突然说道:

"你别把痛苦的消息瞒着我。我一整天心里憋得慌,不知道是什么缘故。"

穆罕默德把他与马希尔博士的谈话告诉她,说他被控告向她的丈夫告密,他相信是达尔维什帕夏建议把他开除出《圣战报》报社。

"我在这诡计的后面看到了纳吉娃·穆纳斯特利。"佐贝黛静静地说道。

"你在任何地方都看见了纳吉娃的影子。"穆罕默德烦躁地挖苦道,"纳吉娃与华夫脱党的领导机构有什么瓜葛?"

"失意的女人想报仇雪恨。"

"我倒是在这场阴谋中看到了达尔维什帕夏的指纹。"

"我闻到了纳吉娃的气息。我相信这一切的后面有她!"

"我被报社开除,对纳吉娃有什么好处?"

"你被赛义迪亚中学开除,对她有什么好处?"

"当时她想让我明白她有能力整我。"

"女人在报仇的时候是闭上眼睛的,因为她胆怯,不看她打在什么地方。"

"光这一点，还不能证明她是这阴谋诡计的策划者。"

"能证明她是阴谋策划者的，是这场阴谋中恰恰挑中了欧尼·哈菲兹这个名字。如果是达尔维什帕夏编造故事，那他可以挑选首相西德基帕夏的名字嘛。你不是亲口告诉过他，西德基帕夏生病期间你去看过他吗？达尔维什帕夏把西德基帕夏当作你向他泄露党内机密的假想敌人，是合乎情理的。"

"那么，为什么纳吉娃偏偏要选中欧尼·哈菲兹？"

"她选中的不是欧尼·哈菲兹，而是欧尼的妻子，是我！"

"不可能，她不可能知道我们的关系。"

"她肯定已经了解我们的关系。策划这个阴谋的是知道你我关系的人，知道你每天到欧尼的官邸来见我，此人首先要阻止你到这里来，想切割你我的关系，目的在于让你明白，要解脱向欧尼·哈菲兹告密的罪名，惟一的办法是远离欧尼·哈菲兹的妻子。这一切的得益者只有一个人，那就是纳吉娃·穆纳斯特利。"

"可是，纳吉娃为了反对我们已经用尽心机，试遍各种武器却都已失败。"

"这是她最后的武器。"

"不过，可以断定，达尔维什帕夏很恨我，他曾在他家里威胁过我。"

"达尔维什帕夏不过是纳吉娃手中的工具，像那个把你开除出赛义迪亚中学的教育大臣一样，她撒谎说你企图强奸她，教育大臣便信以为真。纳吉娃有一种奇怪的本事，她能识别出所有的糊涂虫。"

"我不认为达尔维什帕夏与纳吉娃有什么关系。他跟任何政府人士都没有来往，对党的决议抱有狂热，认为到政府人士的家去便是背叛祖国的行为。他不可能与一位宫廷要人的妻子有什么关系。"

"纳吉娃神通广大,她同我丈夫欧尼·哈菲兹一样,是个罗织罪名的行家。我丈夫曾借助地下娼业的女王赛妲·阿姆莎,以搞臭国民领袖;为了把你搞臭,一个像纳吉娃这样的淫荡女人借用达尔维什帕夏的力量并不算过分。"

"可是,马希尔并没有说我天天到国务大臣的官邸来啊。"

"解决问题的办法是你说出事情真相。"

"什么事情真相?"

"你就说,你是国务大臣欧尼·哈菲兹帕夏妻子的情人,每天傍晚六时到她家去与她相会。"

"你疯了吗?"穆罕默德大惊,"假如达尔维什帕夏之流知道你我的关系,他就会到处宣扬,往你头上撒土,还会鼓动反对党的报纸刊登文章说,那位宵衣旰食勤于国内治安的人,却不知道自己家里发生的事。达尔维什帕夏这样做决不会感到羞愧,也决不会犹豫,他将认为这是伟大的爱国行为,他的名字将被万人传颂。"

"人们怎么说,不关我的事,我关心的只是你,为了你,我准备牺牲一切,我愿意被欧尼休掉,愿意与我的娘家脱离关系。我难道比萨米赫·沙里夫更高尚吗?她毫无过错却任人践踏,我呢,人们说的是事实,即我是你的情妇。对我来说,做你的情妇比当欧尼的妻子更体面些。"

穆罕默德双眼噙着热泪:

"你不是我的情妇,佐贝黛,在真主面前,你是我的妻子,我们之间的关系比婚姻更神圣。"

"可是,社会不会饶恕我,它不知道我不是欧尼·哈菲兹的妻子,而是他的女奴。为了父亲不坐牢房,我出卖了自己。这个社会不关我的事,我过着最凄惨的生活,它向我鞠躬低头;我成了世上最幸福的人,它便用脚踩踏我。我只关心把你从这个阴谋中救出来。你为了表达对我的忠诚,付出了名誉作代价。假如你因为纳吉娃而抛弃了我,那你就不会背上这些黑锅,被人造谣中伤。我现在要做的,只是略尽心意,让社会把我当作一个名声不好的女人,你只要实事求是地直称这些事情的名字就行,告诉你的领导人,你是我的情人,你这样做是为了向侮辱和鞭笞高尚者的那个人报仇,那人企图玷污国民领袖的声誉。你这样说了之后,他们将把你视作英雄,扛在他们的头上!"

"我不愿意当一个踏在我心爱女人尸体上的英雄。你像是要我去骗人,为的是让他们高呼我的名字,要我向人们撒谎,从而让他们把我扛在头上,为了保住自己的名声而去做一个不义的人。"

"我不要求你撒谎,只要求你说实话。"

"可是,这不是事实!我爱你并不是为了向欧尼·哈菲兹报仇,我爱上你是在我知道你是欧尼的妻子之前。"

"你去见马希尔博士吧,把事情真相原原本本地告诉他。我相信他会尊重这个秘密。"

"马希尔博士今天到巴黎去了,两个月后才回来。不过,我决不愿为了我的清白而诬告一个爱我、救过我命的女人,我枪击她丈夫,她替我藏起手枪,为了我信仰的原则,她帮助我搞到文件,做了许多见义勇为的工作。这样的女人,我怎么能以怨报德,用败坏她的名声来报答她的爱情呢?"

"可是,我可不在乎名声怎么样。我相信,不管发生什么,你都不会抛弃我。我今生今世关心的只有你。人们尊敬一个欺骗作弄他们的女人,或者蔑视一个向他们说真话的女人,那都不管什么用。我打算现在就去见你们的党主席,告诉他我是你的情人。我埋怨萨米赫没有采取行动,没有挺身而出维护她的爱情。你既然不肯采取行动,那就由我来干,我去见那些领导人,告诉他们,我是你的情人!你每天到我家里来,不是来向国务大臣递送秘密报告,而是来让一个惨遭国务大臣虐杀的女人恢复生命!"

达尔维什帕夏坐上他那辆漂亮豪华的小轿车,要司机开往舒卜拉的舒库拉尼大街。到了以后,他又要司机沿街慢慢开。车子开过国务大臣欧尼帕夏的官邸,又经过隔壁的一幢别墅,那是前国会议员、现任华夫脱党国会筹备机构成员阿卜杜·阿齐兹·伊卜拉欣的宅第。达尔维什帕夏望望那两幢房子,露出一个满意的微笑,他将在这里破获一个大案子,拿到足以砍下那罪恶滔天的罪犯脖子的证据。

在与那两幢住宅相隔一段距离的地方,他要司机停车。他下车从人行道上折回来,一直走到十七号门前,神色庄重地走进大门。

房子的主人正在花园里等候,一见他进门,立即快步迎上前去,毕恭毕敬地向他问候,并请他上楼,指着一间屋子说道:

"这间屋子正好能看清国务大臣官邸的后门。"

主人走到一扇窗前,说道:

"这里可以看见后门。"说着,想把窗打开。

达尔维什帕夏要他别打开木窗,让他一个人待在屋子里。阿卜杜·阿齐兹先生没有问达尔维什帕夏想在窗口干什么。他是个忠诚的士兵,只应服从不该提问。前些年的一个晚上,马希尔博士也要求他把房子借给一个陌生人用一下,他也是这样做的。只是,他不知道,达尔维什帕夏这次来恰恰是来抓那个陌生人的。

达尔维什帕夏站着透过木百叶窗的缝隙张望着大臣官邸的后门。站得有点累了,他拖过一张椅子,坐在窗旁,眼睛一会儿看看那后门,一会儿瞧瞧手表。

傍晚六点整,他看见穆罕默德·阿卜杜·卡里姆向大臣官邸后门走来,门口那个内阁派来的士兵向穆罕默德立正敬礼,接着又见穆罕默德急匆匆地进去,在通地下室的楼梯口消失。达尔维什帕夏点点头,不假,那确确实实是穆罕默德!纳吉娃·穆纳斯特利说的话句句属实。达尔维什帕夏钦佩纳吉娃的爱国热忱,不亚于歆羡她的美色。他拿到了国民领袖判处穆罕默德死刑前所需要的证据。

他闪过一个念头:请房子的主人阿卜杜·阿齐兹·伊卜拉欣先生来,也作个告发穆罕默德的人证。可是,他又转念一想,觉得还是给罪犯拍下现场照片为妥。于是,他要阿卜杜·阿齐兹先生把电话拿来,他给秘书哈桑·米尼亚维先生打了个电话,要哈桑火速把他从巴黎买来的那架照相机拿来,那架新式相机能在黑暗中拍照,是德国摄影技术的最新发明。

半个小时后,秘书哈桑已拿着相机,站在达尔维什帕夏的身旁。八点半,达尔维什帕夏看见穆罕默德从后门走出来。哈桑立即举起相机,穆罕默德走一步他拍一张,其中最重要的一张是穆罕默德正好出现在内阁士兵旁边。

好一个奸猾的罪犯!他花两个半小时写有关华夫脱党内秘密的报告。怪不得宫廷和华夫脱党的关系每况愈下,怪不得华夫脱党呈递给国王陛下的奏折全告失败,也怪不得纳吉娃的丈夫侯赛因·阿什莫尼帕夏调和宫廷与人民之间关系的努力都付诸东流!

这时,达尔维什帕夏真想抱住纳吉娃,把她搂在胸前,吻她,以感谢她忠贞的爱国之心。若不是她对达尔维什的爱,她对祖国的爱,这个罪犯还将在党内为非作歹呢!

接着,他打开房门,把阿卜杜·阿齐兹·伊卜拉欣叫进来,微笑着说道:

"出于爱国斗争的重大需要,这屋子我得借用几天。"

"整幢房子都由您支配,大人。我家在上埃及,用人同我家眷在一起。

您可以拿着钥匙,因为我明天要到上埃及去。"

达尔维什帕夏接过钥匙。

他瞧瞧屋子,看里面放着一张漂亮的席梦思床。他产生了一个念头,这是由床和钥匙触发的念头。在他眼里,这床成了乐园,钥匙则能开启乐园的大门。他干吗不邀请纳吉娃来看一看那个罪犯?正是靠了她,靠了她的爱国心和爱情,他才能将那罪犯擒拿住的。

他的目光从仍放在屋里的电话机转到房子主人和他的私人秘书。他想立即请纳吉娃前来,继而想起穆罕默德已经离开了欧尼·哈菲兹的官邸,他应该首先摆脱掉房主人和他那个讲道德原则的秘书才对。"急躁生后悔,谨慎保平安"哪!他决定回家以后再打电话,在家里他可以想说什么就说什么。

达尔维什帕夏又看看空床,仿佛是为自己的邪念向它道歉,像是想表示他的目的只是为祖国效力,利用这张床只是为祖国效力铺平道路罢了。

翌日下午五点半钟,一辆出租汽车停在前议员阿卜杜·阿齐兹·伊卜拉欣住宅的门前。戴着一副大墨镜的纳吉娃跳下车,快步走进花园大门。

她走到房子的门口,达尔维什帕夏正站着等她。他显得迫不及待,充满欲望,一把抱住了她。纳吉娃倒在他怀里,悄声说道:

"关门,先把门关上!"

他立即用钥匙把门锁上,然后携着她的手,向楼梯走去。纳吉娃挣脱他的手,欢快地跳上楼梯。

达尔维什帕夏想以同样的速度跟上她,然而,他的两条腿不听使唤,气喘得厉害,刚走了几级就停住,猛烈地咳嗽起来。纳吉娃这时已快到楼梯顶了,她笑着说道:

"快！快！多多！"

"多多"却快不起来。他站在原地，只觉得缓不过气来。才上楼梯就这样气喘吁吁，等走到卧室，他还能做什么呢？

他扶着栏杆慢慢地登上楼梯，一面哀叹那大好的年华都在他妻子布赛玛太太身上虚度了，他后悔喝那么多的威士忌，威士忌没有溶化在他的血液里，而是他的血液被威士忌溶解了。他若不是上了岁数，早就抱起纳吉娃一步窜上楼去；若不是这该死的关节炎，他现在已经躺在床上，而不是停留在这二十级踏级的第三级上。

纳吉娃察觉到了他因为年迈体弱、力不从心而产生的忧伤，便马上用手按住心口，背靠着墙，用颤抖的声音喊道：

"哎哟，我的心！我爬楼梯累着了。"

达尔维什帕夏有一种愉快的慌乱，他感到高兴，纳吉娃的疲乏使他轻松，她有病痛他就霍然而愈，脸上又有了血色，觉得自己恢复了力气。这么说，爬楼梯感到累的不光是他，纳吉娃也吃不消，这不是衰老的症状，纳吉娃不会知道他老了，她也爬累了嘛。

纳吉娃见多识广，懂得老年人的心思和他们的弱点。她坐在楼梯口的第一级台阶上，装出疲惫不堪的样子。达尔维什帕夏顿时力气倍增，在爬楼梯的时候，沉重的脚步变得轻松。他用发颤的手给她按摩心口时，快活莫名。她的衰弱给了他力量，她假装的病态使他恢复了健康和青春。

纳吉娃倚着达尔维什帕夏走进卧室。

她没有向那张床投去一瞥，而只是将目光盯在那扇俯瞰欧尼家的窗子上。她说道：

"快六点了，来，让我们在窗旁瞧着。"

达尔维什帕夏走到窗前，打开里面的玻璃窗。纳吉娃的眼睛紧贴百叶窗的缝隙，注视欧尼官邸的后门。达尔维什帕夏紧挨着她的后背，佯装也在注视后门。纳吉娃让他贴在自己身上,嘴上露出了微笑。

隔了一会,她看见穆罕默德走进后门,她脸上的微笑顿时消失,眼睛瞪得滚圆,呼吸急促。她像是第一次知道穆罕默德去与佐贝黛幽会,似乎她的司机关于这每日幽会的所有报告,她从来就不曾相信过。耳闻灾祸与亲眼看见可不是一码事,想象和亲临其境也大不相同啊!

紧挨着纳吉娃的达尔维什帕夏觉察到了她在颤栗,便问道:

"你怎么啦,纳吉娃?你觉得冷吗?"

纳吉娃没有回答。她没有听见他的声音,只听到嫉妒之声震得她五脏六腑乱了位置,痛断肝肠,几乎要她的命。她真想推开窗子,冲着穆罕默德大叫:"你别去见佐贝黛!"又想喊士兵,要他们抓住这个伙同佐贝黛背叛她的罪犯。她终于控制住了自己,气愤地咬着嘴唇,几乎咬出了血。她一看见穆罕默德在通向地下室的楼梯口消失了身影,便闭上了眼睛,仿佛再看下去实在受不了……

她的身体哆嗦得越来越厉害。

达尔维什帕夏不明白纳吉娃干吗这样抖个不停,难道是穿过百叶窗格子缝的冷风使她感到寒冷?他说话的声音既充满欲念,又带着怜爱:

"来,我们坐到床上来,窗边太冷了。"

纳吉娃不理他,神经质地在屋子里走来走去,接着,又望望佐贝黛家的窗户。她瞧瞧表,又望望那扇后门,巴不得穆罕默德快点出来,让她也脱离苦海,煞住那如同地狱之火一般的妒火。

然而,穆罕默德没有出来,半个小时过去了,一个小时,一个半小时,两个小时……达尔维什帕夏听她用受伤的声音反复说着:

"叛徒!下流坯!肮脏东西!"

达尔维什帕夏随声附和道:

"是的,他是个叛徒。他现在正在写有关党的机密的秘密报告,这将是他打的最后一份报告。"

纳吉娃深恶痛绝地摇摇头。她但愿穆罕默德真的在打报告,而不是在干比打报告更可恶的勾当!

她回过头来盯着达尔维什帕夏,双眼直冒火,问道:

"你打算怎么处理这个狗东西?"

"我马上去见努哈斯,要求召开党的行政会议。我要把我亲眼看到的说给大家听,还要把我拍的照片拿给他们看。"

纳吉娃牙齿咬得格格响,好像是在咬穆罕默德,她说:

"可是,你对我说过马希尔博士要求等他从巴黎回来再着手解决这个问题,这也就是说,让这个罪犯继续每天犯罪!"

"不过,我会交上照片,这是努哈斯要求的证据。"

"依我看,你去把行政委员会的成员一个个地请来,让他们亲眼看一看我们见到的罪行。那时,他们就将要求立即将他开除出《圣战报》报社,而不必等到马希尔博士回来。"

"妙主意!"达尔维什帕夏张开双臂想拥抱她,"来,让我们来庆祝一下这个妙主意!"

纳吉娃把他推开,她不想用投身于这个比她父亲年纪还大的男人怀抱的举动来向穆罕默德报仇。她想用脚践踏穆罕默德,亲眼看到这个倒在佐贝黛怀中的男人跪倒在她的脚下!她急于把事办成,心里挺纳闷,华夫脱党作个决定怎么这样磨蹭?

她一面挣脱达尔维什帕夏的拥抱,一面又说道:

"我答应过你,等决定开除这个破坏宫廷和国民关系的罪犯,我们就庆祝。你们决定得越快,我们庆祝得也越早。"

"明天,我就去把党的行政委员们全请到这里来。我们明天就会作出决定。"达尔维什帕夏目光炯炯。

纳吉娃飞快地在他嘴上吻了一下,说道:
"这是预付!"
达尔维什帕夏乐不可支,一头倒在床上,用手摸着他的嘴唇。

由努哈斯亲自主持,召开了党的行政会议,决定立即将穆罕默德·阿卜杜·卡里姆从《圣战报》报社开除,禁止他进国民之家和萨阿德俱乐部,将开除他的决定连同原因通报各省、市党的全部总会和分会,党的任何一家报刊不得聘用他担任任何工作,扣发他的奖金、工资和其他应得收入。

委员们在作出道义上处死穆罕默德·阿卜杜·卡里姆,剥夺他的公民权,让他活活饿死的决定时,情绪激昂。他们亲眼看见穆罕默德作案,看见他犯了背叛党和党的原则的弥天大罪,看见他从后门走进国务大臣的官邸!

穆罕默德却不知道这个重大的决定!

他一如往常,先到哈勒克门的图书馆去阅读有关政党章程的书籍,然后到报社去上班。不料,报社的门卫挡住他,不让他进去。穆罕默德懵了。门卫态度生硬地对他说,上面有决定把他开除出报社,也不许他进报社。

穆罕默德问原因,门卫拒绝回答。他说,他这半个月的工资还没领,报社欠了他好几个月的工资没发。门卫对他说,报社一个子儿都不会给他,他愿意到法庭去告只管请便。

哈穆达大叔的态度让穆罕默德感到诧异。哈穆达大叔是个好人,过去穆罕默德进来出去,他总在门口向他问好,替他祝福。穆罕默德站在大门外,想等个同事出来问问缘故。每当走出来一个编辑,一见穆罕默德就转过脸去,穆罕默德向他问候他也不搭理,问他不回答,向他走去他就转身走开。

穆罕默德看到报社里本来跟他关系十分融洽的工作人员们对他视若无睹，或投来鄙视目光，他心如刀割。

他有生以来第一次感到自己是个贱民，患有疥疮，人们怕接近他或同他握手，免得被传染上，又觉得自己是个乞丐，乞讨着一句话、一个问候，施舍者们从他身旁走过，对他可怜巴巴地伸出的手装作没看见。

他想起了报社主编陶菲克·迪亚卜，他曾冒着生命危险去窃取证明其无罪的材料，只有陶菲克·迪亚卜才能帮助他恢复工作。然而，陶菲克·迪亚卜现在关在卡拉·迈丹监狱，因"谩骂政府罪"被判服六个月劳役。他能到监狱去探望陶菲克·迪亚卜吗？监狱的看守可比报社门卫哈穆达大叔凶狠蛮横多了！

他又记起陶菲克·迪亚卜的同案犯阿齐兹·米尔海姆，便到布拉克阿齐兹的事务所去，一打听才知道阿齐兹随马希尔博士到巴黎去参加国会会议了。

穆罕默德决定去见党主席努哈斯，向他诉说自己蒙受的冤屈。穆罕默德来到国民之家，门卫阿丹大叔不许他进去；他又到萨阿德俱乐部，俱乐部的服务员阿卜杜·卡里姆大叔对他说，上头有命令，禁止他进俱乐部。

他来到《宣言报》报社，对门卫说他想见报纸主编阿卜杜·卡迪尔·哈姆扎先生。门卫当即表示欢迎，接着请教他的尊姓大名。他刚说自己叫穆罕默德·阿卜杜·卡里姆，门卫的脸色倏变，像是被蝎子蜇了一下似的，说哈姆扎先生不在，所有的编辑都不在！

在《东方之星》《鲁兹·优素福》《坦率》等每一家华夫脱党的报刊社，他得到的都是同样的回答。

所有的门都对他关上，所有的同事对待他都冷若冰霜，所有的朋友都不理他。人们成了一根根绞刑架,上面悬挂着的只是他。一夜之间,他成了人民的敌人,朋友们的目光犹如鞭子,他们撇着嘴似乎在唾骂他。

他望望街道两旁的树木,它们仿佛都用枝杈掩盖着脸,免得看见他;他又瞧瞧路灯,它们好像也全转过脸去,不愿看他。全世界都在诅咒他,这世道好像是华夫脱党一个成员,党诅咒的人它也诅咒,党唾弃的人它也唾弃。

他的双脚又拖着他回到《圣战报》报社所在地纳齐尔杰什大街。他不敢踏上这条对他来说已成禁地的大街,只是站在街的尽头点卡斯尔埃尼街的交叉口。突然,他看到了他的朋友和老同事艾哈迈德·卡西姆,脸上顿时展出笑颜,快步迎上前去。可是,卡西姆却用手示意,要他别走近,在后面远远地跟着自己。他尾随着卡西姆一直走到英沙大街的一个角落,卡西姆紧张地环顾四周,生怕被人看见自己在与一个十恶不赦的罪犯谈话,他说道:

"你干吗要那样做,穆罕默德?你进欧尼·哈菲兹帕夏的官邸时,给他们发现了,他们还拍下了你亲手向欧尼帕夏交递秘密报告的照片。"

"这是撒谎!"

"侯赛因·陶菲克先生亲眼看到了这些照片,也看到了秘密报告的照片,他证明那是你的字。"

"血口喷人!我要向党的行政委员会上诉!"

"关于对你的决定,正是党的行政委员会作出的。"侯赛因·卡西姆难受地说。

穆罕默德听到这晴天霹雳似的诬陷罪名,如同发高烧的病人,呼吸变得十分急促。谣言由小变大,然后孵化成鸡,又下蛋,一只蛋会演变成数以千计形状、大小不一的蛋。人的心,好比是孵化荒谬绝伦的蛋的加工炉,一旦装满这样的蛋,便拿去分发给其他人,于是,又孵化成鸡,再生蛋,像细菌繁殖一般飞速繁衍。

然而,可怜的人们有什么罪呢?他们传播细菌,却不知道自己是带菌者,他们和穆罕默德一样,也是受害者,像他一样是受骗上当者,他已经上过几百次的当,相信谎话是事实,认为诬陷不实之词是确凿过硬的材料,攻击清白无辜的人是罪恶昭彰的凶手。

他这次被冤枉是出于某些人的善意,是命运通过这种办法在惩罚他,让他尝一尝含冤受屈的滋味和痛苦吗?可是,他不记得自己这辈子冤枉过谁,诽谤过哪个无辜的人,或者捏造过罪名控告受冤者,暗地里中伤过朋友啊!

难道命运也像暴君一样冤枉人,不经审讯就处决,给人们戴上各种凭空捏造的罪名吗?是不是有些人像捉弄人似的在捉弄命运,硬把与命运毫不相干的决定和行动强加给命运?

穆罕默德曾从书上读到,事实犹如一块软木,无论我们怎么往水下压,它总是要浮上来的。事实像个人,我们把他宰了,将尸体投入河中,一开始尸体沉下去,但不久便开始与河水对抗,过几天就浮到水面上。如果这是个男人尸体,浮上来时是脸朝上,如果是女人,则尸体脸朝下——似乎命运不愿让她出丑,即使她已溺死!

被丢入河底的事实,总有一天会水落石出吗?是否事实在被人认清之前,必须先成为尸体,然后才升到表面?那么,一个人为了让大家了解他的真实面貌,证实他的清白,为了让谎言沉入河底,河面上只浮起事实,他就应该去死!

穆罕默德茫无目的地在开罗街头踯躅,像是在寻找相信他的人。他有一种奇特的欲望,想拉住街上的人,一个个地向他们诉说他的冤屈。

他好像宁可被政府的绞刑架绞死,也不愿被他热爱的人——为了他们,他曾舍生忘死——的一个决定开除。当年,他向欧尼帕夏开枪后要是站着不动,让警察抓住,把他投入监狱,被判处死刑就好了,要是他那次被捕,承认是他向爱资哈尔清真寺的教长扔了炸弹,那就免得挨鞭打、受刑罚,死得轰轰烈烈,而不必像现在这样,被那些嘴上说"一辈子也忘不了他功劳"的人诬陷冤枉,苟且偷生了。

他们说"一辈子",政治家的许诺时效可真短!那就像是一朵春花,朝开暮谢,次日便枯死。

穆罕默德去见佐贝黛。这是他四处碰壁后惟一能去的地方。命运真是捉弄人,惟一向他敞开的大门,竟然是他死敌的家,穆罕默德伙同此人的妻子天天都在背叛他,过去还曾向他开过枪!

穆罕默德把自己的遭遇一五一十地说给佐贝黛听,他怎样丢掉工作,被报社赶出来,他的党怎样判他"死刑"。在她面前,他竭力掩饰自己的痛苦心情,讲述自己的不幸,又不愿增添她的苦恼。佐贝黛低垂着头听他细细陈述,一声不吭。他讲完后,她说她要离开一会儿,她把手绢忘在卧室里了。

穆罕默德大感意外,他在讲述自己失去的生活,她却想起了她的手绢!女人的头脑是多么荒唐,她记起她遗忘的手绢,却忘了面前鲜血直淌的尸体!

也许,她想哭一哭这令人痛苦的悲剧,找不到手绢便无法痛哭。女人痛哭流涕之前,习惯上总是得先从提包里掏出手绢。

佐贝黛拿着手绢回来,然而,这不是一块擦泪用的小手绢,而是一块类似钱袋的大手帕。

她打开手帕,里面尽是首饰,金的、钻石的、宝石的。她说道:

"这是我的全部首饰,你拿去卖了吧,在灾难过去之前,就用变卖这些东西的钱吧。"

穆罕默德想大哭一场,他受了冤枉,现在又冤枉了别人!

他满眼噙泪,扯过包首饰的手帕一角拭自己的泪水。

佐贝黛微笑道:

"我的首饰中没有珍珠,你的泪珠填补了这个缺陷。"

"我首先将变卖家里的一切,待卖得一干二净之后,我再来向你借贷。"穆罕默德说话的声音在颤抖。

"我一直说,你我是一体,只是有两个名字。"她把穆罕默德搂在胸前,仿佛是她的孩子,"这些首饰不过是从你的右手转到你的左手。你看我过去用这根项链、这只戒指、这副耳环或这根别针打扮过自己吗?我从爱上你以来,你对我的爱就是我用以装饰自己的惟一价值连城的珍宝。我有了它,就不再需要其他任何首饰。"

"我把家里的一切变卖掉之前,我决不会碰这些东西。"穆罕默德很坚决地说道,"这不是我第一次变卖家产,我已经习惯了。富人们钱多,得调换家具,穷人们没有钱,变换家具采取的是另一种办法。我真想睡在地上,好久没睡在地上了。我现在睡的这张床可能已使我脱离了我的阶级,我要是一直睡在地上,很可能就要比现在更坚强些。脱离自己阶级的人容易挨打,我要回到地上去,恢复我的力量和坚忍不拔的毅力。"

佐贝黛哭了:

"你从来就没有脱离过你的阶级,穆罕默德。我爱你,是因为你与大地紧密相连,因为你的根深深地扎在这块土地里。这些首饰绝不会使你离开你的土地,你把它用于战斗——一场保卫事实,维护一个含冤受屈者的战斗吧。你和你父母的衣食,就是这场战斗中的一部分费用啊!"

"让我先卖掉我拥有的一切,尝一尝牺牲的乐趣。我不想用一个女人的钱来进行战斗,即使这个女人是我的爱人!"

他抓起一根钻石项链戴在她的脖子上,把那只镶有宝石的胸针别在

她的胸前,把镶有宝石的耳环夹在她的耳朵上,然后,站起来,细细地端详她,接着笑道:

"你不戴首饰的确漂亮多了。你戴上这些珠光宝气的首饰后,倒觉得看到了欧尼帕夏的影子。"

他又帮她把首饰卸下,放回那块手帕,把手帕四角扎好,恢复成原来的样子。他微笑着把这包首饰还给佐贝黛,说道:

"现在,你的确漂亮多了,几分钟前你像珠宝商店的一个橱窗。"

佐贝黛注意到,穆罕默德在这伤心的时刻故意说笑,仿佛想借助笑声和诙谐掩饰他揪心的痛苦。受冤者比被杀者更痛苦,人被杀只痛苦一次,而蒙受冤枉那是每日每夜每分钟都受着煎熬啊!

透过他的笑声,她听出他的呼叫,在他的笑容后面,她看到他的眼泪。他的沉默让她难受、悲伤,他不肯拿走首饰使她心如刀绞。

"我觉得你想大叫,想打人耳光。穆罕默德,你就冲着我叫吧,打我的耳光吧!"

穆罕默德边吻她,边说道:

"是的,我想叫,但冤苦堵住了我的嗓子;我想打某些人的耳光,但屈辱使我抬不起双臂。"

穆罕默德从佐贝黛处出来,热泪盈眶。男人们舍弃他,站在他身旁的只有一个女人;他为他们效劳的人唾弃他,只有佐贝黛还跟他厮守在一起;全世界都抛弃了他,只有这个把自己的全部身心都献给他的忠诚女人仍属于他,今天,她还要把她所有的财产都送给他!

女人看待自己的首饰,与男人们截然不同,那不光是她的装饰品,也是她最后的防线,是防备岁月这个女人的头号大敌翻脸时她赖以坚守的堡垒。

佐贝黛的所有财产只是这些首饰,假若欧尼帕夏明日身亡,那么,他的绝大部分财产将转到他的兄弟姐妹名下,佐贝黛将被从她住的房子里撵出来,她得负责七个弟妹的衣食。尽管如此,她为了阻止穆罕默德变卖家当,仍毅然决然地把首饰献了出来。她过去也是个穷人,很清楚穷人为了维持生计所要付出的代价。佐贝黛曾经付出过这样的代价,为了从狱中救出父亲,免得他被迫退休,她牺牲了自己的青春年华。

佐贝黛在把首饰交给穆罕默德时,已经充分表露了上述意思。

然而,他不愿接受这些首饰,坚持首先变卖他家里的东西。

他离开她时,她在哭泣。

他出门时也在哭,他哭,是因为他发现佐贝黛也处在黑暗中。

受冤者生活在可怕的黑暗中,孤独得要命,长夜漫漫无尽头。如果看到一根火柴发出的光亮,他就能从中看到阳光,像是能从这根火柴发现世上依然还有光明,还有阳光普照的白天。他极珍惜这根惟一的火柴,舍不得把它点燃。他要把它藏在心里,仿佛它是他贮存的信念。他摸着它,借以自始至终都放心它的真实存在,而不是想象中的一个幻觉。

他拒绝拿走首饰去变卖,让佐贝黛满面愠色,他却走了。然而,他又觉得他的确收下了这些首饰。东西的价值不在于它是否在我们手里,而在于它的含义,在于感觉上它属于我们。百万富翁们在街上走路时并不把金钱顶在自己的头上,然而,在他们的感觉上,他们拥有这些财富,那大笔的资产就像一队卫兵,排着神奇的队形,前呼后拥地随着他们前进。

佐贝黛的提议已使贫穷的穆罕默德觉得自己变富,那些他留下没拿走的首饰已成为他的财富。他这时比以往任何时候都更强烈地体会到佐贝黛与他站在一起,他比过去任何一天都更爱她。他懂了,佐贝黛是他生活中真正的瑰宝,任何其他的晶莹珍宝在光天化日之下像钻石般闪烁发光,在黑夜里却只能按泥土价出售。我们识别英雄,是他周围的人纷纷倒地，惟有他独自巍然屹立，既不逃之夭夭，也不投降或颓然垮掉。

穆罕默德有几分钟心中稍感安慰，他并非孑然一身，佐贝黛同他在一起，他在黑暗中还有一根火柴！

但是，这种安心的感觉很快就烟消云散了，感情的声音静默了，理智开始说话。这根火柴只能照亮他一次，然后便会熄灭，而且要它发光，它首先得点着，把自己烧成灰烬。

他假如把家里的全部陈设都卖光，接着伸手索讨那些首饰，那么，也总有一天，佐贝黛的丈夫会问起她的首饰。

她也许会撒谎说首饰被偷了，到那时，内政部国务大臣妻子的首饰被窃一事将会闹得满城风雨，全国的警察将会丢下所有的刑事案件，全力以赴地侦破窃取负责国内治安大臣妻子首饰的渠道，从穆罕默德手里收购这些首饰的珠宝商将会指引警察去抓他，他除了背着华夫脱党压在他身上的可耻罪名外，还将成为一个小偷。

他非常了解佐贝黛，对他被污蔑做贼她不会保持沉默。她会去找警察，坦白说出这些首饰是她给穆罕默德的，因为他是她的情人，届时将造成更大的悲剧，她将被欧尼帕夏休掉，她父亲将被开除公职，她的七个弟妹将流落街头，忍饥挨饿，穆罕默德要供养的人将大大增加。现在，一家三口——他和他的父母亲——他都负担不了，他怎么有能力养十二个人，喂养十二张饥饿的嘴？

穆罕默德从佐贝黛那里出来时，曾答应考虑她的建议，那是为了拭干她的泪水。

现在，他已作出了自己的决定：

他应该单枪匹马去战斗！

他不想增加受害者，让更多的无辜者作出牺牲。

他独自殉难已经够了，

不，并非只是他一人，

还有他的母亲，他的父亲哈纳菲师傅，

共有三个殉难者。

哈纳菲师傅瞪视着穆罕默德，目光中交织着痛苦和慈祥、难受和怜爱、惊异和伤感、尊严和屈辱。

他小小的眼睛瞪得老大，两片薄薄的嘴唇抽搐着，接着抿紧嘴巴，一句话也不说。

好像那所有的谚语、俗语都已从他的脑袋里消失，或者是他正面临着一种新情况，找不到合适的俗语来表达。大祸临头，他再不想引证格言谚语。

穆罕默德对父亲的沉默感到诧异。他已经把落到他头上的天大冤枉、他被开除的事都讲给父亲听了，他满心以为父亲会讲出一句反映他不幸遭遇的俗语来。然而，父亲却哑口无言，一个字都不说。从修辞学的角度说，有时省略倒比啰唆强。

哈纳菲师傅的沉默可不同寻常，它含着哭泣、诉说、呼叫、痛号，那是觉得已尝遍世上一切冤苦而伤心得发了呆的人的沉默！他突然又尝到新的更苦涩、更残酷的冤枉，这只盛着苦酒的杯子，竟然是他的独生子！

穆罕默德觉得自己已受刀刺，但是，从父亲沉默的眼光中，他看出父亲在流血，目光犹如流血，泪水乃是呻吟。

穆罕默德试图宽慰一下父亲，便带着微笑问适合他目前处境的民间俗语该怎么说。父亲除了一口口地喘气，什么也不回答。呼吸不是词组，叹息也不是句子，但是却比词组、句子更能传情达意。

穆罕默德觉察到父亲的内心正掀起狂飙，一场没有声响和吼叫的风暴，身体里什么东西爆破了，血正从血管往外涌，然而，他依然默不作声，但他脸上的皱纹却表达着咆哮、发怒、呼喊和无泪的哭泣。

接着,他看见父亲自己转了起来,就像一个头上重重挨了一锤的人似的。他生怕父亲跌倒,但父亲没有摔倒,仍自己转个不停,语句不清地吼着,声音含糊地在怒叫,他想说些什么,然而舌头不听使唤,表达不出来。

穆罕默德觉得他与父亲换了个位置,他成了父亲,哈纳菲师傅倒成了儿子。他张开胳膊温情地抱住父亲,把头贴在一起,说道:"真主是不会丢弃我们的。"父亲抬头仰望上空,接着又伤心地低下了脑袋,像是他看不到上苍。他仍咬着嘴唇,一句话没说。

穆罕默德想尽办法让父亲说话,但都没有成功。他丢下父亲到厨房去找母亲,见母亲正在火上烤一块肉。他瞧着肉叹了一口气。母亲可知道这是进他家门的最后一磅肉了。

他简扼地把自己的遭遇讲给母亲听。母亲的眼睛始终没有离开那块在火上烤的肉,仿佛是看着她自己、她儿子和她丈夫都成了这么一块肉,在迫害之火上烤着,诬陷迫害他们的人则津津有味地闻着这烤肉的香味。

穆罕默德伸手抱住母亲的双肩,唇上挂着一个伤感的微笑,说道:

"妈妈,为了吃饭我们好像不得不卖家里的东西了。"

母亲继续烤那块肉,一点不显得慌张,手里那把勺子转动着,翻过来覆过去。她的脸上带着乐天知命的微笑。

母亲接受打击的态度勇敢而坚定,这使他惊讶、愕然。他原先以为她会气恼,哭叫,像过去似的诅咒时乖命蹇。

然而,她跨过了这一关,没有半句怨天尤人的话。

"先卖我的床。"她只说了一句,嘴角上仍浮着安详的微笑。

母亲勇敢的微笑比她痛哭流涕更使穆罕默德震悚。他说道:

"不,妈妈,先卖掉我的床!"

"不要,我亲爱的,先卖我的床吧。"她拥抱他,依然微笑着,"我是你妈妈,你应该听妈妈的话。"

"上一次,我让您先卖掉了您的床,今天轮到我了。"

"在作出牺牲的时候,总是母亲第一,父亲第二,然后才是孩子。吃东西的时候,孩子先吃,父亲第二,最后是母亲。这是真主定下的规矩。"

"真主没有这样说过。真主说,天园在母亲们的脚下。"

"真主这样说,是因为在尘世母亲头顶着牺牲,所以到来世天园就在母亲们的脚下。"

"我不让您卖掉您的床,"穆罕默德很坚决,"我一辈子的愿望就是看到您睡在床上。"

"说来你可能不信,我一睡在床上就觉得关节痛。我们这样的穷人,看来生来是睡地板的命。还是让我睡在地板上舒服舒服吧。我有时半夜会惊醒,生怕你爸爸掉下床去。睡在地板上就不会掉下来了。"母亲笑着说道。

次日一早,穆罕默德刚离开家,母亲就拿起小棒槌开始拆她的铁床。她分几次把床背到旧家具商那里去了。

由于过去她常卖家具,找商人并不费时间。她知道所有旧家具收购商的地址,他们中有的心地善良,有的是吸血鬼,有的是强盗,有的半抢半买。

她一生经历过的饥饿、贫穷,已使她知道一张旧床相当于二百四十张大饼,或六百只素炸丸子,或她一家三口一个月的伙食费。

穆罕默德的母亲没有把家里的东西一股脑儿卖光,这是怕把市场给压塌,她隔几天卖一件家具,今天吃这张凳子,这个星期吃这把椅子,那枕头可以换来三天的吃食!

她忙于安排开支,又卖又买,这使她忘记了痛苦。她整天谈论的是跟商人们讨价还价和她做成的交易，还谈到一个居然想欺骗她的旧货商。

哈纳菲师傅呢，他默默地看着一件件的家具被搬出家去，流露出一种悲哀的无可奈何的目光，每搬走一件家具他都用一首无声的诗向它告别，体现诗的韵脚和格律的，是他深沉的叹息。有一次，他掉下一滴老泪，那是他看见妻子头顶着穆罕默德的床走出家门去卖。

哈纳菲师傅用他的目光送别每一件家具，就像是送别家里一个亲爱的成员，一个一去永不返的亲人。家里的家具犹如与我们生活在一起的活人，一旦离家而去，它们就成了一具具尸体。

哈纳菲师傅过去常与凳子对话，同柜子谈心，向椅子诉说自己的忧愁，或与枕头拥抱。他与这些朴素价廉的家具之间，有着特别亲昵和牢固的友谊。好多东西已经卖过多次，后来又再买回来。他坚持要收回那些卖出的东西，有时付的价钱比售价高得多。他总觉得，他与这些东西之间有一根坚固的纽带联系在一起，它们曾与他共同生活了一段时间，那种感情正像我们对待与我们同甘苦、共患难的朋友，我们的头靠着他，伏在他肩上痛哭，眼泪流在一起，共同的痛苦变成了水泥一样的东西。

这些无生命的东西伴随他的日子，比他与人们待在一起的时间多。只有它们才不讨厌他，在他患病期间，它们比人们更能忍耐，只有它们才不奚落他的格言、俗语，才真正理解他。

正因为此，眼看着他的朋友们一个接一个出了家门，被妻子顶在头上送到下午市场、旧货市场或专门收购旧家具的商人时，他一天天地消瘦了。他没有想到，这些不值几个钱的破旧东西竟会在他去世之前就离开他，穆罕默德当上《圣战报》的编辑后，他还以为妻子将会忘记到旧货市场商人那儿去的路怎么走，这些家具将会放在家里直到他死。他原先坐的那张凳子搬出家去以后，他故意坐在那放凳子的地方，像是在守卫这块地方，或是想给它一点安慰，或许是不想让人们看见它，免得大家都知道放在这儿的一张凳子已经一去不复返。

一天晚上,哈纳菲师傅一家三口坐在地上吃晚饭,矮圆桌已经卖了。

穆罕默德觉得晚饭比往常丰盛,一餐饭有四样吃食:油焖蚕豆、素炸丸子、萝卜和大饼,他微笑着说道:

"今天真是帝王家的饭菜啊!"

哈纳菲师傅饿了,他伸出手去拿一张大饼。穆罕默德的母亲笑道:

"这顿了不起的饭菜是礼拜毯换来的。"

哈纳菲师傅一听见妻子这么说,立即便把大饼放回原处,不肯吃了。

父亲不吃不喝使穆罕默德纳闷,他们三个人早饭、中饭都没有吃过啊!他问道:

"出什么事啦?您干吗不吃啊,爸爸?"

哈纳菲师傅默然,一声不响。接着,他离开吃饭的地方,蜷缩在远处的角落里。

穆罕默德问母亲他爸爸为什么不肯吃饭。母亲微微一笑,说道:

"他不想吃礼拜毯。"

穆罕默德摇摇头,说道:

"爸爸他不知道,饥饿的嘴比世上所有的礼拜毯都要纯洁啊!"

穆罕默德望望家里剩下的家什,它们仿佛是抵抗的堡垒,还没有投降的堡垒。

这些堡垒每天失陷一个,穆罕默德便觉得自己的心碎裂了一块。只要家里还有一件没有出卖的家什,他便认为那是继续在抵抗、坚持的象征。有时,他也嘲笑自己,心想他和他的父母已经吃掉了床,吃掉了柜子,也吃掉了铜制器皿。

他曾眼看着这些铜制器皿一件件地销声匿迹。过去,他常听见母亲在厨房里摆弄这些器皿,发出叮叮当当的声响,犹如铜管乐队在演奏。记得童年的时候,母亲就坐在厨房里,面前放着铜锅、铜壶,一面敲一面轻轻地哼着那首她常唱的歌《大海为什么欢笑》。她这样一直唱到他父亲精神失常,父亲发病时,就对她说:"大海欢笑,是因为我杀死了国防大臣,把尸体扔进了幸福的尼罗河中。"从那天起,母亲就不唱了,仿佛大海看到了哈纳菲师傅的不幸,从此不再欢笑。铜制的锅、壶变得沉默了。尽管如此,穆罕默德一瞧见它们,总仿佛觉得母亲在轻唱《大海为什么欢笑》的歌曲。

现在,铜制器皿不见了,铜管乐队已无影无踪,这一类的乐器历来是演奏欢乐和凯旋的歌曲的,正在哭泣的人们要铜管乐器干吗?

一大清早,穆罕默德便走出家门去寻找工作。生活是多么奇怪!开始的时候,他出门去寻找证明他无罪的证据,寻找在他反击诬陷的战斗中站在他一边的支持者,寻找他用以抵挡无中生有、专制横暴的武器。

今天,他出门去,是为了寻找糊口之食。

过去,他昂首挺胸地走出家门,去与暴君作战;今天,他低垂着头出门,去与饥饿斗争。

饥饿像暴虐一样全无信义,它使我们低声下气,耷拉下脑袋,它挫败我们的抵抗,动摇我们的信念。辘辘饥肠,好比缺乏信念的空虚心灵,无力坚持做到矢志不渝。果腹之食恰如心中的信念,腹中无食,恰似没有灵魂、没有主心骨的人。

挨饿的滋味像遭受鞭挞的痛楚,它不是打在表皮上而是痛入骨髓。饥饿者低下脑袋是一个不由自主的动作,正如皮鞭雨点般打下时挨打者蜷成一团一样,他匍匐在地不是甘于屈辱,而是因为痛苦难忍,他的肚子贴着地面,是因为他无法靠食物撑住身体。

饥饿者看到他的亲人像他一样在忍饥挨饿,会更加痛苦,挨饿者越多,他痛苦越甚。

穆罕默德每天早晨都出去找工作，见门就敲，遇店就入，求每一家工厂，进每一家公司，得到的答复总是："没有空缺职位。"

他是个饥饿者，得忍受侮辱，遭到无礼的拒绝不能生气，当着他的面"砰"一声关上门也不能动火。

在路上，他碰到过数以百计像他一样被解雇的人。严重的经济危机迫使公司、工厂和商店成千成百地裁减工作人员，他们踯躅街头，彼此出奇的相似，仿佛是挨饿、失业和不幸的孪生兄弟。他们面有菜色，目光阴沉，胡子拉碴，头发蓬乱，衣衫褴褛，鞋子破旧。到处是失业者的队伍，他们已贫困潦倒，无精打采，徘徊迷惘，没有食物果腹，没有工作可做，流离失所，绝望沮丧。

穆罕默德背着两个耻辱回到家里，一是蒙受不白之冤的耻辱，一是饿得要命的耻辱。母亲并不问他是否已找到工作，她从他黯然的眼光中看到了答案。

母亲又拿起一件家什，默默地到下午市场去。

穆罕默德环顾四周，家徒四壁，空空荡荡，没有什么东西能证明这里住着人。他看不到一张可坐的凳子，一块睡觉的垫子，一个挂衣服的衣架，一张写字用的桌子，家里剩下的只有他委顿的父亲、衰老的母亲和他。一片破败景象，破布因为不能卖扔在地上，盒子只只是空的，瓦罐裂了嘴。一只可怜巴巴的鞋子在抱怨它的孤独，它的同伴不见了，它仿佛正在寻找同伴，好双双去下午市场出卖。一张破破烂烂的席子，母亲把它铺在过去放穆罕默德床的地方，她自己放床的地方，哈纳菲师傅坐着看守着，正如他看守着家里所有的空地一样。

穆罕默德见母亲穿着一件百孔千疮的衣服，仿佛是一件从坟墓中拿回的旧衣，随着时光流逝，它早就失去色泽。穆罕默德问道：

"我第一次领工资后给您买的衣服呢?"

母亲笑吟吟地答道:

"早轮到它了。我把它卖了,那钱付了房租。不穿衣服也比被人逼着要债强哪!"

"有晚饭吗?"穆罕默德羞愧地问道。

"真主的恩惠多得很哪!"母亲依然微笑着。

她端来一块吃剩的大饼、一块浸软的奶酪和三颗橄榄。

三个人坐下来,分享"真主的恩惠"。

穆罕默德拿起他分内的那颗黑橄榄,准备往嘴里送,接着,又停住,拿着观赏起来。

他突然记起自己腿上那颗形若黑橄榄的痣,它曾有一天给佐贝黛添了麻烦,当时,佐贝黛和纳吉娃的分歧在于她俩究竟谁尝过黑橄榄。穆罕默德把橄榄放入嘴中,好像觉得是把佐贝黛放进了自己的嘴里。

他如饥似渴地想念着佐贝黛。

他叹了一口气。饥饿使他忘却了爱情,他不像过去那样天天都去看佐贝黛,即使去,谈论他的肚子也比互诉衷肠多。

穆罕默德对佐贝黛的爱一如既往,而且现在还崇拜她,然而,饥饿的痛苦使他忘记了爱情的甜蜜。最近一次相会,他是以吻她的次数来计算时间的。穆罕默德用手摸摸胸口,仿佛还觉得他与佐贝黛紧紧地贴在一起。现在,他得通过计算身上还有几个皮亚斯来苦挨时光,他摸摸口袋里的钱,以确信钱还在,到饿死他还有几天时间!

他又叹了口气,想起爱情能点燃天才的火焰,爱情给作家以灵感创作出他们最美妙的故事,启迪音乐家谱写出最动人的乐章,促使画家们画出不朽的作品。这些天才都是清贫之士,都是到处流浪、囊空如洗的人。不过,他们没有像他似的整日挨饿,他们活在世上的时候,周围的一切并不都将消失。他穆罕默德四下张望的时候,总觉得家里的每一件物什都明白它的大限已到,母亲的床卖出后,他的床就体会到它的日子也近了,他的床搬走后,床上的垫子知道自己即将轮到,而当床、垫子、桌子和衣架都从家里消失后,凳子就明白下一次该是它走了。家里的一切都感受到自己末日已经临近,等着逐一轮到,不是今天,就是明天,昨天没卖,难逃今天。

在这样的墓穴里,爱神丘匹特能活下去吗?我们没有东西吃能去尝爱情吗?爱情给予我们坚持的力量,支持着我们不倒下。然而,对断了双腿的人,爱情能让他们站立起来吗?爱情能使一对情人分享的面包变成一顿王家宴席,然而,连臆造这么一顿豪华宴席的面包都没有,爱情又能有什么作为?爱情,如哈纳菲师傅过去常说的民间俗语那样,能"使一个葱头变成一头羊",然而,爱情这个高明的厨师如果找不到能变成羊的葱头,又能干些什么?爱情需要最必须的糊口之食才能创造出奇迹啊!这正如作家需要笔,画家需要颜料,音乐家需要琴。没有笔,白纸上就写不成字;没有颜料,画板上不会有画;没有琴,乐曲只是没有声响的音符。

我们的肚子越空虚,接吻的次数就越少。没有尝过食物滋味的嘴,好像也不好意思去品尝接吻的滋味。吻犹如醇酒,饥饿者喝了便会食欲大开。酒代替不了面包。饥肠辘辘之声比世上任何一种呼喊更响亮,它盖掉了怦怦的心跳、喁喁私语的情话和思维的脉动所发出的声响。饥饿,使我们的一切都陷于瘫痪,甚至连对我们心爱女人的欲念也会止息。好像我们必须先填饱肚子然后才能产生情欲,体会爱的乐趣,让甜蜜的拥抱激发出电火花。

爱情想生活在诗情画意之中,想在梦的天空翱翔,在幻想的境界婆娑起舞。饥饿,却毫无诗意、梦境和幻想可言,它是充满贫苦、屈辱和低贱的现实。爱情乐于聆听欢歌,讨厌说教和谈论生意经。爱情在春天勃发,因为春天里百花盛开,万木吐绿,大自然显得千娇百媚,春天使恋人们成为帝王,花园里的朵朵鲜花、绿树青草,都是这些帝王们的臣民。你在恋爱的时候,会觉得自己好像成了一位君王,你担心你的爱情如同君王担心他的王位,你维护自己的爱情正似君王们保护他们的王冠,你急切地想知道你心爱人的消息,仿佛君王关切百姓的情况,他们的秘密和议论。君王们不知道饥饿,因为饥饿不认识君王。

的确,佐贝黛并没有因为穆罕默德在挨饿而受到影响。她今天仍爱着他,她想以自己的爱、忠贞和无私来抵消穆罕默德的饥饿感。倒是他,觉得自己变了。他不能像过去吃饱肚子时那样,让他心爱的女子感到快乐,说出那些温柔的语句,他觉得在拥抱她时,自己的双臂也不那么有力。

之所以产生这些感觉,是因为他饿着肚子。过去,在佐贝黛的怀抱中,他忘掉了整个世界,但今天,他常会不由自主地想到他忍饥挨饿的母亲和无钱买药治病的父亲。

穆罕默德对自己的爱情忧心忡忡,生怕它也会因饥饿而死亡。

穆罕默德母子俩想尽办法让哈纳菲师傅说话,但都没有成功。好多天过去了,哈纳菲师傅始终一言不发,好像他把沉默当作了语言。

父亲的这种沉默使穆罕默德感到惊讶。哑巴往往用手势表达自己的意思,但是,哈纳菲师傅却从不打手势,他的手和他的嘴一样,都没有动作,而且,他连点头、摇头都不用,仿佛他已经不再需要表达"是"或"不"的意思。

我们用语言来表达自己想要什么或不要什么,哈纳菲师傅什么也不想要,什么也不想拒绝,所以坚持沉默的态度。

穆罕默德从父亲的沉默中体会到多种含义。沉默有时如同雷鸣,哈纳菲师傅用沉默来抗议落在他儿子头上的冤屈,他像是发出一连串无声的诅咒,每个见到哈纳菲师傅的人,都能听到这种诅咒。

哈纳菲师傅的眼睛成了两滴没有水分的泪珠,眼里什么也落不下来。不过,当你望着这双眼睛时,它就成了两颗泪珠,像哈纳菲师傅的沉默不语一样的两颗默然的泪珠。

哈纳菲师傅的默不出声是令人生畏的,他似乎在孤军作战,使用的是只有他才想得出来的新武器,沉默好像比侃侃而谈需要更大的勇气。

穆罕默德倒是想到过,沉默比说话更能震撼暴虐的统治。

如果我们做不到对暴虐者直说:"你是暴君!"那么,我们可以用沉默来表示反抗,一声不响与大喊大叫一样能让暴虐者震悚;如果我们不能高呼打倒暴君,暴君割掉了我们说话的舌头,砍断了我们写字的手,那么,我们可以用沉默来打败他,大家都不作声会造成一种可怕的岑寂,使暴君的神经受到震动,我们紧闭着的嘴巴,会让暴君听到一个声音:"你是暴君!"沉默的示威比高呼口号的游行可怕得多。

一九一九年革命期间,举行过静默的出殡仪式,送葬队伍既不高喊口号,也不打标语。英国人朝队伍开枪,像对声势浩大的呼喊着打倒英国人、打倒占领军的队伍开枪一样。为什么?就是因为集体的沉默如同集体呼喊一样能产生回响,硬憋着不说出来的话,也具有震耳欲聋的效果,而且有的时候,沉默比呼喊更有力量。

暴虐者若与受冤者坐在一起相对无言,他不知有多难受。对话有时能使暴虐者感到轻松,了解受冤者的力量,在他听来,受冤者的呻吟宛如凯歌一样悦耳。然而,当受冤者缄默不语,坚持久久地不作声,不诉苦,不叫痛,也不要求怜悯的时候,暴虐者的心里就七上八下,他从对方可疑的沉默中看出了一场风暴。暴虐者惶惶不安就是他的末日到了。

穆罕默德很钦佩父亲的沉默,他从这沉默中看到了力量,但同时他又很怜悯父亲,眼看父亲一天天憔悴下去,憋着的话语犹如被压缩的空气,穆罕默德担心它不定哪天就爆发,更叫他惴惴不安的是,父亲已不再吃药,因为要给家里搞点吃的已经是千难万难。

穆罕默德等得并不很久。

他听见胡同里传来一片嘈杂声,只见一群小孩一面跟着他父亲跑,一面朝他扔砖头,还喊道:

"他是个疯子!他是个疯子!"

父亲走进家来,头上淌着鲜血,他被一个孩子扔的砖头砸伤了。

哈纳菲师傅没有开口,既没有呵斥孩子,也没有试图追上去,把他们抓住,而是听任他们向自己扔砖块。

穆罕默德坐下来,一面为父亲洗净伤口,一面说道:

"您干吗不自卫?干吗不抓住那个扔砖头的人?"

哈纳菲师傅一声不吭,依然是沉默……沉默……

穆罕默德从父亲的沉默中找到了答案,父亲并不责怪那些向他扔砖块的小孩,而是在谴责那些用比砖头、石块更令人痛苦的诬告打击他儿子的大人!

哈纳菲师傅的健康开始垮了。他的眼球更加突出,射出令人害怕的目光,眼神游移不定。尽管如此,他仍然沉默着。

他的目光使街道的孩子们胆战心惊,他们不再在后面追赶他,用砖块扔他,一见他,他们就纷纷逃开,躲了起来。

他的沉默追逐着孩子们,他们人人都觉得那沉默的后面藏着刀子,感到那老头似乎是蓄意要把他们一个个都宰了,包括所有向他扔过砖头的人,在背后笑话、挖苦过他的人。

母亲们把孩子藏起来,不让他们上街去玩,生怕那个哑巴疯老头把他们宰了。

哈纳菲师傅没有伤害任何人,他只是在巴德兰区的大街小巷漫无目的地游荡着,始终不出一声……

穆罕默德正与父母亲坐着吃午饭,只听得一辆汽车嘎地一声停在他家门口。

他看见汽车旁边挤满了人,大家都用手指着他的家。

汽车上走下一位先生,他带领着两个手提着一块白布的男护理员。

穆罕默德听见猛烈的敲门声。

他打开门,三个来访者往堂屋里一站,一群孩子挤挤搡搡跟在后面。

那为首的先生用沙哑的嗓子问道:

"哈纳菲·阿卜杜·卡里姆师傅呢?"

哈纳菲师傅往前一站。

两个身材魁伟的男护理员立刻朝他扑去,给他套上了一件亚麻布的衬衣。

穆罕默德冲向他俩,企图把父亲解救出来,他喊道:

"你们想对我爸爸干吗?"

那先生说道:

"我们要把他送进阿拔西亚区的精神病院。有人告发说他是个危险的疯子,威胁居民的生命。这儿的清真寺教长和警察局支持这份状纸,状纸上已有清真寺教长法赫尔丁谢赫和一批居民的签名。"

"可是,他并不危险,"穆罕默德央求道,"也不侵犯任何人,是别人在侵犯他,他忍受了各种各样的侮辱。"

"这事由精神病院的医生们决定。"

穆罕默德噙着眼泪,转而哀求父亲道:

"您说话吧,爸爸,您告诉他们,您很清醒,说您不是疯子……您开口吧,让他们知道您不疯,您比他们都清醒!说话吧,随便说什么都行啊!"

哈纳菲师傅依然沉默着。

两个护理员扶着他上了精神病院的汽车。

汽车开动了,穆罕默德愣愣地站着,不知该怎么办。

一见汽车载着父亲开走,穆罕默德一面跟在汽车后面跑,一面哭着喊道:

"爸爸,爸爸!您告诉他们说您不疯啊!"

汽车把哈纳菲师傅带走了,带向那无人知道的归宿。

汽车不光带走了哈纳菲师傅,它还带走了穆罕默德对生活的全部希望。

穆罕默德听见母亲叹着气说道:

"他走的不是时候,按理是该我先走的啊!"

穆罕默德也叹了一口气,他知道母亲给家里的每一样东西都定了期限。

在必须拿出去换糊口之食的家什单子上,她把自己的东西放在他父亲的之前。

这正如她先卖自己的床再卖儿子的床一样。

精神病院的汽车消失了。车后扬起了一团尘沙的风暴和穆罕默德的涟涟泪水。

穆罕默德顾盼周围,望望人们的脸。他伤心地紧咬着嘴唇,只有他一个人在哭泣。

他发现,男女老少的脸上都露出胜利的笑容,有的哈哈大笑,有的嘿嘿冷笑,还有的满脸是得意的神色。在欢笑的人群中,独自向隅而泣的人是多么不幸!

他们兴高采烈,因为他们摆脱了一个凭他们幻觉臆造的可怕的怪物,摆脱了一个连杀鸡都不会的屠夫，一个也许比他们所有的人都更理智的疯子，一个为了保卫他们大家而失去自己的一切——工作、全部家当和他的理智——的英雄！

正当穆罕默德这样感慨不已的时候，忽听得清真寺的教长法赫尔丁谢赫对其同行法特赫·巴卜谢赫高声说道：

"他是个危险人物，真主使我们免遭他的伤害。他曾妄图杀害国防大臣，因此，他想杀害我们天真的孩子是不奇怪的。"

"他不是妄图杀害国防大臣，"法特赫·巴卜谢赫悄声说道，"他事实上已经杀死了国防大臣，他当我面承认了这件事。主啊，保全我们的理智，让我们免遭疯子们的伤害吧！"

法赫尔丁谢赫说道：

"哈乃斐派的创始人艾布·哈尼法伊玛目认为，疯子不能进入天园！"

穆罕默德懒得去反驳法赫尔丁谢赫，无意向他指出，他把艾布·哈尼法伊玛目没有说过的话强加给了他。

穆罕默德失去了反抗的意愿，好像已经没有什么东西值得他为之去战斗，他仿佛成了沉默学校中的一名学生，他父亲乃是这所学校的教授。

他摇摇头，对这个君主时代伤透了心。你如说话，他们把你投入监狱；如闭口不语，他们又把你关进疯人院；你如起来反抗暴虐者，各种各样的罪名会像锤子似的落到你头上；如向暴虐者屈服，他就用脚践踏你！

你如为无辜者辩护，他们就替你编造罪名；如对冤案表示沉默，他们就攻击你贪生怕死、胆小如鼠！

你要是说实话，就会使人们受到损害；如不说实话，又对不起自己！

穆罕默德啊，不论你走到哪里，不论你说还是不说，你总是在被人吞噬！

好像在这个世界上,我们并没有选择的余地,要么冤枉别人,要么让别人冤枉我们自己。

在我们这个国家里,有两条人行道,一条是暴君们的,一条是受冤者走的。

谁要是想穿到另一条人行道上去拯救一个受冤者,或制止一个暴君,谁就该倒霉,监狱的囚车或疯人院的汽车准会把他碾得粉碎。

有人敲门。

穆罕默德的母亲惊讶地回头望望躺在席子上的儿子,他俩似乎没听到敲门声,就像人们已经忘了他俩一般。

穆罕默德非常想睡一觉,但是睡不着。睡眠是饱汉的朋友、挨饿者的敌人,它与生活中的一切何其相似!

现在已是下午四点了。从一大清早到机关、公司下班,整整一天他都在街上荡来荡去,什么也不想找,他已经不愿再敲哪扇门去找个工作。工作为了什么?吃饭又为了什么?父亲平白无故地被关进精神病院以后,他已经不想活下去了。

这一天,他望望工厂、公司、商店的大门,却不想知道里面是否有空缺的职位。他知道,空位置只有一个,那就是受冤者的位置。他在这个世上走投无路的时候,只有一扇门敞开着,那就是受冤之门。他占据这个位置当之无愧,那他还需要别的职位干吗?他已经被判处死刑,被判处死刑的人是不考虑前途的,也不会去寻求空缺的职位。

敲门声又响了。

穆罕默德的母亲从原地站起来,打开家门,只见面前站着一位太太,长得漂亮、文雅,脸上披着面纱,戴着一副大太阳眼镜。

母亲以为这位太太找错了门,便说道:

"这里是哈纳菲·阿卜杜·卡里姆师傅的家！"

那位太太掀起面纱,更显得光艳照人,说道:

"我知道这是哈纳菲师傅的家。我叫佐贝黛,想见见穆罕默德。"

穆罕默德的母亲吃惊地张开嘴巴,仿佛第一次知道她的儿子已经长大,已经会有女人来找他。

她让那位太太留在门口,自己赶快到穆罕默德躺着的房间,对他说道:

"有个太太想见你。"

"见我?"穆罕默德的思想一时还没转过弯来。

"她叫佐贝黛。"母亲努着眼睛,细细地瞧着他。

穆罕默德感到奇怪。今天,他准备去见死神,而不是去与佐贝黛相会。她怎么偏偏在今天,在他选择去死的今天来?这是她第一次上门来看他,父亲原来常引的一句俗语说得对:"心有灵犀一点通!"穆罕默德看看自己身上穿的白长袍,说道:

"让她进来吧。"

"让她进来?"母亲一愣,"家里连给她坐的凳子都没有,也没有咖啡给她喝。你最好还是在门前的台阶上见她吧。"

"让她进来,"穆罕默德笑了,"她知道我们家里没有凳子,也没有咖啡。"

母亲站着不动,说道:

"我到维赫丹老板的店去借两只凳子、一壶咖啡来。"

穆罕默德从席子上站起来,想脱下长袍,换上西服,接着又改变了主意,不能让佐贝黛久等啊。他走到门口,同她握手。母亲呆立在他身后,瞠目注视着那个女人的脸,这女人叫她的儿子"穆罕默德",而不是"穆罕默德阿凡提"或"穆罕默德先生"。

穆罕默德指着母亲说道：

"佐贝黛，这是我妈妈。"

佐贝黛走上前来，低下头，想抓住母亲的手吻一下。

穆罕默德的母亲赶紧抽回手，说道：

"对不起，闺女。"

穆罕默德微笑道：

"佐贝黛，我不需要再介绍你了，妈妈叫你'闺女'就已经认识你了。"

穆罕默德的母亲亲了亲佐贝黛，从儿子的目光中，她看出这位太太不仅是自己的闺女，而且是儿子的心上人。她感到高兴，儿子已长大成人，有了一个漂亮的心上人，佐贝黛身上穿得挺像她被迫卖掉换回吃食的那件衣服，这时，她觉得自己的那件衣服又回来了。

"你想，佐贝黛，"穆罕默德说道，"妈妈还想到维赫丹老板的咖啡馆去借两只凳子给我们坐呢。"

"我喜欢和穆罕默德一起坐在地上。"说着，佐贝黛就坐了下来。

母亲丢下了他俩，装作到厨房去，其实厨房里早就空空如也了。

穆罕默德竭力在佐贝黛面前掩饰他的慌乱，想哈哈笑出声，想让脸上带着微笑，从而遮盖他的决定——今天便赴黄泉的决定！

他的镇静迷惑了佐贝黛。进来之前，她的心情忐忑不安，见到他之后，她稍稍心安了些。她伤感地说道：

"你现在在逃避我，穆罕默德。"

"我不是逃避你，而是在逃避自己。你看看这间屋子，除了我之外，什么家具都没有。"

佐贝黛一面环顾这间空空荡荡的屋子，一面说道：

"有你在，这间屋子就能成为一座宫殿。"

"你和我都在,它仍是一片废墟!"穆罕默德苦笑道。

佐贝黛头靠在墙上,两行泪珠从脸颊上淌下,说道:

"你出什么事啦,穆罕默德?你已经变了个人,我都不认识你了!"

"我是变了个人,成了一个失败的蒙冤受屈的穆罕默德。"他忧郁地答道。

"可是,这并不是第一次失败,也不是头一遭受冤屈,在这之前,这些事哪天都有,我都能天天见到你。不论世界上发生了什么事,都挡不住你天天来看我,你有工作那阵,也没有妨碍你来啊!现在,我却老是见不到你,好多天了,我坐在家里等你,你不来,我实在忍受不了,才到你家来找你。我想问问你:你把我忘了吗,穆罕默德?"

"我把你忘了?"穆罕默德叹了口气,"我怎会忘了你,我那往常吻你的嘴、常映现出你的情影的双眼和只因为爱你而跳动的心,都会让我记起你来!"

"与过去那些你与我难舍难分的日子相比,你现在是怎么啦?我现在比过去更担心你,更想念你,也更爱你,你为什么把我丢在地狱里不闻不问呢?你会说,你在找工作。你知道得很清楚,为了让你找到工作,我准备牺牲我的生活。可是,我知道,你每天下午四点钟以前就回家了。我们相会是每天傍晚六点,那时,各部、各局、公司、商店早已关门。如果傍晚六点对你不合适,那就放在七点、八点、半夜。如果因为他们诬陷你,说你向我丈夫打报告,你不想到我家里来,那我可以来找你,到这里来。我关心的是要看到你,让我放下心,哪怕只有一分钟,每二十四小时有一分钟,我也满足了。"

穆罕默德张开双臂抱住她,久久地吻她。

佐贝黛移开自己的嘴,说道:

"你是想用这个吻来堵住我的嘴,每次我想说些什么,你一吻我,话就从我嘴边溜走了。这一次,我却非说不可,热烈的吻使我僵死的双唇恢复了生命,融化了我的缄默,我一定得说说。我到这里来是为了说一说,不是来尝吻的滋味。我现在想说话比想接吻更迫切。"

穆罕默德再一次吻她,她被他抱在怀里,感到自己吮吸着他的嘴唇,然而,她还是躲开了,说道:

"我承认,我渴望爱情,像你渴望得到食物一样。我知道,你备受饥饿的煎熬,可是,我的饥渴却在要我的命。你在寻找糊口的面包,我在寻找维持爱情的食粮,在这世上,你是我惟一的食粮。挨饿的痛苦不能与渴求爱情所受的罪相提并论!"

"你这样说,是因为你没有尝过挨饿的滋味。"穆罕默德微笑道。

佐贝黛不服,抗辩道:

"我从前也很穷,非常的穷!"

"贫穷和一无所有是两码事。穷人还有充饥之食,一无所有的饿汉连糊口的东西都找不到,贫穷令人痛苦,挨饿却是一种折磨。贫穷如火烧,饥饿乃是地狱,辘辘饥肠会形成一种可怕的空虚,使人神智迷糊,感情麻木不仁,甚至丧失原则。"

"可是,你的挨饿是你自找的,你拒绝了爱你的女人的帮助。我提出为你准备饭菜,你却对我说,你不吃用一个暴虐大臣的钱买来的食物。你饿着肚子,却不愿碰我替你准备的饭菜,借口说那是用欧尼·哈菲兹的钱。我把我的首饰给你,你宁可挨饿也不肯碰一个女人的钱,即使她爱你、崇拜你。我告诉你,把这当作借贷吧。你却说,你不愿借贷你明知偿还不了的钱,这样做不啻是一种偷窃。你用自己的手关上所有的大门,然后,用你的执拗来惩罚我,不让我见到你。你想饿死,我却不想;你碍于自尊心,不愿接受吃食,我却不管这些,到你这里来乞讨食粮。"

"我总觉得,我的爱情让你受了委屈。恋人应让他的爱人得到幸福,慷慨地赐予,使她生活安谧,脸上常挂笑容,我呢,却让你遭受苦难,一无所得,我把你带入了地狱,只能使你的脸上映现出我生活的痛苦。我觉得,除了我的不幸,我已经没有什么能给予你了。因此,我不愿你见到我。我答应给你欢乐,带给你的却是忧虑,答应给你带来欢笑的世界,给予你的只是泪水。"

"谁告诉你我抱怨这样的泪水或讨厌这不幸了?我是你的情侣,有权享受你所得的一半,或分担你损失的一半,你的泪水和微笑,我都有权分享一半。你现在偷走了我分内的泪水、不幸和苦难,我来找你,就是要索讨我受罪的权利。"

"我这个人天生的性格是,难过的时候是个资本家,把所有的悲伤留给我自己;快乐的时候是个社会主义者,把全部幸福都分给大家。"

"可是,我与众不同,我是你的一部分,你的一半,你给我带来了我一生最美好的时光,我应该为我的所得付出代价,我得与你患难与共。你私自独吞苦果,亲爱的,把我的一份给我吧。我不能眼看着你在我面前死去。我不让你死,我决不愿意站着观看我的另一半当我面被人践踏。人的右手瘫痪了,左手自动会动起来,承担右手的功能。让我动起来吧,让我来保护你。我的缺点是对你一味盲从,在你面前失去了我的意志。可是,今天,我有一种奇怪的欲望,想反对你,顶撞你的命令。我到这里来,就没有征得过你的同意。你既然动不了,我就行动,你既然沉默不语,我就来说话,你既然丢下了武器,我就将战斗!"

穆罕默德难过地说道:

"我失去了一切斗争的欲望。父亲的遭遇使我心灰意冷。父亲是我的脊柱,脊柱断了,我成了瘫倒在地的一堆肉。旗杆倒了,原先高高飘扬的旗帜便成了一块破布。不光是我的脊柱已断,还有许多事情让我伤心。父亲的遭遇压弯了我的腰,我的遭遇则打垮了我的精神。我已经一败涂地,我的一切都已崩溃、碎裂。生活在我眼里已失去它的价值,已不值得我为之战斗了,所有的一切甚至是事实都已毫无意思。我觉得,我不能再在这个国家里生活下去。我爱这个国家的每一寸土地,把国内的男女老少当作我的父母兄弟姐妹,为了她,我曾不惜牺牲自己的生命。祖国的价值在于你能受到比其他地方更多的保护,在于你能发现她比其他地方更公正,也在于她比其他地方更爱你。祖国失去了保护公正和爱,国内的公民就成了异乡人。因此,我决定出走。"

"你要出走?丢下我?"佐贝黛大骇。

"无论我走到哪里,你都和我在一起,除非死亡,什么都不能使我们分离。不过,你现在得留在这里,你对你的父亲和弟妹,还得尽到责任。"

"我不管父亲和弟妹,我关心的是你,只是你。我为父亲和弟妹献出了青春,我有权与我爱的男人一起享受我的余生。不,你不能丢下我独自出走!"

"我把妈妈留在这里,你知道,我是多么爱我的妈妈。我让你来照料她,我想请你每月给她三镑钱,在她到我那里去之前,作为她的饭费和我爸爸在医院里的花销。"

"那我呢?"

"你也将到我那里去的。"

"你发誓让我去吗?"

"我发誓,你将到我那里。"穆罕默德微微一笑,"我将一直等着你。"

他拥抱她。佐贝黛发觉他的热泪滴落在她脸颊上,便害怕地往后一退,问道:

"你为什么这样吻我?是告别吗?"

"我们之间不会告别。"

佐贝黛心慌意乱:

"穆罕默德,你不要丢下我,永远别丢下我!"

穆罕默德把她搂在怀里,闭上眼睛。

"我向你发誓,佐贝黛,我至死都与你在一起!"

"我准备随你走向天涯海角,准备跟你逃到任何国家。你想到什么地方去呢?"

"我不知道。但是,不论我在哪儿,我都等着你。"

他转身想出去,藏起他的眼泪。佐贝黛从后面追上他,拉住他说道:

"穆罕默德,你不要一个人出走,带上我吧,让我做你的女佣!"

"我要去的地方是没有用人的。"穆罕默德又微微一笑,接着,又吻她,说道,"佐贝黛,我爱你胜过我的生命。我到生命的最后一息都属于你,只属于你一个人,我将等待着你……你会到我那里去的……你放心,总有一天你会赶上我。我从来就不对你撒谎!"

穆罕默德朝扎马利克岛的贾卜拉亚大街走去。

他经过纳吉娃的家,带着微笑望望窗户,似乎在回想在这幢奇怪房子里经历的往事。

接着,他来到隔壁的一家,那是福阿德国王侍从武官长萨米尔·穆纳斯特利帕夏的住宅。他问门房他的朋友易卜拉欣可在。门房说,易卜拉欣在家。

易卜拉欣手里拿着餐巾出来迎接,他拥抱穆罕默德,邀请穆罕默德进去和他一起吃午饭,餐桌上只有他一个人。穆罕默德想在书房里等他,但是,易卜拉欣非要他一起吃饭不可。

穆罕默德见菜肴放了满满一桌子,有煮的鸡、炸仔鸡、鸽子、鱼、蛋,还有各种甜食和水果。

他惊讶地望着餐桌,那一桌子菜真够他和母亲吃一辈子的了。

易卜拉欣注意到了他的惊讶,遂说道:

"我爸爸昨天中午宴请各位大臣,这是剩下的。"

他邀请穆罕默德一起吃,穆罕默德拒绝了,他待在旁边观看这一盘盘、一碟碟。

如果这只是大臣们剩下的,那么,大臣们吃了些什么?

他默默地摇摇头,心里奇怪自己在这桌佳肴盛馔之前,竟然不为所动,连舌头都不舔一下。他已经几个月不知肉味了,但是,他却不想伸手去拿生平第一次见到的食物来尝尝。这是他第一次看见饭堆上放着一只鸡,用巧克力做的多层宝塔,蛋黄酱鱼周围放着一圈红海大虾——活像海王的仪仗队,鸽子填鸡——鸽子脑袋从鸡肚子里伸出,还有一些他从未见过的山珍海味。尽管如此,他面对华筵却奇怪地毫无食欲,一个人在长期挨饿之后,会对食物表示鄙视。

易卜拉欣从这些菜肴面前走过,像个司令在一个个地检阅自己的士兵。他一面陪穆罕默德走向书房,一面谈着他新交的女友——格罗比商店卖糖果的女售货员,金发白皮肤的玛德琳。

他不相信穆罕默德没见过玛德琳,起劲地说道:

"你没见过玛德琳,这不可能!你走进格罗比商店,她就是放在你右侧的一尊雪花石膏雕像。她是世界上最漂亮的女人,谁走进格罗比商店,见了玛德琳,什么都会忘记。她是糖果柜台最甜的糖。"

"我这一辈子就没去过格罗比商店。"

易卜拉欣两手一拍,说道:

"你这样一位大编辑没去过格罗比?所有的大记者都常到格罗比去!"

穆罕默德默然,一声不吭。他没有说,他现在既不是大记者也不是小编辑,他在寻找的是糊口之食,而不是格罗比的糖果。

他打断易卜拉欣关于玛德琳的谈论,说道:

"我找你有事。我因为工作,每天很晚才能回家。我住的那个区盗贼横行。你能给我一支手枪吗?"

"当然可以。"易卜拉欣随手拉开身旁的一只抽屉,"我现在有一大堆手枪,你想要哪把就拿好了。"

穆罕默德翻动着手枪,找到了他熟悉的那一把。这把枪,他永远也忘不了,他曾拿它打过欧尼·哈菲兹,在街上把它交给佐贝黛,这把枪带来了他的爱情。

他抓住这把枪的枪柄,仿佛握着一个老朋友的手,对易卜拉欣说道:

"我可以要这一把吗?"

"拿走吧,"易卜拉欣满不在乎地说道,"还有一些更新式的枪呢。"

穆罕默德端详着枪,说道:

"这把枪,当时你拿着它差点为了你表妹纳吉娃·穆纳斯特利犯下杀人罪呢!"

易卜拉欣哈哈大笑:

"当时,我真是糊涂。要不是你,那天我真要犯罪呢!"

他把枪拿回去,打开,擦干净,卸下里面的子弹,又装进新的子弹,然后,交给穆罕默德,说道:

"现在子弹上了膛。你可以用它把一伙强盗统统打死!"

穆罕默德往贾卜拉亚公园走去,路上摸弄着手枪。这枪是张车票,将把他送往他打定主意要去的地方。

它是一张不需要护照,也不需要再交居留费的免票。

今天正好是星期三。

是他决定奔赴黄泉的日子。

离六点钟还有半个小时。

到六点,他将举枪对着自己的头开枪。

他选择贾卜拉亚公园作为自杀地点。

他选择的,乃是他最喜欢的时间、地点和日子。

正是在这个地点、这个钟点,他第一次爱上佐贝黛,他爱上她的时候,这把枪正放在他口袋里。

当时,他觉得自己获得了新生。

他将死去,也就在这个地方。

佐贝黛怎么知道他决定今天要死呢?为什么恰恰选中今天第一次到他家里来看他?是她已经预感到他的生命已岌岌可危,特地来帮他脱险吗?他原来决定不向她诀别的。向母亲诀别,他也于心不忍。阻碍他死的惟一因素,是他死后母亲的生活失去了保障。他高兴的是已经与佐贝黛说好,让她每月给母亲三镑钱,他相信,不论发生什么,佐贝黛都会付这笔钱的,她将会感到,这三镑钱是她每月放在他坟头上的一朵玫瑰花!

他坐在当年与佐贝黛并排坐过的木长椅上,用手拍拍它,似乎是要求它在听到枪响时不要惊惶。

他抬头看看周围的树木,这些树他差不多都认识,每一棵树都见过他等待佐贝黛时的焦急心情和与佐贝黛相会时的欢快神色。他又瞧瞧那些美丽的花朵,它们的枝条上准还留有他和佐贝黛的气息。他低头凝视绿草,它们总是匍匐在他和佐贝黛的脚下,眺望那棵长着两根大枝丫的参天大树,它多么像一个举起双手仰望苍穹,向真主祈求的人。

穆罕默德也举首向天,仿佛在请求苍天的谅解。

他不是要自杀,而是要做一次旅行,到另一个没有冤屈、没有诬告的世界去,在那里,善恶将真正得到清算,那里有真正的公正,有永久的和平。

他又看看每棵树,向它们逐一告别,看看每朵花,让它们的美色装满自己的眼睛。

看园人走了过来。穆罕默德问他几点钟。看园人答道:"六点差五分。"说完,他就走开了。

穆罕默德点点头,他的一生还剩下五分钟。

他再一次谛视树木和鲜花,似乎想对人生留下最后的一瞥。

他把手伸进口袋,抚摸着手枪。

这支枪,他曾经有一天以为它能够重新安排世界,能够制止暴虐、铲除暴君,能够恢复人间的公正和自由。命运真会捉弄人!还是这支枪,它将杀死一个受冤枉的人、一个备受迫害者的儿子,它将结束一个为众人争取自由、公正的青年的生命。

也许,他打进自己头部这几枪,将响得足以使人振聋发聩,唤醒沉睡的世人;也许,它将成为被扼住喉咙的嘴巴发出一声抗议的呼叫;也许,子弹发出的火光,将成为其他青年看清走向更美好的生活道路上的一线光亮。

他把手枪对准前额,又感到害怕,他的手指犹豫着,不敢扣动扳机。

他看到了母亲的形象,又看到了佐贝黛的形象。

他闭上双眼,免得看到她俩。

他对自己说,他不是自杀,而只是减少一个人世上的受冤者。

六点整,佐贝黛正在华夫脱党主席努哈斯的家里。

当门房告诉努哈斯说,内政部国务大臣欧尼·哈菲兹帕夏的夫人有秘密、紧急和重大的情况,要求立即见他,努哈斯不胜惊讶。

努哈斯走进客厅,与她握手,并请她坐。

佐贝黛开门见山地说道：

"我来求你，是把你当作一个普通人，而不是反对党的领袖，或我丈夫的政敌。你做出了一个决定，把穆罕默德·阿卜杜·卡里姆开除出《圣战报》报社，理由是他天天到欧尼·哈菲兹的官邸去，向欧尼帕夏提供有关华夫脱党的机密。"

"是的。有几位党员亲眼看见他从后门走进你们家去。我看到几张他进门时的照片。这件事我亲自做了调查。我在以党主席的身份做出决定之前，首先做了法官。"

"可是，他不是去向我丈夫打报告的，他每天来与我相会，我爱他，他也爱我。"

努哈斯的脸上露出惊讶的神色。佐贝黛又说道：

"我知道，你将蔑视我，会说我是个背叛丈夫的女人，不忠实妻子的证词是不能被接受的。可是，我认为我有责任来向你澄清事实。"

"然而，询问他时，他没有谈到这一点。"

佐贝黛哭了：

"因为他不愿让我出丑，宁可自己背上黑锅；因为他想用自己被指控换来我的清白；因为他怕反对党一旦了解了真相，就会大做文章，毁坏我的名誉。反对党要出我的丑，我不在乎。我准备现在就给你写下我署名的供词：我是穆罕默德·阿卜杜·卡里姆的情人。你们有权利用我的供词去反对我的丈夫。我知道，他曾用最下流的武器来对付你们。"

努哈斯愣住了，说道：

"我不同意写这样的供词。我向你保证，决不会有人知道你来看过我，或对我说起过这些。我决不会使用我的敌人们所使用的武器来弄脏我的手。"

"被你判处死刑的穆罕默德·阿卜杜·卡里姆只犯过一个罪，那就是为你爱过的女人萨米赫·沙里夫辩护。他的罪在于他从我这里了解到，有关萨米赫的全部罪名都是我丈夫编造的谎言。穆罕默德为萨米赫遭受的冤枉而抱不平，这就激怒了贵党行政委员会的成员达尔维什·哈比卜帕夏。达尔维什帕夏因为穆罕默德为一个无辜女人辩护而想惩罚他……他们交给你看的萨米赫的照片是我丈夫的一个密探拍摄的，他乔装成了游艇的船夫。正是我的丈夫把这些照片塞到了你的手里。这是他亲口对我说的。

"我亲自去见过萨米赫，把事情的真相都告诉了她。我要她来找你，把情况告诉你，但她拒绝了。"

努哈斯双手捂头，连连说道：

"不可能……不可能……"

"事实往往是人们认为不可能的事！"

"他们杀了她，也杀了我。"努哈斯十分激动。

"他们今天将要杀害信任你也信任萨米赫的无辜青年。"

"我将取消那项决议，我要替穆罕默德·阿卜杜·卡里姆恢复名誉。我不能冤枉一个清白无辜的人！"

"他已经决定离开埃及了……"

"请把他的地址给我。我将派我的私人秘书马蒙·里迪去看他，请他到这里，我亲自向他道歉。我将发布恢复他工作的决定。"

他把纸和笔递给佐贝黛。

佐贝黛写下了穆罕默德在巴德兰岛的地址，然后把纸交给努哈斯说道：

"最好明天下午四点钟去找他，那时他刚好回家。他每天天一亮就离家去找工作。"

"明天四点钟马蒙·里迪会到他的家，并立即把他带来见我。"

佐贝黛热泪盈眶：

"我对你有个请求，请别告诉他我来找过你，我答应过他不这么做。"

努哈斯也一面拭泪，一面说道：

"我对你也有个请求，请告诉她我相信她是冤枉的。"

达尔维什帕夏坐在家里看晨报，读完了要闻版，接着看社会新闻，在事故栏的末尾发现了一条没有题目的小消息："昨天下午，原新闻记者穆罕默德·阿卜杜·卡里姆在贾卜拉亚公园朝自己头部开枪，当场死亡。据调查，他的自杀乃因经济拮据所致云云。"

达尔维什帕夏满脸是胜利的喜悦，高声大笑，自语道：

"经济拮据?! 他自杀是因为我们揭露了他！这一枪又一次证明他是个罪犯，是他把党内的机密提供给了欧尼·哈菲兹帕夏！"

达尔维什帕夏立即想到了纳吉娃·穆纳斯特利，他应该马上把这个伟大的胜利喜讯告诉她，今晚，按照她的许诺，他俩应该共庆胜利。

他抓起电话，拨纳吉娃家的号码。

听电话的是纳吉娃的女佣。达尔维什帕夏软绵绵地说道：

"请叫纳吉娃太太。"

"阁下是谁？"

达尔维什帕夏更加细声细气地说道：

"我是多多。"

女佣到纳吉娃的卧室，见她正好在看《金字塔报》的"事故栏"，脸上一副迷惘的神情。

用人说道：

"有个名叫多多的男人打电话给您。"

纳吉娃扔下手里的报纸，说道：

"对他说:'我们很感谢,您的任务结束了,帕夏!'"

她稍稍停顿了一下,又说道:

"不必这样回答,这答复太文雅了,他是个蠢男人,理解不了的。"

纳吉娃向女佣口授了答复。

用人抓起了话筒,纳吉娃站在旁边听着。女佣说道:

"太太要我告诉你,罪过啊,帕夏,她是个有夫之妇,不能与一个年纪比她父亲还大的男人通话。"

纳吉娃听见对方一声惊呼,电话听筒从达尔维什帕夏的手里掉了下来……

纳吉娃发出一阵由衷的放荡的狂笑。

这一天下午四时整,一辆豪华的汽车停在巴德兰岛穆罕默德·阿卜杜·卡里姆的家门前。

车上走下的是华夫脱党主席的秘书马蒙·里迪先生。

他望望那简陋的房子,向一个站着的孩子问道:

"这是穆罕默德·阿卜杜·卡里姆先生的家吗?"

"是的。"孩子回答。

"他在家里吗?"秘书又问道。

那孩子指指正从马弗拉什胡姆斯胡同抬出去的棺木,声音发颤地说道:

"他……他躺在那具棺材里。"

那时候,埃及的人口是一千四百万!

马蒙·里迪先生赶紧向棺材跑去。

他看出这是一口薄皮棺材,上面毫无遮盖。

棺材后面跟着五个人,都像死人一般,步伐缓慢、沉重,充满着悲哀。

两个是男人,三个是披着黑纱的女人。

两个男人是西迪·法尔杰咖啡馆的老板维赫丹·艾布·哈特瓦和烫衣匠哈吉·马加齐·法基。

三个女人居中的是穆罕默德的母亲,她连路都走不动,无声地抽泣着,右面扶着她的是佐贝黛,左面是萨米赫·沙里夫。